Xenophanes von Kolophon

Traditio Praesocratica

Zeugnisse frühgriechischer Philosophie
und ihres Fortlebens
Textual evidence on early Greek philosophy
and its continuation

Band 3

De Gruyter

Xenophanes von Kolophon

Herausgegeben von
Benedikt Strobel
Georg Wöhrle

In Zusammenarbeit mit
Elvira Wakelnig

Mit Beiträgen von
Christian Vassallo

De Gruyter

ISBN 978-3-11-071011-3
e-ISBN (PDF) 978-3-11-056636-9
e-ISBN (EPUB) 978-3-11-056421-1

Library of Congress Cataloging-in-Publication Data

Names: Strobel, Benedikt, editor.
Title: Xenophanes von Kolophon / Herausgegeben von Benedikt Strobel, Georg Wöhrle.
Description: 1 [edition]. | Boston: De Gruyter, 2018. | Series: Traditio praesocratica; Band 3 | Includes bibliographical references and index.
Identifiers: LCCN 2018030453 (print) | LCCN 2018032285 (ebook) | ISBN 9783110566369 (electronic Portable Document Format (pdf) | ISBN 9783110559446 (print: alk. paper) | ISBN 9783110566369 (e-book (pdf) | ISBN 9783110564211 (e-book (epub): alk. paper)
Subjects: LCSH: Xenophanes, approximately 570 B.C.-approximately 478 B.C.
Classification: LCC B258.X34 (ebook) | LCC B258.X34 X46 2018 (print) | DDC 182/.3--dc23
LC record available at https://lccn.loc.gov/2018030453

Bibliografische Information der Deutschen Nationalbibliothek

Die Deutsche Nationalbibliothek verzeichnet diese Publikation in der Deutschen Nationalbibliografie; detaillierte bibliografische Daten sind im Internet über http://dnb.d-b.de abrufbar.

© 2020 Walter de Gruyter GmbH & Co. KG, Berlin/Boston
Dieser Band ist text- und seitenidentisch mit der 2018 erschienenen gebundenen Ausgabe.

Satz: Dörlemann-Satz GmbH & Co. KG, Lemförde
Druck: CPI books GmbH, Leck

www.degruyter.com

Vorbemerkung

Ähnlich wie die beiden bereits vorliegenden Bände der Reihe *Traditio Praesocratica* zu den Milesiern ist auch dieser Band mit vielfältiger Unterstützung entstanden. An erster Stelle gilt unser Dank Sandra Fait, deren philologische Kompetenz und vor allem eingehende Fertigkeit im Bereich der digitalen Textbearbeitung von unschätzbarer Bedeutung für die Sammlung der Zeugnisse zu Xenophanes und ihre weitere Aufbereitung im Rahmen dieses Bandes waren.

Großer Dank gilt weiterhin Elvira Wakelnig und Christian Vassallo für die umfassende Betreuung der orientalischen bzw. papyrologischen Überlieferung. Folker Siegert und Jürgen Hammerstaedt hatten sich bereit erklärt, die Tradition bei Philon bzw. in der Oinoanda-Inschrift zu übernehmen; Annette von Stockhausen steuerte die Übersetzung des hebräischen Themistios bei. Auch ihnen sei herzlich gedankt!

Wichtige Hinweise und Korrekturvorschläge bei der Diskussion einzelner Zeugnisse verdanken wir Mathilde Brémond, Oliver Hellmann, Bernhard Herzhoff, Tobias Keppler, Andreas Lammer, Mikhail Pozdnev, Mechthild Siede und Carlos Steel.

Christoph Hocks und Stefan Schließmeyer schulden wir Dank, da sie die mühevolle Aufgabe übernommen haben, die Korrekturen mitzulesen.

Dem Verlag *Walter de Gruyter* danken wir schließlich für die Betreuung bei der technischen Erstellung des Bandes, der Deutschen Forschungsgemeinschaft für die finanzielle Förderung des Gesamtprojektes.

Trier, im August 2018

Benedikt Strobel
Georg Wöhrle

Inhaltsverzeichnis

Vorbemerkung V

Einführung 1

Edition 9

Anhang.. 395
    Abkürzungen 397
    Textausgaben der griechischen und lateinischen Autoren 399
    Textausgaben der arabischen Autoren 413
    Literatur zu den griechischen und lateinischen Autoren 415
    Literatur zu den arabischen Autoren 419
    Literatur zu den papyrologischen Quellen 423
    Liste der Testimonien 427
    Alphabetisches Autorenverzeichnis 441
    Konkordanz 445
    Similienapparat 449
    Register der Personen und Orte 453
    Register der Sachen und Begriffe 469
    Verzeichnis der Belegstellen für die Diels/Kranz-Fragmente
    (VS 21 B) 543
    Verzeichnis der Papyri (in chronologischer Ordnung) 549

Einführung

1. Allgemeine Bemerkungen

Der vorliegende Band zu Xenophanes aus Kolophon folgt den editorischen Prinzipien der beiden Vorgängerbände zu Thales bzw. Anaximander und Anaximenes von Milet.[1] Das heißt, dass zum einen die antiken und mittelalterlichen Zeugnisse zu dem jeweiligen vorsokratischen Philosophen in möglichst großer Vollständigkeit[2] und, soweit nötig und möglich, unter Angabe des unmittelbaren Kontextes zusammen mit einer Übersetzung abgedruckt werden.[3] Abweichungen von der jeweils herangezogenen Textedition werden in Anmerkungen gegeben, ebenso einzelne sachliche Erläuterungen, die jedoch keinen Kommentar ersetzen können und sollen.[4]

---

1 Wöhrle, G. (Hg.) *Die Milesier: Thales von Milet* (Traditio Praesocratica I), Berlin 2009 und ders. (Hg.) *Die Milesier: Anaximander und Anaximenes* (Traditio Praesocratica II), Berlin 2014. Der erste Band liegt mittlerweile auch in einer erweiterten englischsprachigen Ausgabe durch Richard McKirahan (Berlin 2014) vor. Zu den methodischen Prinzipien vgl. insbesondere das Vorwort im ersten Band zu Thales.
2 Es versteht sich von selbst, dass insbesondere im Bereich der arabischen bzw. byzantinischen Überlieferung im Laufe der Zeit weitere Zeugnisse auftauchen. Die zeitliche Grenze der mittelalterlichen Überlieferung ist im griechischsprachigen Bereich im 14. Jahrhundert, im lateinischsprachigen mit Albertus Magnus gesetzt worden.
3 Bei der deutschen Übersetzung der unmittelbaren Xenophanes-Zitate haben wir auf die Übersetzung von Diels/Kranz zurückgegriffen, dies vor allem, um die stilistische Differenz zwischen überliefertem Autor (Xenophanes) und dem überliefernden Autor zu markieren. Andere von uns übernommene Übersetzungen haben wir am Ende der jeweiligen Abschnitte mit dem Namen des Übersetzers gekennzeichnet, eigene Änderungen an einer solchen durch ein vorangestelltes ‚nach' verdeutlicht (z. Bsp. (Ü: nach Jori)). Wenn wir im Rekurs auf Diels/Kranz in eine fremde Übersetzung eingegriffen haben, haben wir dies durch ein Sternchen (*) hinter dem Namen des Übersetzers kenntlich gemacht. Ein Kreuz (⁺) wiederum weist auf Änderungen an der Übersetzung von Diels/Kranz hin.
4 Zu den Milesiern sind mittlerweile zwei Kommentare in den Studia Praesocratica erschienen: Schwab, A. *Thales von Milet in der frühen christlichen Literatur. Darstellungen seiner Figur und seiner Ideen in den griechischen und lateinischen Textzeug-*

Zum anderen soll der jeweilige Rezeptionshorizont, innerhalb dessen diese Zeugnisse im Laufe ihrer Überlieferungsgeschichte vermittelt wurden, verdeutlicht werden. Zu diesem Zweck hat sich ein hier so genannter Similienapparat bewährt.

Bei diesen Similien handelt es sich in der Regel eher um inhaltliche als um wörtliche Parallelstellen, in denen vergleichbare Angaben zu Biographie, Lehre, Anschauungen und ggfs. Aussprüchen, im Falle dieses Bandes des Xenophanes, gemacht werden. Zur leichteren Erfassung der Similien werden diese jeweils durch einen Begriff (z. Bsp. ‚Wurzeln der Erde'; ‚Natur der Gestirne') knapp charakterisiert. Am Ende des Bandes findet sich eine Auflistung sämtlicher Similien mit ihren Fundstellen. Mit Hilfe dieser Auflistung ist auch zum Beispiel schnell zu sehen, wo im Laufe der Überlieferungsgeschichte ein besonderer Interessenschwerpunkt hinsichtlich unseres Philosophen liegt und wo nicht.

Die Zeugnisse sind in – die verschiedenen Überlieferungssprachen übergreifender – chronologischer Ordnung dargeboten. Finden sich bei demselben überliefernden Autor (zum Beispiel Aristoteles) Zeugnisse in verschiedenen Schriften, so sind diese – soweit das möglich ist – nach doxographischen Prinzipien angeordnet. Wenn es sich in Einzelfällen um Übersetzungen aus dem Griechischen ins Lateinische (z. Bsp. Eusebios [**Xen 160f.**] → Hieronymus [**Xen 187f.**]) oder Arabische (z. Bsp. Pseudo-Plutarch [**Xen 95ff.**] → Qusṭā ibn Lūqā [**Xen 271ff.**]) handelt, so findet sich ein Verweis bei dem übersetzten Autor, während die Übersetzung selbst (soweit zu verorten) chronologisch beim Übersetzer aufgeführt wird. Wird ein überliefernder Autor seinerseits von einem späteren Autor zitiert (z. Bsp. Apollodor [**Xen 32**] durch Diogenes Laertios [**Xen 145**]), so findet sich auch hier zunächst ein Verweis bei dem früheren Autor, die ausführliche Zitierung dann bei dem späteren Autor. Zur besseren Orientierung ist in diesem Falle der ersten Angabe eine knappe Zusammenfassung des Tenors des Zitates beigefügt.

Da auch dieser Band nicht in erster Linie eine Rekonstruktion des möglicherweise originalen Wortlauts oder Werkzusammenhanges des vorsokratischen Philosophen zum Ziel hat (etwa im Sinne der Abteilung „B" bei Diels/Kranz), dem Leser aber dennoch die Möglichkeit geboten werden

---

nissen *christlicher Autoren der Kaiserzeit und Spätantike* (Studia Praesocratica 3), Berlin/Boston 2012; Marcinkowska-Rosół, M. *Die Prinzipienlehre der Milesier. Kommentar zu den Textzeugnissen bei Aristoteles und seinen Kommentatoren* (Studia Praesocratica 6), Berlin/Boston 2014. Ein weiterer Band zum paganen Thales ist in Vorbereitung (Katrin Beer).

Einführung

soll, die bei Diels/Kranz als „Fragmente" eingestuften und daher unter „B" subsumierten Zeugnisse leicht aufzufinden, ist dem Band im Anhang ein Verzeichnis der Belegstellen für die Diels/Kranz-Fragmente (VS 21 B) beigefügt.

Der Band wird außerdem durch Indices griechischer, lateinischer, arabischer und deutscher Schlüsselbegriffe sowie eine Bibliographie der für die Sammlung benutzten Editionen und der in den Anmerkungen zitierten Sekundärliteratur ergänzt.

2. Bemerkungen zu den arabischen Testimonien (Elvira Wakelnig)

Der Philosoph Xenophanes erfreute sich in der arabisch-islamischen Welt keiner besonders großen Beliebtheit. In den bio-bibliographischen Standardwerken, in denen berühmte Griechen sehr wohl Erwähnung finden,[5] ja ihnen häufig sogar ein ausführlicher Eintrag gewidmet wird, wie etwa Platon, Aristoteles, Hippokrates, Galen oder auch Thales,[6] suchen wir Xenophanes vergeblich. Auch in den arabischen Sammlungen von Philosophenaussprüchen, wie in Mubaššir ibn Fātiks *Auserlesenen Maximen und vorzüglichen Sentenzen*, in Ibn Hindūs *Geistigen Worten, griechischen Weisheitssprüchen*, in der fälschlicherweise al-Siǧistānī zugeschriebenen *Auswahl aus dem Schrank der Weisheit* oder einem anonym überlieferten Gnomologium aus dem 13. Jahrhundert mit dem Titel *Abschnitte der Weisen und Anekdoten von den Vorfahren und den Gelehrten*, glänzt Xenophanes durch Abwesenheit, während andere Vorsokratiker sehr wohl ihren Auftritt haben.[7] Das mag vielleicht mit der Hypothese erklärbar sein, dass in der spätantiken Weisheitsliteratur, die ab dem 8. Jahrhundert ins Arabische übersetzt wurde und auf der die arabischsprachigen, vor allem ethisch ausgerichteten Gnomologien und Spruchsammlungen beruhen, Xenophanes keine große Rolle gespielt hat. Darüber hinaus ist die Transkription

---

5   Siehe das Thales betreffende Zeugnis im *Katalog* von Ibn al-Nadīm (**Th 505**) und das Anaximenes betreffende Zeugnis (**As 234**) aus Ibn Abī Uṣaybiʿas *Quellen der Nachrichten über die Klassen der Ärzte*, wo es heißt: „Wie Isḥāq ibn Ḥunayn erzählt, gab es auch in dieser Zeit und davor eine Gruppe von bedeutenden und großen Philosophen, wie z. B. Pythagoras, Diokles, Theon, Empedokles, Euklid, Sāwurī (?), Timaios, Anaximenes, Demokrit, Thales."
6   Siehe Ibn al-Qifṭīs Thales-Eintrag (**Th 551**).
7   Siehe **Th 509–512**; **As 210**; **Th 501** und **As 231**; **Th 552**.

des griechischen Namens ins Arabische problematisch.[8] Man könnte daher mutmaßen, dass voneinander abweichende arabische Namensformen dazu geführt haben, dass kurzen Nachrichten über Xenophanes aus verschiedenen Quellen ein Kristallisationspunkt, nämlich ein einheitlicher Name, unter dem sie alle gesammelt werden konnten, fehlte und sie sich so im Laufe der Überlieferungsgeschichte entweder nach und nach verloren oder anderen, im Arabischen bekannteren Griechen untergeschoben wurden. Es mag sich auch hinter dem einen oder anderen griechischen Weisen, dessen Name im Arabischen bis zur Unkenntlichkeit entstellt wurde und der daher bis heute nicht entziffert werden konnte, Xenophanes verbergen.

Um Zeugnisse zu Xenophanes im Arabischen ausfindig zu machen, wurde daher zunächst von der griechischen Tradition ausgegangen. Eine erste Ansatzstelle bildet dabei das aristotelische Corpus, das in Übersetzung, entweder direkt aus dem Griechischen oder über das Syrische, fast zur Gänze im Arabischen vorhanden war und von Gelehrten der arabisch-islamischen Welt kommentiert wurde. Aristoteles erwähnt Xenophanes in der *Rhetorik*, jedoch scheinen diese Erwähnungen in arabischen Kommentare, wie dem der *Rhetorik* gewidmeten Teil des *Buches der Heilung (Kitāb al-Šifāʾ)* von Avicenna oder dem sogenannten *Mittleren Kommentar (Talḫīṣ Kitāb al-Ḫiṭāba)* von Averroes keine Spuren hinterlassen zu haben. Anders verhält es sich dagegen mit dem doxographischen Bericht über die Gestalt der Erde, den Aristoteles in *De Caelo* gibt und in dem auch Xenophanes namentlich angeführt wird. So weiß Abū Sahl al-Masīḥī in seinem *Kommentar zum Buch Über den Himmel und die Erde von Aristoteles (Talḫīṣ Kitāb al-Samāʾ wa-l-ʿālam li-Arisṭūṭālis)* über Xenophanes' diesbezügliche Meinung zu berichten, schreibt diese jedoch erstaunlicherweise auch Empedokles zu. So lesen wir bei ihm nicht wie bei Aristoteles über Xenophanes' Ansicht und deren Zurückweisung durch Empedokles, sondern finden die beiden Vorsokratiker in gemeinsamer Anschauung vereint. Averroes gibt hinge-

---

8 Das griechische ξ wird im Arabischen zumeist mit zwei Konsonanten, nämlich k und s, transkribiert. Aufgrund der arabischen Silbenstruktur kann ein arabisches Wort jedoch nicht mit zwei Konsonanten beginnen. Daher müssen ein Konsonant und ein Vokal vorgeschoben werden, um eine geschlossene Silbe zu bilden, nämlich z. B. ʾak-si-nū-fā-nis, wobei der mit *hamza* (ʾ) bezeichnete Stimmansatz vor einem Vokal als Konsonant gilt. Der gleiche Vorgang lässt sich bei der Transkription Platons als ʾAflāṭun beobachten. Die andere Möglichkeit ist, zwischen k und s einen Kurzvokal einzuschieben und zum Beispiel Ki-si-nū-fā-nis zu lesen. Dadurch entstehen jedoch im Arabischen schon recht verschiedene Schriftbilder: أكسنوفانس und كسنوفانس. Je nachdem, wie die anderen Buchstaben transkribiert werden, kann die Abweichung beträchtlich ausfallen, im Extremfall etwa أكسينوفايس und كسفنس.

gen sowohl in seinem mittleren als auch in seinem großen Kommentar die aristotelische Darstellung genau wieder.[9] Jedoch übergeht er im mittleren Kommentar den Namen des Xenophanes und beschreibt dessen Meinung als eine, die vertreten, aber von Empedokles kritisiert wurde. In seinem großen Kommentar, der heute nur in lateinischer Übersetzung bekannt ist, wird die Ansicht Xenophanes' als eine zitiert, die von mehreren Leuten vertreten wurde, bevor die Kritik Empedokles' angeführt wird. Somit scheint der Name „Xenophanes" Averroes schon im zwölften Jahrhundert Probleme bereitet zu haben. Die Anonymisierung des Testimoniums im mittleren Kommentar kann entweder damit erklärt werden, dass Averroes den Namen zwar in der ihm vorliegenden *De Caelo*-Version richtig gelesen hat, ihn jedoch nicht für mitteilenswert hielt, da ihm keine anderen Nachrichten über diesen Vorsokratiker bekannt waren. Wahrscheinlicher scheint jedoch, dass schon Averroes selbst mit einer verderbten Namensform konfrontiert war, die er nicht deuten konnte. Somit gibt die arabische Aristoteles-Rezeption nur überaus dürftig Auskunft über Xenophanes.

Etwas ergiebiger erweist sich die Übertragung griechischer Quellen zu den Vorsokratikern ins Arabische. So gelangten die *Placita Philosophorum* unter dem Namen Plutarchs über mindestens zwei unterschiedliche Wege in die arabisch-islamische Welt. Zum einen fertigte der christliche Arzt, Philosoph und Übersetzer Qusṭā ibn Lūqā im 9. Jahrhundert eine erhaltene Übersetzung, die in der arabischen Literatur häufig zitiert wurde. Zum anderen enthält das unter anderem dem berühmten arabischen Literaten Ǧāḥiẓ zugeschriebene *Buch über die Hinweise und Betrachtung der Schöpfung und ihrer Ordnung* einen längeren Abschnitt aus den *Placita*, der nicht auf Qusṭās Übersetzung zurückzugehen scheint. Da das Werk im späten achten oder frühen neunten Jahrhundert entstanden sein dürfte, lässt sich somit für die ersten Jahrhunderte des Islams ein gewisses Interesse an doxographischem Material griechischen Ursprungs konstatieren. Dieses Material wurde von muslimischen Autoren aufgenommen und zitiert, um die unter den griechischen Philosophen herrschende Uneinigkeit, zum Beispiel in Bezug auf himmlische Phänomene, aufzuzeigen. So führt auch al-Maqdisī in seinem im zehnten Jahrhundert entstandenen, umfassenden *Buch über den Anfang und die Geschichte* unterschiedliche Anschauungen der griechischen Philosophen, etwa über die Sonnenfinsternis und die Gestalt des Mondes, an. Er verzichtet dabei auf die Nennung der einzelnen Denker, wenn sie ihm nicht erwähnenswert erscheinen. So fällt Xenophanes' Name

---

9   In seinem Kurzkommentar, der Epitome, wird der doxographische Teil erheblich gekürzt und weder Xenophanes noch dessen Ansicht verzeichnet.

aus, während Platon und Aristoteles sehr wohl genannt werden. Ebenso erwähnt al-Maqdisī auch sorgsam seine Quelle, nämlich Plutarch. Auch hier zeigt sich, wie schon in Bezug auf die Aristoteles-Kommentare, dass mit dem Namen Xenophanes offenbar wenig bis gar nichts verbunden wurde und er so verzichtbar erschien.

Weiteres doxographisches Material über die Vorsokratiker findet sich in der arabischen *Doxographie des Pseudo-Ammonius* und der vollständig nur auf Latein erhaltenen *Turba Philosophorum*. Die Wege, auf denen dieses Material ins Arabische überliefert wurde, lassen sich, zumindest bisher, nicht rekonstruieren. Als eine der Hauptquellen für die *Doxographie des Pseudo-Ammonius* hat ihr moderner Herausgeber Rudolph die *Refutatio omnium haeresium* des Kirchenvaters Hippolytos von Rom (gest. 235) ausfindig gemacht. Jedoch gibt es gerade für die unter dem Namen Xenophanes vorgebrachten Lehren kaum Berührungspunkt mit dieser griechischen Quelle. Auch kann nicht mit Sicherheit gesagt werden, ob die *Doxographie* in ihrer uns heute vorliegenden Gestalt auf ein griechisches Modell zurückgeht oder unter Heranziehung bislang nicht gänzlich identifizierter Quellen etwa im neunten Jahrhundert im Arabischen kompiliert wurde, auch wenn letztere Hypothese heute als die wahrscheinlichere angesehen wird. Die *Doxographie* wurde in der arabischen Literatur häufig zitiert, unter anderem wurde sie von al-Šahrastānī fast vollständig in sein Werk mit dem Titel *Religionsparteien und Philosophenschulen* (*al-Milal wa-l-niḥal*) übernommen.

Ein textgeschichtlich noch größeres Rätsel als die *Doxographie des Pseudo-Ammonius* stellt die *Turba Philosophorum* dar, die vorgibt, die Aufzeichnung einer Versammlung vorsokratischer Philosophen zu sein, die über die ersten Prinzipien und alchemistische Prozesse diskutieren. Das verwendete Material dürfte auf griechische Quellen zurückgehen und im späten neunten oder beginnenden zehnten Jahrhundert auf Arabisch zusammengestellt worden sein. Von dieser arabischen Zusammenstellung existieren jedoch heute nur mehr Fragmente in späteren Werken[10] und eine lateinische Übersetzung, in der die arabischen Philosophennamen bis zur Unkenntlichkeit verderbt sind. Hinter Eximenus und Acsubofen bzw. Arsuberes lassen sich arabische Transkriptionen des Namens Xenophanes vermuten.[11]

Ein Zeugnis zu Xenophanes, das sowohl textgeschichtlich als auch inhaltlich aus dem soeben dargestellten Rahmen der arabischen Tradition fällt,

---

10 Keines der bisher bekannten arabischen Fragmente betrifft Xenophanes.
11 Siehe die entsprechenden Fußnoten zu den Testimonien aus der *Turba* (Xen 304 und 305).

findet sich in einer Kompilation mit dem Titel *Kostbare Äußerungen der Philosophen* (*Nawādir al-Falāsifa*), in der vor allem griechische Denker mit philosophischen Lehren zu Wort kommen. Unter ihnen findet sich als einer der sieben Weisen ein gewisser ʾAksūfānis, der mit großer Sicherheit als Xenophanes (ʾAksinūfānis) zu deuten ist. Das in dem Werk verwendete griechische Material dürfte, zumindest in Teilen, im neunten Jahrhundert ins Arabische übersetzt worden sein, und so stellt sich die Frage, ob es sich bei dem zitierten Ausspruch über die Seele um eine griechische Xenophanes-Tradition, eine Verschreibung des Namens oder eine Erfindung des arabischen Kompilators handelt. Da die arabische Literatur bisher weder vollständig ediert noch digital erfasst und durchsuchbar ist, kann auf eine solche Frage zurzeit nicht einmal ansatzweise geantwortet werden. Man darf jedoch darauf hoffen, dass zahlreiche im Entstehen begriffene Projekte es in Zukunft ermöglichen werden, weitere arabische Zeugnisse zu Xenophanes ausfindig und in einen größeren Kontext einsortierbar zu machen.[12]

---

12 So sammelt das *Corpus der arabischen und syrischen Gnomologien* (http://casg.orientphil.uni-halle.de/) griechisches Spruchmaterial aus Editionen und Handschriften in einer Datenbank oder macht das *Digital Averroes Research Environment* (http://dare.uni-koeln.de/) die Werke des Averroes in Arabisch und Übersetzungen in digitalisierter Form zugänglich.

EDITION

Epicharm

Xen 1
PCG I Nr. 143 = Fr. 213 Guillén, s. **Xen 8** (Arist. Metaph. 4.5, 1010a1–7)

Heraklit

Xen 2
Fr. VS 22 B 40, s. **Xen 143** (Diog. Laert. 9.1)

Platon

Xen 3
Sophistes 242c4–243b1 (ed. Duke et al.)
ΞΕ. Εὐκόλως μοι δοκεῖ Παρμενίδης ἡμῖν διειλέχθαι καὶ πᾶς ὅστις πώποτε ἐπὶ κρίσιν ὥρμησε τοῦ τὰ ὄντα διορίσασθαι πόσα τε καὶ ποῖά ἐστιν.
ΘΕΑΙ. Πῇ;
ΞΕ. Μῦθόν τινα ἕκαστος φαίνεταί μοι διηγεῖσθαι παισὶν ὡς οὖσιν ἡμῖν, ὁ μὲν ὡς τρία τὰ ὄντα, πολεμεῖ δὲ ἀλλήλοις ἐνίοτε αὐτῶν ἄττα πῃ, τοτὲ δὲ καὶ φίλα γιγνόμενα γάμους τε καὶ τόκους καὶ τροφὰς τῶν ἐκγόνων παρέχεται· δύο δὲ ἕτερος εἰπών, ὑγρὸν καὶ ξηρὸν ἢ θερμὸν καὶ ψυχρόν, συνοικίζει τε αὐτὰ καὶ ἐκδίδωσι· τὸ δὲ παρ' ἡμῖν Ἐλεατικὸν ἔθνος, ἀπὸ Ξενοφάνους τε καὶ ἔτι πρόσθεν ἀρξάμενον, ὡς ἑνὸς ὄντος τῶν πάντων καλουμένων οὕτω διεξέρχεται τοῖς μύθοις. Ἰάδες δὲ καὶ Σικελαί τινες ὕστερον Μοῦσαι συνενόησαν ὅτι συμπλέκειν ἀσφαλέστατον ἀμφότερα καὶ λέγειν ὡς τὸ ὂν πολλά τε καὶ ἕν ἐστιν, ἔχθρᾳ δὲ καὶ φιλίᾳ συνέχεται.

Epicharm (ca. 550 – 460 v. Chr.)

Xen 1
*Nach Aristoteles (**Xen 8**) bezog sich Epicharm (polemisch?¹) auf Xenophanes.*

Heraklit (um 500 v. Chr.)

Xen 2
*Diogenes Laertios (**Xen 143**) überliefert eine Äußerung Heraklits, mit der dieser u. a. Xenophanes „Vielwisserei ohne Verstand" vorwirft.*

Platon (428/7 – 348/7 v. Chr.)

Xen 3
Der Sophist 242c4–243b1
Die Lehren der Naturphilosophen über das Seiende.
Gast [aus Elea]: Parmenides hat vielleicht doch etwas zu leichtfertig mit uns darüber gesprochen sowie überhaupt all jene, die sich auf eine Untersuchung eingelassen haben, in wie viele und was für Arten man das Seiende einteilen müsse.
Theätet: Wieso?
Gast: Wie ein Märchen kommt es mir vor, was jeder von ihnen erzählt, als wären wir Kinder: Der eine sagt, das Seiende sei dreifach, manchmal kämpfe einiges davon miteinander, dann wieder liebe es sich und es gebe Hochzeiten, Geburten und das Großziehen der Kinder. Ein anderer wieder sagt, es gebe nur zwei Arten, Nasses und Trockenes oder Warmes und Kaltes; er gibt beides zusammen und verheiratet es. Unsere eleatische Sippschaft aber, angefangen bei Xenophanes oder vielleicht sogar noch früher, stellt die Sache in ihren Geschichten so dar, als sei das, was wir alles nennen, ein eines. Gewissen ionischen oder sizilischen Musen dagegen fiel später ein, es sei am sichersten, beides zu verbinden und zu sagen, das Seiende sei sowohl

---
1 So Alexander (**Xen 131**), vgl. aber Lesher (1992), 201 Anm. 16.

διαφερόμενον γὰρ ἀεὶ συμφέρεται, φασὶν αἱ συντονώτεραι τῶν Μουσῶν· αἱ δὲ μαλακώτεραι τὸ μὲν ἀεὶ ταῦτα οὕτως ἔχειν ἐχάλασαν, ἐν μέρει δὲ τοτὲ μὲν ἓν εἶναί φασι τὸ πᾶν καὶ φίλον ὑπ' Ἀφροδίτης, τοτὲ δὲ πολλὰ καὶ πολέμιον αὐτὸ αὑτῷ διὰ νεῖκός τι. ταῦτα δὲ πάντα εἰ μὲν ἀληθῶς τις ἢ μὴ τούτων εἴρηκε, χαλεπὸν καὶ πλημμελὲς οὕτω μεγάλα κλεινοῖς καὶ παλαιοῖς ἀνδράσιν ἐπιτιμᾶν· ἐκεῖνο δὲ ἀνεπίφθονον ἀποφήνασθαι –
ΘΕΑΙ. Τὸ ποῖον;
ΞΕ. Ὅτι λίαν τῶν πολλῶν ἡμῶν ὑπεριδόντες ὠλιγώρησαν· οὐδὲν γὰρ φροντίσαντες εἴτ' ἐπακολουθοῦμεν αὐτοῖς λέγουσιν εἴτε ἀπολειπόμεθα, περαίνουσι τὸ σφέτερον αὐτῶν ἕκαστοι.

Similien:
Das Eine/Das All
Xenophanes als Eleat

Aristoteles

Xen 4
De caelo 2.13, 294a19–29 (ed. Moraux)
Ὥστε τὸ μὲν ἀπορεῖν εἰκότως ἐγένετο φιλοσόφημα πᾶσιν· τὸ δὲ τὰς περὶ τούτου λύσεις μὴ μᾶλλον ἀτόπους εἶναι δοκεῖν τῆς ἀπορίας, θαυμάσειεν ἄν τις. Οἱ μὲν γὰρ διὰ ταῦτα ἄπειρον τὸ κάτω τῆς γῆς εἶναί φασιν, ἐπ' ἄπειρον αὐτὴν ἐρριζῶσθαι λέγοντες, ὥσπερ Ξενοφάνης ὁ Κολοφώνιος, ἵνα μὴ πράγματ' ἔχωσι ζητοῦντες τὴν αἰτίαν· διὸ καὶ Ἐμπεδοκλῆς οὕτως ἐπέπληξεν, εἰπὼν ὡς

vieles als auch eines, es werde durch Haß und Liebe zusammengehalten. Im Auseinanderstreben strebe es gleichermaßen zusammen, so sagen wenigstens die gestrengeren unter den Musen. Die nachgiebigeren aber bestehen nicht darauf, daß sich das immer so verhalte, sondern behaupten, das All sei abwechselnd einmal eines, mit sich in Freundschaft durch Aphrodite, dann aber wieder vieles, mit sich selbst verfeindet durch irgendeinen Streit. Ob aber damit in all diesen Fragen einer von ihnen die ganze Wahrheit getroffen hat, ist schwer zu sagen; es wäre aber verfehlt, mit so gepriesenen, altehrwürdigen Männern über solch gravierende Themen zu rechten. Eines dürfen wir aber doch festhalten, ohne Anstoß zu erregen…
Theätet: Was?
Gast: … daß sie uns Viele einfach übersehen und zu geringschätzig behandelt haben. Sie haben sich überhaupt nicht darum gekümmert, ob wir ihren Ausführungen folgen können oder nicht. Jeder ist nur darauf aus, sein Problem zu Ende zu bringen. (Ü: Meinhardt)

Aristoteles (384 – 322 v. Chr.)

Xen 4
Über den Himmel 2.13, 294a19–29
So ist die Verlegenheit [bezüglich der Frage, warum die Erde als ganze ruht, ohne offenbar von etwas gestützt zu werden] mit Recht für alle zum Ausgangspunkt einer wissenschaftlichen Untersuchung [der Frage] geworden. Man könnte freilich darüber staunen, dass die Lösungen, die hier gegeben worden sind, nicht für noch absurder gehalten werden als die Schwierigkeit selbst. Denn die einen meinen mit Blick auf das geschilderte Problem, dass das Untere der Erde unbegrenzt sei, und behaupten, dass sie ins Unbegrenzte wurzele,[1] wie Xenophanes von Kolophon, damit sie bei der Suche nach einer Erklärung nicht in Schwierigkeiten gerieten. Deshalb hat Empedokles diese Leute mit folgenden Worten angegriffen (VS 31 B 39):

---

[1] Der mit „und behaupten, dass sie ins Unbegrenzte wurzele" wiedergegebene Partizipialsatz „ἐπ' ἄπειρον αὐτὴν ἐρριζῶσθαι λέγοντες" fehlt in den ältesten Handschriften von *De caelo*, Parisiensis gr. 1853 (= E) und Vindobonensis phil. graec. 100 (= J), und wird auch in Simplikios' Paraphrase des Textes nicht erwähnt. Er ist in der Edition von Allan (1936) getilgt.

εἴ περ ἀπείρονα γῆς τε βάθη καὶ δαψιλὸς αἰθήρ,
ὡς διὰ πολλῶν δὴ γλώσσης ῥηθέντα ματαίως
ἐκκέχυται στομάτων, ὀλίγον τοῦ παντὸς ἰδόντων.
Οἱ δ' ἐφ' ὕδατος κεῖσθαι.

Similien:
Natur und Entstehung der Erde
Unbewegtheit der Erde
Unendlichkeit der Erde
Wurzeln der Erde

(vgl. **Xen 14, Xen 186a, Xen 234, Xen 235, Xen 289, Xen 317, Xen 330, Xen 331b**)

Xen 5
Fr. 21.1 Gigon = 75 Rose [Über Dichter, 3. Buch], s. **Xen 139** (Diog. Laert. 2.46)

Xen 6
Test. 1 Gigon, s. **Xen 140** (Diog. Laert. 5.25)

Xen 7
Metaphysica 1.5, 986b10–28 (ed. Primavesi)
εἰσὶ δέ τινες οἳ περὶ τοῦ παντὸς ὡς ἂν μιᾶς οὔσης φύσεως ἀπεφήναντο, τρόπον δὲ οὐ τὸν αὐτὸν πάντες οὔτε τοῦ καλῶς οὔτε τοῦ κατὰ τὴν φύσιν. εἰς μὲν οὖν τὴν νῦν σκέψιν τῶν αἰτίων οὐδαμῶς συναρμόττει περὶ αὐτῶν ὁ λόγος (οὐ γὰρ ὥσπερ ἔνιοι τῶν φυσιολόγων ἓν ὑποθέμενοι τὸ ὂν ὅμως γεννῶσιν ὡς ἐξ ὕλης τοῦ ἑνός, ἀλλ' ἕτερον τρόπον οὗτοι λέγουσιν· ἐκεῖνοι μὲν γὰρ προστιθέασι κίνησιν, γεννῶντές γε τὸ πᾶν, οὗτοι δὲ ἀκίνητον εἶναί φασιν)· οὐ μὴν ἀλλὰ τοσοῦτόν γε οἰκεῖόν ἐστι τῇ νῦν σκέψει. Παρμενίδης μὲν γὰρ ἔοικε τοῦ κατὰ τὸν λόγον ἑνὸς ἅπτεσθαι, Μέλισσος δὲ τοῦ κατὰ τὴν ὕλην (διὸ καὶ ὁ μὲν πεπερασμένον ὁ δ' ἄπειρόν φησιν εἶναι αὐτό)· Ξενοφάνης δὲ πρῶτος τούτων ἑνίσας (ὁ γὰρ Παρμενίδης τούτου λέγεται μαθητής) οὐθὲν διεσαφήνισεν, οὐδὲ τῆς φύσεως τούτων οὐδετέρας ἔοικε θιγεῖν, ἀλλ' εἰς τὸν ὅλον οὐρανὸν ἀποβλέψας τὸ ἓν εἶναί φησι τὸν θεόν. οὗτοι μὲν οὖν, καθάπερ εἴπομεν, ἀφετέοι πρὸς τὴν νῦν ζήτησιν, οἱ

Wenn wirklich unendlich der Erde Tiefen und überreichlich der Äther wäre, wie es, in der Tat schon durch Vieler Zungen gegangen, ins Gelag hinein aus dem Munde von solchen ausgesprudelt worden ist, die nur wenig vom All erblickten.
Andere wiederum [behaupten], dass [die Erde] auf dem Wasser liege. (Ü: nach Jori*)

Xen 5
*Diogenes Laertios (**Xen 139**) berichtet, dass laut Aristoteles Xenophanes mit Homer und Hesiod rivalisierte.*[1]

Xen 6
*Im Schriftenkatalog des Aristoteles bei Diogenes Laertios (**Xen 140**) wird ein Buch* Gegen die Lehren des Xenophanes *aufgeführt.*

Xen 7
Metaphysik 1.5, 986b10–28
Einige [andere] haben sich dagegen über das All in dem Sinne ausgesprochen, dass es sich um eine einzige Natur handele; doch taten sie das nicht allesamt auf dieselbe Weise, weder was die Qualität ihrer Ausführungen noch was den Anspruch betrifft, der Natur gerecht zu werden. Zu der gegenwärtigen Untersuchung [der Arten] von Ursachen passt eine Besprechung dieser Denker überhaupt nicht (denn sie verfahren nicht so wie einige der Naturphilosophen, dass sie das Seiende [zwar] als eines zugrundelegen, doch aus diesem Einen als der Materie [das Werdende] hervorgehen lassen, sondern sprechen auf andere Art und Weise: Jene nämlich fügen Bewegung hinzu und lassen so das All hervorgehen, diese dagegen sagen, es unterliege keiner Bewegung). Freilich ist zumindest soviel für die jetzige

---
1 Vgl. Breitenberger (2006), 338–339.

μὲν δύο καὶ πάμπαν ὡς ὄντες μικρὸν ἀγροικότεροι, Ξενοφάνης καὶ Μέλισσος· Παρμενίδης δὲ μᾶλλον βλέπων ἔοικέ που λέγειν· [...].

Similien:
Das Eine/Das All
Gottesbegriff
Gott als das Eine/das All
Gott/das Prinzip begrenzt/unbegrenzt
Gott/das Prinzip bewegt/unbewegt
Verhältnis zu Parmenides
Xenophanes als Eleat

(vgl. **Xen 7, Xen 129, Xen 130, Xen 252, Xen 253, Xen 323, Xen 324, Xen 331a**)

Xen 8
Metaphysica 4.5, 1010a1–7 (ed. Ross)
αἴτιον δὲ τῆς δόξης τούτοις ὅτι περὶ τῶν ὄντων μὲν τὴν ἀλήθειαν ἐσκόπουν, τὰ δ' ὄντα ὑπέλαβον εἶναι τὰ αἰσθητὰ μόνον· ἐν δὲ τούτοις πολλὴ ἡ τοῦ ἀορίστου φύσις ἐνυπάρχει καὶ ἡ τοῦ ὄντος οὕτως ὥσπερ εἴπομεν· διὸ εἰκότως μὲν λέγουσιν, οὐκ ἀληθῆ δὲ λέγουσιν (οὕτω γὰρ ἁρμόττει μᾶλλον εἰπεῖν ἢ ὥσπερ Ἐπίχαρμος εἰς Ξενοφάνην).

(vgl. **Xen 131, Xen 255, Xen 327**)

Xen 9
Poetica 25, 1460b35–1461a1 (ed. Kassel)
εἰ δὲ μηδετέρως, ὅτι οὕτω φασίν, οἷον τὰ περὶ θεῶν· ἴσως γὰρ οὔτε βέλτιον οὕτω λέγειν οὔτ' ἀληθῆ, ἀλλ' εἰ ἔτυχεν ὥσπερ Ξενοφάνει· ἀλλ' οὖν φασι.

Similien:
Götterbilder

Untersuchung relevant: Parmenides scheint an das, was eines der Formel nach, Melissos dagegen an das, was eines der Materie nach ist, gerührt zu haben (daher sagt der eine, es sei begrenzt, der andere, es sei unbegrenzt). Xenophanes dagegen, der als erster von ihnen [alles] zu Einem gemacht hat (denn Parmenides wird als sein Schüler bezeichnet) erklärte sich [in diesem Punkt] nicht näher und scheint auch nicht an ihre jeweilige Natur [sc. von dem, was eines der Formel nach ist, und von dem, was eines der Materie nach ist] gerührt zu haben; vielmehr sagt er, die Welt in ihrer Gesamtheit betrachtend, dass das Eine Gott sei.[1] Diese Denker sind, wie wir bemerkt haben, für die gegenwärtige Untersuchung zu vernachlässigen, jene beiden völlig, da sie doch etwas zu grobe Köpfe sind, Xenophanes und Melissos. Dagegen scheint Parmenides eher mit Einsicht zu sprechen: […].

Xen 8
Metaphysik 4.5, 1010a1–7
Denker, die der Ansicht sind, dass die Wahrheit in den Erscheinungen liege.
Die Ursache aber für die Meinung, die sie verfechten, liegt darin, dass sie zwar nach der Wahrheit des Seienden forschen, aber als Seiendes lediglich die Sinnesdinge gelten ließen. In diesen aber herrscht die Natur des Unbestimmten und diejenige des Seienden vor, von dem wir bereits oben gesprochen haben. Daher sprechen sie zwar dem Anschein nach wahr, sagen aber nicht die Wahrheit (denn so gehört es sich wohl eher, gegen sie zu sprechen, als in der Art wie Epicharmos [**Xen 1**] gegen Xenophanes). (Ü: Schwarz)

Xen 9
Poetik 25, 1460b35–1461a1
Verteidigungsmöglichkeiten gegen den Vorwurf einer nicht wirklichkeitsgetreuen Darstellung in der Dichtung.
Gibt es weder die eine noch die andere Möglichkeit [sc. weder die Möglichkeit, sich darauf zu berufen, man stelle die Charaktere so dar, wie sie sein

---

[1] Zu den möglichen Deutungen von „οὐρανὸν" vgl. Palmer (1988), 6 und das Resumee 7: „The meaning of our passage, then, is that Xenophanes, having considered the entire region of the cosmos encompassed by the outermost revolution, came to the conclusion that there is a god, which Aristotle sees as comparable to the One of the Eleatics."

Xen 10
Rhetorica 1.15, 1377a15–25 (ed. Ross)
οὐ λαμβάνει δ', ὅτι ἀντὶ χρημάτων ὅρκος, καὶ ὅτι εἰ ἦν φαῦλος, κατωμόσατο ἄν· κρεῖττον γὰρ ἂν ⟨ἦν⟩ ἕνεκά του φαῦλον εἶναι ἢ μηδενός· ὀμόσας μὲν οὖν ἕξει, μὴ ὀμόσας δ' οὔ· οὕτως δὲ δι' ἀρετὴν ἂν εἴη, ἀλλ' οὐ δι' ἐπιορκίαν, τὸ μή. καὶ τὸ τοῦ Ξενοφάνους ἁρμόττει, ὅτι "οὐκ ἴση πρόκλησις αὕτη τἀσεβεῖ πρὸς εὐσεβῆ", ἀλλ' ὁμοία καὶ εἰ ἰσχυρὸς ἀσθενῆ πατάξαι ἢ πληγῆναι προκαλέσαιτο.
εἰ δὲ λαμβάνει, ὅτι πιστεύει αὑτῷ, ἐκείνῳ δ' οὔ. καὶ τὸ τοῦ Ξενοφάνους μεταστρέψαντα φατέον οὕτως ἴσον εἶναι ἂν ὁ μὲν ἀσεβὴς διδῷ, ὁ δ' εὐσεβὴς ὀμνύῃ· δεινόν τε τὸ μὴ θέλειν αὐτόν, ὑπὲρ ὧν ἐκείνους ἀξιοῖ ὀμόσαντας δικάζειν.

(vgl. **Xen 298** & **Xen 299**)

Xen 11
Rhetorica 2.23, 1399b5–9 (ed. Ross)
ἄλλος ἐκ τοῦ τὸ συμβαῖνον ἐὰν ᾖ ταὐτόν, ὅτι καὶ ἐξ ὧν συμβαίνει ταὐτά· οἷον Ξενοφάνης ἔλεγεν ὅτι ὁμοίως ἀσεβοῦσιν οἱ γενέσθαι φάσκοντες τοὺς θεοὺς τοῖς ἀποθανεῖν λέγουσιν· ἀμφοτέρως γὰρ συμβαίνει μὴ εἶναι τοὺς θεούς ποτε.

Similien:
Götterbilder
Religionskritik

sollen, noch die, sich darauf zu berufen, man stelle sie so dar, wie sie sind],
kann man sich auf das, was man gemeinhin sagt, berufen, zum Beispiel auf
Götterdarstellungen. Denn vielleicht ist es weder besser, sie so darzustellen,
[wie sie dargestellt werden,] noch entspricht es der Wahrheit, aber wenn
man es eben tut, [muss man es so verteidigen] wie gegenüber Xenophanes:
„Man sagt eben so." (Ü: Schmitt)

Xen 10
Rhetorik 1.15, 1377a15–25
Aristoteles unterscheidet an dieser Stelle mehrere Möglichkeiten im Zusammenhang mit der Beeidigung vor Gericht. Die einzelnen Fälle werden begründet. Man leistet keinen Eid: (Dann muss man sagen), dass der Eid für Geld zu bekommen ist. Und dass man den Eid geleistet hätte, wenn man ein verkommener Mensch wäre; denn es sei besser um irgendeines Gewinnes willen schlecht zu sein als für nichts. Wer nämlich einen Eid geleistet hat, wird ihn haben, wer aber nicht, der nicht. So aber dürfte das Nichtleisten des Eides wegen der Tugend gewesen sein, nicht aber wegen eines Meineids[1]. Auch passt hierzu der Ausspruch des Xenophanes, dass diese Aufforderung (zum Eid) nicht gleich ist für einen Gottlosen, wie wenn sie an einen Frommen ergeht, sondern dass dies ähnlich ist, wie wenn ein Starker einen Schwachen herausfordern würde, zu schlagen oder geschlagen zu werden. Wenn man den Eid leistet, (muss man sagen), dass man sich selbst traut, jenem aber nicht. Auch muss man den Ausspruch des Xenophanes umgewandt aussprechen, dass es gleich ist, wenn der Gottlose einen Eid anbietet, der Fromme ihn aber leistet[2]; und dass es schlimm sei, wenn man selbst keinen Eid für Dinge leisten will, für die man von jenen fordert, nur nach einem abgelegten Eid ein Urteil zu fällen. (Ü: Rapp)

Xen 11
Rhetorik 2.23, 1399b5–9
Topen zur Konstruktion von Enthymemen. Ein weiterer (Topos ergibt sich) daraus, dass, wenn das Ergebnis dasselbe ist, auch das, woraus es sich ergibt,

---

1 „Wer einen Eid leistet, tut es um des Vorteils willen und ist daher schlecht; *daher* verzichtet der, der keinen Eid leistet, auf einen möglichen Vorteil und beweist damit seine Tugend." (Rapp (2002), 522)
2 „Dass es für einen Frommen das Gleiche bedeutet, ob er den von einem Gottlosen oder den von irgendeinem anderen angebotenen Eid leistet." (Rapp (2002), 523)

Xen 12
Rhetorica 2.23, 1400b5–8 (ed. Ross)
ἄλλος, ὅταν τι ἐναντίον μέλλῃ πράττεσθαι τοῖς πεπραγμένοις, ἅμα σκοπεῖν, οἷον Ξενοφάνης Ἐλεάταις ἐρωτῶσιν εἰ θύωσι τῇ Λευκοθέᾳ καὶ θρηνῶσιν ἢ μή, συνεβούλευεν, εἰ μὲν θεὸν ὑπολαμβάνουσιν, μὴ θρηνεῖν, εἰ δ' ἄνθρωπον, μὴ θύειν.

Similien:
Götterbilder
Religionskritik

(vgl. **Xen 59, Xen 61** & **Xen 63**)

Pseudo-Aristoteles (Mirabilium auscultationes)

Xen 13
Mirabilium auscultationes 38a, 833a15–17 (ed. Giannini)
τὸ δ' ἐν τῇ Λιπάρᾳ ποτὲ καὶ ἐκλιπεῖν φησὶν Ξενοφάνης ἐπ' ἔτη ἑκκαίδεκα, τῷ δὲ ἑβδόμῳ ἐπανελθεῖν.

Similien:
Naturphänomene

dasselbe ist, wie zum Beispiel Xenophanes sagte, dass diejenigen genauso freveln, die behaupten, die Götter seien entstanden, wie die, die behaupten, sie würden sterben; auf beide Weisen nämlich ergibt sich, dass die Götter zu irgendeinem Zeitpunkt nicht existieren. (Ü: Rapp)

Xen 12
Rhetorik 2.23, 1400b5–8
Topen zur Konstruktion von Enthymemen. Ein weiterer [Topos besteht], wenn etwas getan werden soll, was im konträren Gegensatz zu anderen Taten steht, darin, dies zusammen zu prüfen, wie zum Beispiel Xenophanes den Einwohnern von Elea auf die Frage hin, ob sie Leukothea opfern und sie betrauern sollen oder nicht, den Rat gab, wenn sie sie für einen Gott hielten, sie nicht zu betrauern, wenn sie sie dagegen für einen Menschen hielten, ihr nicht zu opfern. (Ü: Rapp)

Pseudo-Aristoteles (Mirabilium auscultationes) (Datierung umstritten)

Xen 13
Wundersame Berichte 38a, 833a15–17
Vulkanische Erscheinung. Xenophanes sagt, dass das Feuer auf Lipara[1] einstmals sechzehn Jahre lang ausgeblieben und im siebzehnten wiedergekommen sei.

---

1   Insel vulkanischen Ursprungs, nördlich von Sizilien im Tyrrhenischen Meer gelegen.

Pseudo-Aristoteles (MXG)

Xen 14

De Melisso, Xenophane, Gorgia 2, 976a31–37 (ed. Diels[1])

⟨ἔτι⟩ τί κωλύει καὶ πλείω ὄντα ἑνὸς μεγέθει ἄπειρα εἶναι; ὡς καὶ Ξενοφάνης ἄπειρον τό τε βάθος τῆς γῆς καὶ τοῦ ἀέρος φησὶν εἶναι. δηλοῖ δὲ καὶ ὁ Ἐμπεδοκλῆς· ἐπιτιμᾷ γὰρ ὡς λεγόντων τινῶν τοιαῦτα, ἀδύνατον εἶναι οὕτως ἐχόντων ξυμβαίνειν αὐτά,

εἴπερ ἀπείρονα γῆς τε βάθη καὶ δαψιλὸς αἰθήρ,
ὡς διὰ πολλῶν δὴ βροτέων ῥηθέντα ματαίως
ἐκκέχυται στομάτων, ὀλίγον τοῦ παντὸς ἰδόντων.

Similien:
Unendlichkeit der Erde

(vgl. **Xen 4, Xen 186a, Xen 234, Xen 235, Xen 289, Xen 317, Xen 330, Xen 331b**)

Xen 15

De Melisso, Xenophane, Gorgia 3–4, 977a12–979a9 (ed. Diels[2])

§ 3

Ἀριστοτέλους περὶ Ξενοφάνους

Ἀδύνατόν φησιν εἶναι, εἴ τι ἔστι, γενέσθαι, τοῦτο λέγων ἐπὶ τοῦ θεοῦ· ἀνάγκη γὰρ ἤτοι ἐξ ὁμοίου ἢ ἐξ ἀνομοίου γενέσθαι τὸ γενόμενον· δυ-

---

1 Bedingt durch den offenbar stark korrupten Zustand des verlorenen Archetyps der heute erhaltenen Handschriften des ps.-aristotelischen Traktats *De Melisso, Xenophane, Gorgia*, ist die Konstitution des Textes mit zahlreichen, teilweise gravierenden Schwierigkeiten und Unsicherheiten behaftet. Wir folgen weitgehend – wenn auch an etlichen Stellen mit Zweifeln – der von Diels in seiner 1900 erschienenen Edition hergestellten Textfassung, ohne die von Diels in den Text aufgenommenen Emendationen oder abweichende Vorschläge im Einzelnen zu dokumentieren (hierfür sei auf den kritischen Apparat seiner Edition sowie derjenigen O. Apelts verwiesen). Von Diels' Edition abweichende Lesungen werden in den Anmerkungen angezeigt.
2 Vgl. voraufgehende Fußnote!

Pseudo-Aristoteles (MXG) (Datierung unklar)

Xen 14
Über Melissos, Xenophanes und Gorgias 2, 976a31–37
Pseudo-Aristoteles beruft sich auf Xenophanes, um die Melissos zugeschriebene These zu problematisieren, es könne nur ein einziges der Größe nach unbegrenztes Seiendes geben.
Ferner: Was steht im Wege, dass auch mehrere Dinge der Größe nach unbegrenzt sind? Entsprechend sagt ja Xenophanes, dass die Tiefe der Erde *wie auch* der Luft unbegrenzt sei. Auch Empedokles macht klar [dass die Frage, ob mehrere Dinge der Größe nach unbegrenzt sein können, klärungsbedürftig ist]; er kritisiert nämlich mit Blick auf Vertreter solcher Thesen, dass, wenn sich [Erde und Luft] so verhalten [sc. der Größe nach unbegrenzt sind], es unmöglich sei, dass sie zusammentreten (VS 31 B 39):

> Wenn wirklich unendlich der Erde Tiefen und überreichlich der Äther wäre, wie es, in der Tat schon durch viele Sterbliche (βροτέων) ausgesprochen [statt VS (auf der Grundlage von **Xen 4**): „durch Vieler Zungen (γλώσσης) gegangen"], ins Gelag hinein aus dem Munde von solchen ausgesprudelt worden ist, die nur wenig vom All erblickten.˟

Xen 15
Über Melissos, Xenophanes und Gorgias 3–4, 977a12–979a9
§ 3 *(Wiedergabe von ‚Xenophanes" Argumentation)*

Von Aristoteles über Xenophanes

(1) Argument dafür, dass Gott nicht entstanden und ewig ist
Es sei unmöglich, sagt [Xenophanes], dass, wenn etwas ist, [es] entstanden ist; dies sagt er mit Bezug auf Gott. Denn notwendigerweise ist das, was entstanden ist, entweder aus Ähnlichem oder aus Unähnlichem entstanden. Keines von beidem ist möglich: Es komme nämlich einer Sache, die einer anderen ähnlich ist, nicht zu, von letzterer eher gezeugt worden zu sein als [sie] gezeugt zu haben (denn es sind allesamt dieselben [Eigenschaften], die den gleichen Dingen zukommen, und sie kommen ihnen auf gleiche Weise in Beziehung zueinander zu), noch wäre eine Sache, die einer anderen unähnlich ist, aus dieser entstanden. Denn wenn aus Schwächerem das Stärkere oder aus Geringerem das Größere oder aus Schlechterem das Bessere entstehen soll oder im Gegenteil die schlechteren Dinge aus den besseren,

νατὸν δὲ οὐδέτερον· οὔτε γὰρ ὅμοιον ὑφ' ὁμοίου προσήκειν τεκνωθῆναι μᾶλλον ἢ τεκνῶσαι (ταὐτὰ γὰρ ἅπαντα τοῖς γε ἴσοις καὶ ὁμοίως ὑπάρχειν πρὸς ἄλληλα) οὔτ' ἂν ἐξ ἀνομοίου τἀνόμοιον γενέσθαι. εἰ γὰρ γίγνοιτο ἐξ ἀσθενεστέρου τὸ ἰσχυρότερον ἢ ἐξ ἐλάττονος τὸ μεῖζον ἢ ἐκ χείρονος τὸ κρεῖττον, ἢ τοὐναντίον τὰ χείρω ἐκ τῶν κρειττόνων, τὸ ὂν ἐξ οὐκ ὄντος[1] ἂν γενέσθαι· ὅπερ ἀδύνατον. ἀίδιον μὲν οὖν διὰ ταῦτα εἶναι τὸν θεόν.

εἰ δ' ἔστιν ὁ θεὸς ἁπάντων κράτιστον, ἕνα φησὶν αὐτὸν προσήκειν εἶναι. εἰ γὰρ δύο ἢ πλείους εἶεν, οὐκ ἂν ἔτι κράτιστον καὶ βέλτιστον αὐτὸν εἶναι πάντων. ἕκαστος γὰρ ὢν θεὸς τῶν πολλῶν ὁμοίως ἂν τοιοῦτος εἴη. τοῦτο γὰρ θεὸν καὶ θεοῦ δύναμιν εἶναι, κρατεῖν, ἀλλὰ μὴ κρατεῖσθαι, καὶ πάντων κράτιστον εἶναι. ὥστε καθὸ μὴ κρείττων, κατὰ τοσοῦτον οὐκ εἶναι θεόν. πλειόνων οὖν ὄντων, εἰ μὲν εἶεν τὰ μὲν ἀλλήλων κρείττους τὰ δὲ ἥττους, οὐκ ἂν εἶναι θεούς· πεφυκέναι γὰρ τὸ θεῖον μὴ κρατεῖσθαι. ἴσων δὲ ὄντων, οὐκ ἂν ἔχειν θεοῦ φύσιν, ὃν δεῖν εἶναι κράτιστον· τὸ δὲ ἴσον οὔτε βέλτιον οὔτε χεῖρον εἶναι τοῦ ἴσου. ὥστ' εἴπερ εἴη τε καὶ τοιοῦτον εἴη θεός, ἕνα μόνον εἶναι τὸν θεόν. οὐδὲ γὰρ οὐδὲ πάντα δύνασθαι ἂν ἃ βούλοιτο [οὐ γὰρ ἂν δύνασθαι][2] πλειόνων ὄντων· ἕνα ἄρα εἶναι μόνον.

ἕνα δ' ὄντα ὅμοιον εἶναι πάντη, ὁρῶντα καὶ ἀκούοντα τάς τε ἄλλας αἰσθήσεις ἔχοντα πάντη. εἰ γὰρ μή, κρατεῖν ἂν καὶ κρατεῖσθαι ὑπ' ἀλλήλων τὰ μέρη θεοῦ [ὄντα]· ὅπερ ἀδύνατον.

πάντη δ' ὅμοιον ὄντα σφαιροειδῆ εἶναι· οὐ γὰρ τῇ μὲν τῇ δ' οὒ τοιοῦτον εἶναι, ἀλλὰ πάντη.

ἀίδιον δὲ ὄντα καὶ ἕνα καὶ ⟨ὅμοιον καὶ⟩ σφαιροειδῆ οὔτε ἄπειρον οὔτε πεπεράνθαι. ἄπειρον μὲν ⟨γὰρ⟩ τὸ μὴ ὂν εἶναι· τοῦτο γὰρ οὔτε μέσον οὔτε ἀρχὴν καὶ τέλος οὔτ' ἄλλο οὐδὲν μέρος ἔχειν, τοιοῦτον δὲ εἶναι τὸ ἄπειρον· οἷον δὲ τὸ μὴ ὄν, οὐκ ἂν εἶναι τὸ ὄν· περαίνειν δὲ πρὸς ἄλληλα, εἰ πλείω εἴη. τὸ δὲ ἓν οὔτε τῷ οὐκ ὄντι οὔτε τοῖς πολλοῖς ὡμοιῶσθαι· ἓν γὰρ ⟨ὂν⟩[3] οὐκ ἔχειν πρὸς ὅτι περανεῖ.

---

1 τὸ ὂν ἐξ οὐκ ὄντος Gomperz (vgl. Simp. In Ph. 23,3 [= **Xen 229**]: ἔσται τὸ ὂν ἐκ τοῦ μὴ ὄντος): τὸ οὐκ ὂν ἐξ ὄντος Lipsiensis gr. 16: τὸ οὐκ ἐξ ὄντος Vaticanus gr. 1302: τὸ οὐκ ὂν ἐξ ὄντος ⟨ἢ τὸ ὂν ἐξ οὐκ ὄντος⟩ Brandis, Diels.
2 οὐ γὰρ ἂν δύνασθα secl. Blass.
3 ὂν add. Blass.

so wäre das Seiende aus Nicht-Seiendem entstanden; dies ist unmöglich. Daher sei Gott ewig.

(2) Argument dafür, dass Gott ein einziger ist (i. e., es nur einen Gott gibt)
Wenn Gott das Stärkste von allem ist, sagt er, komme es ihm zu, ein einziger zu sein. Wenn es nämlich zwei oder mehr [Götter] gäbe, so wäre er nicht mehr das Stärkste und Beste von allem. Denn jeder der vielen [Götter] wäre als Gott in gleicher Weise so beschaffen. Dieses nämlich sei Gott und das Vermögen Gottes: zu herrschen, aber nicht beherrscht zu werden und das Stärkste von allem zu sein. Somit wäre er in dem Maße nicht Gott, wie er nicht stärker wäre. Wenn es viele Götter gäbe, so wären sie, falls sie teils stärker, teils schwächer als einander wären, keine Götter; denn das Göttliche sei von Natur aus so, dass es nicht beherrscht werde. Falls sie dagegen einander [an Stärke] gleichkämen, dann hätten sie nicht die Natur Gottes, der das Stärkste sein müsse. Denn das, was [einer Sache] gleichkommt, sei weder besser noch schlechter als das, das [ihm] gleichkommt. Somit sei der Gott nur ein einziger, wenn es Gott gebe und er eben so beschaffen sei. Er würde ja auch nicht all das vermögen können, was er wollte, wenn es mehrere gäbe. Es gebe folglich nur einen einzigen.

(3) Argument dafür, dass Gott durchweg ähnlich beschaffen ist und durchweg wahrnimmt
Wenn er aber ein einziger sei, so sei er durchweg ähnlich beschaffen, und sehe [durchweg], höre [durchweg] und besitze durchweg die übrigen Wahrnehmungen (vgl. **Xen 86**). Wäre dem nicht so, so würden die Teile Gottes herrschen und beherrscht werden, was unmöglich ist.

(4) Argument dafür, dass Gott kugelförmig ist
Wenn er durchweg ähnlich beschaffen sei, sei er kugelförmig: denn er sei so [sc. ähnlich beschaffen] nicht an einer Stelle, an einer anderen Stelle nicht, sondern durchweg.

(5) Argument dafür, dass Gott weder unbegrenzt noch begrenzt ist
Wenn er ewig und ein einziger und [durchweg] ähnlich beschaffen und kugelförmig sei, sei er weder unbegrenzt noch begrenzt. Unbegrenzt sei nämlich das Nicht-Seiende. Denn dieses besitze weder Mitte noch Anfang und Ende und auch keinen anderen Teil; von dieser Art sei das Unbegrenzte. Wie das Nicht-Seiende könne das Seiende jedoch nicht sein. Abgegrenzt gegeneinander seien [Dinge], wenn sie mehrere seien. Das Eine aber sei weder dem Nicht-Seienden noch den vielen Dingen ähn-

τὸ δὴ τοιοῦτον ἕν, ὃν τὸν θεὸν εἶναι λέγει, οὔτε κινεῖσθαι οὔτε ἀκίνητον εἶναι. ἀκίνητον μὲν γὰρ εἶναι τὸ μὴ ὄν. οὔτε γὰρ ἂν εἰς αὐτὸ ἕτερον οὔτ' ἐκεῖνο εἰς ἄλλο ἐλθεῖν. κινεῖσθαι δὲ τὰ πλείω ὄντα ἑνός. ἕτερον γὰρ εἰς ἕτερον δεῖν κινεῖσθαι. εἰς μὲν οὖν τὸ μὴ ὂν οὐδὲν ἂν κινηθῆναι· τὸ γὰρ μὴ ὂν οὐδαμῇ εἶναι. εἰ δὲ εἰς ἄλληλα μεταβάλλοι, πλείω ἂν τὸ ἓν εἶναι ἑνός. διὰ ταῦτα δὴ κινεῖσθαι μὲν ἂν τὰ δύο ἢ πλείω ἑνός, ἠρεμεῖν δὲ καὶ ἀκίνητον εἶναι τὸ οὐδέν. τὸ δὲ ἓν οὔτε ἀτρεμεῖν οὔτε κινεῖσθαι· οὔτε γὰρ τῷ μὴ ὄντι οὔτε τοῖς πολλοῖς ὅμοιον εἶναι.

κατὰ πάντα δὲ οὕτως ἔχοντα τὸν θεόν, ἀΐδιόν τε καὶ ἕνα, ὅμοιόν τε καὶ σφαιροειδῆ ὄντα, οὔτε ἄπειρον οὔτε πεπερασμένον, οὔτε ἠρεμοῦντα οὔτε κινητὸν εἶναι.

§ 4

Πρῶτον μὲν οὖν λαμβάνει τὸ γιγνόμενον καὶ οὗτος ἐξ ὄντος γίγνεσθαι, ὥσπερ ὁ Μέλισσος. καίτοι τί κωλύει μήτ' ἐξ ὁμοίου ⟨μήτ' ἐξ ἀνομοίου⟩ τὸ γιγνόμενον γίγνεσθαι, ἀλλ' ἐκ μὴ ὄντος;
ἔτι οὐδὲν μᾶλλον ὁ θεὸς ἀγένητος ἢ καὶ τἆλλα πάντα, εἴπερ ἅπαντα ἐξ ὁμοίου ἢ ἐξ ἀνομοίου γέγονεν (ὅπερ ἀδύνατον)· ὥστε ἢ οὐδέν ἐστι παρὰ τὸν θεὸν ἢ καὶ τὰ ἄλλα ἀΐδια πάντα.

ἔτι κράτιστον τὸν θεὸν λαμβάνει, τοῦτο δυνατώτατον καὶ βέλτιστον λέγων· οὐ δοκεῖ δὲ τοῦτο κατὰ τὸν νόμον, ἀλλὰ πολλὰ κρείττους εἶναι ἀλλήλων οἱ θεοί. οὐκ οὖν ἐκ τοῦ δοκοῦντος εἴληφε ταύτην κατὰ τοῦ θεοῦ τὴν ὁμολογίαν.

lich. Wenn es eines sei, habe es nicht etwas, gegen das es abgegrenzt sein könnte.

(6) Argument dafür, dass Gott weder bewegt noch unbewegt ist
Das so bestimmte Eine, von dem er sagt, es sei der Gott, sei weder in Bewegung noch unbewegt. Unbewegt sei nämlich das Nicht-Seiende; weder könne nämlich anderes in es noch jenes in anderes gelangen. Bewegt seien die Dinge, die mehr als eines seien: es müsse sich nämlich etwas in ein anderes bewegen. In das Nicht-Seiende würde sich also nichts bewegen können; denn das Nicht-Seiende sei nirgendwo. Wenn sich [die Dinge] in einander verändern, wäre das Eine mehr als eines. Daher würden sich die Dinge bewegen, die zwei oder mehr als eines sind; in Ruhe und unbewegt sei das Nichts. Das Eine sei weder in Ruhe noch in Bewegung: denn es sei weder dem Nicht-Seienden noch den vielen Dingen ähnlich.

(7) Zusammenfassung
Wenn sich allen [genannten Eigenschaften] entsprechend Gott so verhält, er also ewig und ein einziger, [durchweg] ähnlich beschaffen und kugelförmig ist, ist er weder unbegrenzt noch begrenzt, weder in Ruhe noch bewegt.

§ 4 *(Problematisierung von Xenophanes' Argumentation)*

(1) Problematisierung des Arguments (1) aus § 3
Zunächst nimmt auch dieser [sc. Xenophanes] wie Melissos an, dass das, was entsteht, aus Seiendem entsteht; doch was hindert, dass das, was entsteht, weder aus Ähnlichem ⟨noch aus Unähnlichem⟩ entsteht, sondern aus Nicht-Seiendem?
Ferner ist der Gott um nichts mehr unentstanden als auch alles andere, wenn alles aus Ähnlichem oder Unähnlichem entstanden ist und eben dies unmöglich ist. Somit gibt es entweder nichts neben Gott, oder auch alles andere ist ewig.

(2) Problematisierung des Arguments (2) aus § 3
Ferner nimmt er an, dass der Gott das Stärkste sei, wobei er dieses als das Vermögendste und Beste bezeichnet. Dies wird aber gemäß der Konvention nicht für gültig angesehen; vielmehr scheinen die Götter oft stärker als einander zu sein. Somit hat er diese Übereinkunft über den Gott nicht aus dem, was man allgemein darüber denkt, genommen.

τό τε κράτιστον εἶναι τὸν θεὸν οὐχ οὕτως ὑπολαμβάνειν λέγεται, ὡς πρὸς ἄλλο τι τοιαύτη ἡ τοῦ θεοῦ φύσις, ἀλλὰ πρὸς τὴν αὑτοῦ διάθεσιν, ἐπεί τοί γε πρὸς ἕτερον οὐδὲν ἂν κωλύοι μὴ τῇ αὑτοῦ ἐπιεικείᾳ καὶ ῥώμῃ ὑπερέχειν, ἀλλὰ διὰ τὴν τῶν ἄλλων ἀσθένειαν. θέλοι δ' ἂν οὐδεὶς οὕτω τὸν θεὸν φάναι κράτιστον εἶναι, ἀλλ' ὅτι αὐτὸς ἔχει ὡς οἷόν τε ἄριστα, καὶ οὐδὲν ἐλλείπει καὶ εὖ καὶ καλῶς ἔχειν αὐτῷ· ἅμα γὰρ ἴσως ⟨οὕτως⟩ ἔχοντι κἀκεῖνο ἂν συμβαίνοι. οὕτω δὲ διακεῖσθαι καὶ πλείους αὐτοὺς ὄντας οὐδὲν ἂν κωλύοι, ἅπαντας ὡς οἷόν τε ἄριστα διακειμένους, καὶ κρατίστους τῶν ἄλλων, οὐχ αὑτῶν ὄντας. ἔστι δ', ὡς ἔοικε, καὶ ἄλλα. κράτιστον γὰρ εἶναι τὸν θεόν φησι, τοῦτο δὲ τινῶν εἶναι ἀνάγκη.

ἕνα τ' ὄντα πάντῃ ὁρᾶν καὶ ἀκούειν οὐδὲν προσήκει· οὐδὲ γὰρ εἰ μὴ καὶ τῇδ' ὁρᾷ, χεῖρον ὁρᾷ ταύτῃ, ἀλλ' οὐχ ὁρᾷ. ἀλλ' ἴσως τοῦτο βούλεται τὸ πάντῃ αἰσθάνεσθαι, ὅτι οὕτως ἂν βέλτιστα ἔχοι, ὅμοιος ὢν πάντῃ.

ἔτι τοιοῦτος ὢν διὰ τί σφαιροειδὴς ἂν εἴη, ἀλλ' οὐχ [ὅτι] ἑτέραν τινὰ μᾶλλον ἔχων ἰδέαν, ὅτι πάντῃ ἀκούει καὶ πάντῃ κρατεῖ; ὥσπερ γὰρ ὅταν λέγωμεν τὸ ψιμύθιον ὅτι πάντῃ ἐστὶ λευκόν, οὐδὲν ἄλλο σημαίνομεν ἢ ὅτι ἐν ἅπασιν αὐτοῦ τοῖς μέρεσιν ἐγκέχρωσται ἡ λευκότης· τί δὴ κωλύει οὕτως κἀκεῖ τὸ πάντῃ ὁρᾶν καὶ ἀκούειν καὶ κρατεῖν λέγεσθαι, ὅτι ἅπαν ὃ ἄν τις αὐτοῦ λαμβάνῃ μέρος, τοῦτ' ἔσται πεπονθός; ὥσπερ δὲ οὐδὲ τὸ ψιμύθιον, οὐδὲ τὸν θεὸν ἀνάγκη εἶναι διὰ τοῦτο σφαιροειδῆ.

Unter der Annahme, dass Gott das Stärkste sei, wird nicht verstanden, dass die Natur Gottes in Bezug auf etwas anderes so beschaffen sei, sondern[, dass sie] in Bezug auf seine eigene Verfassung [so beschaffen sei]. Denn nichts dürfte daran hindern, dass er in Bezug auf anderes nicht durch seine eigene Vortrefflichkeit und Kraft überlegen ist, sondern aufgrund der Schwäche der anderen Dinge. Doch dürfte niemand sagen wollen, dass Gott auf diese Weise das Stärkste ist; vielmehr [wird man sagen wollen,] dass er selbst sich so gut wie möglich verhält und ihm nichts daran fehlt, sich schön und gut zu verhalten. Wenn er sich so verhält, dürfte ihm zugleich wohl auch jenes [Prädikat, i.e. das Stärkste zu sein] zukommen. Nichts dürfte nun hindern, dass sie [die Götter] so verfasst sind, auch wenn sie mehrere sind, und alle in bestmöglicher Verfassung und am stärksten in Bezug auf die anderen [Dinge, sc. die, die keine Götter sind], nicht aber in Bezug auf sich selbst [i.e. untereinander] sind. Es gibt, wie es scheint, auch noch andere Dinge. Denn er sagt, dass Gott das Stärkste sei, dies ist er aber notwendigerweise in Bezug auf gewisse Dinge.

(3) Problematisierung des Arguments (3) aus § 3
Es ist nicht der Fall, dass der Gott, wenn er ein einziger ist, durchweg sieht und hört. Es ist nämlich auch nicht der Fall, dass er, wenn er an der-und-der Stelle nicht sieht, an dieser Stelle schlechter sieht; vielmehr sieht er [überhaupt] nicht. Doch vielleicht ist mit der durchgängigen Wahrnehmung dies gemeint, dass er sich so am besten verhalten dürfte, nämlich wenn er durchweg ähnlich beschaffen ist.

(4) Problematisierung des Arguments (4) aus § 3
Ferner, warum sollte er, wenn er so ist, kugelförmig sein und nicht vielmehr eine andere Gestalt haben, insofern er durchweg hört und durchweg herrscht? Vergleichbar ist es ja, wenn wir vom Bleiweiß sagen, dass es durchweg weiß ist: wir meinen damit nichts anderes als dass in allen seinen Teilen das Weiß als Farbe enthalten ist. Was hindert es, dass auch in jenem Fall das durchgängige Sehen und Hören und Herrschen so gemeint ist, nämlich mit Blick darauf, dass, was auch immer man für einen Teil von ihm [sc. Gott] herausgreift, dieser die betreffende Eigenschaft haben wird? Wie also weder das Bleiweiß, so muss auch Gott nicht deswegen schon kugelförmig sein.

ἔτι μήτε ἄπειρον ⟨εἶναι⟩ μήτε πεπεράνθαι σῶμά γε ὂν καὶ ἔχον μέγεθος πῶς οἷόν τε, εἴπερ τοῦτ' ἐστὶν ἄπειρον ὃ ἂν μὴ ἔχῃ πέρας δεκτικὸν ὂν πέρατος, πέρας δ' ἐν μεγέθει καὶ πλήθει ἐγγίγνεται καὶ ἐν ἅπαντι τῷ ποσῷ, ὥστε εἰ μὴ ἔχει πέρας μέγεθος ὂν ἄπειρόν ἐστιν;

ἔτι δὲ σφαιροειδῆ ὄντα ἀνάγκη πέρας ἔχειν· ἔσχατα γὰρ ἔχει, εἴπερ μέσον ἔχει αὑτοῦ, οὗ πλεῖστον ἀπέχει. μέσον δὲ ἔχει σφαιροειδὴς ὤν[1]· τοῦτο γάρ ἐστι σφαιροειδὲς ὃ ἐκ τοῦ μέσου ὁμοίως πρὸς τὰ ἔσχατα. σῶμα δ' ἔσχατα ἢ πέρατα ἔχειν, οὐδὲν διαφέρει.

*** εἰ γὰρ καὶ τὸ μὴ ὂν ἄπειρόν ἐστι, τί οὐκ ἂν καὶ τὸ ὂν ἄπειρον; τί γὰρ κωλύει ἔνια ταῦτ' ἂν λεχθῆναι κατὰ τοῦ ὄντος καὶ μὴ ὄντος; †τό τε γὰρ ὂν οὐκ ὂν οὐδεὶς νῦν αἰσθάνεται· καὶ ὂν δέ τις οὐκ ἂν αἰσθάνοιτο νῦν· ἄμφω δὲ λεκτὰ καὶ διανοητά.†[2]

οὐ λευκόν τε τὸ μὴ ὄν· ἦ[3] οὖν διὰ τοῦτο τὰ ὄντα πάντα λευκά, ὅπως μή τι ταὐτὸ κατὰ τοῦ ὄντος σημήνωμεν καὶ μὴ ὄντος; ἢ οὐδέν, οἶμαι, κωλύει καὶ τῶν ὄντων τι μὴ εἶναι λευκόν.

†οὕτω δὲ καὶ ἄλλην οὖν ἀπόφασιν δέξονται τὸ ἄπειρον· εἰ μὴ τὸ πάλαι λεχθὲν τι μᾶλλον παρὰ τὸ μὴ ἔχειν ἢ μὴ ἔχειν ἐστὶν ἅπαν.†[4] ὥστε καὶ τὸ ὂν ἢ ἄπειρον ἢ πέρας ἔχον ἐστίν.

ἴσως δὲ ἄτοπον καὶ τὸ προσάπτειν τῷ μὴ ὄντι ἀπειρίαν· οὐ γὰρ πᾶν, εἰ μὴ ἔχει πέρας, ἄπειρον λέγομεν, ὥσπερ οὐδ' ἄνισον οὐκ ἂν φαῖμεν εἶναι τὸ μὴ ἴσον.

---

1   Wir lesen, Diels' Vermutung im Apparat folgend, σφαιροειδὴς ὤν; die Hss. haben σφαιροειδὲς ὄν.

2   τό τε γὰρ ὄν, οὐκ ὂν οὐδεὶς νῦν αἰσθάνεται· καὶ ὂν δέ τις οὐκ ἂν αἰσθάνοιτο νῦν· ἄμφω δὲ λεκτὰ καὶ διανοητά] *Locus nondum sanatus vel nondum explicatus.* Wir drucken hier den im besten der erhaltenen Textzeugen, Lipsiensis gr. 16 (= L), überlieferten Text.

3   Im Unterschied zu Diels, der für das überlieferte εἰ mit Brandis ἢ einsetzt, lesen wir die Fragepartikel ἦ.

4   οὕτω δὲ καὶ ἄλλην οὖν ἀπόφασιν δέξονται τὸ ἄπειρον· εἰ μὴ τὸ πάλαι λεχθὲν τι μᾶλλον παρὰ τὸ μὴ ἔχειν ἢ μὴ ἔχειν ἐστὶν ἅπαν] *Locus nondum sanatus vel nondum explicatus.* Wir drucken hier den im besten der erhaltenen Textzeugen, Lipsiensis gr. 16 (= L), überlieferten Text. Ps.-Aristoteles scheint zu sagen, dass man ‚unbegrenzt' (‚ἄπειρον') auch als kontradiktorisches Gegenteil zu ‚Grenze habend' (‚πέρας ἔχον') verstehen kann. Dies erlaubt die Folgerung, dass auch das Seiende entweder unbegrenzt ist oder Grenze hat.

(5) Problematisierung der Vereinbarkeit der Argumente (4) und (5) aus § 3
Ferner, wie ist es möglich, dass [etwas] weder unbegrenzt noch begrenzt ist, obwohl es doch einen Körper und Größe hat? Schließlich ist das unbegrenzt, was keine Grenze hat, obwohl es eine Grenze haben könnte, und Grenze findet sich an Größe und Menge und an allem quantitativ Bestimmten, so dass es, wenn es keine Grenze hat und Größe ist, unbegrenzt ist.
Ferner, wenn [Gott] kugelförmig ist, besitzt er notwendigerweise ein Grenze. Denn er hat Enden, wenn er eine Mitte hat, von der [die Enden] den größten Abstand haben, und eine Mitte hat er, wenn er kugelförmig ist. Dieses ist nämlich kugelförmig, was von der Mitte aus durchweg denselben Abstand zu seinen Enden hat. Es macht dabei keinen Unterschied, ob [man sagt, dass] ein Körper Enden hat, oder [sagt, er habe] Grenzen.

(6) Problematisierung des Arguments (5) aus § 3
⟨Ferner hindert nichts, dass Gott unbegrenzt ist.⟩ Denn wenn das Nicht-Seiende unbegrenzt ist, warum sollte dann nicht auch das Seiende unbegrenzt sein? Was hindert denn, dass manche Eigenschaften, die dem Seienden zutreffend beigelegt werden, dieselben sind wie die, die dem Nicht-Seienden zutreffend beigelegt werden? [*Der an der entsprechenden Stelle überlieferte griechische Text ist bisher weder zufriedenstellend erklärt noch emendiert worden.*]
Das Nicht-Seiende ist nicht weiß: Ist also deshalb alles Seiende weiß, damit wir nicht dasselbe vom Seienden und Nicht-Seienden aussagen? Nun, nichts hindert, denke ich, dass auch unter dem Seienden etwas nicht weiß ist.
[*Der an der entsprechenden Stelle überlieferte griechische Text ist bisher weder zufriedenstellend erklärt noch emendiert worden.*] Somit ist auch das Seiende entweder unbegrenzt oder Grenze habend.
Es ist wohl auch unverständlich, dem Nicht-Seienden Unbegrenztheit beizulegen. Denn wir bezeichnen nicht alles, wenn es nicht eine Grenze hat, als unbegrenzt, genausowenig wie wir das Nicht-Gleiche [immer] als Ungleiches bezeichnen würden.
Ferner: Warum sollte Gott deshalb, weil er der einzige [Gott] ist, keine Grenze haben, wenn auch nicht [eine Grenze] gegen [einen anderen] Gott? Wenn aber nur eines ist, dann dürften nur Gott und die Teile Gottes existieren.

ἔ⟨τι⟩ τί οὐκ ἂν ἔχοι ὁ θεὸς πέρας εἷς ὤν, ἀλλ' οὐ πρὸς θεόν; εἰ δὲ ἓν μόνον ἐστίν, ὁ θεὸς ἂν εἴη μόνον καὶ τὰ τοῦ θεοῦ μέρη.[1]
ἔτι καὶ τοῦτ' ἄτοπον, εἰ τοῖς πολλοῖς ξυμβέβηκεν πεπεράνθαι πρὸς ἄλληλα, διὰ τοῦτο τὸ ἓν μὴ ἔχειν πέρας. πολλὰ γὰρ τοῖς πολλοῖς καὶ τῷ ἑνὶ ὑπάρχει ταὐτά, ἐπεὶ καὶ τὸ εἶναι κοινὸν αὐτοῖς ἐστιν. ἄτοπον οὖν ἴσως ἂν εἴη, εἰ διὰ τοῦτο μὴ φαῖμεν εἶναι τὸν θεόν, εἰ τὰ πολλά ἐστιν, ὅπως μὴ ὅμοιον ἔσται αὐτοῖς ταύτῃ.
ἔτι τί κωλύει πεπεράνθαι καὶ ἔχειν πέρατα ἓν ὄντα τὸν θεόν; ὡς καὶ ὁ Παρμενίδης λέγει ἓν ὂν εἶναι αὐτὸ[2] "πάντοθεν εὐκύκλου σφαίρας ἐναλίγκιον ὄγκῳ, μεσσόθεν ἰσοπαλές". τὸ γὰρ πέρας τινὸς μὲν ἀνάγκη εἶναι, οὐ μέντοι πρός τί γε, οὐδὲ ἀνάγκη τὸ ἔχον πέρας πρός τι ἔχειν πέρας, ὡς πεπερασμένον πρὸς τὸ [μὴ] ἐφεξῆς ἀεί[3], ἀλλ' ἔστι τὸ πεπεράνθαι ἔσχατα ἔχειν, ἔσχατα δ' ἔχον οὐκ ἀνάγκη πρός τι ἔχειν. ἐνίοις μὲν οὖν συμβαίνοι γ' ἄν, καὶ πεπεράνθαι ⟨καὶ⟩ πρός τι συνάπτειν, τοῖς δὲ πεπεράνθαι μέν, μὴ μέντοι πρός τι πεπεράνθαι.

πάλιν †περὶ τοῦ ἀκίνητον εἶναι τὸ ὂν καὶ τὸ ἓν ὅτι καὶ τὸ ὂν κινεῖται†[4], ἴσως ὁμοίως τοῖς ἔμπροσθεν ἄτοπον.
καὶ ἔτι· ἆρά γε οὐ ταὐτὸ ἄν τις ὑπολάβοι τὸ μὴ κινεῖσθαι καὶ τὸ ἀκίνητον εἶναι, ἀλλὰ τὸ μὲν ἀπόφασιν τοῦ κινεῖσθαι, ὥσπερ τὸ μὴ ἴσον, ὅπερ καὶ κατὰ τοῦ μὴ ὄντος εἰπεῖν ἀληθές, τὸ δὲ ἀκίνητον τῷ ἔχειν πως ἤδη λέγεσθαι, ὥσπερ τὸ ἄνισον, καὶ ἐπὶ τῷ ἐναντίῳ τοῦ κινεῖσθαι, τῷ ἠρεμεῖν, ὡς καὶ σχεδὸν αἱ ἀπὸ τοῦ ᾱ ἀποφάσεις ἐπὶ ἐναντίοις λέγονται; τὸ μὲν οὖν μὴ κινεῖσθαι ἀληθὲς ἐπὶ τοῦ μὴ ὄντος, τὸ δὲ ἠρεμεῖν οὐχ ὑπάρχει τῷ μὴ ὄντι. ὁμοίως δὲ οὐδὲ ⟨τὸ⟩ ἀκίνητον εἶναι σημαίνει ταὐτόν. ἀλλ' οὗτος ἐπὶ τῷ ἠρεμεῖν αὐτῷ χρῆται, καὶ φησὶ τὸ μὴ ὂν ἠρεμεῖν, ὅτι οὐκ ἔχει μετάβασιν. ὅπερ τε καὶ ἐν τοῖς ἄνω εἴπομεν, ἄτοπον ἴσως, εἴ τι τῷ μὴ ὄντι προσάπτομεν, τοῦτο μὴ ἀληθὲς εἶναι κατὰ τοῦ ὄντος εἰπεῖν, ἄλλως τε κἂν ἀπόφασις

---

1 So die Überlieferung dieses Satzes in L und R. Diels liest mit Urbin. 108 εἰ δὲ ἓν μόνον ἐστὶν ὁ θεός, ⟨ἓν⟩ ἂν εἴη μόνον καὶ τὰ τοῦ θεοῦ μέρη. In der einen wie der anderen Textfassung bleibt die argumentative Funktion des Satzes unklar. Vielleicht hatte er seinen ursprünglichen Ort im Kontext der folgenden Zeilen 978b1–6 (vgl. εἰ δὲ ἓν μόνον ἐστίν mit εἰ πολλά ἐστιν in 978b6). Würde er an der Stelle, an der er überliefert ist, getilgt werden, ließe sich das in 978b1 überlieferte ἐπεὶ (anstelle von ἔτι [Kern]) gut halten.
2 Diels liest mit R αὐτὸ; doch ist die Lesung von L: αὐτὸ [sc. τὸ ὄν] vorzugswürdig (Hinweis von Mathilde Brémond).
3 ἀεί] ἀπείρου Hss. : ἄπειρον Mullach, Diels
4 Der überlieferte Text (hier nach dem Lipsiensis gr. 16 gegeben) ist offenbar stark verderbt; zu erwarten wäre z.B. „πάλιν ὅτι οὐκ ἀκίνητόν ἐστι τὸ ὄν, ὅτι καὶ τὸ μὴ ὂν ἀκίνητον". Die Übersetzung ist entsprechend sinngemäß gehalten.

Und auch das ist unverständlich, dass das Eine deshalb keine Grenze haben soll, weil es den vielen [Dingen] zukommt, gegeneinander abgegrenzt zu sein. Denn es gibt viele Eigenschaften, die sowohl den vielen [Dingen] als auch dem Einen zukommen, schließlich ist auch das Sein ihnen gemein. Es wäre doch wohl unverständlich, wenn wir aus diesem Grund unter der Annahme, dass die vielen [Dinge] sind, verneinen würden, dass Gott sei, damit er ihnen in dieser Hinsicht nicht ähnlich sei.

Ferner, was hindert es, dass Gott begrenzt ist und Grenzen hat, wenn er eines/das Eine ist? Ähnlich sagt doch auch Parmenides, es [das Seiende] sei eines/das Eine und (VS 28 B 8, 43–44) „überall einer w o h l g e r u n d e t e n K u g e l   M a s s e   v e r g l e i c h b a r, von der Mitte her gleichgewichtig". Denn die Grenze muss zwar Grenze von etwas sein [sc. von dem, was die Grenze hat], nicht aber Grenze in bezug auf etwas, und auch braucht das, was eine Grenze hat, die Grenze nicht in bezug auf etwas zu haben, als sei es gegen das sich jeweils Anschließende abgegrenzt. Vielmehr besteht das Begrenztsein darin, Enden zu haben, etwas, was Enden hat, braucht diese aber nicht in Bezug auf etwas zu haben. Manchen Dingen mag zukommen, sowohl begrenzt zu sein als auch an etwas zu stoßen, anderen Dingen kommt es hingegen zu, zwar begrenzt, nicht aber gegen etwas abgegrenzt zu sein.

(7) Problematisierung des Arguments (6) aus § 3
Weiter ist die Annahme, das Seiende sei nicht unbewegt, da das Nicht-Seiende unbewegt sei, wohl in gleicher Weise wie das vorher Gesagte unverständlich.

Und ferner: Unter ,nicht bewegt sein' und ,unbewegt sein' wird man doch wohl nicht dasselbe verstehen wollen, sondern unter dem ersteren die Negation des Bewegtseins (so wie beim Nicht-Gleichen), was auch vom Nicht-Seienden zu sagen wahr ist; vom Letzteren wird man dagegen annehmen wollen, dass von ihm aufgrund eines Sich-so-und-so-Verhaltens die Rede ist – wie es auch beim Ungleichen der Fall ist – und dass es für das Gegenteil des Bewegtseins, das In-Ruhe-Sein, steht; so stehen ja alle mit α [privativum] anlautenden Negationen für die jeweiligen Gegenteile. Vom Nicht-Seienden gilt nun, nicht bewegt zu sein; in Ruhe zu sein kommt dem Nicht-Seienden jedoch nicht zu. Auf ähnliche Weise bedeutet auch ,unbewegt sein' nicht dasselbe [wie ,nicht bewegt sein']. Nun gebraucht er diesen Ausdruck in der Tat für das Ruhen und sagt, dass das Nicht-Seiende in Ruhe sei, weil es sich nicht fortbewegt.

Und das, was wir schon oben gesagt haben[, gilt auch hier]: Es ist wohl unverständlich [anzunehmen], dass, wenn wir dem Nicht-Seienden etwas beilegen, dieses nicht vom Seienden zutreffend ausgesagt werden könne,

ᾗ τὸ λεχθέν, οἷον καὶ τὸ μὴ κινεῖσθαι μηδὲ μεταβαίνειν ἐστί. πολλὰ γὰρ ἄν, καθάπερ καὶ ἐλέχθη, ἀφαιροῖτο τῶν ὄντων κατηγορεῖν. οὐδὲ γὰρ ἂν πολλὰ ἀληθὲς εἰπεῖν εἴη μὴ ἕν, εἴπερ καὶ τὸ μὴ ὄν ἐστι μὴ ἕν.

ἔτι ἐπ' ἐνίων τἀναντία ξυμβαίνειν δοκεῖ κατὰ τὰς αὐτὰς ἀποφάσεις· οἷον ἀνάγκη ἢ ἴσον ἢ ἄνισον, ἂν τι πλῆθος ἢ μέγεθος ᾖ, καὶ ἄρτιον ἢ περιττόν, ἂν ἀριθμὸς ᾖ· ὁμοίως δ' ἴσως καὶ τὸ ⟨ὂν ἢ⟩ ἠρεμεῖν ἢ κινεῖσθαι ἀνάγκη, ἂν σῶμα ᾖ. ἔτι εἰ καὶ διὰ τοῦτο μὴ κινεῖται ὁ θεός τε καὶ τὸ ἕν, ὅτι τὰ πολλὰ κινεῖται τῷ εἰς ἄλληλα ἰέναι, τί κωλύει καὶ τὸν θεὸν κινεῖσθαι εἰς ἄλλο; οὐδα⟨μοῦ γὰρ λέγει⟩ ὅτι ⟨ἕν ἐστι⟩ μόνον, ἀλλ' ὅτι εἷς μόνος θεός. εἰ δὲ καὶ οὕτως, τί κωλύει εἰς ἄλληλα κινουμένων τῶν μερῶν τοῦ ⟨θεοῦ⟩ κύκλῳ φέ⟨ρεσθαι τὸν⟩ θεόν; οὐ γὰρ δὴ τὸ τοιοῦτον ἕν, ὥσπερ ὁ Ζήνων, πολλὰ εἶναι φήσει. αὐτὸς γὰρ σῶμα λέγει εἶναι τὸν θεόν, εἴτε τόδε τὸ πᾶν εἴτε ὅ τι δήποτε αὐτὸ λέγων· ἀσώματος γὰρ ὢν πῶς ἂν σφαιροειδὴς εἴη; ἔτι μόνως γ' ἂν οὕτως οὔτ' ἂν κινοῖτο οὔτ' ἂν ἠρεμοῖ μηδαμοῦ γε ὤν. ἐπεὶ δὲ σῶμά ἐστι, τί ἂν αὐτὸ κωλύοι κινεῖσθαι, ὡς ἐλέχθη;

Similien:
Das Eine/Das All
Durchgängige Wahrnehmung Gottes
Gottesbegriff
Gott/das Prinzip begrenzt/unbegrenzt
Gott/das Prinzip bewegt/unbewegt
Gott als das Eine/das All
Gott durchweg ähnlich beschaffen
Gott kugelförmig
Prinzipien
Verhältnis zu Parmenides
Xenophanes als Eleat

(vgl. **Xen 229**)

Theophrast

Xen 16
FHS&G 224, s. **Xen 229** (Simp. in Ph. 9.22.22–23.20)

zumal wenn es sich bei dem, was ausgesagt wird, um eine Negation handelt, wie es ja beim ‚nicht bewegt sein und sich nicht fortbewegen' der Fall ist. Vieles könnte man dann, wie schon bemerkt worden ist, vom Seienden nicht mehr aussagen: es wäre auch nicht mehr wahr, zu sagen, viele Dinge seien nicht eines, da ja auch das Nicht-Seiende nicht eines ist.

Ferner: In einigen Fällen scheinen die konträren Gegenteile gemäß denselben [i. e. den entsprechenden] Negationen [ihrer jeweiligen Gegenteile] einzutreten. So ist es zum Beispiel notwendig, dass etwas gleich oder ungleich ist, wenn es eine Menge oder eine Größe ist, und gerade oder ungerade, wenn es eine Zahl ist. In gleicher Weise ist es wohl auch notwendig, dass das ⟨Seiende entweder⟩ ruht oder bewegt ist, wenn es ein Körper ist.

Ferner: Wenn der Gott und das Eine deshalb nicht bewegt ist, weil die vielen Dinge bewegt sind, insofern sie ineinander übergehen, was hindert es, dass sich der Gott in Anderes bewegt? Denn ⟨nirgendwo sagt er⟩, dass ⟨er⟩ [sc. Gott] nur ⟨eines sei⟩, sondern dass es nur einen einzigen Gott gebe. Wenn das so ist, was hindert es, dass die Teile des ⟨Gottes⟩ ineinander übergehen und der Gott sich im Kreise ⟨dreht⟩? Denn von einem so bestimmten Einen wird er nicht wie Zenon sagen, es sei eine Vielheit. Er selbst sagt ja, dass der Gott ein Körper sei, sei es, dass er dieses All hier meint oder was auch immer. Denn wie könnte er kugelförmig sein, wenn er unkörperlich ist?

Ferner: Er ist doch wohl allein in der Weise weder in Bewegung noch in Ruhe, dass er nirgends ist. Da er ein Körper ist, was sollte, wie schon gesagt, im Wege stehen, dass er [sc. der Körper, der er ist] bewegt ist?

Theophrast (ca. 371/0 – 287/6 v. Chr.)

Xen 16
In einer ausführlichen Passage seines Kommentars zur Physik *des Aristoteles gibt Simplikios* (Xen 229) *im Rückgriff auf Theophrast, Nikolaos* (Xen 50) *und Alexander* (Xen 125) *Xenophanes' Anschauung vom einen Prinzip wieder.*

Xen 17
FHS&G 227C, s. **Xen 128** (Alex. Aphr. in Metaph. 1.31.5–14)

Xen 18
FHS&G 227D (= **Ar 17**), s. **Xen 146** (Diog. Laert. 9.21)

Xen 19
FHS&G 229, s. **Xen 230** (Simp. in Ph. 9.28.4–11)

Xen 20
FHS&G 232, s. **Xen 209** (Stob. Ecl. 1.25.1a–b)

Demetrios von Phaleron

Xen 21
Fr. 83 Wehrli², s. **Xen 145** (Diog. Laert. 9.18–20)

Xen 17
In seinem Kommentar zur Metaphysik *des Aristoteles zitiert Alexander (Xen 128) aus dem ersten Buch* Über die Naturphilosophen *des Theophrast, wo dieser auf die Lehre des Parmenides als Schüler des Xenophanes eingeht.*

Xen 18
Nach Diogenes Laertios (Xen 146) schreibt Theophrast in seiner Epitome, *dass Parmenides (so überliefert bei Diogenes, recte: Xenophanes) ein Schüler Anaximanders gewesen sei.*

Xen 19
Simplikios (Xen 230) schreibt (vermutlich in Rückgriff auf Theophrast), dass Leukipp in seiner Ontologie nicht dem Weg von Parmenides und Xenophanes gefolgt sei.

Xen 20
Nach Stobaios (Xen 209) berichtet Theophrast in seiner Physik[1], *dass Xenophanes annahm, dass sich die Sonne aus einer Ansammlung von Feuerteilchen bilde.*

Demetrios von Phaleron (ca. 360 – 280 v. Chr.)

Xen 21
Nach Diogenes Laertios (Xen 145) behauptet Demetrios, dass Xenophanes seine Söhne mit eigenen Händen begraben habe.

---

1 Siehe zu dem Werktitel Sharples (1998), 2–5.

Timaios von Tauromenion

Xen 22
FGrHist 3B 566 F 133, s. **Xen 115** (Clem. Strom. 1.64.2–65.1)

Timon von Phleius

Xen 23
Fr. 833 & 834 SH = Fr. 59 und 60 Di Marco, s. **Xen 90** & **Xen 145** (S. Emp. Pyrrh. hyp. 1.223–225 & Diog. Laert. 9.18–20)

Xen 24
Fr. 775 SH, s. **Xen 149** (Diog. Laert. 9.111)

Hermipp von Smyrna

Xen 25
Fr. 26 Wehrli = FGrHist cont. IV A 3 1026 F 61, s. **Xen 142** (Diog. Laert. 8.56)

Timaios von Tauromenion (ca. 350 – 260 v. Chr.)

Xen 22
*Nach Clemens (**Xen 115**) behauptet Timaios, dass Xenophanes zur Zeit Hierons und Epicharms gelebt habe.*

Timon von Phleius[1] (ca. 320/15 – 230/35 v. Chr.)

Xen 23
*Nach Sextus Empiricus hat Timon Xenophanes seine Spottgedichte (*Silloi*) gewidmet. Zwei Zitate daraus bestätigen nach Sextus (**Xen 90**), dass Xenophanes eher zu den Dogmatikern gehört (Fr. 833 & 834 SH = Fr. 59 und 60 Di Marco = VS 21 A 35). Das zweite Zitat wird auch von Diogenes Laertios (**Xen 145**) (in etwas anderer Lesung) überliefert.*[2]

Xen 24
Im zweiten und dritten Buch seiner Sillen *führt (laut Diogenes Laertios [**Xen 149**]) Timon Xenophanes als Dialogpartner ein.*

Hermipp von Smyrna („der Kallimacheer", 3. Jh. v. Chr.)

Xen 25
*Nach Diogenes Laertios (**Xen 142**) behauptet Hermipp, dass Empedokles ein Nacheiferer des Xenophanes gewesen sei.*

---

1 Clayman (2009) ordnet auch SH 779 Xenophanes zu.
2 Zur Textgestalt von Fr. 60 siehe Vogt (1964).

# Satyros von Kallatis

Xen 26
Fr. 6 Schorn, *Vit. Eurip.*, *POxy.* IX 1176, Fr. 37, Kol. III Vassallo[1]

Editionen:

Hunt, A. S. *Satyrus, Life of Euripides*, in: *The Oxyrhynchus Papyri, Part IX,* London 1912, 124–182.

Leo, F. *Satyros βίος Εὐριπίδου*, in: *NGG* (1912), 273–290 [= ders., *Ausgewählte kleine Schriften*, hrsg. und eingel. von E. Fraenkel 2 (Raccolta di Studi e Testi 83), Rom 1960, 365–383].

von Arnim, H. *Supplementum Euripideum* (Kleine Texte für theologische und philosophische Vorlesungen und Übungen 112), Bonn 1913, 3–9.

Kumaniecki, C. F. *De Satyro Peripatetico* (Polska Akademja Umiejętności-Archiwum Filologiczne 8), Warschau/Krakau 1929.

Diels, H. in: Diels, H. / Kranz W. *Die Fragmente der Vorsokratiker*, sechste verbesserte Auflage hrsg. von W. Kranz, 3 Bde., Berlin [6]1951–1952.

Arrighetti, G. *Satiro. Vita di Euripide* (SCO 13), Pisa 1964.

Cantarella, R. *Euripide. I Cretesi* (Classici Greci e Latini 1), Mailand 1964.

Parsons, P.J. *Satyrus on Euripides*, in: *CR* (n.s.) 16 (1966), 179–180.

West, S. R. Rez. *G. Arrighetti, Satiro, o.e.*, in: *Gnomon* 38 (1966), 546–550.

Funghi, M. S. *Anaxagoras (POxy 1176, coll. I 16–30; III 5–29)*, in: CPF I.1* (1989), 10, 2T, 157–168.

Schorn, S. *Satyros aus Kallatis. Sammlung der Fragmente mit Kommentar*, Basel 2004.

Vgl. auch Gerstinger, H. *Satyros' βίος Εὐριπίδου*, in: *WS* 38 (1916), 54–71.

Lanza, D. *Anassagora. Testimonianze e frammenti* (Biblioteca di Studi Superiori-Filosofia Antica 52), Florenz 1966.

Der Name des Xenophanes ist im Fr. 6 Schorn von Satyros' *Leben des Euripides* identifizierbar,[2] sofern man in Zeile 6 von *POxy.* IX 1176, Fr. 37, Kol. III, Ξε]νοφ[άν- (Nominativ, Genitiv oder Akkusativ) liest. Die Stelle findet sich in einem Abschnitt von Satyros' Werk, der dem Charakter des Euripides und u. a. seinen Beziehungen zu Anaxagoras gewidmet ist.[3] Satyros zitiert hier im Anschluss an den vermutlichen Hinweis auf Xenophanes – und zwar auf seine Kritik der traditionellen religiösen Mythologie – das Euripides-Fragment 912 Nauck[2], das einige auf die Tragödie *Pyritoos*, andere auf die Tragödie *Die Kreter* zurückführen. In diesem Zeugnis geht es

---

1 [TM 62717; LDAB 3905; MP[3] 1456 = CPF 10 2T[11]] = Satyr., Fr. 6 Schorn (= VS 59 A 20c[II]).
2 Vgl. Vassallo (2019a).
3 Vgl. Funghi (1989); Schorn (2004), 197–220 und die dort zitierte Bibliographie. Zur doxographischen Überlieferung, die Euripides zu einem Schüler von Anaxagoras macht, siehe Arrighetti (1964), 105–108; Sider (2005), 1, Anm. 2.

Satyros von Kallatis (2. H. 3. Jh. v. Chr.)

Xen 26
Fr. 6 Schorn

um die Natur von Zeus (d.h. dem Herrscher aller Dinge) und seine Benennung (d.h. als Zeus oder Hades). Mit Blick auf diese Verse sagt Satyros, dass es Euripides gelang, mit seinem Gedicht[1] die ganze Kosmologie des Anaxagoras zusammenzufassen, und fügt hinzu, dass sich Euripides als Skeptiker hinsichtlich der traditionellen theologischen Deutung der Struktur der Natur und der physikalischen Phänomene erweise, wie Vers 886 der *Troerinnen* zeige. Ein Hinweis auf Xenophanes wäre verständlich im Lichte eines (möglichen) Einflusses des Xenophanes auf die religiöse Auffassung in den euripideischen Tragödien (vgl. **Xen 34**).[2] Außerdem erlauben es sowohl die Ergänzung *e.g.* ἀμ[ηχανῶν / ἀμ[ηχάνως in Zeile 8 als auch das Verb διαπορ[εῖ in Zeile 22, das Testimonium auf eine „skeptische" theologische Tradition zurückzuführen. Bekanntlich geht diese Tradition auf das berühmte Zeugnis VS 21 B 34 (**Xen 66** & **Xen 84**) des Xenophanes zurück.[3]

desunt versus 4
5 . . . . (.)]. . [. . . .
α[. (.) Ξε]νοφ[άν . .
κ[. . . .]. οις, [. . .
λ . [. .]ς ἀμ[. . . . . ·
"σοὶ τῷ πάν-
10 των μεδέον-
τι χλόην" πιέ-
λανόν τε φέρω
Ζεὺς εἴτ' Ἀͻδης
ὀνομάζῃ." Ἀ-
15 κριβῶς ὅλως
περιείληφεν
τὸν Ἀναξ[α-
γόρειον [διά-
κοσμον [.]. . [. (.)
20 τρισίν· περὶ [ὧν
καὶ ἄλληι γ[έ
πηι διαπορ[εῖ,
τί ποτ' ἐστι

---

1 Zu den verschiedenen Konjekturen, die am Ende der Zeile 19 der Kol. III vorgeschlagen worden sind oder möglich wären, siehe den kritischen Apparat unten.
2 Zu diesem Problem siehe Egli (2003), 37–78 (über Anaxagoras) und 121–135 (über Xenophanes).
3 Vgl. dazu Vassallo (2015a).

(*5 Zeilen und etwa 1 Wort ausgefallen*) Xenophanes (?) (*2 Zeilen ausgefallen*) [und anderswo, wie in Verlegenheit, schreibt er (*scil.* Euripides)]: „Dir, dem Allherrscher, bringe ich frisches Grün und Opferkuchen dar, heißt du nun Zeus oder Hades." Er fasse ganz genau die anaxagoreische Weltordnung [in/mit] drei [dichterischen Versen/Werken (?)] zusammen; [und] über diese Fragen (*scil.* die theologischen) zeigt er sich auch anderswo ratlos (*scil.* skeptisch?), was den Himmelserscheinungen vorsteht, [wie wenn er sagt]: „Zeus oder Notwendigkeit der Natur oder [Geist der Menschen]" (usw.). (Ü: nach Schorn)

```
                τὸ προεστη-
         25     κὸς τῶν οὐρα-
                νίων· "Ζεὺς
                ͺεἴͺτ' ἀνάγκͺη
                φύσεωͺς εἴτͺε
         29     [νοῦς βροτῶνͺ]."
         . . . . . . . . . . . .
```

6 Ξε]νοφ[άνης vel Ξε]νοφ[άνους vel Ξε]νοφ[άνην suppleverim e.g.   7 κ[ἂν θε]ί οις, [καὶ κτλ. cogitaverim: κ[ἂν τ]οῖς [Κρησὶ] von Arnim: κ[ἂν τ]οῖς [ἑξῆς Cantarella   7–8 ἀλ]|λη[ι ὤ]ς ἀμ[ηχανῶν vel ἀμ[ηχάνως cogitaverim: ἀπο]|λο[γο]ύμε[νος suppl. Wilamowitz-Moellendorff ap. Hunt, cui tamen hoc supplementum vest. min. congr. videtur: δ[ιὰ το]ῦ μέ[λους von Arnim, vest. min. congr.: εὐ]|λα[βο]υμε[ν- Snell (λα[βο]υμε[ν- Schorn), Mss. sec., vest. min. congr.   9–14 Eurip., fr. 912 Nauck², quod ad *Cretenses* Valckenaer et von Arnim referunt, ad *Pirithoum* autem Leo, Cantarella et alii   11 χλόην P, a Bergk e Mss. iam coniectum   13 εἴͺθ'ͺἌͺ⟨ι⟩δης P (⟨ι⟩ add. Schorn): εἴτ' Ἀίδης lectio a Clem. Alex. tradita   14 ὀνομάζῃͺ P (perp. ut Hunt [1912] 172 iam vid.): ὀνομαζόμενος στέργεις lectio a Clem. Alex. tradita   18–19 [διά]|κοσμον suppl. Wilamowitz-Moellendorff ap. Hunt   19 fin. [ἔπ]εσ[ι ([ἔπεσι iam Diels) vel [μέ]ρε[σι vel [λό]γο[ις vel [τό]πο[ις vel [ῥή] σε[σι et sim. possis: [ἐν Hunt, deinde Leo et Kumaniecki, sed spat. long. u.v. cf. *POxy.* IX 1176, fr. 38, col. I (= Eurip., fr. 913 Nauck-Snell = VS 59 A 20cIII)   20 περὶ [ὧν Carlini, qui post τρισίν interpungit, ap. Funghi: περι[όδοις Wilamowitz-Moellendorff (acc. Kumaniecki) ap. Hunt, cui tamen hoc supplementum spat. long. videtur: περι[ιών Diels, deinde Arrighetti, sed supplementum vix prob. a Parsons putatur   21–22 suppl. Hunt   26–29 Eurip., *Troad.* 886

Similien:
Xenophanes als Dichter

Bakcheios aus Tanagra

Xen 27
Von Staden Ba. 72, s. **Xen 341** (Schol. in Hippocrat. ad Epid. I 13.3)

Bakcheios aus Tanagra (um 250 – 200 v. Chr.)

Xen 27
*Sprachliche Anmerkung zu Xenophanes von Erotian (**Xen 341**), der wohl auf Bakcheios zurückgreift.*[1]

---

1 Vgl. dazu Fußnote 2 zu **Xen 341**.

Sotion

Xen 28
Fr. 30 Wehrli, s. **Xen 144** (Diog. Laert. 9.5)

Xen 29
Fr. 28 Wehrli, s. **Xen 145** (Diog. Laert. 9.18–20)

Xen 30
Fr. 29 Wehrli, s. **Xen 145** (Diog. Laert. 9.18–20)

Panaitios

Xen 31
Fr. 17 Fowler, s. **Xen 145** (Diog. Laert. 9.18–20)

Apollodor

Xen 32
FGrHist II B 244 F 86a, s. **Xen 145** (Diog. Laert. 9.18–20)

Sotion (Werk verfasst zw. 200 u. 170 v. Chr.)

Xen 28
*Auf Sotion geht die Nachricht bei Diogenes Laertios (**Xen 144**) zurück, Heraklit sei Hörer des Xenophanes gewesen.*

Xen 29
*Laut Sotion war, wie Diogenes Laertios (**Xen 145**) berichtet, Xenophanes ein Zeitgenosse Anaximanders.*

Xen 30
*Sotion soll irrtümlicherweise, wie Diogenes Laertios (**Xen 145**) meint, Xenophanes als Erstem die Ansicht zugewiesen haben, dass alles unerfassbar sei.*

Panaitios (ca. 185 – 109 v. Chr.)

Xen 31
*Panaitios berichtet laut Diogenes Laertios (**Xen 145**), dass Xenophanes mit eigenen Händen seine Söhne begraben habe.*

Apollodor (um 180 – um 110 v. Chr.)

Xen 32
*Der Name von Xenophanes' Vater lautete nach Apollodor, wie Diogenes Laertios (**Xen 145**) berichtet, Orthomenes.*

M. Terentius Varro

Xen 33
Antiquitatum Rerum Divinarum 1.228 (ed. Cardauns), s. **Xen 190** (Aug. civ. 17.13)

Philodem von Gadara

Zu den Herkulanensischen Xenophanes-Testimonien könnte man vielleicht auch Philod., *Rhet.* IV, *PHerc.* 224, Fr. 3 Vassallo (= II, S. 169 Sudhaus)[1] zählen. Hier sind Parmenides und Melissus durch das Prinzip ἓν τὸ πᾶ[ν verbunden (ZZ. 7–10). Eine schon bei Platon[2] erkennbare doxographische Tradition schreibt dieses Prinzip (mit seinen theologischen und epistemologischen Implikationen) bereits Xenophanes zu.[3]

Xen 34
Poëm. IV, *PHerc.* 207, Fr. 23 Janko[4]

Editionen:
HV² II (1863), 148–158.
Sbordone, F. *Il quarto libro di Filodemo* Περὶ ποιημάτων, in: *AAPN* (n.s.) 4 (1950–1952), 129–142 [= ders. *Il quarto libro del* Περὶ ποιημάτων *di Filodemo*, in: ders. (Hg.) *Ricerche sui Papiri Ercolanesi* I, Neapel 1969, 289–372 = ders. *Sui papiri della Poetica di Filodemo* (Biblioteca della Parola del Passato 15), Neapel 1983, 45–62].
Hammerstaedt, J. *Pausone, Aristofane e Archiloco nel quarto libro* Περὶ ποιημάτων *di Filodemo*, in: *CErc* 27 (1997), 105–120.
Janko, R. *Philodemus, On Poems, Books 3 and 4, with the Fragments of Aristotle, On Poets* (The Philodemus Translation Project-Philodemus: The Aesthetic Works I/3), Oxford 2011.

---

1 [TM 62460 = LDAB 3635 = CatPErc 224 (cf. Chartes) = IPPH XXXVIII 178] = VS 28 A 49 = VS 30 A 14. Vgl. Vassallo (2016b) *s.v.* „Xenophanes Colophonius". Für die Edition siehe Vassallo (2015c), 84 und Vassallo (2015d), 281–283.
2 Plat., *Soph.* 242d4–7 (= **Xen 3**).
3 Dazu vgl. Vassallo (2015c), 101–107.
4 [TM 62391 = LDAB 3556 = CatPErc 207 (cf. Chartes) = IPPH XXXVIII 177] = *deest* VS.

M. Terentius Varro (116 – 27 v. Chr.)

Xen 33
*Augustinus (**Xen 190**) zitiert Varro, der sich seinerseits auf Xenophanes' erkenntnistheoretische Zurückhaltung beruft.*

Philodem von Gadara (um 110 – nach 40 v. Chr.)

Xen 34
Poëm. IV, *PHerc.* 207, Fr. 23 Janko

Der Inhalt des *PHerc.* 207 kann in drei Abschnitte eingeteilt werden. Dieser Einteilung zufolge ist der erste Abschnitt (Frr. 1–10 Janko) vor allem der Rolle der Dichtung in der musikalischen Erziehung gewidmet; der zweite Abschnitt (Fr. 10–Kol. 106 Janko) behandelt diverse Themen, darunter die Satyrspiele und die μίμησις, während der dritte und letzte Abschnitt (Koll. 107–120 Janko) Philodems Kritik an Aristoteles und die Paraphrase einer aristotelischen Schrift über die Dichtung enthält.[1] Im zweiten Abschnitt findet sich eine Stelle, die wie ein Exkurs über die Götterauffassung bei Euripides, Xenophanes und Archilochos wirkt. Sehr wahrscheinlich hat dieses Zeugnis polemischen Charakter.[2] Aber es ist nicht einfach, eine solche theologische Polemik im Kontext antiker Ästhetik und dichterischer Kritik wie jener im vierten Buch von *De poëmatis* zu verorten. Mit Janko lässt sich vermuten, dass hier Philodem die Dichter als θεολόγοι bezeichnet, weil sie über die Götter geschrieben haben.[3] Diese Hypothese ist in der Tat plausibel. Abgesehen von Archilochos, den Philodem oft zitiert,[4] sind die Gründe einer theologischen Annäherung des Euripides an Xenophanes ziemlich einleuchtend. Wir wissen nämlich, dass die Theologie des Xenophanes eng verbunden war mit einer harschen Kritik an der traditionellen Mythologie (insbesondere an Homer und Hesiod).[5]

desunt versus 3
4   - - -....]ινως[- - -
5   - - -....]αι θεο[- - -
    - - -(.) Εὐρι]πίδου [- - -
    - - -....] καὶ πα[- - -
    - - -.. Ξε]νοφάν[- - -
    - - -....]ων μαλ[- - -
10 - - -....]ν Ἀρχιλοχ[- - -
    - - -....]τος μη[- - -
    - - -....(.) εἰ]σαγο[- - -
13 - - -....]αρ[- - -
desunt versus 2
16 - - -.......]νας[- - -

---

1   Janko (2011), 208–221.
2   Janko (2011), 216.
3   Als Beispiel zitiert Janko (2011), 258, Anm. 2, Suet., *De poet.*, Fr. 1, 51–52 Rostagni.
4   Vgl. De Falco (1922); Nardelli (1983), 147; Gigante (1993); Hammerstaedt (1997); Janko (2011), 259, Anm. 6.
5   Sext., *Adv. math.* 1.289 (= **Xen 81**); 9.193 (= **Xen 87**). Vgl. Gemelli Marciano (2005); Gostoli (2005); Vassallo (2014), 59 und die dort zitierte Bibliographie.

(4 Zeilen und etwa 3–4 Wörter ausgefallen) [und (?)] Gott/Götter *(etwa 3 Wörter ausgefallen)* des Euripides *(etwa 3 Wörter ausgefallen)* und *(etwa 3–4 Wörter ausgefallen)* Xenophanes *(etwa 1–2 Wörter ausgefallen)* von *(1 Wort ausgefallen)* [eher (?)] *(etwa 2–3 Wörter ausgefallen)* Archilochos *(etwa 3 Wörter ausgefallen)* [dieser (?)] *(1 Wort ausgefallen)* [nicht (?)] *(etwa 4 Wörter ausgefallen)* führt [Charaktere (?)] ein *(4 Zeilen und einige Wörter ausgefallen)* und/trotzdem *(etwa 3–4 Wörter ausgefallen)* [ich sage, einfach (?)] *(etwa 3 Wörter ausgefallen)* von *(1 Wort und etwa 15 Zeilen ausgefallen)*.

```
- - -......]ν καιτ[- - -
- - -......]γω ρα[- - -
- - -...]τατων α[- - -
20  - - -......]υσ[- - -
21  - - -......]υ[- - -
```
desunt versus fere 13

P = [ON] 4 ω ͅ σ (σ, ω)   6] ͅι (π, ι)   7 π ͅ [(α, λ)   8] ͅοφα ͅ [(ν, ι), (ν, ι)   9 α ͅ [(λ, α)   10 λ ͅ [(ο, θ), (χ, λ)   13] ͅρ (α, λ, δ, μ)   16] ͅα (ν, η)   17 ι ͅ [(τ, ζ)   19] ͅα (τ, γ) ‖ 4 κο]ινῶς vel (ἀνα)γ]ινωσ[κ- vel –]ιν ὡς suppl. Janko e.g.   5 κ]αί suppl. Sbordone θεο[ύς Janko e.g.: θεο[ί Sbordone   6 suppl. Janko   7 πα[ρα(πλησίως) suppl. Janko e.g.: πᾶ[σι Sbordone   8 Ξε]νοφάν[leg. ac suppl. Janko: Ἀρισ]τοφά[ν- Hammerstaedt   10 τὸ]ν Ἀρχίλοχ[ον suppl. Janko e.g.   11 οὗ]τος vel αὐ]τός suppl. Janko e.g.   12 εἰ]σαγο[- leg. ac suppl. Janko e.g.:]δὲ τοῖς ἀγο[- leg. Hammerstaedt   13]αρ[leg. Janko:]ρα[Hammerstaedt   18 λέ]γω vel ἐ]γὼ ρα[ιδίως suppl. Janko e.g.

Xen 35

[Philod.], *[Hist. philos.]*, PHerc. 327, Fr. 1 Vassallo[1]

Editionen:
HV² VIII (1873), 197–199.
Crönert, W. *Kolotes und Menedemos. Texte und Untersuchungen zur Philosophen- und Literaturgeschichte* (Studien zur Palaeographie und Papyruskunde 6), Leipzig 1906 (ND Amsterdam 1965).
Cavalieri, M. C. *La Rassegna dei filosofi di Filodemo: Scuola eleatica ed abderita (PHerc. 327) e Scuola pitagorica (PHerc. 1508)?*, in: *PapLup* 11 (2002), 17–53.
Vassallo, Ch. *Xenophanes in the Herculaneum Papyri*. Praesocratica Herculanensia *IV*, in: *APF* 60/1 (2014), 45–66.

Fr. 1 des *PHerc.* 327 könnte auf die *Silloi* des Xenophanes Bezug nehmen. Wäre dies der Fall, ist diese Herkulanensische Stelle ein älteres Zeugnis des Werktitels *Silloi* (als Titel des satirischen Werkes des Xenophanes) als jenes, das vom *POxy.* VIII 1087, Kol. II 40–41 (**Xen 346**) überliefert wird.[2]

---

1 [TM 62405 = LDAB 3571 = CatPErc 327 (cf. Chartes) = IPPH XXXVIII 179] = Tim. *Sill.*, Fr. 67 Di Marco = *deest* VS.
2 Di Marco (1989), 269. Ein anderes, aber späteres Zitat findet man im *Schol. vet. in Aristoph. Eq.* 408a Jones (S. 103 Koster = **Xen 336**). Es gibt einige wenige andere Quellen, die Xenophanes als Verfasser der *Silloi* ausweisen (**Xen 52, Xen 110, Xen 290, Xen 339, Xen 340, Xen 342**). Zur modernen Debatte über die Echtheit dieses Werkes siehe Farina (1961), 13–14; G. Reale in Zeller-Mondolfo (1967), 68–69; Untersteiner (2008), ccxxxvii–cclvi und 128–137; Di Marco (1989), 17–56. H. Diels schrieb diesem Werk 11 Fragmente zu (vgl. **Xen 71, Xen 81, Xen 86, Xen 111, Xen 116, Xen 117, Xen 137, Xen 138, Xen 204, Xen 220, Xen 335, Xen 336 & Xen 346**),

Xen 35
[Philod.], *[Hist. philos.]*, *PHerc.* 327, Fr. 1 Vassallo

desunt versus plures
- - - ἡγε]μονεύειν [....(.)
- - -] ης γεγονε[...(.)
- - -] Δημόκριτος [...(.)
- - -]ω ἐν τοῖς Σίλλοις
5   - - -]αμιδημ[....(.)
- - -]ς Λυδὸν ὄντα .[..(.)
- - -]ταις, ὃν καὶ [...(.)
8   - - -]ιλευ[...
desunt versus plures

[P] = O 305 = N fr. 1   1 N:]μονευ ιν[(ε, σ) O   2]ησγεγονε[N:] ησγεγεν[dext. sup. vest. O   3 N:] ημοκριτο[dext. inf. vest. O   4 O:]ωεντοισ[(.)]λλοισ N   5 O:]αμιδην[N   6]σ υδον`ον´τα [ desc., inf. vert. O: ]λυδον`ον´τα[N   7 ON   8 N:]λευ[O ‖ 1 suppl. Crönert   2 γεγονέ[ναι suppleverim e.g.   8 βασ]ιλεύ[ειν suppleverim e.g. (iam βασ]ιλευ- Crönert)

Similien:
Xenophanes als Sillendichter

Xen 36
[Philod.], *[Hist. philos.]*, PHerc. 327, Fr. 2 Crönert[1]

Editionen:
HV² VIII (1873), 197–199.
Crönert, W. *Kolotes und Menedemos. Texte und Untersuchungen zur Philosophen- und Literaturgeschichte* (Studien zur Palaeographie und Papyruskunde 6), Leipzig 1906 (ND Amsterdam 1965).
Cavalieri, M. C. *La Rassegna dei filosofi di Filodemo: Scuola eleatica ed abderita (PHerc. 327) e Scuola pitagorica (PHerc. 1508)?*, in: *PapLup* 11 (2002), 17–53.
Vassallo, Ch. *Xenophanes in the Herculaneum Papyri. Praesocratica Herculanensia IV*, in: *APF* 60/1 (2014), 45–66.

Nach Auffassung Crönerts bildet dieses Zeugnis „den Übergang vom biographischen zum doxographischen Abschnitt" und war ein besonders Parmenides gewidmeter Teil der *Syntaxis der Philosophen* Philodems.[2] Diese Hypothese – so Crönert weiter – werde dadurch bestätigt, dass auch bei

---

den Παρῳδίαι, die dagegen schon E. Zeller als ein und dasselbe Werk wie die Σίλλοι betrachtete, nur eins (**Xen 290**).
1   [TM 62405 = LDAB 3571 = CatPErc 327 (cf. Chartes) = IPPH XXXVIII 180] = *deest* VS.
2   Crönert (1906), 129.

(mehrere Zeilen ausgefallen) beherrschen *(einige Wörter ausgefallen)* war (?) *(einige Wörter ausgefallen)* Demokrit *(einige Wörter ausgefallen)* in den Silloi *(einige Wörter ausgefallen)*, [dass er] aus Lydien kam *(einige Wörter ausgefallen)*, da es auch [möglich war] *(einige Wörter ausgefallen)* [regieren?] *(mehrere Zeilen ausgefallen)*.

Xen 36
[Philod.], *[Hist. philos.]*, PHerc. 327, Fr. 2 Crönert

Diogenes Laertios der Übergang von der Biographie zur Doxographie des Parmenides mit der Kugelgestalt der Erde und der Geozentrik eingeleitet wird.¹ Auf der anderen Seite stützte Crönert die lange Ergänzung in den Zeilen 5–6 auf diejenigen Zeugnisse, in denen Xenophanes der Erde zuschreibt, ins Unendliche zu wurzeln.² Nach Crönert reichen zwei Stellen bei Eusebios aus, um der Partikel δέ, die in Zeile 4 des Apographs deutlich lesbar ist, eine unklare Bedeutung beizulegen. Aber abgesehen von der Unsicherheit der Ergänzung lässt Crönert offenbar ein Zeugnis zu Xenophanes über die Kugelgestalt der Erde außer Acht, welches in diesem Kontext von Relevanz ist. Zur Theologie des Xenophanes schreibt Diogenes Laertios, dass seiner Meinung nach das Wesen Gottes kugelartig ist und mit einem Menschen überhaupt keinerlei Ähnlichkeit hat, zudem, dass er ganz sieht und ganz hört, ohne doch zu atmen, und schließlich, dass er in seiner Gesamtheit Geist und Denken und ewig ist.³ Daher ist es wahrscheinlicher, dass Fr. 2 Crönert des *PHerc.* 327 zu dem Abschnitt der *Syntaxis* Philodems gehört, welcher Xenophanes gewidmet ist.⁴ In diesem Fall wäre es naheliegender, in Zeile 2 des Zeugnisses einen Hinweis auf das Wesen Gottes (οὐσία θεοῦ) statt auf das Wesen der Erde (οὐσία γῆς) anzunehmen.

---

1 Diog. Laert. 9.21.10–11 (= VS 28 A 1). Das Problem der Geozentrik und der μονή der Erde ist in Epikurs Περὶ φύσεως behandelt, jedoch ohne explizite Bezugnahme auf Xenophanes oder andere Vorsokratiker. Vgl. dazu Barigazzi (1950); Vassallo (2015d), 301–310.

2 Eus., *P.E.* XV 55, 4; III 11, 1–2, DG 377, *ap.* Eus., *P.E.* XV 57, 2 (**Xen 103, Xen 104** & **Xen 182**). Siehe auch Aristot., *De coel.* B 13, 294a21; Simpl., *in Coel., l.c.*, 522, 7; Cic., *Acad. pr.* II 39, 122. Zu den entsprechenden *Lemmata* des Aëtius, vgl. Mansfeld-Runia (2009), 112–113 mit Anm. 240.

3 Diog. Laert. 9.19.21–23 (**Xen 145**). Siehe auch Cic., *Acad. pr.* II 118 (**Xen 42**). Zu dieser Stelle, die schon H. Diels mit Cic., *N.D.* I 11, 28 in Verbindung brachte, vgl. Untersteiner (2008), cxci–cxciii, Anm. 90–91; 70, der seinen theophrasteischen Ursprung hervorhebt. Zur Beziehung zwischen Theophrast und der Doxographie über Xenophanes, vgl. McDiarmid (1953), 115–120; Mansfeld (1987). Was das Problem der Theologie des Xenophanes angeht, vgl. Mansfeld (1988); Lanza (2005); Schirren (2013), 343–358.

4 Wahrscheinlich ging dieser Abschnitt jenem über Parmenides voraus, war aber noch Teil des Kapitels der *Syntaxis* Philodems, welches der Eleatischen Schule gewidmet war. In der Tat haben wir keinen Grund zur Annahme, dass Philodem der Tradition, derzufolge Parmenides ein Schüler des Xenophanes war, nicht folgte. Vgl. Diog. Laert. 9.21 (**Xen 146**).

desunt versus plures
τὰ μὲν τοῦ βίου] τοσαῦτα·
πρῶτος δὲ τὴν γῆν ε]ἶναι σφαιροειδῆ παρὰ τὰ Ξ]ενοφάνους
ἀπέφηνε· Ξενο]φάνης δὲ μ̣[ᾶλ-
5 [λον εἰς ἄπειρον ἐρριζῶσθαι
6 [ἐδόξαζε
desunt versus plures

[PO] = *N* fr. 3   1 τ̣[asc. sicut α, λ, δ || 1–6 suppl. Crönert   4 μ̣ corr. Crönert *N*, quod π tradit

Similien:
Natur und Entstehung der Erde
Unendlichkeit der Erde
Wurzeln der Erde

Xen 37
[Philod.], *[Hist. philos.]*, PHerc. 327, Fr. 4 Vassallo[1]

Editionen:
HV² VIII (1873), 197–199.
Crönert, W. *Kolotes und Menedemos. Texte und Untersuchungen zur Philosophen- und Literaturgeschichte* (Studien zur Palaeographie und Papyruskunde 6), Leipzig 1906 (ND Amsterdam 1965).
Cavalieri, M. C. *La Rassegna dei filosofi di Filodemo: Scuola eleatica ed abderita (PHerc. 327) e Scuola pitagorica (PHerc. 1508)?*, in: *PapLup* 11 (2002), 17–53.
Vassallo, Ch. *Xenophanes in the Herculaneum Papyri*. Praesocratica Herculanensia *IV*, in: *APF* 60/1 (2014), 45–66.

In Anbetracht dessen, was oben zu Philodem (*Poëm.* IV, *PHerc.* 207, Fr. 23 Janko (**Xen 34**)) gesagt worden ist, könnte die Liste der Herkulanensischen Testimonien über Xenophanes auch auf Fr. 4 des *PHerc.* 327 ausgedehnt werden. Hier liest man das Wort ἀσέβεια, das Crönert nicht unplausibel mit Xenophanes in Zusammenhang bringt.[2]

desunt versus plures
- - -]ινεαν[. . . .
- - -]θαιτη̣ [. . . .

---
1   [TM 62405 = LDAB 3571 = CatPErc 327 (cf. Chartes) = IPPH XXXVIII 181] = *deest* VS.
2   Crönert (1906), 128.

(*mehrere Zeilen ausgefallen*) soviel [nun zu seinem Leben (*scil.* des Parmenides). Er behauptete (*scil.* Parmenides) aber als erster entgegen den Prinzipien des] Xenophanes, dass die Erde kugelförmig sei. Xenophanes war hingegen [davon überzeugt, dass sie (*scil.* die Erde) ihre Wurzeln ins Unendliche geschlagen hatte] (*mehrere Zeilen ausgefallen*).

Xen 37
[Philod.], *[Hist. philos.]*, PHerc. 327, Fr. 4 Vassallo

(*mehrere Zeilen ausgefallen*) seine (*scil.* des Xenophanes?) Gottlosigkeit (*mehrere Wörter ausgefallen*) [durchaus] (*mehrere Wörter ausgefallen*) [behauptet (*scil.* Xenophanes?)] dass das Göttliche (*mehrere Wörter ausgefallen*) von [dem] ersten (*mehrere Wörter ausgefallen*) wir sagten (*mehrere Wörter ausgefallen*) den Reden von deren (*mehrere Wörter ausgefallen*) und (*mehrere Zeilen ausgefallen*).

- - - ἀ]σέβειαν [αὐ]τοῦ
- - -]νπαμ. [ ] . . [.] . ι
5 - - -]σιν τὸ θεῖον [.
- - -]ν πρώτου [. . (.)
- - - ἐ]φήσαμεν ουσ[.
- - - τ]οῖς λόγοις ὧν
9 - - -] καὶ
 desunt versus plures

P = [O] = N, fr. 4 1 ⌜ιν⌝ N: . inf. vest., inf. vest. P ⌜γ⌝ N: . vert. P 2 ⌜θ⌝ N: . (θ, ο, ω) P ⌜τ⌝ N: . (τ, γ) P η. [med. vest. 4 μ. [ ] . [.] . ι sup. vest., (ν, η), (ε, θ, ο, σ), (α, λ) 5 ⌜σι⌝ N: [P] ⌜ετον⌝ N: [P]⁻¹ 6 ⌜ωτο ⌝ sin. desc. sicut υ, χ: [P]⁻¹ 7] η subter lineam vert. sicut φ, ρ, ψ ⌜ενουσ⌝ N: [. ⁻² . ⁻¹ inf. vest. P 8 ⌜ο⌝ sin. sup. arcus sicut ο, θ ⌜οισω⌝ N: [P]⁻¹ ‖ 1–2 ὃν λέγ]ει Νεάν[θης καὶ ἐκβε|βλῆσ]θαι τῆς [πατρίδος διὰ min. prob. suppl. Crönert 3 ἀ]σέβειαν [αὐ]τοῦ supplevi (τὴν ἀ]σέβειαν αὐτοῦ iam Crönert: ἀ]σέβειαν Cavalieri) 4 πάμπ[α]ν ε[ἶν]αι suppleverim e. g. (cf. **Xen 113**): πανμί[αρον] καὶ Crönert vest. min. congr.: παντουσιν perp. leg. N (vd. etiam VH²), quia του in subposito 5 φη]σίν vel φα]σίν supplere possis: λέγου]σιν Crönert 7 supplevi:]φησαμένους Crönert 8 suppl. Crönert

Xen 38

Rhet. VIII (?), *PHerc.* 1015/832, Fr. XVI Sudhaus[1]

Editionen:
HV² V (1865), 77–152; VII (1871), 44–67.
Sudhaus, S. *Philodemi volumina rhetorica* I, Leipzig 1892 (ND Amsterdam 1964), 270–325.

PHerc. 1015/832 überliefert die Überreste eines sehr wichtigen Buches von Philodems *Rhetorik*.[2] Es ist noch ungeklärt, zu welchem Namen die Buchstabenfolge ΞΕΝΟΦ in Zeile 14 (aber vgl. auch ΝΟΦ in Zeile 20) des Fr. XVI vervollständigt werden kann, wen Philodem hier also zitiert – Xenophanes oder Xenophon? Auf der Grundlage des Oxoniensischen Apographs, das Th. Gomperz zeichnen ließ (*G*), werden die Buchstaben von Sudhaus als ein Teil des Namens Xenophanes angesehen. Gomperz hingegen vermutet hier eine Anspielung auf Xenophon.[3] Eine endgültige Klärung ist im Augenblick

---

1 [TM 62429 = LDAB 3602 = CatPErc 832+1015 (cf. Chartes) = IPPH XXXVIII 182] = *deest* VS.
2 Nach Longo Auricchio (1996), 171 und, in ihrer Nachfolge, Blank (2007), 44, der gerade eine neue kritische Ausgabe des *PHerc.* 1015/832 (und zwar auch des Fr. XVI) besorgt, handelt es sich um das 8. Buch. Das ist offenkundig falsch, wie an anderer Stelle zu zeigen ist.
3 Siehe Janko (2011), 258–259 mit Anm. 4.

Xen 38
Rhet. VIII (?), *PHerc.* 1015/832, Fr. XVI Sudhaus

noch nicht möglich. Vielleicht vermag eine neue, verbesserte und leichter kontextualisierbare Gesamtausgabe des *PHerc.* 1015/832 Licht ins Dunkel zu bringen. Es ist jedenfalls durchaus möglich, dass mit den „Rhetoren, die vermöge der Philosophie gut" sind (ZZ. 2–3) auf die Lehre eines Vorsokratikers wie Xenophanes angespielt wird.[1] Es bleibt zu klären, wie Philodem (oder der Denker, gegen den er polemisiert) Xenophanes hier interpretiert und seine Philosophie in eine Abhandlung über die Rhetorik einordnet. Eine nicht unplausible Arbeitshypothese könnte in der Annahme bestehen, dass sich Philodem (bzw. die Gegenseite) hier auf diejenige Tradition bezieht, die Xenophanes als πολυμαθής bezeichnet.[2]

deest versus 1
2   . . . . (.)]ν ο[ἰ ῥήτ]ορες
       διὰ φι]λο[σ]οφί[ας] ἀγαθοὶ
       κασ. . .ακω πολὺ κρείτ-
5   τον[ες τῶν] δοκούντων
       καὶ τ. .νκαιτλειρω.
       ποθ. . . .εροις εἰς εκαστισ
       . . . . .κ]ρίνομεν δ' εἰ συν-
       . . . . .ς φράζει δ[ὲ] τὸν
10   δεινὸν εἰπεῖν κα[ὶ πα]ρα-
       τίθεται τὴν [παρ]οῦσ[αν
       προσαγγελίαν τῆς λιπ
       καταλι. . . . . . . .συ
       Ξενοφ. . .εν. .σ. .
15   ωναι[. . . . .
       με[. . . . . (.)
       ἐμφ[. . . . . (.)
       ρη[τ. . . . .
       σι[. . . . . (.) Ξε-
20   νοφ[. . . . .
deest versus 1

P = O 635 = N fr. 16   Cf. Sudhaus I, 275 app. fr. XVI; 279 app. fr. XXIV («fr. XVI, 13 [*rect.* 14] et 19 [*rect.* 20], ubi de Xenophane agi videtur») **13–19** ex G (= *Apographon Oxoniense Gomperzii*) || **2–3; 5; 8–12; 18** suppl. Sudhaus   **18–19** Ξε]|νοφ[prop. Sudhaus

---

1   *Pace* Vassallo (2014), 62.
2   Dazu vgl. Heraklit, Fr. 16 Marcovich (= VS 22 B 40). Außerdem sei verwiesen auf Marcovich (2001), 64–66 und Vassallo (2015b), 199–205.

(*1 Zeile und etwa 1–2 Wörter ausgefallen*) [behauptet er (Diogenes von Babylon), dass] die Rhetoren, die vermöge der Philosophie gut [und] viel besser als jene, die [Rhetoren zu sein] scheinen, [werden (?)], und (*etwa 4–5 Wörter ausgefallen*) jedem (?) (*etwa 1 Wort ausgefallen*) wir beurteilen/beurteilten, ob (*etwa 1–2 Wörter ausgefallen*) [sagt, dass er] erstaunlich sprechen würde, und überliefert die vorliegende Verkündung der (*etwa 1 Wort ausgefallen*) unterlassen/unterlassen zu haben (*etwa 2–3 Wörter ausgefallen*) Xenoph[anes (?)] (*etwa 2–3 Wörter und 3 Zeilen ausgefallen*) Rhetoren/Rhetorik (*etwa 4–5 Wörter ausgefallen*) [Xe]noph[anes (?)] (*etwa 1–2 Wörter und 1 Zeile ausgefallen*).

Xen 39
Piet., *PHerc.* 1428, Kol. 323 (*olim* Fr. 12) Vassallo[1]

Editionen:
HV², II (1863) 1–22.
Gomperz, Th. *Philodem. Über Frömmigkeit* (Herkulanische Studien 2), Leipzig 1866.
Schober, A. *Philodemi De pietate Pars prior*, in: *CErc* 18 (1988), 67–125 [= ders., *Philodemi Περὶ εὐσεβείας libelli partem priorem restituit A. Schober*, Diss. ined. Königsberg, 1923].
Vassallo, Ch. *Xenophanes in the Herculaneum Papyri*. Praesocratica Herculanensia *IV*, in: *APF* 60/1 (2014), 45–66.
Vassallo, Ch. *Senofane e lo scetticismo antico: PHerc. 1428, fr. 12 e il contesto dossografico di DK 21 B 34*, in: Schwab A. / Gysembergh V. (Hgg.) *Philosophie, Sciences exactes et Sciences appliquées dans l'Antiquité* (AKAN-Einzelschriften 10), Trier 2015, 167–196.
Vassallo, Ch. *The 'pre-Socratic Section' of Philodemus' On Piety: A new Reconstruction*. Praesocratica Herculanensia *X (Part II)*, in: *APF* 64/1 (2018), im Druck befindlich.

Fr. 12 des *PHerc.* 1428 findet sich in jenem Abschnitt aus *De pietate*, in dem Philodem alle philosophischen Meinungen über theologische Fragen von Thales bis Diogenes aus Babylon zusammenfasst, um sie unter einem anti-stoischen Gesichtspunkt zu kritisieren. Diese Herkulanensischen Stellen sind eine doxographische Quelle von unschätzbarem Wert, auch wenn am Ende des sogenannten ‚ersten Teils' von *De pietate* Philodem den Leser darauf aufmerksam macht, diese Nachrichten mit Vorsicht zu benutzen.[2] Das Zeugnis über Xenophanes ist in eine lange Abfolge von vorsokratischen Theorien über die Frage nach Gott eingebettet. Die *diple obelismene* in Zeile 33 zeigt deutlich den Übergang von einem doxographischen Abschnitt zu einem anderen. In der Tat gibt der Name des Parmenides in Zeile 34 zu verstehen, dass genau ihm und seinem Gottheitsbegriff die folgende Kolumne des Papyrus (Kol. 324 [*olim* Fr. 13]) gewidmet ist.[3] Die Zeilen, die der *diple* vorausgehen, wurden schon von R. Philippson als eine deutliche „Anspielung auf die vermeintliche Skepsis des Xenophanes" angesehen.[4] Philippson[5] scheint das Fragment in zwei Teile zu gliedern: Der erste Teil habe einen überwiegend theologischen Inhalt, der zweite drehe

---
1 [TM 62400 = LDAB 3563 = CatPErc 1428 (cf. Chartes) = IPPH XXXVIII 183] = cf. DG 534 = *deest* VS.
2 Siehe Philod., *Piet.* (*N* 247, Fr. 7 + *N* 242, Fr. 6), Kol. 86a, 16–Kol. 86b, 7 Obbink, wo die Schwierigkeiten, das riesige Material über dieses Thema zusammenzufassen und zu ordnen, hervorgehoben werden. Vgl. Obbink (1995); Obbink (1996), 613–614; Arrighetti (2006), 387.
3 Zu diesem letzen Zeugnis vgl. Vassallo (2016a).
4 Philippson (1920), 367.
5 Vorsichtiger Schober (1988), 113.

Xen 39
Piet., *PHerc.* 1428, Kol. 323 (*olim* Fr. 12) Vassallo

sich hingegen um das Problem der Erkenntnis. Jedoch trägt die von ihm in Zeile 33 vorgeschlagene Lesart τὸ] μηδὲν γινώσκειν nicht dazu bei zu verstehen, worauf sich die Skepsis des Xenophanes speziell bezieht. Zudem erweist sich diese Lesart als nicht kompatibel mit den überlieferten Spuren des Originals, dessen Autopsie es erlaubt, die Lesung μηδέν mit Gewissheit auszuschließen und das ursprüngliche συμβέβηκεν zwischen den Zeilen 32 und 33 wiederherzustellen. Infolgedessen spricht die Verwendung der unpersönlichen Perfekt-Form dafür, den Infinitiv γινώσκειν direkt auf Xenophanes zu beziehen und nicht auf die Frage der menschlichen Erkenntnis im abstrakten Sinn. Selbstverständlich schließt diese Rekonstruktion eine epistemologische Deutung der Stelle nicht aus. Ganz im Gegenteil: Unter Beachtung des theologischen Kontexts wird die Hypothese bekräftigt, das Fragment sei ein weiterer Hinweis auf den sogenannten ‚Skeptizismus' des Xenophanes. Dieser Hinweis nimmt dabei direkt oder indirekt auf die *Silloi* Timons Bezug.[1]

desunt versus fere 23
24 . . . . . .] . . [. . . . .
25 . . . . .] . [. .] . [. . . . . .
. . . . .] . [.] . κα[ὶ πάντα κει]νεῖν μ[ηδαμῶς
δὲ κειν]εῖσθαι τ[ὸν θε]όν,
εἰ περὶ] τῶν ἄλλ[ω]ν λέ-
30 γει] τις ἢ περὶ θεοῦ, μη-
δὲν] ταύτας ἀληθεῖς
οὔσας] τὰς δόξας συμ-
βέβηκεν γινώσκειν.
>‒
34 Παρμενείδης δὲ

P = [O] = N fr. 12 24] . [subter lineam vert., med. vest. 25] . [.] . [sin. asc. sicut λ, α, inf. vest. 26] . [ ] . κ . [inf. vest., inf. vest., inf. apex 27 ʹιʹ N: . sup. vest. P ν. [(μ, κ, ν) 29 ω. αλ. [(ν, αι, λι, δι), (λ, α, χ) ν. ε (λ, χ, α) 30] . ι (τ, γ, π, ξ, ζ) ι. ε. μ sup. vest., inf. vest, dext. sup. uncus 31] αυτασα. θ med. vest., inf. vest., sup. vert. cum med. horiz. coniuncta 32 ʹδοʹ N: . . (δ, λ, α), (ο, σ) P ξ . σ. μ (α, δ), inf. vest., sup. vest. 33 β. β inf. vest. || 26–28 κα[ὶ supplevi, cetera Sedley per litteras: μήτε || κει]νεῖν μ[ηδὲν μήτε | κειν]εῖσθαι τ[ὸν θεό]ν Philippson: μή||τε κει]νεῖν μ[ηδὲν μή|τε κειν]εῖσθαι τ[ὸν | θεόν Schober: μ[ήτ' ἄλλο]σε κει]νεῖν Janko per litteras: τὸν] κ[ό]σμ[ον . . . | . κει]νεῖν, κτλ. Hammerstaedt per litteras e.g., cf. **Xen 229, Xen 242** 28 fin. τ[ὸν θε]όν supplevi: τ[ὸν αὐτ]όν Hammerstaedt dub. per litteras 29 εἰ περὶ] supplevi (εἰ] Hammerstaedt

---

1 Vgl. Long (1978), 78; Di Marco (1989), 38.

(*etwa 25 Zeilen und 2–3 Wörter ausgefallen*) und es ergibt sich, dass [er (*scil.* Xenophanes) meint] dass Gott [einerseits] das Weltall bewegt, andererseits selbst auf keine Weise bewegt wird, und [es ergibt sich] dass, auch wenn jemand über die anderen Dinge (*scil.* über die anderen Phänomene) oder über Gott spricht, er diese Meinungen nicht als wahr anerkennt. Denn Parmenides (usw.).

per verba) ἀλλ[ω]ν supplevi   29–30 λέ[[γει suppll. Hammerstaedt et Rashed per verba: ἀλ[λοιοῦσ|θαι perp. Schober   30–33 cf. **Xen 66** & **Xen 83**   30–31 μη|[δὲν] supplevi: μηδὲ] Philippson   32 οὔσας] supplevi: λέγων] Philippson

Similien:
Götterbilder
Gottesbegriff
Gott/das Prinzip bewegt/unbewegt
Xenophanes als Skeptiker

M. Tullius Cicero

Xen 40
Academici Libri. Lucullus 13–14 (ed. Schäublin)
Quae cum dixisset, sic rursus exorsus est: 'primum mihi videmini,' (me autem nomine appellabat) 'cum veteres physicos nominatis, facere idem, quod seditiosi cives solent, cum aliquos ex antiquis claros viros proferunt, quos dicant fuisse populares, ut eorum ipsi similes esse videantur [...]. Similiter vos, cum perturbare ut illi rem publicam sic vos philosophiam bene iam constitutam velitis, Empedoclen Anaxagoran Democritum Parmeniden Xeno‹phanen›[1], Platonem etiam et Socratem profertis. [...] et tamen isti physici raro admodum, cum haerent aliquo loco, exclamant quasi mente incitati (Empedocles quidem, ut interdum mihi furere videatur) abstrusa esse omnia, nihil nos sentire, nihil cernere, nihil omnino, quale sit, posse reperire; maiorem autem partem mihi quidem omnes isti videntur nimis etiam quaedam adfirmare plusque profiteri se scire, quam sciant.'

Similien:
Xenophanes als Skeptiker

---

1   Xenophanen Platonem *Victorius*: xeno platonem *codd*.

M. Tullius Cicero (106 – 43 v. Chr.)

Xen 40
Akademische Abhandlungen. Lucullus 13–14
Lucullus kritisiert die akademische Vereinnahmung vorplatonischer Philosophen sowie Sokrates' und Platons für den Skeptizismus. Nach diesen Worten setzte er [Lucullus] folgendermaßen zu einer zweiten Einleitung an: „Erstens einmal kommt es mir so vor, als verhieltet ihr euch (dabei wandte er sich namentlich an mich) mit eurer Nennung der alten Naturphilosophen genau so, wie das aufrührerische Bürger zu tun pflegen, indem sie aus der Schar der Alten auf einige hervorragende Männer zeigen und von ihnen behaupten, sie seien ›Volksfreunde‹ gewesen: auf diese Weise möchten sie den Eindruck erwecken, selbst ihnen ähnlich zu sein […]. Ganz ähnlich geht ihr vor: Da ihr die mittlerweile wohl verfasste Philosophie in Aufruhr versetzen wollt – wie jene [aufrührerischen Bürger] den Staat –, zeigt ihr auf Empedokles, Anaxagoras, Demokrit, Parmenides, Xenophanes, auch auf Platon und Sokrates […]. Dabei ist es immerhin so, dass die genannten Naturphilosophen in ganz seltenen Fällen, wenn sie irgendwo nicht weiterkommen, ein Geschrei erheben, wie wenn sich ihr Geist in einem Zustand gesteigerter Erregung befände (Empedokles gar scheint mir zuweilen völlig außer sich zu sein): tief versteckt (sagen sie dann) sei alles, nichts nähmen wir mit unseren Sinnen, nichts mit dem Verstand wahr, überhaupt nichts könnten wir hinsichtlich der Beschaffenheit der Dinge herausfinden. Doch zum größeren Teil – dies ist jedenfalls mein Eindruck – stellen alle diese Männer sogar übers Maß hinaus feste Behauptungen auf und nehmen ein reicheres Wissen für sich in Anspruch, als sie tatsächlich besitzen." (Ü: Schäublin)

Xen 41
Academici Libri. Lucullus 74 (ed. Schäublin)
Furere tibi Empedocles videtur: at mihi dignissimum rebus iis, de quibus loquitur, sonum fundere. num ergo is excaecat nos aut orbat sensibus, si parum magnam vim censet in iis esse ad ea, quae sub eos subiecta sunt, iudicanda? Parmenides, Xenophanes minus bonis quamquam versibus sed tamen ‹et› illi versibus increpant eorum adrogantiam quasi irati, qui, cum sciri nihil possit, audeant se scire dicere.

Similien:
Xenophanes als Dichter
Xenophanes als Skeptiker

Xen 42
Academici Libri. Lucullus 118 (ed. Schäublin)
Xenophanes paulo etiam antiquior unum esse omnia, neque id esse mutabile, et id esse deum neque natum umquam et sempiternum, conglobata figura.

Similien:
Das Eine/Das All
Gottesbegriff
Gott als das Eine/das All
Gott kugelförmig

Xen 43
Academici Libri. Lucullus 122–123 (ed. Schäublin)
sed ecquid nos eodem modo rerum naturas persecare aperire dividere possumus, ut videamus, terra penitusne defixa sit et quasi radicibus suis haereat an media pendeat? habitari ait Xenophanes in luna, eamque esse terram multarum urbium et montium: portenta videntur; sed tamen nec ille, qui dixit, iurare posset ita se rem habere, neque ego non ‹ita. […]›

Similien:
Bewohnter Mond
Wurzeln der Erde

M. Tullius Cicero

Xen 41
Akademische Abhandlungen. Lucullus 74
Aus Ciceros Antwort auf Lucullus. Empedokles scheint dir außer sich zu sein: ich dagegen finde, dass seine Dichtung den Gegenständen, über die er spricht, vollkommen angemessen klingt. Also: macht er uns etwa blind, oder beraubt er uns allgemein der Sinne, wenn er die Auffassung vertritt, das ihnen verliehene Vermögen reiche zur Unterscheidung dessen, was ihnen vorliegt, nicht aus? Parmenides und Xenophanes äußern sich zwar in weniger guten Versen [als Empedokles]; trotzdem verwenden auch sie Verse, wenn sie – gleichsam im Zorn – die Anmaßung derer tadeln, die – obwohl man nichts wissen könne – zu behaupten wagten, sie verfügten über ein Wissen. (Ü: Schäublin)

Xen 42
Akademische Abhandlungen. Lucullus 118
Vorsokratische Prinzipienlehren; der Dissens der Philosophen. Xenophanes (noch ein wenig älter [als Anaxagoras]) behauptete, alles sei Eines: es sei unveränderlich, sei Gott, niemals entstanden und ewig, von kugelförmiger Gestalt. (Ü: Schäublin)

Xen 43
Akademische Abhandlungen. Lucullus 122–123
Indes, sind denn wir etwa dazu imstande, auf die gleiche Weise [wie die Ärzte] das Wesen der Dinge aufzuschneiden, zu öffnen, zu zerteilen, um einen Augenschein zu nehmen, ob die Erde zutiefst festsitzt und gleichsam an ihren Wurzeln hängt [wie es Xenophanes meint] oder ob sie frei in der Mitte schwebt? Xenophanes sagt, der Mond sei bewohnt; er sei eine Erde mit vielen Städten und Bergen. Das klingt nach Tollheit; trotzdem könnte weder er, der solches behauptet hat, schwören, dass es sich so verhält, noch ich, dass es sich nicht ⟨so⟩ verhält. (Ü: Schäublin)

Xen 44
Academici Libri. Lucullus 129 (ed. Schäublin)
Megaricorum fuit nobilis disciplina (cuius, ut scriptum video, princeps Xenophanes, quem modo nominavi, deinde eum secuti Parmenides et Zeno, ⟨Eleatae ambo⟩, itaque ab his Eleatici philosophi nominabantur; post Euclides, Socratis discipulus Megareus, a quo idem illi Megarici dicti): qui id bonum solum esse dicebant, quod esset unum et simile et idem semper; hi quoque multa a Platone.

Similien:
Verhältnis zu Parmenides
Xenophanes als Eleat
Xenophanes als Megariker

Xen 45
De divinatione 1.3.5 (ed. Ax)
Atque haec, ut ego arbitror, veteres rerum magis eventis moniti quam ratione docti probaverunt. philosophorum vero exquisita quaedam argumenta cur esset vera divinatio conlecta sunt; e quibus, ut de antiquissumis loquar, Colophonius Xenophanes unus qui deos esse diceret divinationem funditus sustulit, reliqui vero omnes praeter Epicurum balbutientem de natura deorum divinationem probaverunt, sed non uno modo.

Similien:
Mantik

Xen 46
De divinatione 1.39.87 (ed. Ax)
dixi de Pythagora de Democrito de Socrate, excepi de antiquis praeter Xenophanem neminem, adiunxi veterem Academiam Peripateticos Stoicos; unus dissentit Epicurus.

Similien:
Mantik

Xen 44
Akademische Abhandlungen. Lucullus 129
Dissens bezüglich des höchsten Gutes. Hohes Ansehen genoss die Schule der ›Megariker‹ (ihr Gründer war, so lese ich, Xenophanes, den ich eben erwähnt habe.[1] Ihm folgten Parmenides und Zenon – ⟨beide waren aus Elea gebürtig⟩, und deshalb erhielten nach ihnen die ›Eleatischen‹ Philosophen ihren Namen –, danach Eukleides, ein Schüler des Sokrates, aus Megara: von ihm leitet sich die Bezeichnung eben der genannten ›Megariker‹ her): sie bestanden darauf, dass dies als das einzige Gute zu gelten habe, was Eines, ›ähnlich‹ und stets dasselbe sei; auch sie übernahmen vieles von Platon. (Ü: Schäublin)

Xen 45
Über die Weissagung 1.3.5
Staatlicher Rückgriff auf Weissagungen. Die Alten haben dies, wie ich meine, mehr unter dem Einfluss tatsächlicher Ereignisse gebilligt als durch Vernunft belehrt. Von den Philosophen sind aber einige ausgesuchte Argumente gesammelt worden, warum es wahrhafte Weissagung gebe. Von diesen – um über die ältesten zu reden – hat der Kolophonier Xenophanes als Einziger, obwohl er sagte, dass es Götter gebe, die Weissagung von Grund auf aufgehoben; alle anderen aber, mit Ausnahme des über die Natur der Götter stammelnden Epikur, billigten die Weissagung, wenn auch nicht auf dieselbe Weise.

Xen 46
Über die Weissagung 1.39.87
Kein Philosoph von Rang zweifelte an der Weissagung. Ich habe bereits über Pythagoras, über Demokrit, über Sokrates gesprochen und von den Alten niemanden außer Xenophanes (**Xen 45**) ausgenommen. Hinzugefügt habe ich die alte Akademie, die Peripatetiker, die Stoiker; als Einziger ist Epikur anderer Meinung.

---

[1] „Cicero folgt hier, offenbar distanziert, einer doxographischen Konstruktion, die die megarische Schule mit den Eleaten verbindet und Xenophanes als Ahnherr beider Schulen in Anspruch nimmt", Bächli/Graeser in Schäublin (1994), 294.

Xen 47

De natura deorum 1.28 (ed. Pease)
Tum Xenophanes, qui mente adiuncta omne praeterea, quod esset infinitum, deum voluit esse, de ipsa mente item reprehendetur ut ceteri, de infinitate autem vehementius, in qua nihil neque sentiens neque coniunctum potest esse.

Similien:
Gott als Geist
Gott/das Prinzip begrenzt/unbegrenzt
Gottesbegriff

Marcus V. Vitruvius

Xen 48

De architectura 7. praef. 2 (ed. Liou/Zuinghedau) (= **Th 86**)
Namque si non ita fecissent, non potuissemus scire, quae res in Troia fuissent gestae, nec quid Thales, Democritus, Anaxagoras, Xenophanes reliquique physici sensissent de rerum natura […].

Similien:
Xenophanes als Naturphilosoph

Xen 49

De architectura 9.6.3 (ed. Soubiran) (= **Th 88**)
De naturalibus autem rebus Thales Milesius, Anaxagoras Clazomenius, Pythagoras Samius, Xenophanes Colophonius, Democritus Abderites rationes, quibus e rebus natura rerum gubernare[n]tur quemadmodumcumque effectus habeat, excogitatas reliquerunt.

Similien:
Xenophanes als Naturphilosoph

Xen 47
Über das Wesen der Götter 1.28
In De natura deorum 1.25–42 expliziert der Epikureer Velleius 27 verschiedene Theologien von Thales bis ins 2. Jahrhundert v. Chr.[1]
Xenophanes dann, der unter Hinzufügung des Geistes das All, welches unendlich sei, zur Gottheit erklärte, wird man wegen seines Geist-Konzepts ebenso kritisieren müssen wie alle anderen[2], noch heftiger jedoch wegen seiner Vorstellung von der Unendlichkeit, in der es doch weder eine Empfindung noch eine Verbindung [mit etwas Äußerem] geben kann. (Ü: nach Blank-Sangmeister)

Marcus V. Vitruvius (Ende 1. Jh. v. Chr.)

Xen 48
Über Architektur 7. Vorwort 2
Ohne die schriftliche Überlieferung der Alten, der maiores, *wüssten wir nichts über die Vergangenheit, etwa welche Ansicht die Naturphilosophen über die Natur der Dinge gehabt haben.* Hätten sie das nicht gemacht, hätten wir nicht wissen können, was sich in Troia ereignete, noch was Thales Demokrit, Anaxagoras, Xenophanes und die übrigen Naturphilosophen über die Natur der Dinge meinten […].

Xen 49
Über Architektur 9.6.3
Thales von Milet, Anaxagoras aus Klazomenai, Pythagoras aus Samos, Xenophanes aus Kolophon und Demokrit aus Abdera haben ausgearbeitete naturphilosophische Theorien hinterlassen, die erklären, von welchen Dingen die Natur der Dinge gesteuert wird und wie sie ihre Wirkungen entfaltet.

---

1   Zur Quellenfrage und zur Wirkung der Liste Ciceros auf spätere Autoren (Minucius Felix, Lactantius, Augustinus) siehe Gigon/Straume-Zimmermann (1996), 345 ff.
2   Thales (1.25 = **Th 72**) und Anaxagoras (1.26).

Nikolaus von Damaskus

Xen 50
Fr. 1 Roeper, s. **Xen 229** (Simp. in Ph. 9.22.22–23.20)

Strabon

Xen 51
Geographica 1.1.20–21 (ed. Radt)
καὶ τοῖς προσπλέουσι δὲ αἰεὶ καὶ μᾶλλον ἀπογυμνοῦται τὰ πρόσγεια μέρη, καὶ τὰ φανέντα ἐν ἀρχαῖς ταπεινὰ ἐξαίρεται μᾶλλον. τῶν τε οὐρανίων ἡ περιφορὰ ἐναργής ἐστι καὶ ἄλλως καὶ ἐκ τῶν γνωμονικῶν· ἐκ δὲ τούτων εὐθὺς ὑποτείνει καὶ ἡ ἔννοια ὅτι ἐρριζωμένης ἐπ' ἄπειρον τῆς γῆς[1] οὐκ ἂν ἡ τοιαύτη περιφορὰ συνέβαινε. καὶ τὰ περὶ τῶν κλιμάτων δὲ ἐν τοῖς περὶ τῶν οἰκήσεων δείκνυται.

Similien:
Unendlichkeit der Erde
Wurzeln der Erde

Xen 52
Geographica 14.1.28 (ed. Radt)
ἐκτήσαντο δέ ποτε καὶ ναυτικὴν ἀξιόλογον δύναμιν Κολοφώνιοι καὶ ἱππικήν, ἐν ᾗ τοσοῦτον διέφερον τῶν ἄλλων ὥσθ' ὅπου ποτὲ ἐν τοῖς δυσκαταλύτοις πολέμοις τὸ ἱππικὸν τῶν Κολοφωνίων ἐπικουρήσειε, λύεσθαι τὸν πόλεμον· ἀφ' οὗ καὶ τὴν παροιμίαν ἐκδοθῆναι τὴν λέγουσαν 'τὸν Κολοφῶνα ἐπέθηκεν', ὅταν τέλος ἐπιτεθῇ βέβαιον τῷ πράγματι.
Ἄνδρες δ' ἐγένοντο Κολοφώνιοι τῶν μνημονευομένων Μίμνερμος, αὐλητὴς ἅμα καὶ ποιητὴς ἐλεγείας, καὶ Ξενοφάνης ὁ φυσικός, ὁ τοὺς Σίλλους

---

[1] Zur Zuordnung dieser Textstelle zu Xenophanes vgl. **Xen 4** und die Similien „Unendlichkeit der Erde" und „Wurzeln der Erde".

Nikolaus von Damaskus (geb. ca. 64 v. Chr.)

Xen 50
Nikolaos von Damaskus berichtet in seiner Schrift Über die Götter *laut Simplikios (Xen 229), dass nach Xenophanes das Prinzip unbegrenzt und unbewegt sei.*

Strabon (vor 62 v. Chr. – zw. 23 u. 25 n. Chr.)

Xen 51
Geographie 1.1.20–21
Zur Kugelgestalt der Erde. Auch denen, die auf eine Küste zusteuern, enthüllt sich das vor dem Land Liegende immer mehr und hebt sich das, was anfänglich niedrig erschien, weiter empor. Ferner ist der Umlauf der Himmelskörper aus Vielem offenkundig, besonders aber aus den Beobachtungen am Gnomon; und aufgrund davon gibt der Begriff sofort die Überlegung an die Hand, dass, wenn die Erde unendlich tief verwurzelt wäre, ein solcher Umlauf nicht stattfinden könnte. Auch was mit den Breitenstrichen zu hat, lässt sich in den Ausführungen über die Wohnsitze aufzeigen. (Ü: Radt)

Xen 52
Geographie 14.1.28
Die Kolophonier haben einst auch eine bedeutende Flotten- und Kavalleriemacht besessen, in der sie den Anderen so überlegen waren, dass, wo immer in schwer zu beendenden Kriegen die Kavallerie der Kolophonier zu Hilfe kam, der Krieg ein Ende hatte; daher soll auch die Redensart in Schwang gekommen sein ‚er hat den Kolophon draufgesetzt', wenn der Sache ein fester Abschluss gegeben worden ist.
Zu den Männern aus Kolophon, von denen wir Kunde haben, gehören Mimnermos, Flötenspieler und Elegiedichter zugleich, und der Naturphilosoph Xenophanes, der die Sillen in Versen verfasst hat; Pindar (Fr. 188 Snell/Maehler) nennt auch einen gewissen Polymnastos als einen der namhaften musischen Künstler:

ποιήσας διὰ ποιημάτων· λέγει δὲ Πίνδαρος καὶ Πολύμναστόν τινα τῶν περὶ τὴν μουσικὴν ἐλλογίμων·

    φθέγμα μὲν πάγκοινον ἔγνω-
    κας Πολυμνάστου Κολοφωνίου ἀνδρός·

καὶ Ὅμηρον δέ τινες ἐντεῦθεν εἶναί φασιν.

Similien:
Xenophanes als Dichter
Xenophanes als Naturphilosoph
Xenophanes als Sillendichter

Areios Didymos

Xen 53
Liber de philosophorum sectis 53.2 (FPhG II 53), s. **Xen 219** (Stob. ecl. 2.1.17)

Herakleitos Stoikos

Xen 54
Quaestiones Homericae (= Allegoriae) 44.5 (ed. Buffière)
Ὑπερίονα δὲ νομιστέον αὐτὸν τὸν ὑπεριέμενον ἀεὶ τῆς γῆς, ὥσπερ οἶμαι καὶ Ξενοφάνης ὁ Κολοφώνιός φησιν·

    Ἡέλιός θ' ὑπεριέμενος γαῖάν τ' ἐπιθάλπων.

Similien:
Natur der Gestirne

Du kennst Polymnastos' abgedroschnes Wort,
    des kolophonischen Mannes;
und auch Homer soll nach manchen von dort stammen.
(Ü: Radt)

Areios Didymos (1. Jh. n. Chr.?[1])

Xen 53
Stobaios (Xen 219) zitiert aus Areios Didymos' Schrift Über die Schulen, *wo von Xenophanes' Zurückhaltung hinsichtlich der Möglichkeit, die Wahrheit zu erkennen, die Rede ist.*

Herakleitos Stoikos
(1. Jh. n. Chr., Augustus'/Neros Zeit)

Xen 54
Homerische Fragen (= Allegorien) 44.5
‚Hyperion'[2] aber muss als der gedeutet werden, der sich immer hoch über die Erde schwingt, wie, glaube ich, auch Xenophanes, der Kolophonier, sagt (VS 21 B 31):
    Die Sonne sich über die Erde schwingend und sie erwärmend.

---
1 Die Datierung des Doxographen ins 1. Jh. nach Chr. ist nicht sicher: „Arius Didymus could [...] have been active at any time between the middle of the first century B.C. and the end of the second century A.D., perhaps as late as the third century A.D." (Göransson (1995), 216). Zustimmend zu Göranssons These: Baltes (1996), 109 (ND 348).
2 Beiname des Sonnengottes Helios, übersetzbar mit „Sohn der Höhe" oder auch „Hochwandelnder".

Aristokles von Messene

Xen 55
Fr. 1 Mullach (FPhG III 206) = Fr. 1 Heiland = Fr. 1 Chiesara, s. **Xen 165** (Eus. pr. ev. 11.3.1)

Xen 56
Fr. 2 Mullach (FPhG III 207) = Fr. 5 Heiland = Fr. 7 Chiesara, s. **Xen 172** (Eus. pr. ev. 14.17.1)

Philon

Mit seiner Schrift Über die Vorsehung, *auch* Alexander *betitelt, geleitet der alexandrinisch-jüdische Gelehrte Philon (1. Hälfte 1. Jh. n. Chr.) seinen Neffen Tiberius Julius Alexander in die Politik, wo er als Chef der römischen Verwaltung Ägyptens und als Prokurator in Judäa Karriere machte.*

Xen 57
De Providentia 2,39 (ed. Aucher)
Քանզի զողող հերմէս է ամուր ապաստանի, և շանց՝ արէս, և ամենեցունեն առաջնորդ՝ արամազդ. և սուտ են ամենեքեան. քանզի ճշմարիտ խօսի առ քերթողսն և ո՛չ մի ոք յաստուածոցն։ քանզի մի՞ւտ որ համանմանս զրկութիւնս առնեն, աղերս ապաբանութեան է նոցա վեհքն և լաւքն։ Այլ և ո՛չ քսենոփանէս, և կամ՝ պարմենիդէս, և կամ՝ եմպեդոկլէս, կամ՝ որք միանգամ այլք ածաբանք, ընբռնեցան ՚ի քերթողականութենէ ածեալք. այլ սակայն տեսութիւն զբնութեանս խնդութեամբ ընկալեալք, և առ հասարակ զամենայն իրեանց կենանն ՚ի բարեպաշտութիւն և ՚ի գովութիւն ածցն նուիրեալք՝ բարի արք եղեն, բայց քերթող ո՛չ բախտաւորք։ զորս պարտ էր ՚ի վերուստ շունչ ընկալեալ շնորհի ՚ի յերկնէ, չափս, նուագս, մատունս երկնաւոր

Aristokles von Messene (1. Hälfte 1. Jh. n. Chr.)

Xen 55
*Nach Eusebios (**Xen 165**) schreibt Aristokles in seiner siebten Abhandlung* Über die Philosophie, *dass Xenophanes und seine Nachfolger unter den Philosophen durch das Anstoßen von eristischer Argumentation viel Verwirrung gestiftet hätten.*

Xen 56
*Eusebios (**Xen 172**) zitiert aus Aristokles, der Xenophanes unter die Antisensualisten einreiht.*

Philon (1. Hälfte 1. Jh. n. Chr.)

Philons Schrift Über die Vorsehung *existiert in zwei Fassungen, deren erste wohl nur die Skizze ist zu der zweiten, als platonischer Dialog ausgeführten. Sie ist ein Brückenschlag zur paganen Kultur. Philon gibt sich als Platoniker zu erkennen mit der These, dass der ästhetische Ausdruck von Ekstase ein Wahrheitssiegel sei. Die Prosa der Vorsokratiker, ja auch Parmenides' Hexameter schneiden da nicht so gut ab wie Platons Dialoge.*[1]

Xen 57
Über die Vorsehung 2,39
Denn für Diebe ist eine sichere Zuflucht Hermes, und für Ehebrecher Ares, und ihrer aller Anführer (ist) Zeus, und verlogen sind sie alle; denn Wahres spricht von Seiten der Dichter nicht ein einziger über die Götter. Denn stets ist denen, welche gleiche Untaten begehen, ein Entschuldigungsgrund der „Höchste und Beste". Nicht jedoch Xenophanes oder Parmenides oder Empedokles oder welche Theologen auch immer sonst ergriffen wurden von der Dichtkunst als Gotterfüllte; sondern, da sie wenigstens eine Theorie der Natur mit Freude empfangen hatten und einmütig ihre Lebensführung

---

1 Literatur dazu: Frick (1999).
 Neuere Ausgabe des Textes (lat.-frz.): Hadas-Lebel (1973).

և ածային, իբր ճշմարիտ քերթուածս թողուլ՝ իբր սկզբնատիպ գրոյն կատարեալ, և գեղեցիկ ցոյց այլոցն եղեալ:

Similien:
Götterbilder
Xenophanes als Dichter

Xen 58
De Providentia 2,42 (ed. Aucher)
Արդ ընդէ՞ր եմպեդոկլէս, և պարմենիդէս, և քսենոփոնէս, և հոմանախանձորդք նոցա պարք, ո՞չ ընկալան հոգի երաժշտաց՝ աձաբանելով: Վասն զի ո՛ վքաց, զի ո՛չ էր արժան մարդոյն լինել աձ, իբր թէ զամենայն ամբողջ համբարելլինքն, այլ կալմնալ մարդ կցորդութիւն ունելով մահկանացու ազգին, որոյ սխալանք և յանցանք ազգակից են։ Արդ պարտ էր սիրել զոնեա ՛ի վերջէ հասանել լաւացն, իսկ առ այն առ որ ոչն էին բնաւորեալ, ո՛չ բռնադատել հասանել։ Եւ բարիո՛ք արդեօք խորհեցեալ էր յաղագս իւրեանց՝ և յաղագս իմաստասիրութեան, թէ ՛ի քերթողութենէ ՛ի բաց կացեալք՝ տրամանցանակ բանս, և կամ տրամաբանակա շարադասութիւնս թողուին: Զոր ամենայնիւ մեծն պղատոնէ՛ս արար. վասն զի տուեալ զինքն քերթողականութեան կարի քան զյօժարութիւն կամացն պակասեալ լինէր. առ որս մանաւանդ զնա բնութիւնն կոչէր՝ շրջեալ յայնմանէ, հարցմունս և պատասխանիս՝ զտվկրատականսն, և զի ս հնազոյն զփիթագորեանն իմաստութիւն ՛ի տրամաբանսն իւրում գրեաց: Որք գեղեցկութեան անուան սակս, և այլոց բարձրաբանութեան՝ քերթողական մեծութեանն ոչինչ են ընդհատ: Բայց սակայն սասաէ և այնոցիկ՝ որ ոչ են քերթողականք բնութեամբ, յորժամ՝ գրիցեն ինչ, ասելով: [...].

Similien:
Götterbilder
Xenophanes als Dichter

der Frömmigkeit und dem Lob der Götter weihten, waren sie edle Männer, aber als Dichter nicht glücklich – sie, denen es nötig gewesen wäre, von oben Geist zu empfangen, (als) Gnade vom Himmel, Metren, Melodien, Daktylen von himmlischer und göttlicher Art, um wahre Gedichte zu hinterlassen, die gleichsam ein vollendeter Archetyp der (Heiligen) Schrift und schönes Vorbild anderer werden könnten.

Xen 58
Über die Vorsehung 2,42

Warum nun haben Empedokles und Parmenides und Xenophanes und die Chöre ihre Nacheiferer nicht den Geist der Musen empfangen beim Theologisieren? Deswegen, (mein) Bester, weil es nicht angeht, dass ein Mensch Gott wird, dass er alles wohlbehalten in sich schlösse, sondern (er muss) Mensch bleiben als Teilhaber des sterblichen Geschlechts, welchem Irrtum und Fehlgehen angeboren sind. Es gehörte sich nun, vorlieb zu nehmen mit dem Hinterhereilen hinter dem Guten und nach jenem, was uns nicht natürlich ist, nicht zu trachten.

Und wahrhaft, besser hätten sie sich um sich selbst gekümmert und um die Philosophie, als, sich fern haltend von der Dichtkunst, Worte des Schulgesprächs oder dialektische Schriften von sich zu geben. Das jedenfalls hat der große Platon getan. Denn hingegeben an die Dichtkunst, blieb er (doch) weit mehr, als sein Begehren war, hinter ihr zurück. Wozu die Natur ihn am meisten berief, schrieb er, sich von jenem abwendend, Fragen und Antworten, die sokratischen, und sogar die noch ältere pythagorische Weisheit, in seinen Dialogen, welche nicht nur hinsichtlich der Schönheit, sondern auch der Erhabenheit des Ausdrucks dichterischer Größe nichts nachstehen. Ja er tadelt sogar diejenigen, die nicht Dichter von Natur sind, wenn sie etwas schreiben, indem er sagt: [*Zitat von Pl. Phdr. 245a5-8*].

Plutarch

Xen 59
Amatorius 18.763C–D (ed. Hubert)
μάχονται δὲ περὶ πολλῶν καὶ τοῖς νομοθέταις, ὥσπερ Ξενοφάνης Αἰγυπτίους ἐκέλευσε τὸν Ὄσιριν, εἰ θνητὸν νομίζουσι, μὴ τιμᾶν ὡς θεόν, εἰ δὲ θεὸν ἡγοῦνται, μὴ θρηνεῖν.

Similien:
Götterbilder
Religionskritik

(vgl. **Xen 12, Xen 61** & **Xen 63**)

Xen 60
De communibus notitiis adversus Stoicos 46.1084E (ed. Pohlenz/Westman)
ὁ μὲν οὖν Ξενοφάνης διηγουμένου τινὸς ἐγχέλεις ἑωρακέναι ἐν ὕδατι θερμῷ ζώσας 'οὐκοῦν' εἶπεν 'ἐν ψυχρῷ αὐτὰς ἑψήσομεν'. τούτοις δ' ἔποιτ' ἄν, εἰ περιψύξει τὰ θερμότατα γεννῶσι καὶ πυκνώσει τὰ κουφότατα, θερμότητι πάλιν αὖ τὰ ψυχρὰ καὶ διαχύσει τὰ πυκνὰ καὶ διακρίσει τὰ βαρέα γεννᾶν, ἀλογίας τινὸς φυλάττουσιν ἀναλογίαν καὶ ⟨ὁμολογίαν⟩[1].

Xen 61
De Iside et Osiride 70.379B (ed. Nachstädt/Sieveking/Titchener)
ὁ μὲν οὖν Ξενοφάνης ὁ Κολοφώνιος ἠξίωσε τοὺς Αἰγυπτίους, εἰ θεοὺς νομίζουσι, μὴ θρηνεῖν, εἰ δὲ θρηνοῦσι, θεοὺς μὴ νομίζειν […].

---

1 add. Cherniss.

Plutarch (um 45 – vor 125 n. Chr.)

Xen 59
Dialog über die Liebe 18.763C-D
Ansichten der Philosophen über die Götter. Sie sind vielfach im Konflikt auch mit den Gesetzgebern. So hieß Xenophanes die Ägypter, den Osiris, wenn sie ihn für sterblich hielten, nicht als Gott zu verehren, wenn sie aber glaubten, er sei ein Gott, nicht [um ihn] zu klagen.

Xen 60
Über die Gemeinbegriffe gegen die Stoiker 46.1084E
Auseinandersetzung mit der Anschauung der Stoiker, die impliziere, dass auch das Heißeste durch Abkühlung entsteht. Als Xenophanes jemand berichtete, in heißem Wasser lebende Aale gesehen zu haben, sagte er: „Also werden wir sie im kalten [Wasser] kochen." [Entsprechend] wäre es, wenn sie die heißesten Dinge durch Abkühlung und die leichtesten durch Verfestigung hervorgehen lassen, nur konsequent für sie, auch die kalten wiederum durch Wärme und die festen durch Zerstreutwerden und die schweren durch Absonderung hervorgehen zu lassen – dabei im Rahmen des Unsinnigen sinnvolle Entspruchung und ⟨Stimmigkeit⟩ bewahrend.

Xen 61
Über Isis und Osiris 70.379B9
Xenophanes, der Kolophonier, forderte die Ägypter auf, wenn sie an die Götter glauben, nicht [um sie] zu klagen, wenn sie aber [um sie] klagen, nicht zu glauben, dass sie Götter seien [...].

Similien:
Götterbilder
Religionskritik

(vgl. **Xen 12, Xen 59 & Xen 63**)

Xen 62
De Pythiae oraculis 18.402E–F (ed. Paton/Pohlenz/Sieveking)
'ὀρθῶς' ἔφην ἐγώ 'λέγεις, ἄριστε Σαραπίων· οὐδὲ γὰρ φιλοσοφίαν ἀπογιγνώσκομεν ὡς ἀνῃρημένην παντάπασι καὶ διεφθορυῖαν, ὅτι πρότερον μὲν ἐν ποιήμασιν ἐξέφερον οἱ φιλόσοφοι τὰ δόγματα καὶ τοὺς λόγους, ὥσπερ Ὀρφεὺς καὶ Ἡσίοδος καὶ Παρμενίδης καὶ Ξενοφάνης καὶ Ἐμπεδοκλῆς [καὶ Θαλῆς], ὕστερον δ' ἐπαύσαντο καὶ πέπαυνται χρώμενοι μέτροις πλὴν σοῦ.

Similien:
Xenophanes als Dichter

Xen 63
De superstitione 13.171E (ed. Paton/Wegehaupt/Pohlenz/Gärtner)
Ξενοφάνης δ' ὁ φυσικὸς τοὺς Αἰγυπτίους κοπτομένους ἐν ταῖς ἑορταῖς καὶ θρηνοῦντας ὁρῶν ὑπέμνησεν οἰκείως. 'οὗτοι' φησίν 'εἰ μὲν θεοί εἰσι, μὴ θρηνεῖτε αὐτούς· εἰ δ' ἄνθρωποι, μὴ θύετε αὐτοῖς.'

Similien:
Götterbilder
Religionskritik
Xenophanes als Naturphilosoph

(vgl. **Xen 12, Xen 59 & Xen 61**)

Xen 64
De vitioso pudore 5.530F (ed. Paton/Pohlenz/Sieveking)
αὖθις ἕτερος παρακαλεῖ κυβεύειν παρὰ πότον· μὴ δυσωπηθῇς μηδὲ δείσῃς σκωπτόμενος· ἀλλ' ὥσπερ Ξενοφάνης Λάσου τοῦ Ἑρμιονέως μὴ

Xen 62
Über das Orakel der Pythia 18.402E–F
Dass die pythischen Orakelsprüche nicht mehr in der Sprache der Dichtung gegeben werden, beschädigt nicht die Praxis des Orakels als solche – genausowenig wie der Übergang von dichterischer zu prosaischer Rede die Philosophie beschädigt hat.
„Ganz richtig", sagte ich, „bester Sarapion, sprichst du; denn wir haben die Philosophie nicht aufgegeben, als sei sie ganz und gar zugrundegerichtet und zerstört, nur weil die Philosophen früher zwar ihre Ansichten und Theorien in Gedichten vortrugen, wie Orpheus und Hesiod und Parmenides und Xenophanes und Empedokles, später aber [damit] aufzuhören begannen und, mit Ausnahme von dir, aufgehört haben, Metren zu verwenden."

Xen 63
Über den Aberglauben 13.171E
Als der Naturphilosoph Xenophanes sah, wie sich die Ägypter bei den Festen schlugen und wehklagten, rief er ihnen in geeigneter Weise [Folgendes] ins Gedächtnis: „Wenn diese Götter sind", sagte er, „klagt nicht um sie; wenn aber Menschen, opfert ihnen nicht."

Xen 64
Über die falsche Scham 5.530F
Übungen gegen falsche Scham. Jemand fordert zum Würfelspiel beim Trinkgelage auf. Habe keine Scham und fürchte nicht verspottet zu werden.

βουλόμενον αὐτῷ συγκυβεύειν δειλὸν ἀποκαλοῦντος ὁμολόγει καὶ πάνυ δειλὸς εἶναι πρὸς τὰ αἰσχρὰ καὶ ἄτολμος.

Xen 65
Fr. 40 Sandbach, s. **Xen 340** (Scholia in Hes. op. 286)

Xen 66
Quomodo adolescens poetas audire debeat 2.17D–E (ed. Paton/Wegehaupt/Pohlenz/Gärtner)
καὶ τὰ Ἐμπεδοκλέους ἔστω πρόχειρα ταυτί·
 οὕτως οὔτ' ἐπιδερκτὰ τάδ' ἀνδράσιν οὔτ' ἐπακουστὰ
 οὔτε νόῳ περιληπτά
καὶ τὰ Ξενοφάνους·
 καὶ τὸ μὲν οὖν σαφὲς οὔτις ἀνὴρ γένετ' οὐδέ τις ἔσται
 εἰδὼς ἀμφὶ θεῶν τε καὶ ἅσσα λέγω περὶ πάντων
καὶ νὴ Δία τὰ Σωκράτους [...].

Xen 67
Quaestiones convivales 7.746B (ed. Hubert)
Τούτοις ἐπιφωνήσαντος τοῦ Ἀμμωνίου τὰ τοῦ Ξενοφάνους ὥσπερ εἰώθει
 ταῦτα δεδοξάσθω μὲν ἐοικότα τοῖς ἐτύμοισι
καὶ παρακαλοῦντος ἀποφαίνεσθαι καὶ λέγειν τὸ δοκοῦν ἕκαστον [...].

Mache es vielmehr wie Xenophanes, als ihn Lasos aus Hermione[1], weil er nicht mit ihm würfeln wollte, der Feigheit bezichtigte, und stimme ihm zu, gänzlich feige und mutlos hinsichtlich schändlicher Dinge zu sein.

Xen 65
In einem auf Proklos (Xen 223) zurückgehenden Scholion zu Hesiods Werken und Tagen *(Xen 340) wird Xenophanes (in Rückgriff auf Plutarch) in eine Reihe mit Autoren gestellt, die in ihren Werken ihre Gegner geschmäht hätten.*

Xen 66
Wie ein junger Mann Dichtkunst studieren soll 2.17D–E
Der Dichtung geht es nicht um die Wahrheit, die selbst für die Philosophen schwer zu finden ist, wie diese bestätigen. Diese Worte des Empedokles (VS 31 B 2, 6–7) sollen zur Hand sein:
So wenig ist dies für die Menschen erschaubar oder erhörbar oder mit dem Geiste umfassbar,
und die des Xenophanes (VS 21 B 34, 1–2):
Und das Genaue freilich zu wissen – dazu ist noch kein Mensch gelangt und wird es auch nicht in Bezug auf die Götter und alle Dinge, die ich immer nur erwähne.*
und bei Zeus vor allem die des Sokrates […].

Xen 67
Tischgespräche 7.746B
Diesen Ausführungen fügte Ammonius[2], wie gewohnt, den Ausspruch des Xenophanes hinzu (VS 21 B 35):
„Dies soll zwar der bloßen Meinung nach gelten als gleichend dem Wahren"
und forderte dann jeden einzelnen auf, darzulegen und zu sagen, was er meine […].

---

1 Lyriker und Musiktheoretiker, 2. H. 6. Jh. v. Chr.
2 Ägyptischer Platoniker und Lehrer Plutarchs, 1. Jh. n. Chr.

Xen 68
Regum et imperatorum apophthegmata 175C (ed. Nachstädt/Sieveking/Titchener)
Πρὸς δὲ Ξενοφάνην τὸν Κολοφώνιον εἰπόντα μόλις οἰκέτας δύο τρέφειν 'ἀλλ' Ὅμηρος' εἶπεν, 'ὃν σὺ διασύρεις, πλείονας ἢ μυρίους τρέφει τεθνηκώς.'

Similien:
Homerkritik

Favorinus

Xen 69
Fr. 38 Barigazzi, s. **Xen 145** (Diog. Laert. 9.18–20)

Sabinos

Xen 70
s. **Xen 113** (Gal. In Hippocratis de natura hominis 1.2)

Xen 68
Aussprüche von Königen und Herrschern 175C
Als Antwort auf Xenophanes, den Kolophonier, der sagte, dass er kaum zwei Haussklaven unterhalten könne, sagte er [Hieron I. von Syrakus[1]]: „Doch Homer, den du verhöhnst, unterhält, obwohl er tot ist, mehr als zehntausend."

Favorinus (ca. 80 – 150 n. Chr.)

Xen 69
Favorinus behauptet laut Diogenes Laertios (**Xen 145**) *im ersten Buch seiner Erinnerungen, dass Xenophanes als Sklave freigekauft worden sei.*

Sabinos (1./2. Jh. n. Chr.)

Xen 70
Laut Galen (**Xen 113**) *hat nach Sabinos Xenophanes gesagt, dass der Mensch ganz Erde sei.*

---

1 Tyrann von Syrakus in den Jahren 478 – 467 v. Chr.

Ailios Herodianos

Xen 71

Περὶ διχρόνων 3.2.16.17–23[1] (ed. Lentz)
Τὰ εἰς σῐ λήγοντα ῥήματα τὴν πρὸ τέλους ἔχει φύσει μακράν, ἑστήκασι, βεβασιλεύκασι, τετύφασι, γεγράφασι, νενοήκασιν. οἱ μέντοι ποιηταὶ πολλάκις ἐπὶ τούτοις συστολὰς ποιοῦνται, ὡς παρὰ Ξενοφάνει·
 ἐξ ἀρχῆς καθ' Ὅμηρον ἐπεὶ μεμαθήκασι πάντες,
καὶ πάλιν
 ὁππόσα δὴ θνητοῖσι πεφήνασιν εἰσοράασθαι,
καὶ παρ' Ἀντιμάχῳ [...].

(vgl. **Xen 260, Xen 310, Xen 339**)

Similien:
Xenophanes als Dichter

Xen 72

Περὶ μονήρους λέξεως 3.2.936.18–21[2] (ed. Lentz)
ὅ τε Ξενοφάνης φησὶ
 καὶ μήν[3] ἐν[4] σπεάτεσσί τεοις[5] καταλείβεται ὕδωρ.
ἀλλ' οὐ γὰρ λέγεται σπέας. ἡ γὰρ ἀναλογία ὡς ἀπὸ τοιούτων εὐθειῶν τὰς κλίσεις λαμβάνει, οὐκ οὐσῶν μέντοι ἐν χρήσει Ἑλλήνων.

---

1 Vgl. auch De prosodia catholica 3.1.535.28–32.
2 Vgl. auch Περὶ κλίσεως ὀνομάτων 3.2.772.32–35 und De prosodia catholica 3.1.391.27–30.
3 καὶ μὴν codd.: καὶ μὲν Diels
4 ἐν Ludwich: ἐνὶ codd.
5 τεοις Diels: τεοῖς codd.

Ailios Herodianos (2. Jh. n. Chr.)

Xen 71
Über Silben, die lang und kurz sein können 3.2.16.17–23
Die Verben, die auf *si* enden, haben von Natur aus eine Länge auf der vorletzten Silbe: *hestēkāsi, bebasileukāsi, tetyphāsi, gegraphāsi, nenoēkāsin*. Die Dichter indessen setzen hier oftmals eine Verkürzung, wie bei Xenophanes (VS 21 B 10):
    Da von Anfang an alle nach Homer gelernt haben (*memathēkăsi*)
und weiter (VS 21 B 36):
    Alles, was sich nur immer den Sterblichen offenbart hat (*pephēnăsin*) anzuschauen
und bei Antimachos […].

Xen 72
Über besondere Wörter 3.2.936.18–21
Xenophanes sagt (VS 21 B 37):
    „Und in gewissen (?) Höhlen (*speátessi*) fürwahr tropft das Wasser herab."
Aber man sagt nicht ‚*spéas*' [sondern ‚*spéos*']. Die Analogie nimmt die Beugungen wie von derartigen Nominativen, obwohl sie nicht im Sprachgebrauch der Griechen sind.

Xen 73
Περὶ μονήρους λέξεως 3.2.946.21–24 (ed. Lentz)
Γλύσσων. οὐδὲν τῶν εἰς ω̄ν ληγόντων συγκριτικῶν ἔχει πρὸ τέλους τὸ ῡ. σημειῶδες ἄρα τὸ παρὰ Ξενοφάνει γλύσσων·
   εἰ μὴ χλωρὸν ἔφυσε θεὸς μέλι, πολλὸν ἔφασκον
   γλύσσονα σῦκα πέλεσθαι.

(vgl. **Xen 75**, **Xen 296** & **Xen 303**)

Eine weitere Stelle aus Περὶ μονήρους λέξεως *ist als Verweis auf Xenophanes interpretiert worden (s. VS 21 B 42 = 3.2.912.6 ed. Lentz); das (vermeintliche) Xenophanes-Zitat lautet:* καί ⟨κ'⟩ *(add. Dindorf)* ἐπιθυμήσειε νέος νῆς ἀμφιπόλοιο *(,Da würde Lust bekommen ein Junger nach einer jungen Magd' Diels). Überliefert ist jedoch der Name Aristophanes.*[1]

Xen 74
Περὶ παθῶν 3.2.266.9–11 (ed. Lentz), s. **Xen 302** (Etymologicum magnum 231.5–6)
[…] ἡ γενικὴ γηρέντος ὥσπερ τιθέντος οἷον Ξενοφάνης· «ἀνδρὸς γηρέντος πολλὸν ἀφαυρότερος».

Xen 75
Περὶ παθῶν 3.2.383.20–21 (ed. Lentz), s. **Xen 296** (Etymologicum Gudianum kappa.301) und **Xen 303** (Etymologicum magnum 235.3–4)
κέχρηται δὲ Ξενοφάνης τῷ ὀνόματι οἷον «γλύσσονα σῦκα» […].

(vgl. **Xen 73**)

---

1 Eingeleitet wird das Zitat in der handschriftlichen Überlieferung mit den Worten: καὶ παρὰ Ἀριστοφάνει ἐν δινσίλλων (ἐν δ̄ συλλάβωι Vind.); anstelle von Ἀριστοφάνει ἐν δινσίλλων ist vorgeschlagen worden: Ξενοφάνει ἐν δ̄ Σίλλων Seidler, Heitsch, Lebedev et al. : Ἀριστοφάνει ἐν Αἰολοσίκωνι ex. gr. Dindorf, id. Lentz, Meinecke, Kock, Edmunds et al. Cf. bei Herodian: παρὰ Ἀριστοφάνει ἐν Πλούτῳ (3.1.52.20 und 3.2.563.30 Lentz), παρὰ Ἀριστοφάνει ἐν Νεφέλαις (3.1.64.26; 3.2.690.34 Lentz), παρὰ Ἀριστοφάνει ἐν Ταγηνισταῖς (3.1.148.27 Lentz) etc. Im Aiolosikon wäre eine daktylische Partie, welche die entsprechende Kommospartie aus dem euripideischen Aiolos parodierte (daher das gekünstelte νῆς ἀμφιπόλοιο), am richtigen Platz gewesen. (Hinweis M. Pozdnev.)

Xen 73
Über besondere Wörter 3.2.946.21–14
Glyssōn. Keiner der auf -ōn endenden Komparative hat das ȳ vor dem Ende. Auffallend also das *glȳssōn* bei Xenophanes (VS 21 B 38):
> Wenn Gott nicht den gelblichen Honig erschaffen hätte, so würde man meinen, die Feigen seien viel süßer (*glȳssona*).

Xen 74
Über Wortmodifikationen 3.2.266.9–11
[...] Der Genitiv [des Part. Aor. von *gēraō*] lautet *gērentos* entsprechend *tithentos* wie bei Xenophanes (VS 21 B 9): „Viel kraftloser als ein gealterter (*gērentos*) Mann."

Xen 75
Über Wortmodifikationen 3.2.383.20–21
Auch Xenophanes verwendet das Wort [den Komparativ *glȳssōn*], etwa (VS 21 B 38): „die Feigen viel süßer" [...].

Xen 76
Περὶ παθῶν 3.2.384.13–14 (ed. Lentz), s. **Xen 282** (Etymologicum genuinum beta.271) und **Xen 301** (Etymologicum magnum 214.44–46)
βρόταχον τὸν βάτραχον Ἴωνες καὶ Ἀριστοφάνης καὶ παρὰ Ξενοφάνει· βάτραχος καὶ καθ' ὑπερβιβασμὸν βράταχος καὶ βρόταχος.

Maximos von Tyros

Xen 77
Dialexeis 16.4.a–d (ed. Koniaris)
Ταῦτα λέγοντος καὶ ἀπολογιζομένου τοῦ Ἀναξαγόρου, γελάσονται, ὡς τὸ εἰκός, οἱ Κλαζομένιοι· οὐ γὰρ δὴ πιθανώτερός γε δόξει εἶναι τῆς γραφῆς, ἀληθῆ δὲ οὐδὲν ἧττον αὐτῷ λελέξεται κἂν ἐκεῖνοι καταψηφίσωνται. Εἰ δέ πού τις οἷος δικαστοῦ χώραν ἔχει(ν) μὴ κυάμῳ λαχόντος, ἀλλ', ἥπερ δὴ χειροτονία δικαστοῦ μόνη, αὐτῷ τῷ εἰδέναι, πρὸς τοῦτον οὐχ ὡς ἀδικῶν, οὐδ' ὡς φεύγων γραφήν, ἀπολογιεῖται[1] εἴτε Ἀναξαγόρας ἐν Κλαζομεναῖς, εἴτε ἐν Ἐφέσῳ Ἡράκλειτος, εἴτε ἐν Σάμῳ Πυθαγόρας, εἴτε ἐν Ἀβδήροις Δημόκριτος, εἴτε ἐν Κολοφῶνι Ξενοφάνης, εἴτε ἐν Ἐλέᾳ Παρμενίδης, εἴτε ἐν Ἀπολλωνίᾳ Διογένης, εἴτε τις ἄλλος τῶν δαιμονίων ἐκείνων ἀνδρῶν· ἀλλ' ἐξ ἰσοτιμίας οὑτωσὶ πείθων καὶ διαλεγόμενος, συνετὰ συνετοῖς λέγων, καὶ πιστὰ πιστοῖς, καὶ ἔνθεα ἐνθέοις· […].

---

1 Laut Koniaris ist ἀπολογεῖται, laut Hobein und Trapp ἀπολογιεῖται (Futur von ἀπολογίζομαι) überliefert. Da hier in der Tat ein Futur erwartet wird, ist ἀπολογιεῖται (vgl. auch Z. 1 von **Xen 77**: ἀπολογιζομένου) die vorzugswürdige Lesart.

Xen 76
Über Wortmodifikationen 3.2.384.13–14
Den Frosch, *batrachos*, nennen die Ionier und Aristophanes und auch Xenophanes *brotachos*: *batrachos* und nach Metathese *bratachos* und *brotachos*.

Maximos von Tyros (2. Jh. n. Chr.)

Xen 77
Unterredungen 16.4.a–d
Anaxagoras verteidigt vor den Klazomeniern die betrachtende Lebensweise.
Wenn Anaxagoras so spräche und sich verteidigte, werden die Klazomenier wahrscheinlich darüber lachen, denn er wird ihnen nicht glaubhafter vorkommen als die Anklage; aber dennoch wird er die Wahrheit gesagt haben, mögen ihn jene auch verurteilen. Wenn hier jedoch einer Richter wäre, der sein Amt innehätte nicht aufgrund einer Wahl durch das Los, sondern aufgrund seines Wissens (denn das allein ist [das Kriterium für] die Wahl eines Richters), dann wird sich Anaxagoras in Klazomenai vor diesem nicht wie ein Verbrecher, ja nicht einmal wie ein Angeklagter verteidigen, so wenig wie Herakleitos in Ephesos oder Pythagoras in Samos oder Demokritos in Abdera oder Xenophanes in Kolophon oder Parmenides in Elea oder Diogenes in Apollonia oder sonst einer jener genialen Männer; nein, er wird ihn als Gleichberechtigter überzeugen und sich mit ihm unterreden, wird Verständiges zu Verständigen sprechen, Verlässliches zu Verlässlichen und Begeistertes zu Begeisterten […]. (Ü: nach Schönberger)

Xen 78
Dialexeis 38.3.g (ed. Koniaris)
Καὶ ἦν πιθανώτερος λέγων ταῦτα ὁ Ἀριστέας μᾶλλον ἢ Ἀναξαγόρας, ἢ Ξενοφάνης ἐκεῖνος, ἤ τις ἄλλος τῶν ἐξηγησαμένων τὰ ὄντα ὡς ἔχει, οὐ γάρ πω σαφῶς ἠπίσταντο οἱ ἄνθρωποι τὴν ψυχῆς περιπόλησιν, οὐδὲ οἷστισιν ὀφθαλμοῖς ἕκαστα ὁρᾷ, ἀλλὰ ἀτεχνῶς ἀποδημίας τινὸς ᾤοντο τῇ ψυχῇ δεῖν, εἰ μέλλει ὑπὲρ ἑκάστου φράσειν τὰ ἀληθέστατα.

Similien:
Seelenwanderung

Pseudo-Plutarch (Strom.)

Xen 79
Stromata, Fr. 179.41–70 Sandbach, s. **Xen 162** (Eus. pr. ev. 1.8.4–5)

Sextus Empiricus

Xen 80
Adversus mathematicos 1.257 (ed. Mutschmann/Mau)
ἀλλὰ μὴν οὐδὲν ἔχει τεχνικὸν τὸ ἀποδιδόναι τοπικὴν ἱστορίαν, λέγοντας ὅτι, εἰ τύχοι, Βριλησὸς μὲν καὶ Ἀράκυνθος τῆς Ἀττικῆς ἐστιν ὄρος, Ἀκάμας δὲ τῆς Κυπρίας ἀκρωτήριον, ἢ χρονικὴν ἐκτίθεσθαι, καθάπερ ὅτι Ξενοφάνης Κολοφώνιος ἐγένετο περὶ τὴν τεσσαρακοστὴν ὀλυμπιάδα. τοῦτο γὰρ καὶ ὁ μὴ ὢν γραμματικὸς ἄλλως δὲ περίεργος δυνήσεται ποιεῖν.

Similien:
Lebensalter/Lebenszeit

Xen 78
Unterredungen 38.3.g
(Ob einer durch Gnade der Gottheit ein guter Mensch wird.) Der Wundermann Aristeas behauptet, durch Seelenwanderung sein Wissen erlangt zu haben. Und mit diesen Worten fand Aristeas wohl mehr Glauben als Anaxagoras oder der berühmte Xenophanes oder sonst einer der Männer, die die Natur des Seienden erklärt haben. Zwar verstanden die Leute nicht recht, wie seine Seele reiste und mit welchen Augen sie alles sieht, doch glaubten sie ohne weiteres, dass eine Seele reisen müsse, wenn sie über jedes Ding die volle Wahrheit aussagen wolle. (Ü: nach Schönberger)

Pseudo-Plutarch (Strom.) (2. Jh. n. Chr.)[1]

Xen 79
*Eusebios (**Xen 162**) zitiert (Pseudo-)Plutarch über die Prinzipienlehren der Philosophen (vgl. **Th 135**).*

Sextus Empiricus (2. Jh. n. Chr.)

Xen 80
Gegen die Wissenschaftler 1.257
Bloße Rezeption von Berichtetem ist keine Wissenschaft. Tatsächlich spielt das Wissenschaftliche bei der Darstellung der Landschaftsgeschichte keine Rolle, z.B. wenn man beschreibt, dass Brilesos und Arakynthos attische Gebirge sind und Akamas ein Kap auf Zypern ist, oder beim Chronologischen, dass Xenophanes von Kolophon in der 40. Olympiade geboren wurde. Das könnte auch ein sonst sehr fleißiger Laie leisten. (Ü: Jürß)

---

[1] Siehe Diels (1879), 156 ff.

Xen 81
Adversus mathematicos 1.289 (ed. Mutschmann/Mau)
Ὅμηρος δὲ καὶ Ἡσίοδος κατὰ τὸν Κολοφώνιον Ξενοφάνη
    ὡς πλεῖστ᾽ ἐφθέγξαντο θεῶν ἀθεμίστια ἔργα,
    κλέπτειν μοιχεύειν τε καὶ ἀλλήλους ἀπατεύειν.
Κρόνος μὲν γάρ, ἐφ᾽ οὗ τὸν εὐδαίμονα βίον γεγονέναι λέγουσι, τὸν πατέρα ἠνδροτόμησε καὶ τὰ τέκνα κατέπιεν, Ζεύς τε ὁ τούτου παῖς ἀφελόμενος αὐτὸν τῆς ἡγεμονίας
    γαίης νέρθε καθεῖσε καὶ ἀτρυγέτοιο θαλάσσης,
    τῆλε μάλ᾽ ἧχι βάθιστον ὑπὸ χθονός ἐστι βέρεθρον.

Similien:
Götterbilder
Homerkritik
Religionskritik

(vgl. **Xen 87**)

Xen 82
Adversus mathematicos 7.14 (ed. Mutschmann)
τῶν δὲ διμερῆ τὴν φιλοσοφίαν ὑποστησαμένων Ξενοφάνης μὲν ὁ Κολοφώνιος τὸ φυσικὸν ἅμα καὶ λογικόν, ὥς φασί τινες, μετήρχετο, Ἀρχέλαος δὲ ὁ Ἀθηναῖος τὸ φυσικὸν καὶ ἠθικόν· μεθ᾽ οὗ τινες καὶ τὸν Ἐπίκουρον τάττουσιν ὡς [καὶ] τὴν λογικὴν θεωρίαν ἐκβάλλοντα.

Similien:
Xenophanes als Erkenntnistheoretiker
Xenophanes als Naturphilosoph

Xen 81
Gegen die Wissenschaftler 1.289
Die unbewiesenen und widersprechenden Aussagen der Dichter. Und nach Xenophanes von Kolophon haben Homer und Hesiod (VS 21 B 12)
> so viele ungesetzliche Taten der Götter wie möglich erzählt:
> Stehlen und Ehebrechen und einander Betrügen.*

Kronos, dessen Ära eine glückselige Zeit gewesen sein soll, hat seinen Vater entmannt und seine Kinder aufgefressen. Sein Sohn Zeus, der ihm die Herrschaft entriss (Il. 14, 204; 8, 14),
> stieß ihn unter die Erde und unter das wogende Weltmeer,
> Dorthin, wo der Abgrund in tiefster Tiefe sich auftut.

(Ü: nach Jürß)

Xen 82
Gegen die Dogmatiker 1.14 (= Gegen die Wissenschaftler 7.14)
Von den Vertretern der Zweiteiligkeit der Philosophie kümmerte sich Xenophanes von Kolophon um Naturphilosophie und zugleich um Erkenntnistheorie, wie einige sagen, Archelaos von Athen um Naturphilosophie und Ethik. Mit ihm ordnen einige auch Epikur ein, weil er die erkenntnistheoretische Theorie habe fallen lassen.
(Ü: Flückiger)

Xen 83
Adversus mathematicos 7.48–54 (ed. Mutschmann)
καὶ δὴ ἀνεῖλον μὲν αὐτὸ Ξενοφάνης τε ὁ Κολοφώνιος καὶ Ξενιάδης ὁ Κορίνθιος καὶ Ἀνάχαρσις ὁ Σκύθης καὶ Πρωταγόρας καὶ Διονυσόδωρος, πρὸς δὲ τούτοις Γοργίας ὁ Λεοντῖνος καὶ Μητρόδωρος ὁ Χῖος καὶ Ἀνάξαρχος ὁ εὐδαιμονικὸς καὶ Μόνιμος ὁ κύων. [ἐν τούτοις δέ εἰσι καὶ οἱ ἀπὸ τῆς σκέψεως.] ὧν Ξενοφάνης μὲν κατά τινας εἰπὼν πάντα ἀκατάληπτα ἐπὶ ταύτης ἔστη τῆς φορᾶς, ἐν οἷς γράφει
 καὶ τὸ μὲν οὖν σαφὲς οὔτις ἀνὴρ ἴδεν, οὐδέ τις ἔσται
 εἰδὼς ἀμφὶ θεῶν τε καὶ ἅσσα λέγω περὶ πάντων·
 εἰ γὰρ καὶ τὰ μάλιστα τύχοι τετελεσμένον εἰπών,
 αὐτὸς ὅμως οὐκ οἶδε· δόκος δ' ἐπὶ πᾶσι τέτυκται.
διὰ τούτων γὰρ σαφὲς μὲν ἔοικε λέγειν τἀληθὲς καὶ τὸ γνώριμον, καθὸ καὶ λέγεται
 ἁπλοῦς ὁ μῦθος τῆς ἀληθείας ἔφυ,
ἄνδρα δὲ τὸν ἄνθρωπον, τῷ εἰδικῷ καταχρώμενος ἀντὶ τοῦ γένους· εἶδος γὰρ ἀνθρώπου καθέστηκεν ὁ ἀνήρ. σύνηθες δ' ἐστὶ τούτῳ χρῆσθαι τῷ τρόπῳ τῆς φράσεως καὶ Ἱπποκράτει, ὅταν λέγῃ "γυνὴ ἀμφιδέξιος οὐ γίνεται", τουτέστι θήλεια ἐν τοῖς δεξιοῖς μέρεσι τῆς μήτρας οὐ συνίσταται. ἀμφὶ θεῶν δὲ ὑποδειγματικῶς περί τινος τῶν ἀδήλων, δόκον δὲ τὴν δόκησιν καὶ τὴν δόξαν. ὥστε τοιοῦτον εἶναι κατὰ ἐξάπλωσιν τὸ ὑπ' αὐτοῦ λεγόμενον „τὸ μὲν οὖν ἀληθὲς καὶ γνώριμον οὐθεὶς ἄνθρωπος οἶδε, τό γε ἐν τοῖς ἀδήλοις πράγμασιν· κἂν γὰρ ἐκ τύχης ἐπιβάλλῃ τούτῳ, ὅμως οὐκ οἶδεν ὅτι ἐπιβέβληκεν αὐτῷ, ἀλλ' οἴεται καὶ δοκεῖ". ὥσπερ γὰρ εἰ ἐν ζοφερῷ οἰκήματι καὶ πολλὰ ἔχοντι κειμήλια ὑποθοίμεθά τινας χρυσὸν ζητοῦντας, ὑποπεσεῖται διότι ἕκαστος μὲν τούτων λαβόμενός τινος τῶν ἐν τῷ οἰκήματι κειμένων οἰήσεται τοῦ χρυσοῦ δεδρᾶχθαι, οὐδεὶς δὲ αὐτῶν ἔσται πεπεισμένος ὅτι τῷ χρυσῷ περιέπεσε, κἂν μάλιστα τύχῃ τούτῳ περιπεπτωκώς, ὧδε καὶ εἰς τουτονὶ τὸν κόσμον ὥσπερ τινὰ μέγαν οἶκον παρῆλθε πλῆθος φιλοσόφων ἐπὶ τὴν τῆς ἀληθείας ζήτησιν, ἧς τὸν λαβόμενον εἰκός ἐστιν ἀπιστεῖν ὅτι εὐστόχησεν.
Οὗτος μὲν δὴ οὔ φησιν εἶναι κριτήριον ἀληθείας διὰ τὸ μηδὲν εἶναι καταληπτὸν ἐν τῇ φύσει τῶν ζητουμένων· Ξενιάδης δὲ ὁ Κορίνθιος, οὗ καὶ Δημόκριτος μέμνηται, πάντ' εἰπὼν ψευδῆ, καὶ πᾶσαν φαντασίαν καὶ δόξαν ψεύδεσθαι, καὶ ἐκ τοῦ μὴ ὄντος πᾶν τὸ γινόμενον γίνεσθαι, καὶ εἰς τὸ μὴ ὂν πᾶν τὸ φθειρόμενον φθείρεσθαι, δυνάμει τῆς αὐτῆς ἔχεται τῷ Ξενοφάνει στάσεως. μὴ ὄντος γάρ τινος ἀληθοῦς κατὰ διαφορὰν τοῦ ψεύδους, ἀλλὰ πάντων ψευδῶν ὄντων καὶ διὰ τοῦτο ἀκαταλήπτων, οὐδὲ διακριτικόν τι τούτων ἔσται κριτήριον.

Xen 83
Gegen die Dogmatiker 1.48–54 (= Gegen die Wissenschaftler 7.48–54)
*Diskussion, ob Xenophanes hinsichtlich der Frage nach der Möglichkeit von Erkenntnis einen skeptischen oder dogmatischen Standpunkt eingenommen habe (vgl. **Xen 84**).*
Und tatsächlich aufgehoben haben es [das Kriterium] Xenophanes von Kolophon, Xeniades von Korinth, Anacharsis, der Skythe, Protagoras und Dionysodor, ferner Gorgias von Leontinoi, Metrodor von Chios, Anaxarch, der Eudaimonist, und Monimos, der Kyniker.
Da von diesen Xenophanes nach einigen sagt, alles sei unerfassbar, gehört er dieser Richtung an. Er schreibt (VS 21 B 34):

> Und das Genaue freilich erblickte kein Mann und es wird auch nie jemand sein, der es weiß (erblickt hat) in Bezug auf die Götter und alle Dinge, die ich immer nur erwähne; denn selbst wenn es einem in höchstem Maße gelänge, ein Vollendetes auszusprechen, so hat er selbst trotzdem kein Wissen davon; Schein(meinen) haftet an allem.ˣ

Hier scheint er nämlich mit „deutlich" das Wahre und Bekannte zu meinen, wie es auch heißt:

> Das Wort der Wahrheit ist von Natur einfach[1],

mit „Mann" den Menschen, weil er das Spezielle statt der Gattung verwendet. Denn der Mann ist eine Art des Menschen. Auch Hippokrates ist gewohnt, diesen Tropus des Ausdrucks zu verwenden, wenn er sagt: „Die Frau wächst nicht rechts", d.h. ein weibliches Wesen entsteht nicht auf der rechten Seite des Mutterleibs. „In Bezug auf die Götter" meint beispielhaft „über irgendein Verborgenes" und „Schein(meinen)" Glaube und Meinung. Daher lautet seine Aussage verdeutlicht wie folgt: „Das Wahre und Bekannte weiß zwar tatsächlich kein Mensch, gerade im Bereich der verborgenen Sachen: Denn sogar wenn er sich zufällig darauf richtet, weiß er doch nicht, dass er es getroffen hat, sondern er glaubt und meint." Denn setzen wir voraus, dass einige Leute in einem dunklen Raum mit vielen Kostbarkeiten Gold suchen. Dann wird es geschehen, dass jeder von ihnen, wenn er etwas von den Dingen, die im Raum liegen, ergreift, glaubt, Gold erwischt zu haben, ohne dass einer von ihnen überzeugt ist, auf Gold gestoßen zu sein, selbst wenn er sehr wohl zufällig darauf gestoßen ist. Genauso kam auch in diesen Kosmos wie in ein großes Haus eine Menge Philosophen, um die Wahrheit zu suchen, von der wahrscheinlich der, welcher sie ergriffen hat, nicht glaubt, Erfolg gehabt zu haben. Dieser [Xenophanes] also sagt, es gebe kein Kriterium der Wahrheit, da in der Natur der untersuchten Dinge nichts erfassbar sei.

---
1 Eur. Phoin. 469.

Similien:
Xenophanes als Skeptiker

(vgl. **Xen 85**)

Xen 84
Adversus mathematicos 7.110–111 (ed. Mutschmann)
Ξενοφάνης δὲ κατὰ τοὺς ὡς ἑτέρως αὐτὸν ἐξηγουμένους, ὅταν λέγῃ
    καὶ τὸ μὲν οὖν σαφὲς οὔ τις ἀνὴρ ἴδεν, οὐδέ τις ἔσται
    εἰδὼς ἀμφὶ θεῶν τε καὶ ἄσσα λέγω περὶ πάντων·
    εἰ γὰρ καὶ τὰ μάλιστα τύχοι τετελεσμένον εἰπών,
    αὐτὸς ὅμως οὐκ οἶδε, δόκος δ' ἐπὶ πᾶσι τέτυκται,
φαίνεται μὴ πᾶσαν κατάληψιν ἀναιρεῖν ἀλλὰ τὴν ἐπιστημονικὴν καὶ ἀδιάπτωτον, ἀπολείπειν δὲ τὴν δοξαστήν· τοῦτο γὰρ ἐμφαίνει τὸ "δόκος δ' ἐπὶ πᾶσι τέτυκται". ὥστε κριτήριον γίνεσθαι κατὰ τοῦτον τὸν δοξαστὸν λόγον, τουτέστι τὸν τοῦ εἰκότος ἀλλὰ μὴ τὸν τοῦ παγίου ἐχόμενον.
ὁ δὲ γνώριμος αὐτοῦ Παρμενίδης τοῦ μὲν δοξαστοῦ λόγου κατέγνω, φημὶ δὲ τοῦ ἀσθενεῖς ἔχοντος ὑπολήψεις, τὸν δ' ἐπιστημονικόν, τουτέστι τὸν ἀδιάπτωτον, ὑπέθετο κριτήριον […].

Similien:
Verhältnis zu Parmenides
Xenophanes als Skeptiker

Und Xeniades von Korinth, den auch Demokrit erwähnt, nimmt eigentlich denselben Standpunkt wie Xenophanes ein, wenn er sagt, dass alles falsch ist, jede Vorstellung und Meinung trügerisch ist, jedes Werdende aus Nicht-Seiendem entsteht und jedes Vergehende in Nichtseiendes vergeht. Denn wenn nichts wahr im Unterschied zu falsch ist, sondern alles falsch ist und deswegen unerfassbar, gibt es auch kein Kriterium, das sie unterscheiden kann. (Ü: nach Flückiger*)

Xen 84
Gegen die Dogmatiker 1.110–111 (= Gegen die Wissenschaftler 7.110–111)
Diskussion, ob Xenophanes hinsichtlich der Frage nach der Möglichkeit von Erkenntnis einen skeptischen oder dogmatischen Standpunkt eingenommen habe (vgl. **Xen 83***).*
Nach denjenigen, die ihn anders deuten, scheint Xenophanes, wenn er sagt:
    Und das Genaue freilich erblickte kein Mensch und es wird auch nie
    jemand sein, der es weiß (erblickt hat) in Bezug auf die Götter und
    alle Dinge, die ich immer nur erwähne; denn selbst wenn es einem in
    höchstem Maße gelänge, ein Vollendetes auszusprechen, so hat er selbst
    trotzdem kein Wissen davon; Schein(meinen) haftet an allem,
nicht jede Erfassung aufzuheben, sondern nur die wissenschaftliche und fehlerlose, die meinungsmäßige aber anzunehmen. Denn dies zeigt der Satz „Schein(meinen) haftet an allem" an. Daher werde nach ihm die meinungsmäßige Vernunft zum Kriterium, d.h. die Vernunft, die sich ans Wahrscheinliche hält, aber nicht ans Feste.
Sein Freund Parmenides dagegen verurteilte die meinungsmäßige Vernunft – ich meine die mit schwachen Ansichten –, doch die wissenschaftliche, d.h. die fehlerlose, setzte er als Kriterium voraus […].
(Ü: nach Flückiger*)

Xen 85
Adversus mathematicos 8.325–326 (ed. Mutschmann)
ταῦτά γέ τοι καὶ σφόδρα χαριέντως ἀπεικάζουσιν οἱ σκεπτικοὶ τοὺς περὶ ἀδήλων ζητοῦντας τοῖς ἐν σκότῳ ἐπί τινα σκοπὸν τοξεύουσιν· ὥσπερ γὰρ τούτων εἰκός ἐστι τινὰ μὲν τυχεῖν τοῦ σκοποῦ τινὰ δ' ἀποτυχεῖν, τὸ δὲ τίς ἐπέτυχεν ἢ ἀπέτυχεν ἄγνωστον, οὕτως ἐν βαθεῖ σχεδὸν σκότῳ τῆς ἀληθείας ἀποκεκρυμμένης ἀφίενται μὲν ἐπὶ ταύτην πολλοὶ λόγοι, τὸ δὲ τίς ἐξ αὐτῶν σύμφωνός ἐστιν αὐτῇ καὶ τίς διάφωνος οὐχ οἷόν τε γινώσκειν, ἀρθέντος ἐκ τῆς ἐναργείας τοῦ ζητουμένου. καὶ τοῦτο πρῶτον εἶπε Ξενοφάνης·

    καὶ τὸ μὲν οὖν σαφὲς οὔ τις ἀνὴρ ἴδεν, οὐδέ τις ἔσται
    εἰδὼς ἀμφὶ θεῶν τε καὶ ἄσσα λέγω περὶ πάντων·
    εἰ γὰρ καὶ τὰ μάλιστα τύχοι τετελεσμένον εἰπών,
    αὐτὸς ὅμως οὐκ οἶδε, δόκος δ' ἐπὶ πᾶσι τέτυκται.

Similien:
Xenophanes als Skeptiker

(vgl. **Xen 83**)

Xen 86
Adversus mathematicos 9.142–145 (ed. Mutschmann)
Εἴγε μὴν ἔστι θεός, ζῷόν ἐστιν. εἰ ζῷόν ἐστι, καὶ αἰσθάνεται· τὸ γὰρ ζῷον τοῦ μὴ ζῴου οὐκ ἄλλῳ τινὶ διαφέρει ἢ τῷ αἰσθάνεσθαι. εἰ δὲ αἰσθάνεται, καὶ ἀκούει καὶ ὁρᾷ καὶ ὀσφραίνεται καὶ ἅπτεται. εἰ δὲ τοῦτο, ἔστι τινὰ τὰ καθ' ἑκάστην αἴσθησιν οἰκειοῦντα αὐτὸν καὶ ἀλλοτριοῦντα, οἷον κατὰ μὲν ὅρασιν τὰ συμμέτρως ἔχοντα καὶ οὐχ ἑτέρως, κατὰ δὲ ἀκοὴν ⟨αἱ⟩ ἐμμελεῖς φωναὶ καὶ οὐχ αἱ μὴ οὕτως ἔχουσαι, κατὰ τὰ αὐτὰ δὲ καὶ ἐπὶ τῶν ἄλλων αἰσθήσεων. εἰ δὲ τοῦτο, ἔστι τινὰ θεῷ ὀχληρά· καὶ εἰ ἔστι τινὰ θεῷ ὀχληρά, γίνεται ἐν τῇ ἐπὶ τὸ χεῖρον μεταβολῇ θεός, ὥστε καὶ ἐν φθορᾷ. φθαρτὸς ἄρα ὁ θεός. τοῦτο δὲ παρὰ τὴν κοινὴν ἔννοιαν ὑπῆρχεν αὐτοῦ· τοίνυν οὐκ ἔστι τὸ θεῖον.
Ἔστι δὲ καὶ ἐπὶ μιᾶς αἰσθήσεως ἐξεργαστικώτερον τιθέναι τὸν λόγον, οἷον τῆς ὁράσεως. εἰ γὰρ ἔστι τὸ θεῖον, ζῷόν ἐστιν. εἰ ⟨δὲ⟩ ζῷόν ἐστιν, ὁρᾷ [ὅλος]·

    οὖλος γὰρ ὁρᾷ, οὖλος δὲ νοεῖ, οὖλος δέ τ' ἀκούει.[1]

---

[1] Vgl. auch Plinius, Naturalis historia 2,14 und Clemens, Stromateis 7.2.5.5–6. Zu Plinius siehe auch Staudt (2012), 44.

Xen 85
Gegen die Dogmatiker 2.325–326 (= Gegen die Wissenschaftler 8.325–326)
Darin vergleichen die Skeptiker doch ganz reizend die, welche Verborgenes untersuchen, mit denjenigen, die in der Dunkelheit auf irgendein Ziel schiessen. Denn wie es wahrscheinlich ist, dass zwar einer von ihnen das Ziel trifft, ein anderer aber verfehlt, und dass es unerkennbar ist, wer getroffen und wer verfehlt hat, so ist die Wahrheit beinahe in tiefer Dunkelheit versteckt und es werden zwar viele Aussagen auf sie abgeschossen, es ist aber nicht möglich zu erkennen, welche von ihnen mit ihr übereinstimmt und welche nicht. Denn das Gesuchte ist der Evidenz entzogen. Und dies sagte zuerst Xenophanes:

> Und das Genaue freilich erblickte kein Mensch und es wird auch nie jemand sein, der es weiß (erblickt hat) in Bezug auf die Götter und alle Dinge, die ich immer nur erwähne; denn selbst wenn es einem in höchstem Maße gelänge, ein Vollendetes auszusprechen, so hat er selbst trotzdem kein Wissen davon; Schein(meinen) haftet an allem.

(Ü: Flückiger*)

Xen 86
Gegen die Dogmatiker 3.142–145 (= Gegen die Wissenschaftler 9.142–145)
Weiter, wenn es einen Gott gibt, ist er ein Lebewesen. Wenn er ein Lebewesen ist, nimmt er auch wahr. Denn das Lebewesen unterscheidet sich vom Nichtlebewesen durch nichts anderes als durch das Wahrnehmen. Wenn er aber wahrnimmt, hört, sieht, riecht und tastet er. Und wenn das der Fall ist, gibt es etwas, was ihn in Rücksicht auf jede Wahrnehmung geneigt und abgeneigt macht, z.B. in Rücksicht auf das Sehen das Symmetrische und nicht das andere, in Rücksicht auf das Gehör die melodischen Töne und nicht die unmelodischen und auf dieselbe Weise auch im Fall der anderen Sinne. Wenn aber dies der Fall ist, gibt es etwas für einen Gott Lästiges. Und wenn es etwas für einen Gott Lästiges gibt, erfährt der Gott die Wandlung zum Schlimmeren, daher auch das Vergehen. Also ist der Gott vergänglich. Das ist gegen seinen allgemeinen Begriff. Also gibt es das Göttliche nicht. Man kann das Argument auch sorgfältiger für einen einzigen Sinn aufstellen, z.B. für das Sehen. Nämlich: Wenn es das Göttliche gibt, ist es ein Lebewesen. Und wenn es ein Lebewesen ist, sieht es (VS 21 B 24):

> Er [Gott] ist ganz Auge, ganz Geist, ganz Ohr.

εἰ δὲ ὁρᾷ, καὶ λευκὰ ὁρᾷ καὶ μέλανα. ἀλλ' ἐπεὶ λευκὸν μέν ἐστι τὸ διακριτικὸν ὄψεως, μέλαν δὲ τὸ συγχυτικὸν ὄψεως, διακρίνεται τὴν ὄψιν καὶ συγχεῖται ὁ θεός. εἰ δὲ διακρίσεως καὶ συγχύσεώς ἐστι δεκτικός, καὶ φθορᾶς ἔσται δεκτικός. τοίνυν εἰ ἔστι τὸ θεῖον, φθαρτόν ἐστιν. οὐχὶ δέ γε φθαρτόν ἐστιν· οὐκ ἄρα ἔστιν.

Similien:
Durchgängige Wahrnehmung Gottes
Gottesbegriff

Xen 87
Adversus mathematicos 9.191–193 (ed. Mutschmann)
Ἀλλὰ τὰ μὲν ἀντεπιχειρούμενα παρὰ τοῖς δογματικοῖς φιλοσόφοις εἰς τὸ εἶναι θεοὺς καὶ εἰς τὸ μὴ εἶναι τοιαῦτά τινα καθέστηκεν. ἐφ' οἷς ἡ τῶν σκεπτικῶν ἐποχὴ συνεισάγεται, καὶ μάλιστα προσγενομένης αὐτοῖς καὶ τῆς ἀπὸ τοῦ κοινοῦ βίου περὶ θεῶν ἀνωμαλίας. ἄλλοι γὰρ ἄλλας καὶ ἀσυμφώνους ἔχουσι περὶ τούτων ὑπολήψεις, ὥστε μήτε πάσας εἶναι πιστὰς διὰ τὴν μάχην μήτε τινὰς διὰ τὴν ἰσοσθένειαν, προσεπισφραγιζομένης τὸ τοιοῦτο καὶ τῆς παρὰ τοῖς θεολόγοις καὶ ποιηταῖς μυθοποιήσεως· πάσης γὰρ ἀσεβείας ἐστὶ πλήρης. ἔνθεν καὶ ὁ Ξενοφάνης διελέγχων τοὺς περὶ Ὅμηρον καὶ Ἡσίοδόν φησι·
  πάντα θεοῖς ἀνέθηκαν Ὅμηρός θ' Ἡσίοδός τε
  ὅσσα παρ' ἀνθρώποισιν ὀνείδεα καὶ ψόγος ἐστίν,
  κλέπτειν μοιχεύειν τε καὶ ἀλλήλους ἀπατεύειν.

Similien:
Götterbilder
Homerkritik
Religionskritik

(vgl. **Xen 81**)

Xen 88
Adversus mathematicos 9.360–361 (ed. Mutschmann) (teils = **Th 143**; teils = **Ar 51**; teils = **As 32**)
καὶ τῶν σώματα φαμένων Φερεκύδης μὲν ὁ Σύριος γῆν ἔλεξε πάντων εἶναι ἀρχὴν καὶ στοιχεῖον, Θαλῆς δὲ ὁ Μιλήσιος ὕδωρ, Ἀναξίμανδρος δὲ ὁ ἀκουστὴς τούτου τὸ ἄπειρον, Ἀναξιμένης δὲ καὶ Ἰδαῖος ὁ Ἱμεραῖος

Wenn er aber sieht, sieht er Weißes und Schwarzes. Aber weil weiß ist, was das Sehen trennt, und schwarz, was das Sehen vermengt, lässt der Gott sein Sehen trennen und vermengen. Und wenn er für Trennung und Vermengung empfänglich ist, ist er auch für das Vergehen empfänglich. Wenn es also das Göttliche gibt, ist es vergänglich. Doch es ist nicht vergänglich. Also gibt es es nicht.
(Ü: nach Flückiger*)

Xen 87
Gegen die Dogmatiker 3.191–193 (= Gegen die Wissenschaftler 9.191–193)
Das etwa sind die Beweise, welche die dogmatischen Philosophen gegeneinander versuchen, dass es Götter gibt und dass es sie nicht gibt. Aufgrund von ihnen wird die Zurückhaltung der Skeptiker impliziert, ganz besonders weil auch die Differenz des allgemeinen Lebens über die Götter dazukommt. Alle haben nämlich andere und nicht übereinstimmende Ansichten über sie, so dass wegen des Widerspruchs weder alle glaubhaft sein können noch wegen der Gleichwertigkeit nur einige. Die Mythendichtung der Erzähler von Göttern und der Dichter bezeugt dies zusätzlich. Sie ist nämlich voll von jeder Unfrömmigkeit. Deswegen widerlegt auch Xenophanes Homer, Hesiod und ihre Anhänger und sagt (VS 21 B 11):
> Alles haben den Göttern Homer und Hesiod angehängt, was nur bei den Menschen Schimpf und Tadel ist: Stehlen und Ehebrechen und einander Betrügen.

(Ü: Flückiger*)

Xen 88
Gegen die Dogmatiker 3.360–361 (= Gegen die Wissenschaftler 9.360–361)
Und von denen, die sagten, sie [die Elemente des Seienden] seien Körper, sagte Pherekydes von Syros, die Erde sei Prinzip und Element von allem, Thales von Milet das Wasser, Anaximander, sein Schüler, das Unbegrenzte, Anaximenes, Idaios von Himera, Diogenes von Apollonia, Archelaos von

καὶ Διογένης ὁ Ἀπολλωνιάτης καὶ Ἀρχέλαος ὁ Ἀθηναῖος, Σωκράτους δὲ καθηγητής, καὶ κατ' ἐνίους Ἡράκλειτος ἀέρα, Ἵππασος δὲ ὁ Μεταποντῖνος καὶ κατ' ἐνίους Ἡράκλειτος πῦρ, Ξενοφάνης δὲ ὕδωρ καὶ γῆν
    (πάντες γὰρ γαίης τε καὶ ὕδατος ἐκγενόμεσθα).

Similien:
Elemente
Prinzipien

Xen 89
Adversus mathematicos 10.313–314 (ed. Mutschmann) (teils = **As 33**)
ἐξ ἑνὸς δὲ καὶ ποιοῦ γεγενῆσθαι τὰ πάντα θέλουσιν οἵ τε περὶ τὸν Ἵππασον καὶ Ἀναξιμένη καὶ Θαλῆ, ὧν Ἵππασος μὲν καὶ κατά τινας Ἡράκλειτος ὁ Ἐφέσιος ἐκ πυρὸς ἀπέλιπον τὴν γένεσιν, Ἀναξιμένης δὲ ἐξ ἀέρος, Θαλῆς δὲ ἐξ ὕδατος, Ξενοφάνης δὲ κατ' ἐνίους ἐκ γῆς·
    ἐκ γαίης γὰρ πάντα, καὶ εἰς γῆν πάντα τελευτᾷ.
ἐκ πλειόνων δὲ καὶ ἀριθμητῶν, δυεῖν μέν, γῆς τε καὶ ὕδατος, ὁ ποιητὴς Ὅμηρος, ὁτὲ μὲν λέγων
    Ὠκεανόν τε, θεῶν γένεσιν, καὶ μητέρα Τηθύν,
ὁτὲ δὲ
    ἀλλ' ὑμεῖς μὲν πάντες ὕδωρ καὶ γαῖα γένοισθε.
συμφέρεσθαι δ' αὐτῷ δοκεῖ κατ' ἐνίους καὶ ὁ Κολοφώνιος Ξενοφάνης· φησὶ γάρ·
    πάντες γὰρ γαίης τε καὶ ὕδατος ἐκγενόμεσθα.

Similien:
Prinzipien

(vgl. **Xen 120**)

Xen 90
Pyrrhoniae hypotyposes 1.223–225 (ed. Mutschmann/Mau)
εἰ δέ τινα καὶ σκεπτικῶς προφέρεται, ὅταν, ὥς φασί, γυμνάζηται, οὐ παρὰ τοῦτο ἔσται σκεπτικός· ὁ γὰρ περὶ ἑνὸς δογματίζων, ἢ προκρίνων φαντασίαν φαντασίας ὅλως κατὰ πίστιν ἢ ἀπιστίαν (ἢ ἀποφαινόμενος) περί τινος τῶν ἀδήλων, τοῦ δογματικοῦ γίνεται χαρακτῆρος, ὡς δηλοῖ καὶ ὁ Τίμων διὰ τῶν περὶ Ξενοφάνους αὐτῷ λεγομένων. ἐν πολλοῖς γὰρ

Athen, der Lehrer des Sokrates, und nach einigen Heraklit die Luft, Hippasos von Metapontion und nach einigen Heraklit das Feuer, Xenophanes das Wasser und die Erde (VS 21 B 33)

(denn wir alle wurden aus Erde und Wasser geboren).
(Ü: Flückiger*)

Xen 89
Gegen die Dogmatiker 4.313–314 (= Gegen die Wissenschaftler 10.313–314)
Dass alles aus einem einzigen von bestimmter Qualität entstanden ist, wollen Hippasos, Anaximenes und Thales und ihre Anhänger, von denen Hippasos und nach einigen Heraklit von Ephesos die Entstehung aus Feuer annahmen, Anaximenes aus Luft, Thales aus Wasser und Xenophanes nach manchen aus Erde.

Denn aus Erde ist alles, und zur Erde wird alles am Ende. (VS 21 B 27)
Aus mehreren und zählbaren, aus zwei, aus Erde und Wasser, der Dichter Homer, wenn er bald sagt:

Okeanos, den Ursprung der Götter und die Mutter Tethys[1]
und bald:

Aber dass ihr doch alle zu Wasser und Erde würdet.[2]
Mit ihm einig zu gehen scheint nach manchen auch Xenophanes von Kolophon. Er sagt nämlich (VS 21 B 33):

Denn wir alle wurden aus Erde und Wasser geboren.
(Ü: Flückiger*)

Xen 90
Grundzüge des Pyrrhonismus 1.223–225
Mag er [Platon] auch in seinen Übungen, wie sie [Menodot und Änesidem] sagen, einiges skeptisch vortragen, so ist er deswegen noch kein Skeptiker;

---
1   Hom. Il. 14, 201.
2   Hom. Il. 7, 99.

αὐτὸν ἐπαινέσας [τὸν Ξενοφάνην], ὡς καὶ τοὺς σίλλους αὐτῷ ἀναθεῖναι, ἐποίησεν αὐτὸν ὀδυρόμενον καὶ λέγοντα

ὡς καὶ ἐγὼν ὄφελον πυκινοῦ νόου ἀντιβολῆσαι
ἀμφοτερόβλεπτος· δολίῃ δ' ὁδῷ ἐξαπατήθην
πρεσβυγενὴς ἔτ' ἐὼν καὶ ἀμενθήριστος ἁπάσης
σκεπτοσύνης. ὅππῃ γὰρ ἐμὸν νόον εἰρύσαιμι,
εἰς ἓν ταὐτό τε πᾶν ἀνελύετο· πᾶν δ' ἐὸν αἰεί
πάντῃ ἀνελκόμενον μίαν εἰς φύσιν ἵσταθ' ὁμοίην.

διὰ τοῦτο γοῦν καὶ ὑπάτυφον αὐτὸν λέγει, καὶ οὐ τέλειον ἄτυφον, δι' ὧν φησι

Ξεινοφάνης ὑπάτυφος, ὁμηραπάτης ἐπισκώπτης,[1]
† ἔα τὸν[2] ἀπάνθρωπον[3] θεὸν ἐπλάσατ' ἶσον ἁπάντῃ,
⟨ἀτρεμῆ⟩ ἀσκηθῆ νοερώτερον ἠὲ νόημα.

ὑπάτυφον μὲν γὰρ εἶπε τὸν κατά τι ἄτυφον, ὁμηραπάτης δὲ ἐπισκώπτην, ἐπεὶ τὴν παρ' Ὁμήρῳ ἀπάτην διέσυρεν.
ἐδογμάτιζε δὲ ὁ Ξενοφάνης παρὰ τὰς τῶν ἄλλων ἀνθρώπων προλήψεις ἓν εἶναι τὸ πᾶν, καὶ τὸν θεὸν συμφυῆ τοῖς πᾶσιν, εἶναι δὲ σφαιροειδῆ καὶ ἀπαθῆ καὶ ἀμετάβλητον καὶ λογικόν· ὅθεν καὶ ῥᾴδιον τὴν Ξενοφάνους πρὸς ἡμᾶς διαφορὰν ἐπιδεικνύναι. πλὴν ἀλλ' ἐκ τῶν εἰρημένων πρόδηλον, ὅτι κἂν περί τινων ἐπαπορῇ ὁ Πλάτων, ἀλλ' ἐπεὶ ἔν τισι φαίνεται ἢ περὶ ὑπάρξεως ἀποφαινόμενος πραγμάτων ἀδήλων ἢ προκρίνων ἄδηλα κατὰ πίστιν, οὐκ ἂν εἴη σκεπτικός.

Similien:
Das Eine/Das All
Gott als das Eine/das All
Gottesbegriff
Götterbilder
Homerkritik
Religionskritik
Xenophanes als Skeptiker

---

1 Aus metrischen Gründen wäre ἐπικόπτης (vgl. Xen 145) anstelle von ἐπισκώπτης zu erwarten (s. Vogt (1964), 297). Vgl. indessen ἐπισκώπτην in Sextus' Erklärung des Verses.
2 ἔα τὸν LMEAB : ἐκτὸν N : ἒκ τὸν Par. Suppl. 133: ἐκτὸς Fabricius : ὃς τὸν Roeper : εἰ τὸν Diels
3 ἀπάνθρωπον (vel ἀπ' ἄνθρωπον) codd. : ἀπ' ἀνθρώπων Fabricius

denn wer auch nur über eine Sache dogmatisiert oder überhaupt die eine Vorstellung der anderen hinsichtlich ihrer Glaubwürdigkeit oder Unglaubwürdigkeit vorzieht oder sich über etwas Verborgenes äußert, der fällt unter den dogmatischen Charakter, wie auch Timon (**Xen 23**) deutlich macht durch das, was er über Xenophanes sagt. Nachdem er ihn nämlich in vielen Dingen gelobt hat, so dass er ihm sogar seine Spottgedichte gewidmet hat, lässt er ihn klagend ausrufen:

Wär' doch auch mir ein scharfer Verstand zuteil nur geworden! / Beidseitig schaut' ich. Doch wurd' ich auf krummem Wege betrogen / noch als alter Mann und sorglos in aller Betrachtung. / Denn wohin ich den Geist nun auch wandte, es löste sich auf mir / alles in ein und dasselbe, und alles, was immer nur war, stand / rings in eine gleiche Natur zusammengezogen.

Deshalb nennt er ihn auch nur halb unverblendet und nicht vollkommen unverblendet, indem er sagt:

Halb unverblendet, Xenophanes, Spötter des Homerbetruges, / als (?) er den unmenschlichen Gott bildete ringsum gleich, / ⟨ruhig⟩ und unversehrt, vernünftiger als die Vernunft noch.

„Halb unverblendet" nennt er ihn als nur zum Teil unverblendet und „Spötter des Homerbetruges", weil Xenophanes den Betrug bei Homer lächerlich gemacht hat.

Dogmatisch behauptete Xenophanes entgegen den Vorbegriffen der übrigen Menschen, dass alles eines und der Gott allen Dingen eingeboren sei und dass er kugelförmig, unaffizierbar, unveränderlich und vernunftbegabt sei. Daher ist es auch leicht, den Unterschied zwischen uns und Xenophanes aufzuzeigen. Jedoch ist aus dem Gesagten klar, dass Platon, auch wenn er sich über einige Dinge aporetisch äußert, doch wohl kein Skeptiker ist, da er offenbar andernorts entweder über die Wirklichkeit verborgener Dinge aussagt oder Verborgenes hinsichtlich seiner Glaubwürdigkeit vorzieht. (Ü: nach Hossenfelder)

Xen 91
Pyrrhoniae hypotyposes 2.18 (ed. Mutschmann/Mau)
Τῶν διαλαβόντων τοίνυν περὶ κριτηρίου οἱ μὲν εἶναι τοῦτο ἀπεφήναντο, ὡς οἱ Στωικοὶ καὶ ἄλλοι τινές, οἱ δὲ μὴ εἶναι, ὡς ἄλλοι τε καὶ ὁ Κορίνθιος Ξενιάδης καὶ Ξενοφάνης ὁ Κολοφώνιος, λέγων
δόκος δ' ἐπὶ πᾶσι τέτυκται·

Similien:
Xenophanes als Skeptiker

Xen 92
Pyrrhoniae hypotyposes 3.30 (ed. Mutschmann/Mau) (teils = **Th 140**; teils = **Ar 49**; teils = **As 30**)
Φερεκύδης μὲν γὰρ ὁ Σύριος γῆν εἶπε τὴν πάντων εἶναι ἀρχήν, Θαλῆς δὲ ὁ Μιλήσιος ὕδωρ, Ἀναξίμανδρος δὲ ὁ ἀκουστὴς τούτου τὸ ἄπειρον, Ἀναξιμένης δὲ καὶ Διογένης ὁ Ἀπολλωνιάτης ἀέρα, Ἵππασος δὲ ὁ Μεταποντῖνος πῦρ, Ξενοφάνης δὲ ὁ Κολοφώνιος γῆν καὶ ὕδωρ, Οἰνοπίδης […].

Similien:
Prinzipien

Xen 93
Pyrrhoniae hypotyposes 3.218 (ed. Mutschmann/Mau)
Ξενοφάνης δὲ σφαῖραν ἀπαθῆ.

Similien:
Gottesbegriff
Gott als das Eine/das All
Gott kugelförmig

Xen 91
Grundzüge des Pyrrhonismus 2.18
Von denjenigen, die über das Kriterium [der Wahrheit] gehandelt haben, haben die einen behauptet, es gebe ein Kriterium, wie die Stoiker und einige andere – die anderen, es gebe keines, wie besonders Xeniades von Korinth[1] und Xenophanes von Kolophon, der sagt (VS 21 B 34, 4):
    Schein(meinen) haftet an allem.
(Ü: Hossenfelder)

Xen 92
Grundzüge des Pyrrhonismus 3.30
Der Widerstreit bei den Dogmatikern über die stofflichen Prinzipien. Pherekydes aus Syros sagte, dass die Erde das Prinzip aller Dinge sei, Thales aus Milet das Wasser, Anaximander, sein Hörer, das Unendliche, Anaximenes aber und Diogenes von Apollonia Luft, Hippasos von Metapont Feuer, Xenophanes von Kolophon Erde und Wasser, Oinopides […]. (Ü: nach Hossenfelder)

Xen 93
Grundzüge des Pyrrhonismus 3.218
Unterschiedliche Meinungen über die Natur der Götter. Xenophanes nannte ihn [Gott] eine unaffizierbare Kugel. (Ü: nach Hossenfelder)

---

[1] 5. Jh. v. Chr., nur aus Sextus bekannt.

Diogenes von Oinoanda

Xen 94

Editionen und Literatur:
William, J. *Diogenes Oenoandensis fragmenta*, Leipzig 1907.
Smith, M. F. *Diogenes of Oinoanda. The Epicurean Inscription Edited with Introduction, Translation, and Notes* (La Scuola di Epicuro Suppl. 1), Neapel 1993.

Teil eines Briefs des Diogenes von Oinoanda, den dieser wohl in der ersten Hälfte des 2. Jhs. n. Chr. in vorgerücktem Alter (fr. 63 II 4) aus Oinoanda an einen gewissen, in Griechenland lebenden Antipater gerichtet hatte und später inschriftlich auf einer Stoawand seines Heimatortes als eine der Schriften anbringen ließ, mit denen er seine Mitbürger und spätere Generationen von der heilsamen Wirkung des Epikureismus überzeugen wollte. Antipater hatte Diogenes um Erläuterungen zu der von Epikur (ep. Hdt. 45; ep. Pyth. 89) vertretenen unendlichen Zahl der Welten gebeten. Diogenes liefert sie in Form einer Unterredung, die er kürzlich mit seinem Adepten Theodoridas von Lindos geführt habe. Um eine Vielzahl von Welten zu erweisen, weist Diogenes im vorliegenden Fragment mindestens zwei verschiedene Begründungen der Ansicht zurück, dass es nur eine einzige Erde gebe. Die erste der beiden Begründungen wurde zuerst von William (1907), 84 auf Xenophanes zurückgeführt.

Fr. 66 I 10 – III 1 Smith
πότερα γὰρ | [ὁρίζετε τὴν γ]ῆν κατὰ | [τὸ μῆκος ἄν]ωθεν, κύκλῳ | [οὐρανοῦ πε]ριγράφον|[τες, καὶ αὐτὴν ἔ]νθεν ἀρ||χομένην εἰс τὴν κάτω | ζώνην ἐπ' ἄπειρον ἐκτεί|νετε, χαίρειν μὲν ὁμοῦ | πᾶсιν λέγοντες ἰδιώταιс | τε καὶ φιλοсόφοιс, οἳ δο|κοῦсιν ἄνω τε καὶ κά|τω περιτρέχεсθαι τὴν |γῆν ὑπὸ τῶν ἀcτέρων, | ἐξάγοντες δὲ τὸν | ἥλιον ἔξω τοῦ κόζμου | πρὸс τὰ πλάγια καὶ ἐκ | τῶν πλαγίων πάλιν εἰс|άγοντες; ἢ τοῦτο μὲν | οὔ φατε, ᵛ μίαν δέ τινα || γῆ[ν – – –]

Similien:
Unendlichkeit der Erde

Diogenes von Oinoanda (1. Hälfte 2. Jh. n. Chr.)

Xen 94

Fr. 66 I 10 – III 1 Smith
[Begrenzt] ihr denn – was das eine wäre – [die] Erde hinsichtlich [ihrer Ausdehnung] von oben her, indem ihr sie mit der Wölbung [des Himmels] umschließt, [und sie] von diesem ihrem Beginn in Richtung des unteren Bereichs ins Unendliche ausdehnt, wobei ihr alle Nichtfachleute und Philosophen gleichermaßen missachtet, die ja meinen, dass die Erde sowohl oben als auch unten vom Lauf der Sternen umkreist würde, und ihr die Sonne aus der Welt ins Seitliche hinausführt und aus dem Seitlichen wieder hineinführt? Oder behauptet ihr dies nicht, sondern, dass eine einzige Erde [...].

Pseudo-Plutarch (Plac.)

Xen 95
Placita philosophorum 2.4.886E (ed. Lachenaud)
(Εἰ ἄφθαρτος ὁ κόσμος.) Ξενοφάνης ἀγένητον καὶ ἀίδιον καὶ ἄφθαρτον τὸν κόσμον.

Similien:
Unvergänglichkeit der Welt

(vgl. **Xen 178, Xen 206, Xen 222** & **Xen 271**)

Xen 96
Placita philosophorum 2.13.888F (ed. Lachenaud)
(Τίς ἡ οὐσία τῶν ἄστρων, πλανητῶν καὶ ἀπλανῶν, καὶ πῶς συνέστη.) Ξενοφάνης ἐκ νεφῶν ⟨μὲν⟩ πεπυρωμένων, σβεννυμένους δὲ καθ' ἑκάστην ἡμέραν ἀναζωπυρεῖν νύκτωρ, καθάπερ τοὺς ἄνθρακας· τὰς γὰρ ἀνατολὰς καὶ τὰς δύσεις ἐξάψεις εἶναι καὶ σβέσεις.

Similien:
Gestirne als Wolken
Natur der Gestirne

(vgl. **Xen 177, Xen 200, Xen 208, Xen 243** & **Xen 272**)

Xen 97
Placita philosophorum 2.18.889D (ed. Lachenaud)
(Περὶ τῶν ἄστρων τῶν καλουμένων Διοσκούρων.) Ξενοφάνης τοὺς ἐπὶ τῶν πλοίων φαινομένους οἷον ἀστέρας νεφέλια εἶναι κατὰ τὴν ποιὰν κίνησιν παραλάμποντα.

Similien:
Gestirne als Wolken
Natur der Gestirne

(vgl. **Xen 179, Xen 208, Xen 245** & **Xen 273**)

Pseudo-Plutarch (Plac.) (ca. 1. Hälfte 2. Jh. n. Chr.?)

Xen 95
Philosophische Lehrmeinungen 2.4.886E
(Ob die Welt unvergänglich ist.) Xenophanes [meinte, dass] die Welt ungeworden, ewig und unvergänglich ist.

Xen 96
Philosophische Lehrmeinungen 2.13.888F
(Was das Wesen der Gestirne, der Planeten und der Fixsterne, ist und wie sie sich gebildet haben.) Xenophanes [meinte, dass] sie aus glühenden Wolken [bestehen], sie jeden Tag erlöschen und nachts wieder erglühten wie die Holzkohlen; denn die Auf- und Untergänge seien Entzünden und Erlöschen.

Xen 97
Philosophische Lehrmeinungen 2.18.889D
(Über die als Dioskuren bezeichneten Gestirne.) Xenophanes [meinte, dass] das, was auf den Schiffen als Sterne erscheine, Wölkchen seien, die bei einer bestimmten Bewegung aufleuchteten.[1]

---

1 Gemeint sind wohl Elmsfeuer, vgl. Mansfeld / Runia (2009), 505–508.

Xen 98
Placita philosophorum 2.20.890A (ed. Lachenaud)
(Περὶ οὐσίας ἡλίου καὶ ὅτι δύο καὶ τρεῖς εἰσιν.) Ξενοφάνης ἐκ πυριδίων τῶν συναθροιζομένων μὲν ἐκ τῆς ὑγρᾶς ἀναθυμιάσεως συναθροιζόντων δὲ τὸν ἥλιον· ἢ νέφος πεπυρωμένον.

Similien:
Gestirne als Wolken
Natur der Gestirne

(vgl. **Xen 175, Xen 209, Xen 262, Xen 274**)

Xen 99
Placita philosophorum 2.24.890F–891A (ed. Lachenaud)
(Περὶ ἐκλείψεως ἡλίου.) Ξενοφάνης κατὰ σβέσιν· ἕτερον δὲ πάλιν πρὸς ταῖς ἀνατολαῖς γίνεσθαι· παριστόρηκε δὲ καὶ ἔκλειψιν ἡλίου ἐφ᾽ ὅλον μῆνα καὶ πάλιν ἔκλειψιν ἐντελῆ, ὥστε τὴν ἡμέραν νύκτα φανῆναι.

Similien:
Natur der Gestirne
Naturphänomene
Viele Sonnen

(vgl. **Xen 180, Xen 209, Xen 246, Xen 275, Xen 348**)

Xen 100
Placita philosophorum 2.24.891A–B (ed. Lachenaud)
(Περὶ ἐκλείψεως ἡλίου.) Ξενοφάνης πολλοὺς εἶναι ἡλίους καὶ σελήνας κατὰ κλίμα τῆς γῆς καὶ ἀποτομὰς καὶ ζώνας· κατά τινα δὲ καιρὸν ἐμπίπτειν τὸν δίσκον εἴς τινα ἀποτομὴν τῆς γῆς οὐκ οἰκουμένην ὑφ᾽ ἡμῶν, καὶ οὕτως ὥσπερ κενεμβατοῦντα ἔκλειψιν ὑποφαίνειν. Ὁ δ᾽ αὐτὸς τὸν ἥλιον εἰς ἄπειρον μὲν προϊέναι, δοκεῖν δὲ κυκλεῖσθαι διὰ τὴν ἀπόστασιν.

Xen 98
Philosophische Lehrmeinungen 2.20.890A
(Über das Wesen der Sonne und dass es zwei oder drei Sonnen sind.) Xenophanes [meinte, dass] die Sonne aus Feuerteilchen bestehe, welche sich aus der feuchten Ausdünstung zusammenballen und so zusammen die Sonne bilden[1]; oder dass sie eine glühende Wolke sei.

Xen 99
Philosophische Lehrmeinungen 2.24.890F–891A
(Über die Sonnenfinsternis.) Xenophanes [meinte, dass die Sonnenfinsternis] infolge eines Erlöschens [entstehe]; eine andere [Sonne] entstehe aber wiederum im Osten. Daneben berichtete er auch von einer über einen ganzen Monat andauernden Sonnenfinsternis und wiederum von einer vollständigen Finsternis, die zur Folge hatte, dass der Tag als Nacht erschien.

Xen 100
Philosophische Lehrmeinungen 2.24.891A–B
(Über die Sonnenfinsternis.) Xenophanes [meinte, dass es] viele Sonnen und Monde gebe entsprechend der Breite[2], den Abschnitten und Zonen der Erde. Zu einer bestimmten Zeit falle die Scheibe in einen von uns nicht bewohnten Abschnitt der Erde und lasse so, als trete sie ins Leere, eine Finsternis erscheinen. Derselbe [behauptet, dass] die Sonne ins Unendliche vorangehe, sich infolge ihrer Entfernung aber im Kreis zu drehen scheine.

---

1 Vgl. Mourelatos (2008), 141f.
2 Vgl. Mansfeld / Runia (2009), 563–571 sowie Honigmann (1929).

Similien:
Natur der Gestirne
Viele Sonnen

(vgl. **Xen 180, Xen 210** & **Xen 276**)

Xen 101
Placita philosophorum 2.25.891B (ed. Lachenaud)
(Περὶ οὐσίας σελήνης.) Ξενοφάνης νέφος εἶναι πεπιλημένον[1].

Similien:
Gestirne als Wolken
Natur der Gestirne

(vgl. **Xen 176, Xen 201, Xen 211, Xen 225, Xen 247, Xen 277, Xen 300**)

Xen 102
Placita philosophorum 3.2.893D (ed. Lachenaud)
(Περὶ κομητῶν καὶ διᾳττόντων καὶ δοκίδων.) Ξενοφάνης πάντα τὰ τοιαῦτα νεφῶν πεπυρωμένων συστήματα ἢ κινήματα.

Similien:
Gestirne als Wolken
Natur der Gestirne

(vgl. **Xen 215, Xen 248** & **Xen 278**)

---

1 Die Überlieferung von Ps.-Plutarch ist hier geteilt in die Varianten: πεπιλημένον (Π), πεπυρωλημένον (M) πεπυρωμένον (m). Für πεπιλημένον vgl. **Xen 176** und **Xen 211**; für πεπυρωμένον **Xen 201, Xen 225, Xen 247, Xen 277** und **Xen 300**. Nach Mansfeld/Runia (2009), 580 und 585 reflektiert das eigentümliche πεπυρωλημένον (lies: πεπυρω(μένον πεπι)λημένον) in M den Text der Aëtios-Vorlage, i.e. πεπυρωμένον πεπιλημένον.

Xen 101
Philosophische Lehrmeinungen 2.25.891B
(Über das Wesen des Mondes.) Xenophanes [meinte, dass der Mond] eine verdichtete[1] Wolke sei.

Xen 102
Philosophische Lehrmeinungen 3.2.893D
(Über Kometen, Sternschnuppen und feurige ‚Balken' [am Himmel].) Xenophanes [meinte, dass] es sich bei allem Derartigen um Formationen oder Bewegungen glühender Wolken handele.

---

1 Vgl. hierzu Mourelatos (2008), 147 ff.

Xen 103
Placita philosophorum 3.9.895D (ed. Lachenaud)
(Περὶ γῆς καὶ τίς ἡ ταύτης οὐσίας καὶ πόσαι.) Ξενοφάνης ἐκ τοῦ κατωτέρω μέρους εἰς ἄπειρον [μέρος] ἐρριζῶσθαι, ἐξ ἀέρος δὲ καὶ πυρὸς συμπαγῆναι.

Similien:
Natur und Entstehung der Erde
Unendlichkeit der Erde
Wurzeln der Erde

(vgl. **Xen 181** & **Xen 279**)

Xen 104
Placita philosophorum 3.11.895E (ed. Lachenaud)
(Περὶ θέσεως γῆς.) Ξενοφάνης πρώτην, εἰς ἄπειρον ⟨γὰρ⟩[1] ἐρριζῶσθαι.

Similien:
Natur und Entstehung der Erde
Unendlichkeit der Erde
Wurzeln der Erde

(vgl. **Xen 182, Xen 249** & **Xen 280**)

Xen 105
Placita philosophorum 5.1.904E (ed. Lachenaud)
(Περὶ μαντικῆς.) Ξενοφάνης καὶ Ἐπίκουρος ἀναιροῦσι τὴν μαντικήν.

Similien:
Mantik

(vgl. **Xen 250** & **Xen 281**)

---

1   γὰρ add. Diels sec. EVS.

Xen 103
Philosophische Lehrmeinungen 3.9.895D
(Über die Erde und was ihr Wesen ist und wie viele es gibt.) Xenophanes [meinte, dass die Erde] aus ihrem unteren Teil ins Unendliche wurzele und aus Luft und Feuer fest zusammengefügt sei.

Xen 104
Philosophische Lehrmeinungen 3.11.895E
(Über die Lage der Erde.) Xenophanes [meinte, dass die Erde] den ersten Platz [einnehme], denn sie wurzle ins Unendliche.

Xen 105
Philosophische Lehrmeinungen 5.1.904E
(Über die Mantik.) Xenophanes und Epikur heben die Mantik auf.

Iulius Pollux

Xen 106
Onomasticon 6.46 (ed. Bethe)
συκάμινα· ταῦτα δὲ καὶ μόρα Αἰσχύλος ὠνόμακεν, τὰ ἄγρια οὕτως ὀνομάσας τὰ ἐκ τῆς βάτου. τάχα δ' ἄν τις καὶ κεράσια φαίη, κέρασον τὸ δένδρον ἐν τῷ περὶ φύσεως Ξενοφάνους εὑρών.

Xen 107
Onomasticon 9.83 (ed. Bethe)
[...] εἴτε Φείδων πρῶτος ὁ Ἀργεῖος ἔκοψε νόμισμα, εἴτε Δημοδίκη ἡ Κυμαία συνοικήσασα Μίδᾳ τῷ Φρυγί – παῖς δ' ἦν Ἀγαμέμνονος Κυμαίων βασιλέως – εἴτε Ἀθηναίοις Ἐριχθόνιος καὶ Λύκος, εἴτε Λυδοί, καθά φησι Ξενοφάνης, εἴτε Νάξιοι κατὰ τὴν Ἀγλωσθένους δόξαν.

Pseudo-Plutarch (Hom.)

Xen 108
De Homero 2.93 (ed. Kindstrand) (= **Th 187**)
Ἀρξώμεθα τοίνυν ἀπὸ τῆς τοῦ παντὸς ἀρχῆς καὶ γενέσεως, ἣν Θαλῆς ὁ Μιλήσιος εἰς τὴν τοῦ ὕδατος οὐσίαν ἀναφέρει, καὶ θεασώμεθα εἰ πρῶτος Ὅμηρος τοῦθ' ὑπέλαβεν, εἰπών

Ὠκεανός θ' ὅς περ γένεσις πάντεσσι τέτυκται.

μετ' ἐκεῖνον δὲ Ξενοφάνης ὁ Κολοφώνιος, ὑφιστάμενος τὰς πρώτας ἀρχὰς εἶναι τὸ ὕδωρ καὶ τὴν γῆν, ἔοικε σπάσαι τὴν ἀφορμὴν ταύτην ἐκ τῶν Ὁμηρικῶν τούτων·

ἀλλ' ὑμεῖς μὲν πάντες ὕδωρ καὶ γαῖα γένοισθε·

σημαίνει γὰρ τὴν ἀνάλυσιν εἰς τὰ γεννητικὰ στοιχεῖα τοῦ παντός. ἡ δὲ μάλιστα ἀληθὴς δόξα τέσσαρα στοιχεῖα συνίστησι, πῦρ, ἀέρα, ὕδωρ, γῆν. ταῦτα δὲ καὶ Ὅμηρος εἰδὼς φαίνεται, μνημονεύων ἐν πολλοῖς αὐτῶν ἑκάστου.

Iulius Pollux (2. Hälfte 2. Jh. n. Chr.)

Xen 106
Onomastikon 6.46
Maulbeerfrüchte (*sykámina*): Diese nennt Aischylos (TrGF 3.116 Radt = Fr. 257 N. bei Athenaeus II 51 c–d) auch *mora*, indem er so die wildwachsenden Beeren des Brombeerstrauches (*bátos*) bezeichnet. Vielleicht könnte man auch Vogelkirschen (*kerásia*) meinen, findet man [doch] den Vogelkirschbaum [auch schon] in dem [Gedicht] *Über die Natur* des Xenophanes.

Xen 107
Onomastikon 9.83
[…] sei es, dass Pheidon, der Argiver, zuerst Geld prägte, oder Demodike, die Kymäerin, die mit dem Phryger Midas zusammenlebte – er war ein Sohn des Kymäerkönigs Agamemnon – oder für die Athener Erichthonios und Lykos, oder die Lyder, wie Xenophanes sagt (VS 21 B 4), oder die Naxier nach der Ansicht des Aglosthenes.

Pseudo-Plutarch (Hom.) (Ende 2. Jh. n. Chr.)

Xen 108
Über Homer 2.93
Fangen wir also beim Prinzip und der Entstehung des Alls an, die Thales, der Milesier, auf das Wesen des Wassers zurückführt, und sehen wir, ob Homer dies als Erster annahm, wenn er sagte (Il. 14.246):
    Okeanos, der doch die Entstehung(sursache) von allem ist.
Nach jenem scheint Xenophanes, der Kolophonier, indem er zugrunde legt, dass die ersten Prinzipien das Wasser und die Erde seien, diesen Ausgangspunkt aus folgenden Homerischen Worten genommen zu haben (Il. 7.99):
    Aber dass ihr doch alle zu Wasser und Erde würdet!
Er verweist nämlich auf die Auflösung in die erzeugenden Elemente des Alls. Die aber am meisten wahre Anschauung geht von vier Elementen aus, Feuer, Luft, Wasser, Erde. Auch dies aber weiß Homer offenbar, insofern er vielfach jedes einzelne von ihnen erwähnt.

Similien:
*Das Eine/Das All
Elemente
Prinzipien*

(vgl. **Xen 184**)

Lukian

Xen 109
Macrobii 20 (ed. MacLeod)
Ξενοφάνης δὲ ὁ Δεξίνου μὲν υἱός, Ἀρχελάου δὲ τοῦ φυσικοῦ μαθητὴς ἐβίωσεν ἔτη ἓν καὶ ἐνενήκοντα.

Similien:
*Lebensalter/Lebenszeit
Vater
Xenophanes als Naturphilosoph*

Apuleius aus Madaura

Xen 110
Florida 20 (ed. Helm)
Canit enim Empedocles carmina, Plato dialogos, Socrates hymnos, Epicharmus comoedias, Xenophon historias, Xenophanes [?][1] satiras.

Similien:
Xenophanes (?) als Satiriker

---

1 Überliefert ist *Xenocrates*. Die Konjektur *Xenophanes* (Casaubon) erscheint – mit Fragezeichen – bei VS 21 A 21, wo sich auch der Hinweis auf Rademachers *Xeno⟨phanes sillos⟩, Crates satiras* findet. Helm liest mit Rohde [*Xeno*]*Crates*. Dazu vgl. auch Hunink (2001), 201 Anm. 1.

Lukian (zw. 112 u. 125 – nach 180 n. Chr.)

Xen 109
Die Langlebenden 20
Xenophanes, der Sohn des Dexinos und der Schüler des Naturphilosophen Archelaos, lebte 91 Jahre.

Apuleius aus Madaura (um 125 – nach 158 n. Chr.)

Xen 110
Blütenlese 20
Denn Empedokles komponierte Lieder, Platon Dialoge, Sokrates Hymnen, Epicharm Komödien, Xenophon Geschichtswerke, Xenophanes [?] Satiren.

Aulus Gellius

Xen 111
Noctes Atticae 3.11.2 (ed. Marshall)
Alii Homerum quam Hesiodum maiorem natu fuisse scripserunt, in quis Philochorus et Xenophanes, alii minorem, in quis L. Accius poeta et Ephorus historiae scriptor.

Galen

Xen 112
De pulsuum differentiis 3.1 (ed. Kühn 8.636–637)
Τὸ μὲν δὴ περὶ τῶν πραγμάτων ἡμᾶς διαφέρεσθαι, τῷ μὲν ἴσως ἀναγκαῖον εἶναι δόξει, τῷ δ' εὔλογον, τῷ δέ τινι καὶ συγγνώμης ἄξιον. κατὰ μὲν γὰρ τὸν τραγικὸν ποιητήν,

Εἰ πᾶσι ταὐτὸ καλὸν ἔφυ σοφόν θ' ἅμα,
Οὐκ ἦν ἂν ἀμφίλεκτος ἀνθρώποις ἔρις.

νυνὶ δ' ἐπεὶ οὐδὲ δοκεῖ πᾶσι ταὐτὸν οὔτε καλὸν οὔτε σοφὸν οὔτε ἀληθὲς εἶναι, ἀναγκαῖον, οἶμαι, διαφέρεσθαι. κατὰ δὲ τὸν φιλόσοφον τὸν εἰπόντα·

ἦν γὰρ καὶ τὰ μέγιστα τύχῃ τετελεσμένα εἰπών,
αὐτὸς ὅμως οὐκ οἶδε, δοκὸς δ' ἐπὶ πᾶσι τέτυκται.

διὰ τὸν δοκὸν τοῦτον εὔλογον διαφέρεσθαι. κατὰ δὲ τοὺς ἡγουμένους εἶναι βεβαίως τε καὶ ἀραρότως γνωστόν, ἀλλὰ χαλεπὸν εὑρεθῆναι τοῖς πολλοῖς, συγγνωστὸς ὁ μὴ τυγχάνων αὐτοῦ.

Similien:
Xenophanes als Skeptiker

Aulus Gellius (geb. zw. 125 u. 130 n. Chr.)

Xen 111
Attische Nächte 3.11.2
Die einen schrieben, dass Homer älter sei als Hesiod, darunter Philochoros (FGrHist 328 F 210) und Xenophanes[1] (VS 21 B 13), die anderen, jünger, darunter der Dichter L. Accius (Didascalica Fr. 1 Dangel) und der Geschichtsschreiber Ephoros (FGrHist 70 F 101).

Galen (129 – ca. 216 n. Chr.)

Xen 112
Über die Verschiedenheit des Pulses 3.1
Dass wir über die Sachverhalte verschiedener Auffassung sind, wird dem Einen vielleicht notwendig erscheinen, dem Anderen verständlich, einem Dritten auch der Nachsicht wert. Entsprechend nämlich dem [Wort des] tragischen Dichters [Euripides, Phönissen 499f.]:
  Wenn für alle dasselbe zugleich schön und weise wäre,
  gäbe es keinen hadernden Zwist unter den Menschen.
Da nun aber nicht allen dasselbe schön oder weise oder wahr zu sein scheint, ist es notwendig, glaube ich, verschiedener Auffassung zu sein. Entsprechend nämlich dem [Wort des] Philosophen, der sagt:
  Denn selbst wenn es einem in höchstem Maße gelänge, ein Vollendetes auszusprechen,
  so hat er selbst trotzdem kein Wissen davon; Schein(meinen) haftet an allem. (VS 21 B 34)
Infolge dieses Schein(meinens) ist es naheliegend, verschiedener Auffassung zu sein. Für die aber, die glauben, dass es sicher und fest erkennbar sei, jedoch von den Vielen nur schwer gefunden werde, findet der Nachsicht, der es nicht trifft.

---

1 Vgl. dazu Graziosi (2002), 102–104.

Xen 113
In Hippocratis de natura hominis librum commentarii 1.2 (ed. Mewaldt CMG 5.9.1, 15.11–23) (teils = **Th 182**; = **As 52**)
κακῶς δὲ καὶ τῶν ἐξηγητῶν ἔνιοι κατεψεύσαντο Ξενοφάνους, ὥσπερ καὶ Σαβῖνος, ὡδί πως γράψας αὐτοῖς ὀνόμασιν· „οὔτε γὰρ τὸ πάμπαν ἀέρα λέγω τὸν ἄνθρωπον, ὥσπερ Ἀναξιμένης, ⟨οὔτε πῦρ, ὡς Ἡράκλειτος⟩, οὔτε ὕδωρ, ὡς Θαλῆς, οὔτε γῆν, ὡς ἔν τινι Ξενοφάνης." οὐδαμόθι γὰρ εὑρίσκεται Ξενοφάνης ἀποφηνάμενος οὕτως. ἀλλὰ καὶ ὁ Σαβῖνος αὐτὸς εὔδηλός ἐστιν ἐκ τῶν αὐτοῦ καταψευδόμενος, οὐχ ὑπ' ἀγνοίας ἐσφαλμένος· ἢ πάντως ἂν ὀνομαστὶ προσέγραψε τὸ βιβλίον, ἐν ᾧ ταῦτα ἀπεφήνατο· νῦν δ' οὕτως ἔγραψεν· „οὔτε γῆν, ὡς ἔν τινι Ξενοφάνης." καὶ Θεόφραστος δ' ἂν ἐν ταῖς τῶν Φυσικῶν δοξῶν ἐπιτομαῖς τὴν Ξενοφάνους δόξαν, εἴπερ οὕτως εἶχεν, ἐγεγράφει.

Similien:
Elemente
Prinzipien

Clemens aus Alexandria

Xen 114
Stromata 1.14.62.1 (ed. Stählin/Treu)
Φιλοσοφίας τοίνυν μετὰ τοὺς προειρημένους ἄνδρας τρεῖς γεγόνασι διαδοχαὶ ἐπώνυμοι τῶν τόπων περὶ οὓς διέτριψαν, Ἰταλικὴ μὲν ἡ ἀπὸ Πυθαγόρου, Ἰωνικὴ δὲ ἡ ἀπὸ Θαλοῦ, Ἐλεατικὴ δὲ ἡ ἀπὸ Ξενοφάνους.

Similien:
Xenophanes als Eleat

Xen 113
Kommentar zu Hippokrates' *Über die Natur des Menschen* 1.2
Einige Kommentatoren haben von Xenophanes in übler Weise Falsches behauptet, wie auch Sabinos (**Xen 70**), der etwa in diesen Worten geschrieben hat: „Denn ich behaupte nicht, dass der Mensch ganz Luft ist, wie Anaximenes, ⟨noch Feuer, wie Heraklit⟩, noch Wasser, wie Thales, noch Erde, wie Xenophanes an irgendeiner Stelle sagt." Denn nirgendwo lässt sich finden, dass sich Xenophanes in dieser Weise geäußert hat. Aber es ist aus seinen eigenen Worten deutlich, dass Sabinos üble Nachrede betreibt und nicht aus Unkenntnis fehlgegangen ist. Sonst hätte er doch das Buch namentlich dazugeschrieben, in dem er [Xenophanes] das geäußert hat. Jetzt hat er aber so geschrieben: „noch Erde, wie Xenophanes an irgendeiner Stelle sagt." Und Theophrast (fr. 231 FHS&G) hätte in seinen *Auszügen aus den Meinungen der Naturphilosophen* [oder: *naturphilosophischen Meinungen*] die Meinung des Xenophanes, wenn sie sich so verhalten hätte, aufgeschrieben.

Clemens aus Alexandria (ca. 150 – 211/16 n. Chr.)

Xen 114
Teppiche 1.14.62.1
Nach den vorhergenannten Männern [den griechischen Weisen] entstanden drei Schulen der Philosophie, die nach den Orten, an denen sie sich aufhielten, benannt sind: die ‚Italische', ausgehend von Pythagoras, die ‚Ionische', ausgehend von Thales (vgl. **Th 202**), die ‚Eleatische', ausgehend von Xenophanes.

Xen 115
Stromata 1.14.64.2–65.1 (ed. Stählin/Treu)
Τῆς δὲ Ἐλεατικῆς ἀγωγῆς Ξενοφάνης ὁ Κολοφώνιος κατάρχει, ὅν φησι Τίμαιος κατὰ Ἱέρωνα τὸν Σικελίας δυνάστην καὶ Ἐπίχαρμον τὸν ποιητὴν γεγονέναι, Ἀπολλόδωρος δὲ κατὰ τὴν † τεσσαρακοστὴν ὀλυμπιάδα γενόμενον παρατετακέναι ἄχρι τῶν Δαρείου τε καὶ Κύρου χρόνων. Παρμενίδης τοίνυν Ξενοφάνους ἀκουστὴς γίνεται, τούτου δὲ Ζήνων, εἶτα Λεύκιππος, εἶτα Δημόκριτος. Δημοκρίτου δὲ ἀκουσταὶ Πρωταγόρας ὁ Ἀβδηρίτης καὶ Μητρόδωρος ὁ Χῖος, οὗ Διογένης ὁ Σμυρναῖος, οὗ Ἀνάξαρχος, τούτου δὲ Πύρρων, οὗ Ναυσιφάνης. τούτου φασὶν ἔνιοι μαθητὴν Ἐπίκουρον γενέσθαι.
Καὶ ἡ μὲν διαδοχὴ τῶν παρ' Ἕλλησι φιλοσόφων ὡς ἐν ἐπιτομῇ ἥδε, οἱ χρόνοι δὲ τῶν προκαταρξάντων τῆς φιλοσοφίας αὐτῶν ἐπομένως λεκτέοι, ἵνα δὴ ἐν συγκρίσει ἀποδείξωμεν πολλαῖς γενεαῖς πρεσβυτέραν τὴν κατὰ Ἑβραίους φιλοσοφίαν. καὶ περὶ μὲν Ξενοφάνους εἴρηται, ὃς τῆς Ἐλεατικῆς ἦρξε φιλοσοφίας, Θαλῆν δὲ [...].

Similien:
Lebensalter/Lebenszeit
Verhältnis zu Parmenides
Xenophanes als Eleat

Xen 116
Stromata 5.14.109.1–3 (ed. Stählin/Treu)
Εὖ γοῦν καὶ Ξενοφάνης ὁ Κολοφώνιος, διδάσκων ὅτι εἷς καὶ ἀσώματος ὁ θεός, ἐπιφέρει·
 εἷς θεός, ἔν τε θεοῖσι καὶ ἀνθρώποισι μέγιστος,
 οὔ τι δέμας θνητοῖσιν ὁμοίιος οὐδὲ νόημα.
καὶ πάλιν·
 ἀλλ' οἱ βροτοὶ δοκοῦσι γεννᾶσθαι θεούς,
 τὴν σφετέρην δὲ ἐσθῆτα ἔχειν φωνήν τε δέμας τε.
καὶ πάλιν·
 ἀλλ' εἴ τοι χεῖρας ⟨γ'⟩ εἶχον βόες ἠὲ λέοντες,[1]
 ἤ[2] γράψαι χείρεσσι καὶ ἔργα τελεῖν ἅπερ ἄνδρες,

---
1 Vgl. unten die entsprechende Anmerkung zu **Xen 166**.
2 Das hier (sowie auch in **Xen 166** und **Xen 196**) überlieferte ἤ wird von Stählin mit Heyse in ὡς korrigiert. Doch hängt γράψαι von εἶχον ab (siehe Diels/Kranz ad loc.).

Xen 115
Teppiche 1.14.64.2–65.1
Am Anfang der eleatischen Schule steht der Kolophonier Xenophanes, von dem Timaios sagt (**Xen 22**), dass er zur Zeit Hierons, des Herrschers von Sizilien [Tyrann von Syrakus 478–467 v. Chr.] und des Dichters Epicharm geboren worden sei, Apollodor (FGrHist 244 F 68c) hingegen, dass er zur Zeit der 40. Olympiade (620–617 v. Chr.) geboren worden sei und sich sein Leben bis zu den Zeiten von Dareios [Perserkönig 522–486 v. Chr.] und Kyros [Perserkönig 559–529 v. Chr.] erstreckt habe. Parmenides wird Schüler des Xenophanes, dessen [Schüler wird] Zenon, darauf [folgt] Leukipp, darauf Demokrit. Demokrits Schüler [sind] der Abderite Protagoras und Metrodor von Chios, dessen [Schüler wird] Diogenes von Smyrna, dessen [Schüler] Anaxarchos, dessen [Schüler] Pyrrhon, dessen [Schüler] Nausiphanes. Einige behaupten, dass dessen Schüler Epikur gewesen sei.
Dies ist in einem kurzen Abriss die Schulgenealogie der griechischen Philosophen; im Anschluss daran ist von den Lebensdaten der Denker, die am Anfang der Philosophie stehen, zu sprechen, damit wir vergleichend erweisen, dass die Philosophie der Hebräer um viele Generationen älter ist. Über Xenophanes ist bereits gesprochen worden; Thales (**Th 203**) [...].

Xen 116
Teppiche 5.14.109.1–3
Richtig fügt also auch der Kolophonier Xenophanes, wenn er lehrt, dass Gott ein Einziger und unkörperlich ist, hinzu (VS 21 B 23):
> Ein einziger Gott, unter Göttern und Menschen am größten, weder an Gestalt den Sterblichen ähnlich noch an Gedanken.

Und wiederum (VS 21 B 14):
> Doch wähnen die Sterblichen, die Götter würden geboren und hätten Gewand und Stimme und Gestalt wie sie.

Und wiederum (VS 21 B 15):
> Doch wenn die Ochsen und Löwen Hände hätten oder malen könnten mit ihren Händen und Werke bilden wie die Menschen, so wären die

ἵπποι μέν θ' ἵπποισι, βόες δέ τε βουσὶν ὁμοῖοι[1]
καὶ θεῶν[2] ἰδέας ἔγραφον καὶ σώματ' ἐποίουν
τοιαῦθ' οἷόν περ καὶ αὐτοὶ δέμας εἶχον ὁμοῖον.

Similien:
Gott als das Eine/das All
Gottesbegriff
Götterbilder
Religionskritik

(vgl. **Xen 166** & **Xen 196**)

Xen 117
Stromata 7.4.22.1–2 (ed. Stählin/Treu)
Ἕλληνες δὲ ὥσπερ ἀνθρωπομόρφους οὕτως καὶ ἀνθρωποπαθεῖς τοὺς θεοὺς ὑποτίθενται, καὶ καθάπερ τὰς μορφὰς αὐτῶν ὁμοίας ἑαυτοῖς ἕκαστοι διαζωγραφοῦσιν, ὥς φησιν ὁ Ξενοφάνης, »Αἰθίοπές τε μέλανας σιμούς τε Θρᾷκές τε πυρροὺς καὶ γλαυκούς«, οὕτως καὶ τὰς ψυχὰς ὁμοίους ἑαυτοῖς αὐτοὺς ἀναπλάττουσιν, αὐτίκα βάρβαροι [οἱ] μὲν θηριώδεις καὶ ἀγρίους τὰ ἤθη, ἡμερωτέρους δὲ Ἕλληνες, πλὴν ἐμπαθεῖς. διὸ εὐλόγως τοῖς μὲν μοχθηροῖς φαύλας ἔχειν τὰς περὶ θεοῦ διανοήσεις ἀνάγκη, τοῖς δὲ σπουδαίοις ἀρίστας.

Similien:
Götterbilder
Religionskritik

---

1 ὁμοῖοι für Clemens überliefert, ähnlich ὅμοιοι für Eusebios (**Xen 166**). Obwohl bei Xenophanes ὁμοίας (wie für Theodoret [**Xen 196**] überliefert) gestanden haben dürfte, ist es nicht zwingend, die Lesung mit Stählin im Clemens-Text einzusetzen.

2 καὶ θεῶν] So hier für Clemens, ferner für Eusebios (**Xen 166**) und Theodoret (**Xen 196**) überliefert. Auch wenn καί ⟨κε⟩ θεῶν die von Xenophanes intendierte Lesung gewesen sein dürfte, ist es nicht zwingend, sie mit Stählin im Clemens-Text (geschweige denn im Eusebios- oder Theodoret-Text) einzusetzen.

Rosse Rossen und die Ochsen Ochsen ähnlich[1] und würden Göttergestalten malen und solche Körper bilden, wie sie selbst ihre Form in gleicher Weise hätten."

Xen 117
Teppiche 7.4.22.1–2
Die Griechen aber schreiben den Göttern menschliche Gestalt und dementsprechend auch menschliche Affekte zu. Wie die jeweiligen [Menschen] die Gestalten der Götter als ihnen selbst ähnlich zeichnen (wie Xenophanes sagt [VS 21 B 16]: „die Äthiopen schwarz und stumpfnasig, die Thraker rothaarig und blauäugig"), so stellen sie sie auch hinsichtlich der Seelen als ihnen selbst ähnlich dar; die Barbaren etwa [stellen sie] als roh und wild im Charakter [dar], während die Griechen sie als sanfter, wenn auch erfüllt von Leidenschaften [darstellen]. Daher müssen mit gutem Grund die Vorstellungen der Schlechten von Gott auch minderwertig sein, die der Edlen aber besonders gut.

---

1 Die Übersetzung setzt das von Clemens überlieferte ὁμοῖοι voraus; richtig ὁμοίας (**Xen 196**).

Hippolytos von Rom

Xen 118
Refutatio omnium haeresium 1.pinax.3 (ed. Marcovich) (= **Th 209, Ar 74 & As 55**)
Φυσικοὶ μὲν οὖν Θαλῆς, Πυθαγόρας, Ἐμπεδοκλῆς, Ἡράκλειτος, Ἀναξίμανδρος, Ἀναξιμένης, Ἀναξαγόρας, Ἀρχέλαος, Παρμενίδης, Λεύκιππος, Δημόκριτος, Ξενοφάνης, Ἔκφαντος, Ἵππων.

Similien:
Xenophanes als Naturphilosoph

Xen 119
Refutatio omnium haeresium 1.14.1–6 (ed. Marcovich)
Ξενοφάνης δὲ ὁ Κολοφώνιος Ὀρθομένους υἱός· οὗτος ἕως Κύρου διέμεινεν. οὗτος ἔφη πρῶτος ἀκαταληψίαν εἶναι πάντων, εἰπὼν οὕτως·
    εἰ γὰρ καὶ τὰ μάλιστα τύχῃ τετελεσμένον εἰπών,
    αὐτὸς ὅμως οὐκ οἶδε· δόκος δ' ἐπὶ πᾶσι τέτυκται.
λέγει δὲ ὅτι οὐδὲν γίνεται οὐδὲ φθείρεται οὐδὲ κινεῖται καὶ ὅτι ἓν τὸ πᾶν ἐστιν ἔξω μεταβολῆς. φησὶ δὲ καὶ τὸν θεὸν εἶναι ἀίδιον καὶ ἕνα καὶ ὅμοιον πάντῃ καὶ πεπερασμένον καὶ σφαιροειδῆ καὶ πᾶσι τοῖς μορίοις αἰσθητικόν. τὸν δὲ ἥλιον ἐκ μικρῶν πυριδίων ἀθροιζομένων γίνεσθαι καθ' ἑκάστην ἡμέραν· τὴν δὲ γῆν ἄπειρον εἶναι καὶ μήτε ὑπ' ἀέρος μήτε ὑπὸ τοῦ οὐρανοῦ περιέχεσθαι. καὶ ἀπείρους ἡλίους εἶναι καὶ σελήνας, τὰ δὲ πάντα εἶναι ἐκ γῆς. οὗτος τὴν θάλασσαν ἁλμυρὰν ἔφη διὰ τὸ πολλὰ μίγματα συρρέειν ἐν αὐτῇ· ὁ δὲ Μητρόδωρος διὰ τὸ ἐν τῇ γῇ διηθεῖσθαι, τούτου χάριν γίνεσθαι ἁλμυράν.
Ὁ δὲ Ξενοφάνης μίξιν τῆς γῆς πρὸς τὴν θάλασσαν γίνεσθαι δοκεῖ καὶ τῷ χρόνῳ ὑπὸ τοῦ ὑγροῦ λύεσθαι, φάσκων τοιαύτας ἔχειν ἀποδείξεις, ὅτι ἐν μέσῃ γῇ καὶ ὄρεσιν εὑρίσκονται κόγχαι· καὶ ἐν Συρακούσαις δὲ ἐν ταῖς λατομίαις λέγει εὑρῆσθαι τύπον ἰχθύος [καὶ φωκῶν][1], ἐν δὲ Πάρῳ τύπον ἀφύης ἐν τῷ βάθει τοῦ λίθου, ἐν δὲ Μελίτῃ πλάκας ⟨φωκῶν καὶ⟩[2] συμπάντων τῶν θαλασσίων. ταῦτα δέ φησι γενέσθαι ὅτε πάντα ἐπηλώθησαν

---
1 καὶ φωκῶν secl. Marcovich: καὶ φυκῶν Th. Gomperz
2 add. Marcovich

Hippolytos von Rom (ca. 160 – 235 n. Chr.)

Xen 118
Widerlegung aller Häresien 1.Verzeichnis.3
Drei Arten von Philosophen: Naturphilosophen, Moralphilosophen und Dialektiker.
Naturphilosophen sind Thales, Pythagoras, Empedokles, Heraklit, Anaximander, Anaximenes, Anaxagoras, Archelaos, Parmenides, Leukipp, Demokrit, Xenophanes, Ekphantos, Hippon.

Xen 119
Widerlegung aller Häresien 1.14.1–6
Xenophanes, der Kolophonier, Sohn des Orthomenes. Dieser lebte bis zur Zeit des Kyros [Perserkönig 559–529 v. Chr.]. Als Erster behauptete er die Unerfassbarkeit aller Dinge, indem er so sagte (VS 21 B 34, 3–4):

> Denn selbst wenn es einem im höchsten Maße gelänge, ein Vollendetes auszusprechen,
> so hat er selbst trotzdem kein Wissen davon; Schein(meinen) haftet an allem.

Er sagt, dass nichts entsteht oder zugrundegeht und sich auch nicht bewegt und dass das All eines ist ohne Veränderung. Er behauptet auch, dass Gott ewig sei und ein Einziger, allenthalben gleich und begrenzt und kugelförmig und mit allen seinen Teilen empfindend. Die Sonne entstehe jeden Tag aus kleinen sich versammelnden Feuerteilchen. Die Erde aber sei unbegrenzt und werde weder von Luft noch vom Himmel umschlossen. Es existierten unendlich viele Sonnen und Monde, alles aber bestehe aus Erde. Er behauptete, dass das Meer salzig sei, weil vielfache Mischungen in ihm zusammenflössen. Metrodor aber sagt (VS 70 A 19), dass es deswegen salzig werde, weil es durch die Erde sickere.

Xenophanes aber meint, dass eine Mischung der Erde mit dem Meer entstehe und sie [die Mischung] mit der Zeit vom Feuchten aufgelöst werde. Er behauptet, als Beweis dafür zu haben, dass sich mitten auf dem Land und auf den Bergen Muscheln finden. Er sagt, dass sich auch in Syrakus in den Steinbrüchen der Abdruck eines Fisches finde[1], auf Paros der Abdruck

---
1 Vgl. Usener (1999), 14 Anm. 24.

πάλαι, τὸν δὲ τύπον ἐν τῷ πηλῷ ξηρανθῆναι. ἀναιρεῖσθαι δὲ τοὺς ἀνθρώπους πάντας, ὅταν ἡ γῆ κατενεχθεῖσα εἰς τὴν θάλασσαν πηλὸς γένηται· εἶτα πάλιν ἄρχεσθαι τῆς γενέσεως, καὶ ταύτην πᾶσι τοῖς κόσμοις γίνεσθαι καταβολήν.

Similien:
Das Eine/Das All
Durchgängige Wahrnehmung Gottes
Gott/das Prinzip begrenzt/unbegrenzt
Gott/das Prinzip bewegt/unbewegt
Gott als das Eine/das All
Gott durchweg ähnlich beschaffen
Gott kugelförmig
Gottesbegriff
Lebensalter/Lebenszeit
Natur der Gestirne
Natur und Entstehung der Erde
Naturphänomene
Vater
Viele Sonnen
Xenophanes als Skeptiker

Xen 120
Refutatio omnium haeresium 10.6.4 (ed. Marcovich) (= Th 215 & Ar 76)
⟨Ἐξ⟩ ἀποίου μὲν οὖν καὶ ἑνὸς σώματος τὴν τῶν ὅλων συνεστήσαντο γένεσιν οἱ Στωϊκοί· ἀρχὴ γὰρ τῶν ὅλων κατ' αὐτούς ἐστιν ἡ ἄποιος ὕλη καὶ δι' ὅλων τρεπ(τ)ή, μεταβαλλούσης τε αὐτῆς γίνεται πῦρ, ἀήρ, ὕδωρ, γῆ. ἐξ ἑνὸς δὲ καὶ ποιοῦ γεγενῆσθαι τὰ πάντα θέλουσιν οἵ τε περὶ τὸν Ἵππασον καὶ Ἀναξίμανδρον καὶ Θαλῆ τὸν Μιλήσιον. ⟨ὧν⟩ Ἵππασος μὲν ὁ Μεταπόντιος καὶ Ἡράκλειτος ὁ Ἐφέσιος ἐκ πυρὸς ἀπεφήναντο τὴν γένεσιν, Ἀναξίμανδρος δὲ ἐξ ἀέρος, Θαλῆς δὲ ἐξ ὕδατος, Ξενοφάνης δὲ ἐκ γῆς·
ἐκ γῆς γάρ – φησί – πάντ' ἔστι, καὶ εἰς [τὴν]¹ γῆν πάντα τελευτᾷ.

Similien:
Prinzipien

(vgl. **Xen 89**)

---
1 Vgl. Sextus Empiricus, **Xen 89**.

einer Sardelle in der Tiefe des Steines, in Malta Steinplatten [mit Abdrücken von] ⟨Robben und⟩ allerlei Meertieren. Diese [Abdrücke], behauptet er, seien entstanden, als vor Urzeiten alles verschlammt und der Abdruck im Schlamm getrocknet sei. Alle Menschen würden zugrundegehen, wenn die Erde im Meer versinke und zu Schlamm werde. Dann gebe es wieder einen Anfang des Werdens, und dies sei das für alle Welten grundlegende Ereignis.

Xen 120
Widerlegung aller Häresien 10.6.4
Die Stoiker ließen die Entstehung aller Dinge aus einem unqualifizierten und einzigen Körper hervorgehen; denn nach ihrer Auffassung ist die unqualifizierte und durchweg wandlungsfähige Materie das Prinzip aller Dinge; mit ihrer Veränderung entstehen Feuer, Luft, Wasser und Erde. Dagegen halten die [Denker] im Umkreis von Hippasos, Anaximander und Thales, dem Milesier, dafür, dass alles aus einem einzigen und qualifizierten [Körper] geworden sei. Unter ihnen ließen Hippasos, der Metapontier, und Heraklit, der Epheser, die Entstehung [der Dinge] aus Feuer hervorgehen, Anaximander aus Luft, Thales aus Wasser, Xenophanes aus Erde (VS 21 B 27):
„Denn aus Erde" – sagt er – „ist alles, und zur Erde wird alles am Ende."

Xen 121
Refutatio omnium haeresium 10.7.1–2 (ed. Marcovich)
Ἐκ πλειόνων δὲ καὶ ἀριθμ⟨ητ⟩ῶν, δυεῖν μέν, γῆς τε καὶ ὕδατος, τὰ ὅλα συνεστηκέναι φησὶ⟨ν⟩ ὁ ποιητὴς Ὅμηρος, ὁτὲ μὲν λέγων·

Ὠκεανόν τε θεῶν γένεσιν καὶ μητέρα Τηθύν,
ὁτὲ δέ·
ἀλλ' ὑμεῖς ⟨μὲν⟩ πάντες ὕδωρ καὶ γαῖα γένοισθε.
συμφέρεσ⟨θαι⟩ δ' αὐτῷ δοκεῖ καὶ ὁ Κολοφώνιος Ξενοφάνης· φησὶ γάρ·
πάντες ⟨γὰρ⟩ γαίης ⟨τε⟩ καὶ ὕδατος ἐ⟨κ⟩γενόμε⟨σ⟩θα.

Similien:
Prinzipien

Quintus Sept. F. Tertullianus

Xen 122
De anima 43.1 (ed. Waszink)
Stoici somnum resolutionem sensualis vigoris affirmant, Epicurei deminutionem spiritus animalis, Anaxagoras cum Xenophane defetiscentiam, Empedocles et Parmenides refrigerationem, Strato segregationem consati spiritus, Democritus indigentiam spiritus, Aristoteles marcorem circumcordialis caloris.

Xen 121
Widerlegung aller Häresien 10.7.1–2
Aus mehreren zählbaren Elementen, und zwar aus zweien, aus Erde und Wasser, behauptet der Dichter Homer, setze sich alles zusammen, indem er einmal sagt (Ilias 14.201):
> Den Okeanos, den Entstehungsgrund der Götter, und die Mutter Tethys,

ein andermal (Ilias 7.99):
> dass ihr doch alle Wasser und Erde werden möget!

Übereinzustimmen mit ihm scheint auch der Kolophonier Xenophanes; er sagt nämlich (VS 21 B 33):
> Denn wir alle wurden aus Erde und Wasser geboren.

Quintus Sept. F. Tertullianus (ca. 160/70 – nach 212 n. Chr.)

Xen 122
Über die Seele 43.1
Der Schlaf ist nichts Widernatürliches, wie es einigen Philosophen scheint. Die Stoiker behaupten, dass der Schlaf eine Erschlaffung der Sinneskraft sei, die Epikureer eine Verminderung des Lebensatems, Anaxagoras (VS 59 A 103) mit Xenophanes (VS 21 A 51) eine Ermattung, Empedokles (VS 31 A 85) und Parmenides (VS 28 A 46b) eine Abkühlung, Straton (Fr. 129 ²Wehrli) eine Trennung des eingepflanzten Atems, Demokrit ein Mangel an Atem (VS 68 A 136), Aristoteles ein Erschlaffen der herzumgebenden Wärme (Somn. 455b13ff.).

Claudius Aelianus

Xen 123
Fr. 33 Hercher (= Fr. 36 Domingo-Forasté), s. **Xen 283** (Suda ε 2916)

M. Minucius Felix

Xen 124
Octavius 19.7 (ed. Kytzler)
Xenophanen notum est omne infinitum cum mente deum tradere.

Similien:
Das Eine/Das All
Gott als das Eine/das All
Gott als Geist
Gott/das Prinzip begrenzt/unbegrenzt
Gottesbegriff

(vgl. **Xen 47**)

Alexander von Aphrodisias

Xen 125
s. **Xen 229** (Simp. in Ph. 9.22.22–23.20)

Claudius Aelianus (vor 178 – zw. 222 u. 238 n. Chr.)

Xen 123
In der Suda (Xen 283) wird ein Ausspruch zitiert, der Aelian zugewiesen wird.[1] *Darin ist Xenophanes in eine Reihe von Götterfeinden eingeordnet.*

M. Minucius Felix (tätig zw. 197 u. 246 n. Chr.)

Xen 124
Octavius 19.7
Die Lehren der Philosophen über Gott. Es ist bekannt, dass Xenophanes das unbegrenzte mit Geist begabte All für Gott erklärt.

Alexander von Aphrodisias (Wende 2./3. Jh. n. Chr.)

Xen 125
Bei Simplikios (Xen 229) ist zu lesen, dass Xenophanes laut Alexander das Prinzip begrenzt und kugelförmig nannte (vgl. Xen 16).

---

1 Vgl. die Parallelstelle Nat. anim. VI 60: Ἵππων δὲ καὶ Διαγόρας καὶ Ἡρόστρατος καὶ ὁ λοιπὸς τῶν θεοῖς ἐχθρῶν κατάλογος πῶς ἂν ἐφείσαντο τῶν βοτρύων ἢ ἀναθημάτων ἄλλων οἱ καὶ τὰ τῶν θεῶν ὀνόματα καὶ ἔργα ἀμωσγέπως συλᾶν προῃρημένοι;

Xen 126
s. **Xen 337** (Scholia in Ph. Fr. 539 Rashed)

Xen 127
In Aristotelis metaphysica commentaria 1.29.18–30.11 (ed. Hayduck)
[Metaph. 1.3, 984a29] Ἀλλ' ἔνιοί γε τῶν ἓν λεγόντων ὥσπερ ἡττηθέντες ὑπὸ ταύτης τῆς ζητήσεως τὸ ἓν ἀκίνητόν φασιν εἶναι.

Λέγει μὲν περὶ Ξενοφάνους καὶ Μελίσσου καὶ Παρμενίδου· οὗτοι γὰρ [τὸ] ἓν τὸ πᾶν ἀπεφήναντο. ἡττηθῆναι δὲ αὐτούς φησιν ὑπὸ ταύτης τῆς ζητήσεως, ὅτι ὑποθέμενοι ἓν τὸ πᾶν καὶ ζητοῦντες πῶς οἷόν τε τοῦτο τὸ ἓν ἐξ ἑαυτοῦ μεταβάλλειν, μὴ δυνάμενοι σώζειν ἔτι αὐτὸ ἕν, εἰ μὴ ἀναιροῖεν τὰ φανερά, καὶ ταῦτα μικροῦ δεῖν ἐναργέστατα· κίνησίν τε γὰρ[1] καὶ μεταβολὴν ἐκ τῶν ὄντων ἀνῄρουν τῷ τούτων ὄντων μηκέτι αὐτοῖς ἓν τὸ ὂν μένειν. εἰπὼν δὲ τὸ ἓν ἀκίνητόν φασιν εἶναι, προσέθηκε τὸ καὶ τὴν φύσιν ὅλην· ἡ γὰρ φύσις ὅλη τὸ ἓν αὐτοῖς ἦν. ὡς δὲ φανερωτέρου τοῦ ἀτόπου ὄντος τοῦ λέγειν τὴν φύσιν ὅλην ἀκίνητον, προσέθηκε τὸ ἀκίνητόν τε οὐ κατὰ γένεσιν καὶ φθορὰν μόνον (καὶ γὰρ αὗται αἱ μεταβολαί, εἰ καὶ μὴ κινήσεις, ἀλλὰ κινουμένων τινῶν) ἀλλὰ καὶ κατὰ τὰς ἄλλας μεταβολὰς πάσας.

---

1 γὰρ von Bonitz getilgt (so auch Hayduck, wenn auch mit Einschränkung: „sed fort. aliud vitium subest"), doch wohl zu halten. Die Syntax ist unter Voraussetzung des überlieferten Textes schwierig. Wir übersetzen δυνάμενοι in 30.3 so, als stünde ein finites Verb da, behalten dafür γὰρ in 30.4. Nimmt man mit Bonitz an, dass γὰρ in 30.4 zu tilgen ist, so ergibt sich die folgende Übersetzung von ὅτι ὑποθέμενοι κτλ.: „denn von der Annahme ausgehend, das All sei eines, und untersuchend, wie dieses Eine aus sich heraus eine Veränderung erfahren könnte, sahen sie sich außerstande, es als eines zu bewahren, ohne die offensichtlichen Dinge – und zwar die geradezu evidentesten – aufzuheben, und negierten [infolgedessen], dass Bewegung und Veränderung zum Seienden gehörten – denn [sie dachten zurecht, dass] ihnen das Seiende nicht mehr als eines erhalten bliebe, wenn es diese [Bewegung und Ruhe] gäbe".

Xen 126
*Laut einem der im Paris. suppl. gr. 643 enthaltenen Scholien (**Xen 337**), die auf Alexanders Physik-Kommentar zurückgehen,[1] zählt Xenophanes zu den Denkern, die eine einzige, unentstandene und unvergängliche Welt annehmen.*

Xen 127
Kommentar zu Aristoteles' *Metaphysik* 1.29.18–30.11
[Metaph. 1.3, 984a29] „Einige derer freilich, die sagen, [das All] sei eines, behaupten, von dieser Untersuchung gleichsam in die Knie gezwungen, dass das Eine frei von Bewegung sei."
Er [Aristoteles] spricht über Xenophanes, Melissos und Parmenides: diese erklärten nämlich, dass das All eines sei. Sie seien ‚von dieser Untersuchung gleichsam in die Knie gezwungen worden' [984a30f.], sagt er: denn von der Annahme ausgehend, das All sei eines, und untersuchend, wie dieses Eine aus sich heraus eine Veränderung erfahren könnte, sahen sie sich außerstande, es als eines zu bewahren, ohne die offensichtlichen Dinge – ja, die geradezu evidentesten – aufzuheben: sie negierten nämlich, dass Bewegung und Veränderung zum Seienden gehörten, [und taten dies,] weil [sie zurecht annahmen, dass] ihnen das Seiende nicht mehr als eines erhalten bleibt, wenn es diese [sc. Bewegung und Veränderung] gibt.
Nachdem er bemerkt hat: ‚sie behaupten, dass das Eine frei von Bewegung sei' [984a31], fügt er hinzu: ‚und die Natur als ganze'. Denn die Natur als ganze war in ihrer Sicht das Eine. Da die Absurdität der Aussage, die Natur als ganze sei frei von Bewegung, so noch deutlicher wird, fügt er hinzu, [dass sie] ‚nicht nur gemäß Entstehen und Vergehen' [984a31f.] frei von Bewegung ist (denn auch diese Veränderungen – wiewohl [selber] keine Bewegungen – setzen voraus, dass sich manches bewegt), ‚sondern auch gemäß allen anderen Veränderungen' [984a33–b1].

---
1 Siehe Rashed (2011).

Similien:
Das Eine/Das All
Gott/das Prinzip bewegt/unbewegt
Verhältnis zu Parmenides
Xenophanes als Eleat

(vgl. **Xen 251**)

Xen 128
In Aristotelis metaphysica commentaria 1.31.6–16 (ed. Hayduck)
[Metaph. 1.3, 984b3] Πλὴν εἰ ἄρα.
Περὶ Παρμενίδου καὶ τῆς δόξης αὐτοῦ καὶ Θεόφραστος ἐν τῷ πρώτῳ Περὶ τῶν φυσικῶν οὕτως λέγει "τούτῳ δὲ ἐπιγενόμενος Παρμενίδης Πύρητος ὁ Ἐλεάτης" (λέγει δὲ καὶ Ξενοφάνην) "ἐπ' ἀμφοτέρας ἦλθε τὰς ὁδούς. καὶ γὰρ ὡς ἀΐδιόν ἐστι τὸ πᾶν ἀποφαίνεται καὶ γένεσιν ἀποδιδόναι πειρᾶται τῶν ὄντων, οὐχ ὁμοίως περὶ ἀμφοτέρων δοξάζων, ἀλλὰ κατ' ἀλήθειαν μὲν ἓν τὸ πᾶν καὶ ἀγένητον καὶ σφαιροειδὲς ὑπολαμβάνων, κατὰ δόξαν δὲ τῶν πολλῶν εἰς τὸ γένεσιν ἀποδοῦναι τῶν φαινομένων δύο ποιῶν τὰς ἀρχάς, πῦρ καὶ γῆν, τὸ μὲν ὡς ὕλην τὸ δὲ ὡς αἴτιον καὶ ποιοῦν." διὰ τοῦτο εἶπε τὸ π λ ὴ ν ε ἰ ἄ ρ α Π α ρ μ ε ν ί δ η, καὶ τούτῳ δὲ καθ' ὅσον δύο αἰτίας ἔθετο, ἀλλ' οὐ καθὸ ἓν εἶναι τὸ ὂν ἔλεγε.

Similien:
Das Eine/Das All
Gott/das Prinzip bewegt/unbewegt
Verhältnis zu Parmenides
Xenophanes als Eleat

Xen 129
In Aristotelis metaphysica commentaria 1.42.18–29 (ed. Hayduck)
[Metaph. 1.5, 986b8] Τ ῶ ν μ ὲ ν ο ὖ ν π α λ α ι ῶ ν κ α ὶ π λ ε ί ω λ ε γ ό ν τ ω ν τ ὰ σ τ ο ι χ ε ῖ α τ ῆ ς φ ύ σ ε ω ς.
Τουτέστι τὰ τῶν φυσικῶς γιγνομένων στοιχεῖα. π λ ε ί ω δ ὲ λέγει ἤτοι τὰ ὑλικά, ἢ πλείω τὰ σ τ ο ι χ ε ῖ α ἀντὶ τοῦ τὰ αἴτια· πρὸς γὰρ τῇ ὕλῃ καὶ τὴν ποιητικήν τινες εἶπον, ὡς ἱστόρησε. μετὰ δὲ τὴν τούτων ἱστορίαν μνημονεύει πάλιν τῶν ἓν τὸ ὂν εἶναι θεμένων, οὐκ ἀρχὴν μίαν, ὡς τῶν φυσικῶν τινες, ἀλλ' ὡς τοῦ παντὸς μιᾶς φύσεως οὔσης· ὧν ἦν Ξενοφάνης τε καὶ Μέλισσος καὶ Παρμενίδης. ἣν καὶ ἱστορίαν ἄχρηστον εἰς τὴν περὶ τῶν

Xen 128

Kommentar zu Aristoteles' *Metaphysik* 1.31.6–16
[Metaph. 1.3, 984b3] „[Somit gelang es keinem derer, die das All eines nennen, eine solche Ursache [sc. die bewegende] zu erfassen] außer vielleicht [Parmenides]."
Über Parmenides und seine Lehre sagt auch Theophrast (**Xen 17**) im ersten Buch *Über die Naturphilosophen* [oder: *Über die Dinge der Natur*[1]] folgendes: „Auf diesen folgend" – er meint Xenophanes – „schlug Parmenides, der Sohn des Pyres, der Eleate, beide Wege ein. Er erklärt nämlich, dass das All ewig sei, und versucht, eine Erklärung für die Entstehung der seienden Dinge zu geben. Er behandelt aber in seinen Auffassungen über beide Bereiche diese nicht in gleicher Weise, sondern nimmt an, dass unter dem Gesichtspunkt der Wahrheit das All eines sei, ungeworden und kugelförmig, während er unter dem Gesichtspunkt der Meinung der Vielen die Prinzipien zu zweien macht, Feuer und Erde, um die Entstehung der sinnlich erscheinenden Dinge zu erklären, wobei das eine [die Erde] als Materie, das andere [das Feuer] als ursächlich und wirkend fungiert." Aus diesem Grund sagt er „außer vielleicht Parmenides" [984b3], und zwar, insofern er zwei Ursachen annahm, aber nicht insofern er sagte, dass das Seiende eines sei.

Xen 129

Kommentar zu Aristoteles' *Metaphysik* 1.42.18–29
[Metaph. 1.5, 986b8] „[Die Auffassung] der alten Philosophen, die von mehreren Elementen der Natur sprechen, [ist aus dem Gesagten hinreichend ersichtlich]."
Gemeint sind die Elemente der natürlich entstehenden Dinge. Von ‚mehreren' spricht er [Aristoteles] entweder in Bezug auf die stofflichen [Elemente]; oder er redet von ‚mehreren Elementen' im Sinne von ‚Ursachen';

---

1 Vgl. zur Ambiguität des Titels Περὶ τῶν φυσικῶν Sharples (1998), 7f.

ἀρχῶν καὶ αἰτίων ζήτησίν φησιν· οὐ γὰρ ἀρχὴν οὐδ' αἴτιον τὸ ἓν ἐτίθεντο οὕτως ὡς οἱ ὕδωρ ἢ πῦρ ἢ ἀέρα λέγοντες, ἔπειτα ἐκ τούτου κινουμένου τὰ ἄλλα γεννῶντες, ἀλλὰ τὸ ὂν ἓν ἔλεγον καὶ ἀκίνητον. προσιστορεῖ δὲ καὶ τὴν διαφορὰν τὴν Μελίσσου τε καὶ Παρμενίδου περὶ τοῦ ἑνός [...].

Similien:
Das Eine/Das All
Elemente
Gott/das Prinzip bewegt/unbewegt
Prinzipien
Verhältnis zu Parmenides
Xenophanes als Eleat

(vgl. **Xen 7**, **Xen 130**, **Xen 252**, **Xen 253**, **Xen 323**, **Xen 324**, **Xen 331a**)

Xen 130
In Aristotelis metaphysica commentaria 1.43.10–44.12 (ed. Hayduck)
[Metaph. 1.5, 986b17] Οὐ μὴν ἀλλὰ τοσοῦτόν γε οἰκεῖόν ἐστι τῇ νῦν σκέψει.
Τὰ μὲν ἄλλα οὐκ οἰκεῖόν[1] φησιν εἶναι τῷ περὶ αἰτίων λόγῳ τὸ τὴν δόξαν ἐκτίθεσθαι τῶν ἓν τὸ πᾶν λεγόντων· οἱ γὰρ οὕτως λέγοντες οὐχ ὡς ἀρχὴν τὸ ἓν τίθενται, οὐδὲ ὡς αἴτιον. ἐπὶ τοσοῦτον δέ φησι χρήσιμον εἶναι καὶ τὴν τούτων ἱστορίαν, ὅτι καὶ τούτων ὁ μὲν ἐπὶ τὴν ὕλην βλέψας ἄπειρον εἶπε τὸ ὄν, ὁ δὲ ἐπὶ τὸ εἶδος πεπερασμένον· ἐν μὲν γὰρ ταῖς αἰτίαις καὶ ἡ ὕλη καὶ τὸ εἶδος, ὥστε εἰ καὶ μὴ αἴτιόν τι λέγουσιν, ἀλλὰ ἅ γε λέγουσι καὶ καθ' ἃ κινηθέντες, ἐν τοῖς κατηριθμημένοις αἰτίοις ἐστίν. Ξενοφάνην δὲ αἰτιᾶται ὡς πρῶτον μὲν τῆσδε τῆς δόξης ἁψάμενον (Παρμενίδην γὰρ τούτου μαθητὴν γενέσθαι), οὐδὲ τῆς φύσεως τούτων τινός, εἴτ' οὖν εἴδους ἢ τῆς ὕλης, ἁψάμενον, ἀλλ' εἰς τὸν ὅλον οὐρανὸν ἀποβλέψαντα καὶ ἁπλῶς ἀποφηνάμενον τὸ ἓν εἶναι τὸν θεόν. τὸ δὲ ἐνίσας ἴσον ἐστὶ τῷ πρῶτος ἓν εἶναι τὸ ὂν εἰπών. ἐπαινεῖ δὲ Παρμενίδην ὡς εὐλογώτερον ἐκείνων θέμενον ἓν εἶναι τὸ ὄν· ἐχρήσατο γὰρ λόγῳ τινὶ καὶ συλλογισμῷ πρὸς τὴν δεῖξιν τούτου, οἱ δὲ ἀγροικότερον ἀπεφήναντο.

---
1 Anstelle des überlieferten οἰκεῖά lesen wir aus syntaktischen Gründen mit Hayduck (Apparat) οἰκεῖόν (vgl. **Xen 253**).

denn zusätzlich zur Materie brachten einige [der früheren Naturphilosophen] auch die bewirkende [Ursache] ins Spiel, wie er ausgeführt hat. Nach der Erwähnung dieser [Naturphilosophen] bringt er wieder die in Erinnerung, die annahmen, dass das Seiende eines sei: nicht ein einziges Prinzip, wie es manche von den Naturphilosophen [annahmen], sondern im Sinne einer einzigen Natur des Gesamts [der Dinge]. Vertreter dieser Ansicht waren Xenophanes, Melissos und Parmenides. Eine Darstellung [von deren Lehre], sagt er, sei unbrauchbar für die Untersuchung der Prinzipien und Ursachen; denn sie nahmen das Eine nicht in der Weise als Prinzip und auch nicht als Ursache an wie diejenigen, die von Wasser, Feuer oder Luft [als Prinzipien] sprachen und dann aus dem jeweiligen Element qua sich bewegendem das Übrige entstehen ließen. Vielmehr sagten sie, dass das Seiende eines und frei von Bewegung sei. Er führt zusätzlich auch den Unterschied zwischen Melissos und Parmenides in Bezug auf das Eine an […].

Xen 130
Kommentar zu Aristoteles' *Metaphysik* 1.43.10–44.12
[Metaph. 1.5, 986b17] „Freilich ist soviel für die gegenwärtige Untersuchung relevant."
Was die Ansicht derer, die sagen, dass das All eines sei, sonst betrifft, sagt er, sei es für die Untersuchung der Ursachen nicht relevant, sie darzustellen. Denn die, die so reden, setzen das Eine nicht als Prinzip und auch nicht als Ursächliches an. Insoweit aber, sagt er, sei die Untersuchung [der Lehren] dieser [Denker] nützlich, als auch von diesen der eine [sc. Melissos], im Blick auf die Materie, sagte, dass das Seiende unbegrenzt sei, der andere [Parmenides], im Blick auf die Form, [sagte, dass es] begrenzt [sei]. Denn unter den Ursachen sind sowohl Materie als auch Form, so dass sich, auch wenn sie nicht von einer Ursache sprechen, dennoch die Dinge, von denen und denen entsprechend sie der Tendenz nach[1] sprechen, sich unter den aufgezählten Ursachen befinden. Xenophanes aber schreibt er zu, als erster an diese Lehre gerührt zu haben (er sei nämlich ein Schüler des Parmenides gewesen), nicht aber an die Natur von diesen [Ursachen], wie auch immer sie bestimmt seien[2], sei es als Form oder als Stoff; vielmehr habe er die Welt in ihrer Gesamtheit betrachtet und einfach geäußert, dass das Eine Gott sei. Der Ausdruck „er vereinigte" [986b21] ist gleichbedeutend mit „er sagte als

---
1 Versuch, dem schwerverständlichen κινηθέντες einen Sinn abzugewinnen. Vgl. Dooley (1989) ad loc.
2 Übersetzung von τινός.

Similien:
Das Eine/Das All
Gottesbegriff
Gott als das Eine/das All
Gott/das Prinzip begrenzt/unbegrenzt
Prinzipien
Verhältnis zu Parmenides
Xenophanes als Eleat

(vgl. **Xen 7, Xen 129, Xen 252, Xen 253, Xen 323, Xen 324, Xen 331a**)

Xen 131
In Aristotelis metaphysica commentaria 1.308.5–14 (ed. Hayduck)
[Metaph. 4.5, 1009b12] διὸ εἰκότα μὲν λέγουσι· τοὺς γὰρ περὶ τῶν οὕτως ὄντων λέγοντας εἰκός ἐστι τοιαῦτα λέγειν ὡς μηδὲν αὐτῶν ὡρισμένως τόδε τι εἶναι λέγειν· οὐ μὴν ἀληθῆ περὶ τῶν ὄντων λέγουσιν· οὐ γὰρ πάντα τὰ ὄντα τοιαῦτα, οὔτε τὰ αἰσθητὰ κατὰ πάντα ἀεὶ ῥεῖ καὶ μεταπίπτει συνεχῶς, ἀλλὰ καὶ ἐν τούτοις τὸ εἶδος μένει τε καὶ ἠρεμεῖ τῆς ὑποκειμένης ὕλης ῥεούσης. οὕτως γάρ, φησίν, ἁρμόζει μᾶλλον περὶ αὐτῶν λέγειν, ὅτι εἰκότα μὲν λέγουσιν, οὐκ ἀληθῆ δέ, ἢ ὥσπερ Ἐπίχαρμος εἰς Ξενοφάνην, ὡς Ἐπιχάρμου τοῦ τῆς κωμῳδίας ποιητοῦ εἰς Ξενοφάνην βλασφημότερά τινα καὶ ἐπηρεαστικὰ εἰρηκότος, δι' ὧν εἰς ἀμαθίαν τινὰ καὶ ἀγνωσίαν τῶν ὄντων σκώπτων διέβαλεν αὐτόν.

(vgl. **Xen 8, Xen 255, Xen 327**)

Achilleus Tatios Astronomos

Xen 132
Isagoga excerpta 4 (ed. Di Maria 12,20–13,6) = SVF II fr. 555
(Περὶ τῆς συστάσεως τῶν ὅλων.) ὅτι δὲ καὶ ἕστηκεν ἡ γῆ, παραδείγματι χρῶνται τούτῳ· εἴ τις, φασίν, εἰς φῦσαν κέγχρον βάλοι ἢ κόκκον φακοῦ

erster, dass das Seiende eines ist". Er [Aristoteles] lobt aber Parmenides, weil er mit besseren Gründen als jene [Xenophanes und Melissos] angenommen habe, dass das Seiende Eines sei. Denn er gebrauchte ein Argument und eine Deduktion, um dies zu zeigen, die anderen aber äußerten sich roher.

Xen 131
Kommentar zu Aristoteles' *Metaphysik* 1.308.5–14
[Metaph. 4.5, 1009b12] *Über die Philosophen, die allein die Sinnesdinge als seiend annehmen.*
Deshalb sagen sie Naheliegendes. Es liegt nämlich nahe, dass die, die über Dinge solcher Art [sc. Sinnesdinge] sprechen, derartiges sagen, um nicht sagen zu müssen, dass eines von ihnen [sc. der Sinnendinge] auf bestimmte Weise ein ‚Dieses einer Art' ist. Sie sagen freilich nicht Wahres über die seienden Dinge; denn nicht ist alles Seiende derartig, noch sind die wahrnehmbaren Dinge in jeder Beziehung immer im Fluss und in beständiger Umwandlung. Vielmehr beharrt auch in diesen Dingen die Form und befindet sich in Ruhe, während der zugrundeliegende Stoff im Fluss ist. Denn so, sagt er [Aristoteles], fügt es sich besser, über sie zu reden – nämlich in dem Sinne, dass sie zwar Naheliegendes sagen, aber nicht Wahres –, als „wie Epicharmos gegen Xenophanes [redete]" [1010a6–7] (Epicharm (**Xen 1**), der Komödiendichter, äußerte nämlich einige blasphemische und beleidigende Worte gegen Xenophanes, mit denen er ihn für sein Unwissen und seine Unkenntnis der seienden Dinge verspottete und verleumdete).

Achilleus Tatios Astronomos (wohl 3. Jh. n. Chr.)

Xen 132
Auszüge aus der Einführung in die *Phainomena* Arats 4
(Über den Aufbau des Alls.) Dafür, dass die Erde [in der Mitte des Alls] feststeht, verwenden sie [die Stoiker] folgendes Beispiel: Wenn jemand (so

καὶ φυσήσειε καὶ ἐμπλήσειεν αὐτὴν ἀέρος, συμβήσεται μετεωρισθέντα τὸν κόκκον ἐν μέσῳ τῆς κύστεως στῆναι, καὶ τὴν γῆν δὲ πανταχόθεν ὑπὸ τοῦ ἀέρος ὠθουμένην ἰσορρόπως ἐν τῷ μέσῳ εἶναι καὶ ἑστάναι. ἢ πάλιν ὥσπερ εἴ τις λαβὼν σῶμα δήσειε πανταχόθεν σχοινίοις καὶ δοίη τισὶν ἰσορρόπως ἕλκειν ἐπ' ἀκριβές, συμβήσεται πανταχόθεν ἐπίσης περιελκόμενον στῆναι καὶ ἀτρεμῆσαι. Ξενοφάνης δὲ οὐκ οἴεται μετέωρον εἶναι τὴν γῆν, ἀλλὰ κάτω εἰς ἄπειρον καθήκειν·

'γαίης μὲν' γάρ φησι 'τόδε πεῖραρ[1] ἄνω παρὰ ποσσὶν ὁρᾶται
ἠέρι[2] προσπλάζον, τὸ κάτω δ' ἐς ἄπειρον ἱκνεῖται'.

Similien:
Natur und Entstehung der Erde
Unbewegtheit der Erde
Unendlichkeit der Erde

Xen 133
Isagoga excerpta 11 (ed. Di Maria 20,5–8)
(Τίς οὐσία ἀστέρων.) Ξενοφάνης δὲ λέγει τοὺς ἀστέρας ἐκ νεφῶν συνεστάναι ἐμπύρων καὶ σβέννυσθαι καὶ ἀνάπτεσθαι ὡσανεὶ ἄνθρακας, καὶ ὅτε μὲν ἅπτονται, φαντασίαν ἡμᾶς ἔχειν ἀνατολῆς, ὅτε δὲ σβέννυνται, δύσεως.

Similien:
Gestirne als Wolken
Natur der Gestirne

Censorinus

Xen 134
De die natali 15.3 (ed. Sallmann)
at Xenophanes Colophonius maior annorum centum fuit.

---

1 πεῖραρ Maass: πεῖραν V, πεῖρας M
2 ἠέρι Diels: καὶ ῥεῖ ω: αἰθέρι Maass (iam Karsten)

sagen sie) in einen Schlauch ein Hirsekorn oder einen Linsensamen hineinwirft und den Schlauch aufbläst und mit Luft füllt, wird eintreten, dass der Kern aufsteigt und in der Mitte des Schlauchs stehen bleibt, und [so sagen sie, wird eintreten], dass die Erde, von allen Seiten von der Luft gestoßen, sich gleichmäßig ausbalanciert in der Mitte befindet und steht. Oder wiederum, wenn jemand einen Körper nimmt, ihn mit Seilen allseits bindet und ihn mit Sorgfalt gleichmäßig ausbalanciert von einigen Leuten ziehen lässt, wird eintreten, dass [der Körper], wenn er überall gleichmäßig rings gezogen wird, steht und ruhig bleibt. Xenophanes aber glaubt nicht, dass die Erde in der Schwebe ist, sondern sich nach unten ins Grenzenlose[1] erstreckt:

Dieses obere Ende der Erde,

sagt er nämlich (VS 21 B 28),

erblickt man zu seinen Füßen, wie es an die Luft stößt, das untere dagegen erstreckt sich ins Unermessliche.

Xen 133
Auszüge aus der Einführung in die *Phainomena* Arats 11
(Welches ist das Wesen der Gestirne.) Xenophanes aber sagt, dass die Gestirne aus glühenden Wolken bestünden und erlöschen und sich entzündeten wie Kohlestücke und dass, wenn sie sich entzündeten, wir den Eindruck eines Aufganges erhielten, wenn sie erlöschen, eines Unterganges.

Censorinus (3. Jh. n. Chr.)

Xen 134
Über den Geburtstag 15.3

---

[1] Dirk L. Couprie erwägt in seinem in Vorbereitung befindlichen Buch *When the Earth Was Flat*, ἄπειρον im Sinne von „außerhalb/jenseits unserer Erfahrung" zu verstehen (freundlicher Hinweis des Verfassers).

Similien:
Lebensalter/Lebenszeit

Diogenes Laertios

Xen 135
Vitae philosophorum 1.15 (ed. Dorandi)
ἡ δὲ Ἰταλικὴ οὕτω· Φερεκύδους Πυθαγόρας, οὗ Τηλαύγης ὁ υἱός, οὗ Ξενοφάνης, οὗ Παρμενίδης, οὗ Ζήνων ὁ Ἐλεάτης, οὗ Λεύκιππος, οὗ Δημόκριτος, οὗ πολλοὶ μέν, ἐπ᾽ ὀνόματος δὲ Ναυσιφάνης {καὶ Ναυκύδης}[1], οὗ[2] Ἐπίκουρος.

Similien:
Verhältnis zu Parmenides
Xenophanes als Eleat

Xen 136
Vitae philosophorum 1.16 (ed. Dorandi)
πολλὰ δὲ Ζήνων, πλείω Ξενοφάνης[3], πλείω Δημόκριτος, πλείω Ἀριστοτέλης, πλείω Ἐπίκουρος, πλείω Χρύσιππος.

Xen 137
Vitae philosophorum 1.23 (ed. Dorandi) (= Th 237)
δοκεῖ δὲ κατά τινας πρῶτος ἀστρολογῆσαι καὶ ἡλιακὰς ἐκλείψεις καὶ τροπὰς προειπεῖν [...]· ὅθεν αὐτὸν καὶ Ξενοφάνης καὶ Ἡρόδοτος θαυμάζει.

---

1   οὗ Marcovich: ὧν codd.
2   πεῖραρ Maass: πεῖραν V, πεῖρας M
3   Ξενοκράτης Dorandi cum Ritschl, Opusc. philol. I (1866) 185 (a. 1840/1): ξενοφάνης BPF, an recte? ipse D.L. errorem commisisse vid.

Das hohe Lebensalter berühmter Persönlichkeiten. Xenophanes, der Kolophonier, wurde älter als hundert Jahre.

Diogenes Laertios (Werk Mitte 3. Jh. n. Chr.)

Xen 135
Philosophenleben 1.15
Die italische Philosophie [verläuft] folgendermaßen: Schüler des Pherekydes war Pythagoras, dem sein Sohn Telauges nachfolgte, dem Xenophanes, dann Parmenides, Zenon, der Eleate, Leukipp, Demokrit nachfolgten, dem dann viele, namentlich Nausiphanes nachfolgten, dem dann Epikur nachfolgte.

Xen 136
Philosophenleben 1.16
Einige Philosophen hinterließen Aufzeichnungen, andere schrieben gar nichts. Zenon schrieb viel, mehr Xenophanes, mehr Demokrit, mehr Aristoteles, mehr Epikur, mehr Chrysipp.

Xen 137
Philosophenleben 1.23
Er [Thales] scheint aber nach der Ansicht einiger als Erster Astronomie betrieben und Sonnenfinsternisse und Sonnenwenden vorhergesagt zu haben […]; deshalb bewundern ihn auch Xenophanes und Herodot (**Th 10**).

Xen 138
Vitae philosophorum 1.111 (ed. Dorandi)
[...] ὡς δὲ Ξενοφάνης ὁ Κολοφώνιος ἀκηκοέναι φησί, τέτταρα πρὸς τοῖς πεντήκοντα καὶ ἑκατόν.

Xen 139
Vitae philosophorum 2.46 (ed. Dorandi)
τούτῳ τις, καθά φησιν Ἀριστοτέλης ἐν τρίτῳ Περὶ ποιητικῆς, ἐφιλονείκει Ἀντίλοχος Λήμνιος καὶ Ἀντιφῶν ὁ τερατοσκόπος, ὡς Πυθαγόρᾳ Κύλων καὶ Ὀνάτας· καὶ Σύαγρος Ὁμήρῳ ζῶντι, ἀποθανόντι δὲ Ξενοφάνης ὁ Κολοφώνιος· καὶ Κέρκωψ Ἡσιόδῳ ζῶντι, τελευτήσαντι δὲ ὁ προειρημένος Ξενοφάνης.

Similien:
Homerkritik

Xen 140
Vitae philosophorum 5.25 (ed. Dorandi)
Πρὸς τὰ Ξενοφάνους[1] α′,

Xen 141
Vitae philosophorum 8.36–37 (ed. Dorandi)
περὶ δὲ τοῦ ἄλλοτε ἄλλον αὐτὸν γεγενῆσθαι Ξενοφάνης ἐν ἐλεγείᾳ προσμαρτυρεῖ, ἧς ἀρχή,
    νῦν αὖτ' ἄλλον ἔπειμι λόγον, δείξω δὲ κέλευθον.
ὃ δὲ περὶ αὐτοῦ φησιν οὕτως ἔχει·
    καί ποτέ μιν στυφελιζομένου σκύλακος παριόντα
        φασὶν ἐποικτῖραι καὶ τόδε φάσθαι ἔπος·
    'παῦσαι μηδὲ ῥάπιζ', ἐπεὶ ἦ φίλου ἀνέρος ἐστὶ
        ψυχή, τὴν ἔγνων φθεγξαμένης ἀΐων.'
Καὶ ταῦτα μὲν ὁ Ξενοφάνης.

---

1 ξενοφάνους ‚membranae Florentinae' sec. Menag.: ξενοκράτους BPF[2mg].

Diogenes Laertios

Xen 138
Philosophenleben 1.111
Epimenides' sagenhaft hohes Lebensalter. [...] wie indessen Xenophanes gehört zu haben behauptet, [lebte Epimenides] 154 Jahre.

Xen 139
Philosophenleben 2.46
Mit diesem [Sokrates] rivalisierte, wie Aristoteles (**Xen 5**) im dritten Buch *Über die Poetik*[1] sagt, Antilochos aus Lemnos und der Wunderdeuter Antiphon, wie mit Pythagoras Kylon und Onatas; und Syagros mit dem lebenden Homer, mit dem toten aber Xenophanes, der Kolophonier; und Kerkops mit dem lebenden Hesiod, mit dem toten aber der vorgenannte Xenophanes.

Xen 140
Philosophenleben 5.25
*Aus dem Katalog der Schriften des Aristoteles (**Xen 6**).*
Gegen die Lehren des Xenophanes, 1 Buch

Xen 141
Philosophenleben 8.36–37
Dass er [Pythagoras] zu verschiedenen Zeiten als ein anderer geboren wurde, bezeugt dazu Xenophanes in der Elegie, deren Anfang [so lautet] (VS 21 B 7):
  Jetzt will ich wieder zu anderer Rede mich wenden und den Pfad weisen.
Was er aber über ihn sagt, geht so (ebd.):
  Und es heißt, als er [Pythagoras] einmal vorüberging, wie ein Hündchen misshandelt wurde, habe er Mitleid empfunden und dieses Wort gesprochen: ‚Hör auf mit deinem Schlagen. Denn es ist ja die Seele eines Freundes, die ich erkannte, wie ich ihre Stimme hörte.'
Soweit Xenophanes.

---
1 Statt wie überliefert der *Poetik* (Περὶ ποιητικῆς) wird diese Stelle auch der nicht überlieferten Schrift *Über Dichter* (Περὶ ποιητῶν) zugerechnet (s. dazu Flashar (²2004), 266f.).

Similien:
Seelenwanderung
Xenophanes als Elegiendichter

(vgl. **Xen 334**)

Xen 142
Vitae philosophorum 8.56 (ed. Dorandi)
Ἕρμιππος δὲ οὐ Παρμενίδου, Ξενοφάνους δὲ γεγονέναι ζηλωτήν, ᾧ καὶ συνδιατρῖψαι καὶ μιμήσασθαι τὴν ἐποποιΐαν· ὕστερον δὲ τοῖς Πυθαγορικοῖς ἐντυχεῖν.

Similien:
Xenophanes als Dichter

Xen 143
Vitae philosophorum 9.1 (ed. Dorandi)
μεγαλόφρων δὲ γέγονε παρ' ὁντιναοῦν καὶ ὑπερόπτης, ὡς καὶ ἐκ τοῦ συγγράμματος αὐτοῦ δῆλον ἐν ᾧ φησι, 'πολυμαθίη νόον οὐ διδάσκει· Ἡσίοδον γὰρ ἂν ἐδίδαξε καὶ Πυθαγόρην, αὖτίς τε Ξενοφάνεά τε καὶ Ἑκαταῖον.'

Xen 144
Vitae philosophorum 9.5 (ed. Dorandi)
Σωτίων δέ φησιν εἰρηκέναι τινὰς Ξενοφάνους αὐτὸν ἀκηκοέναι.

Xen 145
Vitae philosophorum 9.18–20 (ed. Dorandi) (teilw. = **Th 243**; teilw. = **Ar 95**)
Ξενοφάνης Δεξίου ἤ, ὡς Ἀπολλόδωρος, Ὀρθομένους Κολοφώνιος· ἐπαινεῖται πρὸς τοῦ Τίμωνος· φησὶ γοῦν,
 Ξεινοφάνη θ' ὑπάτυφον, ὁμηραπάτης ἐπικόπτην[1].

---

1   Wir lesen ὁμηραπάτης mit Sextus, PH 1.224 (**Xen 90**) (vgl. Vogt (1964)); ὁμηραπάτην Dorandi nach den HSS.

Xen 142
Philosophenleben 8.56
Hermipp (**Xen 25**) sagt, dass er [Empedokles] kein Nacheiferer des Parmenides, sondern des Xenophanes gewesen sei, mit dem er auch Umgang gehabt und dessen Dichtkunst er nachgeahmt habe; später sei er auf die Pythagoreer getroffen.

Xen 143
Philosophenleben 9.1
Er [Heraklit] (**Xen 2**) war hochmütig wie sonst keiner und herablassend, wie auch aus seiner Schrift deutlich wird, in der er sagt (VS 22 B 40): „Vielwisserei lehrt nicht Verstand haben. Sonst hätte sie's Hesiod gelehrt und Pythagoras, ferner auch Xenophanes und Hekataios."

Xen 144
Philosophenleben 9.5
Sotion (**Xen 28**) aber behauptet, dass einige sagten, [Heraklit] sei Hörer des Xenophanes gewesen.

Xen 145
Philosophenleben 9.18–20
Xenophanes aus Kolophon, der Sohn des Dexios oder, wie Apollodor sagt (**Xen 32**), des Orthomenes, wird von Timon gelobt; er sagt jedenfalls (**Xen 23**):
    „und den halbverblendeten Xenophanes, den Tadler des Homerbetrugs".
Aus seiner Vaterstadt vertrieben, ⟨...⟩ in Zankle auf Sizilien; ferner hielt er sich auch in Katania auf. Nach einigen hörte er niemanden als Schüler, nach manchen hingegen Boton, den Athener, oder, wie manche behaupten, Ar-

οὗτος ἐκπεσὼν τῆς πατρίδος ἐν Ζάγκλῃ τῆς Σικελίας ⟨...⟩ διέτριβε δὲ καὶ ἐν Κατάνῃ. διήκουσε δὲ κατ' ἐνίους μὲν οὐδενός, κατ' ἐνίους δὲ Βότωνος Ἀθηναίου ἤ, ὥς τινες, Ἀρχελάου. καί, ὡς Σωτίων φησί, κατ' Ἀναξίμανδρον ἦν. γέγραφε δὲ ἐν ἔπεσι καὶ ἐλεγείας καὶ ἰάμβους καθ' Ἡσιόδου καὶ Ὁμήρου, ἐπικόπτων αὐτῶν τὰ περὶ θεῶν εἰρημένα. ἀλλὰ καὶ αὐτὸς ἐρραψῴδει τὰ ἑαυτοῦ. ἀντιδοξάσαι τε λέγεται Θαλῇ καὶ Πυθαγόρᾳ, καθάψασθαι δὲ καὶ Ἐπιμενίδου. μακροβιώτατός τε γέγονεν, ὥς που καὶ αὐτός φησιν·

ἤδη δ' ἑπτά τ' ἔασι καὶ ἑξήκοντ' ἐνιαυτοὶ
βληστρίζοντες ἐμὴν φροντίδ' ἀν' Ἑλλάδα γῆν·
ἐκ γενετῆς δὲ τότ' ἦσαν ἐείκοσι πέντε τε πρὸς τοῖς,
εἴπερ ἐγὼ περὶ τῶνδ' οἶδα λέγειν ἐτύμως.

φησὶ δὲ τέτταρα εἶναι τῶν ὄντων στοιχεῖα, κόσμους δ' ἀπείρους, οὐ παραλλακτοὺς δέ. τὰ νέφη συνίστασθαι τῆς ἀφ' ἡλίου ἀτμίδος ἀναφερομένης καὶ αἰρούσης αὐτὰ εἰς τὸ περιέχον. οὐσίαν θεοῦ σφαιροειδῆ, μηδὲν ὅμοιον ἔχουσαν ἀνθρώπῳ· ὅλον δὲ ὁρᾶν καὶ ὅλον ἀκούειν, μὴ μέντοι ἀναπνεῖν· σύμπαντά τε εἶναι νοῦν καὶ φρόνησιν καὶ ἀίδιον. πρῶτός τε ἀπεφήνατο ὅτι πᾶν τὸ γινόμενον φθαρτόν ἐστι καὶ ἡ ψυχὴ πνεῦμα.

ἔφη δὲ καὶ τὰ πολλὰ ἥσσω νοῦ εἶναι. καὶ τοῖς τυράννοις ἐντυγχάνειν ⟨δεῖ⟩ ἢ ὡς ἥκιστα ἢ ὡς ἥδιστα. Ἐμπεδοκλέους δὲ εἰπόντος αὐτῷ ὅτι ἀνεύρετός ἐστιν ὁ σοφός, 'εἰκότως,' ἔφη· 'σοφὸν γὰρ εἶναι δεῖ τὸν ἐπιγνωσόμενον τὸν σοφόν.' φησὶ δὲ Σωτίων πρῶτον αὐτὸν εἰπεῖν ἀκατάληπτα εἶναι τὰ πάντα, πλανώμενος.

ἐποίησε δὲ καὶ Κολοφῶνος κτίσιν καὶ τὸν εἰς Ἐλέαν τῆς Ἰταλίας ἀποικισμὸν ἔπη δισχίλια. καὶ ἤκμαζε κατὰ τὴν ἑξηκοστὴν Ὀλυμπιάδα. φησὶ δὲ Δημήτριος ὁ Φαληρεὺς ἐν τῷ Περὶ γήρως καὶ Παναίτιος ὁ Στωϊκὸς ἐν τῷ Περὶ εὐθυμίας ταῖς ἰδίαις χερσὶ θάψαι τοὺς υἱεῖς αὐτόν, καθάπερ καὶ Ἀναξαγόραν. δοκεῖ δὲ πεπρᾶσθαι ὑπὸ ⟨...⟩¹ τῶν Πυθαγορικῶν Παρμενίσκου καὶ Ὀρεστάδου, καθά φησι Φαβωρῖνος ἐν Ἀπομνημονευμάτων πρώτῳ. γέγονε δὲ καὶ ἄλλος Ξενοφάνης Λέσβιος ποιητὴς ἰάμβων.

καὶ οὗτοι μὲν οἱ σποράδην.

Similien:
Durchgängige Wahrnehmung Gottes
Elemente
Gott als Geist
Gott durchweg ähnlich beschaffen
Gott kugelförmig

---
1   ὑπὸ (*καὶ λελύσθαι ὑπὸ) Diels: πεπρ. ⟨καὶ λελύσθαι⟩ ὑπὸ Marcovich.

chelaos. Wie Sotion (**Xen 29**) sagt, lebte er zur Zeit Anaximanders. Er verfasste [Werke] in epischen Versen, Elegien und Iamben gegen Hesiod und Homer und tadelte ihre Aussagen über die Götter. Indessen trug er auch seine eigenen Werke wie ein Rhapsode vor. Den Lehren des Thales und des Pythagoras soll er widersprochen und Epimenides angegriffen haben. Er hatte ein sehr langes Leben, wie er irgendwo auch selbst sagt (VS 21 B 8):

>   Siebenundsechzig Jahre aber sind es bereits, die meine Sorge durch das Hellenische Land auf und ab treiben. Von meiner Geburt gerechnet aber waren es damals fünfundzwanzig, wenn ich denn hierüber der Wahrheit gemäß zu berichten weiß. (vgl. **Xen 333**)

Er behauptet, es gebe vier Elemente der seienden Dinge sowie unendlich viele, einander nicht ablösende Welten[1]. Die Wolken entstünden, indem der Dunst von der Sonne aufsteige und sie in die Atmosphäre hebe. Das Wesen Gottes sei kugelförmig und habe keinerlei Ähnlichkeit mit einem Menschen. Ganz sehe er und ganz höre er (VS 21 B 24, vgl. **Xen 86**), ohne doch zu atmen. Er sei ganz Geist und Denken und ewig. Als erster legte er dar, dass alles, was entsteht, vergänglich und dass die Seele Pneuma ist.

Er sagte aber auch, dass das Viele geringer[2] sei als der Geist. Tyrannen solle man entweder so wenig wie möglich oder so freundlich wie möglich begegnen (vgl. **Xen 257** & **Xen 284**). Als Empedokles ihm sagte, dass der Weise nicht zu finden sei, sagte er: „Natürlich; denn derjenige muss weise sein, der den Weisen erkennt." Sotion (**Xen 30**) behauptet aber irrigerweise, dass er als erster gesagt habe, dass alles unerfassbar sei.

Er verfasste die *Gründung Kolophons* und die *Koloniegründung in Elea in Italien* im Umfang von zweitausend epischen Versen. Seine Blütezeit war während der 60. Olympiade [540–37]. Demetrios von Phaleron sagt aber (**Xen 21**) in dem Buch *Über das Alter* und Panaitios, der Stoiker, in dem Buch *Über die Wohlgemutheit* (**Xen 31**), dass er mit seinen eigenen Händen seine Söhne begraben habe, wie auch Anaxagoras (vgl. D.L. 2.13). Er scheint aber als Sklave verkauft worden zu sein von ⟨… und freigekauft (?)⟩ von den Pythagoreern Parmeniskos und Orestades, wie Favorinus im ersten Buch *der Erinnerungen* behauptet (**Xen 69**). Es gab noch einen weiteren Xenophanes, einen Iambendichter aus Lesbos.

Und das sind die vereinzelten (Philosophen).

---

1 Zu erwägen ist auch die Übersetzung von οὐ παραλλακτούς mit „nicht veränderlich". Vgl. zu dieser Stelle Lesher (1992), 19, Anm. 4.
2 Vgl. ebd.

Gottesbegriff
Homerkritik
Lebensalter/Lebenszeit
Natur der Seele
Natur und Entstehung der Erde
Naturphänomene
Prinzipien
Vater
Welt: eine/viele
Xenophanes als Elegiendichter
Xenophanes als Skeptiker

(vgl. **Xen 257**, **Xen 284** & **Xen 333**)

Xen 146
Vitae philosophorum 9.21 (ed. Dorandi) (= **Ar 96**)
Ξενοφάνους δὲ διήκουσε¹–Παρμενίδης Πύρητος Ἐλεάτης. τοῦτον Θεόφραστος ἐν τῇ Ἐπιτομῇ Ἀναξιμάνδρου φησὶν ἀκοῦσαι. ὅμως δ' οὖν ἀκούσας καὶ Ξενοφάνους οὐκ ἠκολούθησεν αὐτῷ. ἐκοινώνησε δὲ καὶ Ἀμεινίᾳ Διοχάρτα τῷ Πυθαγορικῷ, ὡς ἔφη Σωτίων, ἀνδρὶ πένητι μέν, καλῷ δὲ καὶ ἀγαθῷ. ᾧ καὶ μᾶλλον ἠκολούθησε καὶ ἀποθανόντος ἡρῷον ἱδρύσατο γένους τε ὑπάρχων λαμπροῦ καὶ πλούτου, καὶ ὑπὸ Ἀμεινίου ἀλλ' οὐχ ὑπὸ Ξενοφάνους εἰς ἡσυχίαν προετράπη.

Similien:
Verhältnis zu Parmenides
Xenophanes als Eleat

Xen 147
Vitae philosophorum 9.22 (ed. Dorandi)
καὶ αὐτὸς δὲ διὰ ποιημάτων φιλοσοφεῖ, καθάπερ Ἡσίοδός τε καὶ Ξενοφάνης καὶ Ἐμπεδοκλῆς.

Similien:
Xenophanes als Dichter

---
1   Post διήκουσε cum novo capite incipit B.

Xen 146
Philosophenleben 9.21
Parmenides, der Sohn des Pyres, der Eleate, hörte Xenophanes – Theophrast sagt in der *Epitome* (**Xen 18**), dieser [Parmenides (vgl. **Xen 288**), gemeint ist aber bei Theophrast Xenophanes[1]] habe Anaximander gehört. Obwohl er [Parmenides] auch Xenophanes hörte, folgte er ihm nicht nach. Er verkehrte aber auch mit Ameinias, dem Sohn des Diochartas, dem Pythagoreer, wie Sotion sagte, einem armen, aber vortrefflichen Mann. Dem folgte er auch eher nach und errichtete ihm nach dessen Tod ein Heroenheiligtum, denn er ging hervor aus glänzendem Geschlecht und reichen Verhältnissen und wurde von Ameinias, aber nicht von Xenophanes, zur Schweigsamkeit[2] hingewandt.

Xen 147
Philosophenleben 9.22
Auch er [Parmenides] philosophiert in Gedichten, wie Hesiod, Xenophanes und Empedokles.

---
1 S. dazu die Anmerkung zu FHS&G 227D.
2 Als Teil der pythagoreischen Lebensweise; vgl. Marcinkowska-Rosół (2010), 13 Anm. 26.

Xen 148
Vitae philosophorum 9.72 (ed. Dorandi)
οὐ μὴν ἀλλὰ καὶ Ξενοφάνης καὶ Ζήνων ὁ Ἐλεάτης καὶ Δημόκριτος κατ' αὐτοὺς σκεπτικοὶ τυγχάνουσιν· ἐν οἷς Ξενοφάνης μέν φησι·
    καὶ τὸ μὲν οὖν σαφὲς οὔτις ἀνὴρ ἴδεν οὐδέ τις ἔσται
    εἰδώς.
Ζήνων δὲ [...].

Similien:
Xenophanes als Skeptiker

Xen 149
Vitae philosophorum 9.111 (ed. Dorandi)
τῶν δὲ Σίλλων τρία ἐστίν, ἐν οἷς ὡς ἂν σκεπτικὸς ὢν πάντας λοιδορεῖ καὶ σιλλαίνει τοὺς δογματικοὺς ἐν παρῳδίας εἴδει. ὧν τὸ μὲν πρῶτον αὐτοδιήγητον ἔχει τὴν ἑρμηνείαν, τὸ δὲ δεύτερον καὶ τρίτον ἐν διαλόγου σχήματι. φαίνεται γοῦν ἀνακρίνων Ξενοφάνη τὸν Κολοφώνιον περὶ ἑκάστων, ὁ δ' αὐτῷ διηγούμενός ἐστι· καὶ ἐν μὲν τῷ δευτέρῳ περὶ τῶν ἀρχαιοτέρων, ἐν δὲ τῷ τρίτῳ περὶ τῶν ὑστέρων· ὅθεν δὴ αὐτῷ τινες καὶ Ἐπίλογον ἐπέγραψαν.

Athenaios von Naukratis

Xen 150
Deipnosophistarum Epitome 2.44 (ed. Kaibel), s. **Xen 290**

Xen 148
Philosophenleben 9.72
Indessen sind ihnen [den Pyrrhoneern] zufolge auch Xenophanes, Zenon, der Eleate, und Demokrit Skeptiker. Unter ihnen sagt Xenophanes (VS 21 B 34, 1):
> Und das Genaue freilich erblickte kein Mensch und es wird auch nie jemand sein, der es weiß (erblickt hat).

Und Zenon [...].

Xen 149
Philosophenleben 9.111
Von den *Sillen* gibt es drei Bücher, in denen er [Timon (**Xen 24**)] als Skeptiker alle Dogmatiker in der Art einer Parodie schmäht und verspottet. Davon ist das erste Buch in auktorialer Erzählweise gestaltet, das zweite und dritte in der Form eines Dialoges. Er tritt [hier] auf und befragt den Kolophonier Xenophanes zu den jeweiligen [Punkten bzw. Philosophen], der aber berichtet ihm; im zweiten Buch über die älteren, im dritten über die späteren Philosophen. Daher betitelten einige es auch als *Epilog*.

Athenaios von Naukratis (Deipnosophistae ca. 230 n. Chr.)

Xen 150
Im zweiten Buch des Gelehrtengastmahls, *erhalten in der* Epitome *(**Xen 290**), zitiert Athenaios Xenophanes.*

Xen 151
Deipnosophistae 9.6 (ed. Kaibel)[1]
Ξενοφῶν Κυνηγετικῷ· 'κωλῆν σαρκώδη, λαγόνας ὑγράς.' καὶ
Ξενοφάνης δ' ὁ Κολοφώνιος ἐν τοῖς ἐλεγείοις φησί·
 πέμψας γὰρ κωλῆν ἐρίφου σκέλος ἤραο πῖον
  ταύρου λαρινοῦ, τίμιον ἀνδρὶ λαχεῖν,
 τοῦ κλέος Ἑλλάδα πᾶσαν ἀφίξεται[2] οὐδ' ἀπολήξει,
  ἔστ' ἂν ἀοιδάων ᾖ γένος Ἑλλαδικόν.

Similien:
Xenophanes als Elegiendichter

(vgl. **Xen 291** & **Xen 335**)

Xen 152
Deipnosophistae 10.6 (ed. Kaibel)
ταῦτ' εἴληφεν ὁ Εὐριπίδης ἐκ τῶν τοῦ Κολοφωνίου ἐλεγείων Ξενοφάνους οὕτως εἰρηκότος·

---

1 Die von Athenaios in **Xen 151, 152, 153** und **155** zitierten Xenophanes-Verse sind an zahlreichen Stellen textkritisch umstritten, wobei oft fraglich ist, ob etwaige Abweichungen des für Athenaios überlieferten Textes vom ursprünglichen Xenophanischen Wortlaut Athenaios selber oder vielmehr seiner Überlieferung zuzuschreiben sind. Siehe zu Fragen der Textkritik die entsprechenden Apparate in IEG II und vor allem PE I. In den folgenden Anmerkungen ist nur verzeichnet, an welchen Stellen wir von Kaibels Edition abweichen.
2 ἐφίξεται Kaibel.

Xen 151
Gelehrtengastmahl 9.6
Xenophon sagt im *Kynegetikos* (5.30): „fleischige Keule, weiche Hüften".
Xenophanes, der Kolophonier, sagt in den *Elegien* (VS 21 B 6):
Denn du sandtest die Keule eines Böckchens und erhieltest dafür den fetten Schenkel eines Mastochsens, wie sich das als Preis für einen Mann gebührt, dessen Ruhm ganz Hellas erreichen und nimmer vergehen wird, solange nur das helladische Geschlecht der Lieder besteht."[1]

Xen 152
Gelehrtengastmahl 10.6
Nach einem Zitat aus Euripides' Satyrspiel Autolykos *(Fr. 282 TrGF), in dem die Verehrung der Athleten kritisiert wird:*
Dies[2] entnahm Euripides aus den Elegien des Kolophoniers Xenophanes, der so formulierte (VS 21 B 2):

---

1 Der Ausspruch richtet sich möglicherweise an Simonides (vgl. **Xen 335**). (Hinweis von M. Pozdnev.)
2 Euripides, VS 21 C 2 = Fr. 282 TrGF:
„Denn es gibt zahllose Übel in Hellas, doch keins ist schlimmer als das Volk der Athleten: Zuerst einmal macht ihre Ausbildung sie nicht lebenstüchtig und könnte es auch nicht; denn wie soll ein Mann, der ganz seinen Kauwerkzeugen dient und Sklave seines Magens ist, den Besitz des Vaters vermehren? Und sie sind auch nicht imstande, in Armut zu leben und sich mit den Wechselfällen des Lebens abzufinden; denn da sie es nicht gewohnt sind, innere Haltung zu zeigen, stellen sie sich schwer auf eine Notlage ein. Sie glänzen in der Jugend und stolzieren einher als staatliche Ausstellungsstücke; wenn aber das Alter mit seinen Unannehmlichkeiten kommt, dann ist es vorbei mit ihnen und sie sind wie abgetragene Kleider, die die Fäden verlieren.
Ich halte auch nichts von dem Brauch der Hellenen, ihretwegen zusammenzukommen und nutzlose Fresslust zu ehren. Denn welcher gute Ringer, welcher Läufer oder Diskuswerfer oder tüchtige Kinnhakenausteiler half seiner Stadt wirklich durch den Kranz, den er bekam? Sollen sie gegen den Feind mit dem Diskus in der Hand kämpfen oder mit der Faust Schilde zerhauen und Wunden schlagen und so den Feind aus ihrer Heimat vertreiben? Keiner begeht solch eine Dummheit, wenn er das Eisen vor sich sieht. Kluge und tüchtige Leute soll man mit Laub bekränzen,

ἀλλ' εἰ μὲν ταχυτῆτι ποδῶν νίκην τις ἄροιτο
 ἢ πενταθλεύων, ἔνθα Διὸς τέμενος
πὰρ Πίσαο ῥοῆσ' ἐν Ὀλυμπίῃ, εἴτε παλαίων
 ἢ καὶ πυκτοσύνην ἀλγινόεσσαν ἔχων,
εἴτε τὸ δεινὸν ἄεθλον ὃ παγκράτιον καλέουσιν,
 ἀστοῖσίν κ' εἴη κυδρότερος προσορᾶν
καί κε προεδρίην φανερὴν ἐν ἀγῶσιν ἄροιτο
 καί κεν σῖτ' εἴη[1] δημοσίων κτεάνων
ἐκ πόλεως καὶ δῶρον ὅ οἱ κειμήλιον εἴη·
 εἴτε καὶ ἵπποισιν, ταῦτά κε πάντα λάχοι,
οὐκ ἐὼν ἄξιος ὥσπερ ἐγώ. ῥώμης γὰρ ἀμείνων
 ἀνδρῶν ἠδ' ἵππων ἡμετέρη σοφίη.
ἀλλ' εἰκῇ μάλα τοῦτο νομίζεται, οὐδὲ δίκαιον
 προκρίνειν ῥώμην τῆς ἀγαθῆς σοφίης.
οὔτε γὰρ εἰ πύκτης ἀγαθὸς λαοῖσι μετείη
 οὔτ' εἰ πενταθλεῖν οὔτε παλαισμοσύνην,
οὐδὲ μὲν εἰ ταχυτῆτι ποδῶν, τόπερ ἐστὶ πρότιμον
 ῥώμης ὅσσ' ἀνδρῶν ἔργ' ἐν ἀγῶνι πέλει,
τοὔνεκεν ἂν δὴ μᾶλλον ἐν εὐνομίῃ πόλις εἴη.
 σμικρὸν δ' ἄν τι πόλει χάρμα γένοιτ' ἐπὶ τῷ,
εἴ τις ἀεθλεύων νικῷ Πίσαο παρ' ὄχθας·
 οὐ γὰρ πιαίνει ταῦτα μυχοὺς πόλεως.
πολλὰ δὲ καὶ ἄλλα ὁ Ξενοφάνης κατὰ τὴν ἑαυτοῦ σοφίαν ἐπαγωνίζεται, διαβάλλων ὡς ἄχρηστον καὶ ἀλυσιτελὲς τὸ τῆς ἀθλήσεως εἶδος.

Similien:
Xenophanes als Elegiendichter

(vgl. **Xen 292**)

Xen 153
Deipnosophistae 11.7 (ed. Kaibel)
ὁρῶν οὖν ὑμῶν καὶ αὐτὸς τὸ συμπόσιον κατὰ τὸν Κολοφώνιον Ξ ε ν ο φ ά ν η πλῆρες ὂν πάσης θυμηδίας·
νῦν γὰρ δὴ ζάπεδον καθαρὸν καὶ χεῖρες ἁπάντων
 καὶ κύλικες· πλεκτοὺς δ' ἀμφιτιθεῖ στεφάνους,
ἄλλος δ' εὐῶδες μύρον ἐν φιάλῃ παρατείνει·

---
[1] σίτησιν Kaibel.

Aber, wenn einer mit der Schnelligkeit der Füße den Sieg gewönne oder im Fünfkampf, dort wo des Zeus heilige Flur ist am Pisaquell in Olympia, oder im Ringen oder auch weil er die Kunst des schmerzensreichen Faustkampfs besitzt oder eine gewisse schreckliche Kampfart, die sie Allkampf (*Pankration*) benennen, so wäre er zwar für die Bürger glorreicher anzuschauen *als zuvor*, er erwürbe den weithin sichtbaren Ehrensitz bei den Kampfspielen, und Speisung gäbe es auf öffentliche Kosten von der Stadt und eine Gabe, die ihm ein Kleinod wäre; und auch wenn er mit seinen Rossen (*den Sieg gewönne*), so erhielte er alle diese *Ehren*; und doch wäre er nicht (= keiner) so würdig wie ich. Denn besser als Männer- und Rossekraft ist doch unser Wissen. Vielmehr ist das eine gar grundlose Sitte, und es ist nicht gerecht die Stärke dem tüchtigen Wissen vorzuziehen. Denn wenn auch ein tüchtiger Faustkämpfer unter den Bürgern wäre oder wer im Fünfkampf oder in der Ringkunst hervorragte, oder auch in der Schnelligkeit der Füße, was ja den Vorrang hat unter allen Kraftstücken, die sich im Wettkampfe der Männer zeigen, so wäre doch um dessentwillen die Stadt nicht in besserer Ordnung. Nur geringen Genuss hätte die Stadt davon, wenn einer an Pisas Ufern den Wettsieg gewönne; denn das macht die Kammern der Stadt nicht fett.*

Auch viel Anderes macht Xenophanes für seine Weisheit im Wettstreit geltend, indem er die Gattung des athletischen Wettkampfes als unbrauchbar und unnütz denunziert.

Xen 153
Gelehrtengastmahl 11.7
Da auch ich sehe, dass euer Symposion voll von jeder Ergötzlichkeit ist gemäß dem Kolophonier Xenophanes (VS 21 B 1):

---

verständige und gerechte Männer, die den Staat gut regieren, und Männer, deren Wort böses Tun verhindert und Streit und Aufruhr abwendet; denn so etwas ist von Wert für jede einzelne Stadt und für alle Hellenen zusammen." (Ü: Seeck)

κρατὴρ δ' ἕστηκεν μεστὸς εὐφροσύνης·
ἄλλος δ' οἶνος ἑτοῖμος, ὃς οὔποτέ φησι προδώσειν,
    μείλιχος ἐν κεράμοις, ἄνθεος ὀσδόμενος·
ἐν δὲ μέσοις ἁγνὴν ὀδμὴν λιβανωτὸς ἵησι·
    ψυχρὸν δ' ἐστὶν ὕδωρ καὶ γλυκὺ καὶ καθαρόν.
πάρκεινται δ' ἄρτοι ξανθοὶ γεραρή τε τράπεζα
    τυροῦ καὶ μέλιτος πίονος ἀχθομένη·
βωμὸς δ' ἄνθεσιν ἂν τὸ μέσον πάντη πεπύκασται,
    μολπῇ δ' ἀμφὶς ἔχει δώματα καὶ θαλίη.
χρὴ δὲ πρῶτον μὲν θεὸν ὑμνεῖν εὔφρονας ἄνδρας
    εὐφήμοις μύθοις καὶ καθαροῖσι λόγοις·
σπείσαντας δὲ καὶ εὐξαμένους τὰ δίκαια δύνασθαι
    πρήσσειν (ταῦτα γὰρ ὦν ἐστι προχειρότερον)
οὐχ ὕβρις πίνειν ὁπόσον κεν ἔχων ἀφίκοιο
    οἴκαδ' ἄνευ προπόλου, μὴ πάνυ γηραλέος.
ἀνδρῶν δ' αἰνεῖν τοῦτον ὃς ἐσθλὰ πιὼν ἀναφαίνει[1],
    ὥς[2] οἱ μνημοσύνη, καὶ τὸν ὃς ἀμφ' ἀρετῆς,
οὔτι μάχας διέπειν Τιτήνων οὐδὲ Γιγάντων
    οὐδέ ⟨τι⟩ Κενταύρων, πλάσματα τῶν προτέρων,
ἢ στάσιας σφεδανάς, τοῖς οὐδὲν χρηστὸν ἔνεστι,
    θεῶν ⟨δὲ⟩ προμηθείην αἰὲν ἔχειν ἀγαθήν[3].

(vgl. **Xen 293**)

Xen 154
Deipnosophistarum Epitome 11.18 (ed. Kaibel), s. **Xen 294**

Xen 155
Deipnosophistae 12.30–31 (ed. Kaibel)
Ἡρακλείδης δ' ὁ Ποντικὸς ἐν τῷ περὶ Ἡδονῆς Σαμίους φησὶ καθ' ὑπερβολὴν τρυφήσαντας διὰ τὴν πρὸς ἀλλήλους μικρολογίαν ὥσπερ Συβαρίτας τὴν πόλιν ἀπολέσαι. Κολοφώνιοι δ', ὥς φησι Φύλαρχος, τὴν ἀρχὴν ὄντες σκληροὶ ἐν ταῖς ἀγωγαῖς, ἐπεὶ εἰς τρυφὴν ἐξώκειλαν πρὸς

---
1 ἀναφαίνῃ Kaibel nach Hermann.
2 ὡς Kaibel.
3 ἀγαθόν Kaibel nach Francke und Hermann.

Denn nun ist ja der Fußboden rein und aller Hände und Becher. Gewundene Kränze legt uns einer ums Haupt, und ein anderer reicht duftende Salbe in einer Schale dar. Der Mischkrug steht da angefüllt mit Frohsinn, auch noch anderer Wein ist bereit in den Krügen, der nimmer zu versagen verspricht, ein milder, blumenduftender. In unserer Mitte sendet heiligen Duft der Weihrauch empor, kaltes Wasser ist da, süßes, lauteres. Bereit liegen rötlich-blonde Brote, und der würdige Tisch beugt sich unter der Last des Käses und fetten Honigs. Der Altar steht in der Mitte ganz mit Blumen geschmückt, Gesang umfängt das Haus und Festesfreude. Da ziemt's zuerst wohlgesinnten Männern dem Gotte lobzusingen mit frommen Geschichten und reinen Worten. Nach der Spende aber und nach dem Gebet, uns Kraft zu verleihen das Rechte zu tun – denn dies *zu erbitten*, ist ja das Gemäßere (das uns näher Angehende) –, ist's kein Übermut so viel zu trinken, dass sich ungeleitet nach Hause finden kann, wer nicht ganz altersschwach ist. Von den Männern aber ist der zu loben, der nach dem Trunke Edles ans Licht bringt, so wie es ihm um das Gedächtnis bestellt ist, und der, der um Tugend [bemüht ist]. Nicht Kämpfe der Titanen sind durchzugehen oder der Giganten oder auch der Kentauren – Erfindungen der Vorzeit – oder tobender Bürgerzwist, denn darin ist nichts Nützliches; sondern den Göttern ist allzeit gute Achtung zu erweisen.*

Xen 154
Im elften Buch, erhalten in der Epitome *(Xen 294), zitiert Athenaios Xenophanes.*

Xen 155
Gelehrtengastmahl 12.30-31
Herakleides Pontikos (Fr. 41 Schütrumpf) sagt in der Schrift *Über die Lust*, dass die Samier im Überfluss geschwelgt und wie die Sybariten infolge ihrer gegenseitigen Kleinigkeitskrämerei ihre Stadt zugrundegerichtet hätten. Die Kolophonier aber, wie Phylarchos sagt (FGrHist 2a 81 F 66), hatten anfangs

Λυδοὺς φιλίαν καὶ συμμαχίαν ποιησάμενοι, προήεσαν διησκημένοι τὰς κόμας χρυσῷ κόσμῳ, ὡς καὶ Ξενοφάνης φησίν·
  ἁβροσύνας δὲ μαθόντες ἀνωφελέας παρὰ Λυδῶν,
    ὄφρα τυραννίης ἦσαν ἄνευ στυγερῆς,
  ἤεσαν εἰς ἀγορὴν παναλουργέα φάρε' ἔχοντες,
    οὐ μείους ὥσπερ χίλιοι εἰς ἐπίπαν,
  αὐχαλέοι, χαίτῃσιν †ἀγαλλομεν εὐπρεπέεσσιν
    ἀσκητοῖς ὀδμὴν χρίμασι δευόμενοι.

(vgl. **Xen 295**)

Xen 156
Deipnosophistae 14.32 (ed. Kaibel)
ὅτι δὲ πρὸς τὴν μουσικὴν οἰκειότατα διέκειντο οἱ ἀρχαῖοι δῆλον καὶ ἐξ Ὁμήρου· ὃς διὰ τὸ μεμελοποιηκέναι πᾶσαν ἑαυτοῦ τὴν ποίησιν ἀφροντιστὶ [τοὺς] πολλοὺς ἀκεφάλους ποιεῖ στίχους καὶ λαγαρούς, ἔτι δὲ μειούρους. Ξενοφάνης δὲ καὶ Σόλων καὶ Θέογνις καὶ Φωκυλίδης, ἔτι δὲ Περίανδρος ὁ Κορίνθιος ἐλεγειοποιὸς καὶ τῶν λοιπῶν οἱ μὴ προσάγοντες πρὸς τὰ ποιήματα μελῳδίαν ἐκπονοῦσι τοὺς στίχους τοῖς ἀριθμοῖς καὶ τῇ τάξει τῶν μέτρων ⟨...⟩ καὶ σκοποῦσιν ὅπως αὐτῶν μηθεὶς ⟨μήτε⟩ ἀκέφαλος ἔσται μήτε λαγαρὸς μήτε μείουρος.

Similien:
Xenophanes als Dichter

Porphyrios

Xen 157
Fr. 141bF Smith, s. **Xen 238** (Philop., In Ph. 16.125.15–126.2)

eine karge Lebensführung. Nachdem sie mit den Lydern Freundschaft und ein Bündnis geschlossen hatten und so in den Luxus abglitten, schritten sie mit goldgeschmückten Haaren einher, wie auch Xenophanes sagt (VS 21 B 3):

> Weichlichen Prunk, nutzlosen, erlernten sie von den Lydern und, solange sie noch frei waren von der verhassten Zwingherrschaft, schritten sie zur Versammlung mit ganz purpurnen Gewändern nicht weniger denn tausend zumal, vornehm tuend, prahlend mit ihren wohlgezierten Locken, triefend von Duft durch künstlich bereitete Salben.

Xen 156
Gelehrtengastmahl 14.32
Dass die Alten aber zur Musik ein besonders inniges Verhältnis hatten, wird auch anhand von Homer deutlich: Da er seine ganze Dichtung melodisch anlegt, macht er unbekümmert viele Verse „kopflos" und „schmächtig", zudem auch „kurzschwänzig"[1]. Xenophanes aber und Solon und Theognis und Phokylides, außerdem Periander, der korinthische Elegiendichter, und von den übrigen diejenigen, die zu den Gedichten keine Melodie dazunehmen, arbeiten die Verse in Zahl und Ordnung der Metren ⟨vollendet⟩ aus und sehen zu, dass von ihnen keiner „kopflos" noch „schmächtig" noch „kurzschwänzig" ist.

Porphyrios (ca. 234 – 305/10 n. Chr.)

Xen 157
*Nach Philoponos (**Xen 238**) behauptet Porphyrios, dass Xenophanes das Trockene und das Feuchte als Prinzipien vermutet habe (vgl. **Xen 233**).*

---

1 Zu den drei Begriffen siehe Snell (^{5}2010), 14f.

Laktanz

Xen 158
Divinae Institutiones 3.23.12–13 (ed. Heck/Wlosok)
Xenophanes dicentibus mathematicis orbem lunae duodeuiginti partibus maiorem esse quam terram stultissime credidit et, quod huic leuitati fuit consentaneum, dixit intra concauum lunae sinum esse aliam terram et ibi aliud genus hominum simili modo uiuere, quo nos in hac terra uiuimus.
habent igitur illi lunatici homines alteram lunam, quae illis nocturnum lumen exhibeat sicut haec exhibet nobis, et fortasse noster hic orbis alterius inferioris terrae luna sit.

Similien:
Bewohnter Mond
Natur der Gestirne

(vgl. **Xen 264**)

Xen 159
Epitome divinarum institutionum 34.1–2 (ed. Heck/Wlosok)
Illa uero leuia, sed ex eadem uanitate nascuntur: Xenophanes orbem lunae decem et octo partibus dixit esse maiorem quam haec nostra sit terra; itaque intra sinum eius aliam terram contineri, quae ab hominibus et omnis generis animalibus incolatur.
de antipodis quoque sine risu nec audiri nec dici potest, adseritur tamen quasi aliquid serium, ut credamus esse homines qui uestigiis nostris habeant aduersa uestigia. Tolerabilius Anaxagoras delirauit, qui nigram niuem dixit.

Similien:
Bewohnter Mond
Natur der Gestirne

Laktanz (um 250 – 325 n. Chr.)

Xen 158
Göttliche Unterweisungen 3.23.12–13
Die Irrtümer der Philosophen hinsichtlich der Sonne und des Mondes. Xenophanes glaubte höchst törichterweise Mathematikern [Astronomen], die behaupteten, dass der Umkreis des Mondes achtzehnmal größer als die Erde sei; er sagte im Einklang mit dieser leichtfertigen Annahme, dass sich im hohlen Inneren des Mondes eine andere Erde befinde und dass dort eine andere Art von Menschen ähnlich lebe, wie wir auf dieser Erde leben.
Also haben jene Mondmenschen einen anderen Mond, welcher ihnen ein nächtliches Licht bietet, so wie dieser [unser Mond] uns [ein nächtliches Licht bietet]; und vielleicht ist unser Erdkreis der Mond einer anderen unteren Erde.

Xen 159
Epitome der Göttlichen Unterweisungen 34.1–2 (verf. um 320 n. Chr.)
Jene [folgenden Ansichten] sind zwar weniger bedeutsam, gehen aber aus demselben nichtigen Irrglauben hervor: Xenophanes sagte, dass der Umkreis des Mondes achtzehnmal größer als unsere Erde sei; in seinem Inneren sei eine andere Erde enthalten, die von Menschen und Tieren jeder Art bewohnt werde.
Auch von den „Gegenfüßlern" (Antipoden) kann man nicht ohne Gelächter hören und reden, dennoch wird die Annahme so behauptet, als sei sie ernsthaft gemeint, sodass wir glauben sollen, dass es Menschen gibt, die Fußspuren haben, welche den unseren auf der gegenüberliegenden Seite [der Erde] zugekehrt sind. Erträglicher hat Anaxagoras gefaselt, welcher den Schnee schwarz nannte.

Eusebios von Kaisareia

Xen 160
Chronica (s. **Xen 187**)

Xen 161
Chronica (s. **Xen 188**)

Xen 162
Praeparatio Evangelica 1.8.4–5 (ed. Des Places)
(ἀπὸ τῶν Πλουτάρχου Στρωματέων.) Ξενοφάνης δὲ ὁ Κολοφώνιος, ἰδίαν τινὰ ὁδὸν πεπορευμένος καὶ παρηλλαχυῖαν πάντας τοὺς προειρημένους, οὔτε γένεσιν οὔτε φθορὰν ἀπολείπει, ἀλλ' εἶναι λέγει τὸ πᾶν ἀεὶ ὅμοιον. Εἰ γὰρ γίγνοιτο τοῦτο, φησίν, ἀναγκαῖον πρὸ τούτου μὴ εἶναι· τὸ μὴ ὂν δὲ οὐκ ἂν γένοιτο οὐδ' ἂν τὸ μὴ ὂν ποιήσαι τι οὔτε ὑπὸ τοῦ μὴ ὄντος γένοιτ' ἄν τι. Ἀποφαίνεται δὲ καὶ τὰς αἰσθήσεις ψευδεῖς καὶ καθόλου σὺν αὐταῖς καὶ αὐτὸν τὸν λόγον διαβάλλει. Ἀποφαίνεται δὲ καὶ τῷ χρόνῳ καταφερομένην συνεχῶς καὶ κατ' ὀλίγον τὴν γῆν εἰς τὴν θάλασσαν χωρεῖν. Φησὶ δὲ καὶ τὸν ἥλιον ἐκ μικρῶν καὶ πλειόνων πυρίων ἀθροίζεσθαι. Ἀποφαίνεται δὲ καὶ περὶ θεῶν ὡς οὐδεμιᾶς ἡγεμονίας ἐν αὐτοῖς οὔσης· οὐ γὰρ ὅσιον δεσπόζεσθαί τινα τῶν θεῶν· ἐπιδεῖσθαί τε μηδενὸς αὐτῶν μηδένα μηδ' ὅλως· ἀκούειν δὲ καὶ ὁρᾶν καθόλου καὶ μὴ κατὰ μέρος. Ἀποφαίνεται δὲ καὶ τὴν γῆν ἄπειρον εἶναι καὶ κατὰ πᾶν μέρος μὴ περιέχεσθαι ὑπὸ ἀέρος· γίνεσθαι δὲ ἅπαντα ἐκ γῆς, τὸν δὲ ἥλιόν φησι καὶ τὰ ἄλλα ἄστρα ἐκ τῶν νεφῶν γίνεσθαι.
Παρμενίδης δὲ ὁ Ἐλεάτης, ἑταῖρος Ξενοφάνους, ἅμα μὲν καὶ τῶν τούτου δοξῶν ἀντεποιήσατο, ἅμα δὲ καὶ τὴν ἐναντίαν ἐνεχείρησεν στάσιν. Ἀΐδιον μὲν γὰρ τὸ πᾶν καὶ ἀκίνητον ἀποφαίνεται καὶ κατὰ τὴν τῶν πραγμάτων ἀλήθειαν· εἶναι γὰρ αὐτὸ
  μοῦνον μουνογενές τε καὶ ἀτρεμὲς ἠδ' ἀγένητον·
γένεσιν δὲ τῶν καθ' ὑπόληψιν ψευδῆ δοκούντων εἶναι καὶ τὰς αἰσθήσεις ἐκβάλλει ἐκ τῆς ἀληθείας. Φησὶ δὲ ὅτι εἴ τι παρὰ τὸ ὂν ὑπάρχει, τοῦτο οὐκ

Eusebios von Kaisareia
(vor 260 – zw. 337 u. 340 n. Chr.)

Xen 160
Chronik (mit Bezug auf das Jahr 554 v. Chr.)
Die Chronik des Eusebius ist griechisch fragmentarisch überliefert, der zweite Teil des Werkes in einer lateinischen Bearbeitung des Hieronymus, s. **Xen 187f.** *Vollständig liegt die Chronik nur in einer armenischen Übersetzung des 6. Jh.s vor.*

Xen 161
Chronik (mit Bezug auf das Jahr 539 v. Chr.)

Xen 162
Evangelische Vorbereitung 1.8.4–5
(Aus [Pseudo-]Plutarchs *Stromata* [= **Xen 79**].) Der Kolophonier Xenophanes aber beschritt einen eigenen und gegenüber allen vorhergenannten verschiedenen Weg. Er belässt weder Entstehen noch Vergehen, sondern sagt, dass das All stets gleich sei. Denn wenn dies entstünde, so behauptet er, sei es notwendigerweise davor nicht. Das Nicht-Seiende könne aber nicht entstehen und es könne das Nicht-Seiende auch nicht etwas bewirken, noch könne vom Nicht-Seienden her etwas entstehen. Er legt auch dar, dass die Wahrnehmungen trügerisch sind und verwirft insgesamt mit ihnen auch die Vernunft (*logos*) selbst. Er legt auch dar, dass die Erde mit der Zeit fortwährend und schrittweise herabsinke und ins Meer weiche. Er behauptet aber auch, dass sich die Sonne aus mehreren kleinen Feuerteilchen zusammensetze. Er legt auch in Hinsicht auf die Götter dar, dass es keine Herrschaft unter ihnen gebe; denn es sei nicht recht, dass irgendeiner der Götter beherrscht werde. Keiner von ihnen bedürfe überhaupt irgendeiner Sache. Sie hörten und sähen insgesamt und nicht teilweise. Er legt aber auch dar, dass die Erde unendlich sei und nirgendwo von Luft umfasst werde. Alles entstehe aus Erde. Die Sonne, so behauptet er, und die anderen Gestirne entstünden aus den Wolken.
Parmenides, der Eleate, ein Gefährte des Xenophanes, beanspruchte einerseits dessen Lehren, nahm aber andererseits zugleich einen entgegengesetzten Standpunkt ein. Er legt nämlich dar, dass das All gemäß der Wahrheit der Dinge zwar ewig und unbewegt sei; denn es sei

ἔστιν ὄν· τὸ δὲ μὴ ὂν ἐν τοῖς ὅλοις οὐκ ἔστιν. Οὕτως οὖν τὸ ὂν ἀγένητον ἀπολείπει. Λέγει δὲ τὴν γῆν τοῦ πυκνοῦ καταρρυέντος ἀέρος γεγονέναι.

Similien:
Das Eine/Das All
Durchgängige Wahrnehmung Gottes
Gestirne als Wolken
Gottesbegriff
Gott durchweg ähnlich beschaffen
Gott/das Prinzip bewegt/unbewegt
Natur der Gestirne
Natur und Entstehung der Erde
Unendlichkeit der Erde
Verhältnis zu Parmenides
Xenophanes als Skeptiker

Xen 163
Praeparatio evangelica 10.4.17–18 (ed. Des Places) (= **Th 262**)
Ὁ μὲν οὖν Πυθαγόρας τοιοῦτος. Πρώτη δ' ἐκ τῆς τούτου διαδοχῆς ἡ κληθεῖσα Ἰταλικὴ φιλοσοφία συνέστη, τῆς ἐπωνυμίας ἐκ τῆς κατὰ τὴν Ἰταλίαν διατριβῆς ἀξιωθεῖσα· μεθ' ἣν ἡ ἀπὸ Θαλοῦ τοῦ τῶν ἑπτὰ σοφῶν ἑνὸς Ἰωνικὴ προσαγορευθεῖσα· κἄπειτα ἡ Ἐλεατική, Ξενοφάνην τὸν Κολοφώνιον πατέρα ἐπιγραψαμένη.

Similien:
Xenophanes als Eleat

Xen 164
Praeparatio evangelica 10.14.14–15 (ed. Des Places)
Κατὰ δὲ τὸν αὐτὸν τῷ Ἀναξαγόρᾳ χρόνον ἤκμασαν ἄνδρες φυσικοὶ Ξενοφάνης τε καὶ Πυθαγόρας. Τὸν μὲν οὖν Πυθαγόραν διεδέξατο Θεανὼ ἡ γυνὴ οἵ τε υἱοὶ αὐτοῦ, Τηλαύγης καὶ Μνήσαρχος. Τηλαύγους δὲ Ἐμπεδοκλῆς ἀκουστὴς γίνεται, καθ' ὃν Ἡράκλειτος ὁ σκοτεινὸς ἐγνωρίζετο. Τὸν δὲ Ξενοφάνην λέγεται ὁ Παρμενίδης διαδέξασθαι, Παρμενίδην δὲ Μέλισσος, Μέλισσον δὲ Ζήνων ὁ Ἐλεάτης.

Eusebios von Kaisareia

einzig einziggeboren und unerschütterlich und ungeworden (VS 28 B 8,4).
Die Entstehung der Dinge, die gemäß falscher Annahme zu existieren scheinen, verwirft er ebenso aus dem Bereich der Wahrheit wie die Wahrnehmungen. Er behauptet, dass, wenn etwas neben dem Seienden existiert, dieses nicht Seiendes ist; das Nicht-Seiende existiert aber nicht im All. So lässt er also das Seiende ungeworden sein. Er sagt, dass die Erde aus der dichten herabgeströmten Luft entstanden sei.

Xen 163
Evangelische Vorbereitung 10.4.17–18
Pythagoras sei soweit charakterisiert. Zuerst bildete sich in Nachfolge von dessen Schule die sogenannte ‚italische' Philosophie, der man ihren Namen nach dem Ort der Lehre in Italien zuerkannte. Danach kam die von Thales, einem der sieben Weisen, ausgehende Philosophie, die als ‚ionisch' bezeichnet wurde, und dann die ‚eleatische', die sich Xenophanes, den Kolophonier, als ihren ‚Vater' zuschrieb.

Xen 164
Evangelische Vorbereitung 10.14.14–15
Die Vorgängigkeit von Moses und den Propheten. Zur selben Zeit wie Anaxagoras hatten die Naturphilosophen Xenophanes und Pythagoras ihre Blütezeit. Pythagoras folgten seine Frau Theano nach sowie seine Söhne Telauges und Mnesarchos. Ein Schüler des Telauges war Empedokles, in dessen Zeit bekanntermaßen Heraklit, der ‚Dunkle', lebte. Nachfolger von Xenophanes soll Parmenides gewesen sein, Melissos von Parmenides, Zenon, der Eleate, von Melissos.

Similien:
Lebensalter/Lebenszeit
Verhältnis zu Parmenides
Xenophanes als Eleat

Xen 165
Praeparatio evangelica 11.3.1 (ed. Des Places) (= **Th 268**)
«Ἐφιλοσόφησε δὲ Πλάτων, εἰ καί τις ἄλλος τῶν πώποτε, γνησίως καὶ τελείως. Οἱ μὲν γὰρ ἀπὸ Θάλεω φυσιολογοῦντες διετέλεσαν, οἱ δὲ περὶ Πυθαγόραν ἐπεκρύψαντο πάντα· Ξενοφάνης δὲ καὶ οἱ ἀπ' ἐκείνου τοὺς ἐριστικοὺς κινήσαντες λόγους πολὺν μὲν ἐνέβαλον ἴλιγγον τοῖς φιλοσόφοις, οὐ μὴν ἐπόρισάν γέ τινα βοήθειαν.»

Xen 166
Praeparatio evangelica 13.13.36 (ed. Des Places)
Εὖ γοῦν καὶ Ξενοφάνης ὁ Κολοφώνιος διδάσκων ὅτι εἷς καὶ ἀσώματος ὁ θεὸς ἐπιφέρει·

    Εἷς θεός, ἔν τε θεοῖσι καὶ ἀνθρώποισι μέγιστος,
    οὔ τι δέμας θνητοῖσιν ὁμοίιος, οὐδὲ νόημα.

καὶ πάλιν·

    Ἀλλ' οἱ βροτοὶ δοκοῦσι γεννᾶσθαι θεούς,
    τὴν σφετέρην δ' ἐσθῆτα ἔχειν φωνήν τε δέμας τε.

καὶ πάλιν·

    Ἀλλ' εἰ χεῖρας ἔχον βόες ἠὲ λέοντες[1]
    ἢ γράψαι χείρεσσι καὶ ἔργα τελεῖν ἅπερ ἄνδρες,
    ἵπποι μέν θ' ἵπποισι, βόες δέ τε βουσὶν ὁμοῖοι[2],
    καὶ θεῶν[3] ἰδέας ἔγραφον καὶ σώματ'[4] ἐποίουν
    τοιαῦθ', οἷόν περ καὶ αὐτοὶ δέμας εἶχον ὅμοιον.

---

1 So der Vers in der Eusebios-Überlieferung. Für Clemens (Xen 116) ist an entsprechender Stelle überliefert: ἀλλ' εἴ τοι χεῖρας εἶχον βόες ἠὲ λέοντες; ebenso Theodoret (Xen 196), indessen mit ἢ ἐλέφαντες als v.l. zu ἠὲ λέοντες in MSCV. Diels stellt als originalen Wortlaut des Verses her: ἀλλ' εἰ χεῖρας ἔχον βόες ⟨ἵπποί τ'⟩ ἠὲ λέοντες.
2 Siehe oben die entsprechende Anmerkung zu **Xen 116**.
3 Siehe oben die entsprechende Anmerkung zu **Xen 116**.
4 σώματ' Clem^is L Theod.: δώματ' codd.

Xen 165
Evangelische Vorbereitung 11.3.1
*(Zitat aus Aristokles' Über die Philosophie, s. **Xen 55**)* „Wenn überhaupt einer, so philosophierte Platon wahrhaft und vollgültig. Thales nämlich und seine Schule haben nur Naturphilosophie betrieben, die um Pythagoras aber haben alles rätselhaft ausgedrückt. Xenophanes und seine Nachfolger stifteten unter den Philosophen, indem sie die eristischen Argumente aufbrachten, viel Verwirrung, verschafften aber nicht irgendeine Hilfe."

Xen 166
Evangelische Vorbereitung 13.13.36
*(aus Clemens, Strom. 5.14.109 (**Xen 116**)): Griechische Weisheit in Übereinstimmung mit hebräischer – hier die Unvergleichbarkeit Gottes)*
Richtig fügt also auch der Kolophonier Xenophanes, wenn er lehrt, dass Gott ein Einziger und unkörperlich ist, hinzu (VS 21 B 23):
> Ein einziger Gott, unter Göttern und Menschen am größten, weder an Gestalt den Sterblichen ähnlich noch an Gedanken.

Und wiederum (VS 21 B 14):
> Doch wähnen die Sterblichen, die Götter würden geboren und hätten Gewand und Stimme und Gestalt wie sie.

Und wiederum (VS 21 B 15):
> Doch wenn die Ochsen und Löwen Hände hätten oder malen könnten mit ihren Händen und Werke bilden wie die Menschen, so wären die Rosse Rossen und die Ochsen Ochsen ähnlich[1] und würden Göttergestalten malen und solche Körper bilden, wie sie selbst ihre Form in gleicher Weise hätten."

---

1 Die Übersetzung setzt das von Eusebios überlieferte ὅμοιοι voraus; richtig ὁμοίας (**Xen 196**).

Similien:
Götterbilder
Gottesbegriff
Religionskritik

(vgl. **Xen 116** & **Xen 196**)

Xen 167
Praeparatio evangelica 14 (Pinax) (ed. Des Places)
ιζ'. Πρὸς τοὺς περὶ Ξενοφάνην καὶ Παρμενίδην τὰς αἰσθήσεις ἀναιροῦντας. Ἐκ τοῦ Ἀριστοκλέους.

Xen 168
Praeparatio evangelica 14.2.4–7 (ed. Des Places)
Περιέξει δ' ἡμῖν τὸ στάδιον ἐν τῷ γυμνικῷ τῷδε ἀγῶνι γυμνοὺς ἀληθείας ἁπάσης πρὸς τοῖς δηλωθεῖσι καὶ τοὺς πᾶσιν ὁμοῦ τοῖς δογματικοῖς φιλοσόφοις ἐξ ἐναντίας ἀραμένους τὰ ὅπλα, τοὺς ἀμφὶ Πύρρωνα λέγω, μηδὲν εἶναι καταληπτὸν ἐν ἀνθρώποις ἀποφηναμένους, καὶ τούς τε κατ' Ἀρίστιππον μόνα λέγοντας τὰ πάθη εἶναι καταληπτὰ καὶ αὖ πάλιν τοὺς κατὰ Μητρόδωρον καὶ Πρωταγόραν μόναις δεῖν φάσκοντας ταῖς τοῦ σώματος πιστεύειν αἰσθήσεσιν. Ἔμπαλιν δὲ τούτοις συναποδύσομεν τοὺς ἀμφὶ Ξενοφάνην καὶ Παρμενίδην τὴν ἐναντίαν παραταξαμένους καὶ τὰς αἰσθήσεις ἀνελόντας. οὐ παρήσομεν δὲ οὐδὲ τοὺς τῆς ἡδονῆς προμάχους, ἀλλὰ καὶ τούτων τὸν ἀριστέα Ἐπίκουρον σὺν τοῖς εἰρημένοις καταλέξομεν. Πρὸς ἅπαντας δὲ ὁμοῦ τοῖς σφετέροις αὐτῶν βέλεσι τὸν κατ' αὐτῶν ἀντιθήσομεν ἔλεγχον. καὶ τῶν ἐπίκλην δὲ φυσικῶν ἁπάντων ὁμοῦ τῶν τε δογμάτων τὰς διαφωνίας καὶ τῆς σπουδῆς τὴν ἀχρηστομάθειαν εἰς φανερὸν οἴσω, οὔ τί που μισέλλην οὐδὲ μισόλογος τις ὤν – πολλοῦ γε δέω –, διαβολῆς δ' αἰτίαν ἀπολυόμενος ὅτι δὴ τῆς ἑλληνικῆς ἥκιστα σοφίας μεταποιηθέντες τὰ Ἑβραίων λόγια προτετιμήκαμεν.

Xen 167
Evangelische Vorbereitung 14 (pinax)
Kap. 17. Gegen die Schulen von Xenophanes und Parmenides, die die Sinneswahrnehmungen aufheben. Aus dem achten Buch des Aristokles [*Über die Philosophie* (vgl. **Xen 172**)].

Xen 168
Evangelische Vorbereitung 14.2.4–7
Über die Meinungsverschiedenheiten und den (sprichwörtlichen) Kampf der griechischen Philosophen gegeneinander. Im Stadion werden wir in diesem nackt ausgetragenen Wettkampf neben den [eben] Dargestellten [sc. den ‚dogmatischen' Philosophen] auch diejenigen jeder Wahrheit entblößt sehen, die ihre Waffen gegen alle dogmatischen Philosophen erhoben haben, ich meine die [Denker] im Umkreis von Pyrrhon, die gesagt haben, dass für die Menschen nichts erfassbar sei, und diejenigen, die in der Weise des Aristipp sagen, dass nur die Affektionen erfassbar seien, und wiederum diejenigen, die in der Weise des Metrodor und des Protagoras behaupten, dass man nur den Wahrnehmungen des Körpers Glauben schenken dürfe. Zusammen mit diesen werden wir auch die [Denker] um Xenophanes und Parmenides als [sowohl zum Kampf wie auch der Wahrheit] entblößt erweisen, die sich gegen [die zuvor genannten] positioniert und die Wahrnehmungen aufgehoben haben. Auch die Vorkämpfer der Lust werden wir nicht davonkommen lassen, sondern ihren Besten, Epikur, zusammen mit den genannten in die Liste einreihen. Dabei werden wir allen zusammen mit ihren eigenen Waffen die gegen sie gerichtete Widerlegung entgegensetzen. Und ich werde zugleich den Dissens der Lehren der so genannten Naturphilosophen wie auch die Nutzlosigkeit ihres wissenschaftlichen Eifers offenlegen, nicht etwa, weil ich ein Griechen- oder gar ein Hasser von Argumenten bin (weit gefehlt!), sondern weil ich die verleumderische Anklage aus der Welt schaffen möchte, [die behauptet,] dass wir den Sprüchen der Hebräer deshalb den Vorzug gäben, weil wir nicht im Mindesten nach der griechischen Weisheit gestrebt hätten.

Xen 169
Praeparatio evangelica 14.4.8 (ed. Des Places)
Ταῦτα μὲν ἐν Θεαιτήτῳ· μεταβὰς δὲ ἑξῆς ἐπὶ τὸν Σοφιστὴν αὖθις περὶ τῶν πρὸ αὐτοῦ γενομένων φυσικῶν φιλοσόφων τοιάδε φησίν· [Es folgt Zitat von Pl. Sph. 242c4-243a4, s. **Xen 3**]

(vgl. **Xen 195**)

Xen 170
Praeparatio evangelica 14.15.11 (ed. Des Places)
Τοσαῦτα ὁ Σωκράτης περὶ τῆς Ἀναξαγόρου δόξης. Ἦν δὲ Ἀναξαγόρου μὲν διάδοχος τῆς τε διατριβῆς ὁμοῦ καὶ τῆς δόξης Ἀρχέλαος, Ἀρχελάου δὲ ἀκουστὴς γεγονέναι λέγεται Σωκράτης. Πλὴν ἀλλὰ φυσικοὶ καὶ ἄλλοι Ξενοφάνης καὶ Πυθαγόρας, συνακμάσαντες Ἀναξαγόρᾳ, περὶ ἀφθαρσίας θεοῦ καὶ ψυχῆς ἀθανασίας ἐφιλοσόφησαν· ἐκ τούτων τε καὶ μετὰ τούτους αἱ τῆς Ἑλλήνων φιλοσοφίας ὑπέστησαν αἱρέσεις, τῶν μὲν τοῖσδε, τῶν δὲ ἑτέροις ἐξηκολουθηκότων, τινῶν δὲ καὶ ἰδίας δόξας ἐπινενοηκότων.

Similien:
Gottesbegriff
Seelenwanderung
Xenophanes als Naturphilosoph
Xenophanes als Skeptiker

Xen 171
Praeparatio evangelica 14.16.13 (ed. Des Places)
ἐπειδὴ τῶν φυσικῶν φιλοσόφων οἱ μὲν πάντα κατέβαλλον ἐπὶ τὰς αἰσθήσεις, οἱ δ' αὖ πάλιν τούτοις ἀνθεῖλκον, ὡς οἱ περὶ Ξενοφάνη τὸν Κολοφώνιον καὶ Παρμενίδην τὸν Ἐλεάτην, οἳ δὴ τὰς αἰσθήσεις ἀνῄρουν, μηδὲν εἶναι φάσκοντες καταληπτὸν τῶν ἐν αἰσθήσει, διὸ μόνῳ δεῖν πιστεύειν τῷ λόγῳ, τὰ πρὸς αὐτοὺς ἀντειρημένα διασκεψώμεθα.

Similien:
Xenophanes als Naturphilosoph
Xenophanes als Skeptiker

Xen 169
Evangelische Vorbereitung 14.4.8
*Platons Angriffe gegen seine Vorgänger. Zitat von Pl. Sph. 242c4–243a4 (s. **Xen 3**).*

Xen 170
Evangelische Vorbereitung 14.15.11
Soweit Sokrates über die Lehre des Anaxagoras. Der Nachfolger des Anaxagoras, in beidem, dem Unterricht und der Lehrmeinung, war Archelaos. Sokrates soll aber ein Hörer des Archelaos gewesen sein. Andere Naturphilosophen aber, Xenophanes und Pythagoras, die gleichzeitig mit Anaxagoras ihre Blütezeit hatten, philosophierten über die Unvergänglichkeit Gottes und die Unsterblichkeit der Seele. Von und nach diesen entstanden die philosophischen Sekten der Griechen. Die einen folgten diesen, die anderen jenen, manche erdachten auch eigene Lehren.

Xen 171
Evangelische Vorbereitung 14.16.13
(Ansichten der Philosophen über Gott.) Von den Naturphilosophen verlegten die einen alles auf die Sinne, die anderen zogen wiederum in die entgegengesetzte Richtung wie die um Xenophanes, den Kolophonier, und den Eleaten Parmenides, die die Sinne aufhoben und behaupteten, dass nichts von den Dingen der Wahrnehmung erfassbar sei, weshalb man allein der Vernunft *(logos)* vertrauen dürfe. Betrachten wir, was gegen sie vorgebracht wurde.

Xen 172
Praeparatio evangelica 14.17.1 (ed. Des Places)
(Πρὸς τοὺς περὶ Ξενοφάνην καὶ Παρμενίδην τὰς αἰσθήσεις ἀναιροῦντας· ἀπὸ τοῦ ὀγδόου τῶν περὶ φιλοσοφίας Ἀριστοκλέους.) «Ἄλλοι δ' ἐγένοντο τούτοις τὴν ἐναντίαν φωνὴν ἀφιέντες· οἴονται γὰρ δεῖν τὰς μὲν αἰσθήσεις καὶ τὰς φαντασίας καταβάλλειν, αὐτῷ δὲ μόνον τῷ λόγῳ πιστεύειν· τοιαῦτα γάρ τινα πρότερον μὲν Ξενοφάνης καὶ Παρμενίδης καὶ Ζήνων καὶ Μέλισσος ἔλεγον, ὕστερον δ' οἱ περὶ Στίλπωνα καὶ τοὺς μεγαρικούς· ὅθεν ἠξίουν οὗτοί γε τὸ ὂν ἓν εἶναι καὶ τὸ ἕτερον μὴ εἶναι, μηδὲ γεννᾶσθαί τι μηδὲ φθείρεσθαι μηδὲ κινεῖσθαι τὸ παράπαν.»

Similien:
Gott/das Prinzip bewegt/unbewegt
Xenophanes als Skeptiker

(vgl. **Xen 167**)

Xen 173
Praeparatio evangelica 14.17.10 (ed. Des Places)
Τοιοίδε μὲν οὖν οἱ ἀμφὶ τὸν Ξενοφάνην, ὃς δὴ λέγεται συνακμάσαι τοῖς ἀμφὶ Πυθαγόραν καὶ Ἀναξαγόραν. Ξενοφάνους δὲ ἀκουστὴς γέγονε Παρμενίδης· τούτου Μέλισσος, οὗ Ζήνων, οὗ Λεύκιππος, οὗ Δημόκριτος, οὗ Πρωταγόρας καὶ Νεσσᾶς· τοῦ δὲ Νεσσᾶ Μητρόδωρος, οὗ Διογένης, οὗ Ἀνάξαρχος. Ἀναξάρχου δὲ γνώριμος γέγονε Πύρρων, ἀφ' οὗ ἡ τῶν σκεπτικῶν ἐπικληθέντων διατριβὴ συνέστη.

Similien:
Lebensalter/Lebenszeit
Verhältnis zu Parmenides
Xenophanes als Skeptiker

Xen 174
Praeparatio evangelica 15.1.10–11 (ed. Des Places)
Τό γε μὴν παρόν, ἐπειδὴ πέφηνεν ἐν τοῖς πρὸ τούτου συγγράμμασιν ἡ κατὰ Πλάτωνα φιλοσοφία τοτὲ μὲν τοῖς Ἑβραίων συμφωνοῦσα λόγοις, τοτὲ δὲ πρὸς αὐτοὺς διεστῶσα, ἐν οἷς ἐλήλεγκται καὶ πρὸς τὰ αὐτῇ ἀρέσκοντα διαφωνοῦσα, τὰ δὲ κατὰ τοὺς ἄλλους τοὺς δὴ φυσικοὺς ἐπικληθέντας φιλοσόφους τά τε τῆς Πλάτωνος διαδοχῆς καὶ τὰ κατὰ Ξενοφάνην τε

Xen 172
Evangelische Vorbereitung 14.17.1
(Gegen diejenigen um Xenophanes und Parmenides, die die Sinne aufheben: Aus dem achten Buch der Schrift *Über die Philosophie* des Aristokles [**Xen 56**].) „Andere kamen und ließen sich mit der entgegengesetzten Meinung vernehmen; sie glauben nämlich, man müsse die Sinneswahrnehmungen und Eindrücke verwerfen und nur der Vernunft (*logos*) selbst vertrauen. Derartiges sagten nämlich zuvor Xenophanes und Parmenides und Zenon und Melissos, später aber die im Umkreis von Stilpon und den Megarikern. Daher hielten diese dafür, dass das Seiende eines sei und das Andere nicht sei und dass nichts hervorgebracht werde und nichts vergehe oder überhaupt bewegt werde."

Xen 173
Evangelische Vorbereitung 14.17.10
So waren also die um Xenophanes, der gleichzeitig mit denen um Pythagoras und Anaxagoras geblüht haben soll. Hörer des Xenophanes aber war Parmenides; von diesem Melissos, von dem Zenon, von dem Leukipp, von dem Demokrit, von dem Protagoras und Nessas. Von Nessas aber Metrodor, von dem Diogenes, von dem Anaxarchos. Ein Schüler des Anaxarchos aber war Pyrrhon, von dem ausgehend die Schule der so genannten Skeptiker entstand.

Xen 174
Evangelische Vorbereitung 15.1.10–11
Nachdem sich in den vorhergehenden Büchern gezeigt hat, dass Platons Philosophie zuweilen mit den Lehren der Hebräer übereinstimmt, zuweilen von ihnen abweicht – hier wurde auch erwiesen, dass sie sogar im Widerspruch zu ihren eigenen Annahmen steht –, [und nachdem sich gezeigt hat,] dass die [Lehren] der anderen Philosophen, die den Beinamen ‚Na-

καὶ Παρμενίδην καὶ ἔτι Πύρρωνα καὶ τοὺς τὴν ἐποχὴν εἰσηγουμένους τούς τε ἄλλους ἑξῆς ἅπαντας, ὧν τὰς δόξας ὁ προλαβὼν ἀπήλεγξε λόγος, τοῖς Ἑβραίων ὁμοῦ καὶ τοῖς Πλάτωνος δόγμασιν αὐτῇ τε ἀληθείᾳ ἐξ ἐναντίας ἱστάμενα, οὐ μὴν ἀλλὰ καὶ τὸν ἔλεγχον τοῖς σφῶν αὐτῶν βέλεσιν ἀπενηνεγμένα, ὥρα καὶ τὸν ἄλλον τῦφον τῶν ἀπ' Ἀριστοτέλους τῶν τε Στωϊκῶν φιλοσόφων ἄνωθεν ὡς ἀπὸ σκηνῆς κατοπτεῦσαι καὶ τὴν λοιπὴν δὲ πᾶσαν φυσιολογίαν τῶν τὰς ὀφρῦς ἀνατεινομένων συνιδεῖν, ὡς ἂν μάθοιμεν καὶ τὰ παρὰ τοῖσδε σεμνολογούμενα τά τε πρὸς αὐτοὺς αὖ πάλιν ὑπὸ τῶν οἰκείων ἀντιλεγόμενα.

Xen 175
Praeparatio evangelica 15.23.2 (ed. Des Places)
(Περὶ ἡλίου.) Ξενοφάνης ἐκ πυριδίων τῶν φαινομένων συναθροιζομένων μὲν ἐκ τῆς ὑγρᾶς ἀναθυμιάσεως, συναθροιζόντων δὲ τὸν ἥλιον ἐκ νεφῶν πεπυρωμένων.

Similien:
Gestirne als Wolken
Natur der Gestirne

(vgl. **Xen 98, Xen 209, Xen 262, Xen 274**)

Xen 176
Praeparatio evangelica 15.26.2 (ed. Des Places)
(Περὶ σελήνης.) Ξενοφάνης νέφος εἶναι πεπιλημένον.

Similien:
Gestirne als Wolken
Natur der Gestirne

(vgl. **Xen 101, Xen 201, Xen 211, Xen 225, Xen 247, Xen 277, Xen 300**)

turphilosophen' erhalten haben, und die [Lehren] der Schule Platons und die des Xenophanes sowie Parmenides, ferner des Pyrrhon und derer, die die Urteilsenthaltung einführen, sowie aller anderen, deren Meinungen die vorhergehende Argumentation widerlegt hat, im Widerspruch sowohl zu den Lehren der Hebräer als auch denen Platons sowie zur Wahrheit selbst stehen und sich ihre Widerlegung durch ihre eigenen Waffen zuziehen – [nachdem sich dies alles gezeigt hat], ist es jetzt Zeit, auch das übrige Geschwätz der von Aristoteles ausgehenden sowie der stoischen Philosophen von oben her [i. e. von seinen Anfängen her], als sei es ein Bühnengeschehen, zu betrachten und die übrige Naturphilosophie derer zu betrachten, die ihre Augenbrauen hochziehen, damit wir ihr hochfahrendes Gerede kennenlernen und die Gegenargumente, mit denen ihnen von eigener Seite widersprochen wird.

Xen 175
Evangelische Vorbereitung 15.23.2
(Über die Sonne, *aus Pseudo-Plutarch [**Xen 98**]*) Xenophanes [meinte, dass] die Sonne aus Feuerteilchen besteht, welche sich offenbar aus der feuchten Ausdünstung zusammenballen und die Sonne aus glühenden Wolken bilden.

Xen 176
Evangelische Vorbereitung 15.26.2
(Über den Mond, *aus Pseudo-Plutarch [**Xen 101**]*) Xenophanes [meinte, dass der Mond] eine verdichtete Wolke sei.

Xen 177
Praeparatio evangelica 15.30.7 (ed. Des Places)
(Τίς ἡ οὐσία τῶν ἄστρων πλανητῶν καὶ ἀπλανῶν.) Ξενοφάνης ἐκ νεφῶν μὲν πεπυρωμένων, σβεννυμένους δὲ καθ' ἑκάστην ἡμέραν ἀναζωπυρεῖν νύκτωρ, καθάπερ τοὺς ἄνθρακας· τὰς γὰρ ἀνατολὰς καὶ τὰς δύσεις ἐξάψεις εἶναι καὶ σβέσεις.

Similien:
Gestirne als Wolken
Natur der Gestirne

(vgl. **Xen 96, Xen 200, Xen 208, Xen 243 & Xen 272**)

Xen 178
Praeparatio evangelica 15.35.3 (ed. Des Places)
(Εἰ ἄφθαρτος ὁ κόσμος.) Ξενοφάνης ἀγένητον καὶ ἀΐδιον καὶ ἄφθαρτον ⟨τὸν⟩ κόσμον.

Similien:
Unvergänglichkeit der Welt

(vgl. **Xen 95, Xen 206, Xen 222 & Xen 271**)

Xen 179
Praeparatio evangelica 15.49.1 (ed. Des Places)
(Περὶ τῶν καλουμένων Διοσκούρων.) Ξενοφάνης τοὺς ἐπὶ τῶν πλοίων φαινομένους οἷον ἀστέρας νεφέλια εἶναι κατὰ τὴν ποιὰν κίνησιν παραλάμποντα.

Similien:
Natur der Gestirne
Gestirne als Wolken

(vgl. **Xen 97, Xen 208, Xen 245 & Xen 273**)

Xen 177
Evangelische Vorbereitung 15.30.7
(Was das Wesen der Gestirne, der Planeten und der Fixsterne, ist, *aus Pseudo-Plutarch [Xen 96]*) Xenophanes [meinte, dass] sie aus glühenden Wolken [bestehen], sie jeden Tag erlöschen und nachts wieder erglühten wie die Holzkohlen; denn die Auf- und Untergänge seien Entzünden und Erlöschen.

Xen 178
Evangelische Vorbereitung 15.35.3
(Ob die Welt unvergänglich ist, *aus Pseudo-Plutarch [Xen 95]*) Xenophanes [meinte, dass] die Welt ungeworden, ewig und unvergänglich ist.

Xen 179
Evangelische Vorbereitung 15.49.1
(Über die sogenannten Dioskuren, *aus Pseudo-Plutarch [Xen 97]*) Xenophanes [meinte, dass] das, was auf den Schiffen als Sterne erscheine, Wölkchen seien, die bei einer bestimmten Bewegung aufleuchteten.

Xen 180
Praeparatio evangelica 15.50.4–7 (ed. Des Places)
(Περὶ ἐκλείψεως ἡλίου.) Ξενοφάνης κατὰ σβέσιν· ἕτερον δὲ πάλιν πρὸς ταῖς ἀνατολαῖς γίνεσθαι· παριστόρηκε δὲ καὶ ἔκλειψιν ἡλίου ἐφ' ὅλον τὸν μῆνα καὶ πάλιν ἔκλειψιν ἐντελῆ, ὥστε τὴν ἡμέραν νύκτα φανῆναι.
[...]
Ξενοφάνης πολλοὺς ἡλίους εἶναι καὶ σελήνας, κατὰ κλίματα τῆς γῆς καὶ ἀποτομὰς καὶ ζώνας· κατά τινα δὲ καιρὸν ἐμπίπτειν τὸν δίσκον εἴς τινα ἀποτομὴν τῆς γῆς οὐκ οἰκουμένην ὑφ' ἡμῶν καὶ οὕτως ὥσπερ κενεμβατοῦντος ἔκλειψιν ὑποφαίνειν. Ὁ δ' αὐτὸς τὸν ἥλιον μὲν εἰς ἄπειρον προϊέναι, δοκεῖν δὲ κυκλεῖσθαι διὰ τὴν ἀπόστασιν.

Similien:
Natur der Gestirne
Naturphänomene
Viele Sonnen

(vgl. **Xen 99, Xen 209, Xen 246, Xen 275, Xen 348** sowie **Xen 100, Xen 210 & Xen 276**)

Xen 181
Praeparatio evangelica 15.55.4 (ed. Des Places)
(Περὶ γῆς.) Ξενοφάνης ἐκ τοῦ κατωτέρου μέρους εἰς ἄπειρον [μέρος] ἐρριζῶσθαι, ἐξ ἀέρος δὲ καὶ πυρὸς παγῆναι.

Similien:
Natur und Entstehung der Erde
Unendlichkeit der Erde
Wurzeln der Erde

(vgl. **Xen 103 & Xen 279**)

Xen 180
Evangelische Vorbereitung 15.50.4–7
(Über die Sonnenfinsternis, *aus Pseudo-Plutarch [**Xen 99** & **Xen 100**]*) Xenophanes [meinte, dass die Sonnenfinsternis] durch ein Erlöschen [entstehe]; eine andere [Sonne] entstehe aber wiederum im Osten. Daneben berichtete er auch von einer über einen ganzen Monat andauernden Sonnenfinsternis und wiederum von einer vollständigen Finsternis, die zur Folge hatte, dass der Tag als Nacht erschien. [...]
Xenophanes [meinte, dass es] viele Sonnen und Monde gebe entsprechend den Breiten[1], den Abschnitten und Zonen der Erde. Zu einer bestimmten Zeit falle die Scheibe in einen von uns nicht bewohnten Abschnitt der Erde und lasse so, als trete sie ins Leere, eine Finsternis erscheinen. Derselbe [behauptet, dass] die Sonne ins Unendliche vorangehe, sich infolge ihrer Entfernung aber im Kreis zu drehen scheine.

Xen 181
Evangelische Vorbereitung 15.55.4
(Über die Erde, *aus Pseudo-Plutarch [**Xen 103**]*) Xenophanes [meinte, dass die Erde] aus ihrem unteren Teil ins Unendliche wurzle und aus Luft und Feuer fest zusammengefügt sei.

---
1 Vgl. hierzu auch die Fußnote zu **Xen 100** (Plut. Plac. phil. 891A–B).

Xen 182
Praeparatio evangelica 15.57.2 (ed. Des Places)
(Περὶ θέσεως τῆς γῆς.) Ξενοφάνης πρώτην, εἰς ἄπειρον γὰρ ἐρριζῶσθαι.

Similien:
Natur und Entstehung der Erde
Unendlichkeit der Erde
Wurzeln der Erde

(vgl. **Xen 104, Xen 249 & Xen 280**)

Calcidius

Xen 183
Commentarius in Platonis Timaeum 281 (ed. Waszink)
Sunt tamen qui immobilem fore defendant et eandem ex omnibus in unam molem redactam, unum omnia esse censentes immobile sine ortu et sine interitu, ut Xenophanes Melissus Parmenides; sed Parmenides quidem unum omne perfectum et definitum pronuntiat, Melissus infinitum et indeterminatum.

Similien:
Das Eine/Das All
Gott/das Prinzip bewegt/unbewegt
Gott/das Prinzip begrenzt/unbegrenzt
Prinzipien
Verhältnis zu Parmenides

Xen 182
Evangelische Vorbereitung 15.57.2
(Über die Position der Erde, *aus Pseudo-Plutarch [*Xen 104*]*) Xenophanes [meinte, dass die Erde] den ersten Platz [einnehme], denn sie wurzle ins Unendliche.

Calcidius (4. Jh. n. Chr.)

Xen 183
Kommentar zu Platons *Timaios* 281
Alle diejenigen, die dem Wasser oder der Luft oder dem Feuer Prinzipienstatus zuweisen, sind der Auffassung gewesen, dass der Ursprung der Dinge in Bewegung begriffen sei.
Es gibt allerdings auch [Denker], die die Auffassung verteidigen, dass [der Ursprung der Dinge] unbewegt sei und als ein und derselbe aus allen [Dingen] auf eine einzige Materie zurückgehe, wobei sie meinen, dass alles ein Einziges sei, das unbewegt ohne Entstehen und Vergehen sei, wie Xenophanes, Melissos und Parmenides. Freilich erklärt Parmenides das eine Ganze für vollendet und begrenzt, Melissos dagegen für unbegrenzt und unabgeschlossen.

Pseudo-Valerius Probus

Xen 184
Commentarius in Bucolica 6.31 (ed. Thilo 3.2.343)
Nam Xenophanes Colophonius terram et aquam prodidit: quamquam haec antea ab Homero tractata sit opinio: Ἀλλ' ὑμεῖς μὲν πάντες ὕδωρ καὶ γαῖα γένοισθε.

Similien:
Prinzipien

(vgl. **Xen 108** und **Xen 314**)

Pseudo-Iamblichos

Xen 185
Theologumena arithmeticae 40.52.18–53.1 (ed. De Falco)
φ' γὰρ καὶ ιδ' ἔτη ἔγγιστα ἀπὸ τῶν Τρωικῶν ἱστορεῖται μέχρι Ξενοφάνους τοῦ φυσικοῦ καὶ τῶν Ἀνακρέοντός τε καὶ Πολυκράτους χρόνων καὶ τῆς ὑπὸ Ἁρπάγου τοῦ Μήδου Ἰώνων πολιορκίας καὶ ἀναστάσεως, ἣν Φωκαεῖς[1] φυγόντες Μασσαλίαν ᾤκησαν· πᾶσι γὰρ τούτοις ὁμόχρονος ὁ Πυθαγόρας.

Similien:
Lebensalter/Lebenszeit
Xenophanes als Naturphilosoph

---

1 Φωκεῖς De Falco.

Pseudo-Valerius Probus (4. Jh. n. Chr.)

Xen 184
Kommentar zu Vergils *Eklogen* 6.31
Manche nehmen für die Welt jeweils zwei Elemente an. Denn Xenophanes aus Kolophon benannte Erde und Wasser [als Elemente] – wobei indessen zuvor diese Meinung von Homer vertreten wurde: „Aber dass ihr doch alle zu Wasser und Erde würdet." (Hom., Il. 7.99)

Pseudo-Iamblichos (vermutlich Mitte 4. Jh. n. Chr.[1])

Xen 185
Arithmetik in der Theologie 40.52.18–53.1
Erwähnung verschiedener Autoren, die über Pythagoras' Leben und die zahlreichen, in bestimmten Intervallen verlaufenden Metempsychosen und Wiedergeburten berichteten. Mit den Berechnungen stimmt auch überein, dass er die Seele des [Trojaners] Euphorbos besessen haben soll: Denn es wird berichtet, dass etwa 514 Jahre seit dem trojanischen Krieg vergangen sind bis zu dem Naturphilosophen Xenophanes und den Zeiten des Anakreon und des Polykrates und der Belagerung und Vertreibung der Ionier unter dem Meder Harpagos, der die Phokäer entflohen und Massalia [das heutige Marseille] gründeten: All diesen war Pythagoras ein Zeitgenosse.[2]

---

1   Vgl. Waterfield (1988), 23.
2   Zur Quellenfrage vgl. Wehrli (²1967), 50.

Epiphanios

Xen 186
De fide 9.13, 505.25–27 (ed. Holl/Dummer)
Ξενοφάνης ὁ τοῦ Ὀρθομένους, Κολοφώνιος, ἐκ γῆς καὶ ὕδατος ἔφη τὰ πάντα γίνεσθαι. εἶναι δὲ τὰ πάντα, ὡς ἔφη, οὐδὲν ἀληθές. οὕτως τὸ ἀτρεκὲς ἡμῖν ἄδηλον, δόκησις δὲ ἐπὶ πᾶσι τέτυκται, μάλιστα τῶν ἀφανέων.

Similien:
Prinzipien
Vater
Xenophanes als Skeptiker

Themistios

Xen 186a
In libros Aristotelis De caelo paraphrasis 5.4.84.29–33 (ed. Landauer).
וזה כי אנשים התירו הספק המסופר. ואם[1] אמרו כי הארץ בעצמה תשאר נחה כי היא נסמכת על עצמה ברוחק בלתי תכלית כמו שאמ׳ כסאנופנס. ואמר כי אלו התירו הספק על זה הצד ד בסבת עצלותם ובסבת שהם לא יאהבו לחקור בעבור הסבה ויבקשו לבחון הטורח והעמל.

Similien:
Unbewegtheit der Erde
Unendlichkeit der Erde

(vgl. **Xen 4**, **Xen 14**, **Xen 234**, **Xen 235**, **Xen 289**, **Xen 317**, **Xen 330**, **Xen 331b**)

---

1 והם

Epiphanios (zw. 310 u. 320 – 403/2 n. Chr.)

Xen 186
Über den Glauben 9.13, 505.25–27
Xenophanes, der Sohn des Orthomenes, der Kolophonier, sagte, dass aus Erde und Wasser alles entstehe. [Dies] alles sei indessen, wie er sagte, nichts Wahres. So ist uns der wahre Sachverhalt verborgen, „Schein(meinen) haftet an allem" (VS 21 B 34), am meisten im Bereich der verborgenen Dinge.

Themistios (ca. 317 – 388 n. Chr.)

Xen 186a
Paraphrase zu Aristoteles' *De caelo* 5.4.84.29–33
[Cael. 2.13, 293b30-294a32] Und so lösten Menschen den genannten Zweifel. Und sie sagen, dass die Erde für sich selbst ruhig bleiben wird, denn sie ist auf sich selbst in einem Abstand ohne Ende verbunden, wie Xenophanes sagt. Und er sagt, dass diese den Zweifel auf diese Art lösen aufgrund ihrer Untätigkeit/Trägheit und aufgrund dessen, dass sie es nicht lieben werden, nach dem Grund zu forschen, und sie werden bitten, ⟨nicht⟩ die Arbeit und die Mühe herauszufinden [sc. sich ihr zu unterziehen].

Hieronymus

Xen 187
Interpretatio Chronicae Eusebii 103 (ed. Helm)
Xenophanes Colophonius clarus habetur.

Similien:
Lebensalter/Lebenszeit

(vgl. **Xen 160**)

Xen 188
Interpretatio Chronicae Eusebii 103 (ed. Helm)
Simonides lyricus, et Phocy[l]ides clari habentur, et Xenophanes physicus scriptor tragoediarum.

Similien:
Lebensalter/Lebenszeit
Xenophanes als Naturphilosoph
Xenophanes als Tragödiendichter

(vgl. **Xen 161**)

Augustinus

Xen 189
Contra Iulianum 4.15.75 (ed. Migne PL 44.776) (= **Th 316**; = **Ar 131**; teilw. = **As 108**)
Convocasti etiam in auxilium turbam philosophorum, quasi susceptae tuae, si non possunt pecorum solertiae naturales, saltem doctorum hominum opitulentur errores. Sed quis non videat, doctrinae te quaesisse jactantiam in commemorandis nominibus doctorum hominum sectisque diversis, quando perspicit quicumque ista tua legit, ad quaestionem quae inter nos vertitur, haec nullatenus pertinere? Quis enim audiat, quod abs te commemorantur, «Thales Milesius unus e septem sapientibus, deinde Anaximander, An-

Hieronymus (zw. 331 u. 348 – 419/20 n. Chr.)

Xen 187
Übersetzung der Chronik des Eusebios (mit Bezug auf das Jahr 554 v. Chr.)
Xenophanes der Kolophonier ist bekannt.

Xen 188
Übersetzung der Chronik des Eusebios (mit Bezug auf das Jahr 539 v. Chr.)
Der Lyriker Simonides und Phokylides sind bekannt, und der Naturphilosoph Xenophanes, Verfasser von Tragödien.

Augustinus (354 – 430 n. Chr.)

Xen 189
Gegen Iulianus 4.15.75
Du hast sogar die Schar der Philosophen zu Hilfe gerufen, als ob deiner Klientin [i.e. der fleischlichen Begierde] wenigstens die Irrtümer gelehrter Leute Hilfe leisten könnten, wenn es die natürlichen Fertigkeiten von Tieren nicht können. Aber wer sähe nicht, dass du das Prahlen mit Gelehrsamkeit gesucht hast, indem du Namen gelehrter Leute und verschiedener Schulen erwähnst, da ja durchschaut, wer immer deine Erzeugnisse da liest, dass das zu unserer Frage in keiner Hinsicht beiträgt? Wer sollte nämlich hören, was von dir erwähnt wird (s. **Xen 192**), Thales aus Milet, einer der

aximenes, Anaxagoras, Xenophanes, Parmenides, Leucippus, Democritus, Empedocles, Heraclitus, Melissus, Plato, Pythagoraei,» unusquisque cum proprio dogmate suo de naturalibus rebus: quis, inquam, haec audiat, et non ipso nominum sectarumque conglobatarum strepitu terreatur, si est ineruditus, qualis est hominum multitudo; et existimet te aliquem magnum, qui haec scire potueris?

Similien:
Xenophanes als Naturphilosoph

(vgl. **Xen 192**)

Xen 190
De civitate dei 7.17 (ed. Dombart/Kalb)
in tertio porro isto de diis selectis, postea quam praelocutus est quod ex naturali theologia praeloquendum putauit, ingressurus huius ciuilis theologiae uanitates et insanias mendaces, ubi eum non solum non ducebat rerum ueritas, sed etiam maiorum premebat auctoritas: «de diis, inquit, populi romani publicis, quibus aedes dedicauerunt eosque pluribus signis ornatos notauerunt, in hoc libro scribam, sed ut Xenophanes Colophonios scribit, quid putem, non quid contendam, ponam. hominis est enim haec opinari, dei scire». rerum igitur non conprehensarum nec firmissime creditarum, sed opinatarum et dubitandarum sermonem trepidus pollicetur dicturus ea, quae ab hominibus instituta sunt.[1]

Similien:
Xenophanes als Skeptiker

---

[1] Teilweise auch erhalten bei Pseudo-Augustinus, Contra Philosophos 3.1039–1044 (ed. Aschoff).

Sieben Weisen, dann Anaximander, Anaximenes, Anaxagoras, Xenophanes, Parmenides, Leukipp, Demokrit, Empedokles, Heraklit, Melissos, Platon, die Pythagoreer, jeder mit seiner spezifischen Lehre über die Natur: Wer, sage ich, sollte das hören und nicht durch den bloßen Lärm der Namen und der versammelten Schulen in Schrecken geraten, wenn er, wie die meisten Menschen, ungebildet ist; und sollte dich nicht für einen bedeutenden Mann halten, der du das wissen konntest?

Xen 190
Über den Gottesstaat 7.17
Im dritten Buch sodann, dem über die auserlesenen Götter, bringt er [Varro (**Xen 33**)] zunächst einleitungsweise einiges vor, das, so glaubte er, aus der natürlichen Theologie vorauszuschicken sei, und sagt dann, indem er übergeht „zu den Wahngebilden und der Lüge und Torheit" der staatlichen Theologie, wobei ihn nicht nur die Wahrheit der Dinge nicht leitete, sondern überdies die Überlieferung der Vorfahren einengte: „Ich werde in diesem Buche von den öffentlichen Gottheiten des römischen Volkes handeln, von jenen, welchen sie Tempel geweiht und allerlei Attribute und Schmuck zur Kennzeichnung gegeben haben, werde aber dabei, wie Xenophanes aus Kolophon schreibt, niederlegen, was ich meine, nicht worauf ich bestehe. Denn dem Menschen steht es hier lediglich zu, eine Meinung zu haben, während das Wissen Sache der Gottheit ist." Er verspricht also schüchtern Ausführungen über Dinge, die man nicht begreift noch auch felsenfest glaubt, sondern nur vermuten und anzweifeln kann, wo er von den menschlichen Einrichtungen [hinsichtlich des Götterglaubens] zu handeln sich anschickt. (Ü: nach BKV)

Xen 191
De civitate dei 18.25 (ed. Dombart/Kalb) (= **Ar 129**; = **As 106**; teilw. = **Th 314**)
Eo captivitatis Iudaicae tempore et Anaximander et Anaximenes et Xenophanes physici claruerunt.

Similien:
Lebensalter/Lebenszeit
Xenophanes als Naturphilosoph

Iulianus Aeclanensis

Xen 192
Libri IV ad Turbantium 2.148 (ed. De Coninck CCL 88) (= **Th 325**; = **Ar 132**; = **As 109**)
(Conuocasti etiam in auxilium turbam philosophorum ... Quis enim audiat quod abs te commemorantur) Thales Milesius unus e septem sapientibus, deinde Anaximander, Anaximenes, Anaxagoras, Xenophanes, Parmenides, Leucippus, Democritus, Empedocles, Heraclitus, Melissus, Plato, Pythagoraei [...].

Similien:
Xenophanes als Naturphilosoph

(vgl. **Xen 189**)

Xen 191
Über den Gottesstaat 18.25
Zu der Zeit der jüdischen Gefangenschaft erlangten auch die Naturphilosophen Anaximander, Anaximenes und Xenophanes Berühmtheit.

Iulianus Aeclanensis (ca. 385 – vor 455 n. Chr.)

Xen 192
Vier Bücher an Turbantius 2.148
(Du hast sogar die Schar der Philosophen zu Hilfe gerufen. ... Wer sollte nämlich hören, was von dir erwähnt wird?) Thales aus Milet, einer der Sieben Weisen, dann Anaximander, Anaximenes, Anaxagoras, Xenophanes, Parmenides, Leukipp, Demokrit, Empedokles, Heraklit, Melissos, Platon, die Pythagoreer [...].

Theodoret

Xen 193
Graecarum affectionum curatio 1.71–72 (ed. Canivet)
Τῆς τῶν κακῶν ἄρα μερίδος κατὰ τὸν Ἀκραγαντῖνον οἱ ἄπιστοι· ἀξύνετοι δὲ οἱ αὐτοὶ καὶ ἐοικότες κωφοῖς κατὰ τὸν Ἡράκλειτον. Ἀτὰρ δὴ καὶ Παρμενίδης ὁ Ἐλεάτης, ὁ τοῦ Κολοφωνίου Ξενοφάνους ἑταῖρος, πίστει τοῖς νοητοῖς προσβάλλειν παρεγγυᾷ· φησὶ γάρ·
    λεῦσσε δ' ὅμως ἀπεόντα, νόῳ παρεόντα βεβαίως.

Similien:
Verhältnis zu Parmenides
Xenophanes als Eleat

Xen 194
Graecarum affectionum curatio 2.10 (ed. Canivet)
Ξενοφάνης δὲ ὁ Κολοφώνιος τὸ πᾶν ἀΐδιον, ἐκ δὲ τῆς γῆς τὰ πάντα· καὶ Παρμενίδης δὲ ὁ τούτου ἑταῖρος ὁ Ἐλεάτης ὡσαύτως τόνδε τὸν λόγον ἐκράτυνε, ψεῦδος δὲ ἀπέφηνε τῶν αἰσθήσεων τὸ κριτήριον, ἥκιστα λέγων ἐφικνεῖσθαι τοῦτο τῆς ἀληθείας.

Similien:
Das Eine/Das All
Natur und Entstehung der Erde
Prinzipien
Unvergänglichkeit der Welt
Verhältnis zu Parmenides
Xenophanes als Eleat

Xen 195
Graecarum affectionum curatio 2.17 (ed. Canivet)

(s. **Xen 3**, vgl. auch **Xen 169**)

Theodoret (um 393 – um 466 n. Chr.)

Xen 193
Heilung der griechischen Krankheiten 1.71–72
Nach dem Akragantiner [Empedokles] gehören die Ungläubigen also zur Gruppe der Schlechten (vgl. VS 31 B 4). Dieselben „verstehen aber nicht und sind", nach Heraklit (VS 22 B 34) „wie Taube". Indessen fordert auch Parmenides, der Eleate, der Gefährte des Xenophanes, dazu auf, sich mit Glauben den [allein] dem Geist zugänglichen Dingen zu nähern; er sagt nämlich (VS 28 B 4):
> Schaue jedoch mit dem Geist, wie durch den Geist das Abwesende anwesend ist mit Sicherheit.

Xen 194
Heilung der griechischen Krankheiten 2.10
*(Die Philosophen seien, jeder auf seine Weise, jedem erdenklichen Irrtum erlegen [vgl. **Th 329**, **Ar 134** und **As 111**]).* Xenophanes meinte, dass das All ewig sei, aus der Erde aber alles [entstehe]. Und dessen Gefährte Parmenides, der Eleate, machte diese Auffassung auf dieselbe Weise stark, erwies als Trug aber das Kriterium der Wahrnehmungen, indem er sagte, dass dieses am wenigsten die Wahrheit erreiche.

Xen 195
Heilung der griechischen Krankheiten 2.17
*Leicht modifiziertes Zitat von Pl. Sph. 242c8–e2 (s. **Xen 3**).*

Xen 196
Graecarum affectionum curatio 3.71–72 (ed. Canivet)
Τούτοις καὶ νεὼς ἐδομήσαντο καὶ βωμοὺς προσῳκοδόμησαν καὶ θυσίαις ἐτίμησαν καὶ εἴδη τινὰ καὶ εἰκάσματα ἐκ ξύλων καὶ λίθων καὶ τῶν ἄλλων ὑλῶν διαγλύψαντες, θεοὺς προσηγόρευσαν τὰ χειρόκμητα εἴδωλα καὶ τὰ τῆς Φειδίου καὶ Πολυκλείτου καὶ Πραξιτέλους τέχνης ἀγάλματα τῆς θείας προσηγορίας ἠξίωσαν. Τούτου δὲ τοῦ πλάνου κατηγορῶν Ξενοφάνης ὁ Κολοφώνιος τοιάδε φησίν·
 ἀλλ' οἱ βροτοὶ δοκοῦσι γεννᾶσθαι θεούς,
 καὶ ἴσην τ' αἴσθησιν ἔχειν φωνήν τε δέμας τε.[1]
Καὶ πάλιν·
 ἀλλ' εἴ τοι χεῖρας εἶχον βόες ἠὲ λέοντες[2]
 ἢ γράψαι χείρεσσι καὶ ἔργα τελεῖν ἅπερ ἄνδρες,
 ἵπποι μέν θ' ἵπποισι, βόες δέ τε βουσὶν ὁμοίας
 καὶ θεῶν[3] ἰδέας ἔγραφον καὶ σώματ' ἐποίουν
 τοιαῦθ' οἷόνπερ καὐτοὶ δέμας εἶχον ὅμοιον.

Similien:
Götterbilder
Religionskritik

(vgl. **Xen 116** & **Xen 166**)

Xen 197
Graecarum affectionum curatio 4.5 (ed. Canivet)
Ξενοφάνης μὲν οὖν ὁ Ὀρθομένους ὁ Κολοφώνιος, ὁ τῆς Ἐλεατικῆς αἱρέσεως ἡγησάμενος, ἓν εἶναι τὸ πᾶν ἔφησε, σφαιροειδὲς καὶ πεπερασμένον, οὐ γενητόν, ἀλλ' ἀΐδιον καὶ πάμπαν ἀκίνητον· πάλιν δ' αὖ τῶνδε τῶν λόγων ἐπιλαθόμενος, ἐκ τῆς γῆς φῦναι ἅπαντα εἴρηκεν. Αὐτοῦ γὰρ δὴ τόδε τὸ ἔπος ἐστίν·
 ἐκ γῆς γὰρ τάδε πάντα, καὶ εἰς γῆν πάντα τελευτᾷ.

---

1 An καὶ ἴσην τ' αἴσθησιν entsprechender Stelle haben Clemens (**Xen 116**) und Eusebios (**Xen 166**) τὴν σφετέρην δὲ ἐσθῆτα.
2 Vgl. oben die entsprechende Anmerkung zu **Xen 166**.
3 Vgl. oben die entsprechende Anmerkung zu **Xen 116**.

Xen 196
Heilung der griechischen Krankheiten 3.71–72
Diesen [den sogenannten Göttern, die keine sind] bauten sie Tempel und errichteten dazu Altäre und ehrten sie durch Opfer. Sie schnitzten bzw. meißelten irgendwelche Gestalten und Bilder aus Hölzern, Steinen und anderen Materialien, sprachen die handgefertigten Bilder als Götter an und hielten die Statuen von der Kunst eines Pheidias, Polyklet und Praxiteles für würdig, als göttlich bezeichnet zu werden. Diesen Irrwahn klagt aber der Kolophonier Xenophanes an, indem er Folgendes sagt (VS 21 B 14):
> Doch wähnen die Sterblichen, die Götter würden geboren und hätten die gleiche Wahrnehmung und Stimme und Gestalt wie sie.*

Und wiederum (VS 21 B 15):
> Doch wenn die Ochsen und Löwen Hände hätten oder malen könnten mit ihren Händen und Werke bilden wie die Menschen, so würden die Rosse rossähnliche, die Ochsen ochsenähnliche Göttergestalten malen und solche Körper bilden, wie sie selbst ihre Form in gleicher Weise hätten.*

Xen 197
Heilung der griechischen Krankheiten 4.5
Xenophanes, der Sohn des Orthomenes, der Kolophonier, der die eleatische Schule angeführt hat, sagte, dass das All eines sei, kugelförmig und begrenzt, nicht erzeugt, sondern ewig und gänzlich frei von Bewegung. Andererseits aber vergaß er diese Worte und sagte, dass alles aus der Erde entstanden sei. Von ihm nämlich stammt dieser epische Vers (VS 21 B 27):
> Denn aus Erde ist dies alles, und zur Erde wird alles am Ende.*

Similien:
Das Eine/Das All
Gott kugelförmig
Gott/das Prinzip begrenzt/unbegrenzt
Gott/das Prinzip bewegt/unbewegt
Prinzipien
Vater
Xenophanes als Eleat

Xen 198
Graecarum affectionum curatio 4.7 (ed. Canivet)
Καὶ Παρμενίδης δὲ ὁ Πύρρητος ὁ Ἐλεάτης, Ξενοφάνους ἑταῖρος γενόμενος, κατὰ μὲν τὸν πρῶτον λόγον ξύμφωνα τῷ διδασκάλῳ ξυγγέγραφεν· αὐτοῦ γὰρ δὴ τόδε τὸ ἔπος εἶναί φασιν·
    οὖλον μουνογενές τε καὶ ἀτρεμὲς ἠδ' ἀγένητον.
Αἴτιον δὲ τῶν ὅλων οὐ τὴν γῆν μόνον, καθάπερ ἐκεῖνος, ἀλλὰ καὶ τὸ πῦρ εἴρηκεν οὗτος.

Similien:
Verhältnis zu Parmenides

Xen 199
Graecarum affectionum curatio 4.15 (ed. Canivet) (teils = **Th 332**; teils = **Ar 135**; teils = **As 112**)
Οὐ μόνον δὲ ἐν τούτοις διαφωνία γε πλείστη, ἀλλὰ κἂν τοῖς ἄλλοις ἐχρήσαντο. Καὶ γὰρ δὴ τὸν κόσμον Θαλῆς μὲν καὶ Πυθαγόρας καὶ Ἀναξαγόρας καὶ Παρμενίδης καὶ Μέλισσος καὶ Ἡράκλειτος καὶ Πλάτων καὶ Ἀριστοτέλης καὶ Ζήνων ἕνα εἶναι ξυνωμολόγησαν· Ἀναξίμανδρος δὲ καὶ Ἀναξιμένης καὶ Ἀρχέλαος καὶ Ξενοφάνης καὶ Διογένης καὶ Λεύκιππος καὶ Δημόκριτος καὶ Ἐπίκουρος πολλοὺς εἶναι καὶ ἀπείρους ἐδόξασαν.

Similien:
Welt: eine/viele

Xen 198
Heilung der griechischen Krankheiten 4.7
*Theodoret hält Xenophanes vor, dass die These, dass die Welt ewig ist, derjenigen widerstreitet, dass die Welt aus Erde entstanden sei (vgl. **Xen 197**).*
Der Eleate Parmenides, der Sohn des Pyrrhes, Gefährte des Xenophanes, hat hinsichtlich der ersten These [sc. dass die Welt ewig ist] mit seinem Lehrer Übereinstimmendes geschrieben; denn von ihm, sagen sie, stamme folgender epischer Vers (VS 28 B 8):
  ganz, einziggeboren, unerschütterlich und ungeworden.
Ursache des Ganzen, sagte er, sei nicht nur die Erde, wie jener [behauptete], sondern auch das Feuer.

Xen 199
Heilung der griechischen Krankheiten 4.15
Nicht nur darin [über die Materie, das Leere] waren sie ganz unterschiedlicher Ansicht, sondern auch in den anderen Dingen. Denn Thales, Pythagoras, Anaxagoras, Parmenides, Melissos, Heraklit, Platon, Aristoteles und Zenon stimmten darin überein, dass es eine einzige Welt gebe. Anaximander, Anaximenes, Archelaos, Xenophanes, Diogenes, Leukipp, Demokrit und Epikur waren hingegen der Ansicht, dass es viele, ja unendlich viele [Welten] gebe.

Xen 200
Graecarum affectionum curatio 4.19 (ed. Canivet)
Ξενοφάνης δὲ ἐκ νεφῶν μὲν λέγει πεπυρωμένων ξυνίστασθαι, σβεννυμένους δὲ μεθ' ἡμέραν νύκτωρ πάλιν ἀναζωπυρεῖσθαι, καθάπερ τοὺς ἄνθρακας.

Similien:
Gestirne als Wolken
Natur der Gestirne

(vgl. **Xen 96, Xen 177, Xen 208, Xen 243** & **Xen 272**)

Xen 201
Graecarum affectionum curatio 4.21 (ed. Canivet)
Καὶ μέντοι καὶ τὸν ἥλιον καὶ τὴν σελήνην ὁ Ξενοφάνης νέφη εἶναι πεπυρωμένα φησίν.

Similien:
Gestirne als Wolken
Natur der Gestirne

(vgl. **Xen 300**, vgl. auch **Xen 98, Xen 101, Xen 176, Xen 211, Xen 225, Xen 247** & **Xen 277**)

Xen 202
Graecarum affectionum curatio 5.64–66 (ed. Canivet) (teils = **Ar 140** und **As 116**)
Αὐτίκα τοίνυν καὶ κωμῳδοῦσιν ὡς βάρβαρα τὰ ὀνόματα· ἡμεῖς δὲ αὐτῶν τὴν ἐμπληξίαν ὀλοφυρόμεθα, ὅτι δὴ ὁρῶντες βαρβαροφώνους ἀνθρώπους τὴν Ἑλληνικὴν εὐγλωττίαν νενικηκότας, καὶ τοὺς κεκομψευμένους μύθους παντελῶς ἐξεληλαμένους, καὶ τοὺς ἁλιευτικοὺς σολοικισμοὺς τοὺς Ἀττικοὺς καταλελυκότας ξυλλογισμούς, οὐκ ἐρυθριῶσιν οὐδ' ἐγκαλύπτονται, ἀλλ' ἀνέδην ὑπερμαχοῦσι τῆς πλάνης, καὶ ταῦτα ὀλίγοι ὄντες καὶ ἀριθμηθῆναι ῥᾳδίως δυνάμενοι καὶ οὐδὲ τῆς Ἑλληνικῆς εὐστομίας μετέχοντες, ἀλλὰ τοσαῦτα, ὡς ἔπος εἰπεῖν, βαρβαρίζοντες ὅσα φθέγγονται, παίδευσιν δὲ ἄκραν καὶ λαμπρότητα λόγων ὑπολαμβάνοντες, εἰ ὀμνύντες εἴποιεν «Μὰ τοὺς θεούς» καὶ «Μὰ τὸν ἥλιον», καὶ τοιούτους τινὰς τοῖς λόγοις ἐπιπλάττοιεν ὅρκους. Εἰ δὲ οὐκ ἀληθῆ λέγω, εἴπατε, ὦ ἄνδρες, τίνα Ξενοφάνης ὁ Κολοφώνιος ἔσχε διάδοχον τῆς αἱρέσεως; τίνα

Xen 200
Heilung der griechischen Krankheiten 4.19
Xenophanes sagt, dass sie [die Gestirne] aus glühenden Wolken bestehen; tagsüber erloschen, würden sie sich nachts wieder entzünden wie die Kohlen.

Xen 201
Heilung der griechischen Krankheiten 4.21
Auch die Sonne und der Mond, sagt Xenophanes, seien glühende Wolken.

Xen 202
Heilung der griechischen Krankheiten 5.64–66
Sogleich verspotten sie [die Griechen] die [hebräischen] Namen als barbarisch; wir aber bedauern ihre Torheit, denn obwohl sie sehen, dass barbarisch redende Menschen über die griechische Sprachfertigkeit die Oberhand gewonnen haben, die herausgeputzten Mythen gänzlich vertrieben sind und die Soloizismen von Fischern die attischen Syllogismen aufgelöst haben, erröten sie nicht und verhüllen sich nicht, sondern kämpfen ungehemmt für ihren Irrwahn. Dabei sind sie wenige und können leicht gezählt werden und haben auch nicht Anteil an der Schönheit der griechischen Sprache, sondern formulieren das, was sie von sich geben, in sozusagen barbarischer Weise und halten es für höchste Bildung und Pracht der Worte, wenn sie beim Schwur sagen „Bei den Göttern" und „Bei Helios" und [ihren] Worten so irgendwelche Eide als Schmuck dazugeben. Wenn ich aber nicht wahr spreche, sagt, ihr Männer, welchen Nachfolger seiner Schule der Kolophonier

δὲ Παρμενίδης ὁ Ἐλεάτης; τίνα Πρωταγόρας καὶ Μέλισσος; τίνα Πυθαγόρας ἢ Ἀναξαγόρας; τίνα Σπεύσιππος ἢ Ξενοκράτης; τίνα Ἀναξίμανδρος ἢ Ἀναξιμένης; τίνα Ἀρκεσίλαος ἢ Φιλόλαος; τίνες τῆς Στωϊκῆς αἱρέσεως προστατεύουσιν; τίνες τοῦ Σταγειρίτου τὴν διδασκαλίαν κρατύνουσιν; τίνες κατὰ τοὺς Πλάτωνος πολιτεύονται νόμους; τίνες τὴν ὑπ' ἐκείνου ξυγγραφεῖσαν πολιτείαν ἠσπάσαντο; Ἀλλὰ τούτων μὲν τῶν δογμάτων οὐδένα διδάσκαλον ἡμῖν ἐπιδεῖξαι δυνήσεσθε, ἡμεῖς δὲ τῶν ἀποστολικῶν καὶ προφητικῶν δογμάτων τὸ κράτος ἐναργῶς ἐπιδείκνυμεν· πᾶσα γὰρ ἡ ὑφήλιος τῶνδε τῶν λόγων ἀνάπλεως.

Macrobius

Xen 203
Commentarii in Somnium Scipionis 1.14.20 (ed. Willis) (teils = **As 117**)
Critolaus Peripateticus constare eam de quinta essentia, Hipparchus ignem, Anaximenes aera, Empedocles et Critias sanguinem, Parmenides ex terra et igne, Xenophanes ex terra et aqua, Boethos ex aere et igne, Epicurus speciem ex igne et aere et spiritu mixtam.

Similien:
Natur der Seele

Iohannes Stobaios

Xen 204
Anthologium 1.8.2 (ed. Wachsmuth/Hense)
Ξενοφάνους.
   Οὔ τοι ἀπ' ἀρχῆς πάντα θεοὶ θνητοῖς παρέδειξαν,
   ἀλλὰ χρόνῳ ζητοῦντες ἐφευρίσκουσιν ἄμεινον.

Similien:
Gottesbegriff

(vgl. **Xen 220**)

Xenophanes hatte? Welchen der Eleate Parmenides? Welchen Protagoras und Melissos? Welchen Pythagoras oder Anaxagoras? Welchen Speusipp oder Xenokrates? Welchen Anaximander oder Anaximenes? Welchen Arkesilaos oder Philolaos? Wer steht der stoischen Schule vor? Wer macht sich für die Lehre des Stagiriten stark? Wer lebt entsprechend der Gesetze Platons im Staat? Wer hieß die von ihm geschriebene Verfassung willkommen? Aber von diesen Lehren könnt ihr uns keinen Vertreter zeigen, wir aber können die Kraft der Lehren der Apostel und der Propheten evident erweisen: denn der ganze Bereich unter der Sonne ist voll von deren Worten.

Macrobius (um 400 n. Chr.)

Xen 203
Kommentar zu Ciceros *Somnium Scipionis* 1.14.20
[Somn. Scip. III 7] *Unterschiedliche Ansichten der Philosophen über die Natur der Seele.* Der Peripatetiker Kritolaos [sagte], dass sie aus der ‚quinta essentia' [Äther] bestehe, Hipparch, dass sie Feuer, Anaximenes, dass sie Luft, Empedokles und Kritias, dass sie Blut sei, Parmenides, dass sie aus Erde und Feuer, Xenophanes aus Erde und Wasser, Boethos aus Luft und Feuer [bestehe], Epikur, dass sie eine aus Feuer und Luft und Pneuma gemischte Form sei.

Iohannes Stobaios (5. Jh. n. Chr.)

Xen 204
Anthologie 1.8.2
Xenophanes (VS 21 B 18):
    Wahrlich nicht von Anfang an haben die Götter den Sterblichen alles enthüllt, sondern allmählich finden sie suchend das Bessere.

Xen 205
Anthologium 1.10.12 (ed. Wachsmuth/Hense)
Ξενοφάνης ἀρχὴν τῶν πάντων εἶναι τὴν γῆν· γράφει γὰρ ἐν τῷ Περὶ φύσεως.
ἐκ γῆς γὰρ τὰ πάντα[1] καὶ εἰς γῆν πάντα τελευτᾷ.

Similien:
Prinzipien

Xen 206
Anthologium 1.20.1f (ed. Wachsmuth/Hense)
(Περὶ γενέσεως καὶ φθορᾶς.) Ξενοφάνης, Παρμενίδης, Μέλισσος ἀγένητον καὶ ἀΐδιον καὶ ἄφθαρτον τὸν κόσμον.

Similien:
Unvergänglichkeit der Welt

(vgl. **Xen 95, Xen 178, Xen 222** & **Xen 271**)

Xen 207
Anthologium 1.22.3b (ed. Wachsmuth/Hense) (teils = **Th 352**; teils = **Ar 145**; teils = **As 122**)
(εἰ ἓν τὸ πᾶν.) Θαλῆς Πυθαγόρας Ἐμπεδοκλῆς Ἔκφαντος Παρμενίδης Μέλισσος Ἡράκλειτος Ἀναξαγόρας Πλάτων Ἀριστοτέλης Ζήνων ἕνα τὸν κόσμον.
Ἀναξίμανδρος, Ἀναξιμένης, Ἀρχέλαος, Ξενοφάνης, Διογένης, Λεύκιππος, Δημόκριτος, Ἐπίκουρος ἀπείρους κόσμους ἐν τῷ ἀπείρῳ κατὰ πᾶσαν περιαγωγήν.

Similien:
Welt: eine/viele

---

1 ἐκ γῆς γὰρ τὰ πάντα] So für Stob. überliefert, Wachsmuth schreibt mit Meineke unter Verweis auf **Xen 89** ἐκ γαίης γὰρ πάντα. Vgl. auch **Xen 120, Xen 197, Xen 343**.

Xen 205
Anthologie 1.10.12
Xenophanes [sagt, dass] Prinzip aller Dinge die Erde sei. Er schreibt nämlich so in *Über die Natur* (VS 21 B 27):
  Denn aus Erde ist alles, und zur Erde wird alles am Ende.

Xen 206
Anthologie 1.20.1f
(Über Werden und Vergehen.) Xenophanes, Parmenides, Melissos [sagen, dass] die Welt unentstanden, ewig und unvergänglich sei.

Xen 207
Anthologie 1.22.3b
(Über die Ordnung des Kosmos: Ob das All *eines* ist.) Thales, Pythagoras, Empedokles, Ekphantos, Parmenides, Melissos, Heraklit, Anaxagoras, Platon, Aristoteles, Zenon [nehmen an, dass es] eine Welt [gebe]. Anaximander, Anaximenes, Archelaos, Xenophanes, Diogenes, Leukipp, Demokrit, Epikur [behaupten, dass] unendlich viele Welten im Unendlichen bei jedem Umlauf [entstehen und vergehen].

Xen 208
Anthologium 1.24.1n (ed. Wachsmuth/Hense)
(Περὶ οὐσίας ἄστρων καὶ σχημάτων, κινήσεώς τε καὶ ἐπισημασίας.)
Ξενοφάνης ἐκ νεφῶν μὲν πεπυρωμένων· σβεννυμένους δὲ καθ' ἑκάστην ἡμέραν ἀναζωπυρεῖν νύκτωρ καθάπερ τοὺς ἄνθρακας. τὰς γὰρ ἀνατολὰς καὶ τὰς δύσεις ἐξάψεις εἶναι καὶ σβέσεις. – Τοὺς δὲ ἐπὶ τῶν πλοίων φαινομένους οἷον ἀστέρας, οὓς καὶ Διοσκούρους καλοῦσί τινες, νεφέλια εἶναι, κατὰ τὴν ποιὰν κίνησιν παραλάμποντα.

Similien:
Gestirne als Wolken
Natur der Gestirne

(vgl. **Xen 96, Xen 177, Xen 200, Xen 243 & Xen 272** sowie **Xen 97, Xen 179, Xen 245 & Xen 273**)

Xen 209
Anthologium 1.25.1a–b (ed. Wachsmuth/Hense)
(Περὶ οὐσίας ἡλίου καὶ μεγέθους σχήματός τε καὶ τροπῶν καὶ ἐκλείψεως καὶ σημείων καὶ κινήσεως.) Ξενοφάνης ἐκ νεφῶν πεπυρωμένων εἶναι τὸν ἥλιον. – Ἔκλειψιν δὲ γίνεσθαι κατὰ σβέσιν· ἕτερον δὲ πάλιν ταῖς ἀνατολαῖς γίνεσθαι. Παριστόρηκε δὲ καὶ ἔκλειψιν ἡλίου ἐφ' ὅλον μῆνα καὶ πάλιν ἐντελῆ, ὥστε τὴν ἡμέραν νύκτα φανῆναι.
Θεόφραστος ἐν τοῖς Φυσικοῖς γέγραφεν, ἐκ πυριδίων μὲν τῶν συναθροιζομένων ⟨ἐκ⟩ τῆς ὑγρᾶς ἀναθυμιάσεως, συναθροιζόντων δὲ τὸν ἥλιον.

Similien:
Gestirne als Wolken
Natur der Gestirne

(vgl. **Xen 98, Xen 175, Xen 262, Xen 274**)

Xen 210
Anthologium 1.25.3k (ed. Wachsmuth/Hense)
Ξενοφάνης πολλοὺς εἶναι ἡλίους καὶ σελήνας κατὰ τὰ κλίματα τῆς γῆς καὶ ἀποτομὰς καὶ ζώνας. Κατὰ δέ τινα καιρὸν ἐκπίπτειν τὸν δίσκον εἴς τινα ἀποτομὴν τῆς γῆς οὐκ οἰκουμένην ὑφ' ἡμῶν καὶ οὕτως ὡσπερεὶ κεν-

Xen 208
Anthologie 1.24.1n
(Über das Wesen und die Formen der Sterne, ihre Bewegung und Bedeutung.) Xenophanes [meint, dass] sie [d.h. die Gestirne] aus glühenden Wolken [bestehen], sie jeden Tag erlöschen und nachts wieder erglühten wie die Holzkohlen; denn die Auf- und Untergänge seien Entzünden und Erlöschen.
[Xenophanes meint, dass] das, was auf den Schiffen als Sterne erscheine, die manche auch Dioskuren nennen, Wölkchen seien, die bei einer bestimmten Bewegung aufleuchteten.

Xen 209
Anthologie 1.25.1a–b
(Über das Wesen der Sonne sowie Größe, Form, Wenden, Finsternis, Zeichen und Bewegungen.) Xenophanes [meint, dass die Sonnenfinsternis] durch ein Erlöschen [entstehe]; eine andere [Sonne] entstehe aber wiederum im Osten. Daneben berichtet er auch von einer über einen ganzen Monat andauernden Sonnenfinsternis und wiederum von einer vollständigen Finsternis, die zur Folge hatte, dass der Tag als Nacht erschien.
Theophrast (**Xen 20**) aber schrieb in der *Physik*, dass [nach Xenophanes die Sonne] aus Feuerteilchen [besteht], welche sich aus der feuchten Ausdünstung zusammenballen und so zusammen die Sonne bilden.

Xen 210
Anthologie 1.25.3k
Xenophanes [sagt, dass] es viele Sonnen und Monde gebe entsprechend den Breiten, den Abschnitten und Zonen der Erde. Zu einer bestimmten Zeit falle die Scheibe in einen von uns nicht bewohnten Abschnitt der Erde und

εμβατοῦντα ἔκλειψιν ὑποφαίνειν· ὁ δ' αὐτὸς τὸν ἥλιον εἰς ἄπειρον[1] μὲν προϊέναι, δοκεῖν δὲ κυκλεῖσθαι διὰ τὴν ἀπόστασιν.

Similien:
Natur der Gestirne
Viele Sonnen

(vgl. **Xen 100, Xen 180, Xen 210** & **Xen 276**)

Xen 211
Anthologium 1.26.1d (ed. Wachsmuth/Hense)
(Περὶ σελήνης οὐσίας καὶ μεγέθους καὶ σχήματος[2].) Ξενοφάνης νέφος εἶναι πεπιλημένον.

Similien:
Gestirne als Wolken
Natur der Gestirne

(vgl. **Xen 101, Xen 176, Xen 201, Xen 225, Xen 247, Xen 277, Xen 300**)

Xen 212
Anthologium 1.26.2 (ed. Wachsmuth/Hense) (= **Ar 152**)
(Περὶ δὲ φωτισμῶν αὐτῆς.) Ἀναξίμανδρος, Ξενοφάνης, Βήρωσος ἴδιον αὐτὴν ἔχειν φῶς.

Similien:
Natur der Gestirne

Xen 213
Anthologium 1.26.3 (ed. Wachsmuth/Hense)
(Περὶ δὲ ἐκλείψεως σελήνης.) Ξενοφάνης καὶ τὴν μηνιαίαν ἀπόκρυψιν κατὰ σβέσιν.

---

1 Vgl. zu ἄπειρον die entsprechende Anmerkung zu **Xen 132**.
2 Wachsmuth ergänzt aus Photios (φωτισμῶν τε καὶ περὶ ἐκλείψεως καὶ ἐμφάσεως καὶ περὶ ἀποστημάτων καὶ σημείων).

lasse so, als trete sie ins Leere, eine Finsternis erscheinen. Derselbe [behauptet, dass] die Sonne ins Unendliche vorangehe, sich infolge ihrer Entfernung aber im Kreis zu drehen scheine.

Xen 211
Anthologie 1.26.1d
(Über das Wesen des Mondes sowie seine Größe und Form.)
Xenophanes [sagt, dass] er [der Mond] eine verdichtete Wolke sei.

Xen 212
Anthologie 1.26.2
(Über die Phasen [des Mondes].) Anaximander, Xenophanes, Berosos [sagten, dass] er [der Mond] sein eigenes Licht habe.

Xen 213
Anthologie 1.26.3
(Über die Mondfinsternis.) Xenophanes [sagte, dass] auch das monatliche Verschwinden [des Mondes] infolge Erlöschens [eintrete].

Similien:
Natur der Gestirne

Xen 214
Anthologium 1.26.4 (ed. Wachsmuth/Hense)
(Περὶ δὲ ἐμφάσεως αὐτῆς.) Ξενοφάνης τὸν μὲν ἥλιον χρήσιμον εἶναι πρὸς τὴν τοῦ κόσμου καὶ τὴν τῶν ἐν αὐτῷ ζῴων γένεσίν τε καὶ διοίκησιν, τὴν δὲ σελήνην παρέλκειν.

Similien:
Natur der Gestirne

Xen 215
Anthologium 1.28.1a (ed. Wachsmuth/Hense)
(Περὶ κομητῶν καὶ διαϊττόντων καὶ τῶν τοιούτων.) Ξενοφάνης πάντα τὰ τοιαῦτα νεφῶν πεπυρωμένων συστήματα ἢ κινήματα.

Similien:
Gestirne als Wolken
Natur der Gestirne

(vgl. **Xen 102, Xen 248** & **Xen 278**)

Xen 216
Anthologium 1.29.1 (ed. Wachsmuth/Hense)
(Περὶ βροντῶν ἀστραπῶν κεραυνῶν πρηστήρων τυφώνων.) Ξενοφάνης ἀστραπὰς γίνεσθαι λαμπρυνομένων τῶν νεφῶν κατὰ τὴν κίνησιν.

Similien:
Natuphänomene

Xen 214
Anthologie 1.26.4
(Über das Aussehen des Mondes.) Xenophanes [sagte, dass] die Sonne nützlich sei für die Entstehung und Organisation der Welt und der Lebewesen in ihr, dass der Mond aber überflüssig [dafür] sei.

Xen 215
Anthologie 1.28.1a
(Über Kometen, Sternschnuppen und solcherlei [Erscheinungen].) Xenophanes [sagte, dass] es sich bei allem Derartigen um Formationen oder Bewegungen von glühenden Wolken handele.

Xen 216
Anthologie 1.29.1
(Über Gewitter, Blitze, Donnerschläge, Gewitterstürme, Wirbelstürme.) Xenophanes [sagte, dass] Blitze entstünden infolge des Aufleuchtens der Wolken bei der Bewegung.

Xen 217
Anthologium 1.31.4 (ed. Wachsmuth/Hense)
(Περὶ νεφῶν ὁμίχλης ὑετῶν δρόσου χιόνος πάχνης χαλάζης.) Ξενοφάνης ἀπὸ τῆς τοῦ ἡλίου θερμότητος ὡς ἀρκτικῆς αἰτίας τὰν τοῖς μεταρσίοις συμβαίνειν· ἀνελκομένου γὰρ ἐκ τῆς θαλάττης τοῦ ὑγροῦ τὸ γλυκὺ διὰ τὴν λεπτομέρειαν διακρινόμενον νέφη τε συνιστάνειν ὁμιχλούμενον καὶ καταστάζειν ὄμβρους ὑπὸ πιλήσεως καὶ διατμίζειν τὰ πνεύματα. γράφει γὰρ διαρρήδην· „πηγὴ δ' ἐστὶ θάλασσ' ὕδατος".

Similien:
Naturphänomene

(vgl. **Xen 345** & **Xen 346**)

Xen 218
Anthologium 1.50.17 (ed. Wachsmuth/Hense)
(Περὶ αἰσθήσεως καὶ αἰσθητῶν καὶ εἰ ἀληθεῖς αἱ αἰσθήσεις.) Πυθαγόρας, Ἐμπεδοκλῆς, Ξενοφάνης, Παρμενίδης, Ζήνων, Μέλισσος, Ἀναξαγόρας, Δημόκριτος, Μητρόδωρος, Πρωταγόρας, Πλάτων ψευδεῖς εἶναι τὰς αἰσθήσεις.

Similien:
Xenophanes als Skeptiker

Xen 219
Anthologium 2.1.17 (ed. Wachsmuth/Hense)
Διδύμου ἐκ τοῦ Περὶ αἱρέσεων.
Ξενοφάνους πρώτου λόγος ἦλθεν εἰς τοὺς Ἕλληνας ἄξιος γραφῆς, ἅμα παιδιᾷ τάς τε τῶν ἄλλων τόλμας ἐπιπλήττοντος καὶ τὴν αὑτοῦ παριστάντος εὐλάβειαν, ὡς ἄρα θεὸς μὲν οἶδε τὴν ἀλήθειαν,
    δοκὸς δ' ἐπὶ πᾶσι τέτυκται.
Ἡ μὲν γὰρ φιλοσοφία θήρα τῆς ἀληθείας ἐστὶ καὶ ὄρεξις. Τῶν δὲ φιλοσοφησάντων ἔνιοι εὑρεῖν φασι τὸ θήραμα, ὡς Ἐπίκουρος καὶ οἱ Στωικοί· οἱ δὲ ἀκμὴν ἔτι ζητεῖν ὥς που παρὰ θεοῖς ὄν, καὶ τῆς σοφίας οὐκ ἀνθρωπίνου χρήματος ὄντος· οὕτως ἔλεγε Σωκράτης καὶ Πύρρων.

Similien:
Xenophanes als Skeptiker

Iohannes Stobaios

Xen 217
Anthologie 1.31.4
(Über Wolken, Nebel, Regen, Tau, Schnee, Reif, Hagel.)
Xenophanes [sagte, dass] die Vorgänge in der Höhe infolge der Wärme der Sonne als anfänglicher Ursache eintreten. Wenn nämlich die Feuchtigkeit aus dem Meer hochgezogen werde, lasse das infolge der Feinteiligkeit ausgeschiedene Süße zu Nebel geworden Wolken entstehen und Regen herabträufeln infolge von Verdichtung und die Winde ausdampfen. Er schreibt nämlich wörtlich (VS 21 B 30): „Das Meer ist Quell des Wassers."

Xen 218
Anthologie 1.50.17
(Über Wahrnehmung, Wahrnehmbares und darüber, ob die Wahrnehmungen wahr sind.) Pythagoras, Empedokles, Xenophanes, Parmenides, Zenon, Melissos, Anaxagoras, Demokrit, Metrodor, Protagoras, Platon [sagten, dass] die Wahrnehmungen trügerisch seien.

Xen 219
Anthologie 2.1.17
Von Didymos (**Xen 53**) aus *Über die Schulen.* Von Xenophanes kam als Erstem ein aufschreibenswertes Wort zu den Griechen, wobei er zugleich mit Spott die Wagnisse der anderen tadelte und seine eigene Vorsicht damit kontrastierte, dass nämlich Gott zwar die Wahrheit weiß, doch „Schein(meinen) an allem haftet" (VS 21 B 34, 5). Denn die Philosophie ist Jagd und Streben nach der Wahrheit. Von den Philosophen behaupten einige, das Jagdobjekt gefunden zu haben, wie Epikur und die Stoiker. Die anderen, dass sie den Gipfel noch suchten, da es bei Gott sei und Weisheit keine menschliche Sache; so sagten Sokrates und Pyrrhon.

Xen 220
Anthologium 3.29.41 (ed. Wachsmuth/Hense)
Ξενοφάνους.
Οὔ τοι ἀπ' ἀρχῆς πάντα θεοὶ θνητοῖς ὑπέδειξαν,
ἀλλὰ χρόνῳ ζητοῦντες ἐφευρίσκουσιν ἄμεινον.

Similien:
Gottesbegriff

(vgl. Xen 204)

Kyrill aus Alexandria

Xen 221
Contra Iulianum 1.15.521A–B (ed. Burguière/Évieux)
Πεντηκοστῇ ἐννάτῃ ὀλυμπιάδι Ἴβυκος ὁ μελοποιὸς καὶ Φερεκύδης ὁ ἱστοριογράφος καὶ Φωκυλίδης καὶ Ξενοφάνης, τραγῳδιῶν ποιηταί, γεγόνασι. Ἑξηκοστῇ δευτέρᾳ ὀλυμπιάδι Πυθαγόρας γενέσθαι λέγεται. Ἑβδομηκοστῇ ὀλυμπιάδι φασὶ γενέσθαι Δημόκριτον καὶ Ἀναξαγόραν, φιλοσόφους φυσικούς, ὁμοῦ τε καὶ Ἡράκλειτον τὸν ἐπίκλην σκοτεινόν.

Similien:
Lebensalter/Lebenszeit
Xenophanes als Tragödiendichter

Xen 222
Contra Iulianum 2.15.572C (ed. Burguière/Évieux)
Καὶ ταυτὶ μὲν περὶ τούτων. Ἐπειδὴ δὲ σκοπὸς ἦν αὐτοῖς βασανίσαι πάλιν τὸ πότερόν ποτε φθαρτὸς ἂν εἴη κατὰ φύσιν ὁ κόσμος ἢ μή, δεδοξάκασιν ὧδε καὶ περὶ τούτου· Πυθαγόρας καὶ οἱ στωϊκοὶ καὶ γενητὸν ὑπὸ θεοῦ τὸν κόσμον, καὶ φθαρτὸν μὲν ὅσον ἐπὶ τῇ φύσει· αἰσθητὸν γὰρ εἶναι διότι καὶ σωματικός, οὐ μὴν δὴ φθαρησόμενόν γε, προνοίᾳ καὶ συνοχῇ Θεοῦ· Ἐπίκουρος φθαρτὸν ὅτι καὶ γεννητός, ὡς ζῷον, ὡς φυτόν· Ξενοφάνης ἀγέννητον καὶ ἀΐδιον καὶ ἄφθαρτον τὸν κόσμον· Ἀριστοτέλης τὸ ὑπὸ τὴν σελήνην μέρος τοῦ κόσμου παθητόν, ἐν ᾧ καὶ τὰ ἐπίγεια κηραίνεται.

Xen 220
Anthologie 3.29.41
Xenophanes (VS 21 B 18):
  Wahrlich nicht von Anfang an haben die Götter den Sterblichen alles enthüllt,
  sondern allmählich finden sie suchend das Bessere.

Kyrill aus Alexandria (Werk ca. Mitte 5. Jh. n. Chr.)

Xen 221
Gegen Julian 1.15.521A–B
In der 59. Olympiade [544–541 v. Chr.] wurden der Lyriker Ibykos und der Geschichtsschreiber Pherekydes und Phokylides und Xenophanes, die Tragödiendichter, geboren. In der 62. Olympiade [532–529] soll Pythagoras geboren worden sein. In der 70. Olympiade [500–497] sollen Demokrit und Anaxagoras geboren worden sein, Naturphilosophen, zugleich auch Heraklit, der mit dem Beinamen ‚der Dunkle'.

Xen 222
Gegen Julian 2.15.572C
Genug darüber [ob die Welt nach Ansicht der Philosophen eine Seele hat]. Da es ihr Ziel war zu erforschen, ob die Welt von Natur aus vergänglich sei oder nicht, kamen sie zu folgenden Ansichten hierzu: Pythagoras und die Stoiker [nahmen an, dass] die Welt von Gott geschaffen sei und dass sie, soviel von ihrer Natur abhängt, vergänglich sei; wahrnehmbar sei sie nämlich, weil sie auch körperlich sei, werde indessen aber nicht zugrundegehen dank Gottes Vorsehung und dem Umstand, dass er die Welt zusammenhält. Epikur [meinte, dass die Welt] vergänglich sei, weil sie auch entstanden sei, wie ein Lebewesen, wie eine Pflanze. Xenophanes [meinte, dass] die Welt

Similien:
Unvergänglichkeit der Welt

(vgl. **Xen 95, Xen 178, Xen 206 & Xen 271**)

Proklos

Xen 223
s. **Xen 340** (Scholia in Hes. op. 286)

Xen 224
In Platonis Timaeum commentaria 1.254.19–27 (ed. Diehl)
Ὅλως δὲ περὶ κριτηρίων ἣν ἔχει δόξαν ὁ Πλάτων, ἀπὸ τούτων ληπτέον. ἄλλων γὰρ ἄλλο τὸ κριτήριον θεμένων, τῶν μὲν αἴσθησιν, ὥσπερ οἱ Πρωταγόρειοί φασι, τῶν δὲ δόξαν, ὥσπερ ὁ λέγων ‚δόκος δ' ἐπὶ πᾶσι τέτυκται'[1], τῶν δὲ λόγον, τῶν δὲ νοῦν, ὁ Πλάτων οἰκείως τοῖς πράγμασι τὴν τῶν κριτηρίων διεῖλεν οὐσίαν, τοῖς μὲν νοητοῖς νοῦν ἀπονείμας, τοῖς δὲ διανοητικοῖς διάνοιαν, τοῖς δὲ δοξαστοῖς δόξαν, τοῖς δὲ αἰσθητοῖς αἴσθησιν.

Similien:
Xenophanes als Skeptiker

---

1 Zur Zuordnung dieser Textstelle zu Xenophanes vgl. **Xen 83**ff. sowie die weiteren Einträge zu VS 21 B 34 im Verzeichnis der Belegstellen für die Diels/Kranz-Fragmente (VS 21 B).

unentstanden und ewig und unvergänglich sei. Aristoteles [meinte, dass] der sublunare Teil der Welt Widerfahrnissen unterliege [Arist. Mu. 392a33], in dem auch die irdischen Dinge zugrundegehen.

Proklos (412 – 485 n. Chr.)

Xen 223
Laut den Scholien zu Hesiods Werken und Tagen (Xen 340), die vermutlich auf Proklos zurückgehen, hat Xenophanes deplatzierte Sillen gegen die Philosophen und Dichter seiner Zeit verfasst.

Xen 224
Kommentar zu Platons *Timaios* 1.254.19–27
Welche Meinung Platon über Kriterien generell vertritt, ist hieraus zu entnehmen. Verschiedene [Denker] haben nämlich das Kriterium verschiedentlich bestimmt, die einen als Wahrnehmung (wie die Pythagoreer sagen), andere als Meinung (wie derjenige, der sagt (VS 21 B 34): „Schein(meinen) haftet an allem"), andere als Verstand, andere als Geist; Platon [hingegen] hat das Wesen der Kriterien gemäß ihrer Verwandtschaft zu den [jeweiligen] Gegenständen eingeteilt: Er weist den mit dem Geist erfassbaren Gegenständen den Geist [als Kriterium] zu, den mit dem Verstand erfassbaren den Verstand, den der Meinung zugänglichen die Meinung und den wahrnehmbaren die Wahrnehmung.

Iohannes L. Lydos

Xen 225
De mensibus 3.12.1–4 (ed. Wünsch) (teils = **As 131**)
Ἀναξιμένης τοίνυν κύκλον τὴν σελήνην εἶναι βούλεται ἐννεακαιδεκαπλασίονα τῆς γῆς, πλήρη πυρὸς ὥσπερ ⟨τὸν⟩ τοῦ ἡλίου, Ξενοφάνης δὲ νέφος εἶναι πεπυρωμένον, οἱ Στωικοὶ […].

Similien:
Gestirne als Wolken
Natur der Gestirne

(vgl. Xen 101, Xen 176, Xen 201, Xen 211, Xen 247, Xen 277, Xen 300)

Simplikios

Xen 226
In Aristotelis categorias commentarium 8.3.30–4.3 (ed. Kalbfleisch)
Αἱ μὲν οὖν κατὰ φιλοσοφίαν αἱρέσεις ἑπταχῶς ὀνομάζονται, ἢ ἀπὸ τοῦ συστησαμένου τὴν αἵρεσιν ὡς Πυθαγόρειοι καὶ Πλατωνικοί, ἢ ἀπὸ τῆς τοῦ αἱρεσιάρχου πατρίδος ὡς Κυρηναϊκοὶ οἱ ἀπ' Ἀριστίππου καὶ Μεγαρικοὶ οἱ ἀπὸ Εὐκλείδου καὶ Ἐλεατικοὶ οἱ ἀπὸ Ξενοφάνους καὶ Παρμενίδου, ἢ ἀπὸ τοῦ τόπου ἐν ᾧ διέτριβον φιλοσοφοῦντες ὡς Ἀκαδημαϊκοὶ καὶ Στωικοί […].

Similien:
Xenophanes als Eleat

Xen 227
In Aristotelis Physicorum libros commentaria 9.6.31–7.3 (ed. Diels) (teils = **Th 408**; teils = **Ar 161**)
Ἀλλ' ὀλίγα ἔτι προσθεὶς ἐπὶ τὴν λέξιν τραπήσομαι. τῶν γὰρ πρὸ τοῦ Πλάτωνος φιλοσοφησάντων οἱ μὲν περὶ Θαλῆν καὶ Ἀναξίμανδρον καὶ τοὺς τοιούτους, ἅτε πρώτως τότε μετὰ τὸν κατακλυσμὸν καὶ τὴν τῶν ἀναγκαίων περιποίησιν φιλοσοφίας ἀρξαμένης ἐν τῇ Ἑλλάδι, τὰς τῶν

Iohannes L. Lydos (490 – um 560 n. Chr.)

Xen 225
Über die Festmonate 3.12.1–4
Anaximenes will, dass der Mond ein Kreis ist, 19-mal so groß wie die Erde, voll Feuer wie der [Kreis] der Sonne. Xenophanes aber, dass er eine glühende Wolke sei, die Stoiker [...].

Simplikios (ca. 490 – 560 n. Chr.)

Xen 226
Kommentar zu Aristoteles' *Kategorien* 8.3.30–4.3
[Vorwort zum Kommentar.] Die philosophischen Schulen werden in siebenfacher Weise benannt, entweder nach dem Gründer der Schule wie die Pythagoreer und Platoniker oder nach der Vaterstadt des Schulleiters – entsprechend [heißen] Kyrenaiker diejenigen, die sich von Aristipp, Megariker diejenigen, die sich von Eukleides, Eleaten diejenigen, die sich von Xenophanes und Parmenides herleiten – oder nach dem Platz, an dem sie zu philosophieren pflegten wie die Akademiker und die Stoiker [...].

Xen 227
Kommentar zu Aristoteles' *Physik* 9.6.31–7.3
[Vorwort zu Ph. 1] Ich möchte nur noch wenige Bemerkungen hinzufügen, bevor ich mich dem Text zuwende. Von denjenigen, die vor Platon philosophierten, untersuchte die Gruppe um Thales und Anaximander und andere solche [Naturphilosophen] – denn damals, nach der Sintflut und dem Erwerb der notwendigen Dinge, nahm die Philosophie zuerst ihren Anfang

φύσει γινομένων αἰτίας ζητοῦντες ἅτε κάτωθεν ἀρχόμενοι τὰς ὑλικὰς καὶ στοιχειώδεις ἀρχὰς ἐθεάσαντο καὶ ἐξέφηναν ἀδιορίστως ὡς πάντων τῶν ὄντων τὰς ἀρχὰς ἐκφαίνοντες. Ξενοφάνης δὲ ὁ Κολοφώνιος καὶ ὁ τούτου μαθητὴς Παρμενίδης καὶ οἱ Πυθαγόρειοι τελεωτάτην μὲν περί τε τῶν φυσικῶν καὶ τῶν ὑπὲρ τὴν φύσιν, ἀλλ' αἰνιγματώδη τὴν ἑαυτῶν φιλοσοφίαν παραδεδώκασιν.

Similien:
Prinzipien
Verhältnis zu Parmenides

Xen 228
In Aristotelis Physicorum libros commentaria 9.21.10–25 (ed. Diels)
ἄμεινον οὖν ἴσως λέγειν, ὅτι οὐκ ἐν πᾶσι προβλήμασι τὸ εἰ ἔστι ζητεῖται, ἀλλ' ἐν οἷς τοῦτο ἀμφιβάλλεται, οἷον εἰ ἔστι τὸ κενόν, οὐ μέντοι εἰ ἔστιν ἄνθρωπος. καὶ γὰρ καὶ τοῦτο ἐν τοῖς λογικοῖς κανόσι διώρισται. ὅτι δέ εἰσιν ἀρχαὶ τῶν φυσικῶν πάντες συμφωνοῦντες οἱ φυσικοί, τίνες εἰσὶν αὗται ζητοῦσι. καὶ γὰρ τοὺς περὶ τοῦ ὄντος ζητοῦντας περὶ τῆς ἀρχῆς τοῦ ὄντος ζητεῖν φησιν. οἱ γὰρ περὶ τὰς ἀρχὰς φιλοσοφοῦντες ὡς ὄντων ἀρχὰς ἐζήτουν, καὶ οἱ μὲν ἀδιορίστως, οὐ διακρίνοντες τὰ φυσικὰ ἀπὸ τῶν ὑπὲρ φύσιν, οἱ δὲ διακρίνοντες μέν, ὥσπερ οἵ τε Πυθαγόρειοι καὶ Ξενοφάνης καὶ Παρμενίδης καὶ Ἐμπεδοκλῆς καὶ Ἀναξαγόρας, τῇ δὲ ἀσαφείᾳ λανθάνοντες τοὺς πολλούς. διὸ καὶ Ἀριστοτέλης ὡς πρὸς τὸ φαινόμενον ἀντιλέγει, τοῖς ἐπιπολαίως ἐκλαμβάνουσι βοηθῶν. ἅμα δὲ τῷ τοιάσδε ἢ τοσάσδε εἶναι συναποδείκνυται καὶ τὸ εἶναι ὅλως ἀρχάς. ὡς οὖν οὐσῶν ἀρχῶν δείξας ὅτι ἀναγκαία ἐστὶν ἡ περὶ τῶν ἀρχῶν γνῶσις καὶ τὸν τρόπον τῆς ἐπ' αὐτὰς ἐφόδου παραδοὺς εὔλογον οἴεται μὴ πρότερον τὸ αὐτῷ δοκοῦν περὶ τῶν ἀρχῶν ἐκφῆναι πρὶν τὰς τῶν παλαιοτέρων ἐπισκέψασθαι δόξας.

Similien:
Prinzipien
Xenophanes als Naturphilosoph

in Griechenland – die Ursachen der von Natur entstehenden Dinge. Da sie [ihre Untersuchung] von unten begannen, betrachteten sie die stofflichen und elementartigen Prinzipien und zeigten sie auf, ohne zu unterscheiden [um welche Art von Prinzipien es sich handelt], so als ob sie die Prinzipien aller seienden Dinge aufzeigen würden. Xenophanes aber, der Kolophonier, und sein Schüler Parmenides und die Pythagoreer haben [uns] ihre Philosophie über die natürlichen und übernatürlichen Dinge zwar als höchst vollendete, aber enigmatische hinterlassen.

Xen 228
Kommentar zu Aristoteles' *Physik* 9.21.10–25
[Ph. 1.2, 184b15] Vielleicht ist es also besser, zu sagen, dass nicht in allen Problemfällen das ‚ob es ist' untersucht wird, sondern [nur] im Fall derer, in denen dieses umstritten ist, wie zum Beispiel bei der Frage, ob das Leere ist, nicht jedoch bei der, ob der Mensch ist. Auch dieses findet sich ja in den logischen Schriften auseinandergelegt. Dass aber Prinzipien der natürlichen [Dinge] sind, darin stimmen alle Naturphilosophen überein – sie untersuchen, um welche es sich handelt. Entsprechend sagt er ja auch, dass diejenigen, die Untersuchungen über das Seiende anstellen, Untersuchungen über das Prinzip des Seienden anstellen. Denn diejenigen, die über die Prinzipien philosophiert haben, untersuchten sie als Prinzipien der seienden Dinge. Und die einen [taten dies] unterschiedslos, ohne die natürlichen Dinge von den übernatürlichen zu unterscheiden, die anderen machten zwar einen Unterschied, wie die Pythagoreer und Xenophanes und Parmenides und Empedokles und Anaxagoras, aufgrund ihrer dunklen Ausdrucksweise blieben sie darin aber den Vielen verborgen. Daher zielt Aristoteles, wenn er ihnen widerspricht, auf den bloß scheinbaren Sinn ihrer Ausführungen, um denen aufzuhelfen, die nur oberflächlich verstehen. Indem er zeigt, dass es Prinzipien von der und der Art bzw. so und so viele Prinzipien gibt, zeigt er zugleich, dass es überhaupt Prinzipien gibt. Nachdem er auf Grundlage dessen, dass es Prinzipien gibt, gezeigt hat, dass die Erkenntnis über die Prinzipien notwendig ist, und dargelegt hat, wie man sich ihnen nähern sollte, glaubt er, es sei vernünftig, nicht eher seine Meinung über die Prinzipien darzulegen, als er die Meinungen der älteren [Denker] gemustert hat.

Xen 229

In Aristotelis Physicorum libros commentaria 9.22.22–23.20 (ed. Diels)

Ἀνάγκη τοίνυν τὴν ἀρχὴν ἢ μίαν εἶναι ἢ οὐ μίαν, ταὐτὸν δὲ εἰπεῖν πλείους, καὶ εἰ μίαν, ἤτοι ἀκίνητον ἢ κινουμένην. καὶ εἰ ἀκίνητον ἤτοι ἄπειρον, ὡς Μέλισσος ὁ Σάμιος δοκεῖ λέγειν, ἢ πεπερασμένην, ὡς Παρμενίδης Πύρητος Ἐλεάτης, οὐ περὶ φυσικοῦ στοιχείου λέγοντες οὗτοι, ἀλλὰ περὶ τοῦ ὄντως ὄντος. μίαν δὲ τὴν ἀρχὴν ἤτοι ἓν τὸ ὂν καὶ πᾶν καὶ οὔτε πεπερασμένον οὔτε ἄπειρον οὔτε κινούμενον οὔτε ἠρεμοῦν Ξενοφάνην τὸν Κολοφώνιον τὸν Παρμενίδου διδάσκαλον ὑποτίθεσθαί φησιν ὁ Θεόφραστος ὁμολογῶν ἑτέρας εἶναι μᾶλλον ἢ τῆς περὶ φύσεως ἱστορίας τὴν μνήμην τῆς τούτου δόξης· τὸ γὰρ ἓν τοῦτο καὶ πᾶν τὸν θεὸν ἔλεγεν ὁ Ξενοφάνης· ὃν ἕνα μὲν δείκνυσιν ἐκ τοῦ πάντων κράτιστον εἶναι. πλειόνων γάρ, φησίν, ὄντων ὁμοίως ὑπάρχειν ἀνάγκη πᾶσι τὸ κρατεῖν· τὸ δὲ πάντων κράτιστον καὶ ἄριστον θεός. ἀγένητον δὲ ἐδείκνυεν ἐκ τοῦ δεῖν τὸ γινόμενον ἢ ἐξ ὁμοίου ἢ ἐξ ἀνομοίου γίνεσθαι· ἀλλὰ τὸ μὲν ὅμοιον ἀπαθές φησιν ὑπὸ τοῦ ὁμοίου· οὐδὲν γὰρ μᾶλλον γεννᾶν ἢ γεννᾶσθαι προσήκει τὸ ὅμοιον ἐκ τοῦ ὁμοίου· εἰ δὲ ἐξ ἀνομοίου γίνοιτο, ἔσται τὸ ὂν ἐκ τοῦ μὴ ὄντος. καὶ οὕτως ἀγένητον καὶ ἀίδιον ἐδείκνυ. οὔτε δὲ ἄπειρον οὔτε πεπερασμένον εἶναι, διότι ἄπειρον μὲν τὸ μὴ ὂν ὡς οὔτε ἀρχὴν ἔχον οὔτε μέσον οὔτε τέλος, περαίνειν δὲ πρὸς ἄλληλα τὰ πλείω. παραπλησίως δὲ καὶ τὴν κίνησιν ἀφαιρεῖ καὶ τὴν ἠρεμίαν. ἀκίνητον μὲν γὰρ εἶναι τὸ μὴ ὄν· οὔτε γὰρ ἂν εἰς αὐτὸ ἕτερον οὔτε αὐτὸ πρὸς ἄλλο ἐλθεῖν· κινεῖσθαι δὲ τὰ πλείω τοῦ ἑνός· ἕτερον γὰρ εἰς ἕτερον μεταβάλλειν, ὥστε καὶ ὅταν ἐν ταὐτῷ μένειν λέγῃ καὶ μὴ κινεῖσθαι

ἀεὶ δ' ἐν ταὐτῷ μίμνει κινούμενον οὐδέν,

οὐδὲ μετέρχεσθαί μιν ἐπιπρέπει ἄλλοτε ἄλλη,

οὐ κατὰ τὴν ἠρεμίαν τὴν ἀντικειμένην τῇ κινήσει μένειν αὐτό φησιν, ἀλλὰ κατὰ τὴν ἀπὸ κινήσεως καὶ ἠρεμίας ἐξῃρημένην μονήν. Νικόλαος δὲ ὁ Δαμασκηνὸς ὡς ἄπειρον καὶ ἀκίνητον λέγοντος αὐτοῦ τὴν ἀρχὴν ἐν τῇ Περὶ θεῶν ἀπομνημονεύει. Ἀλέξανδρος δὲ ὡς πεπερασμένον αὐτὸ καὶ σφαιροειδές. ἀλλ' ὅτι μὲν οὔτε ἄπειρον οὔτε πεπερασμένον αὐτὸ δείκνυσιν, ἐκ τῶν προειρημένων δῆλον· πεπερασμένον δὲ καὶ σφαιροειδὲς αὐτὸ διὰ τὸ πανταχόθεν ὅμοιον λέγειν. καὶ πάντα νοεῖν δέ φησιν αὐτὸ λέγων

ἀλλ' ἀπάνευθε πόνοιο νόου φρενὶ πάντα κραδαίνει.

Similien:
Das Eine/Das All
Gottesbegriff
Gott als das Eine/das All
Gott durchweg ähnlich beschaffen
Gott kugelförmig

Xen 229
Kommentar zu Aristoteles' *Physik* 9.22.22–23.20

[Ph. 1.2, 184b15] Beim Prinzip muss es sich nun entweder um ein einziges handeln oder nicht um ein einziges, d. h. um mehrere. Wenn es sich um ein einziges handelt, dann muss es entweder unbewegt oder bewegt sein. Und wenn es unbewegt ist, dann muss es entweder unbegrenzt sein (wie Melissos der Samier zu sagen scheint), oder begrenzt, wie Parmenides, der Sohn des Pyres und Eleate [sagt], wobei diese nicht über ein der Natur zugehöriges Element sprechen, sondern über das wirklich Seiende.

Theophrast (**Xen 16**) sagt, Xenophanes, der Kolophonier und Lehrer des Parmenides, habe das Prinzip als ein einziges respektive das Seiende und das All als ein einziges und weder als begrenzt noch als unbegrenzt, weder als bewegt noch ruhend angesetzt; er [Theophrast] räumt dabei ein, dass die Erwähnung der Lehre dieses [Denkers] eher zu einer anderen Untersuchung als der über die Natur gehöre. Denn Xenophanes verstand unter diesem Einen und Ganzen Gott.

Dass er [Gott] ein einziger sei, unternimmt [Xenophanes] auf Grundlage der Annahme zu zeigen, dass er das Stärkste von allem sei. Wenn es nämlich mehrere Götter gibt, sagt er, so würde ihnen allen notwendigerweise das Herrschen zukommen. Das Stärkste und Beste aller Dinge [sei] Gott.

Dass [Gott] unentstanden sei, unternahm [Xenophanes] auf Grundlage der Annahme zu zeigen, dass das, was entsteht, aus Ähnlichem oder aus Unähnlichem entsteht. Etwas, das etwas anderem ähnlich ist, könne jedoch, sagt er, vom letzterem keine Einwirkung erfahren; denn es komme einer Sache, die einer anderen ähnlich ist, um nicht mehr zu, letztere zu erzeugen, als aus ihr erzeugt zu werden. Wenn aber [das, was entsteht] aus etwas, das ihm unähnlich ist, entstehen würde, so würde das Seiende aus dem Nicht-Seienden sein. Auf diese Weise unternahm er zu zeigen, dass Gott unentstanden und ewig sei.

Auch sei [Gott] weder unbegrenzt noch begrenzt, da das Nicht-Seiende unbegrenzt sei, insofern es weder Anfang noch Mitte noch Ende habe und die vielen Dinge gegeneinander abgegrenzt seien.

Auf ähnliche Weise negiert er [von Gott] auch die Bewegung und die Ruhe. Denn das Nicht-Seiende sei unbewegt: Weder könne nämlich anderes in es noch es in anderes gelangen. In Bewegung seien dagegen die Dinge, deren Zahl mehr als eins ist: Eines verändere sich nämlich in etwas anderes. Somit meint er, wenn er (VS 21 B 26) sagt, er bleibe in ein und demselben und bewege sich nicht:

   stets aber am selbigen Ort verharrt er sich gar nicht bewegend,
   und es geziemt ihm nicht hin- und herzugehen bald hierhin bald dorthin,

Gott/das Prinzip begrenzt/unbegrenzt
Gott/das Prinzip bewegt/unbewegt
Prinzipien
Verhältnis zu Parmenides
Xenophanes als Eleat

(Vgl. **Xen 15**)

Xen 230
In Aristotelis Physicorum libros commentaria 9.28.4–11 (ed. Diels)
Λεύκιππος δὲ ὁ Ἐλεάτης ἢ Μιλήσιος (ἀμφοτέρως γὰρ λέγεται περὶ αὐτοῦ) κοινωνήσας Παρμενίδῃ τῆς φιλοσοφίας, οὐ τὴν αὐτὴν ἐβάδισε Παρμενίδῃ καὶ Ξενοφάνει περὶ τῶν ὄντων ὁδόν, ἀλλ' ὡς δοκεῖ τὴν ἐναντίαν. ἐκείνων γὰρ ἓν καὶ ἀκίνητον καὶ ἀγένητον καὶ πεπερασμένον ποιούντων τὸ πᾶν, καὶ τὸ μὴ ὂν μηδὲ ζητεῖν συγχωρούντων, οὗτος ἄπειρα καὶ ἀεὶ κινούμενα ὑπέθετο στοιχεῖα τὰς ἀτόμους καὶ τῶν ἐν αὐτοῖς σχημάτων ἄπειρον τὸ πλῆθος διὰ τὸ μηδὲν μᾶλλον τοιοῦτον ἢ τοιοῦτον εἶναι [ταύτην γὰρ] καὶ γένεσιν καὶ μεταβολὴν ἀδιάλειπτον ἐν τοῖς οὖσι θεωρῶν.

Similien:
Das Eine/Das All
Gott/das Prinzip begrenzt/unbegrenzt
Gott/das Prinzip bewegt/unbewegt

nicht, dass er gemäß der Ruhe, die der Bewegung entgegengesetzt ist, ruhe, sondern gemäß der Ruhe, die [den Gegensatz von] Bewegung und Ruhe transzendiert.

Nikolaos (**Xen 50**), der Damaskener, berichtet dagegen in seiner Schrift *Über die Götter*, er [Xenophanes] habe das Prinzip als unbegrenzt[1] und unbewegt bezeichnet. Alexander (**Xen 125**) berichtet indes, [Xenophanes nenne] es [sc. das Prinzip] begrenzt und kugelförmig. Dass [Xenophanes] einerseits zu zeigen unternimmt, dass es weder unbegrenzt noch begrenzt ist, ist aus dem vorher Gesagten klar; dass er es andererseits als begrenzt und kugelförmig aufzuweisen versucht, kommt daher, dass er es für überall ähnlich beschaffen hält.

Und er erklärt auch, dass es alles denke, wenn er sagt (VS 21 B 25):
    doch sonder Mühe erschüttert er alles mit des Geistes Denkkraft.

Xen 230
Kommentar zu Aristoteles' *Physik* 9.28.4–11

[Ph. 1.2, 184b15] Leukipp aber, der Eleate oder Milesier (in beider Weise wird nämlich über ihn gesprochen) beschritt, nachdem er in Gemeinschaft mit Parmenides philosophierte, nicht denselben Weg wie Parmenides und Xenophanes hinsichtlich der seienden Dinge, sondern, wie es scheint, den entgegengesetzten. Während jene nämlich das All eines und unbewegt und unentstanden und begrenzt sein ließen und es nicht akzeptierten, das Nicht-Seiende auch nur zum Gegenstand einer Untersuchung zu machen, nahm dieser an, dass die Atome unendlich viele und stets bewegte Elemente seien und die Menge der an ihnen vorliegenden Gestalten unendlich sei, weil nichts eher so als so sei; er gewahrte nämlich im Bereich des Seienden sowohl unaufhörliche Entstehung wie auch [unaufhörliche] Veränderung.

---

1   Nikolaos' Zuschreibung erfolgte wohl mit Blick auf Arist. Cael. 294a21–24 (**Xen 4**) (vgl. Moraux (1973), 455–456): Οἱ μὲν γὰρ διὰ ταῦτα ἄπειρον τὸ κάτω τῆς γῆς εἶναί φασιν, ἐπ' ἄπειρον αὐτὴν ἐρριζῶσθαι λέγοντες, ὥσπερ Ξενοφάνης ὁ Κολοφώνιος, ἵνα μὴ πράγματ' ἔχωσι ζητοῦντες τὴν αἰτίαν.

Xen 231
In Aristotelis Physicorum libros commentaria 9.29.3–14 (ed. Diels)
οὐδὲν δὲ ἴσως χεῖρον ὀλίγον παρεκβάντα τοῖς φιλομαθεστέροις ἐπιδεῖξαι, πῶς καίτοι διαφέρεσθαι δοκοῦντες οἱ παλαιοὶ περὶ τὰς τῶν ἀρχῶν δόξας, ἐναρμονίως ὅμως συμφέρονται. καὶ γὰρ οἱ μὲν περὶ τῆς νοητῆς καὶ πρώτης ἀρχῆς διελέχθησαν, ὡς Ξενοφάνης τε καὶ Παρμενίδης καὶ Μέλισσος, ὁ μὲν Ξενοφάνης καὶ Παρμενίδης ἓν λέγοντες καὶ πεπερασμένον. ἀνάγκη γὰρ τὸ ἓν τοῦ πλήθους προϋπάρχειν καὶ τὸ πᾶσιν ὅρου καὶ πέρατος αἴτιον κατὰ τὸ πέρας μᾶλλον ἤπερ κατὰ τὴν ἀπειρίαν ἀφορίζεσθαι καὶ τὸ πάντη τέλειον τὸ τέλος τὸ οἰκεῖον ἀπειληφὸς πεπερασμένον εἶναι, μᾶλλον δὲ τέλος τῶν πάντων, ὡς καὶ ἀρχή· τὸ γὰρ ἀτελὲς ἐνδεὲς ὂν οὔπω πέρας ἀπείληφεν. πλὴν ὁ μὲν Ξενοφάνης ὡς πάντων αἴτιον καὶ πάντων ὑπερανέχον καὶ κινήσεως αὐτὸ καὶ ἠρεμίας καὶ ὡς πάσης ἀντιστοιχίας ἐπέκεινα τίθησιν, ὥσπερ καὶ ὁ Πλάτων ἐν τῇ πρώτῃ ὑποθέσει Παρμενίδου.

Similien:
Das Eine/Das All
Gott/das Prinzip begrenzt/unbegrenzt
Gott/das Prinzip bewegt/unbewegt
Prinzipien

Xen 232
In Aristotelis Physicorum libros commentaria 9.36.24–32 (ed. Diels)
ἀλλὰ ταῦτα μὲν διὰ τοὺς εὐκόλως διαφωνίαν ἐγκαλοῦντας τοῖς παλαιοῖς ἐπὶ πλέον ἠναγκάσθημεν μηκῦναι. ἐπειδὴ δὲ καὶ Ἀριστοτέλους ἐλέγχοντος ἀκουσόμεθα τὰς τῶν προτέρων φιλοσόφων δόξας καὶ πρὸ τοῦ Ἀριστοτέλους ὁ Πλάτων τοῦτο φαίνεται ποιῶν καὶ πρὸ ἀμφοῖν ὅ τε Παρμενίδης καὶ Ξενοφάνης, ἰστέον ὅτι τῶν ἐπιπολαιότερον ἀκροωμένων οὗτοι κηδόμενοι τὸ φαινόμενον ἄτοπον ἐν τοῖς λόγοις αὐτῶν διελέγχουσιν, αἰνιγματωδῶς εἰωθότων τῶν παλαιῶν τὰς ἑαυτῶν ἀποφαίνεσθαι γνώμας. δηλοῖ δὲ ὁ Πλάτων θαυμάζων οὕτως τὸν Παρμενίδην, ὃν διελέγχειν δοκεῖ, καὶ βαθέος κολυμβητοῦ δεῖσθαι λέγων τὴν διάνοιαν αὐτοῦ.

Xen 231
Kommentar zu Aristoteles' *Physik* 9.29.3–14
[Ph. 1.2, 184b15] Vielleicht ist es nicht schlecht, hier in einem kleinen Exkurs den noch stärker an der Sache Interessierten zu zeigen, wie die alten [Denker], obwohl sie sich hinsichtlich ihrer Ansichten von den Prinzipien zu unterscheiden scheinen, gleichwohl harmonisch übereinstimmen. Denn die einen äußerten sich über das intelligible und erste Prinzip, wie Xenophanes und Parmenides und Melissos, wobei Xenophanes und Parmenides sagten, dass es eines und begrenzt sei. Denn es ist notwendig, dass das Eine vor dem Vielen existiert und dass das, was für alle Dinge Ursache von Grenze und Begrenzung ist, eher der Grenze als der Unbegrentheit nach bestimmt ist und dass das gänzlich Vollendete begrenzt ist, indem es sein eigenes Ziel erreicht hat, oder vielmehr das Ziel von allen Dingen ist wie auch ihr Prinzip. Denn das Unvollendete hat, als mangelhaftes, noch keine Grenze erreicht. Nur dass Xenophanes es als Ursache aller Dinge und alle Dinge überragend und jenseits von Bewegung und Ruhe und jeder Gegensätzlichkeit postuliert, wie auch Platon in der ersten Hypothese des *Parmenides* [137c ff.].

Xen 232
Kommentar zu Aristoteles' *Physik* 9.36.24–32
[Ph. 1.2, 184b15] Diese Dinge breiter auszuführen, haben wir uns aufgrund derer gezwungen gesehen, die den alten [Philosophen] leichtfertig einen Widerspruch vorwerfen. Da wir freilich auch Aristoteles derart vernehmen werden, dass er die Ansichten der früheren Philosophen widerlegt, und schon vor Aristoteles Platon dies offenbar tut und vor beiden Parmenides und Xenophanes, muss man wissen, dass diese in ihren Argumenten das scheinbar Absurde widerlegen, weil sie den oberflächlicheren Rezipienten Rechnung tragen; denn die alten [Philosophen] waren gewohnt, ihre Ansichten in enigmatischer Weise darzulegen. Dies wird auch an Platon deutlich, der Parmenides, welchen er zu widerlegen scheint, so sehr bewundert, dass er sagt, dass es eines in die Tiefe dringenden Tauchers bedürfe, seine Auffassung zu ergründen [Tht. 184a1].

Xen 233
In Aristotelis Physicorum libros commentaria 9.188.28–189.1 (ed. Diels)
καὶ τὸ μὲν θερμὸν καὶ ψυχρὸν Παρμενίδης φησί, τὸ δὲ ὑγρὸν καὶ ξηρὸν Ἀλέξανδρος μὲν ἤτοι αὐτόν φησιν εἰρηκέναι τὸν τὸ θερμὸν καὶ ψυχρὸν εἰπόντα ἢ Ἐμπεδοκλέα πρὸς τῷ νείκει καὶ τῇ φιλίᾳ τὰ τέτταρα στοιχεῖα ἀρχὰς θέμενον. ὁ μέντοι Πορφύριος οἰκειότερον εἰς † Ἀναξιμένην τὴν δόξαν ἀνέπεμψε ταύτην εἰπόντα
γῆ καὶ ὕδωρ πάντ' ἐσθ' ὅσα γίνοντ' ἠδὲ φύονται.

Similien:
Prinzipien

(vgl. **Xen 157** & **Xen 238**)

Xen 234
In Aristotelis quattuor libros de caelo commentaria 7.520.20–28 (ed. Heiberg)
Τὸ μὲν οὖν ἀπορῆσαι πᾶσιν ἀναγκαῖον ἐπελθεῖν ἕως τοῦ θαυμάσειεν ἄν τις.
Ἱστορήσας πρότερον τάς τε περὶ τῆς θέσεως τῆς γῆς καὶ τῆς κινήσεως καὶ τοῦ σχήματος αὐτῆς δόξας καὶ πρὸς ὀλίγα ἀντειπών, τῶν δὲ πολλῶν ὡς ἀπεμφαινόντων καταφρονήσας μετάγει τὸν λόγον λοιπὸν ἐπὶ τοὺς μένειν μὲν τὴν γῆν λέγοντας, τὴν δὲ αἰτίαν τῆς μονῆς οὐ καλῶς ἀποδιδόντας. καὶ πρῶτον μνημονεύει τῶν μένειν λεγόντων διὰ τὸ ἄπειρον αὐτὴν εἶναι, ὥσπερ Ξενοφάνης ὁ Κολοφώνιος, δεύτερον δὲ τῶν ἐφ' ὕδατος ὀχουμένην μένειν […].

Similien:
Unbewegtheit der Erde
Unendlichkeit der Erde

(vgl. **Xen 4, Xen 14, Xen 186a, Xen 235, Xen 289, Xen 317, Xen 330, Xen 331b**)

Xen 233
Kommentar zu Aristoteles' *Physik* 9.188.28–189.1
[Ph. 1.5, 188b30] Und vom ‚Warmen' und ‚Kalten' spricht Parmenides; vom ‚Feuchten' und ‚Trockenen', sagt Alexander, habe entweder der gesprochen, der auch vom ‚Warmen' und ‚Kalten' spricht, oder Empedokles, insofern er neben Streit und Freundschaft die vier Elemente als Prinzipien ansetzt. Porphyrios hat diese Auffassung eher zutreffend auf Xenophanes[1] zurückgeführt, der sagt (VS 21 B 29):
   Erde und Wasser ist alles, was da wird und wächst.

Xen 234
Kommentar zu Aristoteles' *Über den Himmel* 7.520.20–28
[Cael. 2.13, 294a11 (**Xen 4**)] „Und in dieser Frage müssen alle auf eine Schwierigkeit stoßen" bis „man könnte sich darüber wundern".
Nachdem er zuvor die Auffassungen über die Position, Bewegung und Gestalt der Erde berichtet und gegen nur Weniges davon argumentiert, das Mehrere aber, da kontraintuitiv, für keiner Gegenargumentation würdig befunden hat, bringt er die Diskussion nun auf diejenigen, die behaupten, dass die Erde verharre, die Ursache dieses Verharrens aber nicht gut erklären. Und zuerst bringt er diejenigen in Erinnerung [294a21 ff.], die behaupten, dass sie [die Erde] infolge ihrer Unendlichkeit verharre, wie Xenophanes aus Kolophon, an zweiter Stelle diejenigen, die [behaupten, dass] sie auf dem Wasser treibend verharre […].

---

[1] In den Hss. ist an entsprechender Stelle Ἀναξιμένην überliefert. Wie der Vergleich mit **Xen 238** zeigt, dürfte vielmehr Xenophanes gemeint sein.

Xen 235
In Aristotelis quattuor libros de caelo commentaria 7.522.1–12 (ed. Heiberg)
Οἱ μὲν γὰρ διὰ ταῦτα ἄπειρον τὸ κάτω τῆς εἶναί φασιν ἕως τοῦ πάσας τεθεωρηκέναι τὰς διαφοράς.
Ὑπὸ τῆς ἀπορίας, φησί, κινούμενοι πάντες, μὴ βουλόμενοι δὲ πράγματα ἔχειν μέχρι τοσούτου ζητοῦντες, ἕως οὗ εὕρωσι τὴν κυριωτάτην αἰτίαν, ἕκαστος τὸ προχείρως ἐπελθὸν ἀπεφήνατο, ὥσπερ Ξενοφάνης ὁ Κολοφώνιος τὸ ἄπειρον τὸ κάτω τῆς γῆς εἶναι καὶ διὰ τοῦτο μένειν αὐτήν. ἀγνοῶ δὲ ἐγὼ τοῖς Ξενοφάνους ἔπεσι τοῖς περὶ τούτου μὴ ἐντυχών, πότερον τὸ κάτω μέρος τῆς γῆς ἄπειρον εἶναι λέγων διὰ τοῦτο μένειν αὐτήν φησιν ἢ τὸν ὑποκάτω τῆς γῆς τόπον καὶ αἰθέρα ἄπειρον καὶ διὰ τοῦτο ἐπ᾽ ἄπειρον καταφερομένην τὴν γῆν δοκεῖν ἠρεμεῖν· οὔτε γὰρ ὁ Ἀριστοτέλης διεσάφησεν οὔτε τὰ Ἐμπεδοκλέους ἔπη διορίζει σαφῶς· "γῆς" γὰρ "βάθη" λέγοιτο ἂν καὶ ἐκεῖνα, εἰς ἃ κάτεισιν.

Similien:
Unbewegtheit der Erde
Unendlichkeit der Erde

(vgl. Xen 4, Xen 14, Xen 186a, Xen 234, Xen 289, Xen 317, Xen 330, Xen 331b)

Iohannes Philoponus

Xen 236
In Aristotelis physicorum libros commentaria 16.21.22–28 (ed. Vitelli)
Μίαν μὲν οὖν ἀρχὴν εἶναι καὶ ἀκίνητον καὶ πεπερασμένην ἐδόξασε Παρμενίδης καὶ Ξενοφάνης. δῆλον δέ που πάντως ὅτι οὐ περὶ τῶν φυσικῶν πραγμάτων ἦν τούτοις ὁ λόγος· ὡς γὰρ καὶ αὐτὸς ὁ Ἀριστοτέλης ἐν τοῖς Μετὰ τὰ φυσικὰ εἶπεν, οὐχ οὕτω καὶ τῶν μαινομένων χειρόνως διέκειντο οἱ ἄνδρες οὗτοι, ὡς νομίζειν τὸ πῦρ καὶ τὸ ὕδωρ μὴ εἶναι διάφορον· καὶ ἐξ αὐτῆς δὲ τῆς Ἀριστοτελικῆς ῥήσεως πρόδηλον ὡς οὐ φυσικοὶ οἱ ἄνδρες οὗτοι.

Xen 235
Kommentar zu Aristoteles' *Über den Himmel* 7.522.1–12
[Cael. 2.13, 294a21 (**Xen 4**)] „Denn die einen meinen mit Blick auf das geschilderte Problem, dass die Erde nach unten unbegrenzt sei" bis „wenn man alle Unterschiede betrachtet hat."
Von dieser Schwierigkeit, sagt er [Aristoteles], waren alle umgetrieben; da sie aber keine Mühen haben wollten, die Sache bis zu dem Punkt zu untersuchen, an dem sie die maßgeblichste Erklärung fänden, legte ein jeder dar, was ihm als naheliegende Lösung in den Sinn kam; wie etwa Xenophanes, der Kolophonier, [erklärte, dass] das die Unterseite der Erde unbegrenzt sei und sie deswegen verharre. Da mir die Verse des Xenophanes, die hiervon handeln, nicht zu Gesicht gekommen sind, weiß ich nicht, ob er aufgrund der Annahme, dass der untere Teil der Erde unbegrenzt sei, behauptete, dass sie verharre, oder [ob er meinte,] dass der Raum und der Äther unterhalb der Erde unbegrenzt seien und die Erde daher, ins Unbegrenzte hinabgehend, zu verharren scheine; denn weder machte Aristoteles das ganz klar noch legen es die Verse des Empedokles [294a25–28; VS 31 B 39] deutlich auseinander; denn „der Erde Tiefen" könnte auch in Bezug auf jene Bereiche gesagt werden, in die sie hinabgeht.

Iohannes Philoponus (um 490 – um 575 n. Chr.)

Xen 236
Kommentar zu Aristoteles' *Physik* 16.21.22–28
[Ph. 1.2, 184b15] Dass also das Prinzip eines, unbewegt und begrenzt sei, war die Meinung des Parmenides und Xenophanes. Es ist aber doch wohl ganz offensichtlich, dass deren Rede nicht um die Naturdinge ging; denn, wie Aristoteles auch selbst in der *Metaphysik* [gemeint ist: GC 1.8, 325a19-21] gesagt hat, war es um diese Männer nicht so sehr schlimmer bestellt als um Verrückte, dass sie geglaubt hätten, dass Feuer und Wasser nicht verschieden voneinander seien. Und aus dem aristotelischen Wortlaut selbst ist klar, dass diese keine Naturphilosophen waren.

Similien:
Gott/das Prinzip begrenzt/unbegrenzt
Gott/das Prinzip bewegt/unbewegt
Prinzipien

Xen 237
In Aristotelis physicorum libros commentaria 16.22.15–21 (ed. Vitelli)
μίαν μὲν οὖν καὶ πεπερασμένην καὶ ἀκίνητον Παρμενίδης ἔλεγε καὶ Ξενοφάνης, μίαν δὲ καὶ ἀκίνητον καὶ [ἄπειρον] ὁ Μέλισσος περὶ τῶν αὐτῶν καὶ αὐτός, ὡς ἤδη εἶπον, διαλεγόμενος· πλὴν ὅτι οὗτος μὲν ἄπειρον ἔλεγε τὸ ἕν, οἱ δὲ περὶ Παρμενίδην πεπερασμένον, τοῦτο δὲ διὰ τὸ ἐκείνους μὲν εἰς τὴν ὁριστικὴν καὶ εἰδοποιὸν τῶν νοητῶν δύναμιν ἀπιδεῖν, τοῦτον δὲ εἰς τὴν ἀπειρίαν τῆς δυνάμεως.

Similien:
Das Eine/Das All
Gott/das Prinzip begrenzt/unbegrenzt
Gott/das Prinzip bewegt/unbewegt
Prinzipien

Xen 238
In Aristotelis physicorum libros commentaria 16.125.15–126.2 (ed. Vitelli)
Καίπερ ἄνευ λόγου τιθέντες.
Οὐχ ὅτι οὐδενὶ λόγῳ ἐχρῶντο εἰς τὸ κατασκευάσαι ἃς ὑπετίθεντο ἀρχάς, ἀλλ' ὅτι οὐδενὶ πιθανῷ, ὥστε καὶ πείθειν δύνασθαι. ἀλλ' εἰ καὶ ἀπαραμυθήτως ἐτίθεσαν τὰ οἰκεῖα δόγματα, ἀλλ' οὖν συμφώνως πάντες τὰς ἀρχὰς ἐναντίας εἶναι ὑπέθεντο. ἡ μὲν οὖν κοινωνία "ἐπὶ τοσοῦτον", ἡ δὲ διαφορὰ ὅτι οἱ μὲν καθολικώτερα καὶ περιεκτικώτερα ἐλάμβανον, οἱ δὲ μερικώτερα, καὶ οἱ μὲν γνωριμώτερα τῇ αἰσθήσει μᾶλλον ἢ τῷ λόγῳ, οἱ δὲ τῷ λόγῳ μᾶλλον ἢ τῇ αἰσθήσει. ο ἱ μ ὲ ν γ ὰ ρ θ ε ρ μ ὸ ν κ α ὶ ψ υ χ ρ ό ν, ὁ Παρμενίδης, ὧν τὸ μὲν θερμὸν πῦρ ἐκάλει, τὸ δὲ ψυχρὸν γῆν. ο ἱ δ ὲ ὑ γ ρ ὸ ν κ α ὶ ξ η ρ ό ν. ὁ Πορφύριός φησι τὸν Ξενοφάνην τὸ ξηρὸν καὶ τὸ ὑγρὸν δοξάσαι ἀρχάς, τὴν γῆν λέγω καὶ τὸ ὕδωρ, καὶ χρῆσιν αὐτοῦ παρατίθεται τοῦτο δηλοῦσαν·

γῆ καὶ ὕδωρ πάντ' ἔσθ' ὅσα φύοντ' ἠδὲ γίνονται.
ταύτης δὲ τῆς δόξης δοκεῖ καὶ Ὅμηρος εἶναι ἐν οἷς φησιν
ἀλλ' ὑμεῖς μὲν πάντες ὕδωρ καὶ γαῖα γένοισθε.

Xen 237
Kommentar zu Aristoteles' *Physik* 16.22.15–21
[Ph. 1.2, 184b15] Von einem einzigen und begrenzten und unbewegten [Prinzip] sprachen also Parmenides und Xenophanes, von einem einzigen und unbewegten auch Melissos, der dieselben [Fragen] seinerseits, wie ich bereits sagte, diskutierte; nur dass dieser sagte, dass das Eine unbegrenzt sei, während Parmenides und die Seinen [sagten], dass es begrenzt sei. Dies hat seinen Grund darin, dass jene auf das definierende und formschaffende Vermögen der intelligiblen Dinge blickten, dieser hingegen auf die Unbegrenztheit des Vermögens.

Xen 238
Kommentar zu Aristoteles' *Physik* 16.125.15–126.2
[Ph. 1.5, 188b28] „Obwohl sie ohne Argument ansetzen".
[Dies bedeutet] nicht, dass sie sich keines Arguments bedienten, um die Prinzipien, die sie postulierten, zu etablieren, sondern dass [sie sich] keines glaubwürdigen [Arguments bedienten], mit dem sie überzeugen hätten können. Doch auch wenn sie die eigenen Lehren in wenig gewinnender Art formulierten, so nahmen doch alle übereinstimmend an, dass die Prinzipien gegensätzlich seien. Die Gemeinsamkeit geht also „so weit" (188b26), der Unterschied aber ist, dass die einen sie [die Prinzipien] als allgemeiner und umfassender, die anderen als spezieller konzipierten und die einen als erkennbarer eher durch die Wahrnehmung als durch die Vernunft und die anderen durch die Vernunft eher als durch die Wahrnehmung. Denn „die einen [setzen] Warm und Kalt" an (188b33) – Parmenides nämlich –, von denen er das Warme ‚Feuer', das Kalte ‚Erde' nannte. „Die anderen [setzen] Feucht und Trocken [an]" (188b3). Porphyrios behauptet (**Xen 157**), dass Xenophanes das Trockene und das Feuchte als Prinzipien angenommen habe, ich meine die Erde und das Wasser, und er zitiert einen Beleg dafür,

καὶ οὐδέν γε θαυμαστὸν καὶ τοῦτον, ὥσπερ Παρμενίδην, ἐν τοῖς πρὸς δόξαν δύο λέγειν τὰς ἀρχὰς ἐν τοῖς πρὸς ἀλήθειαν ἓν εἶναι λέγοντα.

Similien:
Prinzipien

(vgl. **Xen 233**)

Olympiodor

Xen 239
De Arte Sacra 24 (ed. Berthelot/Ruelle)
Τὴν γὰρ γῆν οὐδεὶς ἐδόξασεν εἶναι ἀρχήν, εἰ μὴ Ξενοφάνης ὁ Κολοφώνιος· διὰ δὲ τὸ μὴ εἶναι αὐτὴν γόνιμον, οὐδεὶς αὐτὴν στοιχεῖον ἐδόξασεν. Καὶ ἀκριβούτω ὁ πάσης ἀρετῆς ἐντὸς γενόμενος τὸ τὴν γῆν μὴ δοξάζεσθαι ὑπὸ τῶν φιλοσόφων στοιχεῖον εἶναι, ὡς μὴ οὖσαν γόνιμον, καὶ ὧδε ἔχει λόγον εἰς τὸ ζητούμενον. Καὶ γὰρ Ἑρμῆς πού φησιν· «Παρθένος ἡ γῆ εὑρίσκεται ἐν τῇ οὐρᾷ τῆς παρθένου.»

Similien:
Elemente
Prinzipien

der das deutlich macht: (VS 21 B 29): „Erde und Wasser ist alles, was da wird und wächst." Dieser Ansicht scheint auch Homer zu sein, wenn er sagt (Ilias 7.99): „Auf dass ihr doch alle zu Wasser und Erde werdet." Und es ist nicht erstaunlich, dass auch er [Xenophanes], wie Parmenides, in seinen Ausführungen, die der Meinung entsprechen [sollen], von zwei Prinzipien spricht, während er in den Ausführungen, die der Wahrheit entsprechen [sollen], sagt, dass [nur] Eines sei.

Olympiodor (Alchemista?, ev. identisch mit dem Neuplatoniker Olympiodor von Alexandria[1], geb. zw. 495 u. 505 n. Chr., noch 565 lehrend)

Xen 239
Über die göttliche Kunst 24
Dass die Erde Prinzip sei, meinte keiner, es sei denn Xenophanes, der Kolophonier; weil sie nicht zeugungsfähig sei, nahm sie keiner als Element an. Und derjenige, der im Bereich jeglicher Tüchtigkeit angelangt ist, soll genau wissen, dass die Philosophen die Erde nicht als ein Element einschätzten, da sie nicht zeugungsfähig ist, und er wird so eine Erklärung für das Untersuchte haben. Denn auch Hermes sagt irgendwo: „Als Jungfrau wird die Erde gefunden im Schweif der Jungfrau[2]."

---

1   Die von den Hss. nahegelegte Identität unterliegt indessen erheblichen Zweifeln; vgl. Wildberg (2007).
2   S. Viano (1995), 148 Anm. 43.

Pseudo-Galen

Xen 240
De historia philosopha 3 (ed. Diels 601,5–12)

*** ταύτης δὲ λέγεται κατάρξαι Ξενοφάνης ὁ Κολοφώνιος ἀπορητικῆς μᾶλλον ἢ δογματικῆς τοῖς πολλοῖς εἶναι δοκούσης. μετὰ δὲ τοῦτον τοῖς αὐτοῦ βουλήμασιν εὐαρεστηθεὶς καὶ Παρμενίδης οὐ τῶν ἀφανεστέρων ἐπιβεβηκέναι δοκεῖ. Ζήνων δὲ ὁ Ἐλεάτης τῆς ἐριστικῆς φιλοσοφίας ἀρχηγὸς μνημονεύεται γεγονώς. τούτου δὲ Λεύκιππος ὁ Ἀβδηρίτης ἀκουστὴς τὴν τῶν ἀτόμων εὕρεσιν ἐπινενόηκε πρῶτος. Δημόκριτος δὲ παρ' αὐτοῦ τὸ δόγμα παρειληφὼς μᾶλλον ἐκράτυνεν. οὗ Πρωταγόρας ὁ Ἀβδηρίτης ζηλωτής, ὃς καὶ συστάτης τῶν κατὰ φιλοσοφίαν τεχνῶν ***

Similien:
Xenophanes als Eleat
Xenophanes als Skeptiker

Xen 241
De historia philosopha 7 (ed. Diels 604,16–21)

(περὶ αἱρέσεων.) τοὺς δὲ τὴν μικτὴν αἵρεσιν μετεληλυθότας ὑπάρχειν Ξενοφάνην μὲν περὶ πάντων ἠπορηκότα, δογματίσαντα δὲ μόνον τὸ εἶναι πάντα ἓν καὶ τοῦτο ὑπάρχειν θεὸν πεπερασμένον λογικὸν ἀμετάβλητον, τὸν δὲ Δημόκριτον ὁμοίως περὶ μὲν τῶν ἄλλων μηδενὸς ἀποφηνάμενον, ἓν δόγμα δὲ καταλελοιπότα τὸ περὶ τῶν ἀτόμων καὶ τοῦ κενοῦ καὶ τοῦ ἀπείρου.

Similien:
Das Eine/Das All
Gott als das Eine/das All
Gott als Geist
Gott/das Prinzip begrenzt/unbegrenzt
Gottesbegriff
Xenophanes als Skeptiker

Pseudo-Galen
(um 500 n. Chr. gefertigte Kompilation)

Xen 240
Über die Geschichte der Philosophie 3
*** Am Anfang dieser Schule soll Xenophanes, der Kolophonier, gestanden haben. Sie scheint den meisten eher aporetisch als dogmatisch zu sein. In seiner Folge scheint auch Parmenides, der an seinen Absichten Wohlgefallen fand, nicht den Bereich der verborgeneren[1] Dinge betreten zu haben. Zenon aber, der Eleate, ist als Archeget der eristischen Philosophie erinnerlich. Dessen Hörer, der Abderite Leukipp, kam als erster auf die Entdeckung der Atome. Demokrit aber übernahm die Lehre von ihm und befestigte sie noch mehr. Sein Nacheiferer war der Abderite Protagoras, der auch der Begründer des philosophischen Gewerbes war ***

Xen 241
Über die Geschichte der Philosophie 7
(Über die Schulen.) *Manche unterscheiden zwischen vier Gruppen von Philosophen: Dogmatikern, Skeptikern, Eristikern sowie einer gemischten Gruppe, die in manchen Punkten dogmatisch, in anderen aporetisch ist.* Diejenigen, die die gemischte Schulrichtung verfolgt hätten, seien Xenophanes gewesen, der über alle [anderen] Dinge aporetisch philosophierte und nur dieses eine als Lehre vertrat, dass alles ein Einziges sei und dass dieses Gott sei, begrenzt, vernünftig, unwandelbar, sowie Demokrit, welcher sich in gleicher Weise über nichts von den anderen Dingen geäußert habe, als einzige Lehre aber die von den Atomen und dem Leeren und dem Unbegrenzten hinterließ.

---

1   Vgl. **Xen 186** mit Diels (1879), 601 ad loc. Diels (1871), 32 wollte noch ὅς (statt οὐ) τῶν ἀφανεστέρων ἐπιβεβηκέναι δοκεῖ lesen.

Xen 242
De historia philosopha 18 (ed. Diels 610,8–14) (= **Th 392, Ar 219 & As 177**)
Καὶ περὶ μὲν τῆς δραστικῆς αἰτίας ἐπὶ τοσοῦτον. διεξελθεῖν δ' ἂν εἴη καιρὸς καὶ περὶ τῆς ὑλικῆς. οἱ φυσικοὶ περὶ ταύτης εἰπόντες εἶναι μὲν ἀρχὴν ὑλικὴν ἅπαντες ὁμοίως δεδώκασιν, οὐ μὴν ἅπαντες εἶναι τὴν αὐτήν. ἀλλὰ Φερεκύδης μὲν ὁ Ἀσσύριος γῆν εἶναι ταύτην ἐνόμισε, Θαλῆς δὲ ὕδωρ, Ἀναξίμανδρος δὲ τὸ ἄπειρον, Ἀναξιμένης δὲ καὶ Διογένης ὁ Ἀπολλωνιάτης ἀέρα, πῦρ δὲ Ἵππασος ὁ Μεταποντῖνος, Ξενοφάνης δ' ὁ Κολοφώνιος γῆν καὶ ὕδωρ.

Similien:
Prinzipien
Xenophanes als Naturphilosoph

Xen 243
De historia philosopha 56 (ed. Diels 624,12–15)
(Τίς ἡ οὐσία τῶν πλανητῶν καὶ ἀπλανῶν.) Ξενοφάνης δὲ ἐκ νεφῶν πεπυρωμένων συνεστάναι τοὺς ἀστέρας ἡγεῖται, σβεννυμένους δὲ καθ' ἑκάστην ἡμέραν ἀναζωπυρεῖσθαι νύκτωρ καθάπερ τοὺς ἄνθρακας. τὰς γὰρ ἀνατολὰς καὶ δύσεις ἐξάψεις εἶναι καὶ σβέσεις.

Similien:
Gestirne als Wolken
Natur der Gestirne

(vgl. **Xen 96, Xen 177, Xen 200, Xen 208 & Xen 272**)

Xen 244
De historia philosopha 57 (ed. Diels 624,26–625,2)
(Περὶ τάξεως.) Ξενοφάνης κατ' ἐπιφάνειαν οἴεται κινεῖσθαι τοὺς ἀστέρας[1]. Δημόκριτος τὰ μὲν ἀπλανῆ πρῶτον, μετὰ δὲ ταῦτα τοὺς πλανήτα, ἐφ' οἷς ἥλιον καὶ σελήνην. Πλάτων [...] λέγει [...]

---
[1] In der übrigen Placita-Tradition ist an Ξενοφάνης entsprechender Stelle Ξενοκράτης überliefert; an κινεῖσθαι entsprechender Stelle bietet Stobaios κεῖσθαι, dagegen Ps.-Plutarch (wie hier Ps.-Galen) κινεῖσθαι. Vgl. zu den damit zusammenhängenden Fragen Mansfeld/Runia (2009), 476-486, die folgende Rekonstruktion des Wortlauts bei Aëtios vorschlagen: Ξενοκράτης κατὰ μιᾶς ἐπιφανείας οἴεται κεῖσθαι τοὺς ἀστέρας („Xenokrates glaubt, dass die Gestirne auf einer einzigen Oberfläche liegen").

Xen 242
Über die Geschichte der Philosophie 18
Über die Wirkursache soweit. Es dürfte jetzt der rechte Augenblick sein, auch die Materialursache durchzugehen. Die Naturphilosophen, die über diese sprachen, haben zwar alle in gleicher Weise angenommen, dass es ein Materialprinzip gebe, indessen haben nicht alle [angenommen, dass] es dasselbe sei. Vielmehr glaubte der Assyrer Pherekydes [Schibli addendum S. 178], dass dieses [Prinzip] die Erde sei, Thales aber [glaubte, dass] es das Wasser sei, Anaximander [glaubte, dass] es das Unbegrenzte sei, Anaximenes aber und Diogenes, der Apolloniate, [glaubten, dass] es die Luft sei; dass es Feuer sei, [glaubte] der Metapontiner Hippasos, Xenophanes aber, der Kolophonier, [glaubte, dass] es Erde und Wasser seien.

Xen 243
Über die Geschichte der Philosophie 56
(Über das Wesen der Planeten und Fixsterne.) Xenophanes meint, dass die Gestirne aus glühenden Wolken bestehen, sie jeden Tag erlöschen und nachts wieder erglühen, wie die Holzkohlen; denn die Auf- und Untergänge seien Entzünden und Erlöschen.

Xen 244
Über die Geschichte der Philosophie 57
(Über die Anordnung [der Gestirne].) Xenophanes glaubt, dass sich die Gestirne an der Oberfläche bewegen. Demokrit [glaubt], dass die Fixsterne zunächst [erscheinen], nach ihnen die Planeten und daraufhin Sonne und Mond. Platon sagt […]

Similien:
Natur der Gestirne

Xen 245
De historia philosopha 60 (ed. Diels 625,18–20)
(Περὶ τῶν Διοσκούρων.) Ξενοφάνης τοὺς ἐπὶ τῶν πλοίων φαινομένους οἷον ἀστέρας νεφέλια εἶναι κατὰ τὴν ποιὰν κίνησιν περιλάμποντα.

Similien:
Gestirne als Wolken
Natur der Gestirne

(vgl. **Xen 97, Xen 179, Xen 208** & **Xen 273**)

Xen 246
De historia philosopha 66 (ed. Diels 627,7–9)
(Περὶ ἐκλείψεως ἡλίου.) Ξενοφάνης κατὰ σβέσιν τὴν ἔκλειψιν γίνεσθαι, ἕτερον δὲ πάλιν πρὸς ταῖς ἀνατολαῖς ἐξάπτεσθαι. παρεισήγαγε δὲ καὶ ἔκλειψιν ἐντελῆ, ὥστε τὴν ἡμέραν ἀφανῆ εἶναι.

Similien:
Natur der Gestirne
Naturphänomene

(vgl. **Xen 99, Xen 180, Xen 209, Xen 275** & **Xen 348**)

Xen 247
De historia philosopha 67 (ed. Diels 627,12–13)
(Περὶ σελήνης.) Ξενοφάνης δὲ εἶναι νέφος πεπυρωμένον.

Similien:
Gestirne als Wolken
Natur der Gestirne

(vgl. **Xen 101, Xen 176, Xen 201, Xen 211, Xen 225, Xen 277, Xen 300**)

Xen 245
Über die Geschichte der Philosophie 60
(Über die Dioskuren.) Xenophanes [glaubt, dass] was auf den Schiffen als Sterne erscheint, Wölkchen seien, die bei einer bestimmten Bewegung aufleuchteten.

Xen 246
Über die Geschichte der Philosophie 66
(Über die Sonnenfinsternis.) Xenophanes [glaubt, dass] infolge eines Erlöschens die Finsternis entstehe, eine andere [Sonne] aber wieder im Osten entzündet werde. Er erwähnte daneben aber auch eine vollständige Finsternis, die zur Folge hatte, dass der Tag unsichtbar war.

Xen 247
Über die Geschichte der Philosophie 67
(Über den Mond.) Xenophanes [glaubt, dass] er eine glühende Wolke sei.

Xen 248
De historia philosopha 75 (ed. Diels 630,9–10)
(Περὶ κομητῶν καὶ διαττόντων ἀστέρων.) Ξενοφάνης τὰ τοιαῦτα νεφῶν πεπυρωμένων σύστημα ἢ κίνημα εἶναι.

Similien:
Gestirne als Wolken
Natur der Gestirne

(vgl. **Xen 102, Xen 215 & Xen 278**)

Xen 249
De historia philosopha 83 (ed. Diels 633,4–5)
(Περὶ θέσεως γῆς.) Ξενοφάνης πρῶτον[1] τὴν γῆν εἰς ἄπειρον ἐρριζῶσθαι.

Similien:
Natur und Entstehung der Erde
Unendlichkeit der Erde
Wurzeln der Erde

(vgl. **Xen 104, Xen 182 & Xen 280**)

Xen 250
De historia philosopha 105 (ed. Diels 639,26)
(Περὶ μαντικῆς.) Ξενοφάνης καὶ Ἐπίκουρος ἀναιροῦσι τὴν μαντικήν.

Similien:
Mantik

(vgl. **Xen 105 & Xen 281**)

---

1 Hingegen πρώτην in **Xen 104** und **Xen 182**.

Xen 248
Über die Geschichte der Philosophie 75
(Über Kometen und Sternschnuppen.) Xenophanes [sagt, dass] es sich bei allem derartigen um eine Formation oder eine Bewegung von glühenden Wolken handele.

Xen 249
Über die Geschichte der Philosophie 83
(Über die Lage der Erde.) Xenophanes [glaubt, dass] die Erde zunächst ins Unbegrenzte wurzle.

Xen 250
Über die Geschichte der Philosophie 105
(Über die Mantik.) Xenophanes und Epikur heben die Mantik auf.

Asklepios von Tralleis

Xen 251
In Aristotelis metaphysicorum libros commentaria 6.2, 26.28–27.17 (ed. Hayduck)
Ἀλλ' ἔνιοι τῶν ἓν λεγόντων ὥσπερ ἡττηθέντες ὑπ' αὐτῆς τῆς ζητήσεως, τὸ ἓν ἀκίνητον εἶναί φασιν.
Λέγει μὲν περὶ Ξενοφάνους καὶ Μελίσσου καὶ Παρμενίδου· οὗτοι γὰρ ἓν τὸ πᾶν ἀπεφήναντο. ἡττηθῆναι δὲ αὐτούς φησιν ὑπὸ ταύτης τῆς ζητήσεως, ὅτι ὑποθέμενοι ἓν τὸ πᾶν εἶναι, ἀκολουθοῦντες τῇ ὑποθέσει καὶ ζητοῦντες πῶς οἷόν τε τοῦτο ἓν ὂν ἐξ αὑτοῦ μεταβάλλειν, μὴ δυνάμενοι ἔτι σώζειν αὐτὸ ἕν, εἰ μὴ ἀνέλοιεν καὶ τὰ φανερά, καὶ ταῦτα ἀνῄρουν, ἅ ἐστιν ἐναργέστατα· κίνησίν τε γὰρ καὶ μεταβολὴν ἐκ τῶν ὄντων ἀνῄρουν τῷ τούτων ὄντων μηκέτι αὐτοὺς τὸ ὂν ἓν λέγειν. εἰπὼν δὲ τὸ ἓν ἀκίνητόν ⟨φασιν⟩ εἶναι, προσέθηκε τὸ καὶ τὴν φύσιν ὅλην· ἡ γὰρ φύσις ὅλη τὸ ἓν αὐτοῖς. ὡς δὲ φανερωτέρου τοῦ ἀτόπου ὄντος τοῦ λέγεσθαι τὴν φύσιν ὅλην ἀκίνητον, προσέθηκεν αὖ τὸ ἀκίνητον δὲ οὐ κατὰ γένεσιν καὶ φθορὰν μόνον (καὶ γὰρ αὗται αἱ μεταβολαί, εἰ καὶ μὴ κινήσεις, ἀλλὰ κινουμένων τινῶν), καὶ κατὰ τὰς ἄλλας οὖν μεταβολὰς πάσας. ὥστε φύσεως λέγοντες τὴν οὖσαν ἀρχὴν κίνησιν ἀνῄρουν, καὶ κατὰ φύσιν ὅλην, φησίν, ὅτι καθόλου τὴν φύσιν ἕν τι ὑπετίθεντο, οὐ μόνον κατὰ γένεσιν καὶ φθοράν (τοῦτο μὲν γὰρ ἀρχαῖόν τε καὶ πάντες ὡμολόγησαν, τὸ εἶναι ἀμετάβλητον τὴν ὕλην), ἀλλὰ καὶ κατὰ τὴν ἄλλην μεταβολὴν πᾶσαν. ἀνῄρουν γὰρ καὶ γένεσιν καὶ φθορὰν καὶ ἀλλοίωσιν καὶ αὔξησιν, εἴ γε οὐκ ἔλεγον εἶναι κίνησιν (αἱ μὲν γὰρ κινήσεις, αἱ δὲ οὐκ ἄνευ κινήσεως γένεσις καὶ φθορά), καὶ τοῦτο τούτων μόνον ἴδιόν ἐστι τὸ λέγειν παντελῶς μὴ εἶναι κίνησιν.

Similien:
Das Eine/Das All
Gott/das Prinzip bewegt/unbewegt
Prinzipien

(vgl. **Xen 127**)

Asklepios von Tralleis (6. Jh. n. Chr.)

Xen 251
Kommentar zu Aristoteles' *Metaphysik* 6.2, 26.28–27.17
[Metaph. 1.3, 984a29–31] „Einige derer freilich, die sagen, das All sei eines, behaupten, von der Untersuchung selbst gleichsam in die Knie gezwungen, dass das Eine frei von Bewegung sei."
Er [Aristoteles] spricht über Xenophanes, Melissos und Parmenides: diese erklärten nämlich, dass das All eines sei. Sie seien ‚von dieser Untersuchung gleichsam in die Knie gezwungen worden' [984a30f.], sagt er: denn von der Annahme ausgehend, das All sei eines, sahen sie sich, der Annahme folgend und untersuchend, wie dieses, als Eines, aus sich heraus eine Veränderung erfahren könnte, außerstande, es als eines zu bewahren, ohne selbst die offensichtlichen Dinge aufzuheben, und hoben die Dinge auf, die die evidentesten sind: sie negierten nämlich, dass Bewegung und Veränderung zum Seienden gehörten, [und taten dies,] weil sie das Seiende nicht mehr eines [hätten] nennen können, wenn [sie zugegeben hätten, dass] es diese [sc. Bewegung und Ruhe] gibt.
Nachdem er bemerkt hat: ‚sie behaupten, dass das Eine frei von Bewegung sei' [984a31], fügt er hinzu: ‚und die Natur als ganze' [984a31]. Denn die Natur als ganze war in ihrer Sicht das Eine. Da die Absurdität der Aussage, die Natur sei als ganze frei von Bewegung, so noch deutlicher wird, fügt er hinzu, [dass sie] ‚nicht nur gemäß Entstehen und Vergehen' [984a31f.] frei von Bewegung ist (denn auch diese Veränderungen – wiewohl [selber] keine Bewegungen – setzen voraus, dass sich manches bewegt), ‚sondern auch gemäß allen anderen Veränderungen' [984a33–b1].
Da sie also [als Prinzip] der Natur das Prinzip, das seiend ist[1], annahmen, negierten sie Bewegung, und zwar gemäß der gesamten Natur, sagt er, weil sie die Natur im allgemeinen als ein Eines annahmen, ‚nicht nur gemäß Werden und Vergehen' [984a31f.] (‚dies nämlich ist eine alte [Auffassung], und alle akzeptierten sie' [984a32f.], [nämlich die Auffassung,] dass die Materie keiner Veränderung unterliegt), ‚sondern auch gemäß aller anderen Veränderung' [984a33–b1]. Denn sie negierten sowohl Werden und Vergehen als auch qualitative Veränderung und Wachstum, wenn anders sie verneinten, dass es Bewegung gebe (die einen [sc. qualitative Veränderung und Wachstum] sind Bewegungen, die anderen, Werden und Vergehen, nicht ohne Be-

---

1   Sc. im strikt eleatischen Sinne seiend.

Xen 252
In Aristotelis metaphysicorum libros commentaria 6.2, 40.17–30 (ed. Hayduck)
Τῶν μὲν οὖν παλαιῶν καὶ πλείω τὰ στοιχεῖα λεγόντων. Φησὶν ὅτι τῶν παλαιοτέρων καὶ εἰρηκότων πλείονα στοιχεῖα τῆς φύσεως, ἐκ τούτων τῶν εἰρημένων ἱκανόν ἐστι θεωρῆσαι τὴν διάνοιαν, ὅτι οἱ μὲν ὑλικὸν αἴτιον ὑπετίθεντο, οἱ δὲ καὶ ποιητικόν· πλείω δὲ στοιχεῖα τῆς φύσεως ἀντὶ τοῦ τῶν τῇ φύσει γινομένων. πλείω δὲ λέγει ἤτοι τὰ ὑλικὰ ἢ τὰ στοιχεῖα, φημὶ δὴ τὰ αἴτια· πρὸς γὰρ τῇ ὕλῃ τινὲς καὶ τὸ ποιητικὸν εἰρήκασιν αἴτιον. ἕτεροι δὲ γεγόνασιν (λέγει δὲ Παρμενίδην καὶ Μέλισσον καὶ Ξενοφάνην τὸν διδάσκαλον Παρμενίδου), οἵτινες περὶ τοῦ παντὸς ὡς περὶ μιᾶς φύσεως ἀπεφήναντο. ὁ μὲν γὰρ Παρμενίδης ἔλεγεν ἓν εἶναι τὸ ὂν καὶ ἀκίνητον καὶ πεπερασμένον, ὁ δὲ Μέλισσος ἓν καὶ ἀκίνητον καὶ ἄπειρον, ὁ δὲ Ξενοφάνης ἓν μόνον· διό φησι τρόπον δὲ οὐ τὸν αὐτὸν πάντες, οὔτε τοῦ καλῶς οὔτε τοῦ κατὰ φύσιν. μᾶλλον δὲ κατορθοῖ ὁ Παρμενίδης λέγων πεπερασμένον, διότι ἡ φύσις ὅρον τινὰ καὶ εἶδος περιτίθησιν, οὐκ ἀπειρίαν.

Similien:
*Das Eine/Das All
Gott/das Prinzip begrenzt/unbegrenzt
Gott/das Prinzip bewegt/unbewegt
Verhältnis zu Parmenides*

(vgl. Xen 7, Xen 129, Xen 130, Xen 253, Xen 323, Xen 324, Xen 331a)

Xen 253
In Aristotelis metaphysicorum libros commentaria 6.2, 41.17–42.4 (ed. Hayduck)
Οὐ μὴν ἀλλὰ τοσοῦτόν γε οἰκεῖόν ἐστι τῇ νῦν σκέψει. Τὰ μὲν γὰρ ἄλλα φησὶν οὐκ οἰκεῖον εἶναι τῷ περὶ αἰτίων λόγῳ τὸ τὴν δόξαν ἐκτίθεσθαι τῶν ἓν τὸ πᾶν λεγόντων· οἱ γὰρ οὕτως λέγοντες οὐχ ὡς ἀρχὴν τὸ ἓν τίθενται οὐδὲ ὡς αἴτιον. ἐπὶ τοσοῦτον δὲ χρήσιμον εἶναι καὶ τὴν τούτων ἱστορίαν, ὅτι καὶ τούτων ὁ μὲν ἐπὶ τὴν ὕλην βλέψας ἄπειρον εἶπε τὸ ὄν, ὁ δὲ ἐπὶ τὸ εἶδος πεπερασμένον. διό φησι Παρμενίδης

wegung). Und ‚diese [Auffassung] ist' nur ‚für diese [Denker] spezifisch'
[984b1], die Auffassung, dass es überhaupt keine Bewegung gebe.

Xen 252
Kommentar zu Aristoteles' *Metaphysik* 6.2, 40.17–30
[Metaph. 1.5, 986b8] „[Die Auffassung] der alten Philosophen, die von mehreren Elementen [der Natur] sprechen, [ist aus dem Gesagten hinreichend ersichtlich]."
Er sagt, dass die Auffassung der Älteren, die gesagt haben, es gebe mehrere Elemente der Natur, aus dem Gesagten hinreichend ersichtlich ist, [nämlich in dem Sinne,] dass die einen [der Älteren] eine stoffliche, die anderen auch eine bewirkende Ursache annahmen. „Mehrere Elemente der Natur" [986b9] [sagt er] anstelle von „[mehrere Elemente] der in der Natur entstehenden Dinge". Mit „mehrere" meint er die stofflichen [Elemente] oder [überhaupt] die Elemente, das heißt also die Ursachen; denn zusätzlich zum Stoff sprachen einige [der früheren Naturphilosophen] auch von der bewirkenden Ursache. Es gab andere (er nennt Parmenides, Melissos und Xenophanes, den Lehrer des Parmenides), die sich über das All wie über eine einzige Natur äußerten [b11]. Denn Parmenides sagte, dass das Seiende eines und frei von Bewegung und begrenzt sei, Melissos [sagte, dass es] eines, frei von Bewegung und unbegrenzt sei, Xenophanes aber [sagte] nur, [dass es] eines [sei]. Daher sagt er, „doch taten sie das nicht allesamt auf dieselbe Weise, weder was die Qualität ihrer Ausführungen noch was den Anspruch betrifft, der Natur gerecht zu werden" [b11-12]. Eher dürfte Parmenides richtig liegen, wenn er [es] begrenzt nennt, weil die Natur eine bestimmte Grenze und Form verleiht, nicht aber Unbegrenztheit.

Xen 253
Kommentar zu Aristoteles' *Metaphysik* 6.2, 41.17–42.4
[Metaph. 1.5, 986b17] „Freilich ist soviel für die gegenwärtige Untersuchung relevant."
Was die Ansicht derer, die sagen, dass das All eines sei, im Übrigen betrifft, sagt er, sei es für die Untersuchung der Ursachen nicht relevant, sie darzustellen [986b13–14]. Denn die, die so reden, setzen das Eine nicht als Prinzip und auch nicht als Ursächliches an. Insoweit aber, sagt er, sei die Untersuchung [der Lehren] dieser [Denker] nützlich, als auch von diesen

μὲν γὰρ ἔοικε τοῦ κατὰ λόγον ἑνὸς ἅπτεσθαι, φημὶ δὲ τοῦ κατ' εἶδος· τὸ γὰρ πέρας πρὸς τῷ εἴδει ἐστίν. ἐν γὰρ τοῖς αἰτίοις καὶ ἡ ὕλη καὶ τὸ εἶδος· ὥστ' εἰ καὶ μὴ αἴτιον λέγουσιν, ἀλλά γε λέγουσιν ὕλην καὶ εἶδος. ἱστορεῖ δὲ τὸν Ξενοφάνην πρῶτον τῆς δόξης ταύτης ἀψάμενον· ὁ γὰρ Παρμενίδης μαθητὴς τούτου ἐγένετο. διό φησι Ξενοφάνης δὲ πρῶτος τούτων ἑνίσας (ἀντὶ τοῦ ἓν εἰρηκώς) οὐδὲν παντελῶς διεσάφησεν, οὐδὲ τῆς φύσεως οὐδετέρας ἥψατο· οὔτε γὰρ ἄπειρον ὑπέθετο οὔτε πεπερασμένον· ἀλλ' εἰς τὸν ὅλον οὐρανὸν ἀποβλέψας (τουτέστι τὸν κόσμον) τὸ ἓν εἶναί φησι τὸν θεόν. φησὶ δὲ τὸν κόσμον οὐ καλῶς· ὁ γὰρ δημιουργὸς τοῦ κόσμου ἐστὶν ὁ θεός. λέγομεν οὖν ὅτι ἕνα ἔλεγε τὸν θεόν, τὸ πρῶτον αἴτιον· οὐ γὰρ οὕτως ἠλιθίως εἶχεν, ὥς φησιν ὁ ἡμέτερος φιλόσοφος, ὥστε τὸν κόσμον ὅλον καὶ θεὸν ὑποτίθεσθαι καὶ ἕνα λέγειν αὐτόν.
οὗτοι οὖν ὡς μὴ ὑποτιθέμενοι αἴτια ἐξαγώνιοι ὑπάρχουσι πρὸς τὴν νῦν ζήτησιν· οἱ μὲν δύο καὶ παντελῶς, ὡς ὄντες μικρὸν ἀγροικότεροι, διότι οὐ συνελογίζοντο δεόντως. λέγει δὲ τὸν Ξενοφάνην καὶ τὸν Μέλισσον· καὶ ἐν τῇ Φυσικῇ γὰρ ἀκροάσει ἔλεγεν ὅτι ὁ Μελίσσου λόγος φορτικώτερος καὶ οὐκ ἔχων ἀπορίαν. ὁ μέντοι γε τοῦ Παρμενίδου δοκεῖ εὔλογος εἶναι.

Similien:
Das Eine/Das All
Gottesbegriff
Gott als das Eine/das All
Gott/das Prinzip begrenzt/unbegrenzt
Prinzipien
Verhältnis zu Parmenides

(vgl. **Xen 7, Xen 129, Xen 130, Xen 252, Xen 323, Xen 324, Xen 331a**)

Xen 254
In Aristotelis metaphysicorum libros commentaria 6.2, 57.25–30 (ed. Hayduck)
Καὶ πρὸς τούτοις τὸ ῥᾳδίως τῶν ἁπλῶν σωμάτων.
Πάλιν ἐντεῦθεν ἕτερον ἔγκλημα ἐπιφέρει κατ' αὐτῶν λέγων ὅτι καὶ κατὰ τοῦτο ἁμαρτάνουσι καθὸ ἕν τι τῶν ἁπλῶν σωμάτων ὑπέλαβον εἶναι ἀρχὴν τῶν ὄντων, ἢ πῦρ ἢ ὕδωρ ἢ ἀέρα· γῆν γὰρ μόνην αὐτὴν καθ' αὑτὴν οὐδεὶς ὑπέθετο (ὁ γὰρ Ξενοφάνης γῆν καὶ πῦρ ὑπετίθετο ἀρχὰς τῶν ὄντων), διότι παχύτερόν ἐστιν ἡ γῆ καὶ οὐκ ἐπιτηδεία πρὸς γένεσιν.

der eine [sc. Melissos], im Blick auf die Materie, sagte, dass das Seiende unbegrenzt sei, der andere, im Blick auf die Form, [sagte, dass es] begrenzt [sei] [986b20–21]. Daher sagt er [b18–19] „Parmenides nämlich scheint an das Eine gemäß der Formel gerührt zu haben", das heißt, an das Eine gemäß der Form; denn die Grenze haftet an der Form. Es finden sich nämlich unter den Ursachen sowohl die Materie als auch die Form. Wenn sie daher auch nicht von Ursache reden, so reden sie doch von Materie und Form. Er berichtet, dass Xenophanes als erster an diese Lehre gerührt habe. Parmenides war nämlich dessen Schüler. Daher sagt er [b21–23]: „Xenophanes, der als erster von diesen [alles] vereinigt hat" (gemeint ist: von dem Einen gesprochen hat), „habe sich darüber nicht klar geäußert", noch habe er an die jeweilige Natur beider [sc. von Form und Materie] gerührt; denn er setzte [das Eine] weder als unbegrenzt noch als begrenzt an; „sondern im Hinblick auf den gesamten Himmel" [b23–24] (das heißt den Kosmos) „sagt er, das Eine sei Gott". Dass er [sc. Aristoteles] hier von ‚Kosmos' spricht, ist verfehlt; denn der Schöpfer des Kosmos ist Gott. Wir meinen, dass er [sc. Xenophanes] Gott als den Einen bezeichnete, die erste Ursache; denn er war nicht so töricht, wie unser Philosoph behauptet, dass er den Kosmos als ganzen als Gott ansetzte und als den Einen bezeichnete.
Diese bleiben also, da sie keine Ursachen annahmen, außer Betracht für die jetzige Untersuchung. „Zwei allerdings in besonderem Maße, da sie etwas zu roh im Denken sind" [986b26–7], da sie nicht in gehöriger Weise argumentierten. Er spricht von Xenophanes und Melissos. Auch in der Vorlesung über Naturphilosophie sagt er [Ph. 1.2.185a10–11], dass die Argumentation des Melissos ziemlich einfältig ist und keinen Ansatzpunkt zur Problematisierung bietet. Die des Parmenides scheint dagegen zumindest mit guten Gründen aufzuwarten.

Xen 254
Kommentar zu Aristoteles' *Metaphysik* 6.2, 57.25–30
[Metaph. 1.8, 988b29–30] „Und zusätzlich dass sie leichthin [jeden] der einfachen Körper [außer der Erde als Prinzip bezeichnen]."
Er bringt hierauf einen weiteren Vorwurf gegen sie vor, indem er sagt, dass sie auch darin fehlgehen, dass sie einen einzigen von den einfachen Körpern als Prinzip der seienden Dinge annahmen, und zwar entweder Feuer oder Wasser oder Luft; denn die Erde allein für sich postulierte keiner [als Prinzip] (Xenophanes nämlich postulierte Erde und Feuer als Prinzipien der

Similien:
Prinzipien

Xen 255
In Aristotelis metaphysicorum libros commentaria 6.2, 278.20–24 (ed. Hayduck)
διὸ εἰκότως μὲν λέγουσιν ὅτι τὸ αὐτὸ καὶ ὄν ἐστι καὶ οὐκ ὄν, οὐκ ἀληθῶς λέγοντες· οὔτε γὰρ ἐνεργείᾳ, καθάπερ καὶ ὑπολαμβάνουσι, τὸ αὐτό ἐστι καὶ οὐκ ἔστιν, ἀλλὰ δυνάμει. οὕτω γὰρ μᾶλλον δεῖ εἰπεῖν πρὸς αὐτοὺς ⟨ἢ⟩ ὥσπερ Ἐπίχαρμος ⟨ὁ⟩ κωμικὸς ὑβριστικῶς προῆλθεν εἰς τὸν Ξενοφάνη.

(vgl. **Xen 8, Xen 131, Xen 327**)

Kosmas Indikopleustes

Xen 256
Topographia Christiana 2.80 (ed. Wolska-Conus)
Ξενοφάνης δὲ ὁ Κολοφώνιος, ἄπειρον ὑποτιθέμενος εἶναι τὴν γῆν, πρόδηλός ἐστι μὴ δεχόμενος τὴν σφαῖραν. Καὶ ταῦτα μὲν οἱ ἔξωθεν συμφωνοῦντες τῇ θείᾳ Γραφῇ εὑρίσκονται εἰρηκότες.

Similien:
Unendlichkeit der Erde

Hesychius Illustrius

Xen 257
De viris illustribus librum 51 (ed. Flach)
Vgl. **Xen 145**, Z. 18–31 Dorandi.

seienden Dinge), weil die Erde fester ist und nicht geeignet für die Entstehung.

Xen 255
Kommentar zu Aristoteles' *Metaphysik* 6.2, 278.20–24
[Metaph. 4.5, 1010a5 (**Xen 8**)] *Über die Philosophen, die allein die Sinnesdinge als seiend annehmen.*
„Daher sagen sie naheliegenderweise" (1010a5), dass dasselbe zugleich Seiendes ist und Nicht-Seiendes; doch sagen sie nicht die Wahrheit. Denn nicht der Aktualität nach, wie sie in der Tat meinen, gilt von ein und demselben, dass es ist und nicht ist, sondern der Potentialität nach. So muss man eher gegen sie argumentieren als in der Art, in der Epicharm (**Xen 1**), der Komödiendichter, Xenophanes unverschämt attackierte.

Kosmas Indikopleustes (1. Hälfte des 6. Jh. n. Chr.)

Xen 256
Christliche Topographie 2.80
In der Christlichen Topographie geht es um die Widerlegung der ptolemäischen Auffassung von der Kugelgestalt der Erde. Als Zeugen werden auch pagane Autoren herangezogen. Xenophanes aber, der Kolophonier, nahm, indem er postulierte, dass die Erde unbegrenzt sei, offensichtlich nicht ihre Kugelgestalt an. So findet man, dass die Heiden dies in Übereinstimmung mit der heiligen Schrift gesagt haben.

Hesychius Illustrius (gest. um 530 n. Chr.)

Xen 257
Über berühmte Männer 51
Das unter dem Namen von Hesychios aus Milet überlieferte Werk Περὶ τῶν ἐν παιδείᾳ διαλαμψάντων *– vermutlich eine Kompilation aus dem 11. oder 12. Jh. (vgl. Dorandi [2009], 79f.) und daher eher unter dem Namen „Pseudo-Hesychios" anzusprechen – enthält zu Xenophanes (c. 51, 40,17–*

Similien:
Elemente
Gott als Geist
Gott kugelförmig
Gottesbegriff
Lebensalter/Lebenszeit
Natur der Seele
Natur und Entstehung der Erde
Naturphänomene
Vater
Welt: eine/viele
Xenophanes als Skeptiker

(vgl. **Xen 145** & **Xen 284**)

Isidor von Sevilla

Xen 258
Chronicon 169–169* (ed. Martin)
IIIIDCLXXVIIII […] Pythagoras quoque philosophus et arithmeticae artis inuentor et Ferecides historiarum primus scriptor et Xenofanes tragoediarum inuentor insignes habentur.

Similien:
Lebensalter/Lebenszeit
Xenophanes als Tragödiendichter

*41,13 Flach) einen nahezu wortgleichen Auszug aus Diog. Laert. 9.19–20 (teils = **Xen 145**, Z. 18-31 Dorandi).*

Isidor von Sevilla (560 – 636 n. Chr.)

Xen 258
Chronik 169–169*
5. Zeitalter, Jahr 4679 nach Erschaffung der Erde. Auch Pythagoras, der Philosoph und Erfinder der Mathematik, und Ferecides [Pherekydes], der erste Geschichtsschreiber, und Xenophanes, der Erfinder der Tragödie, waren bekannt.

Chronicon Paschale

Xen 259
Chronicon paschale 267.10 (ed. Dindorf)
νδ' Ὀλυμπιάς [...]
ι'.
Ξενοφάνης Κολοφῶνος ἐγνωρίζετο.

Similien:
Lebensalter/Lebenszeit

Georgios Choiroboskos

Xen 260
Prolegomena et scholia in Theodosii Alexandrini canones isagogicos de flexione verborum 88.29 (ed. Hilgard)
Ἰστέον δὲ ὅτι πολλάκις ἐπὶ τούτων οἱ ποιηταὶ συστολὰς ἐποιήσαντο, αἷς οὐ δεῖ χρήσασθαι, ὡς Ὅμηρος τιμὴν δὲ λελόγχασιν ἶσα θεοῖσιν, Ξενοφάνης ἐξ ἀρχῆς καθ' Ὅμηρον ἐπεὶ μεμαθήκασι πάντες, καὶ πάλιν ὁ αὐτός ὁππόσα δὴ θνητοῖσι πεφύκασιν εἰσοράασθαι.

(vgl. **Xen 71**, **Xen 310** sowie **Xen 339**)

Chronicon Paschale
(verfasst zw. 631 und 641 n. Chr.)

Xen 259
Osterchronik 267.10
54. Olympiade [564–561] [...]
10. [Regierungsjahr des Kyros][1]
Xenophanes aus Kolophon war bekannt.

Georgios Choiroboskos (2. Hälfte des 8./1. Viertel des 9. Jh. n. Chr.)

Xen 260
Prolegomena und Scholien zu den einführenden Richtlinien des Theodosius von Alexandria über die Wortbeugung 88.29
Man muss aber wissen, dass die Dichter hierbei [3. Pl. Perf. -*asi*] oftmals kurze Silben gemacht haben (-*ăsi* statt -*āsi*), die man nicht verwenden darf, wie Homer (Od. 11.304) „und haben Ehre erlangt (*lelogchăsin*) gleich Göttern", Xenophanes (VS 21 B 10) „da von Anfang an alle nach Homer gelernt (*memathēkăsi*) haben" und wiederum derselbe (vgl. **Xen 71**) „alles, was nur immer für die Sterblichen anzuschauen ist (*pephykăsi*)".

---
1   Nach der Zählung in der Osterchronik das Jahr 563.

Anonymus

Xen 261
Nawādir al-Falāsifa 158.6–9
In einer Teheraner Handschrift, *Kitābḫāna-ye Markazī-ye Dānišgāh* 2103, hat sich unter dem später hinzugefügten Titel *Nawādir al-Falāsifa* (*Kostbare Äußerungen der Philosophen*) eine Zusammenstellung von unterschiedlichem, auf griechische Quellen zurückgehendem Material erhalten. Es handelt sich dabei jedoch nicht um die Sammlung mit demselben Titel, die Ḥunayn ibn Isḥāq zugeschrieben wird. Während die Handschrift wahrscheinlich auf das 13./14. Jahrhundert zu datieren ist, dürfte das in ihr erhaltene Material auf eine frühe Phase der griechisch-arabischen Übersetzungsbewegung, etwa das 9. Jahrhundert, zurückgehen.
Darunter findet sich auch der folgende Ausspruch Xenophanes' (158.6–9):

وقال اكسوفانس أحد السبعة النفس الناطقة العقليّة من قوة الحركة الاولى التي هي الجوهر القديم وهي في ذاتها عاقلة خالدة لا تموت ولا تبطل وسائر أنفس الحيوان تبطل ببطلانه

Similien:
Natur der Seele

Pseudo-Ǧāḥiẓ

Xen 262
Kitāb al-Dalāʾil wa-l-iʿtibār ʿalā l-ḫalq wa-l-tadbīr 76.4–8 (ed. al-Ṭabbāḫ al-Ḥalabī)
Das Buch über die Hinweise und Betrachtung der Schöpfung und ihrer Ordnung liegt in mehreren Versionen mit unterschiedlichen Titeln und Autorenzuschreibungen vor. Als Entstehungszeit lässt sich das 9. Jahrhundert vermuten, in dem beide angeblichen Verfasser, zum einen der nicht weiter bekannte Christ Ǧibrīl b. Nūḥ al-Anbārī, zum anderen der renommierte muslimische Gelehrte und Literat al-Ǧāḥiẓ, tätig waren. Ziel des Textes ist

Anonymus (um 9. Jh. n. Chr.)

Xen 261
Kostbare Äußerungen der Philosophen 158.6–9

Xenophanes, einer der sieben [Weisen], sagt: Die rationale, vernünftige Seele ist von der Kraft der ersten Bewegung, die ewige Substanz ist, verursacht. Sie ist in ihrem Wesen intelligent, ewig dauernd, unsterblich und unvergänglich, während die anderen Seelen des Lebewesens mit dessen Vergehen vergehen.

Pseudo-Ǧāḥiẓ (9. Jh. n. Chr.)

Xen 262
Das Buch über die Hinweise und Betrachtung der Schöpfung und ihrer Ordnung 76.4–8
Die zweite im griechischen Text ebenfalls Xenophanes zugeschriebene Definition wird im vorliegenden Text Anaximenes zugeschrieben.

es, die in der Schöpfung bestehenden Anzeichen für und Hinweise auf Gott darzulegen. Gegen Ende der Schrift wird auf die mögliche Frage, warum es so viele verschiedene Gottesvorstellungen gibt, geantwortet, dass das Erfassen Gottes unser Verständnis übersteigt. Schon die Sonne richtig zu erfassen ist dem Mensch fast unmöglich, wie die vielen widersprüchlichen Ansichten, die über sie herrschen, zeigen. Hierbei wird aus den *Placita* zitiert, jedoch offenbar nach einer von Qusṭās arabischer Übersetzung abweichenden Übertragung.

فمن ذلك هذه الشمس التي نراها تطلع على العالم كلّ يوم ولا نقف على حقيقة أمرها ولذلك كثرت الأقاويل فيها واختلفت الفلاسفة المذكورون في وصفها ...

وقال كسنوفانيس[1] هو اجتماع أجزاء ناريّة يدفعها البخار الرطب. وقال انكسمانيس[2] هو سحابة ملتهبة .

Similien:
Gestirne als Wolken
Natur der Gestirne

(vgl. **Xen 98**, **Xen 175**, **Xen 209**, **Xen 274**)

(Pseudo-?) Ḥunayn ibn Isḥāq

Xen 263

Kitāb muḫtaṣar waǧīz fī l-usṭuqussāt istaḫraǧa min Kitāb Ǧālīnūs wa-huwa aḥad ʿašar bāban mansūb ilā Ḥunayn ibn Isḥāq 65.1–3 & 14–17 (ed. Bos/Langermann)

---

1   In der Edition ist der Name verstümmelt als *Ksyūmānīs* كسيومانيس wiedergegeben. In der italienischen Studie und Übersetzung von Antonella Caruso (Caruso (1991), 188 n. 39) sind folgende zwei abweichende Handschriftenvarianten angegeben: *Ksnūfānīs* كسنوفانس und *Kūsfān-ns* كوسفانس. Diese erste Lesung sowie die inhaltliche Ähnlichkeit zu den *Placita* lassen keinen Zweifel daran, dass der hier gemeinte Philosoph tatsächlich Xenophanes ist.

2   In der Edition ist der Name verstümmelt als ʾ*rksmānīs* اركسمانس wiedergegeben, während Caruso (1991), 188 n. 40 folgende zwei Handschriftenvarianten angibt: ʾ*nksīmānīs* انكسيمانيس und ʾ*nksmānīs* انكسمانس.

Ebenso verhält es sich mit dieser Sonne, die wir jeden Tag über der Welt aufgehen sehen und deren Wahrheit wir nicht begreifen. Daher sind die Behauptungen über sie zahlreich und die nennenswerten Philosophen stimmen in ihrer Beschreibung nicht überein. ... Xenophanes sagte, dass sie[1] eine Ansammlung von feurigen Teilen ist, die von feuchtem Dampf getrieben werden. Anaximenes sagte, dass sie eine lodernde Wolke ist.

(Pseudo-?) Ḥunayn ibn Isḥāq (9. Jh. n. Chr.)

Xen 263
Buch der knappen Zusammenfassung über die Elemente, ausgezogen aus Galens Buch, elf Kapitel umfassend und Ḥunayn ibn Isḥāq zugeschrieben 65.1–3 und 14–17

---

1 Das hier in beiden Philosophenansichten gebrauchte Personalpronomen ist männlich, während die Sonne im Arabischen weiblich ist. Will man nicht von einem zweimaligen Schreibfehler ausgehen (*huwa* statt *hiya*), muss man „die Beschreibung der Sonne" zum Subjekt machen, also ganz wörtlich etwa: „Die Sonne lässt sich als eine Ansammlung" bzw. „eine leuchtende Wolke beschreiben".

Das *Buch der knappen Zusammenfassung über die Elemente, ausgezogen aus Galens Buch, elf Kapitel umfassend und Ḥunayn ibn Isḥāq zugeschrieben* ist bisher nur aus einer einzigen arabischen Handschrift bekannt. Es unterscheidet sich völlig von dem ebenfalls auf Arabisch erhaltenen Traktat Galens *Über die Elemente nach der Meinung des Hippokrates* (*Kitāb Ğālīnūs fī l-usṭuqussāt ʿalā raʾy Abuqrāṭ*), den der bekannte christliche Arzt und Übersetzer Ḥunayn ibn Isḥāq (809–873) nach eigenen Angaben selbst übersetzt hat. In der Darstellung der verschiedenen Elementtheorien, die im zweiten Kapitel des *Buches der knappen Zusammenfassung über die Elemente* gegeben wird, wird auch Xenophanes angeführt, während er im galenischen Traktat *Über die Elemente* nicht namentlich erwähnt wird.

الباب الثاني في كمّية الأسطقسّات

قد اختلف القدماء في كمّية الأسطقسّات فبعضهم راى أنّ [ال]أسطقسّ واحد ...

ومنهم من قال إنّه أرض وأنّها يتخلخل كثيراً فيصير ماء وإن تخلخلت أكثر من

ذلك صارت هواء فإن تخلخلت حتى يصير في غاية التخلخل صارت ناراً [وهم]

أنقيمندروس وأق[سن]ـوفانيس.

Similien:
Elemente

Sedulius Scotus

Xen 264
Collectaneum miscellaneum 68.246 (ed. Simpson)
Xenofanes dicentibus mathematicis orbem lunae duodeuiginti partibus maiorem esse quam terram stultissime credidit.

Similien:
Natur der Gestirne

(vgl. **Xen 158** & **Xen 159**)

Das zweite Kapitel über die Quantität der Elemente
Die Alten waren unterschiedlicher Meinung über die Anzahl der Elemente. Einige von ihnen glaubten, dass das Element eines ist. ... Unter ihnen waren die, die sagten, dass es Erde ist, die sich sehr lockert und so zu Wasser wird. Wenn sie sich noch mehr als das lockert, wird sie zu Wasser, und wenn sie sich bis zum Extrem der Lockerung lockert, wird sie zu Feuer. Das waren Anaximander (Anaqīmandrūs) und Xenophanes (Aq[sin]ūfānīs)[1].

Sedulius Scotus (9. Jh. n. Chr.)

Xen 264
Gemischte Sammlung 68.246
Xenophanes glaubte höchst törichterweise Mathematikern [Astronomen], die behaupteten, dass der Umkreis des Mondes achtzehnmal größer als die Erde sei.

---

1 Hier finden wir eine ganz ungewöhnliche Transkription des griechischen ξ mit arabisch q, das vielleicht als Verderbnis von ursprünglich qs zu erklären ist.

Frechulf von Lisieux

Xen 265
Historiae 1.3.17 (ed. Allen)
Ferechides historiarum et Xenophanes phisicus tragoediarum clari inuentores habentur.

Similien:
Lebensalter/Lebenszeit
Xenophanes als Naturphilosoph
Xenophanes als Tragödiendichter

Xen 266
Historiae 1.3.19 (ed. Allen)
His diebus Hippicus carminum scriptor et Xenophanes phisicus, scriptor tragoediarum, agnoscuntur.

Similien:
Lebensalter/Lebenszeit
Xenophanes als Naturphilosoph
Xenophanes als Tragödiendichter

Pseudo-Ammonios

Xen 267
Kitāb Amūniyūs fī Ārā' al-Falāsifa 36–37, IV.1–13 (ed. Rudolph)
Die Pseudo-Doxographie des Ammonius ist wahrscheinlich um die Mitte des 9. Jahrhunderts auf Arabisch verfasst worden. Sie verarbeitet griechisches Material über fast alle wichtigen Vorsokratiker, darüber hinaus Sokrates, Platon, Aristoteles, die Stoa und Epikur, sowie einige weniger bekannte Personen wie Pyrrhon und Plutarch. Eine Hauptquelle dürfte die *Refutatio omnium haeresium* von Hippolytos von Rom (gest. 235 n. Chr.) gewesen sein.[1] Als einziger spätantiker Philosoph kommt Proklos in der *Doxogra-*

---

1 Wenn auch für den Xenophanes-Abschnitt nur in ganz geringem Ausmaß. Siehe dazu die von Rudolph in seiner Übersetzung angegebenen Hippolytos-Stellen, d.s. hier **Xen 119**, Zeile 1–2 und 6.

Frechulf von Lisieux (1. Hälfte des 9. Jh. n. Chr.)

Xen 265
Geschichte 1.3.17
Xenophanes wird im Zusammenhang mit den Sieben Weisen, Pythagoras und Sappho erwähnt. Ferechides [Pherekydes] ist als Begründer der Geschichtsschreibung und der Naturphilosoph Xenophanes als Begründer der Tragödie berühmt.

Xen 266
Geschichte 1.3.19
Während der Herrschaft des Kambyses [529–522]. In diesen Tagen sind der Liederdichter Hippicus [Ibykos] und der Naturphilosoph Xenophanes, der Tragödienschreiber, bekannt.

Pseudo-Ammonios (Mitte 9. Jh. n. Chr.)

Xen 267
Buch des Ammonios über die Ansichten der Philosophen 81–82

phie zu Wort, was nahelegt, dass bei der Zuschreibung an Ammonius an den Proklosschüler Ammonius Hermeiou gedacht worden ist. Inhaltlich werden neuplatonische Lehren und kreationistische Theologie vorgestellt, die den verschiedenen Autoritäten scheinbar willkürlich in den Mund gelegt werden, wobei letztlich der Eindruck entstehen soll, dass alle ernstzunehmenden Philosophen im Wesentlichen einer Meinung waren.

Xenophanes wird ziemlich zu Anfang der *Doxographie* zitiert, und zwar im Zuge der Darstellung der Ansichten der ältesten Weisen über den Schöpfer und Seine Erschaffung der Welt.

أمّا كسنوفانس فإنّه كان يقول إنّ المبدِع الأوّل هو أنّيّة أزليّة، الإله الذي هو ينبوع الديموميّة والقدميّة. لا يدرك بنوع صفة منطقيّة ولا عقليّة، مبدأ كلّ صفة وكلّ نعت منطقيّ وعقليّ. فإذا كان هذا هكذا فقولنا إنّ صورة ما في هذا العالم المبدَع لم تكن عنده أو كانت أو كيف أبدع ولِمَ أبدع محال، لأنّ العقل مبدَع والمبدِع مسبوق بالمبدِع ولا يدرك المسبوق السابق أبداً. فإذا كان المسبوق لا يدرك السابق فكيف يجوز أن يصف المسبوق السابق، بل نقول إنّ المبدِع أبدع كيفما أحبّ وكيفما شاء. فهو هو ولا شيء معه. وهذه الكلمة أعني ولا شيء بسيط ولا مركّب معه هو مُجمَّع كلّ ما نطلبه من العلم، لأنّك إذا قلت ولا شيء معه فقد نفيت أزليّة الصورة والهيولى وكلّ مبدَع من صورة وهيولى وكلّ مبدَع من صورة فقط. ومن قال إنّ الصورة أزليّة مع أنّيّته فليس هو فقط بل هو وأشياء كثيرة. وإذا لزم أن يقال هذا القول فليس هو مبدع الصور بل كلّ صورة إنّما أظهرت ذاتها فعند إظهارها ذاتها ظهرت هذه العوالم، وهذا أشنع ما يكون من القول، فهذا كان مذهب كسنوفانس وقوله في هذا المنهاج.

Similien:
Gottesbegriff
Gott als das Eine/das All

Xenophanes behauptete dagegen: Der Erste Schöpfer ist urewiges Sein, (nämlich) der Gott, welcher der Quell der End- und Anfangslosigkeit ist. Er ist nicht fassbar durch logische und intellektuelle Attribute; (denn Er ist) Ursprung jedes Attributes und jeder Qualifikation logischer und intellektueller Art. Wenn dem so ist, ist es absurd zu erklären, dass die Form der Dinge in dieser geschaffenen Welt nicht bei Ihm gewesen sei oder bei Ihm gewesen sei, oder wie und warum Er erschaffen habe. Denn der Intellekt ist geschaffen, und der Schöpfer geht dem Geschaffenen voraus; das Spätere aber wird niemals das Frühere erfassen. Und wenn das Spätere das Frühere nicht erfasst – wie soll es ihm dann möglich sein, es zu beschreiben?
Vielmehr stellen wir fest: Der Schöpfer schuf so, wie es Ihm beliebte und wie Er wollte. Denn Er war Er, und nichts war mit Ihm (zugleich). Diese Aussage, nämlich: „Nichts Einfaches und nichts Zusammengesetztes war mit Ihm (zugleich)", ist die Zusammenfassung allen Wissens, wonach wir suchen. Denn wenn man sagt: „Nichts war mit Ihm (zugleich)", hat man (implizit) die Urewigkeit von Form und Materie und von allem, was aus Form und Materie oder nur aus Form geschaffen ist, ausgeschlossen. Erklärt nämlich jemand, dass die Form von Anbeginn her (zugleich) mit seinem Sein gewesen sei, dann war nicht bloß Er, sondern Er und viele Dinge. Wenn man dies behaupten muss, dann ist Er nicht der Schöpfer der Formen; vielmehr hat (dann) jede Form nur sich selbst offenbart, und dabei sind diese Welten hervorgegangen. Das aber ist so absurd, wie eine Behauptung nur sein kann. Dies war die Ansicht des Xenophanes, und dergestalt war seine Lehre. (Ü: Rudolph)

Georgios Synkellos

Xen 268
Ecloga chronographica 285.12 (ed. Mosshammer)
Φωκυλίδης καὶ Ξενοφάνης φυσικὸς τραγῳδοποιὸς ἐγνωρίζετο.

Similien:
Lebensalter/Lebenszeit
Xenophanes als Naturphilosoph
Xenophanes als Tragödiendichter

(vgl. **Xen 161** und **Xen 188**)

Photios

Xen 269
Bibliotheca 2.167, 114b11–13 (ed. Henry)
[...] Νικολάου, Νουμηνίου, Ναυμαχίου, Ναυκράτους, Νικίου, Νικοστράτου, Ξενοκράτους, Ξενοφάνους, Ὀνάτου, Ὀκέλλου, Ὀνήτορος, Πανακαίου, Πιττακοῦ, [...]

Xen 270
Bibliotheca 2.167, 115a10–13 (ed. Henry)
[...] Νικόλαος, Νεόφρων, Νικόμαχος, Ναυμάχιος, Νεοπτόλεμος, Ξενοφάνης, Ξέναρχος, Ὅμηρος, Ὀρφεύς, Ὀλυμπιάς, Πίνδαρος, Παρμενίδης, Ποσίδιππος, Παυσανίας, [...]

Quṣṭā ibn Lūqā al-Baʿlabakkī

Xen 271
Kitāb Fulūṭarḫus fī l-Ārāʾ al-ṭabīʿīya allatī taqūlu bihā al-ḥukamāʾ 25.16, 22–3 [II, 4, 11] (ed. Daiber)

Georgios Synkellos (gest. kurz nach 810 n. Chr.)

Xen 268
Weltchronik 285.12
Phokylides und Xenophanes, der Naturphilosoph und Tragödiendichter, waren bekannt (vgl. **Xen 188** und **Xen 221**).

Photios (um 810 – 893 n. Chr.)

Xen 269
Bibliothek 2.167, 114b11–13
Angabe der Philosophen, die sich nach Photios bei Stobaios (Buch 4) finden, darunter Xenophanes.

Xen 270
Bibliothek 2.167, 115a10–13
Angabe der Dichter, die sich nach Photios bei Stobaios (Buch 4) finden, darunter Xenophanes.

Quṣṭā ibn Lūqā al-Baʿlabakkī (um 820 – 912 n. Chr.)

Xen 271
Buch des Plutarch über die naturwissenschaftlichen Ansichten, welche die Weisen vertraten 141

In den erhaltenen Handschriften der *Placita*-Übersetzung findet sich keine Angabe des Übersetzers. Jedoch wird in dem bedeutenden Bücherverzeichnis *Fihrist* des Ibn al-Nadīm aus dem 10. Jahrhundert Plutarch mit dem ihm zugeschriebenen Werk erwähnt und Qusṭā ibn Lūqā al-Baʿlabakkī als dessen Übersetzer genannt. Qusṭā lebte im neunten Jahrhundert (um 820–912) und war als Arzt, Philosoph, Gelehrter und Übersetzer tätig. Er war syrischer Christ und beherrschte Syrisch, Griechisch und Arabisch. Mit seinem bekannten Zeitgenossen, dem Arzt und Übersetzer Ḥunayn ibn Isḥāq, hatte er in Bagdad persönlichen Kontakt. Seine letzten Lebensjahre verbrachte Qusṭā auf Einladung des armenischen Fürsten Sancherib in Armenien.

Die Fragmente, die sich im Namen Xenophanes' in der arabischen Placita-Version erhalten haben, entsprechen im Großen und Ganzen der griechischen Vorlage.

(هل العالم غير فاسد؟) وأمّا كسنوفانس فانه يرى أن العالم غير مكوّن وأنه سرمدي وأنه غير فاسد

Similien:
Unvergänglichkeit der Welt

(vgl. **Xen 95, Xen 178, Xen 206 & Xen 222**)

Xen 272
Kitāb Fulūṭarḫus fī l-Ārāʾ al-ṭabīʿīya allatī taqūlu bihā al-ḥukamāʾ 29.11, 30.3–5 [II 13, 14] (ed. Daiber)

(ما جوهر الكواكب؟) وأما كسانوفانس فانه يرى أن الكواكب [ب : السماء] من غيمٍ استنار وأنه ينطفئ في كلّ يوم ويستنير في الليل ، وذلك فيه مثل الفحم الذي يشتعل وينطفئ

Similien:
Gestirne als Wolken
Natur der Gestirne

(vgl. **Xen 96, Xen 177, Xen 200, Xen 208 & Xen 243**)

(Ist die Welt unvergänglich?) Xenophanes glaubte, dass die Welt ungeschaffen, ewig und unvergänglich ist. (Ü: Daiber)

Xen 272
Buch des Plutarch über die naturwissenschaftlichen Ansichten, welche die Weisen vertraten 149-151

(Was ist die Substanz der Sterne?) Xenophanes glaubte, dass die Sterne [Badawī: der Himmel] aus Wolken bestehen, welche entflammt werden. Und (er glaubte), dass sie (die Wolken) an jedem Tag erlöschen und in der Nacht entflammt werden. Das geschieht bei ihnen wie (bei) der Kohle, welche sich entzündet und verlöscht.[1] (Ü: Daiber)

---
1 Der Herausgeber Daiber verweist auf die Aufnahme dieses Xenophanes-Zitates durch den hanbalitischen Bagdader Juristen und Historiker Ibn al-Ǧawzī (1126–1200) in seinem *Tablīs Iblīs* (*Betrug durch den Teufel*), in dem er vor allem irrige Anschauungen innerhalb des Islams anklagt. Dort führt Ibn al-Ǧawzī in dem Kapitel über den teuflischen Betrug der Astrologen und Astronomen die von ihm anonymisierte Anschauung als irrig an. Es heißt (Edition Beirut, um 1985, 77.25–6): „Einer

Xen 273

Kitāb Fulūṭarḫus fī l-Ārā' al-ṭabīʿīya allatī taqūlu bihā al-ḥukamā' 32.1–3 [II 18, 1] (ed. Daiber)

(في الكواكب التي تسمى ذيسقروا) كسانوفانس يرى أن الأنوار التي تظهر على السفن كأنها كواكب إنما هي سحابات تستنير بتكيف الحركة ،

Similien:
Gestirne als Wolken
Natur der Gestirne
Naturphänomene

(vgl. **Xen 97, Xen 179, Xen 208 & Xen 245**)

Xen 274

Kitāb Fulūṭarḫus fī l-Ārā' al-ṭabīʿīya allatī taqūlu bihā al-ḥukamā' 32.16, 21–3 [II 20, 3] (ed. Daiber)

(في جوهر الشمس) وأما كسانوفانس فانه يرى أن جوهر الشمس من أجرام صغار نارية تجتمع من البخار ، ويكون من اجتماعها الشمس أو سحاب مستنير ،

In der Übersetzung dieses Fragments wird Xenophanes' zweite Überlegung, dass die Sonne auch eine feurige Wolke sein könnte, in die erste Überlegung integriert, indem sie zu einem alternativen Ergebnis der Zusammenballung der kleinen Feuerkörper gemacht wird.

Similien:
Gestirne als Wolken
Natur der Gestirne

(vgl. **Xen 98, Xen 175, Xen 209, Xen 262**)

Xen 273
Buch des Plutarch über die naturwissenschaftlichen Ansichten, welche die Weisen vertraten 155
(Über die „Dioskoroi" genannten Sterne.) Xenophanes glaubte, dass die Lichter, welche auf den Schiffen erscheinen, als ob sie Sterne wären, lediglich Wolken sind, welche entsprechend der Gestaltung der Bewegung leuchten. (Ü: Daiber)

Xen 274
Buch des Plutarch über die naturwissenschaftlichen Ansichten, welche die Weisen vertraten 155
(Über die Substanz der Sonne.) Xenophanes glaubte, dass die Substanz der Sonne aus kleinen feurigen Körpern besteht, welche aus dem Dampf zusammentreten. Aus ihrer Ansammlung entstehen die Sonne oder glühende Wolken. (Ü: Daiber)

---

von ihnen (den Sternkundlern) sagte: Sie (die Sterne) bestehen aus Wolken, die jeden Tag erlöschen und bei Nacht entflammt werden, wie die Kohle. Sie entzündet sich und verlöscht."

وقال بعضهم هي من غيم تطفأ كلّ يوم وتستنير بالليل مثل الفحم يشتعل وينطفئ.

Xen 275
Kitāb Fulūṭarḫus fī l-Ārāʾ al-ṭabīʿīya allatī taqūlu bihā al-ḥukamāʾ 34.12, 21–3 [II 24, 4] (ed. Daiber)

(في كسوف الشمس) وأما كسانوفانس فيرى أن ذلك يكون على سبيل الانطفاء وأنه بعد مدّة يسيرة تستنير، وقد ذكر أنه وجد في الأخبار كسوفاً أقام شهراً تامّاً حتى كانت الأيام كلها فيه ليلا،

Hier weicht die arabische Übersetzung insofern deutlich von der griechischen Vorlage ab, als der Eindruck entsteht, dass es dieselbe Sonne sei, die verlischt und sich wieder entzündet. Außerdem fehlt die Präzisierung, dass das Wiederaufgehen im Osten passiert. Zudem kann durch die Wiedergabe des griechischen παριστορέω durch waǧada fī l-aḫbār der Eindruck entstehen, dass es sich um bestimmte Annalen handeln könnte (so die Übersetzung Daibers „Geschichten"), während wohl nur allgemein an überlieferte Berichte über Naturereignisse gedacht ist.

Similien:
Natur der Gestirne
Naturphänomene

(vgl. **Xen 99, Xen 180, Xen 209, Xen 246 & Xen 348**)

Xen 276
Kitāb Fulūṭarḫus fī l-Ārāʾ al-ṭabīʿīya allatī taqūlu bihā al-ḥukamāʾ 35.2-5 [II 24, 7] (ed. Daiber)

... وأما كسانوفانس فيرى أنّ الشمس شموس كثيرة والقمر اقمار كثيرة في كلّ اقليم من أقاليم الأرض وفي كلّ قطع ومنطقة، وفي كلّ زمان تقع الشمس في قطع من تلك القطوع من قطوع الأرض التي ليست مسكونة، فاذا سترت ظهر الانكساف،

Bei dieser zweiten Erwähnung Xenophanes' im Abschnitt über die Sonnenfinsternis fehlt im arabischen Text der letzte Satz über das Fortschreiten der Sonne ins Unendliche und die dadurch scheinbar entstehende Kreisbewegung.

Xen 275
Buch des Plutarch über die naturwissenschaftlichen Ansichten, welche die Weisen vertraten 159
(Über die Sonnenfinsternis.) Xenophanes glaubte: Jene tritt durch das Erlöschen ein. (Es geschieht,) dass sie (die Sonne) nach einer kurzen Zeitspanne (wieder) Licht gibt. Er hat berichtet, dass er in den „Geschichten" auf eine Sonnenfinsternis stieß, welche einen ganzen Monat blieb, sodass alle Tage in ihm Nacht waren. (Ü: Daiber)

Xen 276
Buch des Plutarch über die naturwissenschaftlichen Ansichten, welche die Weisen vertraten 161
Xenophanes glaubte, dass es viele Sonnen und viele Monde in jeder unter den Gegenden der Erde und in jedem Stück und jeder Zone gibt.[1] Zu jeder

---

1 Wie der Herausgeber Daiber anführt, findet sich der Beginn dieses Zeugnisses auch in al-Muṭahhar b. Ṭāhir al-Maqdisīs enzyklopädischem *Kitāb al-badʾ wa-l-taʾrīḫ*, (*Le livre de la création et de l'histoire*, ed. et trad. C. Huart, Leroux, Paris 1901, II, 25.10–15) aus dem 10. Jahrhundert. Dort wird bei der Behandlung der Sonnen- und Mondfinsternis unter der Zuschreibung an Plutarch auch ein Auszug aus den *Placita* über die Ansichten verschiedener Altvorderer gegeben. Die zitierten Zeugnisse sind allesamt anonymisiert. Die zweite eigentlich erklärende Hälfte der obigen Xenophanes-Passage fällt, bis auf das daher nicht mehr verständliche Wort „Zeit", aus:

Similien:
Natur der Gestirne
Naturphänomene
Viele Sonnen

(vgl. **Xen 100, Xen 180 & Xen 210**)

Xen 277
Kitāb Fulūṭarḫus fī l-Ārāʾ al-ṭabīʿīya allatī taqūlu bihā al-ḥukamāʾ 35.6, 11 [II 25, 4] (ed. Daiber)

(في جوهر القمر) وأما كسانوفانس فانه يرى أن القمر سحاب مستنير ،

*Die ‚verfilzte Wolke‘ (πεπιλημένον) des Griechischen wird im Arabischen zu einer ‚glühenden Wolke‘ (mustanīr), ein Begriff, der auch im folgenden Fragment vorkommt und daher nahelegt, dass der Übersetzer πεπυρωμένον statt πεπιλημένον gelesen hat (vgl. auch die Fußnote 1 zu **Xen 101**).*

Similien:
Gestirne als Wolken
Natur der Gestirne

(vgl. **Xen 101, Xen 176, Xen 201, Xen 211, Xen 225, Xen 247, Xen 300**)

Zeit fällt die Sonne auf irgendeines von jenen Stücken der Erde, welche unbewohnt sind. Und dann, wenn sie verhüllt wird, erscheint die Sonnenfinsternis. (Ü: Daiber)

Xen 277
Buch des Plutarch über die naturwissenschaftlichen Ansichten, welche die Weisen vertraten 161
(Über die Substanz des Mondes.) Xenophanes glaubte, dass der Mond eine glühende Wolke ist.[1] (Ü: Daiber)

والقدماء مختلفون في الكسوفات كما حكى افلوطرخس زعم أنّ ... بعضهم يرى الشموس شموساً كثيرةً والقمر أقماراً كثيرة في كلّ اقليم من أقاليم الأرض وفي كلّ قطعة ومنطقة وزمان ...

„Die Altvorderen waren in Bezug auf die Sonnen- und Mondfinsternisse unterschiedlicher Meinung, wie Plutarch berichtet, der angibt, dass einer von ihnen glaubte, dass es viele Sonnen und viele Monde in jeder unter den Gegenden der Erde und in jedem Stück, jeder Zone und zu jeder Zeit gibt."

Al-Maqdisī kommt auf dieses Zeugnis wenig später nochmals zu sprechen, und zwar im Zuge seiner Anführung einer Auslegung der Koranstelle (65,12) „Gott ist es, der sieben Himmel geschaffen hat, und von der Erde ebensoviel (Übers. Paret)" durch ʿAṭāʾ b. Yasār (II, 42.4–7):

قال في كلّ أرض آدمٌ ونوحٌ مثل نوحكم وابرهيم مثل ابرهيمكم والله أعلم وأحكم وليس ذا بأعجب من قول الفلاسفة ان الشمس [ه: الشموس] شموس كثيرة وأنّ القمر أقمار كثيرة في كلّ اقليم شمس وفي كلّ أقليم قمر ونجوم ...

„(ʿAṭāʾ b. Yasār) sagte, dass es auf jeder Erde einen Adam und einen Noah gäbe, wie Euren Noah und einen Ibrahim wie Euren Ibrahim, Gott weiß und verrichtet es am besten. Und dies ist nicht erstaunlicher als die Rede der Philosophen, dass es viele Sonnen und viele Monde gäbe, in jeder Gegend eine Sonne, einen Mond und Sterne."

1   Dieses Zeugnis findet sich nach dem eben erwähnten Abschnitt über die Sonnen- und Mondfinsternisse auch bei al-Maqdisī, der nach der Behandlung der Mondflecken zur Beschreibung des Mondes übergeht (27.2–3):

وزعم بعضهم أنّه سحاب مستنير يلتهب ...

„Einer von ihnen gab an, dass (der Mond) eine glühende Wolke sei, die lodert."
Eine Aussage, die auch auf dieses Zeugnis, wenn auch in Variation (*mustadīr* statt *mustanīr*), zurückgehen könnte, erwähnt al-Maqdisī bei seiner Behandlung der Gestalt von Sonne, Mond und Sternen, im Zuge derer wieder die untereinander uneins seienden Altvorderen nach Plutarch (II, 17.12) zu Wort kommen (19.6–7):

واختلفوا في جرم القمر فحكى بعضهم ان جرم القمر سحاب مستدير ...

„(Die Altvorderen) waren in Bezug auf den Mondkörper unterschiedlicher Meinung und einer von ihnen berichtete, dass der Mondkörper eine runde Wolke sei."

Xen 278
Kitāb Fulūṭarḫus fī l-Ārāʾ al-ṭabīʿīya allatī taqūlu bihā al-ḥukamāʾ 39.17–8, 40.12–3 [III 2, 11] (ed. Daiber)

(في الكواكب ذوات الاذناب وانقضاض الكواكب والحمرة [ب : المجرة] المستطيلة التي ترى في السماء وكأنها قضيب) وأمّا كسانوفانس فانه يرى أن كون جميع ذلك عن سحاب مستنير أو متحرّك.

Similien:
Gestirne als Wolken
Natur der Gestirne

(vgl. **Xen 102, Xen 215** & **Xen 248**)

Xen 279
Kitāb Fulūṭarḫus fī l-Ārāʾ al-ṭabīʿīya allatī taqūlu bihā al-ḥukamāʾ 44.9, 14–5 [III 9, 4] (ed. Daiber)

(في الارض) وأما كسانوفانس فيرى أن الأرض من أسفلها إلى أعلاها متكاثفة وأن جوهرها من هواء ونار تكاثفا،

Hier gibt es offensichtlich ein Problem bei der Übertragung des Textes. Möglicherweise ist statt mutakāṯifa *(dicht)* muwaṯṯaqa *(fest) zu lesen.*

Similien:
Natur und Entstehung der Erde

(vgl. **Xen 103** & **Xen 181**)

Xen 278
Buch des Plutarch über die naturwissenschaftlichen Ansichten, welche die Weisen vertraten 169-171
(Über die beschweiften Sterne, das Herabstürzen der Sterne und die längliche Röte [Badawī: Milchstraße], welche im Himmel erscheint, als ob sie eine Rute wäre.) Xenophanes glaubte, dass das Entstehen von all dem aus glühenden oder sich bewegenden Wolken erfolgt. (Ü: Daiber)

Xen 279
Buch des Plutarch über die naturwissenschaftlichen Ansichten, welche die Weisen vertraten 179
(Über die Erde.) Xenophanes glaubte, dass die Erde von ihrem unteren bis zu ihrem oberen (Teil) dicht ist und dass ihre Substanz aus Luft und Feuer besteht, welche sich beide verdichtet haben. (Ü: Daiber)

Xen 280
Kitāb Fulūṭarḫus fī l-Ārā' al-ṭabī'īya allatī taqūlu bihā al-ḥukamā' 45.3, 5–6 [III 11,2] (ed. Daiber)

(في وضع الأرض) وأما كسانوفانس فانه يرى أنّ الأرض أوّل الأشياء وأنّها قد وضعت أصلاً لا نهاية له ،

Similien:
Natur und Entstehung der Erde
Unendlichkeit der Erde
Wurzeln der Erde

(vgl. **Xen 104**, **Xen 182** & **Xen 249**)

Xen 281
Kitāb Fulūṭarḫus fī l-Ārā' al-ṭabī'īya allatī taqūlu bihā al-ḥukamā' 63.2, 7 [V 1,2] (ed. Daiber)

(في الكهانة) فأما كسانوفانس وأبيقورس فانهما يبطّلان العرافة البتة ،

Similien:
Mantik

(vgl. **Xen 105** & **Xen 250**)

Etymologicum Genuinum

Xen 282
Etymologicum Genuinum b.271 (ed. Lasserre/Livadaras)
βρόταχος· τὸν βάτραχον Ἴωνες καὶ Ἀριστοφάνης φησὶ καὶ παρὰ Ξενοφάνει· βάτραχος καὶ καθ' ὑπερβιβασμὸν βράταχος καὶ βρόταχος. Ἡρωδιανὸς Περὶ παθῶν καὶ Ῥη(τορικόν).

(vgl. **Xen 76** & **Xen 301**)

Xen 280
Buch des Plutarch über die naturwissenschaftlichen Ansichten, welche die Weisen vertraten 181
(Über die Position der Erde.) Xenophanes glaubte: Die Erde ist das Erste und hat eine unendliche Wurzel abgelegt. (Ü: Daiber)

Xen 281
Buch des Plutarch über die naturwissenschaftlichen Ansichten, welche die Weisen vertraten 217
(Über die Wahrsagekunst.) Xenophanes und Epikuros schafften die Wahrsagerei ganz ab. (Ü: Daiber)

Etymologicum Genuinum
(vollendet 865 o. 882 n. Chr.)

Xen 282
Etymologicum Genuinum b.271
Den Frosch, *batrachos*, nennen die Ionier und Aristophanes und auch Xenophanes *brotachos*: *batrachos* und nach Metathese *bratachos* und *brotachos*. Herodian, *Über Wortmodifikation* und Lexikon *Rhetorikum*.

Suda

Xen 283
Lexikon epsilon 2916 (ed. Adler)
Ἔρρε: φθείρου. ἔρρε, κακὸν σκυλάκευμα, κακὰ μερίς, ἔρρε πόθ' ᾄδαν· ἔρρε· τὸν οὐ Σπάρτας ἄξιον οὐδ'[1] ἔτεκον. ὦ Ξενοφάνεις καὶ Διαγόραι καὶ Ἵππωνες Ἐπίκουροι καὶ πᾶς ὁ λοιπὸς τῶν κακοδαιμόνων τε καὶ θεοῖς ἐχθρῶν, ἔρρεσθε.

Similien:
Religionskritik

(vgl. **Xen 123**)

Xen 284
Lexikon ēta 174 (ed. Adler)
Ἥκιστα: οὐδαμῶς, οὐχ ἧττον. [...] Ξενοφάνης ἔφη· τοῖς τυράννοις ἐντυγχάνειν ὡς ἥκιστα ἢ ὡς ἥδιστα.

(vgl. **Xen 145** & **Xen 257**)

Xen 285
Lexikon ēta 472 (ed. Adler)
Ἡράκλειτος [...]· [...] τινὲς δὲ αὐτὸν ἔφασαν διακοῦσαι Ξενοφάνους καὶ Ἱππάσου τοῦ Πυθαγορείου.

Xen 286
Lexikon zēta 77 (ed. Adler)
Ζήνων, Τελευταγόρου, Ἐλεάτης, φιλόσοφος τῶν ἐγγιζόντων Πυθαγόρᾳ καὶ Δημοκρίτῳ κατὰ τοὺς χρόνους, ἦν γὰρ ἐπὶ τῆς οη' Ὀλυμπιάδος, μαθητὴς Ξενοφάνους ἢ Παρμενίδου.

---

1 Die Variante οὐδ' ist Plutarch, apophth. lac. 241A entlehnt, in der Suda ist ὧν überliefert.

Suda (10. Jh. n. Chr.)

Xen 283
Lexikon epsilon 2916
„Fort!" *(érre)*: Gehe zugrunde. „Fort, du schändlicher Hund, fort, schändliches Stück, in den Hades! / Fort! Wer Spartas nicht wert, hat mich als Mutter auch nicht." (Tymnes, AP 7.433, Ü: Beckby). Ihr Xenophanesse und Diagorasse und Hippone, Epikure und ihr ganzen übrigen unseligen Götterfeinde, fort!

Xen 284
Lexikon ēta 174
Am wenigsten *(hēkista)*: gar nicht, nicht minder. […] Xenophanes sagte (vgl. **Xen 145**): Den Tyrannen [solle man] so wenig wie möglich begegnen oder so freundlich wie möglich.

Xen 285
Lexikon ēta 472
Heraklit […]: […] Einige sagten, dass er Xenophanes und den Pythagoreer Hippasos gehört habe.

Xen 286
Lexikon zēta 77
Zenon, Sohn des Teleutagoras, Eleate, Philosoph, einer der Zeitgenossen von Pythagoras und Demokrit; er lebte nämlich in der 78. Olympiade [468–465] und war ein Schüler des Xenophanes oder des Parmenides.

Similien:
Xenophanes als Eleat

Xen 287
Lexikon xi 46 (ed. Adler)
Ξενοφάνης ἐν ἐλεγείᾳ περὶ τοῦ ἄλλοτε ἄλλον αὐτὸν γεγενῆσθαι· καί ποτέ μιν στυφελιζομένου σκύλακος παριόντα φασί γ᾽ ἐποικτεῖραι καὶ τόδε φάσθαι ἔπος· παῦσαι, μηδὲ ῥάπιζ᾽, ἐπειὴ φίλου ἀνέρος ἐστὶ ψυχή, τὴν ἔγνων φθεγξαμένην ἀΐων.

Similien:
Seelenwanderung
Xenophanes als Elegiendichter

Xen 288
Lexikon pi 675 (ed. Adler) (= **Ar 241**)
Παρμενίδης, Πύρητος, Ἐλεάτης, φιλόσοφος, μαθητὴς γεγονὼς Ξενοφάνους τοῦ Κολοφωνίου, ὡς δὲ Θεόφραστος Ἀναξιμάνδρου τοῦ Μιλησίου.

Similien:
Verhältnis zu Parmenides
Xenophanes als Eleat

(vgl. **Xen 146**)

Abū Sahl al-Masīḥī

Xen 289
Talḫīṣ Kitāb al-Samāʾ wa-l-ʿālam li-Arisṭūṭālis 187.1-5 (facsimile-ed. Sezgin)
Abū Sahl ʿĪsā ibn Yaḥyā al-Masīḥī al-Ǧurǧānī war ein christlicher Arzt, Philosoph, Mathematiker und Astronom des späten zehnten Jahrhunderts, der Ibn Sīnā (Avicenna) in Medizin unterrichtet haben soll. In seinem *Kommentar zum Buch* Über den Himmel und die Erde *von Aristoteles* (*Talḫīṣ Kitāb al-Samāʾ wa-l-ʿālam li-Arisṭūṭālis*) nimmt er den doxographischen

Xen 287
Lexikon xi 46
Xenophanes in Distichen darüber, dass er [Pythagoras (vgl. **Xen 141**)] zu verschiedenen Zeiten als jeweils anderer geboren wurde (VS 21 B 7): „Und es heißt, als er [Pythagoras] einmal vorüberging, wie ein Hündchen misshandelt wurde, habe er Mitleid empfunden und dieses Wort gesprochen: ‚Hör auf mit deinem Schlagen. Denn es ist ja die Seele eines Freundes, die ich erkannte, wie ich ihre Stimme hörte.'"

Xen 288
Lexikon pi 675
Parmenides, der Sohn des Pyres, Eleate, Philosoph, Schüler des Kolophoniers Xenophanes oder nach Theophrast (FHS&G 227D = **Ar 17** & **Xen 18**) des Milesiers Anaximander.

Abū Sahl al-Masīḥī (spätes 10. Jh. n. Chr.)

Xen 289
Kommentar zum Buch *Über den Himmel und die Erde* von Aristoteles 187.1–5
In weiterer Folge werden auch Thales, Anaxagoras und Anaximenes erwähnt. Die Kommentierung al-Masīḥīs von 294a22–7 zeichnet sich vor allem dadurch aus, dass Empedokles Xenophanes' Meinung nicht zurückweist, sondern sie im Gegenteil teilt.

Bericht Aristoteles' die Gestalt der Erde betreffend auf und bewahrt dabei ein Testimonium zu Xenophanes:

وكُسوفايس وانباذقلس قالا إنّ الأرض لا نهاية لها من الجهة المقابلة لا قدامنا وجعلا هذا سبب سكونها لأنّ عمقها إذا كان بلا نهاية لم تكن ساكنةً في الوسط ولم يحط به شيءٌ أخر فلا نحتاج إلى طلب سبب لسكونها

Similien:
Natur und Entstehung der Erde
Unendlichkeit der Erde

(vgl. **Xen 4**, **Xen 14**, **Xen 186a**, **Xen 234**, **Xen 235**, **Xen 317**, **Xen 330**, **Xen 331b**)

Deipnosophistarum Epitome

Xen 290
Deipnosophistarum Epitome 2.44.54e (ed. Kaibel)
Ξενοφάνης ὁ Κολοφώνιος ἐν παρῳδίαις·
    πὰρ πυρὶ χρὴ τοιαῦτα λέγειν χειμῶνος ἐν ὥρῃ
    ἐν κλίνῃ μαλακῇ κατακείμενον, ἔμπλεον ὄντα,
    πίνοντα γλυκὺν οἶνον, ὑποτρώγοντ' ἐρεβίνθους·
    'τίς πόθεν εἶς ἀνδρῶν, πόσα τοι ἔτη ἐστί, φέριστε;
    πηλίκος ἦσθ' ὅθ' ὁ Μῆδος ἀφίκετο;'

Similien:
Xenophanes als Parodiendichter

(vgl. **Xen 316**)

Xenophanes und Empedokles sagten, dass die Erde an der gegenüberliegenden Seite unendlich ist, jedoch nicht an der sich uns darbietenden, und sie machten dies zur Ursache für ihre Ruhe. Denn wenn ihre Tiefe endlos ist, ruht sie nicht in der Mitte und nichts Anderes senkt sich auf diese. So brauchen wir keine Ursache für ihre Ruhe zu suchen.

Deipnosophistarum Epitome[1] (11. Jh. n. Chr.)

Xen 290
Auszug aus dem *Gelehrtengastmahl* 2.44.54e (vgl. **Xen 150**)
(Über Kichererbsen.) Der Kolophonier Xenophanes in den *Parodien* (VS 21 B 22):
„Beim Feuer ziemt solch Gespräch zur Winterszeit, wenn man auf weichem Lager gesättigt daliegt und süßen Wein trinkt und Kichererbsen dazu knuspert: ‚Wer und von wem bist du unter den Männern? Wieviel Jahre zählst du, mein Bester? Wie alt warst du, als der Meder ankam?'"

---

1 Der Autor der Epitome zu Athenaios' *Deipnosophistae* ist unbekannt. Sie wird im Allgemeinen auf das 11. Jahrhundert n. Chr. datiert und von Erbse (1979), 89ff. sowie Maas (1935) Eustathios zugeschrieben.

Xen 291
Deipnosophistarum Epitome 2.2.4, 367d (ed. Peppink), s. **Xen 151** (Athen. deipn. 9.6)

Xen 292
Deipnosophistarum Epitome 2.2.25, 413e–414e (ed. Peppink), s. **Xen 152** (Athen. deipn. 10.6)

Xen 293
Deipnosophistarum Epitome 2.2.52, 462e–463a (ed. Peppink), s. **Xen 153** (Athen. deipn. 11.7)

Xen 294
Deipnosophistarum Epitome 11.18.782a (ed. Kaibel)
ἔθος δ' ἦν πρότερον ἐν τῷ ποτηρίῳ ὕδωρ ἐμβάλλεσθαι, μεθ' ὃ τὸν οἶνον. Ξενοφάνης·
    οὐδέ κεν ἐν κύλικι πρότερον κεράσειέ τις οἶνον
    ἐγχέας, ἀλλ' ὕδωρ καὶ καθύπερθε μέθυ.

Xen 295
Deipnosophistarum Epitome 2.2.82, 526a–c (ed. Peppink), s. **Xen 155** (Athen. deipn. 12.30–31)

ʿAbdallāh ibn al-Faḍl al-Anṭākī

Xen 295a
Kalām fī l-Ṭālūt al-muqaddas 397.14-16 (ed. Noble und Treiger)
Von Ibn al-Faḍl al-Anṭākī ist nur bekannt, daß er melkitischer Diakon war, aus Antiochia stammte und um 1050 lebte und wirkte. Er trat vor allem als Übersetzer von Werken griechischer Kirchenväter ins Arabische in Erscheinung, und zwar zu einer Zeit, als Antiochia nach über zwei Jahrhunderten unter arabischer Herrschaft wieder an das byzantinische Reich zurückgefallen war. In seinen eigenen, auf Arabisch verfassten Werken griff er auf

Xen 291
In der Epitome zu Athenaios' Deipnosophistae *wird das 9. Buch (**Xen 151**) zitiert.*

Xen 292
In der Epitome zu Athenaios' Deipnosophistae *wird das 10. Buch (**Xen 152**) zitiert.*

Xen 293
In der Epitome zu Athenaios' Deipnosophistae *wird das 11. Buch (**Xen 153**) zitiert.*

Xen 294
Auszug aus dem *Gelehrtengastmahl* 11.18.782a (vgl. **Xen 154**)
Es war Sitte, zuerst Wasser in das Trinkgefäß einzufüllen, danach den Wein. Xenophanes (VS 21 B 5):
> Auch beim Mischen im Becher würde niemand den Wein zuerst hineingießen, sondern das Wasser und darüber den Wein.

Xen 295
In der Epitome zu Athenaios' Deipnosophistae *wird das 12. Buch (**Xen 155**) zitiert.*

ʿAbdallāh ibn al-Faḍl al-Anṭākī (11. Jh.)

Xen 295a
Rede über die Heilige Trinität 397.14-16

eine große Anzahl von philosophischen und theologischen Quellen zurück, darunter auch auf die *Doxographie des Pseudo-Ammonius* und deren Darstellung der Lehre des Xenophanes. In seiner *Rede über die Heilige Trinität (Kalām fī l-Ṯālūṯ al-muqaddas)*, die auch unter den Titeln *Rede über die Gottheit (Kalām fī l-Lāhūt)* und *das kleine Buch vom Nutzen (Kitāb al-Manfaʿa al-ṣaġīr)* bekannt ist, beendete Ibn al-Faḍl al-Anṭākī das zweite Kapitel, in dem er zeigt, daß Gott Substanz ist, mit der im folgenden zitierten, dem Xenophanes zugeschriebenen Aussage. Während der Großteil des Zitates mit der Formulierung der *Doxographie des Pseudo-Ammonius* übereinstimmt, ist Ibn al-Faḍl al-Anṭākīs abweichende Wortwahl in Bezug auf das Geschaffene (maṣnūʿ) und den Schöpfer (ṣāniʿ) beachtenswert. Die von ihm verwendete Wurzel ṣ- n-ʿ, die das Herstellen, das Machen ausdrückt, gibt dem Schöpfer damit etwas von der Konnotation des Werk- oder Baumeisters, des Demiurgen.

وليس وإن أطلق عليه أن يكون جوهراً فقد أدركت ذاته لأنّها فوق الإدراك ولقد أحسن كسينوفنطس الفيلسوف في قوله إنّ العقل مصنوع مسبوق من الصانع والمسبوق لا يدرك السابق أبداً .

Similien:
Gottesbegriff

Etymologicum Gudianum

Xen 296
Etymologicum Gudianum k.301 (ed. Sturz)
κέχρηται δὲ Ξενοφάνης τῷ ὀνόματι, οἷον, γλύσσωνα σῦκα.

(vgl. **Xen 73, Xen 75** & **Xen 303**)

Selbst wenn auf Ihn die Aussage angewendet wird, daß Er Substanz ist, so ist Sein Wesen doch nicht wahrnehmbar, denn es ist über der Wahrnehmung. So hat das schon der Philosoph Xenophanes gut ausgedrückt in seiner Rede, dass der Intellekt ein vom Schöpfer Geschaffenes und Späteres ist, und das Spätere wird das Frühere niemals erfassen.

Etymologicum Gudianum
(2. Hälfte des 11. Jh. n. Chr.)

Xen 296
Etymologicum Gudianum k.301
Auch Xenophanes verwendet das Wort [den Komparativ *glýssōn*], etwa (VS 21 B 38): „die Feigen viel süßer".

Al-Šahrastānī

Xen 297

Kitāb al-Milal wa-l-niḥal 291.11–292.2 (ed. Cureton)

Abū l-Fatḥ Muḥammad ibn ʿAbd al-Karīm al-Šahrastānī (1086/7–1153) war ein persischer Gelehrter des 12. Jahrhunderts, der sich vor allem auch mit Philosophie- und Religionsgeschichte befasste. In seinem einzigartigen Werk *Religionsparteien und Philosophenschulen* (*al-Milal wa-l-niḥal*), das er nach eigenen Angaben 1127/8 vollendete, stellt er nicht nur die verschiedenen Richtungen innerhalb des Islams dar, sondern auch andere Religionen und philosophische Anschauungen. Für letztere ist die *Doxographie des Pseudo-Ammonios* eine seiner Hauptquellen. Sein Kapitel über Xenophanes ist fast unverändert davon abgeschrieben. Daher basiert die folgende Übersetzung auf Rudolphs Übersetzung der *Doxographie des Pseudo-Ammonios*, damit die beiden Texte auch in ihrer deutschen Übersetzung leicht miteinander verglichen werden können.

راي كسنوفانس كان يقول إنّ المبدع الأوّل هو أنيّة[1] أزليّة دائمة ديمومة القدم. لا يدرك بنوع صفة منطقيّة ولا عقليّة، مبدع كلّ صفة وكلّ نعت نطقيّ وعقليّ. فإذا كان هذا هكذا فقولنا إنّ صورنا في هذا العالم المبدعة لم تكن عنده أو كانت أو كيف أبدع ولِمَ أبدع محال، فان العقل مبدِع والمبدَع مسبوق بالمبدِع والمسبوق لا يدرك السابق أبداً. فلا يجوز أن يصف المسبوق السابق، بل يقول إنّ المبدع أبدع كيفما أحبّ وكيفما شاء. فهو هو ولا شيء معه. وهذه الكلمة أعني هو ولا شيء بسيط لا مركّب معه وهو مجمع كلّ ما يطلبه من العلم، لأتك إذا قلت ولا شيء معه فقد نفيت عنه أزليّة الصورة والهيولى وكلّ مبدع من صورة وهيولى وكلّ مبدع من صورة فقط. ومن قال إنّ الصور أزليّة مع أنّيّته فليس هو فقط بل

---

[1] Curetons Edition liest هواية, was sich besser als eine Verschreibung von هو انيّة der pseudo-ammonischen Vorlage erklären läßt, weniger als ein falsch geschriebenes هويّة (Wesen).

Al-Šahrastānī (1086 – 1153 n. Chr.)

Xen 297
Religionsparteien und Philosophenschulen 291.11–292.2

Die Ansicht des Xenophanes, der sagte: Der Erste Schöpfer ist urewiges Sein, ewig in anfangsloser Ewigkeit. Er ist nicht fassbar durch logische und intellektuelle Attribute; (denn Er ist) Schöpfer jedes Attributes und jeder Qualifikation logischer und vernünftiger Art. Wenn dem so ist, ist es absurd zu erklären, dass unsere Formen, die in dieser Welt geschaffen sind, nicht bei Ihm gewesen seien oder bei Ihm gewesen seien, oder wie und warum Er erschaffen habe. So ist der Intellekt geschaffen, und der Schöpfer geht dem Geschaffenen voraus; das Spätere aber wird niemals das Frühere erfassen. Es ist nicht möglich, dass das Spätere das Frühere beschreibt, vielmehr stellt er fest: Der Schöpfer schuf so, wie es Ihm beliebte und wie Er wollte. Denn Er war Er, und nichts war mit Ihm (zugleich). Diese Aussage, nämlich: „Er (war) und nichts Einfaches, nichts Zusammengesetztes war mit Ihm (zugleich)", ist die Zusammenfassung allen Wissens, wonach man sucht. Denn wenn man sagt: „Nichts war mit Ihm (zugleich)", hat man (implizit) von Ihm die Urewigkeit von Form und Materie und von allem, was aus Form und Materie oder nur aus Form geschaffen ist, ausgeschlossen. Erklärt nämlich jemand, dass die Formen von Anbeginn her (zugleich) mit seinem Sein gewesen seien, dann war nicht bloß Er, sondern Er und viele Dinge. Dann ist Er nicht der Schöpfer der Formen; vielmehr hat (dann) jede Form nur sich selbst offenbart, und dabei sind diese Welten hervorgegangen. Das aber ist so absurd, wie eine Behauptung nur sein kann.

هو وأشياء كثيرة. فليس هو مبدع الصور بل كلّ صورة إنّما ظهرت[1] ذاتها فعند إظهارها ذاتها ظهرت هذه العوالم وهذا أشنع ما يكون من القول.

Similien:
Gottesbegriff

Stephanus Gramm.

Xen 298
In artem rhetoricam commentaria 21.2.292.20-30 (ed. Rabe)
Καὶ τὸ τοῦ Ξενοφάνους. καὶ τοῦτο ἔνστασίν τινα ἀνακύπτουσαν λύει· εἶπε γὰρ ἂν ὁ ἐναγόμενος ὅτι 'σὺ προκαλεῖς ἐμὲ εἰς τὸ ὀμόσαι με, ἐγὼ προκαλοῦμαι σὲ εἰς τὸ ὀμόσαι· σὺ δέδοικας ὀμόσαι· λοιπὸν ἄρα τὸ συνειδός σου κεκαυτηριασμένον φέρεις· ἄρα ψεύδῃ, ἐν οἷς ἐνάγεις κατ' ἐμοῦ, καὶ διὰ τοῦτο εὐλαβῇ ὀμόσαι. ἐγὼ δὲ ὀμόσω· λοιπὸν ἀπὸ τούτου τοῦ μὴ δεδιέναι με περὶ τῷ ὅρκῳ φαίνομαι ἀληθεύων'. πρὸς ταύτην τὴν ἔνστασιν τὸ τοῦ Ξενοφάνους προβάλλεται ὁ ἐνάγων καὶ λέγει 'οὐκ ἔστιν ἴσον, ἐὰν σὺ προκαλῇς ἐμὲ εἰς ὅρκον καὶ ἐὰν ἐγὼ σέ· σὺ μὲν γὰρ ἔοικας ἰσχυρῷ παγκρατιαστῇ εἰς τὸ ὀμνύειν πολλάκις καὶ πολλάκις καὶ μυριάκις ὀμόσας, ἐγὼ δὲ ἔοικα ἀμαθεῖ καὶ δειλῷ καὶ ἄρτι τὴν κονίστραν εἰσιόντι· διὸ καὶ δέδοικα.'

(vgl. **Xen 10**)

Xen 299
In artem rhetoricam commentaria 21.2.293.8-19 (ed. Rabe)
Καὶ ἐντεῦθεν μεταβλητέον τὸ τοῦ Ξενοφάνους καὶ ῥητέον, ὅτι ἴσον ἐστὶ καὶ προσφυὲς τὸ διδόναι μὲν τὸν ἀσεβῆ πρὸς τὸν εὐσεβῆ ὅρκον, ἐκεῖνον δὲ (τὸν εὐσεβῆ δηλαδὴ) λαμβάνειν. εἶπεν ἓν ἐπιχείρημα ὁ ἐνάγων τὸν ἀντεπακτὸν καταδεξάμενος τὸ ὅτι 'σοί, ὦ ἐναγόμενε, οὐ πιστεύω τὸν ὅρκον, ἀλλ' ὡς ἑαυτῷ'· τίθησι καὶ δεύτερον ἐπιχείρημα ὅτι 'ὀμόσω καὶ καλῶς ποιήσω καὶ οὐκ ἀποφύγω τὸν ὅρκον ὡς κακόν τι· μάταιος γὰρ

---

[1] Wie das folgende Verbalnomen zeigt, sollte das Verb auch hier, wie bei Pseudo-Ammonius, im IV. Stamm sein.

Stephanus Gramm. (12. Jh. n. Chr.)

Xen 298
Kommentar zu Aristoteles' *Rhetorik* 21.2.292.20-30
[Rh. 1.15, 1377a19] „Auch [passt hierzu] der Ausspruch des Xenophanes."
Auch dies löst einen aufkommenden Einwand. Der Beklagte sagte nämlich:
„Du forderst mich auf, dass ich einen Eid leiste, ich fordere dich auf, einen Eid zu leisten. Du fürchtest, einen Eid zu leisten. Also trägst du ein Brandmal in deinem Gewissen. Also lügst du in deiner Anklage gegen mich und deswegen hütest du dich, einen Eid zu leisten. Ich aber werde einen Eid leisten. Weil ich mich also nicht wegen des Eides fürchte, sage ich offenbar die Wahrheit." Gegen diesen Einwand bringt der Kläger den Ausspruch des Xenophanes vor und sagt: „Es ist nicht das Gleiche, wenn du mich zu einem Eid aufforderst und wenn ich dich; denn du gleichst einem starken Allkämpfer hinsichtlich der Eidleistung und hast oft und oft und unzählige Male einen Eid geleistet. Ich aber gleiche einem Ungelernten und Furchtsamen, der eben erst den Ringplatz betritt. Daher habe ich auch Furcht."

Xen 299
Kommentar zu Aristoteles' *Rhetorik* 21.2.293.8-19
[Rh. 1.15, 1377a22] Und da muss man dem Ausspruch des Xenophanes eine andere Wendung geben und sagen: „Es herrscht Gleichheit und ist angemessen, wenn der Gottlose dem Frommen den Eid anbietet, jener aber (der Fromme nämlich) ihn annimmt. Als ein Epicheirem bringt der Kläger, nachdem er den [ihm vom Beklagten] umgekehrt angetragenen [Eid][1] akzeptiert

---

1   Ein Eid wird dem Kläger vom Beklagten ‚umgekehrt angetragen' [d.h. ist ein ἀντεπακτὸς ὅρκος], wenn der Beklagte die Aufforderung des Klägers, zu beeidigen, er habe dieses oder jenes nicht getan, ausschlägt und auch nicht vom Kläger for-

ἂν εἴην ἐγώ, εἰ τοὺς δικαστὰς ἀναγκάζω ὀμνύειν ἀπὸ τοῦ νόμου, ἵνα δίκαια κρίνωσιν, ἐγὼ δὲ τὸν ὅρκον παραιτοῦμαι'. οἱ γὰρ δικασταὶ ὤμνυον τὸ παλαιόν, καὶ οἱ παρ' ἡμῖν κειμένων τῶν ἁγίων εὐαγγελίων ἐδίκαζον, ἀλλὰ καὶ οἱ συνήγοροι· 'δεινὸν οὖν', φησί, 'τὸ μὴ θέλειν αὐτὸν τὸν ἐνάγοντα ὀμόσειν, ὑπὲρ ὧν τοὺς δικαστὰς καὶ τοὺς συνηγόρους ἀναγκάζει ὀμνύειν.'

(vgl. **Xen 10**)

Michael Glykas

Xen 300
Annales 1.20.61C (ed. Migne)
ὁ δέ γε Ξενοφάνης τὸν ἥλιον καὶ τὴν σελήνην πεπυρωμένα νέφη ἔφησεν εἶναι, ἄλλοι δὲ μύδρον ἢ πέτρον διάπυρον ἔλεγον εἶναι.

(vgl. **Xen 201**, vgl. auch **Xen 98**, **Xen 101**, **Xen 176**, **Xen 211**, **Xen 225**, **Xen 247** & **Xen 277**)

Similien:
Gestirne als Wolken
Natur der Gestirne

hat, vor: „Dir, Beklagter, vertraue ich nicht hinsichtlich des Eides, sondern mir selbst." Er bringt aber auch ein zweites Epicheirem vor: „Ich will einen Eid leisten und dies anständig tun und den Eid nicht fliehen wie ein Übel; denn ich wäre ja töricht, wenn ich die Richter nötige, einen Eid auf das Gesetz zu leisten, damit sie gerecht urteilen, ich aber den Eid ausschlage." Denn die Richter der damaligen Zeit leisteten einen Eid – ebenso fällten die unseren ihr Urteil auf der Grundlage der heiligen Evangelien –, aber auch die Anwälte. „Es wäre also erschreckend", sagt er [1377a24–5], „als Kläger selbst keinen Eid darüber leisten zu wollen, worüber man die Richter und die Anwälte zwingt, einen Eid zu leisten."

Michael Glykas (1. Drittel des 12. Jh. n. Chr.)

Xen 300
Annalen 1.20.61C
Die nichtigen Ansichten der heidnischen Weisen über die Natur der Gestirne (darunter Xenophanes; s. auch **Ar 260**):
Xenophanes behauptete, dass die Sonne und der Mond glühende Wolken seien, andere sagten, sie seien feuriger Klumpen oder Fels.

---

dert, zu beeidigen, dass jene Aufforderung nicht aus sykophantischer Gesinnung erfolgt, sondern vielmehr seinerseits den Kläger auffordert, zu beeidigen, dass ihm das Unrecht widerfahren sei, dessen er den Beklagten anklagt. Vgl. Steph. In Rhet. 289.10–290.3.

Etymologicum Magnum

Xen 301
Etymologicum Magnum 214.44–46 (ed. Gaisford)
Βρόταχος: Τὸν βάτραχον Ἴωνες, καὶ Ἀριστοφάνης, καὶ παρὰ Ξενοφάνει. βάτραχος, καὶ καθ' ὑπερβιβασμὸν, βράταχος, καὶ βρόταχος.

(vgl. **Xen 76** & **Xen 282**)

Xen 302
Etymologicum Magnum 231.5–6 (ed. Gaisford)
Ἡ γενικὴ, γηρέντος, ὥσπερ τιθέντος. Ξενοφάνης· οἷον,
    Ἀνδρὸς γηρέντος πολλὸν ἀφαυρότερος.

(vgl. **Xen 74**)

Xen 303
Etymologicum Magnum 235.3–4 (ed. Gaisford)
Γλύσσων: Ὁ γλυκύτερος, παρὰ Ξενοφάνει,
    γλύσσονα σῦκα.

(vgl. **Xen 73**, **Xen 75** & **Xen 296**)

Turba Philosophorum

Xen 304
Turba philosophorum 82–83 (ed. Plessner, vgl. ed. Ruska 116.33–117.27) & 117.28–118.5 (ed. Ruska)
Bei der *Turba Philosophorum* handelt es sich um die Aufzeichnung einer fiktiven Philosophenversammlung, die angeblich im Auftrag Pythagoras' von dessen Schüler Archelaos einberufen wurde. Der anzunehmende arabische Urtext, der wahrscheinlich um 900 verfasst worden ist, ist heute nur mehr in Fragmenten und späteren Auszügen erhalten. Jedoch liegt eine la-

Etymologicum Magnum (Mitte 12. Jh. n. Chr.)

Xen 301
Etymologicum Magnum 214.44–46
Den Frosch, *batrachos*, nennen die Ionier und Aristophanes und auch Xenophanes *brotachos: batrachos* und nach Metathese *bratachos* und *brotachos*.

Xen 302
Etymologicum Magnum 231.5–6
Der Genitiv [des Part. Aor. von *gēraō*] lautet *gērentos* entsprechend *tithentos* wie bei Xenophanes (VS 21 B 9):
   Viel kraftloser als ein gealterter *(gērentos)* Mann.

Xen 303
Etymologicum Magnum 235.3–4
Süßer: Der Süßere, bei Xenophanes,
   die Feigen viel süßer.

Turba Philosophorum (lat. Fassung Mitte des 12. Jh.)

Xen 304
Versammlung der Philosophen 82–83 und 117.28–118.5

teinische Übersetzung vor, die bereits zur Mitte des 12. Jh. verbreitet war.[1] Die lateinische Version gliedert sich in zwei Teile, einen kosmologischen und einen alchemistischen. Im ersten Teil kommen neun Vorsokratiker, nämlich Anaximander, Anaximenes, Anaxagoras, Empedokles, Archelaos, Leukippos, Ekphantos, Pythagoras und Xenophanes mit ihren Ansichten über die ersten Prinzipien und die vier Naturen zu Wort. Die neunte Rede, jene des Xenophanes, zerfällt in zwei Teile und führt so vom kosmologischen in den alchemistischen Teil (Rede 9–72) über, in welchem Xenophanes noch einmal in Rede 14 zu Wort kommt.[2]

Ait Eximenus: Quod Deus suo verbo omnia creavit, quibus dixit: estote, et facta sunt cum aliis quatuor elementis, terra, aqua, aere et igne, quae invicem copulavit, et commixta sunt inimica. Videmus enim ignem aquae inimicum esse et aquam igni, et utrumque terrae et aeri. Deus tamen ea pace copulavit, quousque ad invicem dilecta sunt. Ex his igitur quatuor elementis omnia creata sunt, coelum, thronus, angeli, sol, luna, stellae, terra et mare ac omnia, quae in mari sunt, quae varia sunt et non similia, quorum naturas Deus diversas fecit, sicut et creationes. Et non est diversitas haec in eo tantum, quod vobis significavi, verum quaelibet illarum creaturarum est diversae naturae, eiusque natura diversis tantum regionibus est diversa. Diversitas autem haec in omnibus est creaturis, eo quod ex diversis creatae sunt elementis. Nam

---

1   Zur Datierung und Autorenfrage wie auch zur Datierung der lateinischen Übersetzung siehe Plessner (1975), 130f. u. 134 sowie Ullmann (1972), 213-216.

2   Ruska (1931), 184 identifiziert den Redner der neunten Rede mit Anaximenes, wogegen Plessner (1975), 82f. anführt, dass im kosmologischen Teil jeder Philosoph nur einmal zu Wort komme und Anaximenes schon die zweite Rede gehalten habe. Als letzter Redner komme daher, auch im Hinblick auf Hippolytos' *Refutationes*, die als Hauptquelle des kosmologischen *Turba*-Teiles gelten können, nur Xenophanes infrage. Zudem fänden sich Parallelen zwischen der 9. und der eindeutig Xenophanes zuschreibbaren 14. Rede. Das lateinische Eximenus der 9. Rede lässt sich in der Tat als أكسيمنس deuten, wohinter man den leicht geänderten Schriftzug أكسنفنس vermuten kann. Ein ähnlicher Schriftzug kann sich auch hinter Acsubofen, dem Vortragenden der 14. Rede verstecken, nämlich أكسبفن, wobei das Schluss-S fehlt. Der Anfangsvokal erklärt sich in beiden Fällen daraus, dass das griechische ξ im Arabischen mit zwei Konsonanten, nämlich ks, transkribiert wird, ein arabisches Wort aber nicht mit zwei Konsonanten beginnen kann, weswegen ein Vokal und vor diesem der Stimmansatz *(hamza)* vorgeschoben werden müssen. Zur Herleitung aus Acsubofen, Ascubofen bzw. Arsuberes und Aussuberes siehe Ruska (1931), 25. Plessner (1975), 117 hält es zudem für möglich, dass sich auch hinter dem Vortragenden der 53. Rede (siehe **As 233**), Ekximenus, Xenophanes verstecken könnte und weist auf Ähnlichkeiten zwischen der 14. und der 53. Rede hin.

Sagte Eximenus (Xenophanes): Gott hat durch sein Wort alle geschaffen, indem er zu ihnen sagte: seid, und sie wurden zusammen mit allen vier Elementen: Erde, Wasser, Luft und Feuer, welche er gegenseitig gepaart hat, so dass die feindlichen vermischt worden sind. Wir sehen nämlich, dass das Feuer dem Wasser feind ist und das Wasser dem Feuer, und beide der Erde und der Luft. Gott aber hat sie friedlich gepaart, so dass sie gegenseitig Geliebte sind. Aus diesen vier Elementen also ist alles geschaffen worden, der Himmel, der Thron, die Engel, die Sonne, der Mond, die Sterne, die Erde und das Meer sowie alles, was im Meere ist; sie (alle) sind mannigfaltig und nicht ähnlich, indem Gott ihre Naturen verschieden gemacht hat, ebenso wie auch die Geschöpfe [verschieden geschaffen wurden]. Und nicht ist diese Verschiedenheit nur in dem, was ich euch namhaft gemacht habe; vielmehr ist jede beliebige von diesen Kreaturen von verschiedener Natur, und zwar ist ihre Natur nach den verschiedenen Gegenden verschieden. Diese Verschiedenheit aber liegt in allen Geschöpfen vor, da sie aus verschiednen [sic] Elementen geschaffen sind; denn wenn sie aus einem einzigen Element geschaffen worden wären, würden sie übereinstimmende (*mutawāfiq*) Naturen haben. Doch sobald diese verschiedenen Elemente vermischt werden, lassen sie ihre Naturen fahren, nämlich Trockenes wird mit Feuchtem gemischt und Warmes mit Kaltem, und Warmes mit Kaltem gemischt wird weder warm noch kalt, Feuchtes aber mit Trockenem gemischt wird weder feucht noch trocken. Sobald nun aber die vier Elemente vermischt werden, stimmen sie überein, und Geschöpfe gehen daraus hervor, welche niemals zur Vollendung kommen, wenn sie nicht über Nacht stehen gelassen werden und faulen und für den Anblick verderben. Danach führt Gott seine Schöpfung durch Wachstum, Speise, Lebensunterhalt und Leistung[1] hindurch.

---

1 Ruska übersetzt „Leben und Lenkung".

si ex uno creatae essent elemento, convenientes haberent naturas. Sed haec diversa elementa cum commiscentur, suas amittunt naturas, eo quod siccum humido miscetur et calidum frigido, et calidum frigido mixtum nec calidum fit nec frigidum, humidum vero sicco mixtum nec humidum fit nec siccum. Cum autem quatuor elementa commiscentur, conveniunt et creaturae inde exeunt, quae nunquam perficiuntur nisi per noctem dimittantur et putrefiant et corrumpantur apud visum. Deinde peragit Deus suam creationem per incrementum, cibum, victum et gubernationem.

O filii doctrinae, non frustra vobis horum quatuor dispositionem narravi elementorum. In his namque est arcanum absconditum, quorum duo tactum habent aspectum apud visum largientia, quorum opus et virtus sciuntur, quae sunt terra et aqua, alia autem duo elementa nec videntur nec tanguntur nec quicquam largiuntur, nec locus eorum videtur nec opus nec virtus nisi in prioribus elementis sc. terra et aqua. Cum autem quatuor elementa non coniunguntur, nihil hominibus artificii, quod cupiunt, perficitur. Mixta autem et a suis naturis exeuntia aliud fiunt. Super his igitur optime meditamini!

Et Turba: Magister, si diceres, tua verba sequeremur.

Et ille: Iam dixi et bene utique; consummantia tamen verba dicam, quae dicendo sequimini. Scitote, omnes permanentes, quod nulla tinctura fit verax nisi ex nostro aere. Nolite ergo et animas et pecunias vestras destruere, nec tristitiam [in] cordibus vestris inferatis. Adiciam et firmationem vobis, quod nisi praedictum aes in album vertatis ac nummos apud visum faciatis, deinde rubeum faciatis, donec tinctura fiat, nihil agitis. Illud igitur aes comburite, confringite ac nigredine private coquendo, imbuendo et abluendo, quousque album fiat, demum dirigite ipsum.

Similien:
Elemente

Xen 305

Turba philosophorum 123.9–124.22 (ed. Ruska)

Ait Arsuberes[1]: Magister, iam dixisti non invidens, quod te decet; remuneret tibi Deus.

Ait Pitagoras: Et te, Arsuberem, liberet Deus ab invidia.

---

1   Wie schon Plessner (1975), 111f. Anm. 278 bemerkt hat, müsste Ruska, um Xenophanes lesen zu können, hier Acsubofen, das er im kritischen Apparat als weitere Lesung anführt, in den edierten Text aufnehmen und nicht Arsuberes, die nach Plessner „verderbteste aller bekannten Formen". Siehe auch Ruska (1931), 25.

Söhne der Lehre, nicht umsonst habe ich euch die Einrichtung dieser vier Elemente berichtet. In ihnen liegt nämlich ein verborgenes Geheimnis, da zwei von ihnen Tastbarkeit haben, während sie beim Anblicken eine Ansicht gewähren, ihre Wirkung und virtus[1] wissbar sind, nämlich Erde und Wasser, die beiden anderen Elemente aber weder gesehen noch betastet werden können und garnichts gewähren, auch ihr Ort nicht sichtbar ist noch Wirkung oder virtus, sondern nur in den ersteren Elementen, nämlich Erde und Wasser. Wenn aber die vier Elemente nicht verbunden werden, kommt den Menschen kein Werk, das sie begehren, zustande; gemischt jedoch und aus ihren Naturen heraustretend werden sie zu etwas anderem. Hierüber also denket aufs beste nach! (Ü: Plessner, 83 f.; vgl. Ruska, 184 f.)
Und die Versammlung: Meister, wenn du sprichst, werden wir deinen Worten folgen!
Und jener: Ich habe schon gesprochen, und zwar gut; ich werde jedoch zusammenfassende Worte sprechen, denen ihr, indem ich sie spreche, folgen könnt. Wisset, all ihr Übrigen, dass keine Färbung echt wird, wenn sie nicht durch ‚unser Kupfer' geschieht. Wollet daher nicht zugleich eure Seelen und euer Geld vernichten, noch Traurigkeit in eure Herzen tragen! Ich füge auch als Sicherung für euch hinzu, dass ihr nichts erreicht, wenn ihr das vorgenannte Kupfer nicht in ‚Weißes' verwandelt und für den Augenschein zu Silber und dies dann zu ‚Rotem' macht, bis die Färbung zustande kommt. Verbrennt also jenes Kupfer, zerreibet es und beraubet es der Schwärze durch Kochen, Tränken und Waschen, bis es zu Weißem wird; darauf behandelt es (weiter). (Ü: Ruska, 185 f.)

Xen 305
Versammlung der Philosophen 123.9–124.22
Sagte Arsuberes (Xenophanes): Meister, du hast soeben ohne Neid gesprochen, wie es dir geziemt; möge es Dir Gott vergelten!
Sagte Pythagoras: Und dich, Arsuberes (Xenophanes), möge Gott vom Neid befreien!

---

1 Ruska emendiert zweimal *virtus* zu *vis*, weil er hinter dem Paar *opus et vis* das arabische *fiʿl wa-quwwa*, Aktus und Potenz vermutet.

Et ille: Sciatis, sapientum Turba, quod sulfura sulfuribus continentur et humiditas simili humiditate.

Respondit Turba: Arsuberes, iam invidi simile quid dixerunt. Significa igitur, quid haec humiditas sit.

Et ille: Cum venenum corpus penetrat, invariabili ipsum colore colorat et nunquam dimittit corpus animam, quae compar sibi est, a se separari. De quo invidi dixerunt : 'persequente fugienti obviante ab eis fuga aufertur et veritas sequitur'. Et quod natura suum cepit comparem, non inimicum, [et] se invicem continuerunt, eo quod ex sulfure sulfuri mixto pretiosissimus fit color, qui non variatur nec ab igne fugit, quando anima in corporis intima infertur ac corpus continet et colorat.

Dicta autem mea reiterabo in tyria coloratione. Accipite animal, quod dicitur *kenkel*, quoniam tota eius aqua tyrius color est, et regite ipsum leni igne, ut consuetum est, donec terra fiat, in qua parum erit coloris. Volentes autem ad tyriam pervenire tincturam, accipite humiditatem, quam eiecit illud, et cum eo paulatim imponite in vase, et in eo ponite illam tincturam, cuius color non vobis placuit. Deinde aqua coquite ipsum marina, donec arescat, deinde illa humore imbuite et paulatim desiccate; et non desistatis imbuere ipsum, coquere et desiccare, donec toto suo humore imbuatur. Deinde per dies quosdam in suo vase dimittite, quousque pretiosissimus tyrius color ei desuper exeat. Inspicite, qualiter vobis describam regimen. Conficite ipsum urina puerorum et aqua maris ac aqua munda permanente, antequam tingatur, et leni decoquite igne, donec nigredo pereat et quiescat, et istud de facili confringatur. Decoquite ergo ipsum suo humore, donec vestiat ipsum rubeum colorem. Volentes autem in tyrium colorem ipsum ducere, imbuite ipsum aqua continue et miscete prout scitis ei sufficere apud visum. Miscete etiam ipsum aqua permanente, et ita quod sufficiat, et decoquite, donec rubigo aquam bibat. Deinde aqua maris, quam praeparastis, abluite, quae est aqua calcis desiccatae, et coquite, donec suum bibat humorem, et facite hoc per dies post dies. Dico, quod color inde vobis apparebit, cui nunquam similem Tyri fecerunt. Et si vultis, ut sit altior quam fuerat et audacior, ponite gummam in aquam permanentem, qua per vices ipsum tingite, deinde in sole desiccate, demum praedictae reddite aquae, et magis tyrius color intenditur. Et scitote, quod vos non tingitis purpureum colorem nisi frigido. Accipite ergo aquam, quae est de frigoris natura, et in ea lunam decoquite, donec tincturae vim capiat ab aqua. Et scitote, quod illam vim, quae ab illa exit aqua, florem philosophi nuncupaverunt. Propositum ergo vestrum fit illa aqua; in ea ponite, quod in vase est, per dies et noctes, donec pretiosissimum tyrium vestiat colorem.

Und jener: Wisset, Versammlung der Weisen, dass die Schwefel von den Schwefeln festgehalten werden, und die Feuchtigkeit von ähnlicher Feuchtigkeit.

Antwortete die Versammlung: Arsuberes (Xenophanes), die Neider haben schon etwas Ähnliches gesagt; gib also an, was diese Feuchtigkeit ist.

Und jener: Wenn das ‚Gift' den Körper durchdringt, färbt es ihn mit unveränderlicher Farbe, und niemals lässt der ‚Körper' zu, dass die ‚Seele', die seine Gefährtin ist, sich von ihm trennt. Darüber haben die Neider gesagt: „Wenn das ‚Verfolgende' sich dem ‚Flüchtigen' in den Weg stellt, wird von ihnen die Flucht beseitigt und es erreicht die (Natur der) Wahrheit." Und weil die Natur ihn als ihren Gefährten genommen hat,[1] nicht als einen Feind, haben sie sich gegenseitig festgehalten, weil aus dem mit ‚Schwefel' gemischten Schwefligen eine höchst kostbare Farbe entsteht, die sich nicht verändert, noch vor dem Feuer flieht, wenn die ‚Seele' in das Innerste des ‚Körpers' eingeführt wird und den ‚Körper' festhält und färbt.

Meine Worte aber werde ich wiederholen in Bezug auf die ‚tyrische Färbung'. Nehmt das Tier, welches ‚Konchylion' heißt, da sein ganzes ‚Wasser' tyrische Farbe ist, und behandelt es mit gelindem Feuer, wie es üblich ist, bis es ‚Erde' wird, in der (nur) wenig Farbe sein wird. Wollt ihr aber zur ‚tyrischen Färbung' gelangen, so nehmt die Feuchtigkeit, die jenes (Tier) ausgeworfen hat, und bringet sie mit ihm nach und nach in das Gefäß, und bringet es in jene Tinktur hinein, deren Farbe euch nicht gefallen hat. Dann kochet es mit Meerwasser, bis es trocken wird, dann tränket es mit jener Feuchtigkeit und trocknet nach und nach aus, und höret nicht auf, es zu tränken, zu kochen und auszutrocknen, bis es mit seiner ganzen Feuchtigkeit getränkt ist. Darauf lasset es einige Tage in seinem Gefäß, bis ihm die kostbarste tyrische Farbe darüber herauskommt.[2]

Schauet, wie ich euch das Verfahren beschreiben werde. Versetzet den ‚Körper' mit dem ‚Harn von Knaben' und mit ‚Meerwasser' und reinem ‚immerwährendem Wasser', bevor es gefärbt wird, und kochet ihn mit gelindem Feuer, bis die Schwärze vergeht und ruht, und dies leicht zerrieben werden kann. Kochet ihn also mit seiner ‚Flüssigkeit', bis er sich mit roter Farbe bekleidet. Wollt ihr ihn aber in ‚tyrische Farbe' (über)führen, so tränket

---

[1] Hier schlägt Plessner (1975), 113 Anm. 281 die folgende Korrektur vor: „und weil die (oder eine) Natur ihren Gefährten erhalten (arab. aḫaḏa) hat".

[2] Siehe Ruska (1931), 196 Anm. 3: „Bis hierher macht die Beschreibung den Eindruck, als handle es sich wirklich um eine Vorschrift für die Herstellung von echtem Purpur aus dem Saft der Purpurschnecke. Der folgende Abschnitt zeigt aber ganz klar, dass die Umwandlung eines unedlen Metalls in Gold mit Hilfe des durch Decknamen bezeichneten Quecksilbers gemeint ist."

Ekkehard von Aura

Xen 306
Chronicon universale 547 (ed. Migne)
Per idem tempus etiam alii plures claruerunt: Alcmannius et Stersicorus poetae, Pherecides hystoriarum scriptor, Xenophanes physicus et tragedus, Sapho mulier in multis poematibus clara, Anaximander physicus, cuius magister erat Thales Milesius.

Similien:
Lebensalter/Lebenszeit
Xenophanes als Naturphilosoph
Xenophanes als Tragödiendichter

ihn fortgesetzt mit dem ‚Wasser' und mischet, wie ihr wisst, dass es ihm nach dem Augenschein genügt. Mischet ihn auch mit ‚immerwährendem Wasser', und zwar so, dass es genügt, und kochet, bis die Röte das Wasser aufsaugt. Darauf waschet mit dem ‚Meerwasser', das ihr zubereitet habt, das ist das ‚Wasser des getrockneten Kalkes', und kochet, bis er seine Flüssigkeit aufsaugt, und tuet das mehrere Tage hintereinander. Ich sage, dass euch davon eine Farbe erscheinen wird, wie die Tyrier niemals eine ähnliche hergestellt haben. Und wenn ihr wollt, dass sie noch höher wird, als sie gewesen war, und leuchtender, so tuet das ‚Gummi' in das ‚immerwährende Wasser', durch das ihr sie mehrfach färbt, dann trocknet in der Sonne, endlich bringet sie in das vorgenannte ‚Wasser' zurück, so wird die tyrische Farbe noch mehr gesteigert. Und wisset, dass ihr mit Purpurfarbe nur im Kalten färben könnt. Nehmet also das Wasser, das die Natur der Kälte besitzt, und kochet mit ihm den ‚Mond'[1], bis er die Kraft der Färbung vom ‚Wasser' annimmt. Und wisset, dass die Philosophen jene Kraft, die von jenem Wasser ausgeht, ‚Blüte' genannt haben. Euer Vorhaben wird also vollendet durch jenes ‚Wasser'; setzet in dies, was im Gefäß ist, Tage und Nächte hindurch, bis es sich mit kostbarster tyrischer Farbe bekleidet. (Ü: Ruska, 195–7)

Ekkehard von Aura (gest. nach 1125 n. Chr.)

Xen 306
Weltchronik 547
Zur selben Zeit [der Babylonischen Gefangenschaft] waren auch mehrere andere berühmt: Die Dichter Alcmannius [Alkman] und Stersicorus [Stesichorus], der Geschichtsschreiber Pherecides [Pherekydes], der Naturphilosoph und Tragiker Xenophanes, die durch viele Dichtungen berühmte Frau Sapho [Sappho], der Naturphilosoph Anaximander (vgl. **Ar 126**, Anm. 1), dessen Lehrer der Milesier Thales war (vgl. **Th 305**, Anm. 1).

---

1 Siehe Ruska (1931), 197 Anm. 3: „Deckname für das Silber".

Xen 307
Chronicon universale 553 (ed. Migne)
His diebus Hyppicus carminum scriptor et Xenophanes physicus ac tragoediarum scriptor agnoscuntur. Symonides et Sophocles, Anacreon et Phociles, lyrici poetae, clari habentur. Phytagoras quoque physicus et phylosophus celebrabatur. qui de Samo oriundus Crotone deguit, novissime Metapontum adiit, ibique sepultus est.

Similien:
Lebensalter/Lebenszeit
Xenophanes als Naturphilosoph
Xenophanes als Tragödiendichter

Xen 308
Chronicon universale 553 (ed. Migne)
His diebus claruerunt Ellanicus hystoriographus, Democritus phylosophus, Eraclius cognomento tenebrosus, Anaxarus et Diogenes et Xenophanes physici, Eschylus tragedus, Hyppicus carminum scriptor, Symonides et Anacreon et Pyndarus lyrici. Phytagoras vero his diebus moritur.

Similien:
Lebensalter/Lebenszeit
Xenophanes als Naturphilosoph

Philipp von Harvengt

Xen 309
De institutione clericorum 45.1020 (ed. Migne)
Dicti sunt etiam sophi, quod Latine dicitur *sapientes*, Anaximenes, Xenophanes, Thaleti Milesio succedentes, quin perscrutando rerum causas et naturas, eumdem magistrum imitantur, in suo tamen sensu abundantes singuli diversa plurimum opinantur.

Similien:
Xenophanes als Naturphilosoph

Xen 307
Weltchronik 553
In diesen Tagen sind der Liederdichter Hyppicus [Ibykos] und der Naturphilosoph und Tragiker Xenophanes anerkannt. Symonides [Simonides] und Sophokles, Anakreon und Phociles [Phokylides], lyrische Dichter, sind berühmt. Auch Phytagoras [Pythagoras], der Naturphilosoph und Philosoph, war berühmt. Er entstammt aus Samos, lebte in Kroton, ging zuletzt nach Metapont und ist dort begraben.

Xen 308
Weltchronik 553
In diesen Tagen waren berühmt der Historiograph Ellanicus [Hellanikos], der Philosoph Demokrit, Eraclius [Heraklit] mit dem Beinamen „der Dunkle", die Naturphilosophen Anaxarus [Anaxagoras], Diogenes und Xenophanes, der Tragiker Eschylus [Aischylos], der Liederdichter Hyppicus [Ibykos], die Lyriker Symonides [Simonides], Anakreon und Pyndarus [Pindar], Phytagoras [Pythagoras] aber stirbt in diesen Tagen.

Philipp von Harvengt (gest. 1183 n. Chr.)

Xen 309
Über die Ausbildung der Kleriker 6.45
‚Sophoi', lateinisch ‚sapientes', werden auch Anaximenes (**As 224**) und Xenophanes, die Nachfolger des Milesiers Thales (**Th 541**) genannt, die bei der Erforschung der Ursachen und der Natur der Dinge denselben Lehrer nachahmen, wobei dennoch ein jeder, überreich an eigenem Verstand, ganz abweichende Meinungen vertritt.

Iohannes Tzetzes

Xen 310
Scholia in Dionysii Periegetis Orbis Descriptionem 940 (ed. Bernhardy 1010), s. **Xen 339**

Xen 311
Chiliades 7.143.508–520 (ed. Leone)
Λέγουσιν οὗτοι πάντας γαρ νοῦν ἔχειν τοὺς ἀνθρώπους,
οὐ μήν γε πάντως λογισμόν, ὥσπερ ὁ Τζέτζης λέγει.
Ἀλλ' ὦ σοφὰ καθάρματα, πάλιν ἀκούσατέ μου.
Νοῦν ἐπὶ θείας φύσεως κυρίως φαμὲν μόνον,
ἐπὶ θεοῦ ἀγγέλων τε καὶ τῶν ὁμοιοτρόπων,
ὡς Ξενοφάνης ἔγραψε τοῦτο καὶ Παρμενίδης.
Ἐμπεδοκλῆς τῷ τρίτῳ τε τῶν φυσικῶν, δεικνύων
τίς ἡ οὐσία τοῦ θεοῦ, κατ' ἔπος οὕτω λέγει·
οὐ τόδε τι θεός ἐστιν, οὐ τόδε τε καὶ τόδε,
"ἀλλὰ φρὴν ἱερὴ καὶ ἀθέσφατος ἔπλετο μοῦνον
φροντίσι κόσμον ἅπαντα καταΐσσουσα θοῇσιν."
Οὕτως ἐπὶ τῶν θείων μὲν τὸν νοῦν φαμεν κυρίως·
νοεῖν δε καταχρηστικῶς λέγομεν ἐπ' ἀνθρώπων.

Similien:
Gott als Geist
Gottesbegriff

Xen 312
Exegesis in Homeri Iliadem 1.351 (ed. Lolos 95.24–96.2)
ὁ δὲ μεταβλητὴν λέγει Λακωνικῇ βραχυλογίᾳ χρησάμενος, ἐξ ὧν τὸ ὕδωρ Ἀχιλλέως καὶ πάντων φησίν, ὡς γεννῶν καὶ τὰ λοιπὰ τῶν στοιχείων. καὶ Ἡράκλειτος δὲ Ὁμήρῳ ἀκολουθῶν, οὑτωσὶ λέγει·
  γῆς θάνατον ὕδωρ γενέσθαι· ὕδατος δὲ ἀέρα καὶ ἀέρος πῦρ·
καὶ ἔμπαλιν Διογένης τε καὶ Θαλῆς καὶ Ξενοφάνης ὁ Κολοφώνιος.

Iohannes Tzetzes (ca. 1110 – 1185 n. Chr.)

Xen 310
In einem Scholion zu Dionysios Periegetes (Xen 339) wird (vermutlich) Tzetzes über bestimmte metrische Freiheiten vielleicht auch des Sillographen Xenophanes zitiert.

Xen 311
Chiliaden 7.143.508–520
Es sagen diese [Kritiker], dass nämlich alle Menschen Geist (*nūs*) hätten, allerdings nicht unbedingt Überlegung, wie Tzetzes [wiederum] sagt. Aber, ihr weisen Scheusale, hört wiederum mich. Von ‚Geist‘ (*nūs*) sprechen wir im eigentlichen Sinne nur mit Bezug auf die göttliche Natur, bei den Engeln Gottes und den gleichartigen Wesen, wie das Xenophanes schrieb und Parmenides. Empedokles sagt im dritten Buch der *Physik*, indem er zeigt, welches das Wesen Gottes ist, wörtlich so: Nicht dieses da ist Gott, noch dieses, noch dieses, „sondern ein Geist (*phrēn*), ein heiliger und übermenschlicher, regt sich da allein, der mit schnellen Gedanken den ganzen Weltenbau durchstürmt" (VS 31 B 134). So sprechen wir mit Bezug auf die göttlichen Dinge von ‚Geist‘ (*nūs*) im eigentlichen Sinne; hingegen sagen wir im uneigentlichen Sinne mit Bezug auf Menschen, dass sie geistig tätig sind (*noein*).

Xen 312
Kommentar zu Homers *Ilias* 1.351
Alle Elemente entstehen aus dem Wasser. Platon meint, die Erde könne sich in keines der anderen Elemente verändern (und so auch nicht in Wasser).
Er [Homer] aber sagt, dass sich [die Erde] verändern könne [sc. in die anderen Elemente und so auch in Wasser], und bedient sich [um dies zu sagen] lakonischer Kürze. Deshalb sagt er auch, dass das Wasser ⟨die Mutter⟩ Achills und alles anderen sei; er unterstellt dabei, dass es auch die anderen Elemente hervorbringt. Und Heraklit, der darin Homer folgt, sagt (vgl. VS 22 B 76):

Similien:
Elemente
Prinzipien

Eustathios aus Thessalonike

Xen 313
Commentarii ad Homeri Iliadem 2.212 (ed. van der Valk 1.311.20–22)
Οἱ δὲ παλαιοὶ παρασημειοῦνται ἐνταῦθα, ὅτι οὐ μόνον Ξενοφάνης πεποίηκε σίλλους, ἐν οἷς εὐδοκίμηκεν, ἀλλὰ καὶ τούτου τοῦ εἴδους πρῶτος κατῆρξεν Ὅμηρος, ἐν οἷς αὐτός τε τὸν Θερσίτην σιλλαίνει καὶ ὁ Θερσίτης τοὺς βασιλεῖς.

Similien:
Xenophanes als Sillendichter

Xen 314
Commentarii ad Homeri Iliadem 7.99 (ed. van der Valk 2.416)
Τινὲς δὲ ἄλλως φράζουσι τὸ «ὕδωρ καὶ γαῖα γένοισθε», ἀντὶ τοῦ ἀναστοιχειωθείητε, τουτέστιν εἰς τὰ βαρύτερα τῶν στοιχείων καὶ ἀκίνητα καὶ ὑμῖν ὅμοια ἀναλυθείητε. Ἕτεροι δέ φασιν, ὅτι συνεπινοητέον τοῖς δυσὶ τούτοις στοιχείοις καὶ τὰ λοιπὰ δύο, καθὰ εὕρηται καὶ παρ' Ἡσιόδῳ, ἐν οἷς γαῖαν ὕδει φύρων Ἥφαιστος τὴν γυναῖκα πλάττει. Οὕτω δὲ καὶ Ξενοφάνης που λέγεται εἰπεῖν «πάντες γὰρ γαίης τε καὶ ὕδατος ἐκγενόμεθα».

Similien:
Prinzipien

Der Erde Tod sei es, Wasser zu werden, des Wassers aber, Luft, und der Luft, Feuer.
und auch Diogenes, Thales und Xenophanes, der Kolophonier.

Eustathios aus Thessalonike (ca. 1115 – 1195 n. Chr.)

Xen 313
Kommentar zu Homers *Ilias* 2.212[1]
Die Alten notieren hier, dass nicht nur Xenophanes Silloi (Spottgedichte) verfasste, für die er gut angesehen war, sondern dass auch mit dieser Gattung Homer den Anfang machte [in der Passage], in der er selbst den Thersites verspottet (*silla*í*nei*) und Thersites die Könige.

Xen 314
Kommentar zu Homers *Ilias* 7.99
Einige erklären in anderer Weise das „mögt ihr Wasser und Erde werden" [Hom. Il. 7.99], nämlich im Sinne von „mögt ihr euch in die Elemente auflösen", das heißt, „mögt ihr euch in die schwereren, unbewegten und euch gleichen Elemente auflösen". Andere aber sagen, dass bei diesen zwei Elementen auch die übrigen zwei mitzudenken seien, wie es auch bei Hesiod gefunden wird, wo Hephaistos die Frau formt, indem er Erde mit Wasser vermischt (*Werke und Tage* 61). So soll aber auch Xenophanes irgendwo sagen (VS 21 B 33): „Denn wir alle wurden aus Erde und Wasser geboren."

---

1 „Thersites allein, der in Worten Maßlose, kreischte noch weiter." (Ü: Schadewaldt)

Xen 315
Commentarii ad Homeri Iliadem 11.27 (ed. van der Valk 3.140.22–141.3)
Ἔνθα φασὶν οἱ παλαιοί, ὡς διδάσκει ὁ ποιητὴς μηδὲ τὰ τυχόντα κατὰ τὸ αὐτόματον γίνεσθαι, εἴγε καὶ τοῦτο τὸ περὶ τὸν ἀέρα πάθος, ἡ Ἶρις, οὐχ οὕτως εἰκῇ συμπίπτει, ἀλλὰ σημαίνει τι τῶν μελλόντων, ὡς καὶ ἐν ἄλλοις δεδήλωται. Ἰστέον δὲ καὶ ὅτι Ξενοφάνους περὶ τῆς Ἴριδος ἐν ἡρωϊκοῖς ἔπεσιν οὕτω φράζοντος «ἥν τ' Ἶριν καλέουσι, νέφος καὶ τοῦτο πέφυκε πορφύρεον καὶ φοινίκεον καὶ χλωρὸν ἰδέσθαι», οἱ ἀκριβέστεροι ὁρμώμενοι ἐκ τοῦ «ἐν νέφεϊ ἐστήριξε» φασὶν οὐ νέφος εἶναι τὴν Ἶριν, ἀλλὰ πάθος περὶ νέφος. πάντως γὰρ ἄλλο ἐστὶ τὸ στηριζόμενον καὶ ἄλλο τὸ ἐν ᾧ στηρίζεται. Ἔστι γὰρ κατὰ τοὺς παλαιοὺς ἡ Ἶρις πάθος περὶ τὸν ἀέρα, ἐξ ἡλιακῶν ἀκτίνων τὴν αἰτίαν ἔχουσα, ὑγρῷ νέφει ἐμφαινομένη. καὶ τοιαῦτα μὲν ταῦτα.

Similien:
Naturphänomene
Xenophanes als Dichter

Xen 315
Kommentar zu Homers *Ilias* 11.27[1]

Hier sagen die Alten, dass der Dichter lehrt, dass nicht einmal die kontingenten Ereignisse zufällig geschehen, wenn sich ja auch dieses Widerfahrnis (*páthos*) in der Luft, der Regenbogen, nicht so aufs Geratewohl ereignet, sondern etwas von dem Zukünftigen bezeichnet, wie auch andernorts deutlich gemacht wurde. Man muss aber auch wissen, dass, während Xenophanes über die Iris in heroischen [epischen] Versen so sprach (VS 21 B 32): „Und was sie Iris benennen, auch das ist seiner Natur nach nur eine Wolke, purpurn und hellrot und gelbgrün zu schauen", die genaueren [Interpreten], die bei „[Regenbögen, die Zeus] in die Wolke gestellt hat" (*Il.* 11.28) den Ausgangspunkt nehmen, sagen, dass die Iris keine Wolke sei, sondern ein Widerfahrnis in der Wolke. Denn etwas gänzlich anderes ist das, was aufgestellt wird, und das, in dem es aufgestellt wird. Denn nach den Alten ist die Iris ein Widerfahrnis in der Luft, weil sie ihre Ursache in den Sonnenstrahlen hat und sich in der feuchten Wolke manifestiert. Und soweit dies.

---

[1] „Zum zweiten dann tauchte er mit der Brust in den Panzer,
Den ihm einst Kinyres gegeben als Gastgeschenk.
Denn bis nach Kypros war gedrungen die große Kunde, dass die Achaier
Hinauf nach Troja mit Schiffen fahren wollten.
Darum gab er ihm diesen, um Gunst zu erweisen dem König.
Ja, auf dem waren zwölf Bahnen von schwarzem Blaufluß
Und zwölf von Gold und zwanzig von Zinn;
Und Schlangen von Blaufuß rckten sich auf zum Hals hin,
Beiderseits drei, Regenbogen gleichend, welche Kronion
In die Wolken stemmt, als Zeichen für die sterblichen Menschen."
(Ilias 11, 19–28, Ü: Schadewaldt)

Xen 316
Commentarii ad Homeri Iliadem 13.589 (ed. van der Valk 3.519.40–41)
Ἐρεβίνθων δὲ μνεία καὶ παρὰ Ξενοφάνει ὡς χρηστῶν ὄντων ἐν συμποσίῳ. φησὶ γὰρ «πίνοντα γλυκὺν οἶνον ὑποτρώγοντ' ἐρεβίνθους».

(vgl. Xen 290)

Averroes (Ibn Rušd)

Xen 317
Talḫīṣ al-samā' wa-l-ʿālam 257 (ed. al-ʿAlawī)
Der große andalusische Philosoph, Arzt und Rechtsgelehrte Ibn Rušd (1126–98) verfasste drei unterschiedlich lange Kommentarwerke zu Aristoteles' *De caelo*. Während in dem kürzesten Werk, der Epitome, der doxographische Bericht über Xenophanes völlig fehlt, erscheint er im mittleren Kommentar in anonymisierter Form:

وهو يحكي عنهم في ذلك، أعني في سبب سكون الأرض بجملتها مع أن أجزائها تظهر أبدا متحركة نحو المركز، آراء : أحدها قول من قال ان السبب في ذلك أن الأرض بجملتها غير متناهية فليس لها مكان تتحرك إليه. وهذا القول فاسد، فإنه قد تبين أنه ليس يوجد جسم بالفعل لا نهاية له، وقد عاب هذا القول أنبادقليس وحمل على قائله.

Similien:
Natur und Entstehung der Erde
Unbewegtheit der Erde
Unendlichkeit der Erde

(vgl. Xen 4, Xen 14, Xen 186a, Xen 234, Xen 235, Xen 289, Xen 330, Xen 331b)

Xen 316
Kommentar zu Homers *Ilias* 13.589[1]
Kichererbsen finden auch bei Xenophanes als brauchbar für das Symposion Erwähnung. Er sagt nämlich (VS 21 B 22, 3): „und süßen Wein trinkt und Kichererbsen dazu knuspert".

Averroes (Ibn Rušd) (1126 – 1198 n. Chr.)

Xen 317
Mittlerer Kommentar zu Aristoteles' *De caelo* 294a22–25

[Cael. 2.13, 294a22–25 (**Xen 4**)] Er berichtet von ihnen (den Altvorderen) diesbezüglich, das heißt über die Ursache der Ruhe der Erde in ihrer Gesamtheit sowie darüber, dass ihre Teile sich immer nach dem Zentrum hin zu bewegen scheinen, folgende Ansichten: eine von ihnen ist die Behauptung dessen, der sagt, dass die Ursache dafür ist, dass die Erde in ihrer Gesamtheit unendlich ist und sie so keinen Ort hat, auf den sie sich hinbewegte. Diese Behauptung ist falsch, denn es ist schon klar geworden, dass es keinen tatsächlich unendlichen Körper gibt. Diese Behauptung hat schon Empedokles kritisiert und ihren Vertreter angegriffen.

---

1 „Der Priamos-Sohn traf ihn dann gegen die Brust mit dem Pfeil
Auf die Wölbung des Panzers, doch ab sprang das bittere Geschoss,
Und wie wenn von der Fläche der Schaufel auf der großen Tenne
Bohnen springen, schwarzschalige, oder Erbsen
Unter dem schrillen Wind und dem Schwung des Worfelnden:
So flog von dem Panzer des ruhnvollen Menelaos
Weit abspringend in die Ferne das bittere Geschoss."
(Ilias 13, 586–592, Ü: Schadewaldt)

Xen 318
Commentaria magna in Aristotelem De celo et mundo 78 (ed. Carmody/ Arnzen), s. **Xen 330**

David von Dinant

Xen 319
s. **Xen 321** (Alb. De homine 61.46–62.9), **Xen 322** (Alb. De homine 64.48–64.65), **Xen 323** (Alb. Metaphysica 53.49–59.54), **Xen 328** (Alb. Summa theologiae 2.12.72.1.4), **Xen 329** (Alb. Summa theologiae 2.12.72.4.2)

Lucas de Tuy

Xen 320
Chronicon Mundi 1.71.1–5 (ed. Falque)
Mortuo Ciro successit ei filius eius Canbises, qui apud Exdram Arthaserses vel Assuerus dicitur. In historia vero Iudith Nabucodonosor vocatur. Per idem tempus Iudith hystoria scribitur. Pitagoras quoque arismetice artis inuentor atque Xenofanes comediarum scriptor insignis habetur.

Similien:
Lebensalter/Lebenszeit

Albertus Magnus

Xen 321
De homine 61.46–62.9 (ed. Anzulewicz/Söder)

Xen 318
Großer Kommentar zu Aristoteles' *De caelo* 294a22–25
*Ibn Rušds großer Kommentar ist lediglich in der lateinischen Übersetzung des in Toledo tätigen Michael Scotus (**Xen 330**) erhalten.*

David von Dinant (ca. 1160 – 1217)

Xen 319
*Laut Albert dem Großen (**Xen 321, Xen 322, Xen 323, Xen 328, Xen 329**) beruft sich David von Dinant in seinem Werk* De Tomis *auf Xenophanes für die Lehre, dass Gott die Substanz aller Seelen und Körper sei. Albert kritisiert diese Lehre scharf. Zu Alberts Rezeption von David von Dinant siehe Anzulewicz (2001).*

Lucas de Tuy (gest. 1249 n. Chr.)

Xen 320
Weltchronik 1.71.1–5
Nach dem Tod des Kyros folgte ihm sein Sohn Kambyses nach (530 v. Chr.), der bei Esra Artaxerxes oder Ahasveros heißt. In der Geschichte von Iudith wird er Nabuchodonosor [Nebukadnezar] genannt. Die Geschichte von Iudith wird zur selben Zeit geschrieben. Auch Pythagoras, der Erfinder der mathematischen Kunst, und Xenophanes, der Komödienschreiber, sind berühmt.

Albertus Magnus (um 1193 – 1280 n. Chr.)

Xen 321
Über den Menschen 61.46–62.9

Haec autem sententia in libro David tomi invenitur non solum tacta, sed etiam multis rationibus probata. Ex quibus rationibus concludit in fine sic: 'Manifestum igitur est unam solam substantiam esse non tantum omnium corporum, sed et omnium animarum, et eam nihil aliud esse quam ipsum deum. Quia vero substantia de qua sunt omnia corpora, dicitur hyle, substantia vero ex qua sunt omnes animae, dicitur ratio sive mens, manifestum est deum esse rationem omnium animarum et hyle omnium corporum'. Et inducit ibidem Platonem et Xenophanem philosophos sibi super hoc consentientes, quia dicebant 'mundum nihil aliud esse quam deum sensibilem'.

Similien:
Gottesbegriff
Gott als das Eine/das All
Gott als Geist
Prinzipien

Xen 322

De homine 64.48–64.65 (ed. Anzulewicz/Söder)

Et sequitur quosdam antiquos, qui supra nominati sunt. Et descendit haec secta a vetustissimis philosophis Pythagoricis, quia Pythagoras, ut refert Aristoteles in primo metaphysicae, propter hoc quod assuetus erat et nutritus in arithmeticis, posuit unum principium esse omnium et unum esse omnia. Huius autem quidam discipulus Xenophanes magis aberrans dicebat unum solum esse omnia, et illud esse deum. Unde dixit scriptum esse in templo Palladis quod Pallas est quicquid fuit et quicquid erit et quicquid est, nec aliquis hominum detexit peplum, quo facies eius velabatur. Refert autem Plutarchus philosophus quod vetustissimi philosophorum interpretati sunt id fuisse dictum de deo, qui peplo tectus est, quia omnes eum ignorant, et omnes nihil aliud quam ipsum vident. Peplum autem, quo ipse tectus est, videtur esse sensus qui est in anima, et forma quae est in corpore, quibus duobus circumscriptis ab anima et corpore apparet ipse deus in propria sui natura.

Similien:
Das Eine/Das All
Gott als das Eine/das All
Gottesbegriff
Prinzipien

Diese Meinung [sc. dass Gott in manchen Dingen die Natur, in anderen die Seele, in anderen der Intellekt ist] findet sich in Davids [von Dinant] *Liber tomi* [von Albert auch als *Liber tomorum* bzw. *Liber de tomis* bezeichnet] (**Xen 319**) nicht nur berührt, sondern auch mit vielen Argumenten begründet. Auf der Grundlage dieser Argumente kommt er [David] am Ende zu folgendem Schluss: ‚Es ist also klar, dass es nur eine einzige Substanz gibt, nicht nur aller Körper, sondern auch aller Seelen, und dass sie nichts anderes ist als Gott selbst. Weil nun zum einen die Substanz, von der alle Körper sind, Hyle genannt wird, zum anderen die Substanz, aus der alle Seelen sind, Vernunft bzw. Geist genannt wird, ist klar, dass Gott die Vernunft aller Seelen und die Hyle aller Körper ist.' Und an eben dieser Stelle führt er Platon und Xenophanes als Philosophen an, die mit ihm in diesem Punkt übereinstimmen würden, da sie sagten, ‚dass die Welt nichts anderes sei als ein wahrnehmbarer Gott' [Platon, Tim. 92c7].

Xen 322
Über den Menschen 64.48–64.65
Und er [David von Dinant] folgt [in seiner Theorie] einigen alten [Philosophen], die oben genannt worden sind. Und diese Schule stammt von den ältesten, pythagoreischen Philosophen ab; denn wie Aristoteles im ersten Buch der *Metaphysik* [985b23–26] sagt, nahm Pythagoras deshalb, weil er in den arithmetischen Dingen erfahren und geschult war, an, dass es *ein* Prinzip von allen Dingen gebe und alles eines sei. Ein gewisser Schüler von ihm, Xenophanes, ging noch mehr in die Irre und sagte, dass alles nur das Eine sei und dieses Gott. Daher sagte er, dass am Tempel der Pallas geschrieben stehe, dass Pallas ist, was auch immer war und was auch immer sein wird und was auch immer ist, und dass kein Mensch das Gewand gelüftet hat, mit dem ihr Gesicht bedeckt war. Der Philosoph Plutarch *(De Iside et Osiride* 354C4-7) berichtet, dass dies nach der Deutung der ältesten Philosophen über den Gott, der in das Gewand gehüllt ist, gesagt worden sei, weil ihn alle nicht kennen und dabei alle doch nichts anderes als ihn sehen. Das Gewand, in das er gehüllt ist, scheint die Wahrnehmung zu sein, die in der Seele ist, und die Form, die im Körper ist. Wenn diese beiden von der Seele und dem Körper weggenommen werden, erscheint Gott selbst in seiner eigenen Natur.

Xen 323

Metaphysica 53.49–59.54 (ed. Geyer)

Cap. 6. De tribus positionibus in naturalibus, quae omnes in hoc conveniunt, quod unum dicunt esse omne quod est; et sunt Parmenides et Melissus et Xenophanes

Sunt autem quidam philosophorum *qui de omnis* entis principiis *enuntiaverunt*, ac si omnia sint *una* sola *natura* et tantum unius naturae, quia dicunt omnia per naturam esse unum et idem et totam pluralitatem, quae est in rebus, non esse nisi per accidens. Sed *non omnes* illi qui hoc dicunt, dicunt illud uno *modo*, sed in tres opiniones distribuuntur, sicut patebit in sequentibus. In hoc tamen conveniunt omnes, quod *non bene* dicunt, quod dicunt, quia in syllogismis probationum, quos adducunt, peccant et in materia, falsas propositiones ponendo, et in forma syllogismi, quia non syllogizant, sicut ostendimus in i physicorum, nec oportet hic repetere. Conveniunt iterum in hoc quod hoc quod dicunt, non est *secundum naturam* dictum, quia motum et principia motus auferunt; et ideo naturalis philosophus non habet disputare cum eis. Omnes isti conveniunt in hoc quod illud unum quod dicunt esse, omnino sit immobile. *Igitur* cum in praesenti quaeramus causas naturales, quae determinatae sunt a nobis in physicis, *nullatenus congruit*, ut habeatur *sermo de istis quoad praesentem causarum perscrutationem*, in qua per physica quaerimus numerum causarum naturalium. Isti *enim non* loquuntur *ut quidam physiologorum, qui* naturaliter loquentes *ipsum ens unum esse* ⟨*posuerunt*⟩ sicut aquam vel aërem vel ignem, et non omnino auferebant motum, sed omnia *generant ex uno* per motum *quasi ex* una *materia* omnia ex uno esse dicentes. *Sed* isti *dicunt alio modo* omnia esse unum. *Illi namque* qui physice loquuntur, illi uno *quod dicunt* esse, ex quo omnia sunt, *motum apponunt*, dicentes *omne quod est, generari* quocumque modo generationis. Sed isti non physice loquentes dicunt unum quid esse omnia et illud *dicunt esse immobile*, et *secundum tantum* quod auferunt motum, istius speculationis sive *inquisitionis*, in qua sumus ens, inquantum est, inquirentes, *est*

Xen 323
Metaphysik 53.49–59.54
*Albert schreibt auf der Grundlage von Arist. Metaph. 1.5, 986b10–987a2[1] (teilweise = **Xen 7**; = VS 21 A 30; = VS 28 A 24; = VS 30 A 7) Xenophanes die These zu, dass alles ein Gott sei, expliziert die Argumente, die Xenophanes hierfür angeführt habe, und kritisiert diese.*
Cap. 6. Über drei Positionen in der Naturphilosophie, die allesamt darin übereinkommen, dass sie sagen, dass alles, was ist, eines ist. Und zwar handelt es sich um Parmenides, Melissus und Xenophanes.
Einige der Philosophen haben sich über die Prinzipien alles Seienden in dem Sinne geäußert, dass alles eine einzige Natur sei und nur von einer einzigen Natur; sie sagen nämlich, dass alles von Natur aus ein und dasselbe sei und dass die ganze Vielheit, welche in den Dingen ist, nicht sei, es sei denn akzidentell. Doch nicht alle, die das sagen, sagen es auf ein [und dieselbe] Weise, sondern lassen sich in drei Gruppen von Meinungen unterteilen, wie im Folgenden deutlich werden wird. Doch darin kommen alle überein, dass sie das, was sie sagen, nicht treffend sagen; denn in den Syllogismen, die sie als Argumente für ihre Thesen anführen, gehen sie fehl; sowohl hinsichtlich der Materie [der Syllogismen] (dadurch, dass sie falsche Annahmen voraussetzen) als auch hinsichtlich der Form des Syllogismus (denn sie schließen nicht syllogistisch, wie wir im ersten Buch der *Physik* [Alb., Phys. l.1 tr.2 c.6] gezeigt haben und hier nicht wiederholt zu werden braucht). Sie haben wiederum auch das gemein, dass das, was sie sagen, nicht der Natur gemäß gesagt ist; denn sie heben die Bewegung und die Prinzipien der Bewegung auf. Und deshalb braucht sich der Naturphilosoph nicht mit ihnen auseinanderzusetzen. Alle diese [Denker] kommen in der Auffassung überein, dass jenes Eine, dem sie Sein zuschreiben, völlig unbeweglich sei. Da wir im Moment die Naturursachen untersuchen, welche von uns in der *Physik* [Alb., Phys. l.2 tr.2] bestimmt worden sind, ist hier folglich, insoweit es um die gegenwärtige Untersuchung der Ursachen geht, in der wir durch naturphilosophische Überlegungen die Menge der Naturursachen untersuchen, nicht der rechte Ort, über diese [Denker] zu sprechen. Denn sie äußern sich nicht wie einige der Physiologen, die, naturphilosophisch redend, angenommen haben, dass das Seiende selbst eines sei (indem es z.B. Wasser oder Luft oder Feuer sei), und die Bewegung nicht völlig aufhoben, sondern durch Bewegung alles aus einem hervorgehen lassen, indem sie sagen, alles sei aus einem wie aus einer Materie. Vielmehr meinen diese auf andere

---
[1] Im lateinischen Text erscheinen die Anspielungen auf diese Stelle (in der von Albert verwendeten ‚Translatio anonyma sive media') kursiv.

proprium de eis disputare et non philosophiae naturalis. Et haec omnia determinata sunt in i physicorum. Unde etiam, quod ibi disputavimus de istis, diximus nos facere inducendo philosophum primum, quoniam ex principiis naturae non potuimus habere viam contra ipsos. Hic autem in altiori existentes inquisitione, quamvis de re naturali quaeratur, oportet nos, latius de his interius considerando, perquirere positiones eorum et rationes, quibus ponunt, quod ponunt, et in quo conveniunt et in quo differunt, ut videamus, quid philosophiae dicta eorum contineant.

Parmenides dicit omnia esse unum et *videtur tangere*, quod omnia sint *unum secundum rationem* formae et speciei, quae est rerum quiditas. *Melissus vero ipsum*, quod est omne, dicit unum et idem esse *secundum materiam*; et ideo Melissus dicit omnia esse unum *infinitum* et immobile. Parmenides autem omnia dicit unum esse *finitum* per formam et immobile. *Xenophanes vero*, qui *primus* fuit inter *hos* tres, eo quod *Parmenides fuisse dicitur* eius *discipulus*, dicit quidem omnia esse unum, sed *nihil explanat* de altera istarum naturarum, utrum videlicet sint unum per formam vel unum per materiam. Et ideo Xenophanes *neutrum* istorum *visus est attingere, sed respiciens ad totum caelum* cum omnibus coordinatis sibi, *dicit totum* hoc *unum esse*, quod est *deus*, et deum dicit esse omnia.

Sicut igitur diximus in praehabitis, *hi praetermittendi sunt quoad praesentem* de physicis causis *quaestionem, duo quidem omnino, scilicet Melissus et Xenophanes, quasi parum* rudiores et *agrestiores*, in schola non connutriti, eo quod dicunt ipsum unum, quod omnia est, esse infinitum et immobile. *Parmenides* autem curialior esse videtur, quia motum aliquem dat entibus, licet absolute substantialem auferat generationem. Et ideo Parmenides *visus*

Weise, dass alles eines sei. Jene nämlich, die sich naturphilosophisch äußern, legen jenem Einen, von dem sie sagen, dass alles aus ihm ist, Bewegung bei, indem sie behaupten, dass alles, was ist, auf irgendeine Entstehungsweise entstehe. Dagegen sagen jene, die sich nicht naturphilosophisch äußern, dass alles ein gewisses Eines sei, und sagen, dass jenes [Eine] unbeweglich sei, und in dem Maße, in dem sie die Bewegung aufheben, ist die Auseinandersetzung mit ihnen angemessen im Rahmen der Betrachtung bzw. Untersuchung, in der wir uns jetzt befinden (das Seiende, insoweit es ist [qua Seiendes], untersuchend), nicht aber im Rahmen der Naturphilosophie. Das alles ist ja im ersten Buch der *Physik* [Alb., Phys. l.1 tr.3 c.11] bestimmt worden. Daher haben wir von dem, was wir dort über sie ausgeführt haben, gesagt, wir würden es unter Annahme der Position des ersten Philosophen tun; denn auf der Grundlage der Prinzipien der Natur konnten wir ihnen nicht entgegentreten. Da wir uns aber an der vorliegenden Stelle in einer höheren Untersuchung befinden (auch wenn die Untersuchung um die Dinge der Natur geht), ist es notwendig, dass wir uns ihnen eingehender widmen und breiter untersuchen, mit welchen Thesen und Argumenten sie postulieren, was sie postulieren, und worin sie übereinstimmen und worin sie voneinander abweichen, damit wir sehen, welchen philosophischen Kern die Dinge haben, die sie sagen.

Parmenides sagt, dass alles eines sei, und scheint damit berührt zu haben, dass alles eines ist gemäß dem Grund der Form und der Art, welche die Washeit der Dinge ist. Melissus dagegen sagt, dass das, was das All ist, ein und dasselbe sei gemäß der Materie. Und deshalb sagt Melissus, dass alles ein unbegrenztes und unbewegliches Eines sei. Parmenides sagt hingegen, dass alles ein durch die Form begrenztes und unbewegliches Eines sei. Xenophanes wiederum, der unter diesen Dreien der erste war (denn es heißt, Parmenides sei sein Schüler gewesen), sagt zwar, dass alles eines sei, sagt aber nichts Näheres über die eine oder die andere dieser beiden Naturen [sc. Form und Materie], [erläutert also nicht,] ob alles der Form nach eines ist oder eines der Materie nach. Und daher hat Xenophanes offenbar keine dieser beiden [sc. Form und Materie] angerührt, sondern sagt, auf den gesamten Himmel samt allen Dingen, die ihm beigeordnet sind, blickend, dass dieses All das Eine sei, welches der Gott ist, und sagt, dass Gott alles sei. Wie wir im Vorhergehenden gesagt haben, sind diese [Denker], soweit es um die gegenwärtige Frage über die Naturursachen geht, auszulassen, zwei von ihnen völlig, nämlich Melissus und Xenophanes, sind sie doch insofern allzu roh und primitiv, das heißt im philosophischen Denken ungeschult, als sie sagen, dass das Eine selbst, welches alles ist, unbegrenzt und unbeweglich sei. Parmenides scheint da schon von höherem Rang zu sein;

est dicere, quod dicit, melius *videns*, quid dicere congruit. Arguit sic Parmenides: [...] Hae igitur sunt horum trium philosophorum positiones; et in quo conveniunt et in quo differunt, dictum est.

Cap. 7. Et est digressio declarans rationem Xenophanis, qua omnia dixit esse unum deum

Rursus autem istorum scrutabimur positiones ponentes rationes et defectus eorum, et ponemus primo positionem Xenophanis, qui non distinguens de materia et forma, omnia dixit esse deum. Innitebatur autem iste q u a t t u o r propositionibus. Quarum u n a est, quod quaecumque distinctum esse habent sub uno communi intellectu alicuius naturae, per divisionem differentiarum oppositarum exeunt ab illo communi intellectu naturae illius. S e c u n d a est, quod omne quod distinctum esse habet sub uno communi sibi et aliis, est compositum ex illa natura communi et differentia continente ipsum in actu. Te r t i a est, quod idem est, a quo non differt differentia. Q u a r t a est, quod simplex omnino nullam habet differentiam, se in esse distincto distinguentem. Hae propositiones colliguntur ex libro Alexandri, Graeci cuiusdam Peripatetici, qui opinionem istius Xenophanis post eum suscepit.

Accipiamus igitur primo propositionem per se notam, quod omne quod praedicatur de pluribus, non conversim praedicatum de illis et non accidentaliter illis conveniens, est una natura quaedam, quae est substantialiter in omnibus illis. Ens autem praedicatur de deo, noys et materia prima non conversim et non accidentaliter conveniens illis; ergo est una natura, quae substantialiter est in omnibus illis. Nec potest dici, quod intellectus entis est intellectus principii et non generis, quia de hoc quoad propositum concludendum nulla est penitus differentia. Modi enim entis, quibus dicitur per prius et posterius, non sunt de substantia et substantia, sed de substantia et accidente. Quod si etiam per prius et posterius diceretur, adhuc esset aliquo modo communis intellectus entis in ipsis de quibus dicitur, et non haberet aliquod ens determinationem ad hoc ens ab ipso intellectu entis, quia aliter

denn er gesteht dem Seienden eine gewisse Bewegung zu, auch wenn er die substantielle Entstehung uneingeschränkt aufhebt. Somit hat Parmenides das, was er sagt, offenbar mit einem besseren Blick dafür gesagt, was sich zu sagen gehört. Parmenides argumentiert so: […] Dies sind also die Positionen dieser drei Philosophen, und worin sie übereinkommen und worin sie sich unterscheiden, ist damit gesagt.

Cap. 7. Und [hier] ist ein Exkurs, der Xenophanes' Argument erklärt, mit dem er behauptet hat, dass alles ein Gott sei.
[Im Folgenden] werden wir wiederum die Positionen dieser [Denker] erörtern, indem wir ihre Gründe und ihre Mängel darstellen; und zunächst werden wir die Position des Xenophanes darstellen, der, ohne hinsichtlich Form und Materie eine Unterscheidung zu treffen, sagte, dass alles Gott sei. Er stützte sich hierfür auf vier Annahmen: Von ihnen ist eine [Annahme], dass alles, was unter *einem* gemeinsamen Begriff irgendeiner Natur ein [gleichwohl] unterschiedenes Sein hat, durch die Einteilung gegensätzlicher Differenzen aus dem gemeinsamen Begriff jener Natur hervorgeht. Die zweite [Annahme] ist, dass alles, was unter etwas ihm und anderen Gemeinsamen [gleichwohl] ein unterschiedenes Sein hat, zusammengesetzt ist aus jener gemeinsamen Natur und der Differenz, die es aktual enthält. Die dritte [Annahme] ist, dass [etwas] dasselbe ist [wie etwas], von dem es sich nicht durch eine Differenz unterscheidet. Die vierte [Annahme] ist, dass das Einfache überhaupt keine Differenz besitzt, welche es in einem unterschiedenen Sein unterscheidet. Diese Annahmen sind aus einem Buch des Alexander, eines gewissen griechischen Peripatetikers, gesammelt, der nach Xenophanes dessen Auffassung fortgeführt hat.

[Um Xenophanes' Argumentation nachzuvollziehen] wollen wir zunächst die selbstevidente Annahme machen, dass alles, was von mehreren Dingen prädiziert wird, ohne dass es von ihnen in Umkehrung [d.h. so, dass sie ihrerseits von ihm prädiziert werden] prädiziert wird und ohne dass es ihnen akzidentell zukommt, ein und dieselbe Natur ist, welche substantiell in allen jenen Dingen ist. Nun wird das Seiende von Gott, vom Nus und von der ersten Materie nicht in Umkehrung prädiziert und nicht so, dass es ihnen akzidentell zukommt; folglich ist es *eine* Natur, die in ihnen allen substantiell ist. Und es läßt sich nicht sagen, dass der Begriff des Seienden ein Prinzipienbegriff und nicht ein Gattungsbegriff sei, weil das, soweit es darum geht, auf das Beweisziel zu schließen, überhaupt keinen Unterschied macht. Denn die Modi des Seienden, durch die es in der Weise von ‚früher und später' ausgesagt wird, beziehen sich nicht auf Substanz und Substanz, sondern auf Substanz und Akzidenz; und auch wenn [das Seiende] in der Weise von ‚früher und später' ausgesagt werden würde, gäbe es noch im-

idem esset principium convenientiae multorum ad invicem et principium differentiae eorundem ab invicem, quod est impossibile. Redit ergo, quod ens praedicatum de natura divina et materia et mente sit una natura communis in illis.

Accipio igitur quartam superius positam propositionem, quod simplex non habet differentiam, et procedo sic: Prima materia est, quae non habet aliquam differentiam, eo quod omnis differentia est a forma, et prima materia est ante omnem formam, quia aliter non esset in potentia ad omnem formam; ergo non habet aliquam sub entis intellectu differentiam; igitur ipsa nihil addit super ens. Eodem modo deus, qui causa prima est, simplex est et nullam super entis intellectum addit differentiam. Et eodem modo noys sive mens nihil addit, secundum quod mens dicit ipsam primam et simplicem naturam naturae incorporeae, non contractam ad aliquam naturam caelestem vel animae vel alicuius alterius.

Revocemus igitur ad memoriam tertio superius positam propositionem, quod idem est, a quo non differt differentia, et concludemus, quod deus et noys et materia prima sunt idem et unum ens penitus, eo quod quaecumque entia sunt et nullam sub ente participant differentiam, eadem sunt; deus autem, noys et materia entia sunt et sub ente nullam entis differentiam participant; ergo deus, noys et materia sunt eadem. Si autem daretur, quod aliquam sub ente differentiam participant vel modum differentiae, cum illae ad ens, quod est in eis, se habeant ex additione, sequeretur, quod essent composita. Et hoc esset contra rationem primi, quoniam primum non potest esse compositum, eo quod omne compositum suis componentibus debet esse suum tamquam principiis. Sunt autem ista prima in omni natura: deus, noys et materia. Sequitur igitur, quod ista sunt eadem in natura et esse.

Ulterius autem ex his probat Xenophanes omnia esse substantialiter unum, supponens tres propositiones. Quarum una est, quod de consequentibus

mer irgendwie einen gemeinsamen Begriff des Seienden in den Dingen, von denen es ausgesagt wird, und es käme keinem bestimmten Seienden eine Bestimmung, die es von diesem [jeweils anderen] Seienden abgrenzt, vom Begriff des Seienden selbst her zu, weil anderenfalls das Prinzip der Übereinstimmung der vielen Dinge miteinander dasselbe wäre wie das Prinzip ihrer Verschiedenheit voneinander, was unmöglich ist. Es bleibt also übrig, dass das Seiende, weil es von der göttlichen Natur, der Materie und dem Geist prädiziert wird, eine gemeinsame Natur in jenen sei.

Ich mache nun die vierte Annahme, die oben angesetzt worden ist, nämlich dass das Einfache keine Differenz hat, und schreite so fort: Die erste Materie ist [diejenige Materie], die keine Differenz hat, weil jede Differenz von einer Form herrührt und die erste Materie vor jeder Form ist, weil sie anderenfalls nicht in bezug auf jede Form im Zustand der Potenz wäre. Folglich hat sie keine dem Begriff des Seienden untergeordnete Differenz; also fügt sie nichts über das Seiende hinaus hinzu. Auf dieselbe Weise ist Gott, welcher die erste Ursache ist, einfach und fügt über den Begriff des Seienden hinaus keine Differenz hinzu. Und auf dieselbe Weise fügt der Nus bzw. Geist nichts hinzu, insofern mit „Geist" die erste und einfache Natur selbst der unkörperlichen Natur gemeint ist, welche nicht auf irgendeine himmlische Natur sei es der Seele, sei es von irgendetwas anderem beschränkt ist. Wir wollen hier die oben an dritter Stelle angesetzte Annahme in Erinnerung rufen, dass [etwas] dasselbe [wie etwas] ist, von dem es sich nicht durch eine Differenz unterscheidet, und werden schließen, dass Gott und der Nus und die erste Materie unbedingt ein und dasselbe Seiende sind: Denn alle Dinge, die seiend sind und an keiner dem Seienden untergeordneten Differenz teilhaben, sind dasselbe; nun sind aber Gott, der Nus und die [erste] Materie seiend und haben unter dem Seienden an keiner Differenz des Seienden teil; also sind Gott, der Nus und die [erste] Materie dasselbe. Wenn nämlich angenommen werden würde, dass sie an irgendeiner dem Seienden untergeordneten Differenz teilhaben oder an einem Modus von Differenz, dann würde, weil jene [Differenzen] zum Seienden, das in ihnen [Gott, Nus und erster Materie] ist, in einem Verhältnis der Hinzufügung stehen, folgen, dass sie [Gott, der Nus und die erste Materie] zusammengesetzt wären. Und dies liefe dem Begriff des Ersten zuwider, weil das Erste nicht zusammengesetzt sein kann; denn jedes Zusammengesetzte schuldet sein Sein seinen Komponenten, die [seine] Prinzipien sind. Es gibt aber drei erste Dinge in der ganzen Natur: Gott, den Nus und die [erste] Materie. Es folgt also, dass diese in ihrer Natur und ihrem Sein dasselbe sind.

Weiter beweist Xenophanes auf der Grundlage dieser Annahmen, dass alle Dinge substantiell eines sind, wobei er drei [weitere] Annahmen zugrun-

esse nihil est substantia rei. Secunda est, quod differentiae accidentales non variant substantiam. Tertia est, quod consequentia esse sunt accidentia. Et inde processit sic: Quaecumque sunt post prima de essentia rei existentia, sunt esse substantiae consequentia. Omnia autem quae sunt, sunt post prima superius inducta, quae sunt rerum substantia. Ergo omnia quae sunt, sunt esse substantiae consequentia. Non enim posset poni forma, quae est substantia, praecedere materiam, nisi poneretur esse lumen dei vel noys sive intelligentiae; haec autem sunt eadem ipsi materiae; ergo ut lumen illorum non praecedit esse substantiae ipsa forma; omnia igitur substantiae esse sunt consequentia; ergo per primam propositionem sunt illa non substantiae; ergo sunt accidentia, si aliquid sunt, sicut dicit tertio supposita propositio; ergo non distinguunt in esse substantiali, sicut dicit propositio secundo supposita. Ex hoc igitur concluditur: Quaecumque in esse substantiali indifferentia sunt, substantialiter eadem sunt; omnia autem quae sunt, in esse substantiali indifferentia sunt; ergo omnia quae sunt substantialiter et in esse substantiali eadem sunt.

Amplius, propositiones ab omnibus philosophis suppositae sunt q u a t - t u o r de esse divino. Quarum una est: Illud esse perpetuum et aeternum quod idem substantialiter manet ante omnem et post omnem mutationem. S e c u n d a est: Illud esse divinum quod per seipsum largitur omnibus, quod sunt. Te r t i a est: Divinum ubique et semper esse. Q u a r t a est: Divinum ad sui substantiam nullo indigere. Ex his igitur ita procedebat: Materia est, quae ante omnem et post omnem mutationem et in omni mutatione manet eadem, eo quod est incorruptibilis et ingenita, et per eandem rationem immobilis, quoniam si moveretur ad esse materiae, tunc motui in esse materiae et subiecti non subiceretur, quod est falsum; igitur ipsa est immobilis et aeterna. Adhuc ipsa sola est, quae de seipsa largitur omnibus hoc quod sunt, quoniam ipsa praestat omnibus subsistere et substare per seipsa; quod non facit forma, etiamsi forma esse poneretur, eo quod forma non est fun-

delegt: Von ihnen ist eine [Annahme], dass von den Dingen, die dem Sein nachfolgen, nichts die Substanz einer Sache ist. Die zweite ist, dass akzidentelle Differenzen nicht für einen Unterschied von Substanzen sorgen. Die dritte ist, dass die Dinge, die dem Sein nachfolgen, Akzidentien sind. Und von hieraus ist er nun so vorgegangen: All die Dinge, die nach den ersten Dingen hinsichtlich der Essenz einer Sache existieren, sind Dinge, die dem Sein der Substanz nachfolgen. Nun sind alle Dinge, die sind, den ersten, oben eingeführten Dingen nachgeordnet, welche die Substanz der Dinge sind. Folglich sind alle Dinge, die sind, Dinge, die dem Sein der Substanz nachfolgen. Denn es könnte nicht angenommen werden, dass eine Form, die eine Substanz ist, der Materie vorausgeht, wenn nicht angenommen werden würde, dass sie das Licht Gottes oder des Nus bzw. des Verstehens ist; diese sind nun mit der Materie selber identisch; verstanden als Licht von jenen, geht folglich selbst diese Form dem Sein der Substanz nicht voraus. Also sind alle Dinge solche, die dem Sein der Substanz nachfolgen. Folglich sind sie der ersten Annahme zufolge keine Substanzen. Folglich sind sie, wenn sie überhaupt irgendetwas sind, Akzidentien, wie die an dritter Stelle vorausgesetzte Annahme besagt. Folglich machen sie, wie die an zweiter Stelle vorausgesetzte [Annahme] besagt, dem substantiellen Sein nach keinen Unterschied. Und daraus läßt sich schließen: Alle Dinge, die sich dem substantiellen Sein nach nicht voneinander unterscheiden, sind substantiell identisch miteinander; nun unterscheiden sich alle Dinge, die sind, dem substantiellen Sein nach nicht voneinander; also sind alle Dinge, die sind, substantiell und dem substantiellen Sein nach identisch miteinander.
Überdies werden von allen Philosophen vier Annahmen über das göttliche Sein vorausgesetzt: Von denen ist eine: Jenes ist immerwährend und ewig, das substantiell dasselbe bleibt vor jeglicher und nach jeglicher Veränderung. Die zweite ist, dass jenes göttlich ist, das durch sich selber allen Dingen [das] spendet, was sie sind. Die dritte ist, dass das Göttliche überall und immer ist. Die vierte ist, dass das Göttliche für seine Substanz keiner anderen Sache bedarf. Von diesen Annahmen ausgehend, schritt er nun folgendermaßen fort: Die Materie ist so, dass sie vor jeglicher und nach jeglicher Veränderung und in jeglicher Veränderung dasselbe bleibt; denn sie ist unvergänglich und unentstanden und aus demselben Grund unbeweglich; denn wenn sie eine Bewegung dazu vollzöge, Materie zu sein, so würde sie darin, dass sie Materie und Zugrundeliegendes ist, nicht der Bewegung zugrundeliegen, was falsch ist. Also ist sie selber unbeweglich und ewig. Ferner ist sie das einzige, was von sich aus allen das spendet, was sie sind, weil sie allen Dingen gewährt, durch sich selbst zu subsistieren und [Anderem] zugrundezuliegen. Das leistet die Form nicht, auch wenn angenommen werden würde, dass es die

damentum et substans et subsistens, sed potius si esset, inesset fundata et inhaerens. Similiter ipsa est in omnibus ubique et semper, quoniam in secundo huius scientiae habebitur, quod quando aliquid unum est in multis, per unam rationem existens in illis, oportet, quod illud sit primo in aliquo uno, quod est causa omnium illorum. Sustinere autem et fundare in se formas et suscipere eas est in omnibus quae sunt hoc aliquid; ergo est in eis gratia primi fundantis et suscipientis et sustinentis. Hoc autem est materia. Ergo materia est ubique, et habitum est superius, quod ipsa est semper. Similiter materia ad sui esse nullo penitus indiget, quoniam si aliquo indigeret, iam non esset prima.

Congregabat igitur Xenophanes omnia haec. Ista enim propria sunt esse divini: esse perpetuum, immobile, omnibus dans moveri in ipso, omnibus per seipsum esse largum, ubique et semper esse, et nullo ad sui esse indigere; et concludebat, quod materia prima sit deus.

Amplius, hyle secundum se accepta est impartibilis et impassibilis; ergo et immobilis, quia non patitur aliquid, nisi moveatur, et non movetur, nisi sit divisibile, sicut in vi physicorum est probatum. Quod igitur mobilis efficitur hyle, hoc est a corporeitate, quae advenit ei. Corporeitas autem adveniens ei est accidens ipsius. Ergo motus accidit ei per accidens ipsius, et similiter passio et omnis diversitas corporum et motuum et passionum est ex hoc quod advenit ex corporeitate et contrarietate. Igitur una hyle est in omnibus illis indivisibilis et immobilis et impassibilis, multa autem corpora et multa mota et multa patientia. Igitur omnis diversitas est ab accidentibus et proprietatibus advenientibus, et nihil diversitatis est a substantia materiae, sicut dicit Xenophanes.

Omni autem eodem modo se habet noys ad animam et animae differentias, quo se habet hyle ad corpus et corporis differentias, quoniam noys in eo

Form gibt; denn die Form ist nicht eine Grundlage und Zugrundeliegendes und Subsistierendes; vielmehr würde die Form, wenn es sie gäbe, in [etwas] sein, darin ihre Grundlage habend und ihm inhärierend. In gleicher Weise ist sie [die Materie] selbst in allen überall und immer; denn im zweiten Buch dieser Wissenschaft [Alb., Metaph. l.2, c.4] wird die Auffassung vertreten werden, dass, wenn irgendein Eines in vielen Dingen ist, das vermöge eines einzigen Grundes in ihnen existiert, jenes zunächst in einem gewissen Einen sein muss, welches die Ursache von all jenen Dingen ist. Nun kommt allen Dingen, die ein ‚dieses da' [tode ti] sind, zu, dass sie Formen unterliegen und für sie eine Grundlage bieten und sie aufnehmen; folglich kommt ihnen dies aufgrund des ersten [Prinzips] zu, das [für die Formen] eine Grundlage bietet, [sie] aufnimmt und [ihnen] unterliegt. Dieses [Prinzip] aber ist die Materie. Also ist die Materie überall, und schon oben ist die Auffassung vertreten worden, dass sie immer ist. In gleicher Weise bedarf die [erste] Materie für ihr Sein überhaupt keiner anderen Sache; denn wenn sie irgendeiner bedürfte, wäre sie nicht die *erste* [Materie]. All diese [Annahmen] häufte Xenophanes zusammen. Dies sind nämlich die Propria des göttlichen Seins: immerwährend zu sein, unbeweglich zu sein, etwas zu sein, das allen gibt, in ihm bewegt zu werden, etwas zu sein, dass allen durch sich selbst das Sein schenkt, überall und immer zu sein und keiner Sache für sein eigenes Sein zu bedürfen. Und er folgerte, dass die erste Materie Gott sei.

Überdies ist die Hyle, für sich genommen, unteilbar und nicht affizierbar. Folglich ist sie auch unbeweglich, weil etwas nicht affiziert wird, ohne bewegt zu werden, und nicht bewegt wird, ohne teilbar zu sein, wie im sechsten Buch der Physik [Alb., Phys. l.6 tr.2 c.1] bewiesen worden ist.

Dass es nun dazu kommt, dass die Hyle beweglich ist, dies rührt von der Körperlichkeit her, die ihr [später] zukommt. Die Körperlichkeit aber, insofern sie ihr [später] zukommt, ist ein Akzidenz von ihr. Folglich kommt ihr Bewegung akzidentell zu, vermöge eines Akzidenz von ihr, und in gleicher Weise resultieren die Affektion und jede Mannigfaltigkeit von Körpern und Bewegungen und Affektionen daraus, was [ihr] aus der Körperlichkeit und der Gegensätzlichkeit zukommt. Somit ist in alledem *eine* Materie, unteilbar, unbeweglich und unaffizierbar, dagegen *viele* Körper und *vieles* Bewegtes und *vieles* Affiziertes. Somit rührt jede Mannigfaltigkeit von den Akzidentien und den zukommenden Eigentümlichkeiten her, und nichts von der Mannigfaltigkeit rührt von der Substanz der Materie her, wie Xenophanes sagt.

Auf ganz gleiche Weise verhält sich der Nus zur Seele und zu den für die Seele [spezifischen] Differenzen, wie sich die Hyle zum Körper und zu den für den Körper [spezifischen] Differenzen verhält. Denn der Nus, insofern

quod huiusmodi, non comprehendit formas corporum nisi per aliquid adveniens ei, quod facit ipsam noym proportionalem corpori; et tunc efficitur imaginans et sentiens et patiens a sensibilibus et motibus a sensu factis. Sicut igitur hyle non distinguitur a diversitatibus corporum, eo quod sunt post ipsam, ita noys non distinguitur a diversitatibus animarum, eo quod sunt post ipsam; et sic una erit hyle omnium corporum, et una noys omnium animarum.

Quaecumque autem non differunt differentia, sunt eadem; impartibile autem ⟨et⟩ immobile et impassibile non differunt in noy et hyle, eo quod utrique advenit partitio et mobilitas et passio ex posterius adveniente corporeitate et contrarietate. In se autem sunt uno et eodem modo impartibilia et immobilia et impassibilia; igitur nulla differentia differunt noys et hyle; igitur eadem sunt per omnia. Eodem modo conclusit haec ambo esse deum; et sic intulit deum esse omnia, et fieri deum corporalem ex posterius adveniente corporeitate et sensibilem ex posterius advenientibus formis sensibilibus.

Hunc autem quidam alii imitati sunt templorum facientes inscriptiones. Circa idolum enim Palladis inscriptum fertur fuisse, quod Pallas est, quidquid est et quidquid erat et quidquid erit et quidquid vides, cuius peplum nullus umquam sapientum revelare potuit. Et haec opinio placuit Alexandro Peripatetico, et aliquid eius, quantum scivit, David de Dinanto ascivit, sed perfecte et profunde non eam intellexit. Hoc autem quod hic inductum est de ea, sufficit ad hoc quod sciantur rationes Xenophanis, quae eum in hunc perduxerunt errorem, quod ad totum caelum respiciens ipsum dixit esse deum. Caelum enim vocavit omnia mundi simplicia corpora, dicens deum corporeitate distinctum sine passionum differentiis esse caelum, caelum autem sive corporeitatem assumptis passionum differentiis fieri elementum et sic omnia substantialiter esse deum.

er dieser Art [sc. Nus] ist, erfasst nicht die Formen der Körper, außer vermöge von etwas, das ihm [später] zukommt und ihn zu einem Nus macht, der zu dem Körper [in dem er ist] proportional ist. Und dann entsteht Vorstellendes und Wahrnehmendes und von den wahrnehmbaren Dingen und den vom Sinn hervorgebrachten Bewegungen Affiziertes. Wie also in der Hyle kein Unterschied vorliegt, der von den Verschiedenheiten der Körper herrührt – denn sie sind ihr nachgeordnet –, so liegt im Nus kein Unterschied vor, der von den Verschiedenheiten der Seelen herrührt – denn sie sind ihm nachgeordnet. Und so wird es *eine* Hyle aller Körper und *einen* Nus aller Seelen geben.

Nun sind alle Dinge, die sich nicht durch eine Differenz unterscheiden, identisch miteinander, und die Unteilbarkeit, die Unbeweglichkeit und die Unaffizierbarkeit machen in beiden Fällen – im Nus und in der Hyle – keinen Unterschied, da die Teilung, die Beweglichkeit und die Affektion beiden [dem Nus und der Hyle] aus der [ihnen] später zukommenden Körperlichkeit und Gegensätzlichkeit zukommen. In sich selber sind sie auf ein und dieselbe Weise unteilbar, unbeweglich und unaffizierbar. Also unterscheiden sich Nus und Hyle durch keine Differenz; also sind sie durchweg identisch miteinander. Auf dieselbe Weise hat er [Xenophanes] geschlossen, dass sie beide Gott sind. Und so folgerte er, dass Gott alles sei und dass Gott aufgrund der [ihm] später zukommenden Körperlichkeit körperlich und aufgrund der [ihm] später zukommenden sinnlich wahrnehmbaren Formen sinnlich wahrnehmbar sei.

Einige andere haben diesen [Xenophanes] bei der Herstellung von Tempelinschriften imitiert. Es wird nämlich überliefert, dass um das Bildnis der Pallas herum geschrieben stand: „Pallas ist, was auch immer ist, was auch immer war, was auch immer sein wird und was auch immer du siehst – ihr Gewand (*peplos*) konnte keiner der Weisen jemals lüften". Und diese Auffassung stieß auf Zustimmung bei Alexander dem Peripatetiker, und manches von ihr fand das Einverständnis von David von Dinant, soweit er es verstand, doch begriff er sie [sc. die besagte Auffassung] nicht vollkommen und angemessen tief. Was hier nun von ihr vorgestellt worden ist, reicht dafür, die Argumente des Xenophanes zur Kenntnis zu bringen, die ihn zu diesem Irrtum verleiteten, [nämlich dazu,] dass er „auf den gesamten Himmel blickend sagte, er sei Gott". Er bezeichnete nämlich als „Himmel" sämtliche einfachen Körper der Welt und meinte, dass Gott, mit dem unterscheidenden Merkmal der Körperlichkeit, [aber] ohne die Differenzen der Affektionen [betrachtet], der Himmel sei, der Himmel aber bzw. die Körperlichkeit das Element sei, wenn die Differenzen der Affektionen hinzugenommen würden, und so alles substantiell Gott sei.

Cap. 8. Et est digressio declarans improbationes et solutiones rationum Xenophanis.

Ne autem in errore isto cuiuscumque remaneat intellectus, licet nobis non sit hic contra istas positiones disputare, tamen ad faciliorem doctrinam ista improbabimus hic et vias solvendi demonstrabimus, et tunc ad Melissi procedemus positionem. Dico igitur, quod, sicut nos probavimus in ii physicorum, quod movens et materia numquam sunt res una et, sicut patet per antehabita, si movens et materia essent res una per substantiam, sequeretur, quod contradictoria essent simul vera. Deus autem est movens primum, et materia prima est motum primum; et sic illa duo numquam possunt esse res una. Quod autem deus sit causa prima et movens primum et sit causans per suam essentialem scientiam, probabitur a nobis in undecimo libro istius scientiae. Amplius, probatum est in viii physicorum, quod primus motor nec potest esse finitus nec infinitus per quantitatem vel virtutem corpoream neque divisibilis, sed oportet ipsum esse indivisibilem et impartibilem, nullam penitus potens habere magnitudinem. Si autem esset idem cum materia, posset esse in maiori maior et in minori minor et esset divisibilis potentia. Igitur non potest esse idem cum materia. Adhuc, primum regit res omnes, praeterquam quod commisceatur cum eis. Materia autem in nulla rerum est nisi per unionem et mixtionem substantiae et virtutis. Igitur deus nullatenus potest esse materia prima. Eodem autem modo probatur omnino in minori mundo, quod noys et mens et materia et hyle non sunt idem. Et hoc satis patet per ea quae scripsimus in nostra epistula de natura animae et contemplatione et immortalitate ipsius; et ideo ista relinquantur; agrestes enim et rudes sunt in philosophia, qui his ad consentiendum moventur.

Ad propositiones ergo, quas in prima sua dispositione supponit Xenophanes, dicendum ad primam, quod illa propositio quam inducit, quod quaecumque distinctum esse habent sub uno communi intellectu alicuius natu-

Cap. 8. Und [hier] ist ein Exkurs, der erklärt, warum die Argumente des Xenophanes zu verwerfen sind und wie sie entkräftet werden können.
Damit [unser] Denken nicht in diesem Irrtum – um wessen [Irrtum] auch immer es sich handelt – verhaftet bleibt, werden wir, auch wenn es uns hier nicht darum geht, gegen diese Positionen zu argumentieren, dennoch zum Zweck eines leichteren Verständnisses der [wahren] Lehre diese Auffassungen hier widerlegen und Wege dazu weisen, wie man sie entkräften kann; und erst danach werden wir zur Position des Melissus weitergehen.
Ich sage also, dass – wie wir im zweiten Buch der Physik [Alb., Phys. l.2 tr.2 c.6] bewiesen haben – das Bewegende und die Materie niemals ein [und dieselbe] Sache sind und dass, wie aus dem Vorhergehenden [Alb., Metaph. l.1 tr.3 c.9 p.39 v.19–21] deutlich ist, unter der Voraussetzung, dass das Bewegende und die Materie der Substanz nach ein [und dieselbe] Sache wären, folgen würde, dass kontradiktorische [Aussagen] zugleich wahr wären. Gott ist das erste Bewegende, und die erste Materie ist das erste Bewegte; und so können sie beide niemals ein [und dieselbe] Sache sein. Dass Gott die erste Ursache und das erste Bewegende ist und dass er etwas ist, das durch sein ihm essentiell zukommendes Wissen Ursache ist, wird von uns im elften Buch dieser Wissenschaft [Alb., Metaph. l.11 tr.2 c.20] bewiesen werden. Weiter ist im achten Buch der Physik [Alb., Phys. l.8 tr.4 c.1–2] gezeigt worden, dass der erste Beweger nicht vermöge von Quantität oder körperlichem Vermögen begrenzt oder unbegrenzt oder teilbar sein kann, sondern dass er unteilbar sein muss, da er überhaupt keine Größe haben kann. Wenn er nun dasselbe wäre wie die Materie, so könnte er in einem Größeren größer und in einem Kleineren kleiner sein und wäre der Potenz nach teilbar. Also kann er nicht dasselbe sein wie die Materie. Ferner: das Erste lenkt alle Dinge, ohne sich mit ihnen zu vermischen. Die Materie dagegen ist in keiner Sache ohne Vereinigung und Mischung von Substanz und Vermögen. Also kann Gott auf keine Weise die erste Materie sein. Auf dieselbe Weise wird im Fall der ‚kleineren Welt' [sc. im Fall des Menschen] als bewiesen angenommen, dass der Nus bzw. der Geist und die Materie bzw. die Hyle nicht dasselbe sind. Und dies ist hinreichend klar durch das, was wir in unserem Brief über die Natur der Seele, ihre geistige Betrachung und ihre Unsterblichkeit [Alb., De nat. et orig. an. tr.1 c.3] geschrieben haben. Und daher können wir diese Auffassungen hier auf sich beruhen lassen; denn philosophisch allzu primitiv und roh sind die Leute, die durch sie [sc. jene Auffassungen] zur Zustimmung bewegt werden.
Was nun die Annahmen betrifft, die Xenophanes in seiner ersten Argumentation voraussetzt, ist zu der ersten zu bemerken, dass jene Annahme, die er hier einführt, nämlich dass alles, was unter *einem* gemeinsamen Begriff

rae, per divisionem oppositarum differentiarum exeunt ab illo, falsa est, nisi intelligatur de sola generis communitate, quoniam multa individua distinctum esse habent sub uno communi intellectu naturae communis, quae est essentialis similitudo ipsorum et totum esse ipsorum, et tamen per divisionem oppositarum differentiarum non exeunt ab illo, sed potius per divisionem materiae. Si autem accipitur de intellectu entis, qui est ante omne genus, tunc omnino seipsum non intelligit Xenophanes. Falsum enim est, quod notio entis sit intellectus communis his de quibus praedicatur ens, ita quod ipsa per differentias oppositas exeant ab ente. Sed natura entis simpliciter est unum, et alia omnia sunt modi illius unius quod vere est ens, sicut ens est substantia, et omnis varietas accidentium est secundum diversos modos esse substantiae. Licet enim ipsa substantia sit ens vere unum, esse tamen eius non est unum et idem, secundum quod est mensurata vel disposita qualitate vel relata vel agens vel patiens, et sic de aliis. Et sic accidentium varietas sunt non entia, sed entis esse, quod est substantia. Quod autem ulterius ex ista procedit et dicit, quod ens dictum de substantiis diversis non dicatur per prius et posterius, iterum est falsum, quod ens per prius est actus et ens per posterius est potentia et ens simpliciter est substantia, quae est hoc aliquid. Adhuc autem alio modo falsum est, quod ens sit commune, sive per modum generis sive per modum principii, deo sive causae primae et suo causato, ita quod sit aliquid quocumque modo in utroque, quia secundum hoc aliquid esset commune causae primae et suo causato. Et sic causa prima esset composita ex illo communi et quodam alio, et tunc non esset prima causa. Ens autem scimus esse causatum primum causae primae et sic non esse commune causae et causato, sed potius ante omnem entis divisionem est haec divisio: ens a seipso et ens ab alio. Et ens, quod ibi dividitur, ⟨est⟩ ens simpliciter et

einer gewissen Natur ein [gleichwohl] unterschiedenes Sein hat, durch die Einteilung entgegengesetzter Differenzen aus jenem [Begriff] hervorgeht, falsch ist, sofern sie nicht ausschließlich mit Bezug auf die Gemeinschaft des Genus verstanden wird; denn es haben viele Individuen ein unterschiedenes Sein unter *einem* gemeinsamen Begriff einer gemeinsamen Natur, welche ihre essentielle Ähnlichkeit und ihr gesamtes Sein ist, und dennoch gehen sie nicht durch die Einteilung entgegengesetzter Differenzen aus jenem [Begriff] hervor, sondern vielmehr aus der Einteilung der Materie. Wenn aber die Annahme mit Bezug auf den Begriff des Seienden gemacht wird, der vor jedem Genus steht, dann versteht sich Xenophanes selber überhaupt nicht. Denn es ist falsch, dass der Begriff des Seienden ein Begriff ist, der den Dingen, von denen das Seiende prädiziert wird, in dem Sinne gemeinsam ist, dass sie durch entgegengesetzte Differenzen aus dem Seienden hervorgehen. Vielmehr ist die Natur des Seienden schlechthin *eines*, und alle anderen Dinge sind Modi jenes Einen, das wirklich seiend ist, so wie die Substanz seiend ist, und jede Mannigfaltigkeit von Akzidentien entspricht verschiedenen Modi des Seins der Substanz. Auch wenn nämlich die Substanz selber ein Seiendes ist, das wirklich Eines ist, so ist gleichwohl ihr Sein nicht ein und dasselbe, insofern sie nämlich einem bestimmten Maß unterliegt oder sich in einer bestimmten Beschaffenheit befindet oder in einer Relation oder tätig ist oder affiziert wird (und so auch, was die anderen [Kategorien] betrifft). Und so ist die Mannigfaltigkeit von Akzidentien nicht Seiendes, sondern das Sein des Seienden, welches die Substanz ist.
Was er aber, von diesen Annahmen ausgehend, darüber hinaus sagt, nämlich, dass das Seiende, wenn es über diverse Substanzen ausgesagt wird, nicht in der Weise von ‚Früher und Später' ausgesagt wird, ist wiederum falsch, da seiend in der Weise des ‚Früher' der Akt und seiend in der Weise des ‚Später' die Potenz und das schlechthin Seiende die Substanz ist, welche ein ‚Dieses da' (*tode ti*) ist. Auch auf noch andere Weise ist es falsch, dass das Seiende etwas Gott bzw. der ersten Ursache und dem von ihr Verursachten Gemeinsames ist (sei es in der Weise des Genus, sei es in der Weise des Prinzips), derart dass etwas auf eine dieser beiden Weisen in beiden [der ersten Ursache und dem von ihr Verursachten] ist; denn demzufolge gäbe es etwas, das der ersten Ursache und dem von ihr Verursachten gemeinsam wäre, und so wäre die erste Ursache zusammengesetzt aus jenem Gemeinsamen und etwas anderen, und dann wäre es nicht die *erste* Ursache. Wir wissen aber, dass das Seiende das von der ersten Ursache Erstverursachte ist und somit nicht etwas, das der Ursache und dem von ihr Verursachten gemeinsam ist; vielmehr liegt diese Einteilung vor jeglicher Einteilung des Seienden, nämlich die Einteilung: „Seiendes durch sich und Seiendes durch ein anderes".

primo, entitas eius quod non est ab alio, et ens eius quod est ab alio, non est sub illa, sed potius vestigium illius et resultatio quaedam et imitatio et non pars illius tamquam communis naturae, quae sit in ente a seipso et in ente ab alio. Et ideo patet, quod nihil valet processus, quo procedit ex illa propositione.

Similiter et s e c u n d a propositio, quam ponit, quod id quod distinctum esse habet sub una natura communi sibi et aliis, est compositum ex illa natura et differentia constituente, falsa est, nisi intelligatur de distinctione generis vel speciei, quoniam ipsa differentia distinctum habet esse sub una natura communi sibi et aliis, in qua est potestate, et tamen non est composita ex illa natura et differentia constituente, sed est simplex. Et similiter omnia prima seipsis differunt et distincta sunt, et ex hoc nullam penitus probantur habere compositionem, sicut deus, noys et materia sive hyle.

Te r t i a autem simpliciter est vera. Sed maxima differentia differunt, quae seipsis differunt et aliis differre sui differentia tribuunt, sicut homo et asinus seipsis non differunt, sed eis suae differentiae, quae sunt rationale et irrationale, differre tribuunt. Differentiae autem differunt seipsis, quia aliter differentiae esset differentia et abiret hoc in infinitum.

Q u a r t a autem falsa est, nisi fiat vis in ‚habere differentiam', eo quod habens et habitum sunt diversa; tunc enim verum est, quod habens differentiam sit compositum. Si autem in hoc non fiat vis, tunc falsa est, quia id quod est in fine simplicitatis, est, quidquid habet, et tamen multas habet differentias. Ex his igitur satis patet solutio totius suae primae dispositionis. Patet etiam, quod est agrestis et sine disciplina.

Adhuc autem, quod in s e c u n d a dispositione dicitur quattuor esse de esse divino, omnino sine intellectu dictum. Omnibus enim et parum sci-

Und das Seiende, das damit eingeteilt wird, ist schlechthin und primär seiend, die Seiendheit dessen, was nicht durch ein anderes ist, und das Seiende dessen, was durch ein anderes ist, ist nicht unter jener [Seiendheit], sondern eher eine Spur von ihr und ein gewisser Widerhall und eine Nachahmung und nicht ein Teil von ihr, als sei sie eine gemeinsame Natur, welche in dem ist, was durch sich selbst ist, und in dem, was durch ein anderes ist. Und so ist klar, dass die Argumentation, die er von jener Annahme ausgehend entwickelt, nicht schlüssig ist.

In gleicher Weise ist auch die zweite Annahme, die er zugrundelegt, nämlich dass das, was unter *einer* Natur, die ihm und anderen gemeinsam ist, ein unterschiedenes Sein hat, aus jener Natur und einer [art]bildenden Differenz zusammengesetzt ist, falsch, sofern sie nicht mit Bezug auf die Unterscheidung von Genus und Species angenommen wird; denn die Differenz selber hat ja ein unterschiedenes Sein unter einer Natur, die ihr und anderen Dingen gemeinsam ist und in der sie dem Vermögen nach ist, und dennoch ist sie nicht aus jener Natur und einer [art]bildenden Differenz zusammengesetzt, sondern einfach. Und in gleicher Weise unterscheiden sich alle ersten Dinge durch sich selber und sind [durch sich selber] unterschieden, und es wird deshalb mit Recht angenommen, dass ihnen keine Zusammensetzung zukommt; das gilt z. B. für Gott, den Nus und die Materie bzw. Hyle.

Die dritte Annahme ist im Grunde genommen wahr. Doch unterscheiden sich diejenigen Dinge mit der größten Differenz, die sich durch sich selbst unterscheiden und anderen Dingen zuteilwerden lassen, dass sich diese durch ihre Differenz voneinander unterscheiden. Z. B. unterscheiden sich Mensch und Esel nicht durch sich selbst; vielmehr lassen ihnen ihre jeweiligen Differenzen – welche in diesem Fall ‚rational‘ und ‚irrational‘ sind – zuteilwerden, dass sie sich unterscheiden. Dagegen unterscheiden sich die Differenzen durch sich selber; denn anderenfalls gäbe es zu [jeder] Differenz wieder eine Differenz, und es käme zu einem infiniten Regress.

Die vierte Annahme ist falsch, sofern die Betonung nicht auf „die Differenz haben" liegt; denn das, was hat, und das, was gehabt wird, sind in der Tat verschieden, und dann ist es nämlich wahr, dass das, was eine Differenz hat, zusammengesetzt ist. Wenn aber nicht die Betonung *darauf* liegt, dann ist die Annahme falsch; denn das, was in vollendeter Einfachheit ist, ist das, was auch immer es hat, und dennoch hat es viele Differenzen. Aus alledem ist hinreichend klar, wie die gesamte erste Argumentation zu entkräften ist. Und es ist auch klar, dass sie primitiv und ohne philosophische Schulung ist. Ferner ist das, was in der zweiten Argumentation gesagt wird – nämlich, dass es vier Annahmen über das göttliche Sein gebe –, ganz ohne Verstand gesagt. Denn allen, die sich auch nur ein bisschen in der Sache auskennen,

entibus patet, quod materia praesupponitur omni mutationi et relinquitur post omnem mutationem sicut subiectum omnis mutationis. Deus autem et noys nullius penitus sunt vel possunt esse mutationis subiecta. Et quod ex ista ulterius assumit non esse mutationem ad hyle, illud verum est, quod hyle est, quod mutatur ad formam; et ideo licet non sit mutatio ad hyle, tamen immutabilis non est hyle ipsa. Deus autem et noys nec mutantur, nec ad ipsa potest esse mutatio aliqua. Et cum aeternum sit immutabile, patet, quod hyle non est aeterna, sed in temporalibus omnibus magis temporalis et prope nihil existens.

S e c u n d a autem, quam dicit, quod divinum est per seipsum largum et largiens omnibus de seipso: hoc omnino verum est, quia hoc est dives in se et in aliis. Sed cum largitur esse secundum actum, largitur et bonitates, quae sunt ab ipso et lumine divitiarum suarum. Materia autem sive hyle pauperrima est omnino, nihil de esse largiens, cum totum esse sit effectus formae, et avara est, omnia suscipiens, et turpis, omnibus indigens.

Et quod ulterius inducit, eam in omnibus dare, quod sunt, omnino falsum est, quia hoc dat forma per hoc quod est aliquid de esse divino; fundamentum tamen est, in quo recipitur et fundatur esse et contrahitur ad hoc quod sit esse huius, secundum quod est hoc, et hoc est paupertatis et particularitatis ipsius. Similiter verum est hoc quod divinum est ubique et semper; sed hoc nullo modo convenit materiae, quae per partes est hic et nunc. Et si tota sit ubique, hoc est ita, quod pars eius una est hic et alia pars alibi. Propter quod etiam in poeticis Atlas vocatur, qui ubique est et semper: ubique quidem per partium distensionem, semper autem per successionem formarum, in qua successione manet hyle subiectum unum et idem. Deus autem ubique est per rationem suae simplicitatis, non divisus per partes, et semper est non ut subiectum omnium quae succedunt ibi, formarum, sed extra tempus excellens et mensurans et regens omnia, nulli omnino permixtus ex omnibus.

Q u a r t a autem propositio, quod divinum nullo indigens est ad esse suum, omnino vera est de deo, et de materia omnino falsa, quia licet nullo indigeat

ist klar, dass die Materie jeder Veränderung zugrundegelegt wird und nach jeder Veränderung übrigbleibt, insofern sie das Subjekt jeder Veränderung ist. Gott dagegen und der Intellekt sind auf keinen Fall Subjekte irgendeiner Veränderung und können es auch nicht sein. Und was [Xenophanes], von der besagten Annahme ausgehend, weiter annimmt, nämlich dass es keine Veränderung in die Hyle gebe, das ist wahr, denn die Hyle ist es, was sich in die Form verändert. Aber auch wenn es keine Veränderung in die Hyle gibt, ist die Hyle selber dennoch nicht unveränderlich. Dagegen verändern sich Gott und der Nus nicht, und auch nicht gibt es irgendeine Veränderung in sie [sc. Gott und Nus]. Und da das Ewige unveränderlich ist, ist klar, dass die Hyle nicht ewig ist, sondern in allen zeitlichen Dingen noch mehr zeitlich und nahezu überhaupt nicht existierend.

Die zweite Annahme, die er vorbringt, nämlich dass das Göttliche durch sich selbst reichlich spendet und allen Dingen von sich selbst spendet: das ist absolut wahr, weil dieses [das Göttliche] reich ist in sich selbst und in anderen. Aber wenn es das aktuale Sein spendet, dann spendet es auch die Gutheiten, die von ihm und dem Licht seines Reichtums herrühren. Die Materie bzw. Hyle dagegen ist völlig arm und spendet nichts von ihrem Sein, da ihr ganzes Sein eine Hervorbringung der Form ist; sie ist gierig, weil sie alles zu empfangen trachtet; sie ist häßlich, weil sie aller Dinge entbehrt.

Und was er weiter anführt – nämlich, dass sie allen Dingen gibt, was sie sind –, ist komplett falsch, weil das (was die Dinge sind) [nicht sie, sondern] die Form dadurch gibt, dass sie ein Stück vom göttlichen Sein ist. Dennoch ist sie eine Grundlage, in der das Sein aufgenommen wird und eine Grundlage findet und zusammengezogen wird darauf, dass es das Sein eines ‚Dieses' ist, insofern letzteres dieses ist, und das ist ein Zeichen ihrer Armut und ihrer Partikularität. In gleicher Weise ist wahr, dass das Göttliche überall und immer ist; aber das kommt auf keine Weise der Materie zu, die jeweils in Teilen hier und jetzt ist. Und auch wenn sie als ganze überall ist, so kommt das daher, dass ein Teil von ihr hier ist und ein anderer Teil dort. Deshalb wird sie auch in der Dichtung ‚Atlas' genannt, der überall ist und immer: überall vermöge der Ausdehnung seiner Teile; immer vermöge der Abfolge der Formen, in der die Hyle ein und dasselbe Subjekt bleibt. Gott dagegen ist überall aufgrund seiner Einfachheit, ohne dass er in Teile eingeteilt ist, und immer ist er nicht als Subjekt aller Formen, die dort [in der Hyle] aufeinanderfolgen, sondern so, dass er aus der Zeit ragt und alles mit Maß versieht und alles lenkt, wobei er mit überhaupt keinem von allen diesen Dingen vermischt ist.

Die vierte Annahme, also die, dass das Göttliche keiner Sache für sein Sein bedarf, ist völlig wahr, was Gott betrifft, aber völlig falsch, was die Materie

ad esse materiae, tamen omnibus indiget ad esse perfectum; adhuc enim nihil omnium est, quod ita et tot et tantis indigeat sicut ipsa. Et quod ad esse materiae nullo indiget, hoc est ideo, quia hoc est primum in ratione subiecti, et si ad hoc alio indigeret, oporteret, quod hoc esset subiectum prius primo, et abiret hoc in infinitum, et infinitum abhorret intellectus omnis. patet igitur, quod haec disciplina etiam praeter rationem ficta est.

Quod autem tertio adducit, quod hyle secundum se est impartibilis et immobilis et impassibilis, et quod hyle accepta corporeitate efficitur divisibilis et mobilis, et accepta contrarietate efficitur passibilis et sensibilis, et quod noys similiter se habet ad acceptationem imaginationis et sensus, et deus similiter ad indumentum quantitatis caelorum et elementi, multum est irrationabile et totum penitus impossibile et abominabile. Dicere enim hylen esse indivisibilem, etiam quando est secundum se accepta, est penitus falsum. Tunc enim est divisibilis potentia, non actu. Unde hoc non fuit dictum alicuius scientis philosophiam.

Similiter dicere, quod per corporeitatem assumptam sit mobilis, omnino est falsum et a nobis improbatum in physicis. Secundum hoc enim maneret corporeitas una numero in toto et omni motu et mutatione, sicut subiectum motus et mutationis manet unum numero; et secundum hoc corpus naturale constitueretur dimensionibus quantitatum, et mathematica secundum esse accepta erunt principia physicorum, quae ambo sunt absurda apud omnes qui aliquid noverunt de peritia Peripateticorum. Ideo in physicis determinavimus corpus physicum ab aptitudine mensurationis trium diametrorum constitui et non ab actuali mensuratione quantitatis mathematicae secundum esse acceptae; haec enim ⟨est⟩ aptitudo subiecti et materiae, quae unum numero manet in toto motu et mutatione, et ab hac habet mobilitatem. Re-

betrifft. Denn auch wenn die Materie keiner Sache bedarf, um Materie zu sein, so bedarf sie doch aller Dinge, um vollkommen zu sein. Ferner findet sich unter allen Dingen nichts, das so sehr, so oft und so vieler Dinge bedürftig ist wie sie. Und dass sie keiner Dinge für ihr *Materie*-sein bedarf, das kommt daher, dass dies ein primäres Merkmal des Begriffs des Subjekts ist, und wenn sie eines anderen dafür bedürfte, so müßte dieses zunächst ein früheres Subjekt sein, und es käme zu einem unendlichen Regress, und jeder Verstand schreckt vor dem Unendlichen zurück. Es ist also klar, dass diese Theorie sogar wider die Vernunft konstruiert worden ist.

Was er an dritter Stelle anführt, nämlich dass die Hyle an sich selber unteilbar und unbeweglich und unaffizierbar ist und dass die Hyle dadurch, dass sie Körperlichkeit annimmt, teilbar und beweglich wird und dadurch, dass sie Gegensätzlichkeit annimmt, affizierbar und wahrnehmbar wird und dass sich der Nus auf ähnliche Weise verhält, wenn er Vorstellung und Wahrnehmung annimmt, und der Gott auf ähnliche Weise, wenn er die Hülle der Quantität der Himmel und des Elementes annimmt – das ist gar sehr unsinnig und völlig unmöglich und verabscheuenswert. Denn zu sagen, dass die Hyle unteilbar sei, ist auch dann, wenn sie für sich selbst genommen wird, völlig falsch. Dann ist sie nämlich teilbar der Möglichkeit, wenn auch nicht der Aktualität nach. Und daher ist das nicht die These von irgendeinem gewesen, der philosophisches Wissen hat.

Zu sagen, dass die Hyle durch Hinzunahme der Körperlichkeit beweglich ist, ist auf ähnliche Weise völlig falsch und von uns in der Physik [Alb., Phys. l.2 tr.1 c.7] widerlegt worden. Denn demzufolge würde die Körperlichkeit in der ganzen und jeder Bewegung und Veränderung der Zahl nach eine bleiben, so wie das Subjekt von Bewegung und Veränderung der Zahl nach eines bleibt; und demzufolge würde der natürliche Körper durch die Dimensionen der Quantitäten konstituiert werden, und die mathematischen Gebilde würden, [nicht nur der Potenz nach, sondern] dem [aktualen] Sein gemäß verstanden, Prinzipien der physischen sein – beides Annahmen, die von allen, die etwas von der Einsicht der Peripatetiker gelernt haben, für absurd gehalten werden. Daher haben wir in der Physik [Alb., Phys. l.1 tr.1 c.3] festgestellt, dass der physische Körper von der Eignung, gewissen Maßen der drei Dimensionen zu unterliegen, konstituiert wird und nicht dadurch, dass er den aktualen Maßen einer [nicht nur der Potenz, sondern] dem [aktualen] Sein gemäß verstandenen mathematischen Quantität unterliegt. Diese [Eignung] nämlich ist die Eignung des Subjekts und der Materie, welche in der ganzen Bewegung und Veränderung *eines* der Zahl nach bleibt, und von dieser [Eignung] hat sie [sc. die Materie] die Beweglichkeit. Dagegen hat sie die Fähigkeit, die Form auf-

ceptibilitatem autem formae habet ante hanc a seipsa; et si passibilitas dicitur receptibilitas, tunc passibilitatem habet a seipsa hyle. Si autem passio est a contrario, tunc passibilitatem habet a contrariorum susceptibilitate, et passionem ipsam habet a contrariis susceptis et secundum actum agentibus, quia haec ‚passio magis facta abicit a substantia', et non fit nisi agentibus ad invicem contrariis et mutuo se abicientibus a subiecto. Noys autem non sic se habet ad imaginationem, quoniam cum noys in anima hominis habet imaginationem, habet illam ex potentia organica, cuius organum non recipit nisi figuras corporum. Et haec potentia fluit ab animae substantia, secundum quod ipsa est endelechia corporis organici physici habentis potentiam ad vitae opera, et non est ex hoc quod ipsa noys anima per hoc efficiatur quod formam assumat corpoream, sicut iste fatuus dicit, et eum Alexander secutus est. Et fuit hoc principium haeresis cuiusdam Tertulli Graeci opinantis animam habere effigiem membrorum. Si enim sic dimensiones corporum accipit sicut hyle, eo quod idem est noys et hyle, ut isti dicunt, oportebit, quod sicut hyle corporeitate vestita et contrarietate disposita nullum prorsus actum habet extra corporis et contrarietatis permissionem, ita noys induta forma animae, quae est dimensionis, ut iste dicit, nullam habeat operationem separatam a corporis mensuratione et similitudine; et sic nulla esset in nobis operatio intellectus omnino, quod experta docent esse falsum. Sed isti concedunt hoc, adducentes pro se, quod dicit Aristoteles, quod noster intellectus est cum continuo et tempore. Sed nos iam in praehabitis ostendimus, quod licet sit cum continuo et tempore in prima intelligibilis acceptione, tamen apud se invenit sine continuo et tempore intelligibile, quod est ipsa rei veritas et quiditas; et tunc omnino est sine tempore et continuo. Deus autem sine syllogismo inducitur sic se habere ad caelum et ad mundum et ideo esse noym et hylen. Et secundum hoc nec divinus

zunehmen, vor dieser [Eignung] durch sich selbst; und wenn unter Affizierbarkeit die Fähigkeit, [die Form] aufzunehmen, verstanden wird, dann hat die Hyle die Affizierbarkeit von sich selbst. Wenn jedoch die Affektion vom [jeweiligen] Gegenteil kommt, dann hat sie die Affizierbarkeit von der Fähigkeit, die Gegenteile aufzunehmen, und die Affektion selber hat sie dann von den Gegenteilen, die sie aufnimmt und die aktual wirksam sind. Denn diese ‚Affektion bringt, wenn sie stärker wird, von der Substanz ab' [Arist. Topik 145a3–4], und sie kommt nur dann vor, wenn die Gegenteile aufeinander wirken und sich wechselseitig vom Subjekt abbringen. Der Nus freilich verhält sich nicht so zur Vorstellung; denn wenn der Nus in der Seele des Menschen Vorstellung besitzt, hat er sie aufgrund eines instrumentellen Vermögens, dessen Instrument nur die Figuren der Körper aufnimmt. Und dieses Vermögen fließt aus der Substanz der Seele, insofern sie selbst ‚die Entelechie eines instrumentartigen, physischen Körpers' [Arist. DA 412b5–6] ist, der das Vermögen zu Funktionen des Lebens hat [vgl. Arist. DA 412a28]. Und daraus folgt nicht, dass der Nus selbst derart zu einer Seele wird, dass er eine körperliche Form annimmt, wie jener Törichte sagt und worin ihm Alexander gefolgt ist. Und dies war der Anfang der Haeresie eines gewissen Griechen Tertullus [gemeint ist: Tertullian], der glaubte, die Seele habe die Gestalt der [körperlichen] Glieder. Wenn nämlich, wie jene sagen, der Nus die Dimensionen der Körper so annimmt wie die Hyle (da der Nus und die Hyle dasselbe sind), wird folgendes notwendigerweise der Fall sein: wie die Hyle, mit Körperlichkeit bekleidet und mit Gegensätzlichkeit ausgestattet, überhaupt keine aktuale Wirksamkeit hat jenseits dessen, was ihr der Körper und die Gegensätzlichkeit gestattet, so wird der Nus, mit der Form der Seele, welche die Form von Ausdehnung ist (wie jener sagt), bekleidet, überhaupt keine Tätigkeit haben können, die von der Abmessung und Ähnlichkeit des Körpers getrennt ist. Und so wird in uns überhaupt keine Tätigkeit des Intellekts sein, was, wie die Erfahrungstatsachen lehren, falsch ist. Freilich geben diese das zu, führen jedoch für sich ins Feld, was Aristoteles [DA 429b10 ff.] sagt, nämlich dass unser Intellekt mit Raum und Zeit ist. Aber wir haben schon im Vorhergehenden [Alb., Metaph. l.1 tr.2 c.8] gezeigt, dass, auch wenn [unser Intellekt] in der [zeitlich] ersten Aufnahme des Intelligiblen mit Raum und Zeit ist, er dennoch bei sich das Intelligible ohne Raum und Zeit findet, welches die Wahrheit der Sache selbst und ihre Washeit ist. Und dann ist er völlig ohne Raum und Zeit.

Gott wird aber [in der in Rede stehenden Argumentation] ohne syllogistisches Argument so eingeführt, dass er sich so zum Himmel und zur Welt verhalte und deshalb Nus und Materie sei. Und demzufolge wäre nicht ein-

intellectus esset sine continuo et tempore, quin immo *secundum hoc hyle in omnibus rebus esset intellectus apud se et cum continuo et tempore intelligeret in omnibus*, et secundum hoc secundum prudentiam dictus intellectus esset in omnibus. Et si dicat iste, sicut dixit Democritus, quod hoc verum est, sed in quibusdam obruitur corporeitate, quod ad iudicium de rebus et conceptionem et notionem venire non potest, istud est absurdum, quia propter formam est materia, et ideo secundum potestates formae aptatur materia. Si igitur hyle potestates has habet in omnibus, in omnibus aptatur ei organum potestati suae ad operationes congruum. Loqui autem diu de abusionibus istorum virorum frivolum est; ex dictis enim satis intelligitur hos in philosophia agrestes esse et rusticos et naturales eorum positiones nullo modo existere.

Cap. 9. Et est digressio declarans opinionem et rationes et solutiones rationum Melissi

Melissus autem, positionis huius susceptor, articulavit eam, eo quod Xenophanes non distinxit aliquid, sed omnia dixit esse deum.

Similien:
Das Eine/Das All
Gott als das Eine/das All
Gott als Geist
Gottesbegriff
Gott/das Prinzip begrenzt/unbegrenzt
Gott/das Prinzip bewegt/unbewegt
Prinzipien
Verhältnis zu Parmenides
Xenophanes als Eleat
Xenophanes als Naturphilosoph

(vgl. **Xen 7, Xen 129, Xen 130, Xen 252, Xen 253, Xen 324, Xen 331a**)

mal der göttliche Intellekt ohne Raum und Zeit, ja demzufolge wäre die Materie in allen Dingen der Intellekt an sich selbst und würde mit Raum und Zeit in allem denken, und demzufolge wäre ‚der im Sinne der Vernunft (*phronesis*) verstandende Intellekt' [Arist. DA 404b5] in allen Dingen. Und wenn nun jener sagen sollte – wie Demokrit sagte –, dass dies wahr ist, dass aber [der Intellekt] in manchen Dingen aufgrund der Körperlichkeit verschüttet ist, da er nicht zum Urteil über die Dinge und zu einer Auffassung und zu einem Begriff von ihnen gelangen kann, ist dies absurd; denn der Form wegen ist die Materie, und daher hat die Materie hinsichtlich ihrer Vermögen eine Eignung für die [Aufnahme der] Form. Wenn nun die Hyle diese Vermögen in allen Dingen hat, so kommt ihr in allen Dingen ein geeignetes Instrument zu, das mit ihrem Vermögen, auf bestimmte Weise wirksam zu sein, übereinstimmt.

Doch länger über die mißbräuchlichen Argumente dieser Männer zu sprechen, ist albern; denn aus dem Gesagten läßt sich hinreichend verstehen, dass sie philosophisch primitiv und roh sind und dass ihre Positionen auf keine Weise natürlich sind.

Cap. 9. Und [hier] ist ein Exkurs, der Melissos' Auffassung, seine Argumente und die Entkräftung dieser Argumente erklärt.

Melissos, der Xenophanes' Position fortführte, legte sie differenzierter dar; denn Xenophanes bestimmte nichts näher, sondern sagte [bloß], dass alles Gott sei.

Xen 324
Metaphysica 60.46–60 (ed. Geyer)
Sic igitur finita materia per formam nec una manet nec infinita, quoniam quaecumque pars eius clauditur intra fines unius formae, dividitur ab altera et numeratur cum illa et finitur; et ideo nec unum est ens neque infinitum, sed quia, quod in potentia fuit ad esse, etiam est in potentia ad non-esse, habet, quo et ad quid moveatur; et ideo non est unum omnia, infinitum et immobile, sicut dixit Melissus. Agrestis enim et iste est et rusticus, in physicis non civiliter dispositus, sicut et doctor suus Xenophanes; et ideo sermones istorum relinquuntur, quia sufficit id quod dictum est in contradictione positionis eorum. Diximus tamen in physicis quaedam de ista positione, quae si addantur ad ea quae hic dicta sunt, magis erit sufficiens contradictum.

Similien:
Gott/das Prinzip begrenzt/unbegrenzt
Gott/das Prinzip bewegt/unbewegt
Prinzipien
Xenophanes als Naturphilosoph

(vgl. **Xen 7, Xen 129, Xen 130, Xen 252, Xen 253, Xen 323, Xen 331a**)

Xen 325
Metaphysica 68.52–64 (ed. Geyer)
Similiter autem et illi qui *dicunt*, quod omnia sunt *unum aut ens primum*, sicut Xenophanes et Parmenides, *dicunt causam talem esse* quae est *natura substantiae* et eius quod quid est. Sed non dicunt hoc quod est, *esse huius causa* sicut causa finis nec dicunt huius causa *fieri* hoc quod fit sicut causa finis. Igitur accidit eis modo quodam dicere id quod est causa, sicut *bonum* rei et finis. Dicunt enim secundum accidens obscure, secundum quod est dispositio efficientis ad movendum, et *simpliciter non dicunt*. Et hoc est

Xen 324
Metaphysik 60.46–60
Kritik an Melissos' These, dass alles ein unbegrenztes und unbewegliches Eines sei.
Somit ist also die Materie durch die Form begrenzt und bleibt weder eine noch unbegrenzt, da jeder Teil von ihr innerhalb der Grenzen einer Form eingeschlossen, von einem anderen Teil abgeteilt und mit jener [Form] gezählt und von ihr begrenzt wird. Und daher ist die Materie weder ein eines noch ein unbegrenztes Seiendes; vielmehr hat [die Materie] etwas, wodurch und wozu sie eine Bewegung vollzieht; denn da sie im Zustand des Vermögens, zu sein, gewesen ist, ist sie auch im Zustand des Vermögens, nicht zu sein. Und daher ist nicht alles ein unbegrenztes und unbewegliches Eines, wie Melissus sagte. Er ist nämlich roh und primitiv und in den naturphilosophischen Fragen unkultiviert, ähnlich wie sein Lehrer Xenophanes. Und daher können wir ihre Ausführungen auf sich beruhen lassen, da das, was [von uns hier] gesagt worden ist, hinreichend ist für die Argumentation gegen ihre Position. Wir haben allerdings auch in der *Physik* manches über diese Position gesagt; wenn das dort Gesagte zu dem, was hier gesagt worden ist, hinzugenommen wird, wird die Gegenargumentation noch mehr hinreichen.

Xen 325
Metaphysik 68.52–64
Kommentar zu Metaph. 1.7, 988b11–16, wo Aristoteles sagt, dass die Finalursache von seinen Vorgängern nur akzidentell erwähnt werde, nicht aber als solche. Zunächst nimmt Aristoteles auf die Denker Bezug, die den Nus (Anaxagoras) oder die Freundschaft (Empedokles) als ein Gutes bezeichnen, jedoch den Nus bzw. Freundschaft als causa efficiens und nicht als causa finalis bestimmen. Dann erwähnt er jene, die das Eine oder das Seiende als Gutes bezeichnen, jedoch das Eine oder das Seiende als causa formalis und nicht als causa finalis bestimmen. Albert rechnet unter die letzteren Xenophanes und Parmenides.
Auf ähnliche Weise [wie die, die den Nus oder die Freundschaft als Gutes bezeichnen, ohne den Nus bzw. die Freundschaft als causa finalis zu bestimmen] sagen auch die, die wie Xenophanes und Parmenides behaupten, alles sei das Eine oder das erste Seiende, dass eine solche Ursache diejenige ist, die die Natur der Substanz und des ‚Was es ist' ist. Doch sagen sie nicht, dass das, was ist, durch diese Ursache wie durch eine finale Ursache sei, noch sagen sie, dass das, was entsteht, durch diese Ursache wie durch eine finale

secundum accidens dicere, non simpliciter; hoc enim accidit fini, quod inclinatio sit efficientis; substantialiter autem est terminus intentionis et motus.

Similien:
Prinzipien
Verhältnis zu Parmenides

Xen 326
Metaphysica 129.43–46 (ed. Geyer)
Et sic unam primam formam ponit in omnibus, et fere tendit hoc ad positionem Platonis; multa autem dicta Parmenidis et Xenophanis et aliorum, de quibus in primo libro mentionem fecimus, omnia dicta sunt ad istius quaestionis solutionem.

Similien:
Prinzipien
Verhältnis zu Parmenides

Xen 327
Metaphysica 192.17–28 (ed. Geyer)
Dico autem, quod decenter dicunt, quia sic ex hypothesi, quam ponunt, *magis congruit eos dicere aut* congruit eos dicere, *sicut Epicharmus* quidam nomine dixit *ad Xenophanem*. Cum enim Xenophanes omnia diceret unum et hoc esse deum, Epicharmus instabat per multitudinem, quae videtur in sensu esse diversarum substantiarum sensibilium, et convenit cum istis omne ens nihil nisi sensibile esse dicentibus, et ideo non omnia esse unum, quod est deus. Et de huiusmodi talibus, quantum oportuit, in primo huius sapientiae libro disputatum est.

Ursache entstehe. Somit kommt ihnen akzidentell zu, dass sie in gewisser Weise das erwähnen, was Ursache ist im Sinne des Guten für eine Sache und des Ziels. Sie reden nämlich [davon] auf dunkle Weise mit Bezug auf ein Akzidenz des Ziels, demzufolge es [sc. das Ziel] eine Hinordnung des Wirkenden auf das zu Bewegende ist; sie reden [davon] aber nicht schlechthin. Und das ist [es, was Aristoteles meint, wenn er ihnen zuschreibt] mit Bezug auf ein Akzidenz zu reden, aber nicht schlechthin. Es trifft nämlich auf das Ziel akzidentell zu, dass es eine Hinwendung des Wirkenden [auf das zu Bewegende] ist; substantiell ist [das Ziel] dagegen das Ende der Hinwendung und der Bewegung.

Xen 326
Metaphysik 129.43–46
Besprechung des Problems, warum unter der Annahme, dass für alle Dinge dieselben Prinzipien anzusetzen sind, manche Dinge vergänglich, andere unvergänglich sind (vgl. die elfte Aporie im zweiten Buch von Arist. Metaph., 1000a5–1001a3). Albert referiert die Theorie, die „Avicebron" (Solomon ibn Gabirol) in seiner Schrift über die Quelle des Lebens zur Lösung des Problems vorschlägt.
Und so setzt er (sc. Avicebron) eine erste Form in allen Dingen an, und das geht ziemlich in die Richtung der Position Platons. Und viele der Dinge, die von Parmenides und Xenophanes und den anderen, die wir im ersten Buch erwähnt haben, gesagt worden sind, sind allesamt gesagt worden, um dieses Problem zu lösen.

Xen 327
Metaphysik 192.17–28
Über die Philosophen, die meinen, dass alles, was so-und-so erscheint, auch so-und-so ist.
Ich sage, dass sie insofern plausibel reden [wenn sie sagen, dass alles, was so-und-so erscheint, auch so-und-so ist], als es sich unter der Voraussetzung, die sie machen [nämlich der, dass allein die Sinnesdinge sind], passender ist, dass sie so reden, als dass sie so reden wie ein gewisser [Mann] namens Epicharm gegenüber Xenophanes redete. Da nämlich Xenophanes meinte, dass alles das Eine und dieses Gott sei, ergriff Epicharm gegen [Xenophanes] Position mit Berufung auf die Vielheit der verschiedenen wahrnehmbaren Substanzen, die es in der Wahrnehmung zu geben scheint, und stimmte mit denen überein, die behaupten, dass jedes Seiende nichts anderes als wahr-

Similien:
Das Eine/Das All
Gott als das Eine/das All
Gottesbegriff

(vgl. **Xen 8, Xen 131, Xen 255**)

Xen 328
Summa theologiae 2.12.72.1.4 (ed. Borgnet)
Ad aliud dicendum, quod illud quod inter corporalia multiplicat se sine sui diminutione, corpus est, sive forma corporalis, quod communem habet materiam in omnibus in quae se multiplicat, divinitas autem nullam habet materiam, neque propriam, neque communem: et ideo non est simile. Hoc tamen dixit Xenophanes, quem secutus est quidam David de Dinanto, dicens, quod Deus, νοῦς, et materia prima sint idem. Sed nos contra hunc errorem disputavimus circa principium hujus secundae partis, tractatu primo de Aristotelis et Platonis erroribus circa principium creationis, quaestione de *materia prima*.

Similien:
Gott als Geist
Gottesbegriff
Prinzipien

Xen 329
Summa theologiae 2.12.72.4.2 (ed. Borgnet)
De hac etiam opinione fuit Alexander philosophus, et Xenophanes, et David de Dinanto, qui nititur multis rationibus hunc errorem probare in libro qui dicitur de *Tomis*, sive de *Divisionibus*: post quas probationes ponit talem conclusionem sic dicens: «Manifestum est igitur unam solam substantiam esse, non tantum omnium corporum, sed etiam omnium animarum: et hanc nihil aliud esse quam ipsum Deum, quia substantia de qua sunt omnia corpora, dicitur hyle, substantia vero de qua sunt omnes animae, dicitur ratio vel mens. Manifestum est igitur Deum esse substantiam omnium corporum et omnium animarum. Patet igitur, quod Deus et hyle et mens una sola substantia sunt.»

nehmbar ist und dass daher nicht alles das Eine ist, welches Gott ist. Über die Dinge dieser Art ist, soweit es nötig war, im ersten Buch dieser Wissenschaft gehandelt worden.

Xen 328
Summe der Theologie 2.12.72.1.4
Zu dem weiteren [Argument dafür, dass die menschliche Seele vom Wesen und der Substanz Gottes sei] ist zu sagen, dass jenes, was sich unter den körperlichen Dingen ohne seine Verminderung vervielfacht [wie z. B. Licht], ein Körper (bzw. eine körperliche Form) ist, welcher eine gemeinsame Materie besitzt in allen Dingen, in die er sich vervielfacht, die göttliche Natur aber keine Materie besitzt, weder eine spezifische noch eine gemeinsame: Daher ist [jenes ihr] nicht ähnlich. Dies hat dennoch Xenophanes behauptet, dem ein gewisser David von Dinant (vgl. **Xen 319**) gefolgt ist, indem er sagt, dass Gott, der Nus und die erste Materie dasselbe seien. Wir aber haben gegen diesen Irrtum zu Beginn dieses zweiten Teils argumentiert, im ersten Traktat über Aristoteles' und Platons Irrtümer in Bezug auf das Prinzip der Schöpfung, bei der Frage über die erste Materie.

Xen 329
Summe der Theologie 2.12.72.4.2
Dieser Ansicht waren auch der Philosoph Alexander, Xenophanes und David von Dinant (vgl. **Xen 319**), der sich in dem Buch, das *de Tomis* oder *de Divisionibus* heißt, bemüht, diese irrtümliche Auffassung mit vielen Argumenten zu beweisen. Nach diesen Beweisen kommt er zu folgender Schlussfolgerung, indem er so sagt: „Es ist also offenbar, dass es nur eine einzige Substanz gibt, nicht nur aller Körper, sondern auch aller Seelen, und dass diese nichts anderes ist als Gott selbst, da die Substanz, von der alle Körper sind, *hyle* [Materie] genannt wird, die Substanz aber, aus der alle Seelen sind, Vernunft oder Geist genannt wird. Es ist also offenbar, dass Gott die Substanz aller Körper und aller Seelen ist. Es ist also klar, dass Gott und die *hyle* und der Geist eine einzige Substanz sind."

Similien:
Gott als das Eine/das All
Gott als Geist
Gottesbegriff
Prinzipien

(vgl. **Xen 321**)

Michael Scotus

Xen 330
Commentaria magna in Aristotelem De celo et mundo 422, Textus/Commentum 78 (ed. Carmody/Arnzen)
*Ibn Rušds großer Kommentar (**Xen 318**) ist lediglich in der lateinischen Übersetzung von dem in Toledo tätigen Michael Scotus (vor 1200 – etwa 1235) erhalten. Der Name Xenophanes war den abenteuerlichsten Veränderungen unterworfen: Die geheimnisvollen Malotonenser, die Xenophanes' Platz eingenommen haben, könnten sich aus einer Verschreibung seines Heimatortes Kolophon (قلفونية zu ملتونية) erklären. Wie im gerade zitierten mittleren Kommentar (**Xen 317**), zu dem die inhaltliche Nähe ins Auge fällt, nennt Ibn Rušd im eigentlichen Kommentarteil nur Empedokles.*
Quidam enim dicunt quod profundum terre et eius inferius est infinitum, quia suum fundamentum est ad infinitum, ut plures homines dicunt scilicet Malotonenses. Empedocles autem resistit eis […]
Dicit quod omnes cause quas Antiqui dicunt in quiete terre sunt impossibiles: quidam enim dicunt quod causa in quiete terre est quia est infinita, quapropter non habet locum ad quem movetur, et quod ipsa sustentat se; et Empedocles resistit contradicentibus hunc sermonem.

Similien:
Natur und Entstehung der Erde
Unbewegtheit der Erde
Unendlichkeit der Erde

(vgl. **Xen 4, Xen 14, Xen 186a, Xen 234, Xen 235, Xen 289, Xen 317, Xen 331b**)

Michael Scotus (vor 1200 – um 1236)

Xen 330
Großer Kommentar zu Aristoteles' *De caelo* 294a22–25

[Cael. 2.13, 294a22–25 (**Xen 4**)] „Denn gewisse Leute sagen, dass die Tiefe der Erde und deren unterer Teil unendlich sind, da ihr Grund beim Unendlichen ist, wie viele Männer sagen, namentlich die Malotonenser. Aber Empedokles hat sich ihnen entgegengestellt […]"
Er sagt, dass alle Ursachen, die die Alten über die Ruhe der Erde behaupten, unmöglich sind: denn sie sagen nämlich, dass die Ursache für die Ruhe der Erde sei, dass sie unendlich ist und daher keinen Ort hat, zu dem sie sich bewegt, und dass sie sich selbst aufrechterhält. Empedokles stellt den Widersprechenden diese Rede entgegen.

Bar Hebraeus (Ibn al-ʿIbrī)

Xen 331
Liber candelabri sanctuarii 543.7–9 (ed. Bakos)
Der Universalgelehrte und monophysitische Bischof Bar Hebraeus, der im Arabischen unter dem Namen Ibn al-ʿIbrī bekannt ist, verfasste seine historischen, philosophischen, theologischen, medizinischen und grammatischen Abhandlungen fast ausschließlich auf Syrisch. Er stützte sich vor allem auf arabische Quellen und übersetzte auch aus dem Arabischen mit dem Ziel, seinen Glaubensgenossen das Wissen der Zeit auf Syrisch zugänglich zu machen. Sein *Leuchter des Heiligtums* ist ein Kompendium philosophischer und theologischer, naturwissenschaftlicher und medizinischer Inhalte. Im zweiten Kapitel über die Natur des Universums stellt Bar Hebraeus die Ansichten der antiken Denker über die Prinzipien allen Seins dar. Über Xenophanes sagt er, in Anlehnung an Hippolytos' *Widerlegung aller Häresien* (siehe **Xen 119**), das Folgende:

[Syriac text]

Similien:
Das Eine/Das All
Gott/das Prinzip bewegt/unbewegt
Prinzipien

Georgios Pachymeres

Xen 331a
In Aristotelis Metaphysicam commentarium 1.3.86–91 (ed. Pappa)
(Κεφάλαιον γ'. Περὶ τῆς ὑλικῆς αἰτίας καὶ τῶν περὶ αὐτῆς δοξῶν τῶν παλαιῶν.) Παρμενίδης δὲ καὶ Μέλισσος ἓν εἰπόντες, καὶ ὁ μὲν πεπερασμένον, ὁ δὲ ἄπειρον, Παρμενίδης μὲν ἔοικε τοῦ κατὰ λόγον ἑνὸς ἅπτεσθαι, Μέλισσος δὲ τοῦ κατὰ τὴν ὕλην (ἡ μὲν γὰρ ὕλη ἄπειρος, πέρας δὲ τὸ εἶδος ὡς τὸ ἀόριστον τῆς ὕλης περαῖνον). Ξενοφάνης δὲ ἀπερικαλύπτως τὸ ἓν ἔλεγε τὸν θεόν.

Bar Hebraeus (Ibn al-ʿIbrī) (1225/6–1286 n. Chr.)

Xen 331
Leuchter des Heiligtums 543.7–9

Einige von ihnen (den Altvorderen) postulierten ein einziges, unbewegliches Prinzip, wie Xenophanes. Dieser erklärte jedes Entstehen und Vergehen für nichtig und sagte, dass alles eins ist und ohne jegliche Veränderung.

Georgios Pachymeres (1242 – 1310 n. Chr.)

Xen 331a
Kommentar zu Aristoteles' *Metaphysik* 1.3.86–91
(Kapitel 3. Über die Materialursache und die Meinungen der Alten über sie.) Indem Parmenides und Melissos von einem Einen sprachen, der eine [Parmenides] von einem begrenzten, der andere [Melissos] von einem unbegrenzten, scheint Parmenides an das, was der Formel nach eines ist, gerührt zu haben, Melissos an das, was gemäß der Materie eines ist (die Materie ist nämlich unbegrenzt, während die Form Grenze ist, insofern sie das Unbe-

Similien:
Das Eine/das All
Gott als das Eine/das All
Gott/das Prinzip begrenzt/unbegrenzt

(vgl. Xen 7, Xen 129, Xen 130, Xen 252, Xen 253, Xen 323, Xen 324)

Xen 331b
In Aristotelis De caelo commentarium 2.6.6.1–2 (ed. Telelis)
(Κεφάλαιον ς'. Περὶ τῆς γῆς καὶ σχήματος καὶ μεγέθους αὐτῆς.) Ξενοφάνης δὲ ὁ Κολοφώνιος διὰ τὴν μονὴν καὶ ἄπειρον φησὶ τὸ κάτω τῆς γῆς εἶναι.

Similien:
Unbewegtheit der Erde
Unendlichkeit der Erde

(vgl. Xen 4, Xen 14, Xen 186a, Xen 234, Xen 235, Xen 289, Xen 317, Xen 330)

Konstantinos Akropolites

Xen 332
Epistulae 195.69–87 (ed. Romano)
πολύ τε ἀφεστηκότες τὰ μεγάλα μικρὰ βλέπομεν καὶ στρογγύλα τὰ πολυγώνια, ὡς καὶ τοὺς ἐφ' ὑψηλοῦ κίονας, κἂν εἰ πολυγώνιοι τύχοιεν ὄντες, κυκλοτερεῖς, καθάπερ καὶ τὸν ἥλιον αὐτὸν ποδιαῖον τὸν ἀκτίνων καὶ φωτὸς πληροῦντα τὰ πέρατα τάς τε ἑκασταχόθι τῆς οἰκουμένης ἀγυιὰς κατ' ὀρθὰς ἀκτινοβολοῦντα καὶ πάσας ἐξ ἴσου φωτίζοντα. οὐδεὶς δὲ ὅστις τῶν σοφῶν ἀποκρίνει τῆς ἀληθείας[1] τὴν αἴσθησιν, εἰ μὴ ὅτι γε Σέξτης τε καὶ Πύρρων, οἳ πρώτην διαβαλόντες τὴν αἴσθησιν, 'ἐκ βάθρων', ὡς εἰπεῖν, τὴν κατάληψιν ἀνατρέπουσι καὶ τὴν ἀκαταληψίαν εἰσφέρουσι. μὴ δὲ τοῦτ' αὐτὸ κατειληφότες οἱ γεννάδαι καὶ τῆς ἀληθείας αὐτῆς κατατολμῶντες ὡς ἀληθῶς, ὡς, εἰ καλῶς ταυτὶ λέγουσι, κατειλήφασι· καὶ ἰδοὺ παρὰ σφίσι κατάληψις. εἰ δὲ μὴ καλῶς, κενὰ φάσκουσι καὶ πᾶς τις ἄλλος ὃς διαβαλεῖν

---

1 τῆς ἀληθείας] ταῖς ἀληθείαις codd., Romano

grenzte der Materie begrenzt); Xenophanes hingegen nannte das Eine unumwunden Gott.

Xen 331b
Kommentar zu Aristoteles' *De caelo* 2.6.6.1–2
(Kapitel 6. Über die Erde und ihre Gestalt und Größe.) Xenophanes, der Kolophonier, sagt aufgrund des Verharrens [der Erde], dass das Untere der Erde unbegrenzt sei.

Konstantinos Akropolites (gest. um 1324 n. Chr.)

Xen 332
Briefe 195.69–87
Weit von ihnen entfernt stehend, nehmen wir große Gegenstände als klein wahr, vieleckige als rund, wie auch Säulen auf einem hohen Orte, auch wenn sie vieleckig sind, als kreisrund, wie auch die Sonne selbst als fußgroß, die mit ihren Strahlen und ihrem Licht die äußersten Grenzen erfüllt und überall die Winkel der bewohnten Welt mit ihren Strahlen trifft und alle gleichermaßen beleuchtet. Keiner aber der weisen Leute sondert die Wahrnehmung von der Wahrheit ab, es sei denn Sextus und Pyrrhon, die, nachdem sie zunächst die Wahrnehmung verleumdet haben, von Grund auf sozusagen das Begreifen aufheben und die Unbegreiflichkeit einführen. Dabei ist es doch wohl so, dass die edlen Leute, die sich erdreisten, gegen die Wahrheit selber zu polemisieren, dadurch, dass sie genau dies [i.e. dass es keine Wahrheit gibt] begriffen haben, wirklich, wenn sie dies gut sagen, [etwas] begriffen haben; und siehe, es gibt ein Begreifen bei ihnen! Wenn sie es aber

προήχθη τὴν αἴσθησιν, ταὐτὰ δή που φρονῶν αὐτοῖς ἤλεγκται, οἱ περὶ τὸν Ἐλεάτην Παρμενίδην οὗτοι καὶ Ξενοφάνην τὸν Κολοφώνιον. πάντες δὲ ἄλλοι καὶ τιμῶσι τὴν αἴσθησιν καὶ κριτήριον νομίζουσιν ἀκριβέστατον, καθὸ[1] Ἀριστοτέλης φησί που τῶν ἑαυτοῦ συγγραμμάτων.

Similien:
Verhältnis zu Parmenides
Xenophanes als Skeptiker

Michael Apostolius

Xen 333
Collectio Paroemiarum 8.42r (ed. Leutsch)
Ἤδη δ' ἑπτά τ' ἔασι καὶ ἑξήκοντ' ἐνιαυτοί
　βληστρίζοντ' ὑμὴν[2] φροντίδ' ἀν' Ἑλλάδα γῆν
ἐκ γενετῆς δὲ τότ' ἦσαν ἐείκοσι πέντε πρὸς τοῖς,
　εἴπερ ἐγὼ περὶ τῶν οἶδα λέγειν ἐτύμως.
Ξενοφάνους Δεξιοῦ.

Similien:
Lebensalter/Lebenszeit
Vater

(vgl. **Xen 145**)

Anthologia Graeca

Xen 334
Anthologia Graeca 7.120 (ed. Beckby)
ΞΕΝΟΦΑΝΟΥΣ
　Καί ποτέ μιν στυφελιζομένου σκύλακος παριόντα

1　καθὸ] καὶ ὁ codd., Romano
2　Diogenes Laertios (**Xen 145**) βληστρίζοντες ἐμήν.

nicht gut sagen, reden sie leere Dinge, und auch jeder andere, der verleitet wurde, die Wahrnehmung zu verleumden, indem er dasselbe wie sie denkt, ist widerlegt, die um den Eleaten Parmenides und um Xenophanes aus Kolophon. Alle anderen aber schätzen die Wahrnehmung und sehen sie als das genaueste Kriterium an, wie Aristoteles irgendwo in seinen Schriften sagt.

Michael Apostolius (um 1422 – 1480 n. Chr.)

Xen 333
Sammlung von Sprichwörtern 8.42r
„Siebenundsechzig Jahre aber sind es bereits, die meine Sorge durch das Hellenische Land auf und ab treiben. Von meiner Geburt ab gerechnet waren es damals fünfundzwanzig, wenn ich denn hierüber der Wahrheit gemäß zu berichten weiß." Von Xenophanes, Sohn des Dexios.

Anthologia Graeca

Xen 334
Griechische Anthologie 7.120
Von Xenophanes (VS 21 B 7):
    Und es heißt, als er [Pythagoras] einmal vorüberging, wie ein Hündchen misshandelt wurde, habe er Mitleid empfunden und dieses Wort gesprochen: „Hör auf mit deinem Schlagen. Denn es ist ja die Seele eines Freundes, die ich erkannte, wie ich ihre Stimme hörte."

φασὶν ἐποικτεῖραι καὶ τόδε φάσθαι ἔπος·
„Παῦσαι, μηδὲ ῥάπιζ', ἐπεὶ ἦ φίλου ἀνέρος ἐστὶ
ψυχή, τὴν ἔγνων φθεγξαμένης ἀίων."

Similien:
Seelenwanderung

(vgl. **Xen 141**)

Scholia in Aristophanem

Xen 335
Scholia in Aristophanis Pacem 697e (ed. Holwerda)
[...] μέμνηται, ὅτι σμικρολόγος ἦν· ὅθεν Ξενοφάνης κίμβικα αὐτόν[1] προσαγορεύει.

(vgl. **Xen 151**)

Xen 336
Scholia in Aristophanis Equites 408a (ed. Wilson/Jones)
Βακχέβακχον ᾆσαι: εὐφημῆσαι τὸν Διόνυσον καὶ ἀνυμνῆσαι. Βάκχον δὲ οὐ τὸν Διόνυσον ἐκάλουν μόνον, ἀλλὰ καὶ πάντας τοὺς τελοῦντας τὰ ὄργια βάκχους ἐκάλουν, οὐ μὴν ἀλλὰ καὶ τοὺς κλάδους οὓς οἱ μύσται φέρουσι. μέμνηται δὲ Ξενοφάνης ἐν Σίλλοις οὕτως· "ἑστᾶσιν δ' ἐλάτης ⟨βάκχοι⟩ πυκινὸν περὶ δῶμα." ἔστι δὲ καὶ στεφάνης εἶδος, ὡς Νίκανδρος ἐν τῷ περὶ γλωσσῶν ἱστορεῖ· φησὶ γὰρ οὕτως· "βάκχοισιν κεφαλὰς περιάνθεσιν ἐστέψαντο."

Similien:
Xenophanes als Sillendichter

---

[1] Der μέμνηται, ὅτι κτλ. vorhergehende Text ist korrupt (vgl. zu möglichen Interpretationen Molyneux [1992], 105), αὐτόν bezieht sich jedoch offenbar auf Simonides (vgl. Athen. XIV 656d [452,18-19 Kaibel]).

Scholia in Aristophanem

Xen 335
Scholien zu Aristophanes' *Friede* 697e
Simonides wurde von vielen der Habsucht bezichtigt. [...] Er [gemeint sein dürfte: Chamaileon[1] (ca. 340-270)] erwähnt, dass er [Simonides] ein Geizhals war. Daher nennt ihn Xenophanes (VS 21 B 21) auch einen „Knicker".

Xen 336
Scholien zu Aristophanes' *Ritter* 408a
„Das Bakchoslied singen": Dionysos preisen und hymnisch ehren. ‚Bakchos' nannten sie aber nicht nur den Dionysos, sondern sie nannten auch alle die, die [seine] Riten vollzogen, ‚Bakchen', indessen auch die Zweige, die die Mysten tragen. So erwähnt es Xenophanes in den *Sillen* (VS 21 B 17): „Rings um das feste Haus stehen Fichtenbakchen (= -zweige)." Es ist aber auch eine Art Kranz, wie Nikander (Fr. 130 Gow/Scholfield) in *Über Glossen* berichtet; denn er sagt folgendermaßen: „Sie bekränzten die Häupter mit rings blühenden ‚Bakchen'."

---

[1] Vgl. Athen. XIV 656d (452,18-19 Kaibel): ὄντως δ' ἦν ὡς ἀληθῶς κίμβιξ ὁ Σιμωνίδης καὶ αἰσχροκερδής, ὥς Χαμαιλέων φησίν.

Scholia in Aristotelem

Xen 337
Scholia in Aristotelis Physica Fr. 539 (ed. Rashed)
[Ph. 8.1, 250b18] ⟨ἀλλ' ὁπόσοι μὲν⟩]
- ἀπείρους κόσμους γενητοὺς καὶ φθαρτούς· Δημόκριτος, Ἀναξίμανδρος, Ἐπίκουρος.
- ἕνα κόσμον γενητὸν καὶ φθαρτὸν ἄλλον καὶ ἄλλον· Ἐμπεδοκλῆς, Ἀναξιμένες, Διογένης, Ἡράκλειτος, ἡ Στοά.
- ἕνα κόσμον γενητὸν καὶ ἄφθαρτον ἐξ ἡσυχίας· Ἀναξαγόρας, Ἀρχέλαος, Μητρόδωρος.
- ἕνα κόσμον γενητὸν καὶ ἄφθαρτον ἐξ ἀταξίας· Πλάτων ὡς δοκεῖ.
- ἕνα κόσμον ἀγένητον καὶ φθαρτόν.
- ἕνα κόσμον ἀγένητον καὶ ἄφθαρτον· Ξενοφάνης, Παρμενίδης.

Similien:
Das Eine/Das All
Unvergänglichkeit der Welt
Verhältnis zu Parmenides
Welt: eine/viele

Scholia in Basilium

Xen 338
Scholia in Basilii Homilias in Hexaëmeron 1.10, Fr. 26 (ed. Pasquali)
τὴν γῆν ἀκίνητον ἔφη Παρμενίδης ὁ Ἐλεάτης, Ξενοφάνης ὁ Κολοφώνιος.

Similien:
Unbewegtheit der Erde
Verhältnis zu Parmenides

Scholia in Aristotelem

Xen 337
Scholien zu Aristoteles' *Physik* Fr. 539 (vgl. **Xen 126**)
[Ph. 8.1, 250b18 „Diejenigen, die"] [Es sprechen von]
- unendlich vielen Welten, die entstanden und vergänglich sind: Demokrit, Anaximander, Epikur
- einer [zur jeweils gegebenen Zeit] einzigen Welt, die entstanden und vergänglich ist – wobei eine Welt auf die andere folgt –: Empedokles, Anaximenes, Diogenes, Heraklit, die Stoa
- einer einzigen Welt, die entstanden und unvergänglich ist (mit Ruhe als Ausgangszustand): Anaxagoras, Archelaos, Metrodor
- einer einzigen Welt, die entstanden und unvergänglich ist (mit Unordnung als Ausgangszustand): Platon (wie es scheint)
- einer einzigen Welt, die unentstanden und vergänglich ist
- einer einzigen Welt, die unentstanden und unvergänglich ist: Xenophanes, Parmenides.

Scholia in Basilium (Anfang 7. bis Ende 9. Jh. n. Chr.)

Xen 338
Scholien zu den *Homilien* zum *Hexaëmeron* 1.10, Fr. 26
Dass die Erde unbeweglich sei, sagte Parmenides, der Eleate, Xenophanes, der Kolophonier.

Scholia in Dionysium Periegetem

Xen 339
Scholia in Dionysii Periegetis Orbis Descriptionem 940 (ed. Bernhardy 1010)
Περὶ τῶν εἰς ρος κανών.
Τῶν εἰς ρος ὀξὺν τὸν τόνον κεκτημένων,
πυρός τε γυρός, σὺν δὲ πυρὸς ὁ στάχυς,
τὰ δίχρονα γίνωσκε μακρὰ τυγχάνειν,
τὸ πῦρ πυρὸς δὲ μηδαμῶς μάκρυνέ μοι.
ἔχεις γὰρ ἄλλους τεχνικοὺς ἐκεῖ λόγους.
γύρος δὲ καὶ Κύρος τε καὶ νῆσος Τύρος,
Σύρος τε καὶ πᾶν τὸ βαρὺν τόνον ἔχον,
τοῖς γὰρ φρονοῦσι καὶ βραχὺς ἀρκεῖ λόγος,
τὴν συστολὴν εἴληχε τὴν τῶν διχρόνων.
πυρρὸς δ' ὁ πυρρόχρους τε καὶ Πύρρος πάλιν
διπλοῦν τὸ ρ φέρουσι καὶ μακρὸν θέσει.
Τζέτζης μὲν οὕτω τεχνικοὺς τηρεῖ λόγους.
Σιλλογράφος δέ τις τὸ σι μακρὸν γράφει,
τὸ ρῶ δοκεῖ μοι τοῦτο μηκύνας τάχει.
Σιλλογράφος νῦν ὁ Ζενοφάνης ἐστί, καὶ ὁ Τίμων
 καὶ ἕτεροι.

Similien:
Xenophanes als Sillendichter

(vgl. **Xen 71** & **Xen 260**)

Scholia in Hesiodum

Xen 340
Scholia in Hesiodi Opera et dies 286 (ed. Marzillo)
σοὶ δ' ἐγὼ ἐσθλὰ νοέων· κάλλιστα τὸ φιλόσοφον ἦθος οἷόν ἐστιν εἶπεν διὰ τούτων ὁ Πλούταρχος δηλοῦσθαι. τὸν μὲν γὰρ Ἀρχίλοχον καὶ τὸν Ἱππώνακτα βλασφημίας συγγράψαι κατὰ τῶν λυπησάντων· Τιμοκράτην δὲ καὶ Μητρόδωρον τοὺς Ἐπικουρείους, ἀδελφοὺς ὄντας καὶ

Scholia in Dionysium Periegetem

Xen 339
Scholien zu Dionysios Periegetes, *Herumführung um die bewohnte Welt*
940 (vgl. **Xen 310**)
Regel für die auf *-ros* endenden [zweisilbigen Wörter mit *y*-Stamm]:
Von denjenigen [Wörtern], die einen Akzent auf *-ros* bekommen,
pyrós, gyrós, mit *pyrós* ist die Ähre (*stáchys*) gemeint,
da erkenne, dass die zweisilbigen lang sind [auf der ersten Silbe],
aber *pyrós* von *pȳr* darfst du mir niemals längen!
Denn dafür hast du ja dort andere fachlichen Regeln.
gýros aber und *Kýros* und die Insel *Týros*
und *Sýros* und alles, was auf der vorletzten Silbe betont ist
– den Verständigen genügt ja nämlich auch eine kurze Regel –,
haben eine verkürzte [erste Silbe] unter den zweisilbigen.
Aber *pyrrós* und *pyrróchrous* sowie auch *Pýrros*
enthalten das Doppel-*Rho*, sind also positionslang.
So bewahrt also Tzetzes die Regeln der Kunst.
Dennoch schreibt ein Sillograph *si* (= *sy* in *Sýros*) lang,
mir scheint deshalb, weil er das *Rho* in diesem Wort durch Artikulationsdauer längte.
Nun ist Zenophanes ein Sillograph und Timon und andere. (VS 21 B 41)

Scholia in Hesiodum

Xen 340
Scholien zu Hesiods *Werke und Tage* 286 (vgl. **Xen 223**)
Dir aber, weil ich Nützliches weiß: Sehr schön, sagte Plutarch
(**Xen 65**), werde dadurch gezeigt, von welcher Art die philosophische Haltung ist. Denn Archilochos und Hipponax hätten Schmähworte gegen diejenigen, die sie gekränkt hatten, geschrieben; die Epikureer Timokrates

προσκρούσαντας ἀλλήλοις, ἐκδοῦναι κατ' ἀλλήλων συγγράμματα. καὶ τί δεῖ τούτους λέγειν, ὅπου γε καὶ Ξενοφάνην διὰ δή τινα πρὸς τοὺς κατ' αὐτὸν φιλοσόφους καὶ ποιητὰς μικροψυχίαν Σίλλους ἀτόπους συνθεῖναι ⟨λέγεται⟩ κατὰ πάντων φιλοσόφων καὶ ποιητῶν; ἀλλὰ τὸν ὄντως μουσικὸν Ἡσίοδον μηδὲν τοιοῦτο παθεῖν· οὐ γὰρ μουσικοῦ τὸ μελαγχολᾶν. λυπηθέντα δὲ πρὸς τὸν ἀδελφὸν ἀντὶ τοῦ βλασφημεῖν νουθετεῖν, εἰδότα τοῦτο δὴ τὸ τοῦ Σωκράτους ὅτι πᾶς ὁ κακὸς ἄκων ἐστὶ κακός· δεῖται οὖν νουθεσίας καὶ ἴσως ἐπιγνώσεται ἑαυτὸν ὄντα κακόν.

Similien:
Xenophanes als Sillendichter

(vgl. **Xen 65** & **Xen 223**)

Scholia in Hippocratem

Xen 341
Scholia in Hippocratis Epidemias I 13.3 (ed. Nachmanson 102.19–24)
βληστρισμός· ῥιπτασμός. οὕτω Βακχεῖος τίθησιν. ἐν ἐνίοις δὲ ἀντιγράφοις εὕρομεν βλητρισμὸν χωρὶς τοῦ σ̄. ὄντως δὲ τὸν ῥιπτασμὸν σημαίνει, καθὼς καὶ Ξενοφάνης ὁ Κολοφώνιός φησιν· '†ἐγὼ δ' ἐμαυτὸν πόλιν ἐκ πόλεως φέρων ἐβλήστριζον', ἀντὶ τοῦ ἐρριπταζόμην.

und Metrodoros hätten, als Brüder und doch miteinander in Feindschaft geraten, Schriften gegeneinander herausgegeben. Und warum von diesen reden, wo man doch sagt, dass auch schon Xenophanes wegen einer ziemlich kleingeistigen Haltung den Philosophen und den Dichtern seiner Zeit gegenüber abscheuliche Satirische Gedichte gegen alle Philosophen und Dichter verfasst habe? Der wirkliche Musendiener Hesiod aber empfinde nichts dergleichen; denn es passe nicht zu einem Musendiener, schwarzgallig zu sein. Obwohl er betrübt sei, ermahne er seinen Bruder, anstatt ihn zu beschimpfen, weil er den berühmten Gedanken des Sokrates kenne: Jeder Böse sei unfreiwillig böse; er bedarf also einer Ermahnung und wird sich vielleicht selbst als böse erkennen. (Ü: nach Marzillo)

Scholia in Hippocratem (vermutl. verfasst von Erotian, Mitte o. Ende 1. Jh. n. Chr.)

Xen 341
Scholien zu Hippokrates' *Epidemiae* I 13.3
Blēstrismós: Der *rhiptasmós* [das Hin- und Herwerfen, die Unruhe im Liegen]. So erklärt es Bakcheios[1] (**Xen 27**).[2] In einigen Abschriften finden wir aber *blētrismos*, ohne *s*. In der Tat bezeichnet es den *rhiptasmós*, wie auch der Kolophonier Xenophanes sagt (VS 21 B 45): „Doch ich warf mich hin und her" ([wo er] *eblēstrizon* im Sinne von *erriptazómēn* [gebraucht]) „von Stadt zu Stadt fahrend".

---

1 Bakcheios von Tanagra, ca. 275 – 200 v. Chr., Hippokrateskommentator.
2 Vgl. dazu Ihm (2002), 79: Die folgende Information geht vermutlich auf Bakcheios' Glossenwerk συντάξεις τρεῖς λέξεων Ἱπποκράτους selbst zurück, das von Erotian sehr ausgiebig genutzt wurde.

Scholia in Homerum

Xen 342
Scholia in Homeri Iliadem 2.212b [bT] (ed. Erbse)
Θερσίτης δ' ἔτι: [...] ἤδη δὲ οὐ Ξενοφάνει, ἀλλ' Ὁμήρῳ πρώτῳ σίλλοι πεποίηνται, ἐν οἷς αὐτόν τε τὸν Θερσίτην σιλλαίνει καὶ ὁ Θερσίτης τοὺς ἀρίστους.

Similien:
Xenophanes als Sillendichter

Xen 343
Scholia in Homeri Iliadem 7.99 [bT] (ed. Erbse)
ὕδωρ καὶ γαῖα γένοισθε: τῶν στοιχείων ὕδωρ καὶ γῆ κατὰ φύσιν ἀκίνητα, τὰ δὲ ἄλλα κινητὰ δι' ἑαυτῶν. ταῦτα οὖν φησι τὴν ἀκινησίαν ὀνειδίζων· ἢ ἐξ ὧν συνεστήκασιν, εἰς ταῦτα αὐτοὺς ἀναλυθῆναι εὔχεται. καὶ Ξενοφάνης· „πάντες γὰρ γαίης τε καὶ ὕδατος ἐκγενόμε⟨σ⟩θα / ἐκ †γῆς† γὰρ πάντα καὶ εἰς γῆν πάντα τελευτᾷ."

Similien:
Prinzipien

Xen 344
Scholia in Homeri Iliadem 11.27b [bT] (ed. Erbse)
ἴρεσ⟨σ⟩ιν ἐοικότες: τῷ κυρτώματι ἢ τῷ χρώματι· φησὶ γὰρ Ξενοφάνης· „ἥν τ' Ἶριν καλέουσι, νέφος καὶ τοῦτο πέφυκε / πορφύρεον καὶ φοινίκεον καὶ χλωρὸν ἰδέσθαι".

Similien:
Naturphänomene

Scholia in Homerum

Xen 342
Scholien zu Homers *Ilias* 2.212b [bT]
„Thersites allein" [...] Nicht Xenophanes, sondern Homer hat als Erster bereits Sillen verfasst, in denen er den Thersites selbst verspottet und Thersites die Adeligen.

Xen 343
Scholien zu Homers *Ilias* 7.99 [bT][1]
„[Aber dass ihr doch alle] zu Wasser und Erde würdet": Von den Elementen sind Wasser und Erde der Natur nach unbeweglich, die übrigen sind aus sich selbst beweglich. Dies sagt er also [Menelaos], um die Unbeweglichkeit [seiner Mitkämpfer] zu schmähen; oder er wünscht, dass sie dahinein aufgelöst werden, woraus sie bestehen. Auch Xenophanes [sagt] (VS 21 B 33 & 27): „Denn wir alle wurden aus Erde und Wasser geboren; / denn aus Erde ist alles, und zur Erde wird alles am Ende."

Xen 344
Scholien zu Homers *Ilias* 11.27b [bT]
„Regenbogen gleichend". Der Krümmung oder der Farbe nach; Xenophanes sagt nämlich (VS 21 B 32): „Und was sie Iris benennen, auch das ist seiner Natur nach nur eine Wolke, purpurn und hellrot und gelbgrün zu schauen."

---

1 Vgl. auch das entsprechende – weitgehend mit den sog. D-Scholien (siehe Thiel (2014), 310) übereinstimmende – Scholion im Venetus graec. 822 [= A] (f. 92v): ὕδωρ καὶ γαῖα γένοισθε· ἀναλυθείητε εἰς ὕδωρ καὶ γῆν. διαλυθείητε καὶ ἀποθάνοιτε· βέλτιον δὲ ἀκούειν· ἐξ ὧν ἐγένεσθε, εἰς ταῦτα πάλιν ἀναστοιχειωθείητε. τῶν στοιχείων ὕδωρ καὶ γῆ κατὰ φύσιν ἀκίνητα· τὰ δὲ ἄλλα κινητὰ δι' ἑαυτῶν. ταῦτα οὖν φησὶ τὴν ἀκινησίαν ὀνειδίζων. καὶ ξενοφάνης· „πάντες γὰρ γαίης τε καὶ ὕδατος ἐκγενόμεθα / ἐκ γῆς γὰρ πάντα καὶ εἰς γῆν τελευτᾷ."

Xen 345
Scholia in Homeri Iliadem 21.196-197 [Ge] (ed. Erbse)
ἐξ οὗπερ πάντες ⟨ποταμοὶ–νάουσιν⟩:
Ξενοφάνης ἐν τῷ Περὶ φύσεως· „πηγὴ δ' ἐστὶ θάλασσ' ὕδατος, πηγὴ δ' ἀνέμοιο· / οὔτε γὰρ ἐν νέφεσιν †ἔσωθεν[1] ἄνευ πόντου μεγάλοιο / οὔτε ῥοαὶ ποταμῶν οὔτ' αἰ[θέρος] ὄμβριον ὕδωρ, / ἀλλὰ μέγας πόντος γενέτωρ νεφέων ἀνέμων τε / καὶ ποταμῶν" [...].

Similien:
Naturphänomene

(vgl. **Xen 217** & **Xen 346**)

Xen 346
POxy. II 221, Kol. IX 1–3 Manetti/Montanari[2]

Editionen:

Erbse, H. *Scholia Graeca in Homeri Iliadem*, Berlin 1969–1983.
Manetti D. / Montanari, F. *Xenophanes (POxy 1087, col. II 40–41; POxy 221, col. IX 1–3)*, in: CPF I.1***, 107, 1–2T, 876–879.

Es handelt sich um einen Kommentar zu den Versen 194–197 des 21. Buchs der *Ilias*, der vielleicht vom alexandrinischen Grammatiker Ammonios stammt. Die betreffende homerische Stelle ist Teil der Beschreibung des Duells zwischen Achilleus und Asteropeus am Fluss Skamandros. Während Achilleus Asteropeus tötet, erinnert er ihn daran, dass es unmöglich sei, mit Zeus und seinem Geschlecht zu kämpfen: τῷ οὔτε κρείων Ἀχελώϊος ἰσοφαρίζει / οὔτε βαθυρρείταο μέγα σθένος Ὠκεανοῖο, / ἐξ οὗ περ πάντες ποταμοὶ καὶ πᾶσα θάλασσα / καὶ πᾶσαι κρῆναι καὶ φρείατα μακρὰ νάουσιν (*Dem selbst der gebietende Acheloios sich nicht gleichstellt / Noch des tiefströmenden große Gewalt, des Okeanos, / Aus dem doch alle Ströme und alles Meer / Und alle Quellen und großen Brunnen fließen*[3]). Auf den Kommentar des *POxy.* II 221, Kol. IX 1–3 zu diesen Versen folgt unmittelbar ein Zitat des Werkes *Über Homer* des Grammatikers Megaklides (zweite Hälfte des 4. Jahr. v. Chr.). Dort wird der Fluss Acheloïos als Ur-

---

1 ἐν νέφεσιν ἔσωθεν Genev. Graec. 44 : ἦν ἄνεμός κεν Edmonds
2 [TM 60508; LDAB 1631; MP³ 1205 = CPF 107 2T] = *Schol. in Il.* 21.195, V, S. 93 Erbse (*deest* VS).
3 Übersetzung von W. Schadewaldt.

Xen 345
Scholien zu Homers *Ilias* 21.196-197 [Ge]
„Aus dem doch alle ⟨Ströme–fließen⟩". Xenophanes [sagt] in dem Werk *Über die Natur* (VS 21 B 30): „Das Meer ist Quell des Wassers, Quell des Windes. Denn in den Wolken *würde keine Kraft des Windes, der* von innen *herausbläst, entstehen* ohne den großen Pontos, noch Fluten der Ströme, noch Regenwasser des Äthers; der große Pontos ist vielmehr der Erzeuger der Wolken, Winde und Ströme."

Xen 346
POxy. II 221, Kol. IX 1–3 Manetti/Montanari

sprung aller Flüsse bezeichnet.[1] Der scheinbare Widerspruch zu dem oben zitierten homerischen Text erzeugt ein philologisches Problem, das den alexandrinischen Grammatikern wohlbekannt war. Tatsächlich wissen wir, dass Zenodot Vers 195 von Buch 21 der *Ilias*, wo Okeanos erwähnt wird, tilgte.[2] Diese Streichung ließ auch den homerischen Text mit der These harmonieren, dass alle Flüsse aus dem Acheloïos stammten. Interessanterweise erscheint im Fragment aus Oxyrhynchos der Name Acheloïos im Zitat zweier anonymer Verse. Laut T. W. Allen stellen diese Verse ein Xenophanes-Fragment dar;[3] Xenophanes werde nämlich in einem Scholion des Kodex *Genavensis Graec.* 44 zu derselben Stelle der *Ilias* (21.196–197) erwähnt.[4] Es handelt sich um das Testimonium **Xen 345**, das nicht nur in dem erwähnten Scholion, sondern auch bei Stobaios (**Xen 219**) überliefert ist.[5]

σανται [. .]₍.₎κα[.]. πασ[. . ₍.₎]ͅ.]`ν´ κατέλεξα
"Ἀχελω[ΐου] ἀργυροδ[ί]νεω, / ἐξ οὗ πᾶσα
3   θάλασσα." κτλ.

1]₍.₎κα[leg. Manetti-Montanari (]₍.₎κα[iam Erbse, Grenfell-Hunt, qui etiam]₍.₎υα̣[in *The Oxyr. Pap.* IV, p. 261 leg., sec.): [ἀφῆ]κα[suppl. Mueller]. πασ[leg. Manetti-Montanari (]. πασ[vel]. μασ[iam Erbse:]υασ[Grenfell-Hunt in *The Oxyr. Pap.* IV, p. 261): κ]ύμασ[ί τ' vel οἴ]δμασ[ί τ' suppl. Mueller: κ]ύμασ[ιν vel οἴ]δμασ[ιν prop. Erbse in app. [ᵛ] κατέλεξα Grenfell-Hunt (sic et Erbse et Manetti-Montanari): ἐ]νκατέλεξα suppl. Mueller 2 suppl. Grenfell-Hunt

Similien:
Naturphänomene

(vgl. **Xen 219** & **Xen 345**)

---

1 *POxy.* II 221, Kol. IX 3–5 (= *Schol. in Il.* 21.195, V, S. 93 Erbse).
2 *Schol. ex* A Ge *in Il.* 21.195 *a¹*, V, S. 168 Erbse. Die gegenteilige Meinung des Aristarch, der dagegen den V. 195 stehen ließ, war bewusst polemisch gegen Zenodotos gerichtet (vgl. *POxy.* II 221, Kol. IX 5–8 = *Schol. in Il.* 21.195, V, S. 93 Erbse). Siehe Montanari (1992), S. 469–470; Manetti/Montanari (1999), 878.
3 Allen (1900), 17. Vgl. auch Powell (1925), 79, der – woran Manetti/Montanari (1999), 879 erinnrn – Acheloïos mit Okeanos verwechselt.
4 *Schol. ex* Ge *in Il.* 21.196–197, V, S. 169–170 Erbse (= **Xen 345** = VS 21 B 30 = Crat., Fr. 29 Broggiato, sub test.). Mit voller Sicherheit schreibt Schrader (1908), 63–66 dem Krates das Zitat von **Xen 345** in dem Scholion zu; vorsichtiger zeigt sich Broggiato (2001), 193, die die Stelle in die *Testimonia* einfügt.
5 Vgl. Stob., *Ecl.* I 31, 4 (**Xen 219**), der alle Phänomene in der Physik des Xenophanes von der Wärme der Sonne abhängen lässt. Dazu siehe jetzt Vassallo (2019b).

[…] ich ließ […] Revue passieren [erwähnend (Xenophanes?)]: „des Acheloïos mit versilberten Strudeln, / von dem alles Wasser [des Meeres] entspringt" (usw.)

Xen 347
POxy. VIII 1087, Kol. II 40–41 Manetti/Montanari[6]

Editionen:
Erbse, H. *Scholia Graeca in Homeri Iliadem*, Berlin 1969–1983.
Manetti D. / Montanari, F. *Xenophanes (POxy 1087, col. II 40–41; POxy 221, col. IX 1–3)*, in: CPF I.1***, 107, 1–2T, 876–879.

Den Hinweis auf die *Silloi* des Xenophanes findet man im Kommentar zu einem Vers der *Ilias*.[2] Dieser Kommentar beschränkt sich darauf, sprachliche und grammatische Erklärungen der Bildung einiger Nominative vom Genitiv des entsprechenden Namens zu geben.[3] Zudem könnte daraus abgeleitet werden, dass die *Silloi* des Xenophanes mindestens fünf Bücher umfassten.

40   τὸ Ἔρυ-
   κος παρὰ Ξεν[ο]φάνει ἐν ε΄ Σίλλων, κτλ.

41 suppl. Hunt, sic et Erbse, qui etiam adnotat: „] . σιει pot. qu.]φανει, sed variae formae litt. ν inveniuntur"

Similien:
Xenophanes als Sillendichter

---

6   [TM 61125; LDAB 2264; MP³ 1186 = CPF **107** 1T] = *Schol. in Il.* 7.76, II, S. 224 Erbse (vgl. **Xen 343**).
2   Hom., *Il.* 7.76.
3   Siehe auch *CPF* I.1***, **95**, 5T, 758–759 = *POxy.* VIII 1087, Kol. I 29–30). Vgl. Manetti/Montanari (1999), 877.

Xen 347
POxy. VIII 1087, Kol. II 40–41 Manetti/Montanari (= VS 21 B 21a)

(...) Erykos[1] bei Xenophanes im fünften Buch der *Sillen* (usw.).

---

1 Stadt oder Berg in Sizilien, auch Eryx genannt, Hunt (1911), 108 bemerkt: „Ἔρυκος is not a known form for Ἔρυξ, but the first letter is most probably ε and the occurrence of the name in the works of Xenophanes is eminently natural." Diog. Laert. IX 18, 4–5 erwähnt einen Aufenthalt Xenophanes' auf Sizilien. Nach Gigon (1968), 156 beweise das Oxyrhynchus-Fragment, dass Xenophanes während seines Aufenthalts auf Sizilien bis zur Stadt Palermo gelangt sei. Dagegen Manetti/Montanari (1999), 877.

Scholia in Platonem

Xen 348
Scholia in Platonis Rempublicam 498a9 (ed. Greene)
τοῦ Ἡρακλειτείου ἡλίου.
[...] οὗτος τὸ τοῦ ἡλίου ἔλεγεν εἶναι σχῆμα σκαφοειδὲς καὶ ὑπόκυρτον, καὶ τὴν ἔκλειψιν αὐτοῦ συ⟨μ⟩βαίνειν κατὰ τὴν τοῦ σκαφοειδοῦς στροφήν, ὥστε τὸ μὲν κοῖλον ἄνω γίγνεσθαι, τὸ δὲ κυρτὸν κάτω πρὸς τὴν ἡμετέραν ὄψιν. ἀλλὰ μὴν καὶ Ξενοφάνη τὸν Κολοφώνιον κατὰ σβέσιν τὴν ἡλιακὴν ἔκλειψιν λέγειν γίγνεσθαι φασίν, καὶ πάλιν πρὸς ταῖς ἀνατολαῖς ἀνίσχειν αὐτόν.

Similien:
Naturphänomene

Scholia in Platonem (nach Proklos, 5. Jh. n. Chr.)

Xen 348
Scholien zu Platons *Staat* 498a9
Mit dem Alter erlischt bei den meisten der philosophische Eifer noch mehr als "die Sonne des Heraklit". [...] Dieser [Heraklit] sagte, dass die Gestalt der Sonne schalenförmig und gewölbt sei und dass ihre Verfinsterung infolge einer Wendung der Schale eintrete, so dass der hohle Teil nach oben, der gewölbte nach unten zu unserer Sicht tritt (VS 22 A 12). Indessen soll auch der Kolophonier Xenophanes sagen (VS 21 A 41), dass die Sonnenfinsternis infolge eines Erlöschens entstehe und dass die Sonne bei den Aufgängen (im Osten) wieder erscheine.

ANHANG

Abkürzungen

AP	=	Anthologia Palatina: s. Beckby, H. *Anthologia Graeca*
BKV	=	Bibliothek der Kirchenväter
CAG	=	Commentaria in Aristotelem Graeca
CAGB	=	Commentaria in Aristotelem Graeca et Byzantina
CCCM	=	Corpus Christianorum. Continuatio Mediaevalis
CCL	=	Corpus Christianorum. Series Latina
CMG	=	Corpus Medicorum Graecorum
CSHB	=	Corpus Scriptorum Historiae Byzantinae
FGrHist	=	Jacoby, F. *Die Fragmente der Griechischen Historiker*
FHG	=	Müller, C. *Fragmenta Historicorum Graecorum*
FHS&G	=	Fortenbaugh, W.W. / Huby, P. M. / Sharples, R.W. / Gutas, D. *Theophrastus of Eresus. Sources for his Life, Writings, Thought and Influence*
FPhG	=	Mullach, F.W.A. *Fragmenta Philosophorum Graecorum*
GCS	=	Die Griechischen Christlichen Schriftsteller der ersten Jahrhunderte
IEG	=	West, M.L. *Iambi et elegi Graeci ante Alexandrum cantati*
PCG	=	Kassel, R. / Austin, C. *Poetae Comici Graeci*
PE	=	Gentili, B. / Prato, C. *Poetarum elegiacorum testimonia et fragmenta*
PG	=	Migne, J.-P. *Patrologiae cursus completus. Serie Graeca*
PL	=	Migne, J.-P. *Patrologiae cursus completus. Serie Latina*
PTS	=	Patristische Texte und Studien
RhMus	=	Rheinisches Museum für Philologie
SC	=	Sources Chrétiennes
SH	=	Lloyd-Jones, H. / Parsons, P. *Supplementum hellenisticum*
SVF	=	Von Arnim, H. *Stoicorum veterum fragmenta*
VS	=	Diels, H. / Kranz, W. *Die Fragmente der Vorsokratiker*

Abkürzungen zu den papyrologischen Quellen

CatPErc	=	Catalogo dei Papiri Ercolanesi (hrsg. von M. Gigante)
Chartes	=	Catalogo dei Papiri Ercolanesi online (hrsg. von G. Del Mastro)
CPF	=	Corpus dei Papiri Filosofici Greci e Latini. Testi e lessico nei papiri di cultura greca e latina, parte I. Autori noti Voll. 1*-1*** (Unione Accademica

	Nazionale/Accademia Toscana di Scienze e Lettere "La Colombaria"), Florenz 1989-1999
HV²	= Herculanensium Voluminum quae supersunt. Collectio altera Voll. I–XI, Neapoli: e Museo publico, 1862–1876
IPPH	= Index Praesocraticorum Philosophorum Herculanensis (hrsg. von Ch. Vassallo = Vassallo (2016b), 81-97)
JJP	= Journal of Juristic Papyrology
LDAB	= Leuven Database of Ancient Books online (hrsg. von J. Clarysse / B. Van Beek / M. Depauw)
LPh	= Lexicon Philosophicum: International Journal for the History of Texts and Ideas
MP³	= Catalogue des Papyrus littéraires grecs et latins online (Université de Liège: CEDOPAL, hrsg. von P. Mertens, 3. Aufl. von Pack, R.A. *The Greek and Latin Literary Texts from Greco-Roman Egypt*, Ann Arbor: University of Michigan Press, 1952; ²1965)
PHerc.	= Herkulanensische Papyri
POxy.	= Oxyrhynchus Papyri
SCO	= Studi Classici e Orientali
TM	= Trismegistos online (hrsg. von G. Baetens / Y. Broux / W. Clarysse / M. Depauw / T. Gheldof / H. Verreth)
WS	= Wiener Studien: Zeitschrift für Klassische Philologie, Patristik und lateinische Tradition
ZPE	= Zeitschrift für Papyrologie und Epigraphik

Textausgaben der griechischen und lateinischen Autoren

Die Angaben zu Editionen papyrologischer Testimonien finden sich unmittelbar bei diesen.

Epicharm (ca. 550 – 460 v. Chr.)

- Fragmenta: Rodríguez-Noriega Guillén, L. *Epicarmo de Siracusa. Testimonios y fragmentos. Edición crítica bilingüe*, Oviedo 1996.

Heraklit (um 500 v. Chr.)

- Fragmenta: Diels, H. / Kranz, W. *Die Fragmente der Vorsokratiker* I, Berlin ⁸1956, 139–190.

Platon (428/7 – 348/7 v. Chr.)

- Sophistes: Duke, E. A. et al. *Platonis Opera* I, Oxford 1995.

Aristoteles (384 – 322 v. Chr.)

- De caelo: Moraux, P. *Aristote. Du ciel*, Paris 1965.
- Fragmenta: Gigon, O. *Aristotelis Opera III*, Berlin/New York 1987.
- Fragmenta: Rose, V. *Aristotelis qui ferebantur librorum fragmenta*, Leipzig 1886.
- Metaphysica I: Primavesi, O. *Aristotle, Metaphysics A. A New Critical Edition with Introduction*, in: Steel, C. (Hg.) *Aristotle, Metaphysics Alpha. Symposium Aristotelicum*, Oxford 2012, 385–516.
- Metaphysica IV: Ross, W. D. *Aristotle's Metaphysics* I, Oxford 1924 (ND 1970).
- Poetica: Kassel, R. *Aristotelis De arte poetica liber*, Oxford 1965 (ND 1975).
- Rhetorica: Ross, W. D. *Aristotelis Ars Rhetorica*, Oxford 1959 (ND 1975).

Pseudo-Aristoteles (Mirabilium auscultationes) (Datierung umstritten)

- Mirabilium auscultationes: Giannini, A. *Paradoxographorum graecorum* (Classici greci e latini, sezione testi e commenti 3), Mailand 1965, 221–313.

Pseudo-Aristoteles (MXG) (Datierung unklar)

- De Melisso, de Xenophane, de Gorgia: Diels, H. *Aristotelis qui fertur de Melisso, Xenophane, Gorgia libellus*, Berlin 1900.

Theophrast (ca. 371/0 – 287/6 v. Chr.)

- Physicorum opiniones: Fortenbaugh, W. W. / Huby, P. M. / Sharples, R. W. / Gutas, D. (FHS&G) *Theophrastus of Eresus. Sources for his Life, Writings, Thought and Influence I: Life, Writings, Various Reports, Logic, Physics, Metaphysics, Theology, Mathematics* (= Philosophia Antiqua 54.1), Leiden/New York/Köln 1992.

Demetrios von Phaleron (ca. 360 – 280 v. Chr.)

- Fragmenta: Wehrli, F. *Die Schule des Aristoteles* 4, Basel ²1968, 21–44.

Timaios von Tauromenion (ca. 350 – 260 v. Chr.)

- Fragmenta: Jacoby, F. *Die Fragmente der Griechischen Historiker* III B, Leiden 1954, Nr. 566.

Timon von Phleius (ca. 320/15 – 230/35 v. Chr.)

- Fragmenta: Di Marco, M. *Timone di Fliunte: Silli*, Rom 1989.

Hermipp von Smyrna („der Kallimacheer", 3. Jh. v. Chr.)

- Fragmenta: Wehrli, F. *Die Schule des Aristoteles* Suppl. 1, Basel 1974, 11–41.

Bakcheios aus Tanagra (um 250 – 200 v. Chr.)

- Fragmenta: Von Staden, H. *Herophilus: The Art of Medicine in Early Alexandria: Edition, Translation, and Essays*, Cambridge 1989.

Sotion (Werk verfasst zw. 200 u. 170 v. Chr.)

- Fragmenta: Wehrli, F. *Sotion* (= Die Schule des Aristoteles Suppl. 2), Basel/Stuttgart 1978.

Panaitios (ca. 185 – 109 v. Chr.)

- Fragmenta: Fowler, H. N. *Panaetii et Hecatonis librorum fragmenta*, Bonn 1885.

Apollodor (um 180 – um 110 v. Chr.)

- Fragmenta: Jacoby, F. *Die Fragmente der Griechischen Historiker* II B, Berlin 1929, 1022–1128.

M. Terentius Varro (116 – 27 v. Chr.)

- Antiquitates Rerum Divinarum: Cardauns, B. *M. Terentius Varro. Antiquitates Rerum Divinarum* I, Mainz 1976.

M. Tullius Cicero (106 – 43 v. Chr.)

- Academici Libri. Lucullus: Schäublin, Ch. *Marcus Tullius Cicero. Akademische Abhandlungen. Lucullus. Lateinisch-Deutsch*, Hamburg 1995.
- De divinatione: Plasberg O. / Ax, W. *M. Tvlli Ciceronis scripta quae manserunt omnia Fasc. 46, De divination. De fato. Timaeus*, Stuttgart 1965.
- De natura deorum: Pease, A. S. *M. Tulli Ciceronis De natura deorum libri* III, Bd. 1, Cambridge 1955 (ND Darmstadt 1968).

Marcus V. Vitruvius (Ende 1. Jh. v. Chr.)

- De architectura: Liou, B. / Zuinghedau, M. *Vitruve, De l'Architecture*, Livre VII, Paris 1995.
- Soubiran, J. *Vitruve, De l'Architecture*, Livre IX, Paris 1969.

Nikolaus von Damaskus (geb. ca. 64 v. Chr.)

- Fragmenta: Roeper, G. *Nicolai Damasceni de Aristotelis philosophia librorum reliquiae*, in: ders. (Hg.), *Lectiones Abulpharagianae* I, Danzig 1844, 35–43.

Strabon (vor 62 v. Chr. – zw. 23 u. 25 n. Chr.)

- Geographica I-IV: Radt, S. *Strabons Geographika I:* Prolegomena, Buch I – IV, Göttingen 2002.
- Geographica XIV-XVII: Radt, S. *Strabons Geographika IV:* Buch XIV – XVII, Göttingen 2005.

Areios Didymos (1. Jh. n. Chr. ?)

- Liber de philosophorum sectis: Mullach, F.W.A. *Fragmenta philosophorum Graecorum* II, Paris 1867 (ND 1968).

Herakleitos Stoikos (1. Jh. n. Chr., Augustus'/Neros Zeit)

- Allegoriae (Quaestiones Homericae): Buffière, F. *Allégories d'Homere*, Paris 1962.

Aristokles von Messene (1. Hälfte 1. Jh. n. Chr.)

- Fragmenta: Chiesara, M. L. *Aristocles of Messene. Testimonia and Fragments*, Oxford 2001 (ND 2004).
- Fragmenta: Heiland, H. *Aristoclis Messenii reliquiae*, Gießen 1925.
- Fragmenta: Mullach, F. W. A. *Fragmenta philosophorum Graecorum* III, Paris 1881 (ND 1968).

Philon (1. Hälfte 1. Jh. n. Chr.)

– De Providentia: Aucher, J. B. *Philonis Judaei sermones tres hactenus inediti*, Venedig 1822.

Plutarch (um 45 – vor 125 n. Chr.)

– Amatorius: Hubert, C. *Plutarchi Moralia* 4, Leipzig 1938 (ND 1971).
– De communibus notitiis adversus Stoicos: Pohlenz, M. / Westman, R. *Plutarchi Moralia* 6.2, Leipzig 1959.
– De Iside et Osiride: Nachstädt, W. / Sieveking, W. / Titchener, J. *Plutarchi moralia* 2, Leipzig 1935 (ND 1971).
– De Pythiae oraculis: Paton, W. R. / Pohlenz, M. / Sieveking, W. *Plutarchi moralia* 3, Leipzig 1929 (ND 1972).
– De superstitione: Paton, W. R. / Wegehaupt, H. / Pohlenz, M. / Gärtner, H. *Plutarchi Moralia* 1, Leipzig 1925 (ND 1974).
– De vitioso pudore: Paton, W. R. / Pohlenz, M. / Sieveking, W. *Plutarchi moralia* 3, Leipzig 1929 (ND 1972).
– Fragmenta: Sandbach, F. H. *Plutarchi moralia* 7, Leipzig 1967.
– Quomodo adolescens poetas audire debeat: Paton, W. R. / Wegehaupt, H. / Pohlenz, M. / Gärtner, H. *Plutarchi Moralia* 1, Leipzig 1925 (ND 1974).
– Quaestiones convivales: Hubert, C. *Plutarchi moralia* 4, Leipzig 1938 (ND 1971).
– Regum et imperatorum apophthegmata: Nachstädt, W. / Sieveking, W. / Titchener, J. *Plutarchi moralia* 2, Leipzig 1935 (ND 1971).

Favorinus (ca. 80 – 150 n. Chr.)

– Fragmenta: Barigazzi, A. *Favorino di Arelate. Opere*, Florenz 1966.

Ailios Herodianos (2. Jh. n. Chr.)

– Περὶ διχρόνων: Lentz, A. *Herodiani Technici reliquiae* II (Grammatici Graeci III.2), Leipzig 1868/70 (ND Hildesheim 1965), 7–20.
– Περὶ μονήρους λέξεως: Lentz, A. *Herodiani Technici reliquiae* II (Grammatici Graeci III.2), Leipzig 1868/70 (ND Hildesheim 1965), 908–952.
– Περὶ παθῶν: Lentz, A. *Herodiani Technici reliquiae* II (Grammatici Graeci III.2), Leipzig 1868/70 (ND Hildesheim 1965), 166–388.

Maximos von Tyros (2. Jh. n. Chr.)

– Dialexeis: Koniaris, G. L. *Maximus Tyrius. Philosophumena – Dialexeis* (Texte und Kommentare 17), Berlin / New York 1995.

Pseudo-Plutarch (Strom.) (2. Jh. n. Chr.).

– Stromata: Sandbach, F. H. *Plutarchi moralia* 7, Leipzig 1967.

Textausgaben der griechischen und lateinischen Autoren   403

Sextus Empiricus (2. Jh. n. Chr.)

- Adversus mathematicos I-VI: Mutschmann, H. / Mau, J. *Sexti Empirici opera* III: *Adversus mathematicos libros I-VI continens*, Leipzig ²1961.
- Adversus dogmaticos (= Adversus mathematicos VII-XI): Mutschmann, H. *Sexti Empirici opera* II: *Adversus dogmaticos libros quinque (Adv. Mathem. VII–XI) continens*, Leipzig 1914.
- Pyrrhoniae hypotyposes: Mutschmann, H. / Mau, J. *Sexti Empirici opera* I: ΠΥΡΡΩ-ΝΕΙΩΝ ΥΠΟΤΥΠΩΣΕΩΝ *libros tres continens*, Leipzig ²1958.

Pseudo-Plutarch (Plac.) (ca. 1. Hälfte 2. Jh. n. Chr.?)

- Placita philosophorum: Lachenaud, G. *Plutarque. Oeuvres morales* XII.2: *Opinions des philosophes*, Paris ²2003.

Iulius Pollux (2. Hälfte 2. Jh. n. Chr.)

- Onomasticon: Bethe, E. *Pollucis Onomasticon*, Leipzig 1900 (ND Stuttgart 1966).

Pseudo-Plutarch (Hom.) (Ende 2. Jh. n. Chr.)

- De Homero: Kindstrand, J. F. *[Plutarchi] De Homero*, Leipzig 1990.

Lukian (zw. 112 u. 125 – nach 180 n. Chr.)

- Macrobii: MacLeod, M. D. *Luciani opera* I, Oxford 1972.

Apuleius aus Madaura (um 125 – nach 158 n. Chr.)

- Florida: Helm, R. *Apulei Platonici Madaurensis opera quae supersunt* II.2: *Florida*, Leipzig 1959.

Aulus Gellius (geb. zw. 125 u. 130 n. Chr.)

- Noctes Atticae: Marshall, P. K. *A. Gelli noctes atticae* I, Oxford 1968 (ND 1990).

Galen (129 – ca. 216 n. Chr.)

- De differentia pulsuum: Kühn, C. G. *Medicorum Graecorum opera quae extant VIII*, Leipzig 1824, 493-765.
- In Hippocratis de natura hominis librum commentarii: Mewaldt, I. / Helmreich, G. / Westenberger, I. *Galeni In Hippocratis de natura hominis. In Hippocratis de victu acutorum. De diaeta Hippocratis in morbis acutis* (CMG V 9.1), Leipzig/Berlin 1914, 3-88.

Clemens aus Alexandria (ca. 150 – 211/16 n. Chr.)

- Stromata: Stählin, O. / Treu, U. *Clemens Alexandrinus* II: *Stromata Buch I–VI* (GCS 52), Berlin ⁴1985.

Hippolytos von Rom (ca. 160 – 235 n. Chr.)

- Refutatio omnium haeresium: Marcovich, M. *Hippolytus. Refutatio omnium haeresium* (= PTS 25), Berlin/New York 1986, 53–417.

Quintus Sept. F. Tertullianus (ca. 160/70 – nach 212 n. Chr.)

- De anima: Waszink, J. H. *Quinti Septimi Florentis Tertulliani De anima*, Amsterdam 1947.

Claudius Aelianus (vor 178 – zw. 222 u. 238 n. Chr.)

- Fragmenta: Hercher, R. *Claudii Aeliani Varia historia, epistolae, fragmenta*, Leipzig 1866.
- Fragmenta: Domingo-Forasté, D. *Clavdii Aeliani epistvlae et fragmenta*, Stuttgart 1994.

M. Minucius Felix (tätig zw. 197 u. 246 n. Chr.)

- Octavius: Kytzler, B. *M. Minuci Felicis Octavius*, Leipzig 1982.

Alexander von Aphrodisias (Wende 2./3. Jh. n. Chr.)

- In Aristotelis metaphysica commentaria: Hayduck, M. *Alexandri Aphrodisiensis in Aristotelis Metaphysica commentaria* (CAG 1), Berlin 1891.

Achilleus Tatios Astronomos (wohl 3. Jh. n. Chr.)

- Isagoga excerpta: Di Maria, G. *Achillis quae feruntur astronomica et in Aratum opuscula. De universo, De Arati vita, De Phaenomenorum interpretatione*, Puurs ²2012.

Censorinus (3. Jh. n. Chr.)

- De die natali liber: Sallmann, N. *Censorini De die natali liber ad Q. Caerellium*, Leipzig 1983.

Diogenes Laertios (Werk Mitte 3. Jh. n. Chr.)

- Vitae philosophorum: Dorandi, T. *Diogenes Laertius. Lives of Eminent Philosophers* (Cambridge Classical Texts and Comments 50), Cambridge 2013.

Athenaios von Naukratis (Deipnosophistae ca. 230 n. Chr.)

– Deipnosophistae: Kaibel, G. *Athenaei Naucratitae Dipnosophistarum libri XV*, II: Leipzig 1887, III: Leipzig 1890.

Porphyrios (ca. 234 – 305/10 n. Chr.)

– Fragmenta: Smith, A. *Porphyrii Philosophi fragmenta*, Stuttgart/Leipzig 1993.

Laktanz (um 250 – 325 n. Chr.)

– Divinae Institutiones: Heck, E. / Wlosok, A. *L. Caelius Firmianus Lactantius. Divinarum Institutionum libri septem* II, Berlin 2007.
– Epitome divinarum institutionum: Heck, E. / Wlosok, A. L. *Caeli Firmiani Lactanti Epitome divinarum institutionum*, Stuttgart/Leipzig 1994.

Eusebios von Kaisareia (vor 260 – zw. 337 u. 340 n. Chr.)

– Chronica: Karst, J. *Eusebius Werke* V, Die Chronik aus dem Armenischen übersetzt mit textkritischem Commentar, Berlin 1911.
– Praeparatio evangelica: Des Places, É. u. a. *Eusèbe de Césarée. La préparation évangélique*. Livre I (SC 206), Livres VIII-IX-X (SC 369), Livre XI (SC 292), Livres XII-XIII (SC 307), Livres XIV-XV (SC 338), Paris 1974–87.

Calcidius (4. Jh. n. Chr.)

– Commentarius in Platonis Timaeum: Waszink, J. H. *Timaeus a Calcidio translatus commentarioque instructus* (Plato Latinus IV), Leiden 1962.

Pseudo-Valerius Probus (4. Jh. n. Chr.)

– Commentarius in Vergilii Bucolica et Georgica: Thilo, G. *Servii Grammatici qui feruntur in Vergilii Bucolicii et Georgica commentarii* III.1, Leipzig 1887 (ND 1961).

Pseudo-Iamblichos (vermutlich Mitte 4. Jh. n. Chr.)

– Theologumena arithmeticae: De Falco, V. *Iamblichi Theologumena arithmeticae*, Stuttgart 1975.

Epiphanios (zw. 310 u. 320 – 403/2 n. Chr.)

– De fide: Holl, K. / Dummer, J. *Epiphanius III: Panarion haer. 65–85. De fide* (GCS 37), Berlin ²1985.

Themistios (ca. 317 – 388 n. Chr.)

– In libros Aristotelis De Caelo paraphrasis: Landauer, S. *Themistii in libros Aristotelis De Caelo paraphrasis Hebraice et Latine* (CAG 5.4), Berlin 1902.

Hieronymus (zw. 331 u. 348 – 419/20 n. Chr.)

– Interpretatio Chronicae Eusebii: Helm, R. *Eusebius Werke* VII, *Die Chronik des Hieronymus* (GCS 47), Berlin 1956.

Augustinus (354 – 430 n. Chr.)

– Contra Iulianum: Migne, J.-P. *Sancti Aurelii Augustini Hipponensis Episcopi opera omnia* 10.1 (= PL 44), Paris 1841, 641–841.
– De civitate dei: Dombart, B. / Kalb, A. *Sancti Aurelii Augustini Episcopi De civitate Dei libri XXII*, Stuttgart ^{5}1981.

Iulianus Aeclanensis (ca. 385 – vor 455 n. Chr.)

– Libri IV ad Turbantium: De Coninck, L. *Iuliani Aeclanensis Exposito libri Iob. Tractatus prophetarum Osee Iohel et Amos. Operum deperditorum fragmenta* (CLL 88), Turnhout 1977, 340–96.

Theodoret (um 393 – um 466 n. Chr.)

– Graecarum affectionum curatio: Canivet, P. *Théodoret de Cyr. Thérapeutique des maladies helléniques I: Livres I – VI* (SC 57.1), Paris ^{2}2000.

Macrobius (um 400 n. Chr.)

– Commentarii in Somnium Scipionis: Willis, I. *Ambrosii Theodosii Macrobii Commentarii in somnium Scipionis*, Leipzig ^{2}1970.

Iohannes Stobaios (5. Jh. n. Chr.)

– Anthologium: Wachsmuth, C. / Hense, O. *Ioannis Stobaei anthologium* I & II, Berlin 1884 (ND ^{3}1974).

Kyrill aus Alexandria (Werk ca. Mitte 5. Jh. n. Chr.)

– Contra Julianum: Burguière, P. / Évieux, P. *Cyrille d'Alexandrie. Contre Julien I: Livres I et II* (SC 322), Paris 1985.

Proklos (412 – 485 n. Chr.)

– In Platonis Timaeum commentaria: Diehl, E. *Procli Diadochi in Platonis Timaeum commentaria* I, Leipzig 1903.

Iohannes L. Lydos (490 – um 560 n. Chr.)

– De mensibus: Wünsch, R. *Ioannis Lydi liber De mensibus*, Stuttgart 1898 (ND 1967).

Simplikios (ca. 490 – 560 n. Chr.)

– In Aristotelis categorias commentarium: Kalbfleisch, K. *Simplicii in Aristotelis categorias commentarium* (CAG 8), Berlin 1907.
– In Aristotelis physicorum libros commentaria: Diels, H. *Simplicii in Aristotelis physicorum libros commentaria* (CAG 9), Berlin 1882.
– In Aristotelis quattuor libros de caelo commentaria: Heiberg, J. L. *Simplicii in Aristotelis De caelo commentaria* (CAG 7), Berlin 1894.

Iohannes Philoponus (um 490 – um 575 n. Chr.)

– In Aristotelis physicorum libros commentaria: Vitelli, H. *Ioannis Philoponi in Aristotelis Physicorum libros tres priores commentaria* (CAG 16), Berlin 1887.

Olympiodor (Alchemista?, ev. identisch mit dem Neuplatoniker Olympiodor von Alexandria, geb. zw. 495 u. 505 n. Chr., noch 565 lehrend)

– De arte sacra: Berthelot, M. / Ruelle, Ch.-E. *Collection des anciens alchimistes grecs* II, Paris 1888 (ND Osnabrück 1967), 69–104.

Pseudo-Galen (um 500 n. Chr. gefertigte Kompilation)

– De historia philosopha: Diels, H. *Doxographi Graeci*, Berlin 1879 (ND 1965), 595–648.

Asklepios von Tralleis (6. Jh. n. Chr.)

– In Aristotelis metaphysicorum libros commentaria: Hayduck, M. *Asclepii in Aristotelis Metaphysicorum libros A–Z commentaria* (CAG 6.2), Berlin 1888.

Kosmas Indikopleustes (1. Hälfte des 6. Jh. n. Chr.)

– Topographia Christiana: Wolska-Conus, W. *Cosmas Indicopleustes, Topographie chrétienne* I, Paris 1968.

Hesychius Illustrius (gest. um 530 n. Chr.)

– De viris illustribus librum: Flach, J. *Hesychii Milesii qui fertur De viris illustribus librum*. Leipzig 1880.

Isidor von Sevilla (560 – 636 n. Chr.)

– Chronicon: Martin, J. C. *Isidori Hispalensis Chronica* (CCL 112), Turnhout 2003.

Chronicon Paschale (verfasst zw. 631 und 641 n. Chr.)

– Chronicon paschale: Dindorf, L. *Chronicon paschale ad exemplar Vaticanum* I (CSHB Chronicon paschale I), Bonn 1832.

Georgios Choiroboskos (2. Hälfte des 8./1. Viertel des 9. Jh. n. Chr.)

– Prolegomena et scholia in Theodosii Alexandrini canones isagogicos de flexione verborum: Hilgard, A. *Theodosii Alexandrini canones, Georgii Choerobosci scholia, Sophronii patriarchae Alexandrini excerpta* (Grammatici Graeci 4), Hildesheim 1889/94 (ND 1965).

Sedulius Scotus (9. Jh. n. Chr.)

– Collectaneum miscellaneum: Simpson, D. *Sedulii Scotti Collectaneum miscellaneum* (CCCM 67), Turnhout 1987.

Frechulf von Lisieux (1. Hälfte des 9. Jh. n. Chr.)

– Historiae: Allen, M. I. *Frechulfi Lexouiensis episcopi opera omnia II: Textus* (CCCM 169A), Turnhout 2002.

Georgios Synkellos (gest. kurz nach 810 n. Chr.)

– Ecloga chronographica: Mosshammer, A. A. *Georgius Syncellus. Ecloga chronographica*, Leipzig 1984.

Photios (um 810 – 893 n. Chr.)

– Bibliotheca: Henry, R. *Photius. Bibliothèque* II, Paris 1960.

Etymologicum Genuinum (vollendet 865 o. 882 n. Chr.)

– Etymologicum Genuinum: Lasserre, F. / Livadaras, N. *Etymologicum Magnum Genuinum, Symeonis Etymologicum una cum Magna Grammatica, Etymologicum Magnum Auctum*, Bd. 1: Rom 1976; Bd. 2: Athen 1992.

Suda (10. Jh. n. Chr.)

– Lexicon: Adler, A. *Suidae Lexicon* (Lexicographi Graeci I), II: Stuttgart 1931 (ND 1967), III: Stuttgart 1933 (ND 1967), IV: Stuttgart 1935 (ND 1971).

Deipnosophistarum Epitome (11. Jh. n. Chr.)

- Deipnosophistarum Epitome: Kaibel, G. *Athenaei Naucratitae Dipnosophistarum libri XV*, I: Leipzig 1887, III: Leipzig 1890.
- Deipnosophistarum Epitome: Peppink, S. P. *Athenaei Dipnosophistarum epitome* II, Leiden 1939.

Etymologicum Gudianum (2. Hälfte des 11. Jh. n. Chr.)

- Etymologicum Gudianum: Sturz, F. W. *Etymologicum Graecea linguae Gudianum et alia Grammaticorum scripta, e codicibus manuscriptiis nunc primum edita*, Leipzig 1818.

Stephanus Gramm. (12. Jh. n. Chr.)

- In artem rhetoricam commentaria: Rabe, H. *Stephani in artem rhetoricam commentarium* (Commentaria in Aristotelem Graeca 21.2), Berlin 1896, 263–322.

Michael Glykas (1. Drittel des 12. Jh. n. Chr.)

- Annales: Migne, J.-P. *Michaelis Glycae Opera Omnia* (PG 158), Paris 1866, 27–646.

Etymologicum Magnum (Mitte 12. Jh. n. Chr.)

- Etymologicum Magnum: Gaisford, Th. *Etymologicum Magnum*, Oxford 1848.

Ekkehard von Aura (gest. nach 1125 n. Chr.)

- Chronicon universale: Migne, J.-P. *Ekkehardi Uraugiensis Chronica* (PL 27), Paris 1846.

Philipp von Harvengt (gest. 1183 n. Chr.)

- De institutione clericorum: Migne, J.-P. *D. Philippi Opera Omnia* (PL 203), Paris 1855, 665–1206.

Iohannes Tzetzes (ca. 1110 – 1185 n. Chr.)

- Ad Dionysium Periegetem: Bernhardy, G. *Dionysius Periegetes Graece et Latine* I (Geographi Graeci Minores I), Leipzig 1828.
- Chiliades: Leone, P. A. M. *Ioannis Tzetzae historiae*, Neapel 1968.
- Exegesis in Homeri Iliadem: Lolos, A. *Der unbekannte Teil der Ilias-Exegesis des Iohannes Tzetzes (A 97 – 609)* (Beiträge zur Klassischen Philologie 130), Königstein/Ts. 1981.

Eustathios aus Thessalonike (ca. 1115 – 1195 n. Chr.)

- Commentarii ad Homeri Iliadem: Van der Valk, M. *Eustathii Archiepiscopi Thessalonicensis commentarii ad Homeri Iliadem pertinentes, ad fidem codicis Laurentiani*, Leiden 1971.

Lucas de Tuy (gest. 1249 n. Chr.)

- Chronicon mundi: Falque, E. *Lvcae Tvdensis opera Omnia* I (CCCM 74), Turnhout 2003.

Albertus Magnus (um 1193 – 1280 n. Chr.)

- De homine: Anzulewicz, H. / Söder, J. *Alberti Magni De Homine* (Opera Omnia 27.2), Münster (Westfalen) 2008.
- Metaphysica: Geyer, B. *Alberti Magni Metaphysica* (Opera Omnia 16.1), Münster (Westfalen) 1960.
- Summa theologiae: Borgnet, A. *Alberti Magni Summae Theologiae* III (Opera Omnia 32), Paris 1895.

Georgios Pachymeres (1242 – 1310 n. Chr.)

- In Aristotelis Metaphysicam commentarium: Pappa, E. *Georgios Pachymeres: Philosophia Buch 10. Kommentar zur Metaphysik des Aristoteles* (Corpus Philosophorum Medii Aevi. Commentaria in Aristotelem Byzantina 2), Athen 2002.
- In Aristotelis De caelo commentarium: Telelis, I. *Georgios Pachymeres: Philosophia Book 3. In Aristotelis De Caelo Commentary* (Corpus Philosophorum Medii Aevi. Commentaria in Aristotelem Byzantina 7), Athen 2016.

Konstantinos Akropolites (gest. um 1324 n. Chr.)

- Epistulae: Romano, R. *Costantino Acropolita Epistole*, Neapel 1991, 109–268.

Michael Apostolius (um 1422 – 1480 n. Chr.)

- Collectio Paroemiarum: Leutsch, E. L. *Corpus paroemiographorum Graecorum* II, Göttingen 1851 (ND 1965).

Anthologia Graeca

- Anthologia Graeca: Beckby, H. *Anthologia Graeca* 2, München ²1965.

Scholia in Aristophanem

- Scholia in Aristophanis Pacem: Holwerda, D. *Scholia in Vespas, Pacem, Aves et Lysistratam* (Scholia in Aristophanem 2.2), Groningen 1982.
- Scholia in Aristophanis Equites: Jones, D. M. / Wilson, N. G. *Prolegomena de comoedia. Scholia in Acharnenses, Equites, Nubes* (Scholia in Aristophanem 1.2), Groningen 1969.

Scholia in Aristotelem

- Scholia in Aristotelis Physica: Rashed, M. *Alexandre d'Aphrodise, Commentaire perdu à la Physique d'Aristote (Livres IV–VIII). Les scholies byantines*, Berlin/Boston 2011.

Scholia in Basilium (Anfang 7. bis Ende 9. Jh. n. Chr.)

- Scholia in Basilii Homilias in Hexaëmeron: Pasquali, G. *Doxographica aus Basiliusscholien*, in: *Nachrichten von der Königlichen Gesellschaft der Wissenschaften zu Göttingen. Philologisch-historische Klasse aus dem Jahre 1910*, Berlin 1910, 194–228.

Scholia in Dionysium Periegetem

- Scholia in Dionysii Periegetis Orbis descriptionem: Bernhardy, G. *Dionysius Periegetes Graece et Latine* I (= Geographi Graeci Minores I), Leipzig 1828.

Scholia in Hesiodum

- Scholia in Hesiodi Opera et dies: Marzillo, P. *Der Kommentar des Proklos zu Hesiods „Werken und Tagen", Edition, Übersetzung und Erläuterung der Fragmente* (Classica Monacensia 33), Tübingen 2010.

Scholia in Hippocratem (vermutl. verfasst von Erotian, Mitte o. Ende 1. Jh. n. Chr.)

- Scholia in Hippocratis Epidemias: Nachmanson, E. *Erotiani vocum Hippocraticarum collectio cum fragmentis*, Upsalla 1918.

Scholia in Homerum

- Scholia in Homeri Iliadem: Erbse, H. *Scholia in Homeri Iliadem* I, II, III & V, Berlin 1969–77.

Scholia in Platonem (nach Proklos, 5. Jh. n. Chr.)

- Scholia in Platonis Rempublicam: Greene, W. C. *Scholia Platonica*, Haverford 1938 (ND Hildesheim/Zürich/New York 1988).

Textausgaben der arabischen Autoren

Anonym (um 9. Jh. n. Chr.)
- Nawādir al-Falāsifa: Handschrift Teheran, Kitābḫāna-ye Markazī-ye Dānišgāh 2103

Pseudo-Ǧāḥiẓ (9. Jh. n. Chr.)
- Kitāb al-Dalāʾil wa-l-iʿtibār ʿalā al-ḫalq wa-l-tadbīr: al-Ṭabbāḫ al-Ḥalabī, M. R., *Al-Ǧāḥiẓ. Kitāb al-Dalāʾil wa-l-iʿtibār ʿalā al-ḫalq wa-l-tadbīr*, Aleppo 1928 und Beirut: Dār al-nadwa al-islāmīya, 1987/1988.

(Pseudo-?)Ḥunayn ibn Isḥāq (9. Jh. n. Chr.)
- Kitāb muḫtaṣar waǧīz fī l-usṭuqussāt istaḫraǧa min Kitāb Ǧālīnūs: Bos, G. / Langermann, Y. T. (hg. u. übers.), "An Epitome of Galen's On the Elements Ascribed to Ḥunayn ibn Isḥāq", *Arabic Sciences and Philosophy*, 25 (2015), 33–78.

Pseudo-Ammonios (Mitte 9. Jh. n. Chr.)
- Kitāb Amūniyūs fī ārāʾ al-ṭabīʿīya: Rudolph, U. *Die Doxographie des Pseudo-Ammonios* (Abhandlungen für die Kunde des Morgenlandes 49.1), Stuttgart 1989.

Qusṭā ibn Lūqā al-Baʿlabakkī (um 820 – 912 n. Chr.)
- Kitāb Fulūṭarḫus fī l-ārāʾ al-ṭabīʿīya allatī taqūlu bihā al-ḥukamāʾ: Daiber, H. *Aetius Arabus. Die Vorsokratiker in arabischer Überlieferung* (Akademie der Wissenschaften und der Literatur. Veröffentlichungen der Orientalischen Kommission 33), Wiesbaden 1980.
- Fulūṭarḫus fī l-Ārāʾ al-ṭabīʿīya allatī tarḍā bihā al-falāsifa: Badawī, ʿA., *Arisṭūṭālīs fī l-nafs*, Kuweit, Beirut ²1980, 89–188.
- Muṭahhar b. Ṭāhir al-Maqdisī, *Kitāb al-badʾ wa-l-taʾrīḫ*: Huart, C., *Le livre de la creation et de l'histoire*, Leroux, Paris 1901, II.
- Ibn al-Ǧawzī, *Talbīs Iblīs*, Beirut [um 1985].

Abū Sahl al-Masīḥī (spätes 10. Jh. n. Chr.)
- Talḫīṣ Kitāb al-Samāʾ wa-l-ʿālam li-Arisṭūṭālis: Sezgin, F., *Five Books on Cosmology, Physics, and Medicine by Abū Sahl al-Masīḥī (Hamsa kutub fī l-falsafa wa-l-fīziyāʾ wa-l-falak wa-l-ṭibb li-Abī Sahl al-Masīḥī)*, Facsimile Edition reproduced from MS Royal Academy 44, Leiden, Frankfurt am Main, 2011.

ʿAbdallāh ibn al-Faḍl al-Anṭākī (11. Jh.)

- Kalām fī l-Ṭālūt al-muqaddas = Kalām fī l-Lāhūt: Noble, S. / Treiger, A. (hg. u. übers.), 'Christian Arabic Theology in Byzantine Antioch: ʿAbdallāh ibn al-Faḍl ibn al-Anṭākī and his *Discourse on the Holy Trinity*', *Le Muséon 124* (2011), 371–417.

Al-Šahrastānī (1086 – 1153 n. Chr.)

- Kitāb al-milal wa-l-niḥal: Cureton, W., *Kitāb al-milal wa-l-niḥal. Book of Religious and Philosophical Sects by Muhammad al-Shahrastáni. Part II. Containing the Account of Philosophical Sects*, London 1846.

Turba philosophorum (lat. Fassung Mitte des 12. Jh.)

- Turba philosophorum: Plessner, M. *Vorsokratische Philosophie und griechische Alchemie in arabisch-lateinischer Überlieferung. Studien zu Text und Inhalt der Turba philosophorum* (= Boethius 4), Wiesbaden 1975.
- Turba philosophorum: Ruska, J. *Turba philosophorum. Ein Beitrag zur Geschichte der Alchemie* (Quellen und Studien zur Geschichte der Naturwissenschaften und der Medizin 1), Berlin 1931 (ND 1970).

Ibn Rušd (1126 – 1198 n. Chr.)

- Talḫīṣ al-samāʾ wa-l-ʿālam: al-ʿAlawī, Ǧamāl al-Dīn, *Talḫīṣ al-samāʾ wa-l-ʿālam li-Abū l-Walīd Ibn Rušd*, Fās: Ǧāmiʿat Sīdī Muḥammad Ibn-ʿAbdallāh, Kullīyat al-Ādāb wa'l-ʿUlūm al-Insānīya, 1984.
- Carmody, F. J. / Arnzen, R. (hrsg.), *Averrois Cordubensis commentum magnum super libro De celo et mundo Aristotelis* (Recherches de Théologie et Philosophie Médiévales. Bibliotheca 4), Leuven, 2003.

Bar Hebraeus (Ibn al-ʿIbrī) (1225/6 – 1286 n. Chr.)

- Liber candelabri sanctuarii: Bakos, J. *Le candélabre des sanctuaires de Grégoire Aboulfaradj dit Barhebraeus* (Patrologia Orientalis 22), Turnhout 1930, 489–628.

Literatur zu den griechischen und lateinischen Autoren

- Allan (1936): Allan, D. J. *Aristotelis De caelo libri quattuor*, Oxford 1936.
- Anzulewicz (2001): Anzulewicz, H. *Person und Werk des David von Dinant im literarischen Zeugnis Alberts des Großen*, in: *Mediaevalia Philosophica Polonorum* 34 (2001), 15-58.
- Aschoff (1975): Aschoff, D. *Anonymi Contra philosophos* (= CCL 58A), Turnhout 1975.
- Baltes (1996): Baltes, M. *Muss die „Landkarte des Mittelplatonismus" neu gezeichnet werden?*, in: *Götting. Gel. Anz.* 248 (1996), 91–111. (Wiederabgedruckt in: Baltes, M. *ΔΙΑΝΟΗΜΑΤΑ. Kleine Schriften zu Platon und zum Platonismus* (Beiträge zur Altertumskunde 123), hrsg. von Annette Hüffmeier, Marie-Luise Lakmann, Matthias Vorwerk, Stuttgart/Leipzig 1999, 327–350.)
- Blank-Sangmeister (1995): Blank-Sangmeister, U. *M. Tullius Cicero. De natura deorum – Über das Wesen der Götter, Lateinisch/Deutsch*, Stuttgart 1995.
- Breitenberger (2006): Breitenberger, B. in: Flashar, H./Dubielzig, U./Breitenberger, B. *Aristoteles. Fragmente zu Philosophie, Rhetorik, Poetik, Dichtung* (Aristoteles. Werke in deutscher Übersetzung 20/I), Berlin 2006, 338–339.
- Clayman (2009): Clayman, D. L. *Timon of Phlius, Pyrrhonism into Poetry* (Untersuchungen zur antiken Literatur und Geschichte 98), Berlin 2009.
- Diels (1871): Diels, H. *De Galeni historia philosopha*, Bonn 1871.
- Diels (1879): Diels, H. *Doxographi Graeci*, Berlin 1879 (ND 1965).
- Domingo-Forasté (1994): Domingo-Forasté, D. *Claudii Aeliani Epistulae et fragmenta*, Stuttgart 1994.
- Dooley (1989): Dooley, W. E. *Alexander of Aphrodisias: On Aristotle Metaphysics 1*, London 1989.
- Dorandi (2009): Dorandi, T. *Laertiana: Capitoli sulla tradizione manoscritta e sulla storia del testo delle Vite dei filosofi di Diogene Laerzio* (Beiträge zur Altertumskunde 264), Berlin/New York 2009.
- Erbse (1979): Erbse, H. *Ausgewählte Schriften zur Klassischen Philologie*, Berlin/New York 1979.
- Flashar (2004): Flashar, H. *Aristoteles*, in: ders. *Ältere Akademie, Aristoteles, Peripatos* (Grundriss der Geschichte der Philosophie, begr. von F. Ueberweg, Bd. 3), Basel ²2004.
- Flückiger (1998): Flückiger, H. *Sextus Empiricus. Gegen die Dogmatiker, Adversus mathematicos libri 7–11*, Sankt Augustin 1998.
- Frick (1999): Frick, P. *Divine Providence in Philo of Alexandria* (Texts and Studies on Ancient Judaism 77), Tübingen 1999.
- Gigon/Straume-Zimmermann (1996): Gigon, O./Straume-Zimmermann, L. *Marcus Tullius Cicero, Vom Wesen der Götter*, Zürich/München 1996.

- Göransson (1995): Göransson, T. *Albinus, Alcinous, Arius Didymus* (Studia Graeca et Latina Gothoburgensia 61), Göteborg 1995.
- Gow/Scholfield (1953): Gow, A. S. F./Scholfield, A. F. *Nicander. The poems and poetical fragments*, Cambridge 1953.
- Graziosi (2002): Graziosi, B. *Inventing Homer. The early reception of epic*, Oxford 2002.
- Hadas-Lebel (1973): Hadas-Lebel M. *Philon d'Alexandrie. De Providentia I et II* (Les Œuvres de Philon d'Alexandrie 35), Paris 1973.
- Hercher (1866): Hercher, R. *Claudii Aeliani Varia historia, epistolae, fragmenta*, Leipzig 1866.
- Honigmann (1929): Honigmann, E. *Die sieben Klimata und die πόλεις ἐπίσημοι. Eine Untersuchung zur Geschichte der Geographie und Astrologie im Altertum und Mittelalter*, Heidelberg 1929.
- Hossenfelder (1968): Hossenfelder, M. *Sextus Empiricus. Grundriss der pyrrhonischen Skepsis*, Frankfurt am Main 1968.
- Hunink (2001): Hunink, V. *Apuleius of Madauros, Florida*, Amsterdam 2001.
- Ihm (2002): Ihm, S. *Clavis Commentariorum der antiken medizinischen Texte* (Clavis Commentariorum antiquitatis et medii aevi I), Leiden/Boston/Köln 2002.
- Jori (2009): Jori, A. *Aristoteles. Über den Himmel* (Aristoteles. Werke in deutscher Übersetzung 12,3), Berlin 2009.
- Jürß (2001): Jürß, F. *Sextus Empiricus. Gegen die Wissenschaftler 1–6*, Würzburg 2001.
- Lesher (1992): Lesher, J. H. *Xenophanes of Colophon: Fragments: A Text and Translation with a Commentary*, Toronto/Buffalo/London 1992.
- Maas (1935): Maas, P. *Eustathius als Konjekturalkritiker*, in: *Byzantinische Zeitschrift* 35.2 (1935), 299ff.
- Maehler/Snell (1971): Maehler, H./Snell, B. *Pindari carmina cum fragmentis*, Leipzig 1971.
- Mansfeld/Runia (2009): Mansfeld, J./Runia, D. T. *Aëtiana. The Method and Intellectual Context of a Doxographer* II.1 (= Philosophia antiqua 114), Leiden/Boston 2009.
- Marcinkowska-Rosół (2010): Marcinkowska-Rosół, M. *Die Konzeption des „noein" bei Parmenides von Elea* (Studia Praesocratica 2), Berlin/New York 2010.
- Marcinkowska-Rosół (2014): Marcinkowska-Rosół, M. *Die Prinzipienlehre der Milesier. Kommentar zu den Textzeugnissen bei Aristoteles und seinen Kommentatoren* (Studia Praesocratica 6), Berlin/Boston 2014.
- McKirahan/Wöhrle (2014): McKirahan, R./Wöhrle, G. *The Milesians: Thales* (Traditio Praesocratica 1), Berlin/Boston 2014.
- Meinhardt (1990): Meinhardt, H. *Platon. Der Sophist. Griechisch / Deutsch. Einleitung, Übersetzung und Kommentar*, Stuttgart 1990.
- Molyneux (1992): Molyneux, J. H. *Simonides. A Historical Study*, Wauconda 1992.
- Moraux (1973): Moraux, P. *Der Aristotelismus bei den Griechen. Von Andronikos bis Alexander von Aphrodisias I. Die Renaissance des Aristotelismus im 1. Jh. v. Chr.*, Berlin/New York 1973.
- Mourelatos (2008): Mourelatos, A. *The cloud-astrophysics of Xenophanes and Ionian material monism*, in: Curd, P./Graham, D. W. (Hgg.), *The Oxford Handbook of Presocratic Philosophy*, Oxford 2008, 134-168.
- Nicole (1891): Nicole, J. *Les scolies genevoises de l'Iliade*, Genf/Basel 1891 (ND Hildesheim 1966).

- Palmer (1988): Palmer, J. A. *Xenophanes' Ouranian God in the Fourth Century*, in: Oxford Studies in Ancient Philosophy 26, 1988, 1-34.
- Radt (2002): Radt, S. *Strabons Geographika I: Prolegomena, Buch I–IV*, Göttingen 2002.
- Radt (2005): Radt, S. *Strabons Geographika IV: Buch XIV–XVII*, Göttingen 2005.
- Rapp (2002): Rapp, Ch. *Aristoteles. Rhetorik* (Aristoteles. Werke in deutscher Übersetzung 4), Berlin 2002.
- Rashed (2011): Rashed, M. *Alexandre d'Aphrodise. Commentaire perdu à la Physique d'Aristote (Livres IV-VIII). Les scholies byzantines*, Berlin/Boston 2011.
- Roeper (1844): Roeper, G. *Nicolai Damasceni de Aristotelis philosophia librorum reliquiae*, in: ders. (Hg.), *Lectiones Abulpharagianae I*, Danzig 1844, 35–43.
- Schadewaldt (2004): Schadewaldt, W. *Homer. Ilias*, Düsseldorf/Zürich ³2004.
- Schäublin (1995): Schäublin, Ch. *Marcus Tullius Cicero. Akademische Abhandlungen, Lucullus*, Hamburg 1995.
- Schibli (1990): Schibli, H. S. *Pherekydes of Syros*, Oxford 1990.
- Schmitt (2011): Schmitt, A. *Aristoteles. Poetik* (Aristoteles. Werke in deutscher Übersetzung 5), Berlin ²2011.
- Schönberger/Schönberger (2001): Schönberger, O./Schönberger, E. *Maximos von Tyros. Philosophische Vorträge*, Würzburg 2001.
- Schwab (2012): Schwab, A. *Thales von Milet in der frühen christlichen Literatur. Darstellungen seiner Figur und seiner Ideen in den griechischen und lateinischen Textzeugnissen christlicher Autoren der Kaiserzeit und Spätantike* (Studia Praesocratica 3), Berlin/Boston 2012.
- Schwarz (1970): Schwarz, F. F. *Aristoteles. Metaphysik, Schriften zur ersten Philosophie*, Stuttgart 1970.
- Sharples (1998): Sharples, R. W. *Theophrastus of Eresus. Sources for his Life, Writings, Thought, and Influence*, Commentary Volume 3.1: Sources on Physics (Texts 137–223), Leiden/Boston/Köln 1998.
- Snell (2010): Snell, B. *Griechische Metrik*, Göttingen ⁵2010.
- Staudt (2012): Staudt, D. *Der eine und einzige Gott. Monotheistische Formeln im Urchristentum und ihre Vorgeschichte bei Griechen und Juden*, Göttingen 2012.
- Thiel (2014): Thiel, H. van *Scholia D in Iliadem. Proecdosis aucta et correctior 2014. Secundum codices manu scriptos* (Elektronische Schriftenreihe der Universitäts- und Stadtbibliothek Köln 7). Universitäts- und Stadtbibliothek, Köln 2014.
- Usener (1999): Usener, K. *Fossilien und ihre Deutung. Antike Spekulationen über die Entstehung der Welt*, in: Althoff, J./Herzhoff, B./Wöhrle, G. (Hgg.) *Antike Naturwissenschaft und ihre Rezeption 9*, Trier 1999, 7–32.
- Viano (1995): Viano, C. *Olympiodore l'alchimiste et les présocratiques: une doxographie de l'unité (De arte sacra, § 18–27)*, in: Kahn, D./Matton, S. (Hgg.) *Alchimie. Art, histoire et mythes. Actes du 1er colloque international de la Société d'Étude de l'Histoire de l'Alchimie* (Paris, Collège de France, 14–15–16 mars 1991) (= Textes et Travaux de Chrysopoeia 1), Paris/Mailand 1995, 95-150.
- Vogt (1964): Vogt, E. *Des Timon von Phleius Urteil über Xenophanes*, in: *RhMus* 107, 1964, 295–8.
- Waterfield (1988): Waterfield, R. *The Theology of Arithmetic: On the Mystical, Mathematical and Cosmological Symbolism of the First Ten Numbers. Attributed to Iamblichus*, Grand Rapids 1988.
- Wehrli (1967): Wehrli, F. *Die Schule des Aristoteles*, II: *Aristoxenos*, Basel ²1967.

- Wildberg (2008): Wildberg, Ch. *Olympiodorus*, in: *The Stanford Encyclopedia of Philosophy (Fall 2008 Edition)*, URL = <https://plato.stanford.edu/archives/fall2008/entries/olympiodorus/>.
- Wöhrle (2009): Wöhrle, G. *Die Milesier: Thales von Milet* (Traditio Praesocratica I), Berlin 2009.
- Wöhrle (2014): Wöhrle, G. *Die Milesier: Anaximander und Anaximenes* (Traditio Praesocratica II), Berlin 2014.

Literatur zu den arabischen Autoren

- Adamson/Taylor (2004): Adamson, P./Taylor, R. (Hgg.), *The Cambridge Companion to Arabic Philosophy*, Cambridge 2004.
- Bos/Langermann (2015): Bos, G./Langermann, Y. T., *An Epitome of Galen's On the Elements Ascribed to Ḥunayn ibn Isḥāq*, in: *Arabic Sciences and Philosophy* 25 (2015), 33–78.
- Bruns (2003): Bruns, P. (Hg.), *Von Athen nach Bagdad. Zur Rezeption griechischer Philosophie von der Spätantike bis zum Islam* (Hereditas. Studien zur Alten Kirchengeschichte 22), Bonn 2003.
- Caruso (1991): Caruso, A. *Il libro dei moniti e della riflessione. Un testo 'apocrifo' jahiziano. Introduzione, analisi e traduzione*, Neapel 1991.
- Daiber (1986): Daiber, H. *Hellenistisch-kaiserzeitliche Doxographie und philosophischer Synkretismus in islamischer Zeit*, in: Haase, W. (Hg.), *Aufstieg und Niedergang der Römischen Welt II: Principat 36.7*, Berlin/New York 1986, 4974–92.
- Daiber (1990): Daiber, H. *Qostā ibn Lūqā (9. Jh.) über die Einteilung der Wissenschaften*, in: *Zeitschrift für Geschichte der Arabisch-Islamischen Wissenschaften* 6 (1990), 94–129.
- Daiber (1990_2): Daiber, H. *Doxographie und Geschichtsschreibung über griechische Philosophie in islamischer Zeit*, in: *Medioevo. Rivista di storia della filosofia medievale* 16 (1990), 1–21.
- Daiber (1991): Daiber, H. *Nestorians of 9th Century Iraq as a Source of Greek, Syriac and Arabic. A Survey of some unexploited sources*, in: *ARAM* 3 (1991), 45–52.
- Davidson (1987): Davidson, H. A. *Proofs for Eternity, Creation and the Existence of God in Medieval Islamic and Jewish Philosophy*, New York/Oxford 1987.
- El Shamsy (2015): El Shamsy, A. *Al-Ghazālī's Teleology and the Galenic Tradition. Reading The Wisdom in God's Creations (al-Ḥikma fī makhlūqāt Allah)*, in: Griffel, F. (Hg.), *Islam and Rationality. The Impact of al-Ghazālī. Papers Collected on His 900th Anniversary. Vol. 2*, Leiden/Boston 2015, 90–112.
- Endress (1987): Endress, G. *Die wissenschaftliche Literatur*, in: Gätje, H. *Grundriß der arabischen Philologie II: Literaturwissenschaft*, Wiesbaden 1987, 400–506.
- Endress (1990): Endress, G. *The Defense of Reason: The Plea for Philosophy in the religious community*, in: *Zeitschrift für Geschichte der arabisch-islamischen Wissenschaften* 6 (1990), 1–49.
- Endress (1990_2): Endress, G. *Der arabische Aristoteles und die Einheit der Wissenschaften im Islam*, in: Balmer, H./Glaus, B. (Hgg.), *Die Blütezeit der arabischen Wissenschaft*, Zürich 1990, 3–39.
- Endress (1992): Endress, G. *Die wissenschaftliche Literatur*, in: Fischer, W. *Grundriß der arabischen Philologie III: Supplement*, Wiesbaden 1992, 3–152.
- Endress/Kruk (1997): Endress, G./Kruk, R. *The Ancient Tradition in Christian and Islamic Hellenism: Studies on the Transmission of Greek Philosophy and Sciences: Dedicated to H. J. Drossaart Lulofs on His Ninetieth Birthday*, Leiden 1997.

- Gibb (1948): Gibb, H. A. R. *The Argument from Design. A Muʿtazilite Treatise attributed to al-Jāḥiẓ*, in: Löwinger, S./Somogyi, J. (Hgg.), *Ignace Goldziher Memorial Volume*, Budapest 1948, 150–162.
- Griffith (2008): Griffith, S. H. *Ḥunayn ibn Isḥāq and the* Kitāb Ādab al-falāsifah*: The Pursuit of Wisdom and a Humane Polity in Early Abbasid Baghdad*, in: Kiraz, G. A. (Hg.), *Malphono w-Rabo d-Malphone: Studies in Honor of Sebastian P. Brock* (= Gorgias Eastern Christian Studies 3), Piscataway (NJ) 2008, 135–160.
- Haleem (1995): Haleem, M. A. S. A. *Chance or Creation? God's Design in the Universe. Attributed to al-Jahiz*, Berkshire (UK) 1995.
- Kraemer (1992): Kraemer, J. L. *Humanism in the Renaissance of Islam: The Cultural Revival during the Buyid Age*, Leiden ²1992.
- Montgomery (2013): Montgomery, J. E. *Al-Jāḥiẓ: In Praise of Books*, Edinburgh 2013.
- Noble/Treiger (2011): Noble, S./Treiger, A. *Christian Arabic Theology in Byzantine Antioch: ʿAbdallāh ibn al-Faḍl ibn al-Anṭākī and his Discourse on the Holy Trinity*, in: *Le Muséon* 124 (2011), 371–417.
- Noble/Treiger (2014): Noble, S./Treiger, A. (Hgg.), *The Orthodox Church in the Arab World 700–1700. An Anthology of Sources*, DeKalb (Illinois) 2014.
- Paret (1993): Paret, R. *Der Koran. Übersetzung*, Stuttgart ⁶1993.
- Pingree (2006): Pingree, D., „'Isā b. Yaḥyā Masīḥī Jorjāni, Abu Sahl", in: *Encyclopaedia Iranica* XIII.6, 2006, 609–610.
- Plessner (1975): Plessner, M. *Vorsokratische Philosophie und griechische Alchemie in arabisch-lateinischer Überlieferung. Studien zu Text und Inhalt der Turba philosophorum* (Boethius 4), Wiesbaden 1975.
- Rosenthal (1965): Rosenthal, F. *Das Fortleben der Antike im Islam*, Zürich 1965.
- Rudolph (1990): Rudolph, U. *Christliche Theologie und vorsokratische Lehren in der Turba philosophorum*, in: *Oriens* 32 (1990), 97–123.
- Rudolph (2005): Rudolph, U. *La connaissance des présocratiques à l'aube de la philosophie et de l'alchimie islamique*, in: Viano, Ch. (Hg.), *L'alchimie et ses racines philosophiques – La tradition grecque et la tradition arabe* (Histoire des doctrines de l'antiquité classique 32), Paris 2005, 155–70.
- Rudolph (2012): Rudolph, U. (Hg.), *Philosophie in der islamischen Welt. 8.–10. Jahrhundert* (= Grundriss der Geschichte der Philosophie – Ueberweg), Basel 2012.
- Ruska (1931): Ruska, J. *Turba philosophorum. Ein Beitrag zur Geschichte der Alchemie* (Quellen und Studien zur Geschichte der Naturwissenschaften und der Medizin 1), Berlin 1931 (ND 1970).
- Strohmaier (1987): Strohmaier, G. *„Von Alexandrian nach Bagdad" – eine fiktive Schultradition*, in: Wiesner, J. (Hg.), *Aristoteles. Werk und Wirkung. Paul Moraux gewidmet*, Vol. 2, Berlin 1987, 380–389.
- Strohmaier (1998): Strohmaier, G. *Das andere Nachleben der Antike*, in: Burkert, W. (Hg.), *Fragmentsammlungen philosophischer Texte der Antike* (= Aporemata 3), Göttingen 1998, 354–374.
- Stroumsa (2013): Stroumsa, S. *Philosophy as Wisdom: On the Christians' Role in the Translation of Philosophical Material into Arabic*, in: Ben-Shammai, H./Shaked, S./Stroumsa, S. (Hgg.), *Philosophy, Mysticism and Science in the Mediterranean World*, Jerusalem 2013, 276–93.
- Ullmann (1972): Ullmann, M. *Die Natur- und Geheimwissenschaften im Islam* (= Handbuch der Orientalistik, 1. Abteilung, Ergänzungsband VI 2), Leiden 1972.

- Wakelnig (2014): Wakelnig, E. *A Philosophy Reader from the Circle of Miskawayh*, Cambridge 2014.
- Wakelnig (2015): Wakelnig, E. *Greek Sages on the Tawḥīd. Ancient Philosophy in Accord with the Islamic Doctrine of the Oneness of God*, in: *Studia graeco-arabica* 5 (2015), 206–45.
- Zakeri (2004): Zakeri, M. *Ādāb al-falāsifa: The Persian Content of an Arabic Collection of Aphorisms*, in: *Mélanges de l'Université Saint-Joseph* 57 (2004), 173–90.

Literatur zu den papyrologischen Quellen

- Allen (1900): Allen, T. W. *New Homeric Papyri*, in: *CR* 14 (1900), 14–18.
- Arrighetti (1964): Arrighetti, G. *Satiro. Vita di Euripide* (SCO 13), Pisa 1964.
- Arrighetti (2006): Arrighetti, G. *Poesia, poetiche e storia nella riflessione dei Greci. Studi* (Biblioteca di studi antichi 89), Pisa 2006.
- Barigazzi (1950): Barigazzi, A. *La μονή della Terra nei frammenti ercolanesi del lib. XI del Περὶ φύσεως di Epicuro*, in: *SIFC* 24 (1950), 3–19.
- Blank (2007): Blank, D. L. *Aristotle's «Academic Course on Rhetoric» and the End of Philodemus, On Rhetoric VIII*, in: *CErc* 37 (2007), 5–47.
- Bremer/Flashar/Rechenauer (2013): Bremer, D./Flashar, H./Rechenauer, G. (Hgg.), *Frühgriechische Philosophie*, in: Überweg, F. (Begr.), *Grundriss der Geschichte der Philosophie. Die Philosophie der Antike I/1–2*, Basel 2013.
- Broggiato (2001): Broggiato, M. *Cratete di Mallo. I frammenti* (Pleiadi 2), La Spezia 2001.
- Bugno (2005): Bugno, M. (Hg.), *Senofane di Elea tra Ionia e Magna Grecia*, Neapel 2005.
- Crönert (1906): Crönert, W. *Kolotes und Menedemos. Texte und Untersuchungen zur Philosophen- und Literaturgeschichte* (Studien zur Paläographie und Papyruskunde 6), Leipzig 1906 (ND Amsterdam 1965).
- De Falco (1922): De Falco, V. *Archiloco nei papiri ercolanesi*, in: *Aegyptus* 3 (1922), 287–290.
- Di Marco (1989): Di Marco, M. *Timone di Fliunte. Silli* (Testi e Commenti 10), Rom 1989.
- Egli (2003): Egli, F. *Euripides im Kontext zeitgenössischer intellektueller Strömungen. Analyse der Funktion philosophischer Themen in den Tragödien und Fragmenten* (Beiträge zur Altertumskunde 189), München/Leipzig 2003.
- Farina (1961): Farina, A. *Senofane di Colofone, Ione di Chio* (Collana di Studi Greci 34), Neapel 1961.
- Funghi (1989): Funghi, M. S. *Anaxagoras (POxy 1176, coll. I 16–30; III 5–29)*, in: *CPF* I.1* (1989), 10, 2T, 157–168.
- Gemelli Marciano (2005): Gemelli Marciano, M. L. *Xenophanes: Antike Interpretation und kultureller Kontext. Die Kritik an den Dichtern und der sogenannte Monismus*, in: Rechenauer, G. (2005) 118–134 [= Bugno (2005), 63–76].
- Gigante (1993): Gigante, M. *Filodemo e Archiloco*, in: *CErc* 23 (1993), 5–10.
- Gigon (1968): Gigon, O. *Der Ursprung der griechischen Philosophie von Hesiod bis Parmenides*, Basel 1945; ²1968.
- Gostoli (2005): Gostoli, A. *La critica dei miti tradizionali in Senofane e nella lirica coeva*, in: Bugno (2005), 55–62.
- Hammerstaedt (1997): Hammerstaedt, J. *Pausone, Aristofane e Archiloco nel quarto libro Περὶ ποιημάτων di Filodemo*, in: *CErc* 27 (1997), 105–120.

- Hunt (1911): Hunt, A. S. *1087. Scholia on Iliad VII*, in: ders. (Hg.), *The Oxyrhynchus Papyri, Part VIII*, London 1911, 100–110.
- Janko (2011): Janko, R. *Philodemus. On Poems, Books 3 and 4, With the Fragments of Aristotle*, On Poets (The Philodemus Translation Project-Philodemus: The Aesthetic Works, 1.3), Oxford 2011.
- Lanza (2005): Lanza, D. *Xenophanes: Eine Theologie?*, in: Rechenauer (2005), 102–117.
- Long (1978): Long, A. A. *Timon of Phlius: Pyrrhonist and Satirist*, in: *PCPhS* n.s. 24 (1978), 68–91.
- Longo Auricchio (1996): Longo Auricchio, F. *Nuovi elementi per la ricostruzione della Retorica di Filodemo*, in: *CErc* 26 (1996), 169–171.
- Manetti/Montanari (1999): Manetti, D./Montanari, F. *Xenophanes (POxy 1087, col. II 40–41; POxy 221, col. IX 1–3)*, in: CPF I.1***, **107**, 1–2T, 876–879.
- Mansfeld (1987): Mansfeld, J. *Theophrastus and the Xenophanes Doxography*, in: *Mnemosyne* 40 (1987), 286–312 [= Mansfeld (1990), 147–173].
- Mansfeld (1988): Mansfeld, J. *Compatible Alternatives: Middle Platonist Theology and the Xenophanes Reception*, in: van den Broek, R./Baarda, T./Mansfeld, J. (Hgg.), *Knowledge of God in the Greco-Roman World* (Études Préliminaires aux Religions Orientales dans l'Empire Romain 112), Leiden/New York/Kopenhagen/Köln 1988, 92–117 [= Mansfeld (1990), 174–199].
- Mansfeld (1990): Mansfeld, J. *Studies in the Historiography of Greek Philosophy*, Assen/Maastricht 1990.
- Mansfeld/Runia (2009): Mansfeld, J./Runia, D. Th. *Aëtiana. The Method and the Intellectual Context of a Doxographer, vol. II, The Compendium. Part One*, Leiden/Boston 2009.
- Marcovich (2001): Marcovich, M. *Heraclitus. Greek Text with a short Commentary* (International Pre-Platonic Studies 2), Sankt Augustin ²2001.
- McDiarmid (1953): McDiarmid, J. B. *Theophrastus on the Presocratic Causes*, in: *HSCPh* 61 (1953), 85–156.
- Montanari (1992): Montanari, F. *Megaclides (POxy 221, col. IX 3–5)*, in: CPF I.1**, **66**, 1T, 468–470.
- Nardelli (1983): Nardelli, M. L. *Due trattati filodemei* Sulla poetica (= Ricerche sui Papiri Ercolanesi 4), Neapel 1983.
- Obbink (1995): Obbink, D. *How to Read Poetry About Gods*, in: ders. (Hg.), *Philodemus and Poetry: Poetic Theory and Practice in Lucretius, Philodemus, and Horace*, New York/Oxford 1995, 189–209.
- Obbink (1996): Obbink, D. *Philodemus. On Piety, Part 1*, Oxford 1996.
- Philippson (1920): Philippson, R. *Zu Philodems Schrift über die Frömmigkeit*, in: *Hermes* 55 (1920), 225–278; 364–372.
- Powell (1925): Powell, J. U. *Collectanea Alexandrina. Reliquiae minores poetarum Graecorum aetatis Ptolemaicae, 323–146 a.C., epicorum, elegiacorum, lyricorum, ethicorum*, Oxford 1925.
- Rechenauer (2005): Rechenauer, G. (Hg.), *Frühgriechisches Denken*, Göttingen 2005.
- Schirren (2013): Schirren, Th. *Xenophanes*, in: Bremer/Flashar/Rechenauer (2013) I, 339–374.
- Schober (1988): Schober, A. *Philodemi De pietate Pars prior*, in: *CErc* 18 (1988), 67–125 [= ders. *Philodemi Περὶ εὐσεβείας libelli partem priorem restituit A. Schober*, Diss. ined. Königsberg, 1923].

- Schorn (2004): Schorn, S. *Satyros aus Kallatis. Sammlung der Fragmente mit Kommentar*, Basel 2004.
- Schrader (1908): Schrader, H. S. *Ergänzungen und Bemerkungen zu dem Krates-Excerpt des Scholion Genevense Φ 195*, in: *Hermes* 43 (1908), 58–66.
- Sider (2005): Sider, D. *The Fragments of Anaxagoras* (International Pre-Platonic Studies 4), Sankt Augustin ²2005.
- Untersteiner (2008): Untersteiner, M. *Senofane. Testimonianze e frammenti* (Biblioteca di Studi Superiori 33), Florenz 1956; (ND Mailand 2008).
- Vassallo (2014): Vassallo, Ch. *Xenophanes in the Herculaneum Papyri*. Praesocratica Herculanensia *IV*, in: *APF* 60/1 (2014), 45–66.
- Vassallo (2015a): Vassallo, Ch. *Senofane e lo scetticismo antico: PHerc. 1428, fr. 12 e il contesto dossografico di DK 21 B 34*, in: Gysembergh V./Schwab, A. (Hgg.), *Le Travail du Savoir / Wissensbewältigung. Philosophie, Sciences exactes et Sciences appliquées dans l'Antiquité* (AKAN-Einzelschriften 10), Trier 2015, 167–196.
- Vassallo (2015b): Vassallo, Ch. *Die Überlieferung des Fr. 18 Marcovich des Heraklit (= DK 22 B 81) in PHerc. 1004 (Philodemi De rhetorica, Liber VII)*. Praesocratica Herculanensia *II*, in: *Mnemosyne* 68 (2015), 185–209.
- Vassallo (2015c): Vassallo, Ch. *Testimonianze su Anassagora e altri Presocratici nel libro IV della Retorica di Filodemo*. Praesocratica Herculanensia V, in: *LPh* 3 (2015), 81–145.
- Vassallo (2015d): Vassallo, Ch. *Supplemento papirologico alle recenti edizioni dei Milesii*. Praesocratica Herculanensia *VIII*, in: *APF* 61/2 (2015), 276–316.
- Vassallo (2016a): Vassallo, Ch. *Parmenides and the «First God»: Doxographical Strategies in Philodemus' On Piety*. Praesocratica Herculanensia *VII*, in: *Hyperboreus*, 22 (2016), 29–57.
- Vassallo (2016b): Vassallo, Ch. *A Catalogue of the Evidence for Presocratics in the Herculaneum Papyri*, in: *APF* 62/1 (2016), 78–108.
- Vassallo (2016c): Vassallo, Ch. *Towards a Comprehensive Edition of the Evidence for Presocratic Philosophy in the Herculaneum Papyri [App.: Testimonia Praesocratica in Papyris reperta: A Complete List of the Papyrological Evidence for Presocratics with a Comparative Catalogue of the Herculanean Sources]*, in: Derda, T./Łajtar, A./Urbanik, J. (Hgg.), *Proceedings of the 27th International Congress of Papyrology*, 3 Bde. (JJP, Suppl. 28), Warschau 2016, I, 315–345.
- Vassallo (2019a): Vassallo, Ch. *Anaxagoras from Egypt to Herculaneum: A Contribution to the History of Ancient Atheism*, in: ders. (Hg.) *Presocratics and Papyrological Tradition. Proceedings of the International Workshop, held at the University of Trier, 22–24 September 2016* (Studia Praesocratica), Berlin/Boston 2019, im Druck befindlich.
- Vassallo (2019b): Vassallo, Ch. *Analecta Xenophanea*, in: Nodar, A. et al. *Proceedings of the 28th International Congress of Papyrology*, Barcelona 2019, im Druck befindlich.
- Zeller/Mondolfo (1967): Zeller, E./Mondolfo, R. *Die Philosophie der Griechen in ihrer geschichtlichen Entwicklung* (Reisland, Leipzig ⁵1892), It. Übersetz. von R. Mondolfo, *La filosofia dei Greci nel suo sviluppo storico*, 1. Teil, *I Presocratici*; Bd. III, *Eleati*, hrsg. von G. Reale, Florenz 1967.

Liste der Testimonien

Epicharm
Xen 1   PCG I Nr. 143 = Fr. 213 Guillén, s. **Xen 8** (Arist. Metaph. 4.5, 1010a1–7)

Heraklit
Xen 2   VS 22 B 40, s. Xen 143 (Diog. Laert. 9.1)

Platon
Xen 3   Sophistes 242c4-243b1 (ed. Duke et al.)

Aristoteles
Xen 4   De caelo 2.13, 294a19–29 (ed. Moraux)
Xen 5   Fr. 21.1 Gigon = 75 Rose [Über Dichter, 3. Buch], s. **Xen 139** (Diog. Laert. 2.46)
Xen 6   Test. 1 Gigon, s. **Xen 140** (Diog. Laert. 5.25)
Xen 7   Metaphysica 1.5, 986b10–28 (ed. Primavesi)
Xen 8   Metaphysica 4.5, 1010a1–7 (ed. Ross)
Xen 9   Poetica 25, 1460b35-1461a1 (ed. Kassel)
Xen 10   Rhetorica 1.15, 1377a15–25 (ed. Ross)
Xen 11   Rhetorica 2.23, 1399b5–9 (ed. Ross)
Xen 12   Rhetorica 2.23, 1400b5–8 (ed. Ross)

Pseudo-Aristoteles (Mirabilium auscultationes)
Xen 13   Mirabilium auscultationes 38a, 833a15–17 (ed. Giannini)

Pseudo-Aristoteles (MXG)
Xen 14   De Melisso, de Xenophane, de Gorgia 2, 976a31–37 (ed. Diels)
Xen 15   De Melisso, de Xenophane, de Gorgia 3–4, 977a12–979a9 (ed. Diels)

Theophrast
Xen 16   FHS&G 224, s. **Xen 229** (Simp. in Ph. 9.22.22–23.20)
Xen 17   FHS&G 227C, s. **Xen 128** (Alex. Aphr. in Metaph. 1.31.5–14)
Xen 18   FHS&G 227D (= **Ar 17**), s. Xen 146 (Diog. Laert. 9.21)
Xen 19   FHS&G 229, s. **Xen 230** (Simp. in Ph. 9.28.4–11)
Xen 20   FHS&G 232, s. **Xen 209** (Stob. Ecl. 1.25.1a–b)

Demetrios von Phaleron
Xen 21   Fr. 83 Wehrli², s. **Xen 145** (Diog. Laert. 9.18–20)

Timaios von Tauromenion
Xen 22 FGrHist 3B 566 F 133, s. **Xen 115** (Clem. Strom. 1.64.2–65.1)

Timon von Phleius
Xen 23 Fr. 833 & 834 SH = fr. 59 und 60 Di Marco, s. **Xen 90** & **Xen 145** (S. Emp. Pyrrh. hyp. 1.223–225 & Diog. Laert. 9.18–20)
Xen 24 Fr. 775 SH, s. **Xen 149** (Diog. Laert. 9.111)

Hermipp von Smyrna
Xen 25 Fr. 26 Wehrli = FGrHist cont. IV A 3 1026 F 61, s. **Xen 142** (Diog. Laert. 8.56)

Satyros von Kallatis
Xen 26 fr. 6 Schorn, Vit. Eurip., POxy. IX 1176, Fr. 37, Kol. III Vassallo

Bakcheios aus Tanagra
Xen 27 Von Staden Ba. 72, s. **Xen 341** (Schol. in Hippocrat. Epid. I 13.3)

Sotion
Xen 28 Fr. 30 Wehrli, s. **Xen 144** (Diog. Laert. 9.5)
Xen 29 Fr. 28 Wehrli, s. **Xen 145** (Diog. Laert. 9.18–20)
Xen 30 Fr. 29 Wehrli, s. **Xen 145** (Diog. Laert. 9.18–20)

Panaitios
Xen 31 Fr. 17 Fowler, s. **Xen 145** (Diog. Laert. 9.18–20)

Apollodor
Xen 32 FGrHist II B 244 F 68a, s. **Xen 145** (Diog. Laert. 9.18–20)

M. Terentius Varro
Xen 33 Antiquitatum Rerum Divinarum 1.228 (ed. Cardauns), s. **Xen 190** (Aug. civ. 17.13)

Philodem von Gadara
Xen 34 Poëm. IV, PHerc. 207, Fr. 23 Janko
Xen 35 [Philod.], [Hist. philos.], PHerc. 327, Fr. 1 Vassallo
Xen 36 [Philod.], [Hist. philos.], PHerc. 327, Fr. 2 Crönert
Xen 37 [Philod.], [Hist. philos.], PHerc. 327, Fr. 4 Vassallo
Xen 38 Rhet. VIII (?), PHerc. 1015/832, Fr. XVI Sudhaus
Xen 39 Piet., PHerc. 1428, Kol. 323 (olim Fr. 12) Vassallo

M. Tullius Cicero
Xen 40 Academici Libri. Lucullus 13–14 (ed. Schäublin)
Xen 41 Academici Libri. Lucullus 74 (ed. Schäublin)
Xen 42 Academici Libri. Lucullus 118 (ed. Schäublin)
Xen 43 Academici Libri. Lucullus 122–123 (ed. Schäublin)
Xen 44 Academici Libri. Lucullus 129 (ed. Schäublin)
Xen 45 De divinatione 1.3.5 (ed. Ax)
Xen 46 De divinatione 1.39.87 (ed. Ax)
Xen 47 De natura deorum 1.28 (ed. Pease)

Liste der Testimonien

Marcus V. Vitruvius
Xen 48 De architectura 7. praef. 2 (ed. Liou/Zuinghedau)
Xen 49 De architectura 9.6.3 (ed. Soubiran)

Nikolaus von Damaskus
Xen 50 Fr. 1 Roeper, s. **Xen 229** (Simp. in Ph. 9.22.22–23.20)

Strabon
Xen 51 Geographica 1.1.20–21 (ed. Radt)
Xen 52 Geographica 14.1.28 (ed. Radt)

Areios Didymos
Xen 53 Liber de philosophorum sectis 53.2 (FPhG II 53), s. **Xen 219** (Stob. ecl. 2.1.17)

Herakleitos Stoikos
Xen 54 Quaestiones Homericae (= Allegoriae) 44.5 (ed. Buffière)

Aristokles von Messene
Xen 55 Fr. 1 Mullach (FPhG III 206) = Fr. 1 Heiland = Fr. 1 Chiesara, s. **Xen 165** (Eus. pr. ev. 11.3.1)
Xen 56 Fr. 2 Mullach (FPhG III 207) = Fr. 5 Heiland = Fr. 7 Chiesara, s. **Xen 172** (Eus. pr. ev. 14.17.1)

Philon
Xen 57 De Providentia 2,39 (ed. Aucher)
Xen 58 De Providentia 2,42 (ed. Aucher)

Plutarch
Xen 59 Amatorius 18.763C–D (ed. Hubert)
Xen 60 De communibus notitiis adversus Stoicos 46.1084E (ed. Pohlenz/Westman)
Xen 61 De Iside et Osiride 70.379B (ed. Nachstädt/Sieveking/Titchener)
Xen 62 De Pythiae oraculis 18.402E (ed. Paton/Pohlenz/Sieveking)
Xen 63 De superstitione 13.171E (ed. Paton/Wegehaupt/Pohlenz/Gärtner)
Xen 64 De vitioso pudore 5.530F (ed. Paton/Pohlenz/Sieveking)
Xen 65 Fr. 40 Sandbach, s. **Xen 340** (Scholia in Hes. op. 286)
Xen 66 Quomodo adolescens poetas audire debeat 2.17D–E (ed. Paton/Wegehaupt/Pohlenz/Gärtner)
Xen 67 Quaestiones convivales 7.746B (ed. Hubert)
Xen 68 Regum et imperatorum apophthegmata 175C (ed. Nachstädt/Sieveking/Titchener)

Favorinus
Xen 69 Fr. 38 Barigazzi, s. **Xen 145** (Diog. Laert. 9.18–20)

Sabinos
Xen 70 s. **Xen 113** (Gal. HNH 1.2)

Ailios Herodianos
Xen 71	Περὶ διχρόνων 3.2.16.17–23 (ed. Lentz)
Xen 72	Περὶ μονήρους λέξεως 3.2.936.18–21 (ed. Lentz)
Xen 73	Περὶ μονήρους λέξεως 3.2.946.21–24 (ed. Lentz)
Xen 74	Περὶ παθῶν 3.2.266.9–11 (ed. Lentz)
Xen 75	Περὶ παθῶν 3.2.383.20–21 (ed. Lentz)
Xen 76	Περὶ παθῶν 3.2.384.13–14 (ed. Lentz)

Maximos von Tyros
Xen 77	Dialexeis 16.4.a–d (ed. Koniaris)
Xen 78	Dialexeis 38.3.g (ed. Koniaris)

Pseudo-Plutarch (Strom.)
Xen 79	Stromata Fr. 179.41–70 Sandbach, s. **Xen 162** (Eus. pr. ev. 1.8.4–5)

Sextus Empiricus
Xen 80	Adversus mathematicos 1.257 (ed. Mutschmann/Mau)
Xen 81	Adversus mathematicos 1.289 (ed. Mutschmann/Mau)
Xen 82	Adversus mathematicos 7.14 (ed. Mutschmann)
Xen 83	Adversus mathematicos 7.48–54 (ed. Mutschmann)
Xen 84	Adversus mathematicos 7.110–111 (ed. Mutschmann)
Xen 85	Adversus mathematicos 8.325–326 (ed. Mutschmann)
Xen 86	Adversus mathematicos 9.142–145 (ed. Mutschmann)
Xen 87	Adversus mathematicos 9.191–193 (ed. Mutschmann)
Xen 88	Adversus mathematicos 9.360–361 (ed. Mutschmann)
Xen 89	Adversus mathematicos 10.313–314 (ed. Mutschmann)
Xen 90	Pyrrhoniae hypotyposes 1.223–225 (ed. Mutschmann/Mau)
Xen 91	Pyrrhoniae hypotyposes 2.18 (ed. Mutschmann/Mau)
Xen 92	Pyrrhoniae hypotyposes 3.30 (ed. Mutschmann/Mau)
Xen 93	Pyrrhoniae hypotyposes 3.218 (ed. Mutschmann/Mau)

Diogenes von Oinoanda
Xen 94	Fr. 66 I 10 – III 1 Smith

Pseudo-Plutarch (Plac.)
Xen 95	Placita philosophorum 2.4.886E (ed. Lachenaud)
Xen 96	Placita philosophorum 2.13.888F (ed. Lachenaud)
Xen 97	Placita philosophorum 2.18.889D (ed. Lachenaud)
Xen 98	Placita philosophorum 2.20.890A (ed. Lachenaud)
Xen 99	Placita philosophorum 2.24.890F–891A (ed. Lachenaud)
Xen 100	Placita philosophorum 2.24.891A–B (ed. Lachenaud)
Xen 101	Placita philosophorum 2.25.891B (ed. Lachenaud)
Xen 102	Placita philosophorum 3.2.893D (ed. Lachenaud)
Xen 103	Placita philosophorum 3.9.895D (ed. Lachenaud)
Xen 104	Placita philosophorum 3.11.895E (ed. Lachenaud)
Xen 105	Placita philosophorum 5.1.904E (ed. Lachenaud)

Liste der Testimonien   431

Iulius Pollux
Xen 106   Onomasticon 6.46 (ed. Berthe)
Xen 107   Onomasticon 9.83 (ed. Berthe)

Pseudo-Plutarch (Hom.)
Xen 108   De Homero 2.93 (ed. Kindstrand)

Lukian
Xen 109   Macrobii 20 (ed. MacLeod)

Apuleius aus Madaura
Xen 110   Florida 20 (ed. Helm)

Aulus Gellius
Xen 111   Noctes Atticae 3.11.2 (ed. Marshall)

Galen
Xen 112   De pulsuum differentiis 3.1 (ed. Kühn 8.636–637)
Xen 113   In Hippocratis de natura hominis librum commentarii 1.2
          (ed. Mewaldt CMG 5.9.1, 15.11–23)

Clemens aus Alexandria
Xen 114   Stromata 1.14.62.1 (ed. Stählin/Treu)
Xen 115   Stromata 1.14.64.2–65.1 (ed. Stählin/Treu)
Xen 116   Stromata 5.14.109.1–3 (ed. Stählin/Treu)
Xen 117   Stromata 7.4.22.1–2 (ed. Stählin/Treu)

Hippolytos von Rom
Xen 118   Refutatio omnium haeresium 1.pinax.3 (ed. Marcovich)
Xen 119   Refutatio omnium haeresium 1.14.1–6 (ed. Marcovich)
Xen 120   Refutatio omnium haeresium 10.6.4 (ed. Marcovich)
Xen 121   Refutatio omnium haeresium 10.7.1–2 (ed. Marcovich)

Quintus Sept. F. Tertullianus
Xen 122   De anima 43.1 (ed. Waszink)

Claudius Aelianus
Xen 123   Fr. 33 Hercher (= fr. 36 Domingo-Forasté), s. **Xen 283**
          (s. Suda ε 2916)

M. Minucius Felix
Xen 124   Octavius 19.7 (ed. Kytzler)

Alexander von Aphrodisias
Xen 125   s. **Xen 229** (Simp. in Ph. 9.22.22–23.20)
Xen 126   s. **Xen 337** (Scholia in Ph., Fr. 539)
Xen 127   In Aristotelis metaphysica commentaria 1.29.18–30.11 (ed. Hayduck)
Xen 128   In Aristotelis metaphysica commentaria 1.31.5–14 (ed. Hayduck)
Xen 129   In Aristotelis metaphysica commentaria 1.42.18–29 (ed. Hayduck)

Xen 130 In Aristotelis metaphysica commentaria 1.43.10–44.12 (ed. Hayduck)
Xen 131 In Aristotelis metaphysica commentaria 1.308.5–14 (ed. Hayduck)

Achilleus Tatios Astronomos
Xen 132 Isagoga excerpta 4 (ed. Di Maria 12,20-13,6)
Xen 133 Isagoga excerpta 11 (ed. Di Maria 20,5-8)

Censorinus
Xen 134 De die natali 15.3 (ed. Sallmann)

Diogenes Laertios
Xen 135 Vitae philosophorum 1.15 (ed. Dorandi)
Xen 136 Vitae philosophorum 1.16 (ed. Dorandi)
Xen 137 Vitae philosophorum 1.23 (ed. Dorandi)
Xen 138 Vitae philosophorum 1.111 (ed. Dorandi)
Xen 139 Vitae philosophorum 2.46 (ed. Dorandi)
Xen 140 Vitae philosophorum 5.25 (ed. Dorandi)
Xen 141 Vitae philosophorum 8.36–37 (ed. Dorandi)
Xen 142 Vitae philosophorum 8.56 (ed. Dorandi)
Xen 143 Vitae philosophorum 9.1 (ed. Dorandi)
Xen 144 Vitae philosophorum 9.5 (ed. Dorandi)
Xen 145 Vitae philosophorum 9.18–20 (ed. Dorandi)
Xen 146 Vitae philosophorum 9.21 (ed. Dorandi)
Xen 147 Vitae philosophorum 9.22 (ed. Dorandi)
Xen 148 Vitae philosophorum 9.72 (ed. Dorandi)
Xen 149 Vitae philosophorum 9.111 (ed. Dorandi)

Athenaios von Naukratis
Xen 150 Deipnosophistarum Epitome 2.44 (ed. Kaibel)
Xen 151 Deipnosophistae 9.6 (ed. Kaibel)
Xen 152 Deipnosophistae 10.6 (ed. Kaibel)
Xen 153 Deipnosophistae 11.7 (ed. Kaibel)
Xen 154 Deipnosophistarum Epitome 11.18 (ed. Kaibel), s. **Xen 294**
Xen 155 Deipnosophistae 12.30–31 (ed. Kaibel)
Xen 156 Deipnosophistae 14.32 (ed. Kaibel)

Porphyrios
Xen 157 Fr. 141bF Smith, s. **Xen 238** (Philop., In Aristot. ph. libr. comm. 16.125.15–126.2)

Laktanz
Xen 158 Divinae Institutiones 3.23.12–13 (ed. Heck/Wlosok)
Xen 159 Epitome divinarum institutionum 34.1–2 (ed. Heck/Wlosok, verf. um 320 n. Chr.)

Eusebios von Kaisareia
Xen 160 Chronica, s. **Xen 187** (Hier. chron. 429)
Xen 161 Chronica, s. **Xen 188** (Hier. chron. 103)
Xen 162 Praeparatio Evangelica 1.8.4–5 (ed. Des Places)

Liste der Testimonien 433

Xen 163   Praeparatio evangelica 10.4.17–18 (ed. Des Places)
Xen 164   Praeparatio evangelica 10.14.14–15 (ed. Des Places)
Xen 165   Praeparatio evangelica 11.3.1 (ed. Des Places)
Xen 166   Praeparatio evangelica 13.13.36 (ed. Des Places)
Xen 167   Praeparatio evangelica 14 (Pinax) (ed. Des Places)
Xen 168   Praeparatio evangelica 14.2.4–7 (ed. Des Places)
Xen 169   Praeparatio evangelica 14.4.8 (ed. Des Places)
Xen 170   Praeparatio evangelica 14.15.11 (ed. Des Places)
Xen 171   Praeparatio evangelica 14.16.13 (ed. Des Places)
Xen 172   Praeparatio evangelica 14.17.1 (ed. Des Places)
Xen 173   Praeparatio evangelica 14.17.10 (ed. Des Places)
Xen 174   Praeparatio evangelica 15.1.10–11 (ed. Des Places)
Xen 175   Praeparatio evangelica 15.23.2 (ed. Des Places)
Xen 176   Praeparatio evangelica 15.26.2 (ed. Des Places)
Xen 177   Praeparatio evangelica 15.30.7 (ed. Des Places)
Xen 178   Praeparatio evangelica 15.35.3 (ed. Des Places)
Xen 179   Praeparatio evangelica 15.49.1 (ed. Des Places)
Xen 180   Praeparatio evangelica 15.50.4–7 (ed. Des Places)
Xen 181   Praeparatio evangelica 15.55.4 (ed. Des Places)
Xen 182   Praeparatio evangelica 15.57.2 (ed. Des Places)

Calcidius
Xen 183   Commentarius in Platonis Timaeum 281 (ed. Waszink)

Pseudo-Valerius Probus
Xen 184   Commentarius in Bucolica 6.31 (ed. Thilo 3.2.343)

Pseudo-Iamblichos
Xen 185   Theologumena arithmeticae 40.52.18–53.1 (ed. De Falco)

Epiphanios
Xen 186   De fide 9.13, 505.25–27 (ed. Holl/Dummer)

Themistios
Xen 186a In libros Aristotelis De Caelo paraphrasis 5.4.84.29-33 (ed. Landauer)

Hieronymus
Xen 187   Interpretatio Chronicae Eusebii 103 (ed. Helm)
Xen 188   Interpretatio Chronicae Eusebii 103 (ed. Helm)

Augustinus
Xen 189   Contra Iulianum 4.15.75 (ed. Migne PL 44.776)
Xen 190   De civitate dei 7.17 (ed. Dombart/Kalb)
Xen 191   De civitate dei 18.25 (ed. Dombart/Kalb) (= teilw. **Th 314**)

Iulianus Aeclanensis
Xen 192   Libri IV ad Turbantium 2.148 (ed. de Coninck)

Theodoret
Xen 193 Graecarum affectionum curatio 1.71–72 (ed. Canivet)
Xen 194 Graecarum affectionum curatio 2.10 (ed. Canivet)
Xen 195 Graecarum affectionum curatio 2.17 (ed. Canivet)
Xen 196 Graecarum affectionum curatio 3.71–72 (ed. Canivet)
Xen 197 Graecarum affectionum curatio 4.5 (ed. Canivet)
Xen 198 Graecarum affectionum curatio 4.7 (ed. Canivet)
Xen 199 Graecarum affectionum curatio 4.15 (ed. Canivet)
Xen 200 Graecarum affectionum curatio 4.19 (ed. Canivet)
Xen 201 Graecarum affectionum curatio 4.21 (ed. Canivet)
Xen 202 Graecarum affectionum curatio 5.64–66 (ed. Canivet)

Macrobius
Xen 203 Commentarii in Somnium Scipionis 1.14. 20 (ed. Willis)

Iohannes Stobaios
Xen 204 Anthologium 1.8.2 (ed. Wachsmuth/Hense)
Xen 205 Anthologium 1.10.12 (ed. Wachsmuth/Hense)
Xen 206 Anthologium 1.20.1f (ed. Wachsmuth/Hense)
Xen 207 Anthologium 1.22.3b (ed. Wachsmuth/Hense)
Xen 208 Anthologium 1.24.1n (ed. Wachsmuth/Hense)
Xen 209 Anthologium 1.25.1a–b (ed. Wachsmuth/Hense)
Xen 210 Anthologium 1.25.3k (ed. Wachsmuth/Hense)
Xen 211 Anthologium 1.26.1d (ed. Wachsmuth/Hense)
Xen 212 Anthologium 1.26.2 (ed. Wachsmuth/Hense)
Xen 213 Anthologium 1.26.3 (ed. Wachsmuth/Hense)
Xen 214 Anthologium 1.26.4 (ed. Wachsmuth/Hense)
Xen 215 Anthologium 1.28.1a (ed. Wachsmuth/Hense)
Xen 216 Anthologium 1.29.1 (ed. Wachsmuth/Hense)
Xen 217 Anthologium 1.31.4 (ed. Wachsmuth/Hense)
Xen 218 Anthologium 1.50.17 (ed. Wachsmuth/Hense)
Xen 219 Anthologium 2.1.17 (ed. Wachsmuth/Hense)
Xen 220 Anthologium 3.29.41 (ed. Wachsmuth/Hense)

Kyrill aus Alexandria
Xen 221 Contra Iulianum 1.15.521A–B (ed. Burguière/Évieux)
Xen 222 Contra Iulianum 2.15.572C (ed. Burguière/Évieux)

Proklos
Xen 223 s. **Xen 340** (Scholia in Hes. op. 286)
Xen 224 In Platonis Timaeum commentaria 1.254.19–27 (ed. Diehl)

Iohannes L. Lydos
Xen 225 De mensibus 3.12.1–4 (ed. Wünsch)

Simplikios
Xen 226 In Aristotelis categorias commentarium 8.3.30–4.3 (ed. Kalbfleisch)
Xen 227 In Aristotelis Physicorum libros commentaria 9.6.31–7.3 (ed. Diels)
Xen 228 In Aristotelis Physicorum libros commentaria 9.21.10–25 (ed. Diels)

Liste der Testimonien

Xen 229 In Aristotelis Physicorum libros commentaria 9.22.22–23.20 (ed. Diels)
Xen 230 In Aristotelis Physicorum libros commentaria 9.28.4–11 (ed. Diels)
Xen 231 In Aristotelis Physicorum libros commentaria 9.29.3–14 (ed. Diels)
Xen 232 In Aristotelis Physicorum libros commentaria 9.36.24–32 (ed. Diels)
Xen 233 In Aristotelis Physicorum libros commentaria 9.188.28–189.1 (ed. Diels)
Xen 234 In Aristotelis quattuor libros de caelo commentaria 7.520.20–28 (ed. Heiberg)
Xen 235 In Aristotelis quattuor libros de caelo commentaria 7.522.1–12 (ed. Heiberg)

Iohannes Philoponus
Xen 236 In Aristotelis physicorum libros commentaria 16.21.22–28 (ed. Vitelli)
Xen 237 In Aristotelis physicorum libros commentaria 16.22.15–21 (ed. Vitelli)
Xen 238 In Aristotelis physicorum libros commentaria 16.125.15–126.2 (ed. Vitelli)

Olympiodor
Xen 239 De Arte Sacra 24 (ed. Berthelot/Ruelle)

Pseudo-Galen
Xen 240 De historia philosopha 3 (ed. Diels 601,5–12)
Xen 241 De historia philosopha 7 (ed. Diels 604,16–21)
Xen 242 De historia philosopha 18 (ed. Diels 610,8–14)
Xen 243 De historia philosopha 56 (ed. Diels 624,12–15)
Xen 244 De historia philosopha 57 (ed. Diels 624,26–625,2)
Xen 245 De historia philosopha 60 (ed. Diels 625,18–20)
Xen 246 De historia philosopha 66 (ed. Diels 627,7–9)
Xen 247 De historia philosopha 67 (ed. Diels 627,12–13)
Xen 248 De historia philosopha 75 (ed. Diels 630,9–10)
Xen 249 De historia philosopha 83 (ed. Diels 633,4–5)
Xen 250 De historia philosopha 105 (ed. Diels 639,26)

Asklepios von Tralleis
Xen 251 In Aristotelis metaphysicorum libros commentaria 6.2, 26.17–27.17 (ed. Hayduck)
Xen 252 In Aristotelis metaphysicorum libros commentaria 6.2, 40.17–30 (ed. Hayduck)
Xen 253 In Aristotelis metaphysicorum libros commentaria 6.2, 41.17–42.4 (ed. Hayduck)
Xen 254 In Aristotelis metaphysicorum libros commentaria 6.2, 57.25–30 (ed. Hayduck)
Xen 255 In Aristotelis metaphysicorum libros commentaria 6.2, 278.20–24 (ed. Hayduck)

Kosmas Indikopleustes
Xen 256 Topographia Christiana 2.80 (ed. Wolska)

Hesychius Illustrius
Xen 257 De viris illustribus librum 51 (ed. Flach)

Isidor von Sevilla
Xen 258 Chronicon 169–169* (ed. Martin)

Chronicon Paschale
Xen 259 Chronicon paschale 267.10 (ed. Dindorf)

Georgios Choiroboskos
Xen 260 Prolegomena et scholia in Theodosii Alexandrini canones isagogicos de flexione verborum 88.29 (ed. Hilgard)

Anonym
Xen 261 Nawādir al-Falāsifa 158.6–9

Pseudo-Ǧāḥiẓ
Xen 262 Kitāb al-Dalā'il wa-l-i'tibār 'alā l-ḫalq wa-l-tadbīr 76.4–8 (ed. al-Ṭabbāḫ al-Ḥalabī)

(Pseudo-?) Ḥunayn ibn Isḥāq
Xen 263 Kitāb muḫtaṣar waǧīz fī l-usṭuqussāt istaḫraǧa min Kitāb Ǧālīnūs wa-huwā aḥad 'ašar bāban mansūb ilā Ḥunayn ibn Isḥāq 65.1–3 & 14–17 (ed. Bos/Langermann)

Sedulius Scotus
Xen 264 Collectaneum miscellaneum 68.246 (ed. Simpson)

Frechulf von Lisieux
Xen 265 Historiae 1.3.17 (ed. Allen)
Xen 266 Historiae 1.3.19 (ed. Allen)

Pseudo-Ammonios
Xen 267 Kitāb Amūniyūs fī Ārā' al-Falāsifa 36–37, IV.1–13

Georgios Synkellos
Xen 268 Ecloga chronographica 285.12 (ed. Mosshammer)

Photios
Xen 269 Bibliotheca 2.167, 114b11–13 (ed. Henry)
Xen 270 Bibliotheca 2.167, 115a10–13 (ed. Henry)

Qusṭā ibn Lūqā al-Ba'labakkī
Xen 271 Kitāb Fulūṭarḫus fī l-Ārā' al-ṭabī'īya allatī taqūlu bihā al-ḥukamā' 25.16, 22–3 [II, 4, 11] (ed. Daiber)
Xen 272 Kitāb Fulūṭarḫus fī l-Ārā' al-ṭabī'īya allatī taqūlu bihā al-ḥukamā' 29.11, 30.3–5 [II 13, 14] (ed. Daiber)
Xen 273 Kitāb Fulūṭarḫus fī l-Ārā' al-ṭabī'īya allatī taqūlu bihā al-ḥukamā' 32.1–3 [II 18, 1] (ed. Daiber)
Xen 274 Kitāb Fulūṭarḫus fī l-Ārā' al-ṭabī'īya allatī taqūlu bihā al-ḥukamā' 32.16, 21–3 [II 20, 3] (ed. Daiber)
Xen 275 Kitāb Fulūṭarḫus fī l-Ārā' al-ṭabī'īya allatī taqūlu bihā al-ḥukamā' 34.12, 21–3 [II 24, 4] (ed. Daiber)
Xen 276 Kitāb Fulūṭarḫus fī l-Ārā' al-ṭabī'īya allatī taqūlu bihā al-ḥukamā' 35.2–5 (ed. Daiber)

Liste der Testimonien 437

Xen 277 Kitāb Fulūṭarḫus fī l-Ārāʾ al-ṭabīʿīya allatī taqūlu bihā al-ḥukamāʾ 35.6, 11 [II 25, 4] (ed. Daiber)
Xen 278 Kitāb Fulūṭarḫus fī l-Ārāʾ al-ṭabīʿīya allatī taqūlu bihā al-ḥukamāʾ 39.17–8, 40.12–3 [III 2, 11] (ed. Daiber)
Xen 279 Kitāb Fulūṭarḫus fī l-Ārāʾ al-ṭabīʿīya allatī taqūlu bihā al-ḥukamāʾ 44.9, 14–5 [III 9, 4] (ed. Daiber)
Xen 280 Kitāb Fulūṭarḫus fī l-Ārāʾ al-ṭabīʿīya allatī taqūlu bihā al-ḥukamāʾ 45.3, 5–6 [III 11,2] (ed. Daiber)
Xen 281 Kitāb Fulūṭarḫus fī l-Ārāʾ al-ṭabīʿīya allatī taqūlu bihā al-ḥukamāʾ 63.2, 7 [V 1,2] (ed. Daiber)

Etymologicum Genuinum
Xen 282 Etymologicum Genuinum beta.271 (ed. Lasserre/Livadaras)

Suda
Xen 283 Lexikon epsilon 2916 (ed. Adler)
Xen 284 Lexikon ēta 174 (ed. Adler)
Xen 285 Lexikon ēta 472 (ed. Adler)
Xen 286 Lexikon zēta 77 (ed. Adler)
Xen 287 Lexikon xi 46 (ed. Adler)
Xen 288 Lexikon pi 675 (ed. Adler)

Abū Sahl al-Masīḥī
Xen 289 Talḫīṣ Kitāb al-Samāʾ wa-l-ʿālam li-Arisṭūṭālis 187.1-5 (facsimile-ed. Sezgin)

Deipnosophistarum Epitome
Xen 290 Deipnosophistarum Epitome 2.44.54e (ed. Kaibel)
Xen 291 Deipnosophistarum Epitome 2.2.4, 367d (ed. Peppink), s. **Xen 151** (Athen. deipn. 9.6)
Xen 292 Deipnosophistarum Epitome 2.2.25 (ed. Peppink), 413e–414e, s. **Xen 152** (Athen. deipn. 10.6)
Xen 293 Deipnosophistarum Epitome 2.2.52 (ed. Peppink), 462e–463a, s. **Xen 153** (Athen. deipn. 11.7)
Xen 294 Deipnosophistarum Epitome 11.18.782a (ed. Kaibel)
Xen 295 Deipnosophistarum Epitome 2.2.82 (ed. Peppink), 526a–c, s. **Xen 155** (Athen. deipn. 12.30-31)

ʿAbdallāh ibn al-Faḍl al-Antākī
Xen 295a Kalām fī l-Ṯālūṯ al-muqaddas 397.14-16 (ed. Noble und Treiger)

Etymologicum Gudianum
Xen 296 Etymologicum Gudianum kappa.301 (ed. Sturz)

Al-Šahrastānī
Xen 297 Kitāb al-milal wa-l-niḥal 291.11–292.2 (ed. Cureton)

Stephanus Gramm.
Xen 298 In artem rhetoricam commentaria 21.2.292.20-30 (ed. Rabe)
Xen 299 In artem rhetoricam commentaria 21.2.293.8-19 (ed. Rabe)

Michael Glykas
Xen 300   Annales 1.20.61C (ed. Migne)

Etymologicum Magnum
Xen 301   Etymologicum Magnum 214.44–46 (ed. Gaisford)
Xen 302   Etymologicum Magnum 231.5–6 (ed. Gaisford)
Xen 303   Etymologicum Magnum 235.3–4 (ed. Gaisford)

Turba Philosophorum
Xen 304   Turba philosophorum 82–83 (ed. Plessner, vgl. ed. Ruska 116.33–117.27) & 117.28–118.5 (ed. Ruska)
Xen 305   Turba philosophorum 123.9–124.22 (ed. Ruska)

Ekkehard von Aura
Xen 306   Chronicon universale 547 (ed. Migne)
Xen 307   Chronicon universale 553 (ed. Migne)
Xen 308   Chronicon universale 553 (ed. Migne)

Philipp von Harvengt
Xen 309   De institutione clericorum 45.1020 (ed. Migne)

Iohannes Tzetzes
Xen 310   Scholia in Dionysii Periegetis Orbis Descriptionem 940 (ed. Bernhardy 1010) s. **Xen 339**
Xen 311   Chiliades 7.143.508–520 (ed. Leone)
Xen 312   Exegesis in Homeri Iliadem 1.351 (ed. Lolos 95.24–96.2)

Eustathios aus Thessalonike
Xen 313   Commentarii ad Homeri Iliadem 2.212 (ed. van der Valk 1.311.20–22)
Xen 314   Commentarii ad Homeri Iliadem 7.99 (ed. van der Valk 2.416)
Xen 315   Commentarii ad Homeri Iliadem 11.27 (ed. van der Valk 3.140.22–141.3)
Xen 316   Commentarii ad Homeri Iliadem 13.589 (ed. van der Valk 3.519.40–41)

Averroes (Ibn Rušd)
Xen 317   Talḫīṣ al-samāʾ wa-l-ʿālam 257 (ed. al-ʿAlawī)
Xen 318   Commentaria magna in Aristotelem De celo et mundo 78 (ed. Carmody/Arnzen), s. **Xen 330**

David von Dinant
Xen 319   s. **Xen 321, Xen 322, Xen 323, Xen 328, Xen 329**

Lucas de Tuy
Xen 320   Chronicon Mundi 1.71.1–5 (ed. Falque)

Albertus Magnus
Xen 321   De homine 61.46–62.9 (ed. Anzulewicz/Söder)
Xen 322   De homine 64.48–64.65 (ed. Anzulewicz/Söder)
Xen 323   Metaphysica 53.49–59.54 (ed. Geyer)
Xen 324   Metaphysik 60.46–60 (ed. Geyer)

Liste der Testimonien 439

Xen 325 Metaphysik 68.52–64 (ed. Geyer)
Xen 326 Metaphysik 129.43–46 (ed. Geyer)
Xen 327 Metaphysik 192.17–28 (ed. Geyer)
Xen 328 Summa theologiae 2.12.72.1.4 (ed. Borgnet)
Xen 329 Summa theologiae 2.12.72.4.2 (ed. Borgnet)

Michael Scotus
Xen 330 Commentaria magna in Aristotelem De celo et mundo 78 (ed. Carmody/Arnzen)

Bar Hebraeus (Ibn al-ʿIbrī)
Xen 331 Liber candelabri sanctuarii 543.7–9 (ed. Bakos)

Georgios Pachymeres
Xen 331a In Aristotelis Metaphysicam commentarium 1.3.86-91 (ed. Pappa)
Xen 331b In Aristotelis De caelo commentarium 2.6.6.1-2 (ed. Telelis)

Konstantinos Akropolites
Xen 332 Epistulae 195.69–87 (ed. Romano)

Michael Apostolius
Xen 333 Collectio Paroemiarum 8.42r (ed. Leutsch)

Anthologia Graeca
Xen 334 Anthologia Graeca 7.120 (ed. Beckby)

Scholia in Aristophanem
Xen 335 Scholia in Aristophanis Pacem 697e (ed. Holwerda)
Xen 336 Scholia in Aristophanis Equites 408 (ed. Wilson/Jones)

Scholia in Aristotelem
Xen 337 Scholia in Aristotelis Physica Fr. 539 (ed. Rashed)

Scholia in Basilium
Xen 338 Scholion Scholia in Basilii Homilias in Hexaëmeron 1.10, Fr. 26 (ed. Pasquali)

Scholia in Dionysium Periegetem
Xen 339 Scholia in Dionysii Periegetis Orbis Descriptionem 940 (ed. Bernhardy 1010)

Scholia in Hesiodum
Xen 340 Scholia in Hesiodi Opera et dies 286 (ed. Marzillo)

Scholia in Hippocratem
Xen 341 Scholia in Hippocratis Epidemias I 13.3 (ed. Nachmanson 102.19–24)

Scholia in Homerum
Xen 342 Scholia in Homeri Iliadem 2.212b [bT] (ed. Erbse)
Xen 343 Scholia in Homeri Iliadem 7.99 [bT] (ed. Erbse)
Xen 344 Scholia in Homeri Iliadem 11.27b [bT] (ed. Erbse)

Xen 345 Scholia in Homeri Iliadem 21.196-197 [Ge] (ed. Erbse)
Xen 346 POxy. II 221, Kol. IX 1–3 Manetti/Montanari
Xen 347 POxy. VIII 1087, Kol. II 40–41 Manetti/Montanari

Scholia in Platonem
Xen 348 Scholia in Platonis Rempublicam 498a9 (ed. Greene)

Alphabetisches Autorenverzeichnis

Angegeben ist jeweils nur die erste Nennung in der Edition.

Abū Sahl al-Masīḥī	Xen 289
Achilleus Tatios Astronomos	Xen 132
Ailios Herodianos	Xen 71
Albertus Magnus	Xen 321
Alexander von Aphrodisias	Xen 125
Al-Šahrastānī	Xen 297
Anonym	Xen 261
Anthologia Graeca	Xen 334
Apollodor	Xen 32
Apostolius Paroemiographus	s. Michael Apostolius
Apuleius aus Madaura	Xen 110
Areios Didymos	Xen 53
Aristokles von Messene	Xen 55
Aristoteles	Xen 4
Asklepios von Tralleis	Xen 251
Athenaios von Naukratis	Xen 150
Augustinus	Xen 189
Aulus Gellius	Xen 111
Averroes (Ibn Rušd)	Xen 317
Bakcheios aus Tanagra	Xen 27
Bar Hebraeus (Ibn al-ʿIbrī)	Xen 331
Calcidius	Xen 183
Censorinus	Xen 134
Choiroboskos	s. Georgios Choiroboskos
Chronicon Paschale	Xen 259
Cicero	s. M. Tullius Cicero
Claudius Aelianus	Xen 123
Clemens aus Alexandria	Xen 114
David von Dinant	Xen 319
Demetrios von Phaleron	Xen 21
Diogenes Laertios	Xen 135
Diogenes von Oinoanda	Xen 94
Ekkehard von Aura	Xen 306
Epicharm	Xen 1
Epiphanios	Xen 186
Etymologicum Genuinum	Xen 282

Etymologicum Gudianum	Xen 296
Etymologicum Magnum	Xen 301
Eusebios von Kaisareia	Xen 160
Eustathios aus Thessalonike	Xen 313
Favorinus	Xen 69
Frechulf von Lisieux	Xen 265
Galen	Xen 112
Georgios Choiroboskos	Xen 260
Georgios Pachymeres	Xen 331a
Georgios Synkellos	Xen 268
Glykas	s. Michael Glykas
Herakleitos Stoikos	Xen 54
Heraklit	Xen 2
Hermipp von Smyrna	Xen 25
Herodian	s. Ailios Herodianos
Hesychius Illustrius	Xen 257
Hieronymus	Xen 187
Hippolytos von Rom	Xen 118
Ḥunayn ibn Isḥāq	s. (Pseudo-?) Ḥunayn ibn Isḥāq
Iohannes L. Lydos	Xen 225
Iohannes Stobaios	Xen 204
Iohannes Tzetzes	Xen 310
Isidor von Sevilla	Xen 258
Iulianus Aeclanensis	Xen 192
Iulius Pollux	Xen 106
Konstantinos Akropolites	Xen 332
Kosmas Indikopleustes	Xen 256
Kyrill aus Alexandria	Xen 221
Laktanz	Xen 158
Lucas de Tuy	Xen 320
Lukian	Xen 109
M. Minucius Felix	Xen 124
M. Terentius Varro	Xen 33
M. Tullius Cicero	Xen 40
Macrobius	Xen 203
Marcus V. Vitruvius	Xen 48
Maximos von Tyros	Xen 77
Michael Apostolius	Xen 333
Michael Glykas	Xen 300
Michael Scotus	Xen 330
Nikolaus von Damaskus	Xen 50
Olympiodor	Xen 239
Pachymeres	s. Georgios Pachymeres
Panaitios	Xen 31
Philipp von Harvengt	Xen 309
Philodem von Gadara	Xen 34
Philon	Xen 57
Photios	Xen 269

Alphabetisches Autorenverzeichnis 443

Platon	Xen 3
Plutarch	Xen 59
Porphyrios	Xen 157
Proklos	Xen 223
Pseudo-Ammonios	Xen 267
Pseudo-Aristoteles (Mirabilium auscultationes)	Xen 13
Pseudo-Aristoteles (MXG)	Xen 14
Pseudo-Ǧāḥiẓ	Xen 262
Pseudo-Galen	Xen 240
(Pseudo-?) Ḥunayn ibn Isḥāq	Xen 263
Pseudo-Iamblichos	Xen 185
Pseudo-Plutarch (Hom.)	Xen 108
Pseudo-Plutarch (Plac.)	Xen 95
Pseudo-Plutarch (Strom.)	Xen 79
Pseudo-Valerius Probus	Xen 184
Quintus Sept. F. Tertullianus	Xen 122
Qusṭā ibn Lūqā al-Baʿlabakkī	Xen 271
Sabinos	Xen 70
Satyros von Kallatis	Xen 26
Scholia in Dionysium Periegetem	Xen 339
Scholia in Aristophanem	Xen 335
Scholia in Aristotelem	Xen 337
Scholia in Basilium	Xen 338
Scholia in Hesiodum	Xen 340
Scholia in Hippocratem	Xen 341
Scholia in Homerum	Xen 342
Scholia in Platonem	Xen 348
Sedulius Scotus	Xen 264
Sextus Empiricus	Xen 80
Simplikios	Xen 226
Sotion	Xen 28
Stephanus Gramm.	Xen 298
Stobaios	s. Iohannes Stobaios
Strabon	Xen 51
Suda	Xen 283
Synkellos	s. Georgios Synkellos
Tertullian	s. Quintus Sept. F. Tertullianus
Themistios	Xen 186a
Theodoret	Xen 193
Theophrast	Xen 16
Timaios von Tauromenion	Xen 22
Timon von Phleius	Xen 23
Turba Philosophorum	Xen 304
Tzetzes	s. Iohannes Tzetzes
Varro	s. M. Terentius Varro
Vitruv	s. Marcus V. Vitruvius

Konkordanz

VS	TP III
VS 21 A 1	Xen 145
VS 21 A 2	Xen 146
VS 21 A 3	Xen 2
VS 21 A 4	Xen 42
VS 21 A 5	Xen 142
VS 21 A 6	Xen 109
VS 21 A 7	Xen 134
VS 21 A 8	Xen 115
	Xen 80
VS 21 A 9*a*	Xen 160
VS 21 A 9*b*	Xen 161
VS 21 A 10	Xen 185
VS 21 A 11	Xen 68
VS 21 A 12	Xen 11
VS 21 A 13	Xen 12
	Xen 59
	Xen 61
	Xen 63
VS 21 A 14	Xen 10
VS 21 A 15	Xen 8
VS 21 A 16	Xen 64
VS 21 A 17	Xen 60
VS 21 A 18	Xen 147
VS 21 A 19	Xen 145
	Xen 139
VS 21 A 20	Xen 52
VS 21 A 21	Xen 110
VS 21 A 22	Xen 340
VS 21 A 23	Xen 342
VS 21 A 24	**Xen 53**
VS 21 A 25	Xen 41
VS 21 A 26	Xen 57
	Xen 58
VS 21 A 27	Xen 156
VS 21 A 28	Xen 15
VS 21 A 29	Xen 3
	Xen 238
VS 21 A 30	Xen 7
VS 21 A 31	Xen 229
VS 21 A 32	Xen 79
VS 21 A 33	Xen 119
VS 21 A 34	Xen 42
	Xen 47
VS 21 A 35	Xen 241
	Xen 90
	Xen 23 & Xen 90
	Xen 82
VS 21 A 36	Xen 197
	Xen 205
	Xen 239
	Xen 113
VS 21 A 37	Xen 95
VS 21 A 38	Xen 96
VS 21 A 39	Xen 97 mit Xen 208
VS 21 A 40	Xen 209
VS 21 A 41	Xen 99
VS 21 A 41a	Xen 100
VS 21 A 42	Xen 214
VS 21 A 43	Xen 101
	Xen 212
	Xen 213
VS 21 A 44	Xen 102
VS 21 A 45	Xen 216
VS 21 A 46	Xen 217
VS 21 A 47	Xen 4
	Xen 235
	Xen 103
	Xen 104
	Xen 43
VS 21 A 48	Xen 13
VS 21 A 49	Xen 56
	Xen 218
VS 21 A 50	Xen 203
VS 21 A 51	Xen 122
VS 21 A 52	Xen 45
	Xen 105

VS 21 B 1	Xen 153	**TP III**	**VS**
VS 21 B 2	Xen 152		
VS 21 B 3	Xen 155	Xen 2	VS 21 A 3
VS 21 B 4	Xen 107	Xen 3	VS 21 A 29
VS 21 B 5	Xen 154	Xen 4	VS 21 A 47
VS 21 B 6	Xen 151	Xen 7	VS 21 A 30
VS 21 B 7	Xen 141	Xen 8	VS 21 A 15
VS 21 B 8	Xen 145	Xen 10	VS 21 A 14
VS 21 B 9	Xen 302	Xen 11	VS 21 A 12
VS 21 B 10	Xen 71	Xen 12	VS 21 A 13
VS 21 B 11	Xen 87	Xen 13	VS 21 A 48
VS 21 B 12	Xen 81	Xen 15	VS 21 A 28
VS 21 B 13	Xen 111	Xen 23	VS 21 A 35
VS 21 B 14	Xen 116	Xen 41	VS 21 A 25
VS 21 B 15	Xen 116	Xen 42	VS 21 A 4
VS 21 B 16	Xen 117		VS 21 A 34
VS 21 B 17	Xen 336	Xen 43	VS 21 A 47
VS 21 B 18	Xen 204 & Xen 220	Xen 45	VS 21 A 52
VS 21 B 19	Xen 137	Xen 47	VS 21 A 34
VS 21 B 20	Xen 138	Xen 52	VS 21 A 20
VS 21 B 21	Xen 335	**Xen 53**	VS 21 A 24
VS 21 B 21a	Xen 347	Xen 54	VS 21 B 31
VS 21 B 22	Xen 290	Xen 56	VS 21 A 49
VS 21 B 23	Xen 116	Xen 57	VS 21 A 26
VS 21 B 24	Xen 86	Xen 58	VS 21 A 26
VS 21 B 25	Xen 229	Xen 59	VS 21 A 13
VS 21 B 26	Xen 229	Xen 60	VS 21 A 17
VS 21 B 27	Xen 197	Xen 61	VS 21 A 13
VS 21 B 28	Xen 132	Xen 63	VS 21 A 13
VS 21 B 29	Xen 238	Xen 64	VS 21 A 16
VS 21 B 30	Xen 345	Xen 66	VS 21 B 34
VS 21 B 31	Xen 54	Xen 67	VS 21 B 35
VS 21 B 32	Xen 344	Xen 68	VS 21 A 11
VS 21 B 33	Xen 89	Xen 71	VS 21 B 10
VS 21 B 34	Xen 66 & Xen 83		VS 21 B 36
VS 21 B 35	Xen 67	Xen 72	VS 21 B 37
VS 21 B 36	Xen 71	Xen 73	VS 21 B 38
VS 21 B 37	Xen 72	Xen 79	VS 21 A 32
VS 21 B 38	Xen 73	Xen 80	VS 21 A 8
VS 21 B 39	Xen 106	Xen 81	VS 21 B 12
VS 21 B 40	Xen 282	Xen 82	VS 21 A 35
VS 21 B 41	Xen 310	Xen 83	VS 21 B 34
VS 21 B 42	Anm. zu Xen 73	Xen 86	VS 21 B 24
VS 21 B 45	Xen 341	Xen 87	VS 21 B 11
VS 21 C 1	---	Xen 89	VS 21 B 27
VS 21 C 2	Xen 152, Fußnote 2		VS 21 B 33
		Xen 90	VS 21 A 35
		Xen 95	VS 21 A 37

Konkordanz

Xen 96	VS 21 A 38	Xen 185	VS 21 A 10
Xen 97	VS 21 A 39	Xen 197	VS 21 A 36
Xen 99	VS 21 A 41	Xen 203	VS 21 A 50
Xen 100	VS 21 A 41a	Xen 204	VS 21 B 18
Xen 101	VS 21 A 43	Xen 205	VS 21 A 36
Xen 102	VS 21 A 44	Xen 208	VS 21 A 39
Xen 103	VS 21 A 47	Xen 209	VS 21 A 40
Xen 104	VS 21 A 47	Xen 212	VS 21 A 43
Xen 105	VS 21 A 52	Xen 213	VS 21 A 43
Xen 106	VS 21 B 39	Xen 214	VS 21 A 42
Xen 107	VS 21 B 4	Xen 216	VS 21 A 45
Xen 109	VS 21 A 6	Xen 217	VS 21 A 46
Xen 110	VS 21 A 21	Xen 218	VS 21 A 49
Xen 111	VS 21 B 13	Xen 220	VS 21 B 18
Xen 113	VS 21 A 36	Xen 229	VS 21 A 31
Xen 115	VS 21 A 8		VS 21 B 25
Xen 116	VS 21 B 14		VS 21 B 26
	VS 21 B 15	Xen 235	VS 21 A 47
	VS 21 B 23	Xen 238	VS 21 A 29
Xen 117	VS 21 B 16		VS 21 B 29
Xen 119	VS 21 A 33	Xen 239	VS 21 A 36
Xen 122	VS 21 A 51	Xen 241	VS 21 A 35
Xen 132	VS 21 B 28	Xen 282	VS 21 B 40
Xen 134	VS 21 A 7	Xen 290	VS 21 B 22
Xen 137	VS 21 B 19	Xen 302	VS 21 B 9
Xen 138	VS 21 B 20	Xen 310	VS 21 B 41
Xen 139	VS 21 A 19	Xen 342	VS 21 A 23
Xen 141	VS 21 B 7	Xen 344	VS 21 B 32
Xen 142	VS 21 A 5	Xen 345	VS 21 B 30
Xen 145	VS 21 A 1	Xen 346	VS 21 B 21a
	VS 21 A 19	Xen 340	VS 21 A 22
	VS 21 B 8	Xen 335	VS 21 B 21
Xen 146	VS 21 A 2	Xen 336	VS 21 B 17
Xen 147	VS 21 A 18	Xen 341	VS 21 B 45
Xen 151	VS 21 B 6	Xen 343	VS 21 B 27
Xen 152	VS 21 B 2		VS 21 B 33
Xen 153	VS 21 B 1	Xen 344	VS 21 B 32
Xen 154	VS 21 B 5	Xen 345	VS 21 B 30
Xen 155	VS 21 B 3	Xen 347	VS 21 B 21a
Xen 156	VS 21 A 27		
Xen 160	VS 21 A 9*a*		
Xen 161	VS 21 A 9*b*		

Similienapparat

Bewohnter Mond	Xen 43, Xen 158, Xen 159
Das Eine/Das All	Xen 3, Xen 7, Xen 15, Xen 42, Xen 90, Xen 108, Xen 119, Xen 124, Xen 127, Xen 128, Xen 129, Xen 130, Xen 162, Xen 183, Xen 194, Xen 197, Xen 229, Xen 231, Xen 237, Xen 241, Xen 251, Xen 252, Xen 253, Xen 322, Xen 323, Xen 327, Xen 331, Xen 331a, Xen 337
Durchgängige Wahrnehmung Gottes	Xen 15, Xen 86, Xen 119, Xen 145, Xen 162
Elemente	Xen 88, Xen 108, Xen 113, Xen 129, Xen 145, Xen 239, Xen 257, Xen 263, Xen 304, Xen 312
Gestirne als Wolken	Xen 96, Xen 97, Xen 98, Xen 101, Xen 102, Xen 133, Xen 162, Xen 175, Xen 176, Xen 177, Xen 179, Xen 200, Xen 201, Xen 208, Xen 209, Xen 211, Xen 215, Xen 225, Xen 243, Xen 245, Xen 247, Xen 248, Xen 262, Xen 272, Xen 273, Xen 274, Xen 277, Xen 278, Xen 300
Gott als das Eine/das All	Xen 7, Xen 15, Xen 42, Xen 90, Xen 93, Xen 116, Xen 119, Xen 124, Xen 130, Xen 229, Xen 241, Xen 253, Xen 267, Xen 321, Xen 322, Xen 323, Xen 327, Xen 329, Xen 331a
Gott durchweg ähnlich beschaffen	Xen 15, Xen 119, Xen 145, Xen 162, Xen 229
Gott als Geist	Xen 47, Xen 124, Xen 145, Xen 241, Xen 257, Xen 311, Xen 321, Xen 323, Xen 328, Xen 329
Gott kugelförmig	Xen 15, Xen 42, Xen 93, Xen 119, Xen 145, Xen 197, Xen 229, Xen 257
Gott/das Prinzip begrenzt/unbegrenzt	Xen 7, Xen 15, Xen 47, Xen 119, Xen 124, Xen 130, Xen 183, Xen 197, Xen 229, Xen 230, Xen 231, Xen 236, Xen 237, Xen 241, Xen 252, Xen 253, Xen 323, Xen 324, Xen 331a
Gott/das Prinzip bewegt/unbewegt	Xen 7, Xen 15, Xen 39, Xen 119, Xen 127, Xen 128, Xen 129, Xen 162, Xen 172, Xen 183, Xen 197,

	Xen 229, Xen 230, Xen 231, Xen 236, Xen 237, Xen 251, Xen 252, Xen 323, Xen 324, Xen 331
Götterbilder	Xen 9, Xen 11, Xen 12, Xen 39, Xen 57, Xen 58, Xen 59, Xen 61, Xen 63, Xen 81, Xen 87, Xen 90, Xen 116, Xen 117, Xen 166, Xen 196
Gottesbegriff	Xen 7, Xen 15, Xen 39, Xen 42, Xen 47, Xen 86, Xen 90, Xen 93, Xen 116, Xen 119, Xen 124, Xen 130, Xen 145, Xen 162, Xen 166, Xen 170, Xen 204, Xen 220, Xen 229, Xen 241, Xen 253, Xen 257, Xen 267, Xen 295a, Xen 297, Xen 311, Xen 321, Xen 322, Xen 323, Xen 327, Xen 328, Xen 329
Homerkritik	Xen 68, Xen 81, Xen 87, Xen 90, Xen 139, Xen 145
Lebensalter/Lebenszeit	Xen 80, Xen 109, Xen 115, Xen 119, Xen 134, Xen 145, Xen 164, Xen 173, Xen 185, Xen 187, Xen 188, Xen 191, Xen 221, Xen 257, Xen 258, Xen 259, Xen 265, Xen 266, Xen 268, Xen 306, Xen 307, Xen 308, Xen 320, Xen 333
Mantik	Xen 45, Xen 46, Xen 105, Xen 250, Xen 281
Natur der Gestirne	Xen 54, Xen 96, Xen 97, Xen 98, Xen 99, Xen 100, Xen 101, Xen 102, Xen 119, Xen 133, Xen 158, Xen 159, Xen 162, Xen 175, Xen 176, Xen 177, Xen 179, Xen 180, Xen 200, Xen 201, Xen 208, Xen 209, Xen 210, Xen 211, Xen 212, Xen 213, Xen 214, Xen 215, Xen 225, Xen 243, Xen 244, Xen 245, Xen 246, Xen 247, Xen 248, Xen 262, Xen 264, Xen 272, Xen 273, Xen 274, Xen 275, Xen 276, Xen 277, Xen 278, Xen 300
Natur der Seele	Xen 145, Xen 203, Xen 257, Xen 261
Natur und Entstehung der Erde	Xen 4, Xen 36, Xen 103, Xen 104, Xen 119, Xen 132, Xen 145, Xen 162, Xen 181, Xen 182, Xen 194, Xen 249, Xen 257, Xen 279, Xen 280, Xen 289, Xen 317, Xen 330
Naturphänomene	Xen 13, Xen 99, Xen 119, Xen 145, Xen 180, Xen 216, Xen 217, Xen 246, Xen 257, Xen 273, Xen 275, Xen 276, Xen 315, Xen 344, Xen 345, Xen 346, Xen 348
Prinzipien	Xen 15, Xen 88, Xen 89, Xen 92, Xen 108, Xen 113, Xen 120, Xen 121, Xen 129, Xen 130, Xen 145, Xen 183, Xen 184, Xen 186, Xen 194, Xen 197, Xen 205, Xen 227, Xen 228, Xen 229, Xen 231, Xen 233, Xen 236, Xen 237, Xen 238, Xen 239, Xen 242, Xen 251, Xen 253, Xen 254, Xen 312, Xen 314, Xen 321, Xen 322, Xen 323, Xen 324, Xen 325, Xen 326, Xen 328, Xen 329, Xen 331, Xen 343

Similienapparat 451

Religionskritik	Xen 11, Xen 12, Xen 59, Xen 61, Xen 63, Xen 81, Xen 87, Xen 90, Xen 116, Xen 117, Xen 166, Xen 196, Xen 283
Seelenwanderung	Xen 78, Xen 141, Xen 170, Xen 287, Xen 334
Unbewegtheit der Erde	Xen 4, Xen 132, Xen 186a, Xen 234, Xen 235, Xen 317, Xen 330, Xen 331b, Xen 338
Unendlichkeit der Erde	Xen 4, Xen 14, Xen 36, Xen 51, Xen 94, Xen 103, Xen 104, Xen 132, Xen 162, Xen 181, Xen 182, Xen 186a, Xen 234, Xen 235, Xen 249, Xen 256, Xen 280, Xen 289, Xen 317, Xen 330, Xen 331b
Unvergänglichkeit der Welt	Xen 95, Xen 178, Xen 194, Xen 206, Xen 222, Xen 271, Xen 337
Vater	Xen 109, Xen 119, Xen 145, Xen 186, Xen 197, Xen 257, Xen 333
Verhältnis zu Parmenides	Xen 7, Xen 15, Xen 44, Xen 84, Xen 115, Xen 127, Xen 128, Xen 129, Xen 130, Xen 135, Xen 146, Xen 162, Xen 164, Xen 173, Xen 183, Xen 193, Xen 194, Xen 198, Xen 227, Xen 229, Xen 252, Xen 253, Xen 288, Xen 323, Xen 325, Xen 326, Xen 332, Xen 337, Xen 338
Viele Sonnen	Xen 99, Xen 100, Xen 119, Xen 180, Xen 210, Xen 276
Welt: eine/viele	Xen 145, Xen 199, Xen 207, Xen 257, Xen 337
Wurzeln der Erde	Xen 4, Xen 36, Xen 43, Xen 51, Xen 103, Xen 104, Xen 181, Xen 182, Xen 249, Xen 280
Xenophanes als Dichter	Xen 26, Xen 41, Xen 52, Xen 57, Xen 58, Xen 62, Xen 71, Xen 142, Xen 147, Xen 156, Xen 315
Xenophanes als Eleat	Xen 3, Xen 7, Xen 15, Xen 44, Xen 114, Xen 115, Xen 127, Xen 128, Xen 129, Xen 130, Xen 135, Xen 146, Xen 163, Xen 164, Xen 193, Xen 194, Xen 197, Xen 226, Xen 229, Xen 240, Xen 286, Xen 288, Xen 323
Xenophanes als Elegiendichter	Xen 141, Xen 145, Xen 151, Xen 152, Xen 287
Xenophanes als Erkenntnistheoretiker[1]	Xen 82
Xenophanes als Megariker	Xen 44
Xenophanes als Naturphilosoph	Xen 48, Xen 49, Xen 52, Xen 63, Xen 82, Xen 109, Xen 118, Xen 170, Xen 171, Xen 185, Xen 188, Xen 189, Xen 191, Xen 192, Xen 228, Xen 242, Xen 265, Xen 266, Xen 268, Xen 306, Xen 307, Xen 308, Xen 309, Xen 323, Xen 324

---

1 Siehe auch unter „Xenophanes als Skeptiker".

Xenophanes als Parodiendichter	Xen 290
Xenophanes (?) als Satiriker	Xen 110
Xenophanes als Sillendichter	Xen 35, Xen 52, Xen 313, Xen 336, Xen 339, Xen 340, Xen 342, Xen 347
Xenophanes als Skeptiker	Xen 39, Xen 40, Xen 41, Xen 83, Xen 84, Xen 85, Xen 90, Xen 91, Xen 112, Xen 119, Xen 145, Xen 148, Xen 162, Xen 170, Xen 171, Xen 172, Xen 173, Xen 186, Xen 190, Xen 218, Xen 219, Xen 224, Xen 240, Xen 241, Xen 257, Xen 332
Xenophanes als Tragödiendichter	Xen 188, Xen 221, Xen 258, Xen 265, Xen 266, Xen 268, Xen 306, Xen 307

Register der Personen und Orte

Legende: *Personen- und Ortsnamen, die nicht direkt überliefert sind, sind kursiv geschrieben und mit ihrem Fundort gekennzeichnet.*
Bei mehreren Fundorten im selben Testimonium wurde jeweils der relevantere angegeben.

(a) Autor des (direkt überlieferten) Testimoniums
(az) Autor des (in einem anderen Testimonium zitierten) Testimoniums
(e) Ergänzung
(f) Fußnote
(t) Titel
(z) Zusammenfassung

Abdera, Abderit	Xen 49, Xen 77, Xen 115, Xen 240
Acheloïos	Xen 346
Achill	Xen 312, *Xen 346 (z)*
Achilleus Tatios	*Xen 132 (a), Xen 133 (a)*
Agamemnon	Xen 107
Aglosthenos	Xen 107
Ägypten, Ägypter	Xen 59, Xen 61, Xen 63
Ahasveros	Xen 320
Aischylos	Xen 106, Xen 308
Akamas	Xen 80
Akragas, Akragantiner	Xen 193
Albertus Magnus	*Xen 319 (z), Xen 321 (a), Xen 322 (a), Xen 323 (a), Xen 324 (a), Xen 325 (a), Xen 326 (a), Xen 327 (a), Xen 328 (a), Xen 329 (a)*
Alexander von Aphrodisias	*Xen 16 (z), Xen 125 (az), Xen 126 (az), Xen 127 (a), Xen 128 (a), Xen 129 (a), Xen 130 (a), Xen 131 (a),* Xen 229, Xen 233, Xen 323, Xen 329

Alexandria	*Xen 346 (z)*
al-Ǧāḥiẓ	Xen 262
Alkman	Xen 306
al-Masīḥī	*Xen 289 (a)*
al-Šahrastānī	Xen 297 (a)
Ameinias	Xen 146
Ammonius	Xen 67, Xen 267, *Xen 346 (z)*
Anacharsis	Xen 83
Anakreon	Xen 185, Xen 307, Xen 308
Anaxagoras	Xen 26, Xen 40, Xen 42, Xen 48, Xen 49, Xen 77, Xen 78, Xen 118, Xen 122, Xen 145, Xen 164, Xen 170, Xen 173, Xen 189, Xen 192, Xen 199, Xen 202, Xen 207, Xen 218, Xen 221, Xen 228, *vor Xen 304 (a)*, Xen 308, *Xen 325 (z)*, Xen 337
Anaxarch	Xen 83, Xen 115, Xen 173
Anaximander	*Xen 17 (z), Xen 18 (z), Xen 29 (z)*, Xen 88, Xen 92, Xen 118, Xen 120, Xen 145, Xen 146, Xen 189, Xen 191, Xen 192, Xen 199, Xen 202, Xen 207, Xen 212, Xen 227, Xen 242, Xen 288, *vor Xen 304 (a)*, Xen 306, Xen 337
Anaximenes	Xen 88, Xen 89, Xen 92, Xen 113, Xen 118, Xen 189, Xen 191, Xen 192, Xen 199, Xen 202, Xen 203, Xen 207, Xen 225, Xen 233, Xen 242, Xen 262, *vor Xen 304 (a)*, Xen 309, Xen 337
Änesidem	*Xen 90 (e)*
Antilochos	Xen 139
Antimachos	Xen 71
Antiphon	Xen 139
Apollodor	*Xen 32 (az)*, Xen 115, Xen 145
Apollonia, Apolloniat	Xen 77, Xen 88, Xen 92, Xen 242
Apuleius von Madaura	*Xen 110 (a)*
Arakynthos	Xen 80
Archelaos	Xen 82, Xen 88, Xen 108, Xen 118, Xen 145, Xen 170, Xen 199, Xen 207, *vor Xen 304 (a)*, Xen 337
Archilochos	Xen 34, Xen 340

Register der Personen und Orte   455

Areios	*Xen 53 (az)*
Ares	Xen 57
Argos, Argiver	Xen 107
Aristeas	Xen 78
Aristipp	Xen 168, Xen 226
Aristokles	*Xen 55 (a), Xen 56 (a), Xen 165 (z)*, Xen 167, *Xen 172 (z)*
Aristophanes	Xen 76, Xen 282, Xen 301, *Xen 335 (e)*, Xen 336 *(t)*
Aristoteles	*Xen 1 (z), Xen 4 (a), Xen 5 (az), Xen 6 (az), Xen 7 (a), Xen 8 (a), Xen 9 (a), Xen 10 (a), Xen 11 (a), Xen 12 (a), Xen 16 (z), Xen 17 (z), Xen 34 (z)*, Xen 122, *Xen 127 (t), Xen 128 (t), Xen 129 (t), Xen 130 (e), Xen 131 (e)*, Xen 136, Xen 139, Xen 174, Xen 199, Xen 207, Xen 222, *Xen 226 (t), Xen 227 (t)*, Xen 228, *Xen 229 (t), Xen 230 (t), Xen 231 (t), Xen 232, Xen 233 (t), Xen 234 (t)*, Xen 235, Xen 236, Xen 237, *Xen 238 (t), Xen 251 (t), Xen 252 (t), Xen 253 (t), Xen 254 (t), Xen 255 (t)*, Xen 267, *Xen 310 (z)*, Xen 322, Xen 323, *Xen 325 (z)*, Xen 326, Xen 328, Xen 332, *Xen 337 (t), Xen 339 (t)*
Arkesilaos	Xen 202
Arsenius	*Xen 333 (a)*
Artaxerxes	Xen 320
Asklepios von Tralleis	*Xen 251 (a), Xen 252 (a), Xen 253 (a), Xen 254 (a), Xen 255 (a)*
Assyrien, Assyrer	Xen 242
Asteropas	*Xen 346 (z)*
Athen, Athener	Xen 82, Xen 88, Xen 107, Xen 145
Athenaios	*Xen 150 (az), Xen 151 (a), Xen 152 (a), Xen 153 (a), Xen 154 (az), Xen 155 (a), Xen 156 (a), Xen 294 (a)*
Äthiopien, Äthiopier	Xen 117
Attika, attisch	Xen 80, Xen 111, Xen 202, Xen 291
Augustinus	*Xen 189 (a), Xen 190 (a), Xen 191 (a)*, Xen 321
Aulus Gellius	*Xen 111 (a)*
Averroes	*Xen 317 (a), Xen 318 (a)*
Avicebron	*Xen 326 (e)*

Bakcheios aus Tanagra	*Xen 26 (az)*, *Xen 27 (az)*, Xen 341
Bakchos	Xen 336
Basilius	Xen 336
Beresos	Xen 212
Boethos	Xen 203
Boton	Xen 145
Brilesos	Xen 80
Censorinus	*Xen 134 (a)*
Chalcidius	Xen 183 (a)
Chios	Xen 83, Xen 115
Christen, christlich	*Xen 256 (z)*
Chrysipp	Xen 136
Cicero	*Xen 40 (a)*, *Xen 41 (a)*, *Xen 42 (a)*, *Xen 43 (a)*, *Xen 44 (a)*, *Xen 45 (a)*, *Xen 46 (a)*, *Xen 47 (a)*
Claudius Aelianus	*Xen 123 (az)*
Clemens	*Xen 22 (z)*, *Xen 114 (a)*, *Xen 115 (a)*, *Xen 116 (a)*
Damaskus	Xen 229
Dareios	Xen 115
David von Dinant	*Xen 319 (az)*, Xen 321, *Xen 322 (e)*, Xen 328, Xen 329
Demetrios	*Xen 21 (az)*, Xen 145
Demodike	Xen 107
Demokrit	Xen 35, Xen 40, Xen 46, Xen 48, Xen 49, Xen 77, Xen 83, Xen 115, Xen 118, Xen 122, Xen 135, Xen 136, Xen 148, Xen 173, Xen 189, Xen 192, Xen 207, Xen 218, Xen 221, Xen 240, Xen 241, Xen 286, Xen 308, Xen 323, Xen 337
Dexinos	Xen 108
Dexios	Xen 145, Xen 333
Diagoras	Xen 283
Didymos	Xen 219
Diochartas	Xen 146
Diogenes Laertios	*Xen 2 (z)*, *Xen 5 (z)*, *Xen 6 (z)*, *Xen 18 (z)*, *Xen 21 (z)*, *Xen 23 (z)*, *Xen 24 (z)*, *Xen 25 (z)*, *Xen 28 (z)*, *Xen 29 (z)*, *Xen 30 (z)*, *Xen 31 (z)*, *Xen 32 (z)*,

Register der Personen und Orte   457

	Xen 36 (z), *Xen 69 (a)*, *Xen 137 (a)*, *Xen 138 (a)*, *Xen 139 (a)*, *Xen 140 (a)*, *Xen 141 (a)*, *Xen 142 (a)*, *Xen 143 (a)*, *Xen 144 (a)*, *Xen 145 (a)*, *Xen 146 (a)*, *Xen 147 (a)*, *Xen 148 (a)*, *Xen 149 (a)*
Diogenes von Apollonia	Xen 77, Xen 88, Xen 92, Xen 199, Xen 207, Xen 242, Xen 308, Xen 312, Xen 337
Diogenes von Babylon	*Xen 38 (e)*, *Xen 39 (z)*
Diogenes von Oinoanda	*Xen 94 (a)*
Diogenes von Smyrna	Xen 115, Xen 173
Dionysodor	Xen 83
Dioskuren	Xen 97, *Xen 179 (z)*, Xen 208
Ekkehard von Aura	*Xen 306 (a)*, *Xen 307 (a)*, *Xen 308 (a)*
Ekphantos	Xen 118, Xen 207, *vor Xen 304 (a)*
Elea, Eleaten	Xen 3, Xen 12, Xen 44, Xen 77, Xen 114, Xen 115, Xen 128, Xen 135, Xen 145, Xen 146, Xen 148, Xen 162, Xen 163, Xen 164, Xen 171, Xen 193, Xen 194, *Xen 195*, Xen 198, Xen 202, Xen 226, Xen 229, Xen 230, Xen 240, Xen 286, Xen 288, Xen 332
Empedokles	Xen 4, Xen 14, *Xen 25 (z)*, Xen 40, Xen 41, Xen 57, Xen 58, Xen 62, Xen 66, Xen 110, Xen 118, Xen 122, *Xen 142 (e)*, Xen 145, Xen 147, Xen 164, Xen 189, Xen 192, Xen 203, Xen 207, Xen 218, Xen 228, Xen 233, Xen 235, Xen 257, Xen 289, Xen 311, Xen 317, Xen 318, *Xen 325 (z)*, Xen 337
Ephesos, Epheser	Xen 77, Xen 89, Xen 120
Ephoros	Xen 111
Epicharm	*Xen 1 (az)*, Xen 8, *Xen 22 (z)*, Xen 110, Xen 115, Xen 131, Xen 255, Xen 327
Epikur	*Xen 94 (z)*
Epikur, Epikureer	Xen 45, Xen 46, *Xen 47 (z)*, Xen 82, Xen 105, Xen 115, Xen 122, Xen 135, Xen 136, Xen 168, Xen 199, Xen 203, Xen 207, Xen 219, Xen 222, Xen 250, Xen 267, Xen 281, Xen 283, Xen 337, Xen 340
Epimenides	Xen 145
Epiphanios	*Xen 186 (a)*
Erichthonios	Xen 107
Erykos	Xen 347

Esra	Xen 320
Eukleides	Xen 44, Xen 226, Xen 241
Euphorbos	*Xen 185 (z)*
Euripides	*Xen 26 (e)*, Xen 34, *Xen 112 (e)*, Xen 152
Eusebios	*Xen 36 (z)*, Xen 55, Xen 56, *Xen 79 (z)*, *Xen 160 (az)*, *Xen 161 (az)*, *Xen 162 (a)*, *Xen 163 (a)*, *Xen 164 (a)*, *Xen 165 (a)*, Xen 166, *Xen 166 (a)*, *Xen 167 (a)*, *Xen 168 (a)*, *Xen 170 (a)*, *Xen 171 (a)*, *Xen 172 (a)*, *Xen 173 (a)*, *Xen 174 (a)*, *Xen 175 (a)*, *Xen 176 (a)*, *Xen 177 (a)*, *Xen 178 (a)*, *Xen 179 (a)*, *Xen 180 (a)*, *Xen 181 (a)*, *Xen 182 (a)*, *Xen 187 (t)*, *Xen 188 (t)*
Eustathios von Thessalonike	*Xen 313 (a)*, *Xen 314 (a)*, *Xen 315 (a)*, Xen 316 (a)
Favorinus	*Xen 69 (az)*, Xen 145
Frechulf von Liseux	*Xen 265 (a)*
Galen	*Xen 112 (a)*, *Xen 113 (a)*, Xen 263
Georgios Pachymeres	*Xen 331a (a)*, *Xen 331b (a)*
Georgios Choiroboskos	*Xen 260 (a)*
Georgios Synkellos	*Xen 268 (a)*
Ǧibrīl b. Nūḥ al-Anbārī	Xen 262
Gigant	Xen 153
Gorgias	*Xen 14 (t)*, *Xen 15 (t)*, Xen 83
Griechenland, Griechen	Xen 72, Xen 117, Xen 145, Xen 151, Xen 168, Xen 170, *Xen 193 (t)*, *Xen 195 (t)*, *Xen 196 (t)*, *Xen 197 (t)*, *Xen 198 (t)*, *Xen 199 (t)*, *Xen 200 (t)*, *Xen 201 (t)*, *Xen 202 (t)*, Xen 219, Xen 227, Xen 291, Xen 333, *Xen 334 (t)*
Hades	Xen 26, Xen 283
Harpagos	Xen 185
Hebräer, hebräisch	Xen 115, Xen 168, Xen 174, Xen 202
Hekataios	Xen 143
Helios	Xen 54
Hellanikos	Xen 308
Hephaistos	Xen 314
Herakleides Pontikos	Xen 155
Herakleitos Stoikos	*Xen 54 (a)*

Register der Personen und Orte 459

Heraklit	Xen 2 (az), Xen 28 (z), Xen 77, Xen 88, Xen 89, Xen 113, Xen 118, Xen 120, Xen 143 (e), Xen 144 (e), Xen 164, Xen 189, Xen 192, Xen 193, Xen 199, Xen 207, Xen 221, Xen 285, Xen 308, Xen 312, Xen 337
Hermes	Xen 57, Xen 239
Hermione	Xen 64
Hermipp	Xen 142
Herodian	Xen 71 (a), Xen 72 (a), Xen 73 (a), Xen 74 (a), Xen 75 (a), Xen 76 (a), Xen 282
Herodot	Xen 137
Hesiod	Xen 5 (z), Xen 34 (z), Xen 62, Xen 65 (z), Xen 81, Xen 87, Xen 111, Xen 139, Xen 143, Xen 145, Xen 147, Xen 314, Xen 340
Hesychius Illustrius	Xen 257 (a)
Hieron	Xen 22 (z), Xen 68 (f), Xen 115
Hieronymus	Xen 160 (z), Xen 161 (z), Xen 187 (a), Xen 188 (a)
Himera	Xen 88
Hipparch	Xen 203
Hippasos	Xen 88, Xen 89, Xen 92, Xen 120, Xen 242, Xen 285
Hippicus	Xen 266
Hippokrates	Xen 83, Xen 341 (t)
Hippolytos von Rom	Xen 117 (a), Xen 118 (a), Xen 119 (a), Xen 120 (a), Xen 121 (a), Xen 267
Hippon	Xen 118, Xen 283
Hipponax	Xen 340
Homer	Xen 5 (z), Xen 34 (z), Xen 52 (a), Xen 68, Xen 81, Xen 87, Xen 89, Xen 90, Xen 108, Xen 111, Xen 121, Xen 139, Xen 145, Xen 156, Xen 184, Xen 238, Xen 260, Xen 312, Xen 313, Xen 314 (e), Xen 315 (t), Xen 316 (t), Xen 342, Xen 343 (t), Xen 344 (t), Xen 345 (t), Xen 346 (z), Xen 346 (t), Xen 347 (t)
Ḥunayn ibn Isḥāq	Xen 263 (a), vor Xen 271 (z)
Hyperion	Xen 54
Ibn al-Ǧawzī	Xen 272 (f)
Ibn al-Nadīm	vor Xen 271 (z)

Ibn Rušd	*Xen 317 (a)*, *Xen 318 (a)*
Ibykos	Xen 221, Xen 307, Xen 308
Idaios	Xen 88
Illyrien	Xen 293
Iohannes Lydos	*Xen 225 (a)*
Iohannes Philoponus	*Xen 236 (a)*, *Xen 237 (a)*, *Xen 238 (a)*
Iohannes Tzetzes	Xen 310, Xen 311, *Xen 312 (a)*, Xen 339
Ionien, Ionier, ionisch	Xen 76, Xen 114, Xen 163, Xen 185, Xen 282, Xen 301
Iris	Xen 315, Xen 344
Isidor von Sevilla	*Xen 258 (a)*
Isis	*Xen 61 (t)*
Italien, Italiker, italisch	Xen 114, Xen 135, Xen 145, Xen 163
Iudith	Xen 320
Iulianos	*Xen 189 (t)*, *Xen 192 (a)*, *Xen 221 (t)*, *Xen 222 (t)*
Iulius Pollux	*Xen 106 (a)*, *Xen 107 (a)*
Jupiter	Xen 321
Kambyses	Xen 320
Katania	Xen 145
Kentaur	Xen 153
Kerkops	Xen 139
Klazomenai, Klazomenier	Xen 49, Xen 77
Kleinomachos	Xen 241
Kolophon, Kolophonier	Xen 4, Xen 45, Xen 49, *Xen 52 (a)*, Xen 54, Xen 61, Xen 68, Xen 77, Xen 80, Xen 81, Xen 82, Xen 83, Xen 89, Xen 91, Xen 92, Xen 108, Xen 115, Xen 116, Xen 119, Xen 121, Xen 134, Xen 138, Xen 139, Xen 145, Xen 149, Xen 151, Xen 152, Xen 153, Xen 155, Xen 162, Xen 163, Xen 171, Xen 184, Xen 186, Xen 187, Xen 190, Xen 194, Xen 196, Xen 197, Xen 202, Xen 227, Xen 229, Xen 234, Xen 235, Xen 239, Xen 240, Xen 242, Xen 256, Xen 257, Xen 259, Xen 288, Xen 290, Xen 291, Xen 292, Xen 293, Xen 295, Xen 312, Xen 332, Xen 341
Konstantinos Akropolites	*Xen 332 (a)*
Korinth, Korinther	Xen 83, Xen 91, Xen 156

Register der Personen und Orte   461

Kosmas Indikopleustes	*Xen 256 (a)*
Kritias	Xen 203
Kritolaos	Xen 203
Kronos	Xen 81
Kroton	Xen 307
Kylon	Xen 139
Kymae, Kymäer	Xen 107
Kyrene, Kyrenaiker	Xen 226
Kyrill	*Xen 221 (a), Xen 222 (a)*
Kyros	Xen 115, Xen 119, *Xen 259 (e)*, Xen 320, Xen 339
Lakonien, lakonisch	Xen 312
Laktanz	*Xen 158 (a), Xen 159 (a)*
Lasos	Xen 64
Lemnos	Xen 139
Leontinoi	Xen 83
Lesbos	Xen 145
Leukipp	*Xen 19 (z)*, Xen 115, Xen 118, Xen 135, Xen 173, Xen 189, Xen 192, Xen 199, Xen 207, Xen 230, Xen 240, *vor Xen 304 (a)*
Leukothea	Xen 12
Lipara	Xen 13
Lucas de Tuy	*Xen 320 (a)*
Lucius Accius	Xen 111
Lucullus	*Xen 40 (e), Xen 41 (z), Xen 42 (t), Xen 43 (t), Xen 44 (t)*
Lukian	*Xen 108 (a)*
Lydien, Lyder	Xen 35, Xen 107, Xen 155, Xen 295
Lykos	Xen 107
Makrobios	*Xen 203 (a)*
Malta	Xen 119
Massalia	Xen 185
Maximos	*Xen 77 (a), Xen 78 (a)*
Medien, Meder	Xen 185, Xen 292

Megaklides	*Xen 346 (z)*
Megara, Megariker	Xen 44, Xen 172, Xen 226
Melissos	Xen 7, *Xen 14*, Xen 15, Xen 127, Xen 129, *Xen 130 (e)*, Xen 164, Xen 172, Xen 173, Xen 183, Xen 189, Xen 192, Xen 199, Xen 202, Xen 206, Xen 207, Xen 218, Xen 229, Xen 231, Xen 237, Xen 251, Xen 252, Xen 253, Xen 323, Xen 324
Menedemos	Xen 241
Menelaos	*Xen 343 (e)*
Menodot	*Xen 90 (e)*
Metapont, Metapontier	Xen 88, Xen 92, Xen 120, Xen 242, Xen 307
Metrodor	Xen 83, Xen 115, Xen 119, Xen 168, Xen 173, Xen 218, Xen 337, Xen 340
Michael Glykas	Xen 300
Midas	Xen 107
Milet, Milesier	Xen 49, Xen 88, Xen 92, Xen 108, Xen 120, Xen 189, Xen 192, Xen 230, Xen 288, Xen 306, Xen 309
Mimnermos	*Xen 52 (a)*
Minucius Felix	*Xen 124 (a)*
Mnesarchos	Xen 164
Monimos	Xen 83
Moses	*Xen 164 (z)*
Muse	Xen 58, Xen 340
Naukydes	Xen 135
Nausiphanes	Xen 135
Naxos, Naxier	Xen 107
Nebukadnezar	Xen 320
Nessos	Xen 173
Nikander	Xen 336
Nikolaos	*Xen 16 (z)*, *Xen 50 (az)*, Xen 229
Oinopides	Xen 92
Okeanos	Xen 89, Xen 108, Xen 121, *Xen 346 (z)*
Olympia	Xen 152

Register der Personen und Orte 463

Olympiodor	*Xen 239 (a)*
Orestades	Xen 145
Orpheus	Xen 62
Orthomenos	*Xen 32 (z)*, Xen 119, Xen 145, Xen 186, Xen 197
Osiris	Xen 59, *Xen 61 (t)*
Panaitios	*Xen 31 (az)*, Xen 145
Parmenides	Xen 7, Xen 15, *Xen 17 (z)*, *Xen 18 (z)*, *Xen 19 (z)*, *Xen 36 (e)*, Xen 40, Xen 41, Xen 44, Xen 57, Xen 58, Xen 62, Xen 77, Xen 84, Xen 115, Xen 118, Xen 122, Xen 127, Xen 128, Xen 129, Xen 130, Xen 135, Xen 135 (a), *Xen 136 (a)*, Xen 142, Xen 146, *Xen 147 (e)*, Xen 162, Xen 164, Xen 167, Xen 168, Xen 171, Xen 172, Xen 173, Xen 174, Xen 183, Xen 189, Xen 192, Xen 193, Xen 194, Xen 198, Xen 199, Xen 202, Xen 203, Xen 206, Xen 207, Xen 218, Xen 226, Xen 227, Xen 228, Xen 229, Xen 230, Xen 231, Xen 232, Xen 233, Xen 236, Xen 237, Xen 238, Xen 240, Xen 251, Xen 252, Xen 253, Xen 286, Xen 288, Xen 311, Xen 323, *Xen 325 (z)*, Xen 326, Xen 332, Xen 337
Parmeniskos	Xen 145
Paros	Xen 119
Periander	Xen 156
Phaleron	Xen 145
Pheidias	Xen 196
Pheidon	Xen 107
Pherekydes	Xen 88, Xen 92, Xen 135, Xen 221, Xen 242, Xen 258, Xen 265, Xen 306
Philippus de Harvengt	*Xen 309 (a)*
Philochoros	Xen 111
Philodem von Gadara	*Xen 34 (a)*, *Xen 35 (a)*, *Xen 36 (a)*, *Xen 37 (a)*, *Xen 38 (a)*, *Xen 39 (a)*
Philoponos	*Xen 157 (z)*
Philolaos	Xen 202
Philon	*Xen 57 (a)*, *Xen 58 (a)*
Phokien, Phokier	Xen 185

Phokylides	Xen 156, Xen 188, Xen 221, Xen 268, Xen 307
Photios	*Xen 269 (a)*, *Xen 270 (a)*
Phrygien, Phyrger	Xen 107
Phylarchos	Xen 155
Phyrrhos	Xen 339
Pindar	*Xen 52 (a)*, Xen 308
Pisa	Xen 152
Platon, Platoniker	*Xen 3 (a)*, Xen 40, Xen 44, Xen 58, Xen 90, Xen 110, Xen 165, *Xen 169 (z)*, Xen 174, Xen 183 (t), Xen 189, Xen 192, *Xen 195 (z)*, Xen 199, Xen 202, Xen 207, Xen 218, Xen 224, Xen 226, Xen 227, Xen 231, Xen 232, Xen 267, *Xen 312 (z)*, *Xen 319 (z)*, Xen 321, Xen 326, Xen 328, Xen 337
Plutarch	*Xen 59 (a)*, *Xen 60 (a)*, *Xen 61 (a)*, *Xen 62 (a)*, *Xen 63 (a)*, *Xen 64 (a)*, *Xen 65 (az)*, *Xen 66 (a)*, *Xen 67 (a)*, *Xen 68 (a)*, Xen 267, Xen 340
Polyklet	Xen 196
Polykrates	Xen 185
Polymnastos	*Xen 52 (a)*
Porphyrios	*Xen 157 (az)*, Xen 233, Xen 238
Praxiteles	Xen 196
Proklos	*Xen 223 (az)*, *Xen 224 (a)*, Xen 267
Protagoras	Xen 83, Xen 115, Xen 173, Xen 202, Xen 218, Xen 240
Pseudo-Ammonius	*Xen 267 (a)*
Pseudo-Aristoteles (Mirabilium auscultationes)	*Xen 13* (a)
Pseudo-Aristoteles (MXG)	*Xen 14* (a), *Xen 15* (a)
Pseudo-Augustinus	*Xen 33 (z)*
Pseudo-Ǧāḥiẓ	*Xen 262 (a)*
Pseudo-Galen	*Xen 240 (a)*, *Xen 241 (a)*, *Xen 242 (a)*, *Xen 243 (a)*, *Xen 244 (a)*, *Xen 245 (a)*, *Xen 246 (a)*, *Xen 247 (a)*, *Xen 248 (a)*, *Xen 249 (a)*, *Xen 250 (a)*
Pseudo-Iamblichos	*Xen 185 (a)*
Pseudo-Plutarch (Hom.)	*Xen 108 (a)*

Register der Personen und Orte 465

Pseudo-Plutarch (Plac.)	*Xen 95 (a)*, *Xen 96 (a)*, *Xen 97 (a)*, *Xen 98 (a)*, *Xen 99 (a)*, *Xen 100 (a)*, *Xen 101 (a)*, *Xen 102 (a)*, *Xen 103 (a)*, *Xen 104 (a)*, *Xen 105 (a)*, *Xen 175 (z)*, *Xen 176 (z)*, *Xen 177 (z)*, *Xen 178 (z)*, *Xen 179 (z)*, Xen 180 (z), *Xen 181 (z)*, *Xen 182 (z)*
Pseudo-Plutarch (Strom.)	*Xen 79* (az), *Xen 162 (z)*
Pseudo-Valerius Probus	*Xen 184 (a)*
Pyres	Xen 128, Xen 146, Xen 198, Xen 229, Xen 288
Pyrrhon, pyrrhonisch	*Xen 90 (t)*, *Xen 91 (t)*, *Xen 92 (t)*, *Xen 93 (t)*, Xen 115, *Xen 148 (e)*, Xen 168, Xen 173, Xen 174, Xen 219, Xen 267, Xen 332
Pythagoras, Pythagoreer	Xen 46, Xen 49, Xen 58, Xen 62, Xen 62, Xen 77, Xen 114, Xen 118, Xen 135, Xen 139, *Xen 141 (e)*, Xen 142, Xen 143, Xen 145, Xen 146, Xen 163, Xen 164, Xen 165, Xen 168, Xen 170, Xen 173, Xen 185, Xen 189, Xen 192, Xen 199, Xen 202, Xen 207, Xen 218, Xen 221, Xen 222, Xen 224, Xen 226, Xen 227, Xen 228, Xen 233, Xen 258, Xen 285, Xen 286, *Xen 287 (e)*, *vor Xen 304 (a)*, Xen 307, Xen 308, Xen 320, Xen 322
Pythia	*Xen 62 (t)*
Qusṭā ibn Lūqā al-Baʿlabakkī	*Xen 271 (a)*, *vor Xen 271 (z)*, *Xen 272 (a)*, *Xen 273 (a)*, *Xen 274 (a)*, *Xen 275 (a)*, *Xen 276 (a)*, *Xen 277 (a)*, *Xen 278 (a)*, *Xen 279 (a)*, *Xen 280 (a)*, *Xen 281 (a)*
Sabinos	*Xen 70 (az)*, Xen 113
Samos, Samier	Xen 49, Xen 77, Xen 155, Xen 229, Xen 307
Sappho	Xen 306
Sarapion	Xen 62
Scipio	*Xen 203 (t)*
Sedulius Scotus	*Xen 264 (a)*
Serubbabel	Xen 320
Sextus Empiricus	*Xen 23 (z)*, *Xen 80 (a)*, *Xen 81 (a)*, *Xen 82 (a)*, *Xen 83 (a)*, *Xen 84 (a)*, *Xen 85 (a)*, *Xen 86 (a)*, *Xen 87 (a)*, *Xen 88 (a)*, *Xen 89 (a)*, *Xen 90 (a)*, *Xen 91 (a)*, *Xen 92 (a)*, *Xen 93 (a)*, Xen 332
Sieben Weise	Xen 163, Xen 189, Xen 192, Xen 261, *Xen 265 (a)*
Simonides	Xen 188, Xen 307, Xen 308, Xen 335

Simplikios	*Xen 16 (z)*, *Xen 19 (z)*, *Xen 50 (z)*, *Xen 226 (a)*, *Xen 227 (a)*, *Xen 228 (a)*, *Xen 229 (a)*, *Xen 230 (a)*, *Xen 231 (a)*, *Xen 232 (a)*, *Xen 233 (a)*, *Xen 234 (a)*, *Xen 235 (a)*
Sizilien	Xen 115, Xen 145
Skamandros	*Xen 346 (z)*
Skythien, Skythen	Xen 83
Smyrna	Xen 115
Sokrates, sokratisch	Xen 40, Xen 44, Xen 46, Xen 58, Xen 66, Xen 88, Xen 110, *Xen 139 (e)*, Xen 170, Xen 219, Xen 267, Xen 340
Solon	Xen 156
Sophokles	Xen 307
Sotion	*Xen 28 (az)*, *Xen 29 (az)*, *Xen 30 (az)*, Xen 144, Xen 145, Xen 146
Sparta	Xen 283
Speusipp	Xen 202
Stageira, Stageirit	Xen 202
Stephanus	*Xen 298 (a)*, *Xen 299 (a)*
Stesichoros	Xen 306
Stilpon	Xen 172
Stobaios	*Xen 20 (z)*, *Xen 53 (z)*, *Xen 204 (a)*, *Xen 205 (a)*, *Xen 206 (a)*, *Xen 207 (a)*, *Xen 208 (a)*, *Xen 209 (a)*, *Xen 210 (a)*, *Xen 211 (a)*, *Xen 212 (a)*, *Xen 213 (a)*, *Xen 214 (a)*, *Xen 215 (a)*, *Xen 216 (a)*, *Xen 217 (a)*, *Xen 218 (a)*, *Xen 219 (a)*, *Xen 220 (a)*, *Xen 346 (z)*
Stoiker	Xen 46, *Xen 60 (z)*, Xen 91, Xen 120, Xen 122, *Xen 132 (e)*, Xen 174, Xen 202, Xen 219, Xen 222, Xen 225, Xen 226
Strabon	*Xen 51 (a)*, *Xen 52 (a)*
Straton	Xen 122
Suda	*Xen 123 (z)*
Syargos	Xen 139
Sybaris, Sybariten	Xen 155
Syrakus	Xen 119

Register der Personen und Orte   467

Syros	Xen 88, Xen 92, Xen 339
Telauges	Xen 135, Xen 164
Teleutagoras	Xen 286
Tertullian	*Xen 122 (a)*, Xen 323
Tethys	Xen 89, Xen 121
Thales	*Xen 39 (z)*, *Xen 47 (z)*, Xen 48, Xen 49, Xen 62, Xen 88, Xen 89, Xen 92, Xen 108, Xen 113, Xen 114, Xen 115, Xen 118, Xen 120, *Xen 137 (e)*, Xen 145, Xen 163, Xen 165, Xen 189, Xen 192, Xen 199, Xen 207, Xen 227, Xen 242, Xen 306, Xen 309, Xen 312
Theano	Xen 164
Themistios	*Xen 186a (a)*
Theodoret	*Xen 193 (a)*, *Xen 194 (a)*, *Xen 195 (a)*, *Xen 196 (a)*, *Xen 197 (a)*, *Xen 198 (a)*, *Xen 199 (a)*, *Xen 200 (a)*, *Xen 201 (a)*, *Xen 202 (a)*
Theodorikos von Lindos	*Xen 94 (z)*
Theognis	Xen 156
Theophrast	*Xen 16 (az)*, *Xen 17 (az)*, *Xen 18 (az)*, *Xen 19 (az)*, *Xen 20 (az)*, Xen 113, Xen 128, Xen 146, Xen 209, Xen 229, Xen 288
Thersites	Xen 313, Xen 342
Thrakien, Thraker	Xen 117
Timaios	*Xen 22 (az)*, Xen 115, Xen 183
Timokrates	Xen 340
Timon	*Xen 23 (az)*, *Xen 24 (az)*, *Xen 25 (az)*, *Xen 39 (z)*, Xen 90, Xen 145, *Xen 149 (e)*, Xen 339
Titan	Xen 153
Troja, trojanisch	*Xen 26 (z)*, Xen 48, Xen 185
Turba philosophorum	*Xen 304 (t)*, *Xen 305 (t)*
Turbantius	*Xen 192 (t)*
Tymnes	*Xen 283 (e)*
Tyros	Xen 339
Varro	*Xen 33 (a)*, *Xen 190 (e)*
Velleius	Xen 47

Vergil	*Xen 184 (t)*
Vitruv	*Xen 48 (a)*, *Xen 49 (a)*
Xeniades	Xen 83, Xen 91
Xenokrates	Xen 202
Xenophon	*Xen 38 (z)*, Xen 110, Xen 151
Zankle	Xen 145
Zenodot	*Xen 346 (z)*
Zenon	Xen 15, Xen 44, Xen 115, Xen 135, Xen 136, Xen 148, Xen 164, Xen 172, Xen 173, Xen 199, Xen 207, Xen 218, Xen 240, Xen 286
Zeus	Xen 26, Xen 57, Xen 66, Xen 81, Xen 152, Xen 315, *Xen 346 (z)*
Zosimos	Xen 239
Zypern	Xen 80

Register der Sachen und Begriffe

Griechisch

ἁβροσύνη	Xen 155
ἀγαθός	Xen 146, Xen 152, Xen 153
ἀγάλλω	Xen 155
ἄγαλμα	Xen 196
ἄγγελος	Xen 311
ἀγένητος	Xen 95, Xen 128, Xen 162, Xen 178, Xen 198, Xen 206, Xen 229, Xen 230, Xen 337
ἀγέννητος	Xen 222
ἅγιος	Xen 299
ἀγνοέω	Xen 235
ἄγνοια	Xen 113
ἁγνός	Xen 153
ἀγνωσία	Xen 131
ἄγνωστος	Xen 85
ἀγορά	Xen 155
ἄγριος	Xen 106, Xen 117
ἄγροικος	Xen 7, Xen 130, Xen 253
ἄγυια	Xen 332
ἀγωγή	Xen 115, Xen 155
ἀγών	Xen 152, Xen 168
ἀδελφός	Xen 340
ἄδηλος	Xen 83, Xen 85, Xen 90, Xen 186
ἀδιάλειπτος	Xen 230
ἀδιάπτωτος	Xen 84

ἀδικέω	Xen 77
ἀδιόριστος	Xen 227, Xen 228
ἀδύνατος	Xen 14
ἀεθλεύω	Xen 152
ἄεθλον	Xen 152
ἀεί	Xen 51, Xen 54, Xen 90, Xen 131, Xen 153, Xen 162, Xen 229, Xen 230
ἀείδω	Xen 336
ἀήρ	Xen 14, Xen 88, Xen 89, Xen 92, Xen 103, Xen 108, Xen 113, Xen 119, Xen 120, Xen 132, Xen 162, Xen 181, Xen 242, Xen 254, Xen 312, Xen 315
ἀθανασία	Xen 170
ἀθεμίστιος	Xen 81
ἀθέσφατος	Xen 311
ἄθλησις	Xen 152
ἀθροίζω	Xen 119, Xen 162
ἀΐδιος	Xen 15, Xen 95, Xen 119, Xen 128, Xen 145, Xen 162, Xen 178, Xen 194, Xen 197, Xen 206, Xen 222, Xen 229, Xen 257
αἰθήρ	Xen 4, Xen 14, Xen 235, Xen 345
αἰνέω	Xen 153
αἰνιγματώδης	Xen 227, Xen 232
αἱρεσιάρχης	Xen 226
αἵρεσις	Xen 170, Xen 197, Xen 202, Xen 219, Xen 226, Xen 241
αἴρω	Xen 145, Xen 152, Xen 168, Xen 257
αἰσθάνομαι	Xen 15, Xen 86
αἴσθησις	Xen 15, Xen 86, Xen 162, Xen 167, Xen 168, Xen 171, Xen 172, Xen 194, Xen 218, Xen 224, Xen 238, Xen 332
αἰσθητικός	Xen 119
αἰσθητός	Xen 8, Xen 131, Xen 222, Xen 224
αἰσχρός	Xen 64
αἰτία	Xen 4, Xen 128, Xen 129, Xen 130, Xen 168, Xen 217, Xen 227, Xen 234, Xen 235, Xen 242, Xen 315

Register der Sachen und Begriffe 471

αἴτιος	Xen 7, Xen 128, Xen 129, Xen 130, Xen 198, Xen 231, Xen 252, Xen 253
ἀΐω	Xen 141, Xen 287, Xen 334
ἀκατάληπτος	Xen 83, Xen 145, Xen 257
ἀκαταληψία	Xen 119, Xen 332
ἀκέφαλος	Xen 156
ἀκινησία	Xen 343
ἀκίνητος	Xen 7, Xen 15, Xen 127, Xen 129, Xen 197, Xen 229, Xen 230, Xen 236, Xen 237, Xen 251, Xen 252, Xen 314, Xen 336, Xen 343, Xen 343
ἀκμάζω	Xen 145, Xen 163
ἀκμή	Xen 219
ἀκοή	Xen 86
ἀκολουθέω	Xen 146, Xen 251, Xen 312
ἀκουστής	Xen 88, Xen 92, Xen 115, Xen 163, Xen 170, Xen 173, Xen 240
ἀκούω	Xen 15, Xen 86, Xen 138, Xen 144, Xen 145, Xen 146, Xen 162, Xen 232, Xen 257, Xen 311
ἄκρα	Xen 202
ἀκρίβεια	Xen 132
ἀκριβής	Xen 315, Xen 332
ἀκριβόω	Xen 239
ἀκροάομαι	Xen 232
ἀκρόασις	Xen 253
ἀκρωτήριον	Xen 80
ἀκτινοβολέω	Xen 332
ἀκτίς	Xen 315, Xen 332
ἀλγινόεις	Xen 152
ἀλήθεια	Xen 8, Xen 83, Xen 85, Xen 128, Xen 162, Xen 168, Xen 174, Xen 194, Xen 219, Xen 238, Xen 332
ἀληθεύω	Xen 298
ἀληθής	Xen 8, Xen 9, Xen 15, Xen 77, Xen 78, Xen 83, Xen 108, Xen 112, Xen 131, Xen 186, Xen 202, Xen 255, Xen 332
ἁλιευτικός	Xen 202

ἀλλοιόω	Xen 251
ἀλλοτριόω	Xen 86
ἁλμυρός	Xen 119
ἀλυσιτελής	Xen 152
ἅμα	Xen 162, Xen 228
ἀμαθής	Xen 298
ἀμαθία	Xen 131
ἁμαρτάνω	Xen 254
ἀμείνων	Xen 152, Xen 204, Xen 220, Xen 228
ἀμενθήριστος	Xen 90
ἀμετάβλητος	Xen 90, Xen 241, Xen 251
ἀμφιβάλλω	Xen 228
ἀμφιδέξιος	Xen 83
ἀμφίλεκτος	Xen 112
ἀμφίς	Xen 153
ἀμφοτερόβλεπτος	Xen 90
ἀμφοτέρως	Xen 11
ἀναγκάζω	Xen 232, Xen 299
ἀναγκαῖος	Xen 112, Xen 162, Xen 227, Xen 228, Xen 234
ἀνάγκη	Xen 15, Xen 117, Xen 229, Xen 231
ἀναζωπυρέω	Xen 96, Xen 200, Xen 208, Xen 243
ἀναθυμιάζω	Xen 209
ἀναθυμίασις	Xen 98, Xen 175
ἀναιρέω	Xen 62, Xen 83, Xen 84, Xen 105, Xen 167, Xen 168, Xen 171, Xen 172, Xen 250, Xen 251
ἀνακρίνω	Xen 149
ἀνακύπτω	Xen 298
ἀναλογία	Xen 72
ἀνάλυσις	Xen 108
ἀναλύω	Xen 314, Xen 343
ἀναπέμπω	Xen 233
ἀνάπλεος	Xen 202

Register der Sachen und Begriffe 473

ἀναπνέω	Xen 145, Xen 257
ἀνάπτομαι	Xen 133
ἀνάστασις	Xen 185
ἀναστοιχειόω	Xen 314
ἀνατείνω	Xen 174
ἀνατολή	Xen 96, Xen 99, Xen 133, Xen 177, Xen 180, Xen 208, Xen 209, Xen 243, Xen 246
ἀνατρέπω	Xen 332
ἀναφαίνω	Xen 153
ἀναφέρω	Xen 108, Xen 145, Xen 257
ἀνδροτομέω	Xen 81
ἀνέδην	Xen 202
ἀνέλκω	Xen 217
ἄνεμος	Xen 345
ἀνεύρετος	Xen 145, Xen 257
ἀνήρ	Xen 52, Xen 66, Xen 74, Xen 77, Xen 83, Xen 84, Xen 85, Xen 114, Xen 116, Xen 141, Xen 146, Xen 148, Xen 151, Xen 152, Xen 153, Xen 163, Xen 166, Xen 202, Xen 236, Xen 287, Xen 292, Xen 334
ἀνθέλκω	Xen 171
ἄνθος	Xen 153
ἄνθραξ	Xen 96, Xen 133, Xen 177, Xen 200, Xen 208, Xen 243
ἀνθρώπινος	Xen 219
ἀνθρωπόμορφος	Xen 117
ἀνθρωποπαθής	Xen 117
ἄνθρωπος	Xen 12, Xen 63, Xen 78, Xen 83, Xen 87, Xen 112, Xen 113, Xen 116, Xen 145, Xen 166, Xen 202, Xen 228, Xen 257, Xen 311
ἄνισος	Xen 15
ἀνόμοιος	Xen 15, Xen 229
ἀνταγορεύω	Xen 171, Xen 234
ἀντεπάγω	Xen 299
ἀντεπιχειρέω	Xen 87

ἀντιβολέω	Xen 90
ἀντίγραφος	Xen 341
ἀντιδοξάζω	Xen 145
ἀντιλέγω	Xen 174, Xen 228
ἀντιποιέω	Xen 162
ἀντιστοιχία	Xen 231
ἀνυμνέω	Xen 336
ἄνω	Xen 94, Xen 132
ἄνωθεν	Xen 94, Xen 174
ἀνωμαλία	Xen 87
ἀνωφελής	Xen 155
ἀξιόλογος	Xen 52
ἄξιος	Xen 10, Xen 112, Xen 152, Xen 219, Xen 283
ἀξιόω	Xen 61, Xen 172
ἀοιδή	Xen 151
ἀόριστος	Xen 8
ἀπαθής	Xen 90, Xen 93, Xen 229
ἀπάνευθε	Xen 229
ἀπάνθρωπος	Xen 90
ἀπαραμύθητος	Xen 238
ἀπατεύω	Xen 81, Xen 87
ἀπεικάζω	Xen 85
ἀπειρία	Xen 15, Xen 237, Xen 252
ἄπειρος	Xen 4, Xen 7, Xen 14, Xen 15, Xen 51, Xen 88, Xen 92, Xen 94, Xen 100, Xen 103, Xen 104, Xen 119, Xen 130, Xen 132, Xen 145, Xen 162, Xen 180, Xen 181, Xen 182, Xen 199, Xen 207, Xen 210, Xen 229, Xen 230, Xen 231, Xen 234, Xen 235, Xen 237, Xen 241, Xen 242, Xen 249, Xen 252, Xen 253, Xen 256, Xen 257, Xen 337
ἀπελέγχω	Xen 174
ἀπεμφαίνω	Xen 234
ἀπέχω	Xen 15
ἀπιστέω	Xen 83

ἀπιστία	Xen 90
ἄπιστος	Xen 193
ἀπλανής	Xen 96, Xen 177, Xen 243
ἀποβλέπω	Xen 7, Xen 253
ἀπογιγνώσκω	Xen 62
ἀπογυμνόω	Xen 51
ἀποδείκνυμι	Xen 115
ἀπόδειξις	Xen 119
ἀποδημία	Xen 78
ἀποθνήσκω	Xen 11, Xen 139, Xen 146
ἀποικισμός	Xen 145
ἄποιος	Xen 120
ἀποκαλέω	Xen 64
ἀποκρίνω	Xen 332
ἀποκρύπτω	Xen 85
ἀπόκρυψις	Xen 213
ἀπολαμβάνω	Xen 231
ἀπολείπω	Xen 89, Xen 162
ἀπολήγω	Xen 151
ἀπόλλυμι	Xen 155
ἀπολογέομαι	Xen 77
ἀπολογίζομαι	Xen 77
ἀπολύω	Xen 168
ἀπομνηνονεύω	Xen 229
ἀπονέμω	Xen 224
ἀπορέω	Xen 4, Xen 234, Xen 241
ἀπορητικός	Xen 240
ἀπορία	Xen 4, Xen 235, Xen 253
ἀπόστασις	Xen 100, Xen 180, Xen 210
ἀποστολικός	Xen 202
ἀποτομή	Xen 100, Xen 180, Xen 210

ἀποφαίνω	Xen 67, Xen 90, Xen 91, Xen 113, Xen 120, Xen 130, Xen 145, Xen 162, Xen 168, Xen 194, Xen 232, Xen 235, Xen 241, Xen 251, Xen 252, Xen 257
ἀπόφασις	Xen 15
ἀποφέρω	Xen 174
ἀποφεύγω	Xen 299
ἅπτομαι	Xen 7, Xen 86, Xen 130, Xen 133, Xen 253
ἀραρίσκω	Xen 85, Xen 112
ἀρετή	Xen 153, Xen 239
ἀριθμέω	Xen 202
ἀριθμητός	Xen 89, Xen 121
ἀριθμός	Xen 15, Xen 156
ἄριστος	Xen 15, Xen 62, Xen 117, Xen 168, Xen 229, Xen 342
ἀρκέω	Xen 339
ἀρκτικός	Xen 217
ἁρμόττω	Xen 8, Xen 10, Xen 131
ἄρτιος	Xen 15, Xen 233
ἄρτος	Xen 153
ἀρχαῖος	Xen 156, Xen 251
ἀρχή	Xen 15, Xen 51, Xen 71, Xen 88, Xen 92, Xen 108, Xen 120, Xen 128, Xen 129, Xen 130, Xen 141, Xen 155, Xen 204, Xen 205, Xen 220, Xen 227, Xen 228, Xen 229, Xen 231, Xen 233, Xen 236, Xen 238, Xen 239, Xen 242, Xen 251, Xen 253, Xen 254, Xen 260
ἀρχηγός	Xen 240
ἄρχομαι	Xen 3, Xen 94, Xen 108, Xen 195
ἄρχω	Xen 115, Xen 227
ἀσάφεια	Xen 228
ἀσέβεια	Xen 87
ἀσεβέω	Xen 11
ἀσεβής	Xen 10, Xen 299
ἀσθένεια	Xen 15
ἀσθενής	Xen 10, Xen 15, Xen 84

ἀσκηθής	Xen 90
ἀσκητός	Xen 155
ἀσπάζω	Xen 202
ἀστήρ	Xen 94, Xen 97, Xen 133, Xen 179, Xen 208, Xen 243, Xen 244, Xen 245
ἀστός	Xen 152
ἀστραπή	Xen 216
ἀστρολογέω	Xen 137
ἄστρον	Xen 96, Xen 97, Xen 162, Xen 177
ἀσύμφωνος	Xen 87
ἀσύνετος	Xen 193
ἀσφαλής	Xen 3, Xen 195
ἀσώματος	Xen 15, Xen 116, Xen 166
ἀταξία	Xen 337
ἀτελής	Xen 231
ἀτεχνῶς	Xen 78
ἀτμίς	Xen 145, Xen 257
ἄτολμος	Xen 64
ἄτομος	Xen 230, Xen 240, Xen 241
ἄτοπος	Xen 15, Xen 127, Xen 232, Xen 251, Xen 340
ἀτρεκής	Xen 186
ἀτρεμέω	Xen 15, Xen 132
ἀτρεμής	Xen 90, Xen 162, Xen 198
ἀτρύγετος	Xen 81
ἄτυφος	Xen 90
αὖ	Xen 197, Xen 251
αὐλητής	Xen 52
αὔξησις	Xen 251
αὐτοδιήγητος	Xen 149
αὐτόματος	Xen 315
αὐχαλέος	Xen 155
ἀφαιρέω	Xen 15, Xen 81, Xen 229

ἀφανής	Xen 186, Xen 240, Xen 246
ἀφαυρός	Xen 74, Xen 302
ἀφθαρσία	Xen 170
ἄφθαρτος	Xen 95, Xen 178, Xen 206, Xen 222, Xen 337
ἀφικνέομαι	Xen 153, Xen 292
ἀφοράω	Xen 237
ἀφορμή	Xen 108
ἀφροντιστί	Xen 156
ἀφύη	Xen 119
ἄχθομαι	Xen 153
ἀχρηστομάθεια	Xen 168
ἄχρηστος	Xen 129, Xen 152
βαδίζω	Xen 230
βάθος	Xen 4, Xen 14, Xen 232, Xen 235
βάθρον	Xen 332
βαθύς	Xen 81, Xen 85
βακχέβακχον	Xen 336
βάκχος	Xen 336
βάλλω	Xen 132
βαρβαρίζω	Xen 202
βάρβαρος	Xen 117, Xen 202
βαρβαρόφωνος	Xen 202
βαρύς	Xen 314, Xen 339
βασανίζω	Xen 222
βασιλεύς	Xen 107, Xen 313
βασιλεύω	Xen 71
βάτον	Xen 106
βάτραχος	Xen 76, Xen 282, Xen 301
βέβαιος	Xen 52, Xen 112, Xen 193
βέλος	Xen 168, Xen 174
βέλτιστος	Xen 15

βελτίων	Xen 9
βέρεθρον	Xen 81
βιβλίον	Xen 113
βίος	Xen 81, Xen 87
βιόω	Xen 108
βλασφημέω	Xen 340
βλασφημία	Xen 340
βλάσφημος	Xen 131
βλέπω	Xen 7, Xen 130, Xen 253, Xen 332
βληστρίζω	Xen 145, Xen 333, Xen 341
βληστρισμός	Xen 341
βοήθεια	Xen 165
βοηθέω	Xen 228
βούλημα	Xen 240
βούλομαι	Xen 15, Xen 64, Xen 225, Xen 235
βοῦς	Xen 116, Xen 166
βράταχος	Xen 282
βραχυλογία	Xen 312
βραχύς	Xen 339
βρόταχος	Xen 76, Xen 282, Xen 301
βροτός	Xen 14, Xen 116, Xen 166
βωμός	Xen 153, Xen 196
γάμος	Xen 3
γελάω	Xen 77
γενεά	Xen 115
γένεσις	Xen 89, Xen 108, Xen 120, Xen 121, Xen 127, Xen 128, Xen 162, Xen 214, Xen 230, Xen 251, Xen 254
γενετή	Xen 145, Xen 333
γενέτωρ	Xen 345
γενητός	Xen 197, Xen 222, Xen 337
γενικός	Xen 74, Xen 302
γεννάδας	Xen 332

γεννάω	Xen 7, Xen 60, Xen 116, Xen 166, Xen 172, Xen 229, Xen 312
γεννητικός	Xen 108
γεννητός	Xen 222
γένος	Xen 83, Xen 146, Xen 151
γεραρός	Xen 153
γῆ	Xen 4, Xen 14, Xen 51, Xen 54, Xen 81, Xen 88, Xen 92, Xen 94, Xen 100, Xen 103, Xen 104, Xen 108, Xen 113, Xen 119, Xen 120, Xen 121, Xen 128, Xen 132, Xen 145, Xen 162, Xen 180, Xen 184, Xen 186, Xen 194, Xen 197, Xen 198, Xen 205, Xen 210, Xen 225, Xen 233, Xen 234, Xen 235, Xen 238, Xen 239, Xen 242, Xen 249, Xen 254, Xen 256, Xen 312, Xen 314, Xen 333, Xen 336, Xen 343
γηραλέος	Xen 153
γῆρας	Xen 145
γηράσκω	Xen 302
γηράω	Xen 74
γιγνώσκω	Xen 52, Xen 84, Xen 85, Xen 141, Xen 287, Xen 334, Xen 339
γινόμενον, τὸ	Xen 83
γλαυκός	Xen 117
γλυκύς	Xen 73, Xen 75, Xen 153, Xen 217, Xen 292, Xen 296, Xen 303, Xen 316
γλῶσσα	Xen 4, Xen 336
γνήσιος	Xen 165
γνώμη	Xen 232
γνωμονικός	Xen 51
γνωρίζομαι	Xen 163, Xen 259, Xen 268
γνώριμος	Xen 83, Xen 84, Xen 173, Xen 238
γνῶσις	Xen 228
γνωστός	Xen 112
γόνιμος	Xen 239
γραμματικός	Xen 80
γραφή	Xen 83, Xen 219, Xen 256

γράφω	Xen 71, Xen 77, Xen 113, Xen 116, Xen 145, Xen 166, Xen 205, Xen 209, Xen 217, Xen 311, Xen 339
γυμνάζω	Xen 90
γυμνικός	Xen 168
γυνή	Xen 83, Xen 163
γυρός	Xen 339
δαιμόνιος	Xen 77
δαψιλός	Xen 4, Xen 14
δείδω	Xen 64, Xen 298
δείκνυμι	Xen 51, Xen 141, Xen 228, Xen 229, Xen 311
δειλός	Xen 64, Xen 298
δεινός	Xen 10, Xen 152, Xen 299
δεῖξις	Xen 130
δεκτικός	Xen 15, Xen 86
δέμας	Xen 116, Xen 166
δένδρον	Xen 106
δεξιός	Xen 83
δεσπόζω	Xen 162
δεύω	Xen 155
δέχομαι	Xen 15, Xen 256
δῆλος	Xen 143, Xen 156, Xen 229, Xen 236
δηλόω	Xen 14, Xen 90, Xen 168, Xen 232, Xen 315, Xen 340
δημόσιος	Xen 152
διαβάλλω	Xen 131, Xen 152, Xen 162, Xen 332
διαβολή	Xen 168
διαγλύφω	Xen 196
διαδέχομαι	Xen 163
διαδοχή	Xen 114, Xen 115, Xen 163, Xen 174
διάδοχος	Xen 170, Xen 202
διαζωγραφέω	Xen 117
διάθεσις	Xen 15
διαιρέω	Xen 224

διακούω	Xen 145, Xen 146, Xen 285
διακρίνω	Xen 228
διάκρισις	Xen 86
διακριτικός	Xen 83, Xen 86
διαλέγω	Xen 77, Xen 231, Xen 237
διάλογος	Xen 149
διαμένω	Xen 119
διανοέομαι	Xen 60, Xen 117
διανοητικός	Xen 224
διανοητός	Xen 15
διάνοια	Xen 224, Xen 232, Xen 252
διάπυρος	Xen 300
διαρρήδην	Xen 217
διασαφέω	Xen 235, Xen 253
διασαφηνίζω	Xen 7
διασκέπτομαι	Xen 171
διασκέω	Xen 155
διασύρω	Xen 68, Xen 90
διατελέω	Xen 165
διατμίζω	Xen 217
διατριβή	Xen 163, Xen 170, Xen 173
διατρίβω	Xen 114, Xen 145, Xen 226
διαττάω	Xen 102
διαφέρω	Xen 15, Xen 52, Xen 86, Xen 112, Xen 231
διαφθείρω	Xen 62
διαφορά	Xen 83, Xen 90, Xen 129, Xen 235, Xen 238
διάφορος	Xen 236
διαφωνία	Xen 168, Xen 199, Xen 232
διάφωνος	Xen 85
διδασκαλία	Xen 202
διδάσκαλος	Xen 198, Xen 202, Xen 229, Xen 252

Register der Sachen und Begriffe 483

διδάσκω	Xen 116, Xen 143, Xen 166, Xen 315
διελέγχω	Xen 87, Xen 232
διεξέρχομαι	Xen 195, Xen 242
διέπω	Xen 153
διηγέομαι	Xen 3, Xen 60, Xen 149
διηθέω	Xen 119
δικάζω	Xen 10, Xen 299
δίκαιος	Xen 152, Xen 153, Xen 299
δικαστής	Xen 77, Xen 299
διμερής	Xen 82
διοίκησις	Xen 214
διορίζω	Xen 228, Xen 235
δίσκος	Xen 100, Xen 180, Xen 210
δίχρονος	Xen 339
δόγμα	Xen 62, Xen 168, Xen 174, Xen 202, Xen 238, Xen 240, Xen 241
δογματίζω	Xen 90, Xen 241
δογματικός	Xen 87, Xen 90, Xen 149, Xen 168, Xen 240
δοκέω	Xen 15, Xen 83, Xen 94, Xen 100, Xen 116, Xen 119, Xen 121, Xen 137, Xen 145, Xen 162, Xen 166, Xen 180, Xen 210, Xen 228, Xen 229, Xen 230, Xen 231, Xen 232, Xen 238, Xen 240, Xen 242, Xen 337, Xen 339
δόκησις	Xen 83, Xen 186
δοκίς	Xen 102
δόκος	Xen 83, Xen 84, Xen 85, Xen 91, Xen 112, Xen 119, Xen 219, Xen 224
δοκοῦν	Xen 67
δόλιος	Xen 90
δομέω	Xen 196
δόξα	Xen 8, Xen 83, Xen 107, Xen 108, Xen 113, Xen 128, Xen 130, Xen 162, Xen 170, Xen 174, Xen 224, Xen 228, Xen 229, Xen 231, Xen 232, Xen 233, Xen 234, Xen 238, Xen 253
δοξάζω	Xen 128, Xen 199, Xen 222, Xen 236, Xen 239

δοξαστός	Xen 84, Xen 224
δραστικός	Xen 242
δύναμαι	Xen 80, Xen 127, Xen 153, Xen 202, Xen 238
δύναμις	Xen 15, Xen 52, Xen 83, Xen 237, Xen 255
δυνάστης	Xen 115
δύσις	Xen 96, Xen 133, Xen 177, Xen 208, Xen 243
δυσκατάλυτος	Xen 52
δυσωπέω	Xen 64
δῶμα	Xen 153, Xen 336
δῶρον	Xen 152
ἐγγίζω	Xen 286
ἐγγράφω	Xen 113
ἐγγύς	Xen 185
ἐγκαλέω	Xen 232
ἐγκαλύπτω	Xen 202
ἔγκλημα	Xen 254
ἐγχέω	Xen 4, Xen 14, Xen 294
ἐγχρώζομαι	Xen 15
ἔθνος	Xen 3, Xen 195
ἔθος	Xen 294
ἔθω	Xen 67, Xen 232
εἰδικός	Xen 83
εἰδοποιός	Xen 237
εἶδος	Xen 130, Xen 131, Xen 149, Xen 152, Xen 196, Xen 252, Xen 253, Xen 313, Xen 336
εἴδωλον	Xen 196
εἴκασμα	Xen 196
εἰκῇ	Xen 152, Xen 315
εἰκός	Xen 77
εἰκώς	Xen 84, Xen 85, Xen 131, Xen 145, Xen 255, Xen 257
εἰσάγω	Xen 94
εἰσοράω	Xen 71, Xen 260

Register der Sachen und Begriffe					485

εἰσφέρω	Xen 332
ἐκβάλλω	Xen 82, Xen 162
ἐκγίγνομαι	Xen 88, Xen 89, Xen 121, Xen 314, Xen 343
ἔκγονος	Xen 3
ἐκλείπω	Xen 13
ἔκλειψις	Xen 99, Xen 100, Xen 137, Xen 180, Xen 209, Xen 210, Xen 246
ἐκπίπτω	Xen 210
ἐκπονέω	Xen 156
ἐκφαίνω	Xen 227, Xen 228
ἐκφέρω	Xen 62
ἐλάσσων	Xen 15
ἐλάτη	Xen 336
ἐλαύνω	Xen 202
ἐλεγεία	Xen 141, Xen 145, Xen 287
ἐλεγεῖον	Xen 52, Xen 151, Xen 152
ἐλεγειοποιός	Xen 156
ἐλέγχω	Xen 15, Xen 168, Xen 174, Xen 232, Xen 332
ἕλκω	Xen 132
ἐλλείπω	Xen 15
ἐλλόγιμος	Xen 52
ἐμβάλλω	Xen 165, Xen 294
ἐμπαθής	Xen 117
ἔμπαλιν	Xen 312
ἐμπίμπλημι	Xen 132
ἐμπίπτω	Xen 100, Xen 180
ἔμπλεος	Xen 292
ἐμπληξία	Xen 202
ἔμπυρος	Xen 133
ἐμφαίνω	Xen 84, Xen 315
ἔμψυχος	Xen 60

ἕν, τό	Xen 3, Xen 7, Xen 14, Xen 90, Xen 119, Xen 120, Xen 127, Xen 129, Xen 130, Xen 172, Xen 195, Xen 197, Xen 199, Xen 207, Xen 229, Xen 230, Xen 231, Xen 237, Xen 238, Xen 241, Xen 251, Xen 252, Xen 253
ἐνάγω	Xen 298, Xen 299
ἐναλίγκιος	Xen 15
ἐναντίος	Xen 12, Xen 15, Xen 162, Xen 168, Xen 172, Xen 174, Xen 230, Xen 238
ἐνάργεια	Xen 85
ἐναργής	Xen 51, Xen 127, Xen 202, Xen 251
ἐναρμόνιος	Xen 231
ἐνδεής	Xen 231
ἐνδέω	Xen 162
ἐνέργεια	Xen 255
ἔνθεν	Xen 94
ἔνθεος	Xen 77
ἐνιαυτός	Xen 145, Xen 333
ἐνίζω	Xen 7, Xen 130, Xen 253
ἔννοια	Xen 51, Xen 86
ἔνστασις	Xen 298
ἐντελέω	Xen 99, Xen 209, Xen 246
ἐντός	Xen 239
ἐντυγχάνω	Xen 142, Xen 145, Xen 235, Xen 257, Xen 284
ἐνυπάρχω	Xen 8
ἐξάγω	Xen 94
ἑξαγώνιος	Xen 253
ἐξαίρω	Xen 51
ἐξακολουθέω	Xen 170
ἐξαπατάω	Xen 90
ἐξαπλόω	Xen 83
ἐξάπτομαι	Xen 246
ἔξαψις	Xen 96, Xen 177, Xen 208, Xen 243

ἐξεργαστικός	Xen 86
ἐξηγέομαι	Xen 78, Xen 84, Xen 174
ἐξηγητής	Xen 113
ἑξῆς	Xen 174
ἐξοκέλλω	Xen 155
ἔξω	Xen 94
ἔξωθεν	Xen 256
ἔοικα	Xen 67, Xen 193, Xen 253, Xen 298, Xen 344
ἑορτή	Xen 63
ἐπαγωνίζομαι	Xen 152
ἐπαινέω	Xen 90, Xen 130, Xen 145
ἐπακουστός	Xen 66
ἐπανέρχομαι	Xen 13
ἐπαπορέω	Xen 90
ἐπέρχομαι	Xen 234, Xen 235
ἐπηρεαστικός	Xen 131
ἐπιβαίνω	Xen 240
ἐπιβάλλω	Xen 83
ἐπίγειος	Xen 222
ἐπιγίγνομαι	Xen 128
ἐπιγιγνώσκω	Xen 145, Xen 257, Xen 340
ἐπιγράφω	Xen 149, Xen 163
ἐπιδείκνυμι	Xen 202, Xen 231
ἐπιδερκτός	Xen 66
ἐπιείκεια	Xen 15
ἐπιθάλπω	Xen 54
ἐπικαλέω	Xen 173
ἐπίκλην	Xen 168, Xen 221
ἐπικόπτης	Xen 145
ἐπικόπτω	Xen 145
ἐπικουρέω	Xen 52

ἐπικρύπτω	Xen 165
ἐπιλανθάνω	Xen 197
ἐπινοέω	Xen 170, Xen 240
ἐπιορκία	Xen 10
ἐπιπλάττω	Xen 202
ἐπιπλήσσω	Xen 219
ἐπιπόλαιος	Xen 228, Xen 232
ἐπιτρέπω	Xen 229
ἐπισκέπτω	Xen 228
ἐπισκώπτης	Xen 90
ἐπίσταμαι	Xen 78
ἐπιστημονικός	Xen 84
ἐπιτήδειος	Xen 254
ἐπιτιμάω	Xen 14
ἐπιτομή	Xen 113, Xen 115
ἐπιφάνεια	Xen 244
ἐπιφέρω	Xen 116, Xen 166, Xen 254
ἐπιφωνέω	Xen 67
ἐπιχείρημα	Xen 299
ἐποικτείρω	Xen 141, Xen 287, Xen 334
ἕπομαι	Xen 115
ἐποποιία	Xen 142
ἔπος	Xen 141, Xen 145, Xen 197, Xen 198, Xen 202, Xen 235, Xen 287, Xen 311, Xen 315, Xen 334
ἐποχή	Xen 87, Xen 174
ἐπωνυμία	Xen 163
ἐπώνυμος	Xen 114
ἔργον	Xen 81, Xen 116, Xen 152, Xen 166
ἐρέβινθος	Xen 292, Xen 316
ἔρις	Xen 112
ἐριστικός	Xen 165, Xen 240, Xen 241

ἔριφος	Xen 151
ἑρμηνεία	Xen 149
ἔρρω	Xen 283
ἐρυθριάω	Xen 202
ἐρύω	Xen 90
ἔρχομαι	Xen 15, Xen 219, Xen 229
ἐρωτάω	Xen 12
ἐσθής	Xen 116, Xen 166
ἐσθλός	Xen 153, Xen 340
ἔσχατος	Xen 15
ἑταῖρος	Xen 162, Xen 193, Xen 194, Xen 198
ἕτοιμος	Xen 153
ἔτος	Xen 13, Xen 108, Xen 185, Xen 292
ἔτυμος	Xen 67, Xen 145, Xen 333
εὖ	Xen 15, Xen 116
εὐαγγέλιον	Xen 299
εὐαρεστέω	Xen 240
εὐγλωττία	Xen 202
εὐδαιμονικός	Xen 83
εὐδαίμων	Xen 81
εὔδηλος	Xen 113
εὐδοκιμέω	Xen 313
εὐθυμία	Xen 145
εὐθύς	Xen 51, Xen 72
εὔκολος	Xen 232
εὔκυκλος	Xen 15
εὐλάβεια	Xen 219
εὐλαβέομαι	Xen 298
εὔλογος	Xen 112, Xen 117, Xen 130, Xen 228, Xen 253
εὐνομία	Xen 152
εὐπρεπής	Xen 155

εὕρεσις	Xen 240
εὑρίσκω	Xen 106, Xen 112, Xen 113, Xen 119, Xen 219, Xen 235, Xen 239, Xen 256, Xen 314, Xen 341
εὐσεβής	Xen 10, Xen 299
εὐστομία	Xen 202
εὐστοχέω	Xen 83
εὐφημέω	Xen 336
εὔφημος	Xen 153
εὐφροσύνη	Xen 153
εὔφρων	Xen 153
εὔχομαι	Xen 153, Xen 343
εὐώδης	Xen 153
ἐφεξῆς	Xen 15
ἐφευρίσκω	Xen 204, Xen 220
ἐφικνέομαι	Xen 151, Xen 194
ἔφοδος	Xen 228
ἔχθρα	Xen 3
ἐχθρός	Xen 195, Xen 283
ἔχω	Xen 14, Xen 15, Xen 116, Xen 119, Xen 145, Xen 152, Xen 153, Xen 155, Xen 166, Xen 202, Xen 224, Xen 235, Xen 253, Xen 257, Xen 315, Xen 339
ἕψω	Xen 60
ζάπεδον	Xen 153
ζάω	Xen 60, Xen 139
ζηλωτής	Xen 142, Xen 240
ζητέω	Xen 4, Xen 83, Xen 85, Xen 127, Xen 204, Xen 219, Xen 220, Xen 227, Xen 228, Xen 230, Xen 235, Xen 239, Xen 251
ζήτησις	Xen 7, Xen 83, Xen 127, Xen 129, Xen 251, Xen 253
ζοφερός	Xen 83
ζώνη	Xen 94, Xen 100, Xen 180, Xen 210
ζῷον	Xen 86, Xen 214, Xen 222
ἡγεμονία	Xen 81

ἡγέομαι	Xen 59, Xen 197, Xen 243
ἡδονή	Xen 155, Xen 168
ἡδύς	Xen 145, Xen 257, Xen 284
ἠθικός	Xen 82
ἦθος	Xen 117, Xen 340
ἥκιστα	Xen 145, Xen 168, Xen 194, Xen 257, Xen 284
ἡλιακός	Xen 137, Xen 315
ἠλίθιος	Xen 253
ἥλιος	Xen 54, Xen 60, Xen 94, Xen 98, Xen 99, Xen 100, Xen 119, Xen 145, Xen 162, Xen 175, Xen 180, Xen 201, Xen 202, Xen 209, Xen 210, Xen 214, Xen 217, Xen 225, Xen 244, Xen 246, Xen 257, Xen 300, Xen 332, Xen 348
ἡμέρα	Xen 96, Xen 99, Xen 119, Xen 177, Xen 180, Xen 200, Xen 208, Xen 209, Xen 243, Xen 246
ἥμερος	Xen 117
ἠρεμέω	Xen 15, Xen 131, Xen 229, Xen 235
ἠρεμία	Xen 229, Xen 231
ἡρωικός	Xen 315
ἡρῷον	Xen 146
ἡσσάομαι	Xen 127, Xen 251
ἥσσων	Xen 15, Xen 145, Xen 257, Xen 284
ἡσυχία	Xen 146, Xen 337
ἧχι	Xen 81
θάλασσα	Xen 81, Xen 119, Xen 162, Xen 217, Xen 345
θαλία	Xen 153
θάνατος	Xen 312
θάπτω	Xen 145
θαυμάζω	Xen 4, Xen 137, Xen 232, Xen 234
θαυμαστός	Xen 238
θεάομαι	Xen 108, Xen 227
θεῖος	Xen 15, Xen 86, Xen 196, Xen 256, Xen 311
θέλω	Xen 15, Xen 89, Xen 120, Xen 299

θεολόγος	Xen 87
θεός	Xen 7, Xen 9, Xen 11, Xen 15, Xen 59, Xen 61, Xen 63, Xen 66, Xen 81, Xen 83, Xen 84, Xen 85, Xen 86, Xen 87, Xen 89, Xen 90, Xen 116, Xen 117, Xen 119, Xen 121, Xen 130, Xen 145, Xen 153, Xen 162, Xen 166, Xen 196, Xen 202, Xen 204, Xen 219, Xen 220, Xen 222, Xen 229, Xen 241, Xen 253, Xen 257, Xen 260, Xen 283, Xen 311
θερμός	Xen 3, Xen 60, Xen 233, Xen 238
θερμότης	Xen 217
θέσις	Xen 104, Xen 234
θεωρέω	Xen 230, Xen 235, Xen 252
θεωρία	Xen 82
θῆλυς	Xen 83
θήρα	Xen 219
θήραμα	Xen 219
θηριώδης	Xen 117
θιγγάνω	Xen 7
θνήσκω	Xen 68
θνητός	Xen 59, Xen 71, Xen 116, Xen 166, Xen 204, Xen 260
θοός	Xen 311
θρηνέω	Xen 12, Xen 59, Xen 61, Xen 63
θυμηδία	Xen 153
θυσία	Xen 196
θύω	Xen 12, Xen 63
ἴαμβος	Xen 145
ἰδέα	Xen 15, Xen 116, Xen 166
ἴδιος	Xen 145, Xen 162, Xen 170, Xen 212, Xen 251
ἰδιώτης	Xen 94
ἱδρύω	Xen 146
ἱερός	Xen 311
ἱκανός	Xen 252
ἱκνέομαι	Xen 132

ἴλιγγος	Xen 165
ἱππικός	Xen 52
ἵππος	Xen 116, Xen 152, Xen 166
Ἶρις	Xen 315, Xen 344
ἰσοπαλής	Xen 15
ἰσόρροπος	Xen 132
ἴσος	Xen 10, Xen 15, Xen 130, Xen 132, Xen 260, Xen 298, Xen 299, Xen 332
ἰσοσθένεια	Xen 87
ἰσοτιμία	Xen 77
ἱστορέω	Xen 129, Xen 185, Xen 234, Xen 336
ἱστορία	Xen 80, Xen 129, Xen 130, Xen 229, Xen 253
ἱστοριογράφος	Xen 221
ἰσχυρός	Xen 10, Xen 15, Xen 298
ἴσως	Xen 9, Xen 228, Xen 231, Xen 340
ἰχθύς	Xen 119
καθάπτω	Xen 145
κάθαρμα	Xen 311
καθαρός	Xen 153
καθηγητής	Xen 88
καθολικός	Xen 238
καθύπερθε	Xen 294
καιρός	Xen 100, Xen 180, Xen 210, Xen 242
κακοδαίμων	Xen 283
κακός	Xen 113, Xen 193, Xen 283, Xen 299, Xen 340
καλέω	Xen 3, Xen 97, Xen 152, Xen 163, Xen 179, Xen 195, Xen 208, Xen 238, Xen 241, Xen 315, Xen 336, Xen 344
κάλλιστος	Xen 340
καλός	Xen 112, Xen 146
καλῶς	Xen 15, Xen 234, Xen 252, Xen 299, Xen 332
κανών	Xen 228, Xen 339
καταβάλλω	Xen 171, Xen 172

καταγιγνώσκω	Xen 84
καταδέχομαι	Xen 299
καταΐσσω	Xen 311
κατακλυσμός	Xen 227
καταλαμβάνω	Xen 332
καταλέγω	Xen 168
καταλείβω	Xen 72
καταλείπω	Xen 241
καταληπτός	Xen 171
κατάληψις	Xen 84, Xen 332
καταλύω	Xen 202
καταπίνω	Xen 81
καταριθμέω	Xen 130
καταρρέω	Xen 162
κατάρχω	Xen 115, Xen 240, Xen 313
κατασκευάζω	Xen 238
καταστάζω	Xen 217
κατατολμάω	Xen 332
καταφέρω	Xen 235
καταφρονέω	Xen 234
καταχρηστικός	Xen 311
καταψεύδομαι	Xen 113
καταψηφίζω	Xen 77
κατηγορέω	Xen 15
κατόμνυμι	Xen 10
κατοπτεύω	Xen 174
κατορθόω	Xen 252
κάτω	Xen 4, Xen 94, Xen 103, Xen 132, Xen 181, Xen 227, Xen 235
καυτηριάζω	Xen 298
κέγχρος	Xen 132
κειμήλιον	Xen 83, Xen 152

Register der Sachen und Begriffe 495

κέλευθος	Xen 141
κελεύω	Xen 59
κενεμβατέω	Xen 100, Xen 180, Xen 210
κενός	Xen 228, Xen 241
κέραμος	Xen 153
κεράννυμι	Xen 294
κεράσιον	Xen 106
κερασός	Xen 106
κεφαλή	Xen 336
κήδω	Xen 232
κηραίνω	Xen 222
κίμβιξ	Xen 335
κινέω	Xen 15, Xen 119, Xen 127, Xen 129, Xen 130, Xen 165, Xen 172, Xen 208, Xen 229, Xen 230, Xen 231, Xen 235, Xen 244, Xen 251, Xen 343
κίνημα	Xen 102, Xen 215, Xen 248
κίνησις	Xen 7, Xen 97, Xen 127, Xen 179, Xen 208, Xen 216, Xen 229, Xen 231, Xen 234, Xen 245, Xen 251
κινητός	Xen 15, Xen 343
κλάδος	Xen 336
κλέος	Xen 151
κλέπτω	Xen 81, Xen 87
κλίμα	Xen 51, Xen 100, Xen 180, Xen 210
κλίνη	Xen 292
κλίσις	Xen 72
κόγχος	Xen 119
κοινός	Xen 15, Xen 86, Xen 87
κοινωνέω	Xen 146, Xen 230
κοινωνία	Xen 238
κόκκος	Xen 132
κολυμβητής	Xen 232
κόμη	Xen 155

κομήτης	Xen 102
κομψεύω	Xen 202
κονίστρα	Xen 298
κόπτω	Xen 63, Xen 107
κόσμος	Xen 83, Xen 94, Xen 95, Xen 145, Xen 155, Xen 178, Xen 199, Xen 206, Xen 207, Xen 214, Xen 222, Xen 253, Xen 257, Xen 311, Xen 337
κραδαίνω	Xen 229
κρατέω	Xen 15, Xen 229
κρατήρ	Xen 153
κράτιστος	Xen 15, Xen 229
κράτος	Xen 202
κρατύνω	Xen 194, Xen 202, Xen 240
κρείττων	Xen 10, Xen 15
κρίνω	Xen 299
κριτήριον	Xen 83, Xen 84, Xen 91, Xen 194, Xen 224, Xen 332
κτάομαι	Xen 52, Xen 339
κτέανον	Xen 152
κτείνω	Xen 94
κτίσις	Xen 145
κύαμος	Xen 77
κυβεύω	Xen 64
κυδρός	Xen 152
κυκλέω	Xen 100, Xen 180, Xen 210
κύκλος	Xen 15, Xen 94, Xen 225
κυκλοτερής	Xen 332
κύλιξ	Xen 153, Xen 294
κύριος	Xen 235, Xen 311
κύρτωμα	Xen 344
κύστις	Xen 132
κύων	Xen 83
κωλέα	Xen 151

Register der Sachen und Begriffe   497

κωλύω	Xen 14, Xen 15
κωμικός	Xen 255
κωμῳδέω	Xen 202
κωμῳδία	Xen 131
κωφός	Xen 193
λαγαρός	Xen 156
λαγχάνω	Xen 151, Xen 152, Xen 260
λαγών	Xen 151
λαμβάνω	Xen 15, Xen 72, Xen 83, Xen 132, Xen 152, Xen 224, Xen 238, Xen 299, Xen 339
λαμπρός	Xen 146, Xen 202
λαμπρύνω	Xen 216
λανθάνω	Xen 228
λαός	Xen 152
λαρινός	Xen 151
λατομία	Xen 119
λέξις	Xen 227
λευκός	Xen 15, Xen 86
λευκότης	Xen 15
λεύσσω	Xen 193
λέων	Xen 116, Xen 166
λήγω	Xen 71, Xen 73
λιβανωτός	Xen 153
λογικός	Xen 82, Xen 90, Xen 241
λόγιον	Xen 168
λογισμός	Xen 311
λόγος	Xen 7, Xen 62, Xen 84, Xen 85, Xen 86, Xen 130, Xen 141, Xen 153, Xen 162, Xen 165, Xen 171, Xen 172, Xen 174, Xen 194, Xen 197, Xen 198, Xen 202, Xen 219, Xen 224, Xen 228, Xen 232, Xen 234, Xen 236, Xen 238, Xen 239, Xen 253, Xen 335, Xen 339
λοιδορέω	Xen 149
λοιπός	Xen 156, Xen 174, Xen 234, Xen 283, Xen 298, Xen 312, Xen 314

λυπέω	Xen 340
λύσις	Xen 4
λύω	Xen 52, Xen 119, Xen 298
μαθητής	Xen 7, Xen 108, Xen 115, Xen 130, Xen 227, Xen 253, Xen 286, Xen 288
μαίνομαι	Xen 236
μακρόβιος	Xen 145
μακρός	Xen 71, Xen 339
μακρύνω	Xen 339
μαλακός	Xen 292
μάλιστα	Xen 186
μᾶλλον	Xen 15, Xen 51, Xen 131, Xen 146, Xen 152, Xen 229, Xen 231, Xen 238, Xen 240, Xen 255
μανθάνω	Xen 71, Xen 155, Xen 174, Xen 260
μαντική	Xen 105, Xen 250
μάταιος	Xen 4, Xen 14, Xen 299
μάχη	Xen 87, Xen 153
μάχομαι	Xen 59
μεγαλόφρων	Xen 143
μέγας	Xen 116, Xen 166, Xen 332, Xen 345
μέγεθος	Xen 14, Xen 15
μέθυ	Xen 294
μείζων	Xen 15
μείλιχος	Xen 153
μείων	Xen 155
μελαγχολάω	Xen 340
μέλας	Xen 86, Xen 117
μέλι	Xen 73, Xen 153
μέλλω	Xen 315
μελοποιέω	Xen 156
μελοποιός	Xen 221
μελῳδία	Xen 156

Register der Sachen und Begriffe 499

μένω	Xen 229, Xen 234, Xen 235
μερικός	Xen 238
μερίς	Xen 193, Xen 283
μέρος	Xen 15, Xen 51, Xen 83, Xen 103, Xen 162, Xen 181, Xen 222, Xen 235
μέσος	Xen 15, Xen 119, Xen 132, Xen 153, Xen 229
μεστός	Xen 153
μεταβάλλω	Xen 15, Xen 60, Xen 120, Xen 127, Xen 229, Xen 251
μετάβασις	Xen 15
μεταβλητέον	Xen 299
μεταβλητός	Xen 312
μεταβολή	Xen 86, Xen 119, Xen 127, Xen 230, Xen 251
μετάγω	Xen 234
μεταπίπτω	Xen 131
μεταποιέω	Xen 168
μετάρσιος	Xen 217
μεταστρέφω	Xen 10
μετέρχομαι	Xen 82, Xen 229, Xen 241
μετέχω	Xen 202
μετεωρίζω	Xen 132
μετέωρος	Xen 132
μέτρον	Xen 62, Xen 156
μῆκος	Xen 94
μηκύνω	Xen 232, Xen 339
μήν	Xen 99, Xen 180, Xen 209
μηνιαῖος	Xen 213
μήτηρ	Xen 89, Xen 121
μήτρα	Xen 83
μίγμα	Xen 119
μικρολογία	Xen 155
μικρολόγος	Xen 335
μικρός	Xen 7, Xen 119, Xen 152, Xen 162, Xen 253, Xen 332

μικροψυχία	Xen 340
μικτός	Xen 241
μιμέομαι	Xen 142
μιμνήσκω	Xen 335, Xen 336
μίμνω	Xen 229
μίξις	Xen 119
μισέλλην	Xen 168
μισόλογος	Xen 168
μνεία	Xen 316
μνήμη	Xen 229
μνημονεύω	Xen 52, Xen 108, Xen 129, Xen 234, Xen 240
μνημοσύνη	Xen 153
μοιχεύω	Xen 81, Xen 87
μόλις	Xen 68
μολπή	Xen 153
μονή	Xen 234
μονογενής	Xen 162, Xen 198
μόνος	Xen 15, Xen 162, Xen 168, Xen 172, Xen 198, Xen 199, Xen 241, Xen 251, Xen 252, Xen 254, Xen 311, Xen 313, Xen 336
μόριον	Xen 119
μόρον	Xen 106
μορφή	Xen 117
μουσική	Xen 156
μουσικός	Xen 52, Xen 340
μοχθηρός	Xen 117
μύδρος	Xen 300
μυθοποίησις	Xen 87
μῦθος	Xen 3, Xen 83, Xen 153, Xen 195, Xen 202
μύουρος	Xen 156
μύριος	Xen 68
μύρον	Xen 153

Register der Sachen und Begriffe 501

μύστης	Xen 336
μυχός	Xen 152
ναός	Xen 196
ναυτικός	Xen 52
νάω	Xen 345
νεῖκος	Xen 233
νέρθε	Xen 81
νεφέλιον	Xen 97, Xen 179, Xen 208, Xen 245
νέφος	Xen 96, Xen 98, Xen 101, Xen 102, Xen 133, Xen 145, Xen 162, Xen 175, Xen 176, Xen 177, Xen 200, Xen 201, Xen 208, Xen 209, Xen 211, Xen 215, Xen 216, Xen 225, Xen 243, Xen 247, Xen 248, Xen 257, Xen 300, Xen 315, Xen 344, Xen 345
νῆσος	Xen 339
νικάω	Xen 152, Xen 202
νίκη	Xen 152
νοερός	Xen 60, Xen 90
νοέω	Xen 71, Xen 86, Xen 229, Xen 340
νόημα	Xen 90, Xen 116, Xen 166
νοητός	Xen 193, Xen 224, Xen 231, Xen 237
νομίζω	Xen 54, Xen 59, Xen 61, Xen 152, Xen 236, Xen 242, Xen 332
νόμισμα	Xen 107
νομοθέτης	Xen 59
νόμος	Xen 15, Xen 202, Xen 299
νουθεσία	Xen 340
νουθετέω	Xen 340
νοῦς	Xen 66, Xen 90, Xen 143, Xen 145, Xen 193, Xen 224, Xen 229, Xen 257, Xen 311, Xen 323, Xen 328
νύκτωρ	Xen 96, Xen 177, Xen 200, Xen 208, Xen 243
νῦν	Xen 15, Xen 113, Xen 130, Xen 153, Xen 253
νύξ	Xen 99, Xen 180, Xen 209
ξανθός	Xen 153

ξηρός	Xen 3, Xen 233, Xen 238
ὁδός	Xen 90, Xen 128, Xen 162, Xen 230
ὀδύρομαι	Xen 90
ὄζω	Xen 153
οἶδα	Xen 66, Xen 77, Xen 83, Xen 84, Xen 85, Xen 108, Xen 112, Xen 119, Xen 145, Xen 148, Xen 219, Xen 232, Xen 260, Xen 315, Xen 333, Xen 340
οἴκαδε	Xen 153
οἰκεῖος	Xen 130, Xen 156, Xen 174, Xen 231, Xen 238, Xen 253
οἰκειόω	Xen 86
οἰκείως	Xen 63, Xen 224, Xen 233
οἰκέτης	Xen 68
οἰκέω	Xen 100, Xen 180, Xen 185, Xen 210, Xen 332
οἴκημα	Xen 83
οἴκησις	Xen 51
οἶκος	Xen 83
οἶνος	Xen 153, Xen 292, Xen 294, Xen 316
οἴομαι	Xen 228, Xen 244
ὀλίγος	Xen 14, Xen 162, Xen 202, Xen 227, Xen 231, Xen 234
ὅλος	Xen 7, Xen 86, Xen 90, Xen 99, Xen 120, Xen 121, Xen 127, Xen 130, Xen 145, Xen 162, Xen 180, Xen 198, Xen 209, Xen 251, Xen 253, Xen 257
ὀλοφύρομαι	Xen 202
ὀλυμπιάς	Xen 80, Xen 115, Xen 145, Xen 221, Xen 259
ὅλως	Xen 90, Xen 224
ὄμβριος	Xen 345
ὄμβρος	Xen 217
ὁμηραπάτη	Xen 90, Xen 145
ὄμνυμι	Xen 10, Xen 202, Xen 298, Xen 299
ὅμοιος	Xen 10, Xen 15, Xen 116, Xen 117, Xen 119, Xen 145, Xen 162, Xen 166, Xen 229, Xen 257, Xen 314
ὁμοιότροπος	Xen 311
ὁμοιόω	Xen 15

ὁμοίως	Xen 11, Xen 241, Xen 242
ὁμολογέω	Xen 64, Xen 229, Xen 251
ὁμολογία	Xen 15
ὁμοῦ	Xen 174
ὁμόχρονος	Xen 185
ὄν, τὸ	Xen 3, Xen 7, Xen 14, Xen 15, Xen 83, Xen 127, Xen 128, Xen 129, Xen 130, Xen 131, Xen 145, Xen 162, Xen 172, Xen 195, Xen 227, Xen 228, Xen 229, Xen 230, Xen 251, Xen 252, Xen 253, Xen 254, Xen 255, Xen 257
ὀνειδίζω	Xen 343
ὄνειδος	Xen 87
ὄνομα	Xen 75, Xen 113, Xen 135, Xen 202, Xen 296
ὀνομάζω	Xen 106, Xen 226
ὀνομαστί	Xen 113
ὄντα, τὰ	Xen 3, Xen 8, Xen 78
ὀξύς	Xen 339
ὁπόσος	Xen 153, Xen 260, Xen 337
ὅρασις	Xen 86
ὁράω	Xen 4, Xen 14, Xen 15, Xen 63, Xen 78, Xen 84, Xen 86, Xen 145, Xen 148, Xen 153, Xen 162, Xen 202, Xen 257, Xen 315, Xen 332, Xen 344
ὄργια	Xen 336
ὄρεξις	Xen 219
ὀρθός	Xen 332
ὀρθῶς	Xen 62
ὁρίζω	Xen 94, Xen 131
ὁριστικός	Xen 237
ὅρκος	Xen 10, Xen 202, Xen 298, Xen 299
ὁρμάω	Xen 315
ὄρος	Xen 80, Xen 119
ὅρος	Xen 231, Xen 252
ὅσιος	Xen 162

ὀσμή	Xen 153, Xen 155
ὅσος	Xen 128, Xen 222, Xen 233, Xen 238
ὀσφραίνομαι	Xen 86
οὔποτε	Xen 153
οὐρά	Xen 239
οὐράνιος	Xen 51
οὐρανός	Xen 7, Xen 94, Xen 119, Xen 130, Xen 253
οὐσία	Xen 96, Xen 98, Xen 101, Xen 103, Xen 108, Xen 133, Xen 145, Xen 177, Xen 224, Xen 243, Xen 257, Xen 311
ὀφείλω	Xen 90
ὀφθαλμός	Xen 78
ὀφρῦς	Xen 174
ὀχέω	Xen 234
ὄχθη	Xen 152
ὀχληρός	Xen 86
ὄψις	Xen 86
πάγιος	Xen 84
πάγκοινος	Xen 52
παγκρατιαστής	Xen 298
παθητός	Xen 222
πάθος	Xen 282, Xen 315
παίδευσις	Xen 202
παιδιά	Xen 219
παῖς	Xen 3, Xen 81, Xen 107
πάλαι	Xen 15, Xen 119
παλαιός	Xen 129, Xen 152, Xen 228, Xen 231, Xen 232, Xen 252, Xen 299, Xen 313, Xen 315
παλαισμοσύνη	Xen 152
πάλιν	Xen 15, Xen 94, Xen 99, Xen 116, Xen 132, Xen 166, Xen 174, Xen 180, Xen 197, Xen 200, Xen 209, Xen 222, Xen 246, Xen 254, Xen 260, Xen 311, Xen 339
πᾶν, τὸ	Xen 3, Xen 4, Xen 7, Xen 83, Xen 84, Xen 89, Xen 90, Xen 119, Xen 120, Xen 127, Xen 128, Xen 129,

Register der Sachen und Begriffe 505

	Xen 130, Xen 145, Xen 162, Xen 186, Xen 194, Xen 194, Xen 195, Xen 197, Xen 205, Xen 229, Xen 230, Xen 241, Xen 251, Xen 252, Xen 253, Xen 257
παναλουργής	Xen 155
πανκράτιον	Xen 152
παράδειγμα	Xen 132
παραδείκνυμι	Xen 204
παραιτέομαι	Xen 299
παρακαλέω	Xen 64, Xen 67
παραλαμβάνω	Xen 240
παραλάμπω	Xen 97, Xen 179, Xen 208
παραλλακτός	Xen 145, Xen 257
παραλλάττω	Xen 162
παραπλήσιος	Xen 229
παρασημειόομαι	Xen 313
παρατάττω	Xen 115, Xen 168
παρατείνω	Xen 153
παρεγγυάω	Xen 193
παρεισάγω	Xen 246
παρεκβαίνω	Xen 231
παρέλκω	Xen 214
παρθένος	Xen 239
παριστορέω	Xen 99, Xen 180, Xen 209
παροιμία	Xen 52
παρωδία	Xen 149, Xen 292
πάσχω	Xen 15, Xen 340
πατάσσω	Xen 10
πατήρ	Xen 81, Xen 163
πατρίς	Xen 145, Xen 226
παύω	Xen 62, Xen 141, Xen 287, Xen 334
παχύς	Xen 254
πείθω	Xen 77, Xen 238

πεῖραρ	Xen 132
πειράω	Xen 128
πέλω	Xen 73, Xen 152, Xen 311
πέμπω	Xen 151
πένης	Xen 146
πενταθλεύω	Xen 152
πεπερασμένος	Xen 197, Xen 229, Xen 230, Xen 231, Xen 236, Xen 237, Xen 252, Xen 253
πεπυρωμένος	Xen 201, Xen 208, Xen 209, Xen 215, Xen 225, Xen 243, Xen 247, Xen 248, Xen 300
περαίνω	Xen 15, Xen 229, Xen 241
πέρας	Xen 15, Xen 231, Xen 253, Xen 332
περιαγωγή	Xen 207
περιανθής	Xen 336
περιγράφω	Xen 94
περιεκτικός	Xen 238
περιέλκω	Xen 132
περίεργος	Xen 80
περιέχω	Xen 119, Xen 145, Xen 162, Xen 257
περιλάμπω	Xen 245
περιληπτός	Xen 66
περιπίπτω	Xen 83
περιποίησις	Xen 227
περιπόλησις	Xen 78
περισσός	Xen 15, Xen 233
περιτρέχω	Xen 94
περιφορά	Xen 51
περίψυξις	Xen 60
πέτρος	Xen 300
πηγή	Xen 217, Xen 345
πήγνυμι	Xen 181
πηλίκος	Xen 292

πιαίνω	Xen 152
πιθανός	Xen 77, Xen 78, Xen 238
πιλέω	Xen 101, Xen 176, Xen 211
πίλησις	Xen 217
πίνω	Xen 153, Xen 292, Xen 316
πιστεύω	Xen 10, Xen 171, Xen 172, Xen 299
πίστις	Xen 90, Xen 193
πιστός	Xen 77, Xen 87
πίων	Xen 151, Xen 153
πλάγιος	Xen 94
πλανάω	Xen 145
πλάνη	Xen 202
πλανήτης	Xen 96, Xen 177, Xen 243
πλάσμα	Xen 153
πλάσσω	Xen 90, Xen 314
πλεῖστος	Xen 15, Xen 199
πλείων	Xen 14, Xen 15, Xen 136, Xen 162, Xen 229, Xen 232, Xen 252
πλεκτός	Xen 153
πλῆθος	Xen 15, Xen 83, Xen 230, Xen 231
πλήρης	Xen 87, Xen 153, Xen 225
πληρόω	Xen 332
πλήττω	Xen 10
πλοῖον	Xen 97, Xen 179, Xen 208, Xen 245
πλοῦτος	Xen 146
πνεῦμα	Xen 145, Xen 217, Xen 257
ποδιαῖος	Xen 332
ποιέω	Xen 52, Xen 71, Xen 80, Xen 90, Xen 116, Xen 145, Xen 155, Xen 230, Xen 313, Xen 342
ποίημα	Xen 52, Xen 62, Xen 147, Xen 156
ποίησις	Xen 156

ποιητής	Xen 52, Xen 71, Xen 87, Xen 89, Xen 112, Xen 115, Xen 121, Xen 131, Xen 145, Xen 221, Xen 260, Xen 315, Xen 340
ποιητικός	Xen 129, Xen 139, Xen 252
ποιός	Xen 179, Xen 208, Xen 245
ποῖος	Xen 89, Xen 97, Xen 120
πολεμέω	Xen 3
πόλεμος	Xen 52
πολιορκία	Xen 185
πόλις	Xen 152, Xen 155, Xen 341
πολιτεία	Xen 202
πολιτεύω	Xen 202
πολλάκις	Xen 71, Xen 260, Xen 298
πολυγώνιος	Xen 332
πολυμαθία	Xen 143
πόνος	Xen 229
πόντος	Xen 345
πορεύομαι	Xen 162
πορίζω	Xen 165
πορφύρεος	Xen 315, Xen 344
πόσος	Xen 15, Xen 103, Xen 292
ποταμός	Xen 345
ποτήριον	Xen 294
πότος	Xen 64
πούς	Xen 132, Xen 152
πρᾶγμα	Xen 52, Xen 83, Xen 90, Xen 112, Xen 162, Xen 224, Xen 235, Xen 236
πράσσω	Xen 145, Xen 153
πρεσβυγενής	Xen 90
πρεσβύτης	Xen 115
προαγορεύω	Xen 137, Xen 139, Xen 162, Xen 229
προάγω	Xen 332

Register der Sachen und Begriffe 509

προβάλλω	Xen 298
πρόβλημα	Xen 228
πρόδηλος	Xen 90, Xen 236, Xen 256
προεδρία	Xen 152
πρόειμι	Xen 155
προέρχομαι	Xen 255
προκαλέω	Xen 10, Xen 298
πρόκλησις	Xen 10
προκρίνω	Xen 90, Xen 152
προλαμβάνω	Xen 174
προλέγω	Xen 114
πρόληψις	Xen 90
πρόμαχος	Xen 168
προμηθέομαι	Xen 153
πρόνοια	Xen 222
πρόπολος	Xen 153
προσαγορεύω	Xen 163, Xen 196, Xen 335
προσάγω	Xen 156
προσάπτω	Xen 15
προσβάλλω	Xen 193
πρόσγειος	Xen 51
προσγράφω	Xen 113
προσεπισφραγίζομαι	Xen 87
προσήκω	Xen 15, Xen 229
προσιστορέω	Xen 129
προσκρούω	Xen 340
προσμαρτυρέω	Xen 141
προσοικοδομέω	Xen 196
προσοράω	Xen 152
προσπλάζω	Xen 132
προσπλέω	Xen 51

προστατεύω	Xen 202
προσφέρω	Xen 90
προσφυής	Xen 299
πρότερος	Xen 294
πρότιμος	Xen 152
προτρέπω	Xen 146
προϋπάρχω	Xen 231
προφητικός	Xen 202
πρόχειρος	Xen 66, Xen 153, Xen 235
πρῶτος	Xen 104, Xen 108, Xen 130, Xen 145, Xen 149, Xen 153, Xen 182, Xen 198, Xen 219, Xen 227, Xen 231, Xen 234, Xen 240, Xen 249, Xen 253, Xen 257, Xen 313, Xen 332, Xen 342
πυκάζω	Xen 153
πυκινός	Xen 90, Xen 336
πυκνός	Xen 162
πύκτης	Xen 152
πυκτοσύνη	Xen 152
πῦρ	Xen 60, Xen 88, Xen 89, Xen 92, Xen 103, Xen 108, Xen 113, Xen 120, Xen 128, Xen 129, Xen 181, Xen 198, Xen 225, Xen 236, Xen 238, Xen 242, Xen 254, Xen 292, Xen 312, Xen 339
πυρίδιον	Xen 98, Xen 119, Xen 175, Xen 209
πύριος	Xen 162
πυρός	Xen 339
πυρόω	Xen 96, Xen 98, Xen 102, Xen 175, Xen 177, Xen 200
πυρρός	Xen 117, Xen 339
πυρρόχροος	Xen 339
ῥᾴδιος	Xen 90, Xen 202
ῥαπίζω	Xen 141, Xen 287, Xen 334
ῥαψῳδέω	Xen 145
ῥέω	Xen 131
ῥῆμα	Xen 71

Register der Sachen und Begriffe   511

ῥῆσις	Xen 236
ῥητέος	Xen 299
ῥητορικός	Xen 282
ῥιζόω	Xen 4, Xen 51, Xen 103, Xen 104, Xen 181, Xen 182, Xen 249
ῥιπτάζω	Xen 341
ῥιπτασμός	Xen 341
ῥοή	Xen 152, Xen 345
ῥώμη	Xen 15, Xen 152
σαρκώδης	Xen 151
σαφής	Xen 66, Xen 83, Xen 84, Xen 85, Xen 148, Xen 235
σαφῶς	Xen 78
σβέννυμι	Xen 96, Xen 133, Xen 177, Xen 200, Xen 208, Xen 243
σβέσις	Xen 96, Xen 177, Xen 180, Xen 208, Xen 209, Xen 213, Xen 243, Xen 246
σελήνη	Xen 100, Xen 101, Xen 119, Xen 176, Xen 180, Xen 201, Xen 210, Xen 211, Xen 214, Xen 222, Xen 225, Xen 244, Xen 247, Xen 300
σεμνολογέω	Xen 174
σημαίνω	Xen 15, Xen 108, Xen 315, Xen 341
σημειώδης	Xen 73
σιλλαίνω	Xen 149, Xen 313, Xen 342
σιλλογράφος	Xen 339
σίλλος	Xen 52, Xen 90, Xen 149, Xen 313, Xen 336, Xen 342
σιμός	Xen 117
σίτησις	Xen 152
σκέλος	Xen 151
σκεπτικός	Xen 85, Xen 87, Xen 90, Xen 148, Xen 149, Xen 173
σκεπτοσύνη	Xen 90
σκέψις	Xen 7, Xen 83, Xen 130
σκηνή	Xen 174
σκληρός	Xen 155
σκοπέω	Xen 8, Xen 12, Xen 156

σκοπός	Xen 85, Xen 222
σκοτεινός	Xen 163, Xen 221
σκότος	Xen 85
σκυλάκευμα	Xen 283
σκύλαξ	Xen 141, Xen 287, Xen 334
σκώπτω	Xen 64, Xen 131
σολοικισμός	Xen 202
σοφία	Xen 152, Xen 168, Xen 219
σοφός	Xen 112, Xen 145, Xen 163, Xen 257, Xen 311, Xen 332
σπένδω	Xen 153
σπέος	Xen 72
σποράδην	Xen 145
σπουδαῖος	Xen 117
σπουδή	Xen 168
στάδιον	Xen 168
στάσις	Xen 83, Xen 153, Xen 162
στάχυς	Xen 339
στεφάνη	Xen 336
στέφανος	Xen 153
στέφω	Xen 336
στηρίζω	Xen 315
στίχος	Xen 156
στοιχεῖον	Xen 88, Xen 108, Xen 129, Xen 145, Xen 229, Xen 230, Xen 233, Xen 239, Xen 252, Xen 257, Xen 312, Xen 314, Xen 343
στοιχειώδης	Xen 227
στόμα	Xen 4, Xen 14
στρογγύλος	Xen 332
στυγερός	Xen 155
στυφελίζω	Xen 141, Xen 287, Xen 334
στωϊκός	Xen 222
συγγνώμη	Xen 112

Register der Sachen und Begriffe 513

συγγνωστός	Xen 112
σύγγραμμα	Xen 143, Xen 174, Xen 332, Xen 340
συγγράφω	Xen 198, Xen 202, Xen 340
συγκρίνω	Xen 115
συγκριτικός	Xen 73
συγκυβεύω	Xen 64
συγχέω	Xen 86
σύγχυσις	Xen 86
συγχωρέω	Xen 230
συκάμινον	Xen 106
σῦκον	Xen 73, Xen 75, Xen 296, Xen 303
συλλογίζομαι	Xen 253
συλλογισμός	Xen 130, Xen 202
συμβαίνω	Xen 11, Xen 14, Xen 15, Xen 51, Xen 132, Xen 217
συμβουλεύω	Xen 12
συμμαχία	Xen 155
συμμέτρως	Xen 86
συμπήγνυμι	Xen 103
συμπίνω	Xen 314
συμπίπτω	Xen 315
συμπλέκω	Xen 3, Xen 195
συμπόσιον	Xen 153, Xen 316
συμφέρω	Xen 89, Xen 231
συμφύω	Xen 90
συμφωνέω	Xen 174, Xen 256
σύμφωνος	Xen 85, Xen 198, Xen 238
συναθροίζω	Xen 98, Xen 175, Xen 209
συνακμάζω	Xen 173
συναποδύω	Xen 168
συναρμόττω	Xen 7
συνδιατρίβω	Xen 142

συνεισάγω	Xen 87
συνετός	Xen 77
συνεχής	Xen 131, Xen 162
συνέχω	Xen 195
συνήγορος	Xen 299
συνήθης	Xen 83
συννοέω	Xen 3, Xen 195
σύνοιδα	Xen 298
συνοικέω	Xen 107
συνοικίζω	Xen 3
συνομολογέω	Xen 199
συνοράω	Xen 174
συνοχή	Xen 222
συρρέω	Xen 119
συστάτης	Xen 240
σύστημα	Xen 102, Xen 215, Xen 248
συστολή	Xen 71, Xen 260, Xen 339
σφαῖρα	Xen 15, Xen 93, Xen 256
σφαιροειδής	Xen 15, Xen 90, Xen 119, Xen 128, Xen 145, Xen 229, Xen 257
σφάλλω	Xen 113
σφεδανός	Xen 153
σφόδρα	Xen 85
σχῆμα	Xen 149, Xen 230, Xen 234
σχοινίον	Xen 132
σῴζω	Xen 127, Xen 251
σῶμα	Xen 15, Xen 88, Xen 116, Xen 120, Xen 132, Xen 166, Xen 168, Xen 254
σωματικός	Xen 222
τάξις	Xen 156
ταπεινός	Xen 51
τάττω	Xen 82

Register der Sachen und Begriffe 515

ταῦρος	Xen 151
τάχα	Xen 106
τάχος	Xen 339
ταχυτής	Xen 152
τέκνον	Xen 81
τεκνόω	Xen 15
τέλειος	Xen 165, Xen 227
τελευτάω	Xen 89, Xen 120, Xen 139, Xen 197, Xen 205, Xen 343
τελέω	Xen 83, Xen 84, Xen 85, Xen 112, Xen 119, Xen 166, Xen 336
τέλος	Xen 15, Xen 52, Xen 71, Xen 73, Xen 229
τερατοσκόπος	Xen 139
τεύχω	Xen 91, Xen 108, Xen 112
τέχνη	Xen 196, Xen 240
τεχνικός	Xen 80, Xen 339
τῆλε	Xen 81
τηρέω	Xen 339
τίκτω	Xen 283
τιμάω	Xen 59, Xen 168, Xen 196, Xen 332
τιμή	Xen 260
τίμιος	Xen 151
τοιόσδε	Xen 173, Xen 196
τοιοῦτος	Xen 14, Xen 15, Xen 51, Xen 102, Xen 116, Xen 119, Xen 131, Xen 202, Xen 227, Xen 230, Xen 248, Xen 292, Xen 315
τόκος	Xen 3
τόλμα	Xen 219
τόνος	Xen 339
τοξεύω	Xen 85
τοπικός	Xen 80
τόπος	Xen 114, Xen 226, Xen 235
τοσοῦτος	Xen 15, Xen 130, Xen 202, Xen 238, Xen 242, Xen 253

τραγικός	Xen 112
τραγῳδία	Xen 221
τραγῳδοποιός	Xen 268
τράπεζα	Xen 153
τρεπτός	Xen 120
τρέπω	Xen 227
τρέφω	Xen 68
τροπή	Xen 137
τρόπος	Xen 7, Xen 83, Xen 228, Xen 252
τροφή	Xen 3
τρυφάω	Xen 155
τρυφή	Xen 155
τυγχάνω	Xen 9, Xen 83, Xen 85, Xen 112, Xen 119, Xen 148, Xen 186, Xen 219, Xen 224, Xen 315, Xen 332, Xen 339
τύπος	Xen 119
τύπτω	Xen 71
τυραννία	Xen 155
τύραννος	Xen 145, Xen 257, Xen 284
τυρός	Xen 153
τῦφος	Xen 174
τύχη	Xen 83
ὕβρις	Xen 153
ὑβριστικός	Xen 255
ὑγρός	Xen 3, Xen 60, Xen 98, Xen 119, Xen 151, Xen 175, Xen 209, Xen 217, Xen 233, Xen 238, Xen 315
ὕδωρ	Xen 4, Xen 60, Xen 72, Xen 88, Xen 89, Xen 92, Xen 108, Xen 113, Xen 120, Xen 121, Xen 129, Xen 153, Xen 184, Xen 186, Xen 217, Xen 233, Xen 234, Xen 236, Xen 238, Xen 242, Xen 254, Xen 294, Xen 312, Xen 314, Xen 343, Xen 345
υἱός	Xen 108, Xen 119, Xen 135, Xen 145, Xen 163
ὕλη	Xen 7, Xen 120, Xen 128, Xen 129, Xen 130, Xen 131, Xen 196, Xen 251, Xen 253, Xen 321, Xen 329
ὑλικός	Xen 129, Xen 227, Xen 242, Xen 252

Register der Sachen und Begriffe   517

ὑμνέω	Xen 153
ὕπαρξις	Xen 90
ὑπάρχω	Xen 15, Xen 86, Xen 146, Xen 162, Xen 229, Xen 241
ὑπάτυφος	Xen 90, Xen 145
ὑπερανέχω	Xen 231
ὑπερβιβασμός	Xen 282
ὑπερβολή	Xen 155
ὑπερέχω	Xen 15
ὑπερμαχέω	Xen 202
ὑπερόπτης	Xen 143
ὑποδειγματικός	Xen 83
ὑποδείκνυμι	Xen 220
ὑπόθεσις	Xen 231, Xen 251
ὑποκάτω	Xen 235
ὑπολαμβάνω	Xen 8, Xen 12, Xen 15, Xen 84, Xen 108, Xen 128, Xen 202, Xen 254, Xen 255
ὑπόληψις	Xen 87, Xen 162
ὑπομιμνήσκω	Xen 63
ὑποπίπτω	Xen 83
ὑποτείνω	Xen 51
ὑποτρώγω	Xen 292, Xen 316
ὑποφαίνω	Xen 180, Xen 210
ὕστερος	Xen 142, Xen 149, Xen 172
ὑφήλιος	Xen 202
ὑψηλός	Xen 332
φαίνω	Xen 15, Xen 51, Xen 71, Xen 149, Xen 174, Xen 180, Xen 208, Xen 209, Xen 228, Xen 232, Xen 245, Xen 298
φακός	Xen 132
φανερός	Xen 127, Xen 152, Xen 168, Xen 251
φαντασία	Xen 83, Xen 90, Xen 133, Xen 172
φᾶρος	Xen 155
φάσκω	Xen 332

φαῦλος	Xen 10, Xen 117
φέριστος	Xen 292
φέρω	Xen 15, Xen 298, Xen 336, Xen 339, Xen 341
φεύγω	Xen 77, Xen 185
φθαρτός	Xen 86, Xen 145, Xen 222, Xen 257, Xen 337
φθέγγομαι	Xen 81, Xen 141, Xen 202, Xen 334
φθέγμα	Xen 52
φθείρω	Xen 83, Xen 119, Xen 172, Xen 222, Xen 283
φθορά	Xen 86, Xen 127, Xen 162, Xen 251
φιάλη	Xen 153
φιλία	Xen 3, Xen 155, Xen 195, Xen 233
φιλομαθής	Xen 231
φιλονεικέω	Xen 139
φίλος	Xen 3, Xen 141, Xen 287, Xen 334
φιλοσοφέω	Xen 147, Xen 165, Xen 170, Xen 219, Xen 226, Xen 227, Xen 228, Xen 230
φιλοσόφημα	Xen 4
φιλοσοφία	Xen 62, Xen 82, Xen 114, Xen 115, Xen 163, Xen 170, Xen 174, Xen 219, Xen 226, Xen 227, Xen 240
φιλόσοφος	Xen 62, Xen 83, Xen 87, Xen 94, Xen 112, Xen 115, Xen 165, Xen 168, Xen 171, Xen 174, Xen 221, Xen 232, Xen 239, Xen 253, Xen 286, Xen 288, Xen 340
φοινίκεος	Xen 315, Xen 344
φορά	Xen 83
φορτικός	Xen 253
φράσις	Xen 83
φρήν	Xen 229, Xen 311
φρονέω	Xen 332, Xen 339
φρόνησις	Xen 145, Xen 257
φροντίς	Xen 145, Xen 311, Xen 333
φύρω	Xen 314
φῦσα	Xen 132
φυσικός	Xen 52, Xen 63, Xen 82, Xen 108, Xen 118, Xen 128, Xen 129, Xen 163, Xen 170, Xen 171, Xen 185,

Register der Sachen und Begriffe 519

	Xen 209, Xen 221, Xen 227, Xen 228, Xen 229, Xen 236, Xen 242, Xen 268, Xen 311
φυσιολογέω	Xen 165
φυσιολογία	Xen 174
φυσιολόγος	Xen 7
φύσις	Xen 7, Xen 8, Xen 15, Xen 71, Xen 83, Xen 90, Xen 106, Xen 127, Xen 129, Xen 205, Xen 222, Xen 227, Xen 228, Xen 229, Xen 251, Xen 252, Xen 253, Xen 311, Xen 343, Xen 345
φυτόν	Xen 222
φύω	Xen 15, Xen 73, Xen 83, Xen 132, Xen 197, Xen 233, Xen 238, Xen 260, Xen 315, Xen 344
φώκη	Xen 119
φωνή	Xen 86, Xen 116, Xen 166, Xen 172
φῶς	Xen 212, Xen 332
φωτίζω	Xen 332
χαίρω	Xen 94
χαίτη	Xen 155
χαλεπός	Xen 112
χαρακτήρ	Xen 90
χαρίεις	Xen 85
χάρμα	Xen 152
χειμών	Xen 292
χείρ	Xen 116, Xen 145, Xen 153, Xen 166
χειρόκμητος	Xen 196
χειροτονία	Xen 77
χείρων	Xen 15, Xen 86, Xen 231, Xen 236
χθών	Xen 81
χλωρός	Xen 73, Xen 315, Xen 344
χράω	Xen 62, Xen 83, Xen 130, Xen 199, Xen 238, Xen 260, Xen 312
χρῆμα	Xen 10, Xen 219
χρήσιμος	Xen 130, Xen 214, Xen 253
χρῆσις	Xen 72

χρηστός	Xen 153, Xen 316
χρῖμα	Xen 155
χρονικός	Xen 80
χρόνος	Xen 115, Xen 119, Xen 162, Xen 163, Xen 185, Xen 204, Xen 220, Xen 286
χρυσός	Xen 83, Xen 155
χρῶμα	Xen 344
χώρα	Xen 77
χωρέω	Xen 162
ψευδής	Xen 83, Xen 162
ψεῦδος	Xen 83, Xen 194
ψεύδω	Xen 83, Xen 162, Xen 218, Xen 298
ψιμύθιον	Xen 15
ψόγος	Xen 87
ψυχή	Xen 78, Xen 117, Xen 141, Xen 145, Xen 170, Xen 257, Xen 287, Xen 334
ψυχρός	Xen 3, Xen 60, Xen 153, Xen 233, Xen 238
ὠθέω	Xen 132
ὠκεανός	Xen 89, Xen 121
ὥρα	Xen 60, Xen 174, Xen 292

Lateinisch

aberrare	Xen 322
abominabilis	Xen 323
absurdus	Xen 323
abundare	Xen 309
abusio	Xen 323
acceptatio	Xen 323
acceptio	Xen 323
accidentalis	Xen 323
accidere	Xen 323, Xen 325
accipere	Xen 323

Register der Sachen und Begriffe   521

actualis	Xen 323
actus	Xen 323
addere	Xen 323, Xen 324
adducere	Xen 323
adfirmare	Xen 40
adire	Xen 307
adiungere	Xen 46
adrogantia	Xen 40
advenire	Xen 323
adversus	Xen 159
aedes	Xen 190
aër	Xen 203, Xen 304, Xen 323
aes	Xen 304
aeternus	Xen 323
agere	Xen 323
agnoscere	Xen 266, Xen 307
agrestis	Xen 323
angelus	Xen 304
anima	Xen 304, Xen 305, Xen 321, Xen 322, Xen 323, Xen 329
animal	Xen 122, Xen 159, Xen 305
annus	Xen 134
antehabere	Xen 323
antipodes	Xen 159
antiquus	Xen 40, Xen 42, Xen 46, Xen 322
aperire	Xen 43
apparere	Xen 322
appellare	Xen 40
apponere	Xen 323
aptare	Xen 323
aptitudo	Xen 323
aqua	Xen 184, Xen 203, Xen 304, Xen 305

argumenta	Xen 45
arithmetica	Xen 258, Xen 320, Xen 322
ars	Xen 258, Xen 320
articulare	Xen 323
asinus	Xen 323
aspectus	Xen 304
assuescere	Xen 322
assumere	Xen 323
attingere	Xen 323
auctoritas	Xen 190
audere	Xen 40
audire	Xen 159, Xen 189, Xen 192
auferre	Xen 323
auxilium	Xen 189, Xen 192
avarus	Xen 323
balbutire	Xen 45
bene	Xen 323
bonitas	Xen 323
bonum	Xen 325
bonus	Xen 40, Xen 44
caelestis	Xen 323
caelum	Xen 304, Xen 323
calidus	Xen 304
calor	Xen 122
canere	Xen 110
captivitas	Xen 191
carmen	Xen 110, Xen 266, Xen 307, Xen 308
causa	Xen 309, Xen 323, Xen 325
causare	Xen 323
celebrare	Xen 307
censere	Xen 183

cernere	Xen 40
circumcordialis	Xen 122
circumscribere	Xen 322
civilis	Xen 190, Xen 324
civis	Xen 40
clarere	Xen 191, Xen 306
clarus	Xen 40, Xen 187, Xen 188, Xen 265, Xen 306, Xen 308
claudere	Xen 324
cognomentum	Xen 308
color	Xen 305
colorare	Xen 305
coloratio	Xen 305
commemorare	Xen 189, Xen 192
commisceri	Xen 323
communis	Xen 323, Xen 328
comoedia	Xen 110, Xen 320
componere	Xen 323
comprehendere	Xen 323
concavus	Xen 158
conceptio	Xen 323
concludere	Xen 321, Xen 323
conclusio	Xen 329
conglobare	Xen 42, Xen 189
congregare	Xen 323
congruere	Xen 323, Xen 327
coniungere	Xen 47
conligere	Xen 45, Xen 323
connutrire	Xen 323
consentaneus	Xen 158
consentire	Xen 321, Xen 323
consequi	Xen 323

conserere	Xen 122
considerare	Xen 323
constituere	Xen 323
constitutus	Xen 40
contemplatio	Xen 323
contendere	Xen 190
continere	Xen 159, Xen 323
continuum	Xen 323
contradictio	Xen 324
contradictorius	Xen 323
contrahere	Xen 323
contrarietas	Xen 323
contrarius	Xen 323
convenientia	Xen 323
convenire	Xen 323
conversim	Xen 323
convocare	Xen 192
coordinare	Xen 323
corporalis	Xen 328
corporeitas	Xen 323
corpus	Xen 321, Xen 322, Xen 323, Xen 328, Xen 329
creare	Xen 304
creatio	Xen 304, Xen 328
creatura	Xen 304
credere	Xen 158, Xen 264
curialis	Xen 323
dare	Xen 323
debere	Xen 323
decens	Xen 327
declarare	Xen 323
dedicere	Xen 190

defendere	Xen 183
defetiscentia	Xen 122
defigere	Xen 43
definitus	Xen 183
degere	Xen 307
deminutio	Xen 122, Xen 328
demonstrare	Xen 323
descendere	Xen 322
desiccare	Xen 305
detegere	Xen 322
determinare	Xen 323
determinatio	Xen 323
deus	Xen 42, Xen 45, Xen 47, Xen 124, Xen 190, Xen 304, Xen 305, Xen 321, Xen 322, Xen 323, Xen 327, Xen 328, Xen 329
dialogus	Xen 110
diametrum	Xen 323
dies	Xen 266, Xen 305, Xen 307, Xen 308
differentia	Xen 323
differre	Xen 323
dignus	Xen 40
digressio	Xen 323
dimensio	Xen 323
disciplina	Xen 44, Xen 323
discipulus	Xen 44, Xen 322
disponere	Xen 324
dispositio	Xen 323, Xen 325
disputare	Xen 323, Xen 327, Xen 328
dissentire	Xen 46
distensio	Xen 323
distinctio	Xen 323
distinguere	Xen 323

distribuere	Xen 323
diversitas	Xen 323
diversus	Xen 189, Xen 309, Xen 323, Xen 327
dives	Xen 323
dividere	Xen 43, Xen 323, Xen 324
divinatio	Xen 45
divinitas	Xen 328
divinus	Xen 323
divisibilis	Xen 323
divisio	Xen 323
divisus	Xen 323
docere	Xen 45
doctor	Xen 324
doctrina	Xen 189, Xen 323
doctus	Xen 189
dogma	Xen 189
ducere	Xen 190
efficere	Xen 49, Xen 323, Xen 325
elementum	Xen 304, Xen 323
entitas	Xen 323
enuntiare	Xen 323
epistula	Xen 323
error	Xen 189, Xen 323, Xen 328, Xen 329
essentia	Xen 203, Xen 323
essentialis	Xen 323
eventum	Xen 45
excellere	Xen 323
excipere	Xen 46
exclamare	Xen 40
excogitare	Xen 49
exhibere	Xen 158

exire	Xen 323
existimare	Xen 189
exorsus	Xen 40
explanare	Xen 323
exquirere	Xen 45
facilis	Xen 323
falsus	Xen 323
fatuus	Xen 323
figura	Xen 42, Xen 323
filius	Xen 320
fingere	Xen 323
finire	Xen 323, Xen 324
finis	Xen 321, Xen 324, Xen 325
fluere	Xen 323
forma	Xen 322, Xen 326, Xen 328
fortasse	Xen 158
frigidus	Xen 304, Xen 305
frivolus	Xen 323
fundamentum	Xen 318
fundare	Xen 323
funditus	Xen 45
furere	Xen 40
generare	Xen 323
generatio	Xen 323
genus	Xen 158, Xen 159, Xen 323
gesta	Xen 48
gratia	Xen 323
gubernare	Xen 49
habere	Xen 187, Xen 188, Xen 258, Xen 265, Xen 307, Xen 320, Xen 324, Xen 328
haerere	Xen 40

historia	Xen 110, Xen 111, Xen 258, Xen 265, Xen 306, Xen 320
historiographus	Xen 308
homo	Xen 158, Xen 159, Xen 190, Xen 322, Xen 323
humiditas	Xen 305
humidus	Xen 304
hymnus	Xen 110
hypothesis	Xen 327
iactantia	Xen 189
ignis	Xen 203, Xen 304, Xen 305, Xen 323
ignorare	Xen 322
imaginare	Xen 323
imaginatio	Xen 323
imitare	Xen 309
immobilis	Xen 183, Xen 323, Xen 324
impartibilis	Xen 323
impassibilis	Xen 323
improbare	Xen 323
improbatus	Xen 323
inclinatio	Xen 325
incolere	Xen 159
incorporeus	Xen 323
incorruptibilis	Xen 323
increpare	Xen 40
indeterminatus	Xen 183
indifferens	Xen 323
indigentia	Xen 122
indigere	Xen 323
individuum	Xen 323
indivisibilis	Xen 323
inducere	Xen 323
induere	Xen 323

indumentum	Xen 323
ineruditus	Xen 189
inferior	Xen 158
infinitas	Xen 47
infinitus	Xen 47, Xen 124, Xen 183, Xen 318, Xen 323, Xen 324
ingignere	Xen 323
ingredi	Xen 190
inhaerere	Xen 323
inniti	Xen 323
inquantum	Xen 323
inquirere	Xen 323
inquisitio	Xen 323
insania	Xen 190
insignis	Xen 258, Xen 320
instare	Xen 327
intellectus	Xen 323
intellegere	Xen 323
intentio	Xen 325
interitus	Xen 183
interpretari	Xen 322
invenire	Xen 321, Xen 323
inventor	Xen 258, Xen 265, Xen 320
invicem	Xen 323
ira	Xen 40
irrationabilis	Xen 323
irrationalis	Xen 323
iudicare	Xen 40
iudicium	Xen 323
iurare	Xen 43
largiri	Xen 323
largus	Xen 323

legere	Xen 189
levis	Xen 159
levitare	Xen 158
liber	Xen 190, Xen 321, Xen 323, Xen 326, Xen 327
locus	Xen 40
loqui	Xen 45, Xen 323
lumen	Xen 158, Xen 323
luna	Xen 43, Xen 158, Xen 159, Xen 264, Xen 304, Xen 305
lunaticus	Xen 158
lyricus	Xen 188, Xen 307, Xen 308
magister	Xen 306, Xen 309
magnitudo	Xen 323
magnus	Xen 40
maior	Xen 134, Xen 159, Xen 190, Xen 264, Xen 323
manere	Xen 323, Xen 324
manifestum	Xen 321, Xen 329
marcor	Xen 122
mare	Xen 304, Xen 305
materia	Xen 323, Xen 324, Xen 328
mathematica	Xen 323
mathematicus	Xen 158, Xen 264
medius	Xen 43
membrum	Xen 323
mendax	Xen 190
mens	Xen 40, Xen 47, Xen 124, Xen 321, Xen 323, Xen 329
mensurare	Xen 323
mensuratio	Xen 323
mentio	Xen 326
metaphysica	Xen 322
minor	Xen 323
miscere	Xen 203

Register der Sachen und Begriffe 531

mixtio	Xen 323
mobilis	Xen 323
mobilitas	Xen 323
modus	Xen 45
moles	Xen 183
monere	Xen 45
mons	Xen 43
mori	Xen 308
motor	Xen 323
motus	Xen 323, Xen 325
movere	Xen 323, Xen 324, Xen 325
mulier	Xen 306
multiplicare	Xen 328
multitudo	Xen 189, Xen 327
mundus	Xen 321, Xen 323
mutabilis	Xen 42
mutatio	Xen 323
nasci	Xen 42, Xen 111, Xen 159
natura	Xen 43, Xen 45, Xen 48, Xen 49, Xen 304, Xen 305, Xen 309, Xen 323, Xen 325
naturalis	Xen 49, Xen 189, Xen 190, Xen 192, Xen 323
niti	Xen 329
nobilis	Xen 44
nocturnus	Xen 158
nomen	Xen 189, Xen 327
nominare	Xen 44, Xen 322
noscere	Xen 323
notare	Xen 190
notio	Xen 323
notus	Xen 124, Xen 323
novus	Xen 307
nox	Xen 304, Xen 305

numerare	Xen 324
numerus	Xen 323
nummus	Xen 304
nutrire	Xen 322
obruere	Xen 323
obscurus	Xen 325
omne	Xen 124, Xen 183, Xen 323
omnia	Xen 42, Xen 324, Xen 325, Xen 327
omnis	Xen 47, Xen 322
operatio	Xen 323
opinari	Xen 190, Xen 309, Xen 323
opinio	Xen 184, Xen 323, Xen 329
opitulari	Xen 189
oportere	Xen 323, Xen 327
opponere	Xen 323
opus	Xen 304, Xen 323
orbs	Xen 158, Xen 159, Xen 264
organicum	Xen 323
oriri	Xen 307
ornare	Xen 190
ortus	Xen 183
ostendere	Xen 323
pars	Xen 158, Xen 159, Xen 264, Xen 323, Xen 324, Xen 328
particularis	Xen 323
passibilis	Xen 323
passibilitas	Xen 323
passio	Xen 323
patere	Xen 323, Xen 329
pati	Xen 323
pauper	Xen 323
paupertas	Xen 323

peccare	Xen 323
pecus	Xen 189
penitus	Xen 43, Xen 323
peplum	Xen 322, Xen 323
perducere	Xen 323
perfectus	Xen 183, Xen 323
peritia	Xen 323
permissio	Xen 323
permixtus	Xen 323
perpetuus	Xen 323
perquirere	Xen 323
perscrutare	Xen 309
perscrutatio	Xen 323
persecare	Xen 43
perspicere	Xen 189
pertinere	Xen 189
perturbare	Xen 40
philosophia	Xen 40, Xen 323
philosophus	Xen 44, Xen 45, Xen 189, Xen 192, Xen 258, Xen 307, Xen 308, Xen 321, Xen 322, Xen 323, Xen 329
physica	Xen 323, Xen 324
physicus	Xen 40, Xen 48, Xen 188, Xen 191, Xen 265, Xen 266, Xen 306, Xen 307, Xen 308, Xen 323
physiologus	Xen 323
placere	Xen 323
pluralitas	Xen 323
plurimus	Xen 309
plus	Xen 190
poema	Xen 306
poeta	Xen 111, Xen 306, Xen 307
poeticus	Xen 323
ponere	Xen 190, Xen 323, Xen 327

popularis	Xen 40
populus	Xen 190
portendere	Xen 43
positio	Xen 323, Xen 324, Xen 326
posse	Xen 159, Xen 189
potentia	Xen 323, Xen 324
potestas	Xen 323
praedicare	Xen 323
praehabere	Xen 323
praeloqui	Xen 190
praesens	Xen 323
praesupponere	Xen 323
praetermittere	Xen 323
premere	Xen 190
principium	Xen 322, Xen 323, Xen 328
probare	Xen 45, Xen 321, Xen 323, Xen 329
probatio	Xen 323, Xen 329
procedere	Xen 323
proferre	Xen 40
profundum	Xen 318, Xen 323
pronuntiare	Xen 183
propositio	Xen 323
proprius	Xen 189, Xen 192
prudentia	Xen 323
publicus	Xen 190
putare	Xen 190
quaerere	Xen 189, Xen 323
quaestio	Xen 189, Xen 326, Xen 328
qualis	Xen 189
qualitas	Xen 323
quantitas	Xen 323

quiditas	Xen 323
quies	Xen 318
radix	Xen 43
raro	Xen 40
ratio	Xen 45, Xen 49, Xen 321, Xen 323, Xen 329
rationalis	Xen 323
receptibilitas	Xen 323
recipere	Xen 323
redigere	Xen 183
referre	Xen 322, Xen 323
refrigeratio	Xen 122
regere	Xen 323
regiones	Xen 304
relinquere	Xen 49, Xen 323, Xen 324
reliquus	Xen 48
reprehendere	Xen 47
res	Xen 40, Xen 43, Xen 45, Xen 48, Xen 49, Xen 189, Xen 190, Xen 192, Xen 309, Xen 323, Xen 325
res publica	Xen 40
resolutio	Xen 122
respicere	Xen 323
resultatio	Xen 323
revelare	Xen 323
risus	Xen 159
rudis	Xen 323
rusticus	Xen 323, Xen 324
sanguis	Xen 203
sapiens	Xen 189, Xen 192, Xen 309, Xen 323
sapientia	Xen 327
satira	Xen 110
schola	Xen 323

scientia	Xen 323
scilicet	Xen 323
scire	Xen 40, Xen 40, Xen 48, Xen 189, Xen 190, Xen 323
scribere	Xen 44, Xen 111, Xen 190, Xen 320, Xen 323
scriptor	Xen 111, Xen 188, Xen 258, Xen 266, Xen 306, Xen 307, Xen 308, Xen 320
scrutari	Xen 323
secta	Xen 189
seditiosus	Xen 40
segregatio	Xen 122
seligere	Xen 190
semper	Xen 44, Xen 323
sempiternus	Xen 42
sensibilis	Xen 321, Xen 323, Xen 327
sensualis	Xen 122
sensus	Xen 40, Xen 309, Xen 322, Xen 323, Xen 327
sententia	Xen 321
sentire	Xen 40, Xen 47, Xen 48
sepelire	Xen 307
sequi	Xen 44, Xen 322, Xen 323, Xen 328
serius	Xen 159
sermo	Xen 323, Xen 324
siccus	Xen 304
signum	Xen 190
similis	Xen 40, Xen 44, Xen 158
similitudo	Xen 323
simplex	Xen 323
simplicitas	Xen 323
sinus	Xen 158, Xen 159
sol	Xen 304, Xen 305
solertia	Xen 189

Register der Sachen und Begriffe   537

solus	Xen 44, Xen 190, Xen 323
solutio	Xen 323, Xen 326
solvere	Xen 323
somnus	Xen 122
sophus	Xen 309
species	Xen 203, Xen 323
speculatio	Xen 323
spiritus	Xen 122, Xen 203
stella	Xen 304
strepitus	Xen 189
stultus	Xen 158, Xen 264
subicere	Xen 323
subsistere	Xen 323
substantia	Xen 321, Xen 325, Xen 327, Xen 329
substantialis	Xen 323
substare	Xen 323
succedere	Xen 309, Xen 320
successio	Xen 323
sufficere	Xen 324
sulfur	Xen 305
supponere	Xen 323
susceptibilitas	Xen 323
susceptor	Xen 323
suscipere	Xen 189, Xen 323
syllogismus	Xen 323
tactus	Xen 304
talis	Xen 325, Xen 327
tamen	Xen 159
tangere	Xen 304, Xen 321, Xen 323
tegere	Xen 322
templum	Xen 322

tempus	Xen 191, Xen 306, Xen 320
tendere	Xen 326
tenebrosus	Xen 308
terminus	Xen 325
terra	Xen 43, Xen 158, Xen 159, Xen 184, Xen 203, Xen 264, Xen 304, Xen 305, Xen 318
terrere	Xen 189
theologia	Xen 190
thronus	Xen 304
tinctura	Xen 304, Xen 305
tomus	Xen 321
tractare	Xen 184
tractatus	Xen 328
tragoedia	Xen 188, Xen 258, Xen 265, Xen 266, Xen 307
tragoedus	Xen 306, Xen 308
tribuere	Xen 323
turba	Xen 189, Xen 192
turpis	Xen 323
unio	Xen 323
unum	Xen 42, Xen 44, Xen 322, Xen 323, Xen 324, Xen 325, Xen 327
unus	Xen 45, Xen 46, Xen 183
urbs	Xen 43
valere	Xen 323
vanitas	Xen 159, Xen 190
variare	Xen 323
vehementius	Xen 47
velare	Xen 322
venire	Xen 323
verbum	Xen 304
veritas	Xen 190, Xen 323
vero	Xen 45, Xen 320

Register der Sachen und Begriffe   539

versus	Xen 40
vertere	Xen 189
verum	Xen 323
vestigium	Xen 159, Xen 323
vestire	Xen 323
vetus	Xen 40, Xen 45, Xen 46, Xen 322
via	Xen 323
videre	Xen 40, Xen 43, Xen 44, Xen 189, Xen 323
videri	Xen 323, Xen 327
vigor	Xen 122, Xen 322
vir	Xen 40, Xen 323
virtus	Xen 304, Xen 323
vis	Xen 323
vita	Xen 323
vivere	Xen 158
vocare	Xen 320, Xen 323

Arabisch

aǧrām (Körper)	Xen 274
aǧzāʾ (Teile)	Xen 262, Xen 317
aḫbār (Geschichten)	Xen 275
ʿālam, ʿawālim (Welt, Welten)	Xen 262, Xen 267, Xen 271, Xen 297
annīya (Sein)	Xen 267, Xen 297
anwār (Lichter)	Xen 273
ʿāqil (intelligent)	Xen 261
ʿaql (Intellekt)	Xen 267, Xen 297
ʿaqlī (intellektuell, vernünftig)	Xen 261, Xen 267, Xen 297
arḍ (Erde)	Xen 263, Xen 276, Xen 279, Xen 280, Xen 289, Xen 317
aṣl (Wurzel)	Xen 280
awwal (erster)	Xen 261, Xen 267, Xen 280, Xen 297
ayyām (Tage)	Xen 275

azalī (urewig)	Xen 267, Xen 297
basīṭ (einfach)	Xen 267, Xen 297
bdʿ IV. abdaʿa (schaffen)	Xen 267, Xen 297
b-ṭ-l I. baṭala (vergehen)	Xen 261
b-ṭ-l II. baṭṭala (abschaffen)	Xen 281
buḫār (Dampf)	Xen 262, Xen 274
buṭlān (Vergehen)	Xen 261
ḏāt (Wesen)	Xen 261
diyosqurūʾ (Dioskoroi)	Xen 273
faḥm (Kohle)	Xen 272
ǧawhar (Substanz)	Xen 261, Xen 272, Xen 274, Xen 277, Xen 279
ġaym (Wolken)	Xen 272
ġayr fāsid (unvergänglich)	Xen 271
ġayr mukawwan (ungeschaffen)	Xen 271
ġayr mutanāhin (unendlich)	Xen 317
ǧirm (Körper)	Xen 277
ǧ-m-ʿ VIII. iǧtamaʿa (zusammentreten)	Xen 274
ḫālid (ewig dauernd)	Xen 261
ḥaraka (Bewegung)	Xen 261, Xen 273
hawāʾ (Luft)	Xen 263, Xen 279
ḥayawān (Lebewesen)	Xen 261
hayūlā (Materie)	Xen 267, Xen 297
ḫ-l-ḫ-l II. taḫalḫala (sich lockern)	Xen 263
iǧtimāʿ (Ansammlung)	Xen 262, Xen 274
ilāh (Gott)	Xen 267, Xen 297
inkisāf (Sonnenfinsternis)	Xen 276
inṭifāʾ (Erlöschen)	Xen 275
iqlīm, aqālīm (Gegend, Gegenden)	Xen 276
ʿirāfa (Wahrsagerei)	Xen 281
kawākib (Sterne)	Xen 272, Xen 273, Xen 278
kawn (Entstehen)	Xen 278

Register der Sachen und Begriffe   541

k-t̠-f VI. takāt̠afa (sich verdichten)	Xen 279
kusūf (Sonnenfinsternis)	Xen 275
lā murakkab (nicht zusammengesetzt)	Xen 267, Xen 297
lā nihāya lahū (unendlich)	Xen 280, Xen 289, Xen 317
layl (Nacht)	Xen 275
layla (Nacht)	Xen 272, Xen 273
l-h-b VIII. (lodern)	Xen 277
māʾ (Wasser)	Xen 263
mantiqī (logisch)	Xen 267
markaz (Zentrum)	Xen 317
mubdaʿ (Geschaffenes)	Xen 267, Xen 297
mubdiʿ (Schöpfer)	Xen 267, Xen 297
multahib (lodernd)	Xen 262
mustadīr (rund)	Xen 277
mustanīr (glühend)	Xen 274, Xen 277, Xen 278
mutaḥarrik (sich bewegend)	Xen 278, Xen 317
mutakāt̠if (dicht)	Xen 279
nafs, anfas (Seele, Seelen)	Xen 261
nār (Feuer)	Xen 263, Xen 279
nārī (feurig)	Xen 262, Xen 274
naʿt (Qualifikation)	Xen 267, Xen 297
nutqī, mantiqī (logisch)	Xen 297
n-w-r X. istināra (entflammt werden, Licht geben, leuchten)	Xen 272, Xen 273, Xen 275
qamar, aqmār (Mond, Monde)	Xen 276, Xen 277
qaṭʿ, quṭūʿ (Stück, Stücke)	Xen 276
qidam (Anfangslosigkeit)	Xen 261, Xen 297
qidamīya (Anfangslosigkeit)	Xen 267
quwwa (Kraft)	Xen 261

raṭb (feucht)	Xen 262
sabab (Ursache)	Xen 289, Xen 317
saḥāb (Wolke, Wolken)	Xen 274, Xen 277, Xen 278
saḥāba (Wolke)	Xen 262
šahr (Monat)	Xen 275
samāʾ (Himmel)	Xen 272, Xen 278
šams, šumūs (Sonne, Sonnen)	Xen 262, Xen 274, Xen 276
sarmadī (ewig)	Xen 271
ṣifa (Attribut)	Xen 267, Xen 297
š-ʿ-l VIII. ištaʿala (sich entzünden)	Xen 272
sufun (Schiffe)	Xen 273
sukūn (Ruhe)	Xen 289, Xen 317
ṣūra (Form)	Xen 267, Xen 297
takyīf (Gestaltung)	Xen 273
ṭ-f-ʾ VII. inṭafaʾa (erlöschen)	Xen 272
ʿumq (Tiefe)	Xen 289
usṭuquss (Element)	Xen 263
wasaṭ (Mitte)	Xen 289
waṣf (Beschreibung)	Xen 262
yawm (Tag)	Xen 262, Xen 272

Verzeichnis der Belegstellen für die Diels/Kranz-Fragmente (VS 21 B)

VS 21 B 1
Xen 153   Athenaios von Naukratis, Deipnosophistae 11.7 (ed. Kaibel)
Xen 293   Deipnosophistarum Epitome 2.2.52 (ed. Peppink), 462e–463a

VS 21 B 2
Xen 152   Athenaios von Naukratis, Deipnosophistae 10.6 (ed. Kaibel)

VS 21 B 3
Xen 155   Athenaios von Naukratis, Deipnosophistae 12.30–31 (ed. Kaibel)

VS 21 B 4
Xen 107   Iulius Pollux, Onomasticon 9.83 (ed. Bethe)

VS 21 B 5
Xen 154   Athenaios von Naukratis, Deipnosophistarum Epitome 11.18 (ed. Kaibel), s. **Xen 294**

VS 21 B 6
Xen 151   Athenaios von Naukratis, Deipnosophistae 9.6 (ed. Kaibel)
Xen 291   Deipnosophistarum Epitome 2.2.4, 367d

VS 21 B 7
Xen 141   Diogenes Laertios, Vitae philosophorum 8.36–37 (ed. Dorandi))
Xen 287   Suda, Lexikon xi 46 (ed. Adler)
Xen 334   Anthologia Graeca 7.120 (ed. Beckby)

VS 21 B 8
Xen 145   Diogenes Laertios, Vitae philosophorum 9.18–20 (ed. Dorandi)
Xen 333   Michael Apostolius, Collectio Paroemiarum 8.42r (ed. Reusch)

VS 21 B 9
Xen 74   Ailios Herodianos, Περὶ παθῶν 3.2.266.9–11 (ed. Lentz)
Xen 302   Etymologicum Magnum 231.5–6 (ed. Gaisford)

VS 21 B 10
Xen 71   Ailios Herodianos, Περὶ διχρόνων 3.2.16.17–23 (ed. Lentz)

Xen 260   Georgios Choiroboskos, Prolegomena et scholia in Theodosii Alexandrini canones isagogicos de flexione verborum 88.29 (ed. Hilgard)

VS 21 B 11
Xen 87   Sextus Empiricus, Adversus mathematicos 9.191–193 (ed. Mutschmann)

VS 21 B 12
Xen 81   Sextus Empiricus, Adversus mathematicos 1.289 (ed. Mutschmann/Mau)

VS 21 B 13
Xen 59   Plutarch, Amatorius 18.763C–D (ed. Hubert)
Xen 61   Plutarch, De Iside et Osiride 7.10.379B (ed. Nachstädt/Sieveking/Titchener)
Xen 63   Plutarch, De superstitione 13.171E (ed. Gärtner)

VS 21 B 14
Xen 116   Clemens aus Alexandria, Stromata 5.14.109.1–3 (ed. Stählin/Treu)
Xen 166   Eusebios von Kaisareia, Praeparatio evangelica 13.13.36 (ed. Des Places)
Xen 196   Theodoret, Graecarum affectionum curatio 3.71–72 (ed. Canivet)

VS 21 B 15
Xen 116   Clemens aus Alexandria, Stromata 5.14.109.1–3 (ed. Stählin/Treu)
Xen 166   Eusebios von Kaisareia, Praeparatio evangelica 13.13.36 (ed. Des Places)
Xen 196   Theodoret, Graecarum affectionum curatio 3.71–72 (ed. Canivet)

VS 21 B 16
Xen 117   Clemens aus Alexandria, Stromata 7.4.22.1–2 (ed. Stählin/Treu)

VS 21 B 17
Xen 336   Scholia in Aristophanis Equites 408a

VS 21 B 18
Xen 204   Iohannes Stobaios, Anthologium 1.8.2 (ed. Wachsmuth/Hense)
Xen 220   Iohannes Stobaios, Anthologium 3.29.41 (ed. Wachsmuth/Hense)

VS 21 B 19
Xen 137   Diogenes Laertios, Vitae philosophorum 1.23 (ed. Dorandi)

VS 21 B 20
Xen 138   Diogenes Laertios, Vitae philosophorum 1.111 (ed. Dorandi)

VS 21 B 21
Xen 335   Scholia in Aristophanis Pacem 697e

VS 21 B 21a
Xen 347   Scholia in Homerum, *POxy.* VIII 1087, Kol. II 40–41 Manetti/Montanari

VS 21 B 22
Xen 290   Deipnosophistarum Epitome 2.44.54e (ed. Kaibel)

Verzeichnis der Belegstellen für die Diels/Kranz-Fragmente (VS 21 B) 545

Xen 316   Eustathios aus Thessalonike, Commentarii ad Homeri Iliadem 13.589 (ed. van der Valk 3.519.40–41)

VS 21 B 23
Xen 116   Clemens aus Alexandria, Stromata 5.14.109.1–3 (ed. Stählin/Treu)
Xen 166   Eusebios von Kaisareia, Praeparatio evangelica 13.13.36 (ed. Des Places)

VS 21 B 24
Xen 86   Sextus Empiricus, Adversus mathematicos 9.142–145 (ed. Mutschmann)
Xen 145   Diogenes Laertios, Vitae philosophorum 9.18–20 (ed. Dorandi)

VS 21 B 25
Xen 229   Simplikios, In Aristotelis Physicorum libros commentaria 9.22.22–23.20 (ed. Diels)

VS 21 B 26
Xen 229   Simplikios, In Aristotelis Physicorum libros commentaria 9.22.22–23.20 (ed. Diels)

VS 21 B 27
Xen 89   Sextus Empiricus, Adversus mathematicos 10.313–314 (ed. Mutschmann)
Xen 120   Hippolytos von Rom, Refutatio omnium haeresium 10.6.4 (ed. Marcovich)
Xen 197   Theodoret, Graecarum affectionum curatio 4.5 (ed. Canivet)
Xen 205   Iohannes Stobaios, Anthologium 1.10.12 (ed. Wachsmuth/Hense)
Xen 343   Scholia in Homeri Iliadem 7.99 [bT] (ed. Erbse)

VS 21 B 28
Xen 132   Achilleus Tatios Astronomos, Isagoga excerpta 4 (ed. Di Maria 12,20-13,6)

VS 21 B 29
Xen 233   Simplikios, In Aristotelis Physicorum libros commentaria 9.188.28–189.1 (ed. Diels)
Xen 238   Iohannes Philoponus, In Aristotelis physicorum libros commentaria 16.125.15–126.2 (ed. Vitelli)

VS 21 B 30
Xen 217   Iohannes Stobaios, Anthologium 1.31.4 (ed. Wachsmuth/Hense)
Xen 345   Scholia in Homeri Iliadem 21.196–197 (ed. Erbse)

VS 21 B 31
Xen 54   Herakleitos Stoikos, Quaestiones Homericae (= Allegoriae) 44.5 (ed. Buffière)

VS 21 B 32
Xen 315   Eustathios aus Thessalonike, Commentarii ad Homeri Iliadem 11.27 (ed. van der Valk 3.140.22–141.3)
Xen 344   Scholia in Homeri Iliadem 11.27b [bT] (ed. Erbse)

VS 21 B 33
Xen 88   Sextus Empiricus, Adversus mathematicos 9.360–361 (ed. Mutschmann)
Xen 89   Sextus Empiricus, Adversus mathematicos 10.313–314 (ed. Mutschmann)
Xen 121 Hippolytos von Rom, Refutatio omnium haeresium 10.7.1–2 (ed. Marcovich)
Xen 314 Eustathios aus Thessalonike, Commentarii ad Homeri Iliadem 7.99 (ed. van der Valk 2.416)
Xen 343 Scholia in Homeri Iliadem 7.99 [bT] (ed. Erbse)

VS 21 B 34
Xen 66   Plutarch, Quomodo adolescens poetas audire debeat 2.17D–E (ed. Gärtner)
Xen 83   Sextus Empiricus, Adversus mathematicos 7.48–54 (ed. Mutschmann)
Xen 84   Sextus Empiricus, Adversus mathematicos 7.110–111 (ed. Mutschmann)
Xen 85   Sextus Empiricus, Adversus mathematicos 8.325–326 (ed. Mutschmann)
Xen 91   Sextus Empiricus, Pyrrhoniae hypotyposes 2.18 (ed. Mutschmann/Mau)
Xen 112 Galen, De pulsuum differentiis 3.1 (ed. Kühn 8.636–637)
Xen 119 Hippolytos von Rom, Refutatio omnium haeresium 1.14.1–6 (ed. Marcovich)
Xen 148 Diogenes Laertios, Vitae philosophorum 9.72 (ed. Dorandi)
Xen 186 Epiphanios, De fide 9.13, 505.25–27 (ed. Holl/Dummer)
Xen 219 Iohannes Stobaios, Anthologium 2.1.17 (ed. Wachsmuth/Hense)
Xen 224 Proklos, In Platonis Timaeum commentaria 1.254.19–27 (ed. Diehl)

VS 21 B 35
Xen 67   Plutarch, Quaestiones convivales 7.746B (ed. Hubert)

VS 21 B 36
Xen 71   Ailios Herodianos, Περὶ διχρόνων 3.2.16.17–23 (ed. Lentz)
Xen 260 Georgios Choiroboskos, Prolegomena et scholia in Theodosii Alexandrini canones isagogicos de flexione verborum 88.29 (ed. Hilgard)

VS 21 B 37
Xen 72   Ailios Herodianos, Περὶ μονήρους λέξεως 3.2.936.18–21 (ed. Lentz)

VS 21 B 38
Xen 73   Ailios Herodianos, Περὶ μονήρους λέξεως 3.2.946.21–24 (ed. Lentz)
Xen 75   Ailios Herodianos, Περὶ παθῶν 3.2.383.20–21 (ed. Lentz)
Xen 296 Etymologicum Gudianum, kappa.301 (ed. Sturz)
Xen 303 Etymologicum Magnum, 235.3–4 (ed. Gaisford)

VS 21 B 39
Xen 106 Iulius Pollux, Onomasticon 6.46 (ed. Bethe)

VS 21 B 40
Xen 76   Ailios Herodianos, Περὶ παθῶν 3.2.384.13–14 (ed. Lentz)
Xen 282 Etymologicum Genuinum beta.271 (ed. Lasserre/Livadaras)
Xen 301 Etymologicum Magnum 214.44–46 (ed. Gaisford)

VS 21 B 41
Xen 339 Scholia in Dionysii Periegetis Orbis Descriptionem 940 (ed. Bernhardy 1010)

VS 21 B 45
Xen 341 Scholia in Hippocratem ad Epid. I 13.3 (ed. Nachmanson 102.19–24)

Verzeichnis der Papyri
(in chronologischer Ordnung)

Datierung des Papyrus	Testimonien-nummer	Stellenangabe
2.–1. Jh. v. Chr.	**Xen 35, Xen 36 & Xen 37**	*PHerc.* 327 (= TM 62405; *LDAB* 3571= *CatPErc*, S. 126; vgl. *Chartes* online)
1. Jh. n. Chr.	**Xen 34**	*PHerc.* 207 (= TM 62391; *LDAB* 3556 = *CatPErc*, S. 104; vgl. *Chartes* online)
1. Jh. n. Chr.	Vgl. Vorbemerkung zu Philodem!	*PHerc.* 224 (= TM 62460; *LDAB* 3635 = *CatPErc*, S. 109; vgl. *Chartes* online)
1. Jh. n. Chr.	**Xen 38**	*PHerc.* 1015/832 (= TM 62429; *LDAB* 3602 = *CatPErc*, SS. 191; 225–228; vgl. *Chartes* online)
1. Jh. n. Chr.	**Xen 39**	*PHerc.* 1428 (=TM 62400; *LDAB* 3563 = *CatPErc*, SS. 325–328; vgl. *Chartes*)
1. Jh. n. Chr.	**Xen 346**	*POxy.* VIII 1087 (= TM 61125; *LDAB* 2264 = MP^3 1186)
2. Jh. n. Chr.	**Xen 346**	*POxy.* II 221 (= TM 60508; *LDAB* 1631 = MP^3 1205)
2. Jh. n. Chr.	**Xen 26**	*POxy.* IX 1176 (= TM 62717; LDAB 3905 = MP^3 1456)